Es ist kein Zweifel, daß Gutenbergs Erfindung des Drucks mit beweglichen Lettern die Welt seitdem gründlich verändern half und daß Bücher weiterhin die Geister und die Dinge bewegten und bewegen – aber welche Bücher waren das vor allem?

Dieses Buch, das aus dem Katalog der berühmten Londoner Ausstellung ›Printing and the Mind of Man‹ 1963 hervorgegangen ist, versucht auf die Frage eine Antwort zu geben: Über 400 der wichtigsten, das heißt der maßgebenden und folgenreichsten Bücher Europas sind hier von kundigen Herausgebern versammelt, aus allen Bereichen der Literatur, besonders zahlreich aus den Naturwissenschaften, der Philosophie und der Politik; auch einflußreiche Erstdrucke antiker und mittelalterlicher Autoren gehören dazu.

Die kommentierenden Texte stellen die Bücher vor und vermitteln insgesamt sehr konkrete Informationen über den Entwicklungsgang der europäischen Kultur, sie bieten viele Überraschungen und rücken manche Gewohnheit und viele Vorurteile – nationale und andere – zurecht. Dieser Katalog ist darum weit mehr als eine geistreiche Spielerei: er ist ein Dokument, anregend für alle, die privat und im Beruf mit Büchern zu tun haben.

Bücher, die die Welt verändern
Eine Kulturgeschichte Europas
in Büchern

Ausgewählt und herausgegeben von
John Carter und Percy H. Muir
unter Mitwirkung von
Nicolas Barker, H. A. Feisenberger,
Howard Nixon und S. H. Steinberg

Eingeleitet durch einen Essay von Denys Hay

Deutscher
Taschenbuch
Verlag

Die Originalausgabe erschien 1967 unter dem Titel
›Printing and the Mind of Man‹
im Verlag Cassell & Co., London

Herausgeber der deutschen Ausgabe: Kurt Busse

Deutsch von Peter de Mendelssohn, Edwin Ortmann,
Jürgen Teichmann, Kurt Busse und Margot Arnold.

Juli 1976
Deutscher Taschenbuch Verlag GmbH & Co. KG,
München
© John Carter und Percy Muir 1967
© der deutschen Ausgabe: Prestel-Verlag München 1968
Umschlaggestaltung: Celestino Piatti
Gesamtherstellung: Passavia Druckerei AG Passau
Printed in Germany · ISBN 3-423-03137-9

Inhalt

Inhalt

VORWORT
zur deutschen Ausgabe

Dieses Buch verdankt einem Glücksfall seine Entstehung. Im Jahre 1963 fand in London eine Ausstellung der graphischen Industrie, IPEX 63, statt, die an Umfang alle vorausgegangenen Veranstaltungen übertraf. Der 1967 verstorbene englische Schrift- und Buchhistoriker Stanley Morison, der als Gelehrter und Mann der Praxis einen großen Einfluß auf das angelsächsische Buchwesen hatte, machte den Vorschlag, in einer Sonderschau anhand einiger hundert Bücher aufzuzeigen, welche gewaltigen Anstöße der Buchdruck der Entwicklung der westlichen Zivilisation in den letzten fünfhundert Jahren gegeben hat. Die Veranstalter der Industrieausstellung waren weitsichtig genug, diesem Vorhaben ihre volle Unterstützung zu geben; auch das Britische Museum, das zugleich die Aufgaben einer englischen Nationalbibliothek erfüllt, stellte seine Bücherschätze zur Verfügung, und eine Reihe sachkundiger Mitarbeiter trat in den Dienst der Sache. Mehr als einhundertsechzig öffentliche und private Bibliotheken in der ganzen Welt halfen durch ihre Leihgaben, für zehn Tage in London eine einzigartige Sammlung der Bücher aufzubauen, die den Prozeß der europäischen Welterkenntnis nacherleben lassen, da sie zum erstenmal die für ihn fruchtbaren Gedanken verbreiteten. Der reich kommentierte Katalog dieser ›Idealbibliothek‹ ist das vorliegende Buch.

»Es befaßt sich«, wie die englischen Herausgeber feststellen, »nur mit der westlichen Welt, obwohl westliches Denken fruchtbare Anregung aus allen Kontinenten empfing. Die Zahl der hier behandelten Druckwerke ist daher mit wenigen Ausnahmen vorsätzlich beschränkt auf Griechisch und Latein, die Muttersprachen der westlichen Zivilisation, und auf die Sprachen Europas, dem in diesem Zusammenhang die Britischen Inseln als Teil und die westliche Hemisphäre als Erweiterung zugehören. Einer zu erwartenden grundsätzlichen Kritik müssen wir zuvorkommen.

Die schöngeistige Literatur hat den menschlichen *Geist* erhoben und beflügelt. Aber sie wurde hier, wiederum mit wenigen Ausnahmen, beschränkt auf Beispiele der Verbreitung von Ideen (Candide, Alice in Wonderland) oder von Charakteren (Don Quijote und Faust), die spürbar das *Denken* des Menschen beeinflußten und damit sein Handeln. Unsere Aufgabe bestand notwendig eher im Weglassen als im Hinzutun, und sicher wird jeder Leser seine eigene Liste betrüblicher Auslassungen aufstellen … Dieses Gerüst sollte nun zur Gestalt, zum Bilde werden. Je nach Erfordernis des Einzelfalles glaubten wir Hintergrund und Perspektive, Analyse und Erklärung bieten zu sollen; aus einer sorgfältig ausgewählten Liste von Marksteinen und Exempeln war ein Buch zu machen, das nicht nur nachzuschlagen, sondern auch zu lesen ist. Die erste Sorge der Herausgeber war dabei, daß die Fakten richtig seien, die Kommentare verläßlich, die Urteile ausgewogen; dafür sind wir zahlreichen mitarbeitenden Spezialisten dankbar verpflichtet. Aber unbeschadet unserer vermutlich vergeblichen Hoffnung, die Sachkenner zufriedenzustellen, ist dieses Buch doch vor allem für eine breitere Leserschaft gedacht, für Menschen, die sich interessieren oder interessieren könnten für die Geschichte der Ideen, für den Fortschritt in Wissenschaft und Technik, für die Entwicklungen in der Philosophie, Theologie, Staatskunst, Wirtschaft und Soziologie, im Rechtswesen, in Erziehung, Geschichtsschreibung und Sprachforschung und auf vielen anderen Gebieten, soweit gedruckte Bücher das vermitteln.«

Der natürliche Vorrang der englischen Bücher in dieser Sammlung schien Herausgeber wie Verleger keine Schmälerung ihres Wertes für den deutschen Leser zu sein. Eher noch erhöht das für ihn ihren Wert, weil er so einen Einblick in den Werdegang der europäischen Forschung von einer ihm bisher kaum zugänglichen, sehr aufschlußreichen Seite erhält. Die großartige Leistung gerade der englischen Erforschung der Natur und der praktischen Anwendung ihrer Ergebnisse sowie die revolutionären Ideen in England und Frankreich auf dem Gebiete der Sinngebung der menschlichen Gesellschaft im 17. und 18. Jahrhundert machen dem deutschen Leser erst voll bewußt, was im 19. und 20. Jahrhundert die deutsche Forschung zu unserer heutigen Welterkenntnis beitrug. Herausgeber und Verleger der deutschen Ausgabe sahen deshalb keinen Anlaß, sich mehr als ein Mindestmaß von Veränderungen zu wünschen, die zumeist rein englische Traditionen betrafen, die uns nicht ohne weiteres verständlich sind. Einige Erweiterungen wurden von den englischen Herausgebern gerne gebilligt.

Die Übertragung der Texte aus so vielen Geistesgebieten stellte ungewöhnliche Anforderungen an die Übersetzer. Für ihre Geduld und Mühe sei ihnen aufrichtig gedankt.

Besonders dankbar fühlen sich Herausgeber und Verlag Herrn Dr. S. H. Steinberg für seine freundschaftliche und tätige Anteilnahme an der deutschen Ausgabe verbunden.

FIAT LUX

von Denys Hay

I

»In principio creavit Deus caelum et terram.« Dies sind die ersten
Worte im ersten Buch, das mit beweglichen Metall-Lettern gedruckt wurde: der zweiundvierzigzeiligen Bibel, die um 1455 in
Mainz erschien. In der Genesis folgten dem ersten weitere Schöp-
fungsakte. Unmittelbar nach Himmel und Erde kam das Licht.
»Und Gott sagte: Es werde Licht.« Am sechsten Tage schuf Gott
den Menschen nach seinem Bilde: »Als Mann und Weib schuf er
sie.«

Die ersten Menschen verständigten sich untereinander – so
muß man annehmen – durch Geräusche, Grunz- und Schreilaute,
hervorgerufen durch Schmerzen, Furcht, Hunger und Begehren
und dazwischen sanftere Laute warmen Behagens. Sie waren ver-
stehbar in einer gegebenen Situation, zumal wenn Gebärden und
Mimik ihnen halfen. Die Menschengruppen waren klein, und
ihre materielle Ausrüstung war kärglich. Familie und Stamm
stellten sich instinktiv auf die wechselnden Forderungen der Jahreszeiten ein, und dem langsamen Wandel von Klima und Umwelt setzten sie ihre zähe Lebenskraft entgegen, Eis und Dürre
bei ihrer unablässigen Suche nach neuen Jagdgründen trotzend.
Ein weniges von dieser der Sprache noch nicht mächtigen, aber
von Gefühlen bedrängten Welt mag man erfassen in Augen-
blicken der Angst, des Kummers, des Gelächters und in den wort-
losen und doch so verständlichen Lauten der Babies und der Lie-
benden.

Jedoch die vorüberziehenden Jahrtausende brachten die Worte,
und dies Vermögen des Sprechens ist wohl das wichtigste Instrument geworden, über das primitive Völker in ihrem schwierigen
und abenteuerlichen Kampf ums Überleben verfügten. Besondere
Geräusche verbanden sich mit besonderen Handlungen oder Gegenständen. Es wurde möglich, abwesende Dinge zu beschreiben
und künftige Verhältnisse zu entwerfen. Der Stamm konnte seine

Probleme besprechen und gemeinsame Unternehmen planen. Mit Hilfe von Dienern, die ihre Botschaften überbrachten, konnten die Mächtigen ihren Willen durchsetzen, auch an verhältnismäßig fernen Orten. Eine Form, Macht zu gewinnen und zu festigen, war die Redekunst, der Aufbau von Begründungen, die Formulierung wirksamer, in Worte gefaßter Drohungen und Versprechungen. Die führenden Männer konnten sich, auch wenn sie selbst nicht sehr zungenfertig waren, gewandter Sprecher bedienen. Solche Männer waren zur Hand in den Priestern. Mit den Worten kam die Magie des Wortes, die Macht, Göttern Gestalt zu geben und ihnen Gebete und Hymnen zu weihen. Und mit den Worten kam die Dichtung: der Barde, der die Taten der Stammeshelden und Stammesfürsten vortrug und der seine Kunst und seine Geschichten weitergab an andere Barden, so wie die Priester andere Priester ausbildeten, um die heiligen Gesänge vorzutragen. Das Gedächtnis der Menschen war untrüglich, und die Traditionen waren streng. Die Worte der Barden und der Priester mußten wie die Befehle, die des Königs Boten übermittelten, genau wiedergegeben werden. Merkwürdigerweise ist es für Leute, die in fortgeschrittenen Gesellschaften leben, schwieriger, diese Phase der Sprachentwicklung zu begreifen als die frühere der Laute und Zeichen. Soweit wir überhaupt etwas darüber aussagen können, handelte es sich um Sprachen in unverändert wiederholten Wortformeln – und Worte können Fesseln werden.

II

Den Bann der Worte brach der Mensch, indem er sie aufschrieb. Diese Phase scheint zuerst in Mesopotamien um 4-3000 v.Chr. erreicht worden zu sein. Ausgehend von einer großen Zahl konventioneller bildhafter Zeichen, eingeritzt auf Tontafeln, Sinnbilder für Dinge und Zahlwerte, erklomm das Schreiben schließlich eine Stufe, wo es abstrakte Vorstellungen zu vermitteln vermochte. Es konnte darüber hinaus die Symbole auch verwenden, um nicht nur Dinge darzustellen sowie Handlungen oder Vorstellungen, die mit ihnen verbunden waren, sondern auch Lautwerte: ein Schritt hin zur Zeichenwiedergabe wirklicher Sprache, der offenbar den Sumerern gelang zu einer Zeit, in der die ältesten uns erhaltenen Zeugnisse ihrer Keilschrift entstanden. Etwas später wurden mit den sogenannten Hieroglyphen Ägyptens und den chinesischen Schriftcharakteren kaum minder vollkommene Schriftformen entwickelt. Sumerische Keilschrift und ägyptische Hieroglyphen verschwanden im Lauf der Zeit. Die chinesische Schrift überlebte, ein lebendiges Fossil sozusagen, unter den großen Schriftformen der Welt.

Fast ebenso wichtig wie die Leistung, Abstraktes in Bildzeichen zu fassen, war die Erfindung eines phonetischen Alphabets. Wir wissen, daß es dies in Syrien mindestens seit dem 16. oder 15. Jahrhundert v. Chr. gab, viel spricht sogar dafür, daß eine alphabetische Schrift in Kanaan schon ein oder zwei Jahrhunderte früher in Gebrauch war. »Von allen Gegenden des Nahen Ostens«, schreibt David Diringer, »kann die Landschaft von Syrien und Palästina am ehesten beanspruchen, das Alphabet hervorgebracht zu haben.« Wenn auch die Vorstufen des nordsemitischen Alphabets im Dunkel bleiben, so läßt sich jedenfalls beweisen, daß vom kanaanäischen über das griechische Alphabet die europäischen Alphabete abstammen, die fast die ganze Welt erobern sollten.

Schrift und Literatur entwickelten sich in jedem Teil des Erdballs. Ihre größte Verbreitung fanden sie in Europa, weil hier die Schreibkunst mit einem Alphabet gehandhabt wurde, das nur aus einer kleinen Zahl von Buchstaben bestand. Man vergleiche etwa das lateinische, das ursprünglich nur einundzwanzig Buchstaben – abgeleitet vom etruskischen und griechischen – hatte, sowie die von ihm hergeleiteten Alphabete mit der enormen Zahl von chinesischen Schriftzeichen: zwischen fünftausend und sechstausend, die tatsächlich in Gebrauch sind. Dazu kam, daß sich in Europa auch die Schreibmaterialien wandelten. Nachdem anfänglich in Holz, Stein oder Ton geschnitzt oder geritzt und auf Borke, Leder und Stoff gezeichnet worden war, haben Schreiber hier zuerst Papyrus genommen und dann Häute zugerichtet und mit Tinte darauf geschrieben. Papyrus, gewonnen aus den Stengeln einer Sumpfpflanze im Niltal und in den Gegenden des östlichen Mittelmeeres, wurde zu Blättern verarbeitet, die einzeln verwendet oder auch so zusammengeklebt wurden, daß eine fortlaufende, zum Gebrauch und zum Ablegen aufzurollende Schreib-

fläche entstand. Im 4.Jahrhundert n.Chr. wurden diese Papy-
rusrollen durch Bücher ersetzt, deren Seiten aus Kalbs- oder
Schafshäuten bestanden, die zu Pergament aufbereitet waren. Die
Seiten wurden in der gleichen Art gefaltet, wie es beim modernen
Buch geschieht. Papyrusbücher sind zwar auch gefunden worden,
aber das Material war nicht so dauerhaft und eignete sich auch
nicht für diese Form. Das aus einzelnen Pergamentseiten bestehende Buch war handlicher als eine Rolle, bei der die beschriebenen Spalten hintereinander abspulten. Die Oberfläche des Perga-
mentes eignete sich auch besser zur schnelleren Kurrentschrift.

Die Verfügbarkeit des geschriebenen Wortes war die Voraussetzung der zivilisatorischen Entwicklung. Der Geist der Menschen erhielt eine neue Dimension: er konnte es sich leisten, zu
vergessen, da er sein Wissen außerhalb seiner selbst aufbewahren
konnte. Der Priester konnte Listen für den Tempelzins aufstellen,
konnte die kanonischen Schriften sammeln und die Einzelheiten
der Liturgie bewahren. Der Fürst konnte seine Rechte aufzeich-
nen lassen und seine Anordnungen mit einer neuen Genauigkeit
und Autorität übermitteln. In der Religion wie in der Politik
förderte das geschriebene Wort größere Einheiten. Im Gegensatz
zur Flüchtigkeit des gesprochenen Wortes war das geschriebene
beständig: »littera scripta manet.« Die Saat einer fortgeschrittenen Zivilisation konnte sich so verbreiten, und die beherrschende
Stellung, die zuerst die griechische, dann die lateinische Kultur
in der Welt des Mittelmeeres und im Süden Europas einnahmen,
verdankten sie in erster Linie der Schrift. Diese Saat konnte zudem jahrhundertelang schlafend im Boden liegen und doch wieder
zum Leben erwachen, wie es im europäischen Mittelalter und in
der Renaissance mit der Literatur und Wissenschaft der Griechen
und Römer geschah.

Die Literatur des geschriebenen Wortes war nicht nur religiöser und politischer Natur. Der Barde wich dem Dichter, und
schließlich fand auch die freie Prosa neben der älteren Epik und
der jüngeren Lyrik ihren Platz. Menschen konnten nun mit ihren
Schreibfedern spielen, gewandter, als sie es mit ihren Zungen
konnten; und sie taten es. Plumpe Wortspiele und -verdrehungen
konnten nun von kunstvoll konstruierten Wortfügungen – Akro-

sticha und Anagrammen – überboten werden, die erst in schwarzen Lettern auf weißem Grund geschrieben ihren Sinn enthüllten. Die einfache Rechenkunst der Addition und Subtraktion konnte sich nun entfalten zu reiner Mathematik. Sprache und Schriftgut erarbeiteten sich Normen, die in Grammatik und Rechtschreibung ihren Niederschlag fanden. Den heiligen Schriften der Religion stellten sich ebenbürtig profane an die Seite, Klassiker, wie sie später genannt wurden, aus denen die Philologen ihre Stilmuster gewannen. Dieser Wandel trat überall dort ein, wo die Kunst des Schreibens sich entfaltete. Wahrscheinlich vollzog er sich am raschesten und ging am weitesten im christlichen Europa. Das ›Drittel der Welt‹, darin die Söhne des Japhet wohnten, erbte das vereinfachte Alphabet der griechisch-römischen Kultur des Mittelmeeres und nahm eine Religion an, die auf geschriebenen Texten, alten und neuen, beruhte. Damit übernahm das Christentum die Verpflichtung, Lesen und Schreiben zu fördern. Seine Bibel – *das* Buch – erzeugte andere Bücher. Seine Priester wurden auf eine Bildungskonzeption verpflichtet, die zu guter Letzt so viele Menschen schriftkundig machte, daß die Nachfrage nach dem geschriebenen Wort mit den herkömmlichen Mitteln nicht mehr befriedigt werden konnte. Die dadurch in Europa geschaffene Notlage führte zur Erfindung des Buchdruckes.

Das Anwachsen der Fähigkeit des Lesens und Schreibens im Mittelalter ist nur unvollkommen belegt. Im großen und ganzen war das Hauptziel der formalen Bildung bis ins 13. Jahrhundert die Ausbildung von Priestern; der Lehrplan war abgestellt auf die Beherrschung des Lateinischen in Schrift und Rede. Die Lateinschule und die Universität waren die ganze Zeit hindurch gekennzeichnet durch diesen ihren ursprünglichen Auftrag. Im späteren Mittelalter jedoch besuchten viele Laien beide Bildungsstätten, ohne daß sie ihr Berufsziel in einer geistlichen Laufbahn oder in einem jener Berufe (Jurisprudenz und Medizin) sahen, für die ebenfalls die Universitäten das Rüstzeug lieferten. Höhere Schulen nahmen im 14. und 15. Jahrhundert in allen europäischen Ländern stark zu. Sie waren vor allem in den größeren Städten zu finden, aber nach und nach schickte auch der Landadel seine Söhne dorthin. Laien in öffentlicher Stellung hatten im 10. oder

11.Jahrhundert in der Regel keine Schulbildung. Im 15.Jahrhundert dagegen konnten ein Adliger und sein Verwalter lesen und schreiben, ebenso wie viele Damen des Landadels, und natürlich auch die Kaufleute und Krämer in den Städten. Obschon ohne Zweifel die große Mehrheit der Bevölkerung um 1400 noch keine Schulbildung besaß, ist doch sicher, daß damals die Geistlichkeit bereits eine Minderheit war unter denen, die lesen und schreiben konnten.

Dieser gesellschaftliche Wandel wurde begleitet von einer Wandlung im Charakter der Bücher. Im frühen Mittelalter war ein Buch eine Rarität. Hergestellt in einem geschützten Kulturwinkel, einem Kloster in Irland oder Italien, hatte es auch in der Regel eine Beziehung zur Kirche und wurde mit der Hochachtung behandelt, die einer heiligen Sache zukommt. Mit der Verbreitung von Kirchsprengeln in der ganzen Christenheit und der wachsenden Zahl von Klöstern (in England vermehrten sich die Ordensgemeinschaften von sechzig im frühen 11.Jahrhundert auf über tausend zu Beginn des 14.Jahrhunderts) hörten Bücher auf, besonders kostbar zu sein. Sie dienten als Bibeln und Meßbücher sowie als Schulbücher für die Geistlichkeit, auch wurden sie benötigt von den Mönchen bei ihren Abschriften alter Schriftkommentare und alter Andachtsbücher sowie beim Verfassen selbständiger Werke. Erziehung war um das 12.Jahrhundert völlig angewiesen auf Bücher. Auf den Schulen und mehr noch an den Universitäten waren bestimmte ›Autoren‹ vorgeschrieben und anerkannt und wurden gelesen und glossiert. Dafür war eine erhebliche Zahl von Texten erforderlich.

In dieser Zeit konnten Klöster, die früher im westlichen Europa die Hauptstätten der Bücherproduktion waren, den Bedarf nicht mehr befriedigen; zudem waren ihre Mönche an der Erziehung des Laienvolkes, ja selbst der Geistlichkeit, außer der der Mönche selber, nicht sonderlich interessiert. Deshalb wurde der Markt von beruflichen Schreibern beliefert, Leuten, die aus der Bücherherstellung einen Beruf machten. Bis ins hohe Mittelalter waren Autor und Schreiber oft dieselbe Person. Um die Wende des 13.Jahrhunderts begann die personale Einheit der beiden Funktionen sich aufzulösen. In und nach dem 13.Jahrhundert konnte man sicher sein, in einer Universitätsstadt einen Buchladen vorzufinden. Ein weiterer gewaltiger Schritt zur Vermehrung der Bücherherstellung und zur Senkung der Produktionskosten bedeutete die Verwendung von Papier. Pergament war zwar am Ausgang des Mittelalters sehr fein und leicht geworden, und anscheinend gab es auch bis zur Mitte des 15.Jahrhunderts genug davon. Aber inzwischen war die Verwendung von Papier schon weit verbreitet. Im 12.Jahrhundert hatte es seinen Weg von China über die islamischen Länder nach Europa gefunden. Um das frühe 14.Jahrhundert herum wurde Hadernpapier in beträchtlichem Umfang sowohl in Spanien wie in Italien gemacht, und von Italien aus verbreitete sich seine Herstellung nordwärts über die Alpen. Um der Bedeutung der Erfindung des Buchdruckes gerecht zu werden, muß man sich sorgfältig die handgeschriebenen Bücher in den letzten beiden Jahrhunderten vor Gutenbergs Erfindung ansehen. Das handgeschriebene Buch war einmalig und unverwechselbar. Das gilt nicht nur von den originalen, zum erstenmal niedergeschriebenen Werken. Es gilt fast ebenso von den Büchern, von denen eine große Zahl Abschriften gemacht wurden, Werken wie der Bibel selber oder den zahlreichen Büchern anerkannter Autoren, die von den Studenten in der Schule oder auf der Universität gelesen wurden. Die allergrößte Sorgfalt wurde sicherlich darauf verwendet, authentische Texte zu beschaffen. Die Vorschriften für Kopisten in den ›scriptoria‹ der Klöster waren streng. Die Universitäten stellten an die ›stationarii‹, die die Lehrbücher lieferten, sehr hohe Anforderungen. Doch jeder Abschreiber hatte seine besondere Schreibart, gewiß im anerkannten Stil seiner Zeit und Landschaft, die ihm trotzdem unendliche Variationen erlaubte bei der Bildung der Buchstaben, bei der Art, Wörter in Kurzform zu schreiben oder sonstwie zu kürzen, etwa durch Fortlassung der Endsilben. Selbst dann, wenn ein Werk Bogen um Bogen kopiert wurde auf Pergament- oder Papierlagen von derselben Länge wie die der Vorlage, ließ sich die Abschrift immer noch durch unzählige, wenn auch feine und feinste Abweichungen von seiner Vorlage unterscheiden. Wenn schon der Text zweier Bücher nie genau der gleiche war, so kann man sich vorstellen, wieviel größer die Unterschiede im Apparat – Inhaltsverzeichnis, Register, Glossar – waren. Das Register vor allem wurde mit Vorliebe zu einem Feld höchst persönlicher Betätigung und scheint gelegentlich eher das Werk eines Besitzers als das eines Kopisten gewesen zu sein. In dieser Situation geschah die Kennzeichnung von Büchern oft weniger durch den allgemeinen Hinweis, wie sie ein Titel bietet, als durch die genauen Angaben ihrer Eingangsworte (incipit) und ihrer Schlußworte (explicit) zusammen mit der Ziffer des ersten und des letzten Blattes. Auf diese Weise wurden die Bücher in den öffentlichen Bibliotheken, wie sie gegen Ende des Mittelalters an den Universitäten immer häufiger anzutreffen waren, aber auch in den älteren Büchersammlungen der großen Klöster und Kirchen katalogisiert.

Solange Bücher handgeschrieben waren, blieben Irrtümer unvermeidlich und mußten sich zwangsweise häufen. Bei Büchern von grundlegenden Texten wie denen der Bibel wurde immer wieder versucht, die Fehler auszumerzen, so daß hier der Text im ganzen bewahrt blieb. Bei liturgischen Texten sicherte die Sachkenntnis korrekte Abschriften. Aber in einem weiten Bereich der Literatur hatte ein handgeschriebenes Buch die Tendenz, um so weniger authentisch zu werden, je öfter es abgeschrieben wurde. Dieser Prozeß der Verstümmelung nahm zu, als der Hauptquell des Büchernachschubs nicht mehr die Geistlichkeit, vor allem die Ordensgeistlichkeit, war, sondern Laienschreiber. Der Berufsschreiber, der oft unter starkem Druck für einen beständigen und ihm vertrauten Markt schrieb, war häufig genug nachlässig und ohne Sachkenntnis. Gleichzeitig wurde auch die Qualität der Schrift selbst geringer. Obwohl großartige Handschriften von stolzen Schreibmeistern im Italien des 15.Jahrhunderts und einige prächtige Bände auch im nördlichen Europa geschaffen wurden, so war doch der Durchschnitt der handgeschriebenen Bücher des späten Mittelalters liederlich, unansehnlich und schwer lesbar, verglichen mit entsprechenden Werken des 11. und 12.Jahrhunderts. Lesen und Schreiben war, wie wir schon bemerkten, inzwischen viel mehr zur Gewohnheit geworden, und »Gewohnheit macht gemein«.

Ein Buchhandel existierte, jedoch vertrieb er im wesentlichen wohlbekannte Werke, und er hatte kaum, wenn überhaupt, Einfluß darauf, daß neue Bücher verfaßt wurden. Solche wurden in das Lager der Händler nur aufgenommen, wenn nach ihnen eine beträchtliche und sichere Nachfrage bestand. Ein Autor benötigte deshalb, wie in den Tagen Griechenlands und Roms, um zu leben andere Einkünfte, als seine Feder ihm bot: er war ein Mönch, ein wohlbestallter Geistlicher, ein Universitätsprofessor oder der besondere Günstling eines Fürsten oder eines Großen der Welt, gelegentlich auch ein Mann im Dienste einer Stadtgemeinde. Was er schrieb, mochte beitragen zur Ehre und zum Ansehen seines Gönners, und gelegentlich mag er auch belohnt worden sein von einem auswärtigen Mäzen, dem er ein Werk widmete: aber er wurde in keiner Weise dafür bezahlt. Vor allem hatte er keine Rechte an seinem Buch, kein Copyright. Wenn es einschlug und ständig in den Buchläden von Paris oder Köln auslag – er hatte keinen Gewinn davon.

Unter diesen Umständen wurden Bücher auf verschiedene Weise veröffentlicht. Entweder übersandte der Autor von sich aus eine gute Abschrift seines fertigen Manuskriptes an einen Freund oder Gönner, gewöhnlich mit einem Widmungsschreiben. Oder er lieh sein Werk, vielleicht in noch unfertigem Zustand, einem Kollegen, um später festzustellen, daß Abschriften davon ohne seine Genehmigung umliefen. Oft widmete der Autor dasselbe Werk auch verschiedenen Gönnern, vielleicht den Text ihnen zu Gefallen etwas ändernd; auf diese Weise kamen die vier Hauptfassungen von Froissarts ›Chroniques‹ zustande. Oder er behielt auch die Urschrift bei sich, an der er ständig weiter herumbosselte, gestattete aber, daß Teile davon oder auch das Ganze von Zeit zu Zeit abgeschrieben wurden; so erklärt sich die schwer zu entwirrende Geschichte des Textes von Thomas a Kempis' ›De imitatione Christi‹. Auch hier unterscheiden sich die Abschriften desselben Werkes durch eine Unzahl verschiedener Lesarten. Welches ist der ›echte‹ Text von Froissart oder von der ›Nachfolge Christi‹?

Während Veröffentlichen stets ein Abenteuer war, wurde die Unterdrückung von handgeschriebenen Büchern oft mit mehr System betrieben. Es gibt kaum ein besseres Zeugnis für die rasche Verbreitung der Bücher, als die wiederholten Versuche, zu verhindern, daß sie gelesen wurden. Vom frühen 13. Jahrhundert an – und es gibt sogar noch frühere Fälle – wurden Werke von Theologen oder Philosophen von Zeit zu Zeit durch mächtigere Rivalen verboten. Manchmal waren solche Versuche vergeblich wie im frühen 13. Jahrhundert die Verdammung des Aristoteles in den Schulen von Paris durch die geistliche Obrigkeit. In der nächsten Generation setzte ein neues Geschlecht von Aristotelikern die Annahme seiner Lehrmeinungen durch. Marsilio von Padua und William von Occam machten Bekanntschaft mit der päpstlichen Zensur; doch sie und ihre Werke überlebten, ohne Schaden zu nehmen. Ein besser geplanter Angriff, bei dem die betroffenen Päpste die Unterstützung der achtbarsten Theologen fanden, zielte auf die Lehren Wiclifs ab, obwohl er selber als Ketzer erst viele Jahre nach seinem Tode verbrannt wurde. Johann Hus' Schriften brachten ihn 1415 zu Konstanz auf den Scheiterhaufen. Die Verdammung eines Mannes zog die Verdammung seiner Bücher nach sich; sie wurden ebenfalls vernichtet. Natürlich war es leichter für Bischöfe und Inquisitoren, Werke eines Ketzers zu beseitigen, wenn sie gerade erst geschrieben und bevor sie weit verbreitet waren, und das geschah in der Tat: von vielen Schriften kleinerer Ketzer wissen wir nur durch die Richtsprüche über ihre Verbrechen. Lief jedoch ein Buch schon in größerem Kreise um, dann konnte nicht nur Wiclifs Theologie von Oxford nach Prag gelangen, sondern auch die Schriften von Wiclif und von Hus, der ganz zu Unrecht beschuldigt wurde, ein Schüler Wiclifs zu sein, überlebten in weitem Umfang ihre amtliche Totalvernichtung.

Ein Autor mochte nicht imstande sein, die Veröffentlichung seines Buches zu überwachen oder in jedem Fall zu sichern, daß es unverstümmelt, wenn überhaupt, am Leben blieb, und er konnte kein Einkommen aus ihm beziehen, selbst wenn es Erfolg hatte. Aber er hatte im späteren Mittelalter Leser über den eigenen begrenzten Kreis hinaus, und wenn sein Werk in der Landessprache verfaßt und nicht technischer Natur war, hatte er ein Publikum im modernen Sinn des Wortes. Dantes Göttliche Komödie, Petrarcas Gedichte, das Dekameron von Boccaccio und

Chaucers Canterbury Tales wurden nicht geschrieben, um einen einzelnen Menschen oder einen Hof oder einen literarischen Zirkel zu unterhalten, sondern um alle zu erfreuen, die überhaupt lesen konnten. Die Autoren des 14. und 15.Jahrhunderts hatten Schwierigkeiten mit ihrer Sprache. Es gab nicht nur das eine Französisch, Englisch oder Italienisch. Bedeutendes, schöpferisches Schriftwerk in der Volkssprache förderte jedoch die Ausbildung verbindlicher literarischer Sprachen, so wie die Werke von Dante, Petrarca und Boccaccio jener Sprache, die man ›höfisches Toskanisch‹ nennen könnte, zu ihrer späteren Bedeutung verhalfen.

Im 15.Jahrhundert hatten steigender Bildungsstand und die wachsende Zahl der des Lesens Mächtigen die Erfindung des Buchdrucks zur Folge. Welches war der geistige Grundstock Europas in diesem kritischen Moment? Welche Bücher fand der Drucker damals vor, um sie zu drucken? Die Liste ist beachtlich lang. Sie enthält die Hauptautoren des klassischen Altertums einschließlich – um 1450 – der wichtigsten römischen Autoren außer Tacitus und – in lateinischer Übersetzung wie in der Ursprache – das meiste von Aristoteles, etwas von Plato und Homer. Von diesen Werken hatten sich schon in Gestalt einer Unzahl von Kommentaren und selbständigen Werken Ableger gebildet, so wie seinerzeit römische und griechische Ideen in der revolutionärsten Schriftensammlung, die uns die Vergangenheit als Erbe hinterließ, dem jüdischen Alten und dem christlichen Neuen Testament, aufgegangen waren. Mit diesen griechischen, römischen, jüdischen Bestandteilen mischten sich Gelehrsamkeit und Naturwissenschaft der arabischen Welt – Galen, Averroes und die übrigen. Wie ihre hellenistischen Vorgänger münzten mittelalterliche Scholaren und Literaten oft ihren gewaltigen Vorrat an Ideen in Kurzfassungen aus, in Anthologien, in Florilegien. Sie hatten die Übung des Glossierens, des Auslegens eines Textes, zu einer feinen Kunst entwickelt, auch hier das Muster alter Zeiten wiederholend. Sie stützten sich dabei auf die Überzeugung, daß Dialektik ein Weg sei, um der Wahrheit näherzukommen, und daß das Wort – schwarz auf weiß – eines Autors, einer Autorität, am Anfang aller Weisheit stünde.

Der Ideenreichtum der mittelalterlichen Bücher entzieht sich jeder knappen Übersicht. Man findet in dem Jahrtausend zwischen dem Fall Roms im Jahre 410 und dem Fall Konstantinopels im Jahre 1453 praktisch jede denkbare Meinung vertreten. Da gibt es Monarchisten, Republikaner und Kommunisten. Da gibt es Philosophen, die den Menschen und die geschaffene Welt in ein Netz von Kausalitäten bannten, und andere, die solche Gesetzlichkeit verneinten zugunsten einer subjektiven Hinwendung zu den Mysterien und einer pragmatischen Einstellung zur Sprache der Metaphysik. Da gibt es Zyniker und Mystiker und viele, die ein wenig beides sind. Da gibt es Schilderer ihres eigenen Lebens sowie Chronisten und Gelehrte, deren chronologische Berechnungen jenen den Boden bereiteten. Da gibt es Männer, die Geschichten erzählen, und andere, die uns das Leben von Heiligen und großen Leuten beschreiben; und das gibt es sogar ein paar Schriftsteller, die – wie Petrarca – mit Tinte und Feder ihr Innerstes offenbaren. Und dann gibt es Dichter. Die lateinisch Dichtenden ahmten mitunter die klassischen Autoren nach, die sie auf der Schule kennengelernt hatten, in einigen Fällen sogar mit glücklichem Ergebnis. Aber sie hatten mehr Erfolg, wenn sie ihre Phantasie – auch auf lateinisch – wandern ließen im rhythmischen Reimvers der Volkssprache wie in den Goliardenliedern, deren ungekünstelte Laune und gelegentlich auch sinnliche Leidenschaft den Geistlichen, die sie schufen, eigentlich hätten fernliegen sollen.

Eines muß, weil es wichtig ist, hier angemerkt werden. Mit wenigen Ausnahmen wurden ernste Themen lateinisch abgehandelt, der Volkssprache bediente man sich nur dort, wo es sich in der Meinung der Zeit um nichtige und sehr irdische Dinge handelte. Als Gelehrte schrieben Dante ebenso wie Petrarca und Boccaccio lateinisch; was sie auf italienisch schrieben, behandelte mehr volkstümliche Themen. Latein war die Sprache der Gebildeten, es wurde in der ganzen Welt verstanden und überall in der Christenheit gelehrt. Es war die einzige Sprache, die über eine elementare Stufe hinaus schulmäßig gelehrt wurde. ›Italienisch‹ gab es nicht, es gab ein Dutzend italienischer Mundarten, und das gleiche gilt vom Französischen, Deutschen, Englischen und von den spanischen Sprachen. In Frankreich und in England verschafften Hof und Hauptstadt jeweils *einer* Mundart des Französischen und des Englischen Vorrang vor den anderen. Zu Beginn des 15.Jahrhunderts gab es sonst in Europa keinen ähnlichen Ansatz zu einer sprachlichen Einheit, sieht man von den erwähnten Wirkungen ab, die von den großen volkssprachlichen Schriftstellern herrührten. Doch auch die Dialekte, wozu die ortsgebundenen Mundarten sich später entwickelten, waren durchaus an die großen geistigen Strömungen der Zeit angeschlossen. Die Arthussage drang überall hin, ebenso wie die lateinischen Klassiker, die in das Niederdeutsche und das Katalanische übersetzt wurden. Die eigentlichen Schriftkundigen waren immer noch die Geistlichen und die Männer, jetzt oft Laien, die auf einer Lateinschule oder an einer Universität, ursprünglich für Geistliche bestimmt, etwas Latein gelernt hatten. Aber für die, die kein Latein lesen konnten, war auch schon viel vorhanden. Unter den Werken, die allgemein in einer volkssprachlichen Fassung gegen Ende des Mittelalters zur Verfügung standen, befand sich die Übersetzung der lateinischen Bibel – der Vulgata.

III

Am Eingang der Ausstellung von 1963, der dies Buch seine Entstehung verdankt, war eine vergrößerte Wiedergabe der ersten Seite von Gutenbergs Bibel zu sehen, auf der ein Scheinwerfer die Worte »fiat lux« – Es werde Licht – heraushob. In welchem enormen Maße der Buchdruck den allgemeinen Zugang zum Buch verbesserte, läßt sich gut am Beispiel der Bibel selber aufzeigen. Die lateinische Vulgata war bereits im Jahre 1500 vierundneunzigmal gedruckt worden. Übersetzungen in die Volkssprache lagen um 1600 praktisch in jeder europäischen Sprache vor. Um diese Zeit gab es Druckpressen in fast jeder Stadt einigen Umfangs. Manche Erfindungen – zum Beispiel die Wassermühle – brauchten Jahrhunderte, bis sie allgemein verbreitet waren; die meisten brauchten dazu einige Generationen. Die Druckkunst war eine Ausnahme. Sie breitete sich mit phantastischer Geschwindigkeit von Mainz aus, und in den neunziger Jahren des 15.Jahrhunderts hatte jeder größere Staat ein bedeutendes Verlagszentrum.

Die Welt der Bücher hatte sich gewandelt, und es ist unmöglich, die Schnelligkeit dieses Wandels zu übertreiben. Es ist jedoch nur zu leicht, seine Folgen zu übertreiben und der Druckkunst an sich zuzuschreiben, einen ebenso raschen Wechsel im geistigen Zustand der Menschen bewirkt zu haben. Wenn Bacon die Druckpresse zusammen mit dem Schießpulver und dem Kompaß anführt als Herolde der modernen Welt, so vereinfachte er leider die Wirklichkeit. Eine genauere Überprüfung der ersten Ära der Druckkunst, von Gutenberg in den fünfziger Jahren des 15.Jahrhunderts bis zum frühen 19.Jahrhundert, zeigt, daß viele und tiefgreifende Zusammenhänge mit dem alten, an die Handschrift gefesselten Mittelalter bestehen blieben.

Das gedruckte Buch ähnelte anfangs äußerlich dem handgeschriebenen. Dies bestand aus Pergament- oder Papierbögen, die zusammengeheftet und in Buchdeckel eingebunden waren. Auf einem Bücherbord sah eine Reihe mittelalterlicher handgeschriebener Bände nicht anders aus als eine Reihe von Büchern aus der Frühzeit der Druckkunst. Auch sah ein handgeschriebenes Buch, das man vom Bord nahm und aufschlug, nicht anders aus als ein frühes Druckwerk. Der Drucker warb mit seiner Ware um die vorhandene Buchkundschaft und tat, was er konnte, um sie so zu beliefern, wie sie es gewöhnt war. Im Rheinland hatte Gutenberg Drucktypen benutzt, die den besten einheimischen Buchhandschriften gleichen sollten. In den Niederlanden druckte man in Typen nach der ›Bastard‹-gotischen Handschrift, und auch der große englische Drucker Caxton wählte diese Mischform von Buch- und Kurrentschrift für seine ersten Druckwerke. In Italien wurde, vor allem für geisteswissenschaftliche Texte, eine gotische Brechungen meidende Humanisten-Handschrift gepflegt, die sich zur Antiqua und Kursive ausbildete. Diese waren die Vorbilder für die Drucker in Rom, Venedig, Mailand, Neapel und Florenz. In den frühen siebziger Jahren des 15.Jahrhunderts gab es Drucker in allen diesen Städten. Auch wagten die frühen Drucker nicht oft, ihre Möglichkeiten im großen Stil einzusetzen. Eine Auflage bestand selten aus mehr als tausend Exemplaren, und zweihundert scheint das Normale gewesen zu sein. Die Gründe waren technischer und finanzieller Art, nicht zuletzt die

Schwierigkeit, Kapital aufzubringen, das in großen Vorräten aus Papier, Schriftmetall und fertig gedruckten Büchern festgelegt werden mußte. Doch die Haupterklärung für die beschränkten Auflagen lag in der Abhängigkeit des Drucker-Verlegers von einem Markt, der nicht unbegrenzt war. Er konnte sich auf eine ständige Nachfrage nur bei Standardwerken wie der Bibel oder dem Latein-Schulbuch des Donatus oder Andachtsbüchern und ähnlichem verlassen. Die Mehrzahl der im ersten Jahrhundert der Druckkunst gedruckten Bücher waren die alten Werke, die der Gegend, in der der Drucker wirkte, vertraut waren. Ziemlich bald entwickelte sich ein gewisses Maß von Spezialisierung, und die von einigen Druckern herausgebrachten Bände erwiesen sich als Verkaufsobjekte eines weiträumigen Handels und bildeten den Grundstock besonderer Märkte und Buchmessen wie die weltberühmten in Frankfurt und Leipzig.

Auch die Stellung des Autors hatte sich nicht verändert. Er wurde am Verkauf seines Werkes in keiner Weise beteiligt. Viele neue Bücher, vielleicht die meisten, wurden auf Kosten des Autors oder seines Gönners gedruckt. Wurde der Autor bekannter, übernahm der Drucker vielleicht einen Teil der Kosten. War der Autor berühmt – wie Erasmus oder Luther zum Beispiel –, trug wohl der Drucker die gesamten Kosten und gestand sogar dem Autor einige Exemplare zur eigenen Verwendung zu. Aber nichts konnte verhindern, daß ein populäres Buch Dutzende von Malen und an Dutzenden von Orten ohne Kenntnis des Autors nachgedruckt wurde. Männer wie Erasmus und Luther konnten so dem Drucker zu einem Vermögen verhelfen, der umgekehrte Fall trat nicht ein. Erst im Laufe des 17. Jahrhunderts wurde allmählich eine Bezahlung der Autoren üblich, und nicht vor dem frühen 18. Jahrhundert erhielten sie bedeutende Summen. Schließlich sicherte der Staat – und England zuerst – dem Autor einen Rechtsanspruch auf sein Buch, das Copyright. Um 1800 war diese Entwicklung mehr oder weniger abgeschlossen. Autoren konnten nun, wenn sie Erfolg hatten, von ihrer Feder unmittelbar leben und nicht nur mittels einer Unzahl von Widmungsexemplaren an reiche und mächtige Männer oder als Nutznießer von Sinekuren der Kirche oder des Staates. Eines der Hauptkennzeichen der ersten drei Jahrhunderte des Buchdruckes ist, daß der schöpferische Schriftsteller seine Bücher schrieb, um seinen neuen Ideen Ausdruck zu verleihen, nicht um Geld zu verdienen. Erasmus konnte dank seiner wohlsituierten Freunde ein behagliches Dasein führen, aber seine zahlreichen ›Bestseller‹: das ›Lob der Torheit‹, die ›Adagia‹, die ›Gespräche‹, ferner die lange Reihe pädagogischer und moralischer Werke, schließlich seine hochgelehrten Ausgaben der Kirchenväter und der Klassiker, sie waren das Werk eines Mannes, der aus innerem Antrieb forschte und schrieb, und nicht für Geld. Und auch Milton schrieb sein ›Verlorenes Paradies‹ nicht für die fünf Pfund, die sein Verleger für das Manuskript zahlte, oder die weiteren fünf Pfund, die er bekommen sollte, falls eine Neuauflage nötig würde.

In vieler Hinsicht berührte somit die Druckkunst materiell weder Bücher noch Autoren, außer, daß eben eine größere Anzahl eines Werkes schnell hergestellt werden konnte. Doch war diese Vervielfachung der Bücher schon eine sehr bemerkenswerte Sache. Da die Erfindung und die Verbreitung der Druckkunst zusammenfielen mit der fortschreitenden Entfaltung jener Bildung, die sie hervorgebracht hatte, so bedeutete der zunehmende Bücherverbrauch zweifellos, daß mehr Menschen zu lesen begehrten, genauso wie er die Möglichkeit erleichterte, es zu lernen: ein ›Circulus virtuosus‹ hatte eingesetzt. Im 16. Jahrhundert und später wurde es für einen Mann fast unmöglich, Reichtum oder Einfluß zu gewinnen, wenn er nicht lesen und schreiben konnte. Der Wohlhabende in jedem europäischen Lande war sich bewußt, daß, um hier auf Erden zu bestehen, ja selbst, um sein Geld standesgemäß auszugeben, Bildung notwendig war. Der Ehrgeizige wußte, daß Bildung den Weg zum Erfolg ebnete. Die Söhne des Landadels und die Söhne der meisten großstädtischen Bürger wurden auf eine höhere Schule geschickt: Lateinschule, Lyzeum, Gymnasium. Der schottische Bauernsohn, der einen Magistergrad anstrebte, um Geistlicher oder Schulmeister zu werden, die Bauernsöhne in der Romagna oder in den Abruzzen, die in geistliche Orden eintraten, verursachten (im 17. und frühen 18. Jahrhundert), was im Jargon moderner Nationalökonomie heißen würde: ›eine Krise der Überproduktion‹. Die Lehrpläne der höheren Schulen waren sich in allen europäischen Ländern bemerkenswert ähnlich. Romane und Germane, Katholik und Protestant, sie alle lernten eine Menge Latein und ein wenig Griechisch. Die Texte, die sie lasen, versahen ihre Lehrer mit Weisheitssprüchen, und die Themen waren so gewählt, daß die Klassiker der Antike Beispiele dazu liefern konnten: Geschichte des Altertums, Redekunst, Poesie – mit einem Wort: die humanistische Bildung. Ihr Wesen war literarisch. Mathematik hatte nur einen geringen Anteil daran. Auf der tieferen Stufe konnten die Kinder lesen und schreiben und ein wenig rechnen lernen in den Schulen, die hier und dort ein Pfarrer oder sein Gehilfe oder eine gebildete ›Hausdame‹ betrieben; die Handwerker und Kaufleute erwarben ihr Können, einschließlich Lesen und Schreiben, hauptsächlich in gewerblichen Lehren oder einer entsprechenden Ausbildung. Für die, die es sich leisten konnten, war jedoch in der Regel die Lateinschule der Hauptquell ihrer Bildung, und sie überzog den Adel und die bürgerliche Führungsschicht in Europa mit dem Glanz einer vom Latein geprägten geistigen Kultur.

Die in den Schulen benutzten Bücher sowie die Bücher, die von der Handvoll gebildeter und gelehrter Leute geschrieben und gelesen wurden, waren, verglichen mit den Büchern des späteren Mittelalters, technisch besser. Wenn ein Band gedruckt wurde, anstatt von Hand kopiert, so lohnte es sich, den Text immer wieder auf seine Korrektheit zu überprüfen. Im handgeschriebenen Buch war Korrektheit zwar auch höchst erwünscht, aber praktisch kaum erreichbar. Der gedruckte Text dagegen wurde sorgfältig gesetzt und auf Fehler hin gelesen; die corrigenda konnten sofort beigefügt und bei späteren Auflagen berücksichtigt werden. Damit näherte er sich einer Vollkommenheit, die gewiß von den großen Druckern des 16.Jahrhunderts (Aldus, Froben, den Estiennes und anderen) und ihren Nachfolgern angestrebt wurde. Ferner machte es der größere Bestand an Büchern notwendig, sie genau und schnell erkennen zu können. Der Titel eines Buches, der sich im Kolophon alter Handschriften und früher Inkunabeln nur mühsam, wenn überhaupt auffinden ließ, wurde nun am Anfang des gedruckten Werkes auffallend herausgestellt und nahm bald eine ganze Seite ein als Anzeige für das Buch, das nachfolgte. Die schwerfällige Glosse wich allmählich der Fußnote, die dem Autor wie dem Leser die Möglichkeit gab, ermüdenden Textunterbrechungen durch gelehrte Hinweise oder zu lange Nebenbemerkungen zu entgehen. Der Index wurde vervollkommnet und das Alphabet machte damit als Werkzeug von Aufklärung und Gelehrsamkeit einen großen Schritt vorwärts.

Bibliotheken wurden zahlreicher und größer. Die Bibliothek der Sorbonne besaß im frühen 14.Jahrhundert weniger als zweitausend Bände, und in Cambridge waren im 15.Jahrhundert in den Universitätssammlungen nur gegen fünfhundert Bücher. Im 17.Jahrhundert hatte sich das Bild geändert. Fürstliche Förderer und Männer von Rang wetteiferten darin, große öffentliche Büchereien zu gründen, so wie die vom Kardinal Mazarin geschaffene mit ihren vierzigtausend Bänden. England fiel dagegen, soweit es sich um adlige oder fürstliche Förderer handelte, ab, aber die Universitätsbibliothek in Oxford, die Bodleian Library, wurde zu jener Zeit ein nationales Institut und war mit ihren gedruckten Katalogen führend, wie die Bibliothek des Britischen Museums, die in der Mitte des 18.Jahrhunderts gegründet wurde, es noch heute in der Mitte des 20.Jahrhunderts ist. Bedeutsamer noch war vielleicht die Verbreitung privater Bibliotheken. Im Laufe des 16.Jahrhunderts hörten die Geistlichen auf, die Hauptbuchkäufer zu sein. Erhaltene Bücherinventare in Frankreich zeigen, daß zwischen 1557 und 1600 auf jede Sammlung, die ein Geistlicher (Prälat, Priester oder Professor) anlegte, mehr als drei Sammlungen von Juristen oder Männern der Staatsverwaltung, der ›Laien‹-Aristokratie der ›gens de robe‹, kamen. »Im Jahre 1500«, so berichtet Sears Jayne in seinem ›Library Catalogues of the English Renaissance‹, »waren in England Bücher vor allem im Besitz geistlicher Anstalten ... Um 1640 rühmten sich die Universitäten Oxford und Cambridge vieler schöner Bibliotheken, jede mit Tausenden von Bänden; es gab mehrere Privatsammlungen von mehr als tausend Bänden, aber keine einzige wichtige kirchliche Bibliothek.« Im frühen 18.Jahrhundert besaß jeder Gentleman in seinem Hause einen Raum, der ›die Bibliothek‹ genannt wurde. Hand in Hand mit dieser Entwicklung kam eine neue Art der Bibliotheksorganisation sowie der bibliographischen Technik auf. Nach Sachgebieten angelegte Bücherverzeichnisse gibt es fast seit Beginn der Druckkunst. Johannes Trithemius, der spätere Abt von Sponheim nicht weit von Mainz, veröffentlichte 1494 sein ›Liber de Scriptoribus Ecclesiasticis‹. 1545 veröffentlichte der Schweizer Arzt und Naturkundler Konrad Gesner seine ›Bibliotheca Universalis‹ oder ›Vollständiges Verzeichnis aller lateinischen, griechischen und hebräischen Schriftsteller, der noch lebenden wie verblichenen, der alten und der neueren bis auf den heutigen Tag … Ein Werk, unentbehrlich nicht nur für den Ausbau öffentlicher und privater Bibliotheken, sondern für alle Studenten …‹. Die Wissenschaft der Bibliographie war entstanden. Um die Mitte des 17. Jahrhunderts war es verhältnismäßig einfach, zu ermitteln, welche Bücher über irgendeinen Gegenstand erschienen waren. Der Käufer war schon in der Lage, Bücherverzeichnisse zu Rate zu ziehen, die von den größten Druckhäusern regelmäßig herausgegeben wurden. Die jährlichen Verzeichnisse der Frankfurter Buchmesse erschienen seit 1564. Mehr oder weniger vollständige Verzeichnisse französischer Bücher wurden zwischen 1648 und 1654 herausgebracht, ein entsprechender englischer Katalog erschien erstmalig 1657. Von noch größerer Bedeutung für die Verbreitung von Informationen über neue Bücher und deren Inhalt war das Literaturjournal. Es begann mit dem französischen ›Journal des Savants‹ (1665), dem die ›Philosophical Transactions‹ der Royal Society in London (1675) folgten. Bereits im frühen 18. Jahrhundert wurden solche Zeitschriften übersetzt und übersprangen so die nationalen Grenzen. Dieser Prozeß wurde auch durch eine Gruppe von Wissenschaftlern gefördert, deren bedeutendster Pierre Bayle war. Von ihrem Asyl in den Niederlanden aus gaben sie die ›Nouvelles de la République des Lettres‹ und ähnliche Literaturjournale heraus und sorgten so für die Verbreitung der in Europa umlaufenden neuen Ideen.

Noch eine Liste von Publikationen wurde ebenfalls von Zeit zu Zeit veröffentlicht, sie freilich mit dem Ziel, die Leser vor den in ihr aufgeführten Büchern zu warnen. Das war der ›Index Librorum Prohibitorum‹, der seit 1559 mit päpstlicher Vollmacht herauskam. Der päpstliche Inquisitor oder der örtliche Bischof dort, wo es keine päpstliche Inquisition gab, wie zum Beispiel in England, waren im späten Mittelalter für die Unterdrückung häretischer oder unschicklicher Schriften verantwortlich gewesen. Die Druckpresse ließ eine solche Überprüfung der Bücher nicht nur den Kirchenfürsten oder dem Papst noch wichtiger als vordem erscheinen, sondern auch den Regierungen. Zwei Generationen nach Gutenberg rüttelte Luther Deutschland auf, und eine entsetzte Orthodoxie bemühte sich, die Quellen der Lutherischen Lehre zu ermitteln und ihrem weiteren Einfluß zu wehren. Nicht nur wurde das frühere Verbot der Bücher von Wiclif und Hus bekräftigt, zur selben Zeit wurden auch Erasmus' Schriften angegriffen und verboten. Gleicherweise bemühten sich die hohe Geistlichkeit und ihre Theologen, Luthers Schriften und die seiner Schüler zu unterdrücken. Anfangs waren diese Zensurbemühungen, wie wir noch zeigen werden, ortsgebunden. Die Zentralisierung der römisch-katholischen Zensur im römischen Index erfolgte erst nach dem Tridentinischen Konzil. Da der Index immer wieder neu aufgelegt wurde, hinderte er ohne Zweifel den freien Umlauf der Bücher dort, wo ein wachsamer Bischof oder Inquisitor seines Amtes waltete, und das blieb so jahrhundertelang, wenn auch Zeichen wachsender Toleranz im Jahre des Heiles 1965 offenbar wurden. Es mißlang jedoch dem Index, völlig zu verhindern, daß die von ihm verbotenen Bücher selbst in Gebiete eindrangen, die Rom gehorchten. Anderswo war für Protestanten oder – später – im Kreis der ›libres penseurs‹ oder ›Progressisten‹ die Tatsache, daß ein Buch auf dem Index stand, sogar ein Grund mehr, es zu lesen. Auch die Fürsten und die städtischen Behörden hatten kaum mehr Erfolg beim Unterdrücken von Büchern, die sie für aufrührerisch oder unmoralisch hielten. Wir erinnern hier daran, daß mit der Druckkunst auch die gedruckte Pornographie aufkam. Alle Bemühungen um staatliche Überwachung unerwünschter Bücher machten die wachsamen, einfallsreichen und gewinnsüchtigen Drucker zunichte, wenn sie auch hier und da persönlich Gefahr liefen und uns manche bibliographischen Rätselfragen hinterließen. Es war schon seinerzeit nicht leicht gewesen, ein handgeschriebenes

Buch zu ersticken. Unmöglich war es jedoch, ein gedrucktes zu vernichten. In Miltons ›Areopagitica‹ wurde die Publikationsfreiheit zum unveräußerlichen Recht des Bürgers erklärt.

Das gedruckte Buch unterschied sich demnach von dem handgeschriebenen dadurch, daß es in einer Zahl auftrat, die seine Unterdrückung praktisch unmöglich machte; daß es in der Regel einen verläßlicheren Text bot, unterstützt, wo es angebracht war, durch Fußnoten, Indices und sonstigen Anhang; daß es sich bequem in öffentlichen und privaten Bibliotheken sammeln ließ und daß es leichteren Zugang bot durch Bibliographien und regelmäßig erscheinende Literaturzeitschriften. Dank all dieser Vorzüge ebnete der Buchdruck den Weg zur Bildung und verschaffte dem Leser auch sonst mancherlei Freuden: er bewirkte einen Wandel in der Aufmachung des Buches und machte es rein als Gegenstand reizvoller, als die früheren Handschriften je gewesen waren. Natürlich waren das ganze Mittelalter hindurch schöne handgeschriebene Bücher geschaffen worden, angefangen von den Prachthandschriften aus der Zeit Karls des Großen bis zu den herrlichen Handschriften, die im 15. Jahrhundert Guidobaldo Montefeltre in Urbino sammelte; man sagte, er habe in seiner Bibliothek kein gedrucktes Buch geduldet. Aber das Niveau der gewöhnlichen handgeschriebenen Bücher war niedrig. Die Bücher, die Lehrern und Forschern im 14. und 15. Jahrhundert als tägliches Handwerkszeug dienten, waren unerfreulich anzuschauen. Bibeln konnten noch einigermaßen handlich und hübsch hergestellt werden, aber sie waren dann so klein geschrieben, daß sie fast unlesbar wurden. Die frühen Drucke, bemüht um einen Mengenmarkt, ahmten anfänglich Handschriften nach, die in der Gegend verbreitet waren. Das änderte sich jedoch, als Schriftgießer und Drucker mit der neuen Technik vertrauter wurden. Überall ging die Entwicklung weg von den schweren schwarzen zu lichten, mehr grau wirkenden Seiten, indem man leichtere Typen wählte, die ein lockeres, ansprechendes Satzbild ergaben. Hierbei leisteten die italienischen Drucker entscheidende Hilfe. Ihre ›Kursiv‹- und ›Antiqua‹-Schriften wurden in Europa Vorbild, außer in Deutschland und in den slawischen Ländern. Der Sieg der italienischen Typographie war die letzte, aber keineswegs geringste

Phase in der Eroberung des übrigen Europa durch die Ideen und Ideale, die in der Renaissance auf der italienischen Halbinsel entwickelt wurden. Diese angenehmen und raumsparenden Lettern, die anfänglich den Texten der lateinischen Klassiker und der italienischen Humanisten vorbehalten waren, gewannen allgemeine Anerkennung durch die Druckwerke des Aldus Manutius in Venedig. Daß sie nach und nach von ganz Europa übernommen wurden, ist der Schlüsselstellung der Lateinlehrer und ihrer adligen und einflußreichen Schüler zu danken. Selbst in Deutschland wurde die Antiqua für klassische und humanistische Texte verwendet. Zur selben Zeit begannen die Bücher kleiner zu werden. Zwar treffen wir im 17. und 18. Jahrhundert Foliobände noch in großer Zahl an, aber schon überwiegen die Quart-, Oktav- und Duodezbände.

Wir haben schon darauf hingewiesen, daß die Möglichkeit, Bücher zu drucken, unmittelbar keinen Einfluß auf die wirtschaftliche Lage des Autors hatte. Im Maße, wie sich das gedruckte Buch allmählich entwickelte und vervollkommnete, ergaben sich jedoch auch für die Autoren gewisse Folgen.

Wir können uns schwer vorstellen, daß die Schriftsteller des 16. und 17. Jahrhunderts beim Anblick ihres gedruckten Werkes nicht ein gleiches Wohlgefühl gehabt hätten wie ihre Nachfolger im 20. Jahrhundert. Der Geruch des Papiers, der Druckerschwärze, des Leims ist Gott sei Dank weder in Paris noch in New York jemals auf Flaschen gezogen worden, und man kann immer noch den Duft einer Frau und den Wohlgeruch eines neuen Buches unterscheiden: die daraus gewonnenen Empfindungen freilich lassen sich in ihrer Eindringlichkeit durchaus vergleichen. Die Autoren dazumal konnten allerdings ihre Nasen mit Pergament und Leder ziemlich verwöhnen, Gerüchen, die man heute nur noch zwischen den wohlriechenden Regalen einer großen Bibliothek genießen kann. Im übrigen werden auch sie ein Dutzend frischer Exemplare eines ihrer Bücher mit Stolz und Staunen betrachtet haben: nicht jeder bringt es bis zum Erzeuger einer so hübschen Menge, nicht jeder kann so viele werbende Boten hinausschicken in die unbekannte Fremde.

Der Autor eines Buches, das als Handschrift verbreitet werden sollte, wußte zumindest, wer es zunächst lesen würde. Die Veröffentlichung eines gedruckten Buches hatte andere Voraussetzungen. Es wurde seinem Wesen nach einer Zahl, vielleicht einer sehr großen Zahl von Käufern und Lesern angeboten, mit deren Umwelt und Geschmack der Autor nicht vertraut sein konnte. Im Falle eines Spezialwerkes, zum Beispiel aus der Medizin oder der Rechtswissenschaft, konnte man auf einen fachkundigen Leserkreis zählen. Aber auf den allgemein interessierenden Gebieten wie denen der Geschichte, der literarischen Kritik, der Philosophie, der Naturphilosophie und selbst der Theologie sowie natürlich dem der Schönen Literatur und der Versdichtung konnte niemand vorhersagen, wen genau das betreffende Buch ansprechen würde. Wohl war sich der mittelalterliche Schriftsteller bewußt, daß er darauf rechnen dürfte, letztlich auch ihm unbekannte Leser zu haben, aber der Grad dieser Unbekanntheit seines Publikums, den das gedruckte Werk notwendig besaß, war anderer Größenordnung. Ein neuer Anreiz machte sich geltend, den Text verständlich zu machen und ihn ansprechend darzubieten. Wo es anging, mußte der Autor nun vermeiden, sich in medias res zu stürzen, er mußte sein Werk in Szene setzen, zur Einführung seinen Inhalt umreißen und dabei sich und seinen Gegenstand dem Leser vorstellen. Man vergleiche etwa die Eingangsseiten der ›Florentinischen Chronik‹ von Giovanni Villani aus dem 14. Jahrhundert mit dem Anfang von Machiavellis ›Istorie Fiorentine‹, die zur Veröffentlichung bestimmt war, wenn sie auch erst nach des Autors Tode im Druck erschien. Ein ansprechend geschriebenes Buch hatte zudem mehr Aussichten veröffentlicht zu werden, denn seit der Mitte des 16. Jahrhunderts haben hauptsächlich die Buchhändler, nicht mehr die Drucker das Kapital für ein neues Werk bereitgestellt, und sie wußten oder glaubten zu wissen, was das Publikum haben wolle.

Vom 16. Jahrhundert an vollzog sich ein grundlegender Wandel hinsichtlich des lesenden Publikums, der auf den Beruf der Schriftsteller zurückwirkte. Nach und nach hörte Latein auf, die einzige oder auch nur die vorherrschende Sprache in der ernsthaften Literatur zu sein. Wir haben schon darauf hingewiesen, daß im Mittelalter die Volkssprache im großen und ganzen nur für Tagesliteratur gewählt wurde, selbst wenn spätere Generationen den ›Roman de la Rose‹ und die ›Divina Commedia‹ für unsterblich erachten sollten. Das blieb so noch im ersten Jahrhundert der Druckkunst, aber allmählich erlangten die Volkssprachen – unter dem durchdringenden Einfluß des Latein – eine Reife, die das Englische, das Französische, das Deutsche und die anderen Sprachen befähigte, mit Selbstvertrauen und mit Erfolg die schwierigsten Gedankengänge auszudrücken. Kluge und weitsichtige Männer werden sich gefragt haben, ob auf diese Weise nicht auch Fachwissen der Medizin, der Naturwissenschaft oder der Theologie auf den Markt gebracht werden sollte. Sicherlich gab es Fachleute geringeren Ranges, die es übel vermerkten, daß ihre ›arcana‹ dem gewöhnlichen Tageslicht ausgesetzt wurden. Aber der Prozeß war unwiderruflich. Lateinische Gelehrsamkeit wurde auf allen Gebieten ins Englische und Französische, Spanische und Deutsche übertragen, und die Gelehrten fingen an, sich in diesen ihren Sprachen auszudrücken. Gegen Ende des 17.Jahrhunderts war Latein für den gebildeten Schriftsteller nicht mehr unentbehrlich, auch wenn er es als Gelehrter noch so empfand. Auf der Frankfurter Buchmesse war das Verhältnis von lateinischen zu deutschen Büchern in den Jahrzehnten zwischen 1560 und 1630 zwei zu eins, in den 1680er Jahren standen mehr deutsche als lateinische Bücher zum Verkauf.

Im Englischen kennzeichnet das Erscheinen von Richard Hookers ›Of the Laws of Ecclesiastical Politie‹ (1594-1597) die Emanzipation des Englischen zu einer eigenständigen Sprache. Fünfzig Jahre früher wäre ein solches Buch lateinisch geschrieben oder es wäre, in englischer Sprache erschienen, ob seiner plumpen Schwerfälligkeit nicht beachtet worden. Allerdings forderte Hookers Tat ihren Preis. Sein bemerkenswertes theologisches Werk blieb den europäischen Gelehrten so gut wie unbekannt. Isaak Walton schildert uns in seinem Lebensbilde Hookers (1664), wie ihm »vor mehr als vierzig Jahren« erzählt worden sei, daß entweder Kardinal Allen oder der gelehrte Dr. Stapleton Papst Clemens VIII. auf das Buch aufmerksam gemacht hätten, indem sie den Papst davon unterrichteten, daß sie jetzt, »obwohl er, der Papst, noch letzthin gesagt habe, er sei nie einem englischen Buch begegnet, dessen

Verfasser den Namen Autor verdiene, dies Wunder erfahren hätten, und auch Seine Heiligkeit würde es erfahren, wenn der Autor lateinisch geschrieben hätte; denn ein armer unbekannter englischer Priester habe vier Bücher über Gesetze und Kirchenpolitik in einem Stil von so gewichtiger und zugleich so bescheidener Würde geschrieben, mit solch klarer Vernünftigkeit, daß ihnen noch kein Buch begegnet sei, das dieses überträfe«. Clemens stimmte dieser Meinung zu, als Dr. Stapleton dem Papst das erste Kapitel aus dem Stegreif lateinisch vorlas.

Über die europäischen Sprachgrenzen hinweg verkehrten die Gelehrten untereinander lateinisch, auch wenn sie nicht mehr lateinisch publizierten. Man muß sich vergegenwärtigen, daß noch bis ins 18.Jahrhundert hinein viele original lateinischen Werke gedruckt wurden und daß viele Schriftsteller (Galilei, Descartes und eine Menge anderer) ihre Werke lateinisch mit der gleichen Geläufigkeit wie in ihrer Volkssprache veröffentlichten. Latein blieb allgemein die Sprache für den internationalen Briefwechsel zwischen Gelehrten verschiedener Länder und wurde nur langsam durch das Italienische und später das Französische ersetzt. Übersetzungen ins Lateinische vermochten Kenntnisse, die ursprünglich nur in einer Volkssprache zugänglich waren, zu verbreiten; sie wurden darum mit wachsendem Bemühen um Genauigkeit angefertigt. Solche Übersetzungen wurden sogar in Zeitschriften wie dem französischen ›Journal des Savants‹ und den englischen ›Philosophical Transactions‹ veröffentlicht. Sie anzufertigen wurde erleichtert durch die Entwicklung der volkssprachlichen Prosa und Dichtung bis zum Ende des 18.Jahrhunderts. Unter dem Einfluß der lateinischen Grammatik und Syntax wurden die europäischen Schriftsprachen von denselben stilistischen Normen geprägt. Ihre Autoren waren ja aufgewachsen mit dem gleichen klassischen Bildungsstoff, so daß ihre Anspielungen und Hinweise überall sofort verstanden wurden. Trotzdem mußte sich jetzt ein gebildeter Autor entscheiden, ob er sich zuerst oder hauptsächlich an einen internationalen Leserkreis auf lateinisch oder an einen nationalen in der Muttersprache zu wenden gedachte. Die Entscheidung des betreffenden Schriftstellers wurde oft bestimmt durch seine Absichten. Der Sittenprediger und vor allem der kirchliche Reformator wollten natürlich viele Menschen ansprechen. Das war seit je so gewesen. Hus, wenn er tschechisch, der hl. Bernardino, wenn er italienisch predigte, taten das gleiche, was Luther und andere mit dem gedruckten Wort taten – sie wandten sich an die Masse. In der Tat stellten die predigthungrigen Hörerscharen des 15. Jahrhunderts oft die gesamte Bevölkerung einer Stadt dar, während das gedruckte Wort unmittelbar nur die erreichte, die lesen konnten, wenn diese auch die Botschaft weitergaben. Doch die gewaltige Zahl von Flugblättern, die in Deutschland herauskam – sechshundertdreißig wurden für das Jahrzehnt 1520-1530 gezählt – läßt keinen Zweifel, daß ohne die Druckerpresse die Reformation in Deutschland wohl anders verlaufen wäre. Luthers eigene Schriften bilden ein Drittel der in den vier ersten Jahrzehnten des 16. Jahrhunderts gedruckten deutschen Bücher. Seine Kampfschrift ›An den christlichen Adel deutscher Nation‹ (August 1520) wurden innerhalb zweier Jahre dreizehnmal nachgedruckt; ›Von der Freiheit eines Christenmenschen‹ (September 1520) kam bis 1526 achtzehnmal heraus; was seine Bibelübersetzung anlangt, faßt Dr. Steinberg die verwickelte Geschichte ihrer Drucke so zusammen: »Alles in allem sind noch zu Luthers Lebzeiten vierhundertdreißig Ausgaben der vollständigen Bibel oder von Teilen davon erschienen.«

Polemische Literatur stand natürlich auch im Dienste der Regierungen. Auch hier gab es Vorläufer, wie man aus den nationalistischen Flugblättern ersieht, die durch die englisch-französischen Feindseligkeiten während des Hundertjährigen Krieges hervorgebracht wurden, oder aus der hohen Achtung, die die anderen italienischen Höfe den Florentiner Kanzler-Gelehrten von Salutati an erwiesen. Aber die Regierung, die als Kriegsmittel handgeschriebene Pamphlete einsetzte, versuchte lediglich andere Kanzleien und die Räte der Fürsten zu beeinflussen. Gedruckte Kampfschriften dagegen waren dazu bestimmt, große und einflußreiche Teile der öffentlichen Meinung zu erreichen. Daher die Reihe der beamteten Männer, die seit den Tagen Heinrichs VIII., Franz I. und Karls V. im Namen der Könige und Minister schrieben, bis hinab zu den im amtlichen Zeitungsdienst des 18. Jahrhunderts tätigen Schreiberlingen. Daher die ›Hof-Historiographen‹, die im 17. Jahrhundert nach französischem Vorbild auch in anderen Ländern aufkamen. Und daher schließlich die von Kritikern und Rebellen gegen die Regierung gerichteten Veröffentlichungen, die – bedrängt von Zensur und Verfolgung – hinter dem Rücken der Polizei vordrangen zu dem Mann in der Studierstube, wenn nicht gar dem Mann auf der Straße.

Viel, vielleicht das meiste von dem, was in den Jahrhunderten nach Gutenbergs Erfindung gedruckt wurde, war von keinem bleibenden Interesse, es sei denn, man erfasse es von der Statistik her: die anschwellende Zahl der königlichen Bekanntmachungen, das Aufkommen und die Verbreitung der Presseorgane, die gewaltige Zahl der veröffentlichten Bücher. Interessant bleibt die zunehmende Reichweite des menschlichen Geistes, wie sie uns in diesem Buche hier entgegentritt. Um 1600 war das geistige Erbe der Antike für den Wißbegierigen vollständig verfügbar, und viel davon war in Texten der Volkssprachen zugänglich. Die Werke der wichtigsten Philosophen, Wissenschaftler und Historiker des Mittelalters lagen gedruckt vor, wenn auch noch ohne die textkritische Sorgfalt ediert, die man den antiken Schriften zu widmen begann. Und diesem ererbten Wissens- und Gedankengut fügte die Renaissance ihren besonderen Beitrag hinzu, der rasch Früchte trug und so dem Einfluß der Werke jener etablierten ›auctores‹ der Antike und des Mittelalters die Waage hielt. Das Schrittmaß des geistigen Wandels beschleunigte sich, und das Leitbild der ›auctoritas‹ wurde zum Kampf herausgefordert durch das der Neuheit. Die Faszination der Neuheit begann als Sauerteig zu wirken. Es gibt keine mittelalterliche Utopie. Seit Thomas Morus hat die Welt ihrer nicht mehr ermangelt, und es waren gedruckte Bücher, in denen Moralisten, Wissenschaftler, Philosophen wie Kunst- und Literaturkritiker immer wieder neue entwarfen.

Vor der Französischen Revolution setzte sich die Leserschaft der ernsthaften Literatur aus allen gebildeten Männern und Frauen zusammen, und Bildung war, zumindest im Grundsatz, ungeteilt. Die strengen akademischen Unterscheidungen, die sich später einnisteten, fehlten noch. Galilei betrachtete sich nicht nur als Naturwissenschaftler, sondern auch als Philosoph und als Schrift-

steller; tatsächlich schrieb er ein treffliches Latein und ein treffliches Italienisch. Das gebildete Publikum war imstande, die ständigen Fortschritte in der Naturerkenntnis und in der Technik –
ganz zu schweigen von den vertrauteren Gebieten der Ethik und
Theologie – zu verstehen, selbst wenn es sie nicht billigte. Gewiß waren einige der neuen Ideen schwierig, aber des Autors
guter Stil und die Form des Briefes oder des Dialogs erleichterten
ihre Verständlichkeit. Wenn ein Physiker wie Newton zu nüchtern war, um selber seine Lehre gefällig darzubieten, fand sich ein
Schriftsteller wie Fontenelle bereit, die notwendige ›haute vulga-
risation‹ vorzunehmen. Selbst Nachschlagewerke konnten, wie
Bayle und Johnson bewiesen, ganz persönlich sein, witzig und
elegant. Das Vorhandensein einer breiten Leserschaft gab der
Veröffentlichung einer Schrift, eines Buches gesellschaftliche Bedeutung. Der Schriftsteller entstand als besonderer Typ, auch
wenn er bis ins 18.Jahrhundert hinein kaum Honorare bekam.
Dabei unterschied man streng – wenigstens nach Auskunft von
Johnsons Dictionary – zwischen Genie und Talent. Wie es scheint,
tauchte der so verstandene Begriff des Genies im englischen
Sprachgebrauch 1754 zum ersten Male auf.

Sache der Drucker war jedoch nicht nur, Bücher und Schriften
von aktuellem Interesse sowie Werke von Genie oder zumindest
von Talent herauszubringen. Zunehmend veröffentlichten sie
auch eine Menge Bücher, die dem Gelehrten wie dem Unterneh-
mer und dem Politiker die Arbeit erleichterten und ihnen Zeit für
wichtigere Dinge sparten. Hierunter fallen in erster Linie Lexika.
Dem Forscher, der über einen gedruckten ›Thesaurus‹ verfügte,
mag man den mittelalterlichen Gelehrten gegenüberstellen, der
sich seinen Thesaurus selber anfertigen oder sich auf ein zerlesenes
Exemplar des ›Catholicon‹ stützen mußte. Die Veröffentlichung
von Logarithmentafeln oder anderen mathematischen und astronomischen Tabellen beschleunigte nicht nur wissenschaftliche
Berechnungen, sondern gab auch den Seeleuten verläßliche Hilfsmittel in die Hand.

Abgesehen von ihrem nützlichen Wirken gab die Druckpresse
auch den Freuden des Lebens neuen Schwung. Der Notendruck
verbreitete die jüngsten Lieder und Kompositionen unter den

Angehörigen der Oberschicht, die damals noch oft selber musizierten. Handgeschriebene Noten erforderten ein Können, das vom Amateur nicht erwartet werden durfte; die vom Drucker gestochenen Noten dagegen gaben die Komposition genau und bequem lesbar wieder. Die Technik des Kupferstiches förderte auch die Kenntnis von Bauwerken weit entfernter Gegenden. Lange bevor der junge Maler oder Architekt nach Italien kam, konnte er Italiens Meister in Mappen studieren und die Grundgedanken Palladios in sich aufnehmen. Wenn sein Gönner von der ›Grand Tour‹ zurückkam, so brachte er vielleicht, wenn er es sich leisten konnte, einige Originalbilder mit, gewiß aber einige Radierungen von Piranesi.

Bei der Musik und bei den Schönen Künsten tat der Druck sozusagen Magddienst. Bei der Schönen Literatur dagegen hatte er mindestens seit dem 17. Jahrhundert einen wesentlichen Anteil an ihrer Schöpfung. Obwohl immer noch bis ins 20. Jahrhundert auf dem Balkan und in Finnland Barden umherzogen, und obwohl auch im 19. Jahrhundert trotz der Industrialisierung in England und in Amerika Balladen neu entstanden und frei vorgetragen wurden, so war praktisch die gesungene und rezitierte Literatur verdrängt worden von der gedruckten. Bereits die Dichtung der späteren Renaissance schöpfte ihren besonderen, unverwechselbaren Charakter und Rang daraus, daß sie gelesen werden sollte, nicht mehr vorgetragen. Zwar wurde sie oft laut vorgelesen wie auch die Romane und die eleganten Essays – die meisten von unbeschreiblicher Langeweile –, an Regentagen etwa, wenn es unmöglich war, auf die Jagd zu gehen, oder im Kreis der Damen nach dem Dinner, während die Männer versuchten, wieder nüchtern zu werden. Doch eigentlich war der Text für Leser gedacht, die der Dichter schweigend in ein Buch vertieft vor sich sah.

IV

Mit dem 19. Jahrhundert beschleunigte sich das Tempo des geistigen Verkehrs, zuerst bewirkt durch die Bücher selber, später auch durch Erfindung anderer Hilfsmittel. Die stark ansteigende Bücherproduktion wurde ermöglicht durch die Vervollkommnung verschiedener technischer Neuerungen – Plattendruck, dann Setzmaschine und maschinelle Bindung –, die den Dampf und andere Energieformen für den Druck einzusetzen erlaubten, so daß, was jahrhundertelang ein Handwerk gewesen war, immer mehr zu einem industriellen Unternehmen umgewandelt wurde. Aus Verlegern, die sich bereits gegen Ende des 18.Jahrhunderts von den Druckern, die Bücher herstellten, und den Buchhändlern, die sie vertrieben, weitgehend abgesondert hatten, wurden nun oft große Gesellschaften einflußreicher Geschäftsleute, erpicht darauf, den wachsenden Markt mit Druckerzeugnissen zu versorgen.

Dieser Markt nahm sehr rasch zu. Die Männer, die in Europa in der Generation nach der Französischen Revolution an die Macht kamen, kann man als ›Mittelstand‹ bezeichnen, ein Begriff, der damals gebräuchlich wurde. Das Spektrum reichte von den Initiatoren der Industrialisierung, des internationalen Handels und des Bankgeschäftes bis zu den Zwischenhändlern und Ladenbesitzern. Ihre Arznei gegen die Übel der Welt war, diese mit ihren eigenen Wertvorstellungen in dem Maße, wie der Reichtum der Gemeinschaft sich mehrte, zu durchdringen. Diejenigen unter ihren Kritikern, die klagten, daß das Goldene Zeitalter einer gebildeten Elite vorüber wäre, standen dem Vormarsch der bürgerlichen Gleichheitsidee machtlos gegenüber. Die anderen Gegner, die den Kapitalismus zum Kampf herausforderten und dessen Untergang verkündeten, teilten gänzlich den Optimismus der Zeit. Kapitalisten wie Sozialisten setzten sich für die Beseitigung des Analphabetentums durch die Einführung der gesetzlichen Schulpflicht ein. Sie rannten offene Türen ein. Eine vorwiegend agrarische Gesellschaft kann auf Lesen und Schreiben verzichten: der Bauer geht oder ging bei der Natur in die Lehre. Die industrielle Revolution aber erforderte eine Bevölkerung, die lesen und schreiben konnte. In der Maschinenwelt des 19.Jahrhunderts wurde der Analphabet nicht nur beiseite geschoben, er konnte in einer großen Fabrik zur Gefahr werden und war als Arbeitskraft in einem großen Geschäft nicht zu gebrauchen.

Im Verlauf der Revolution in Frankreich war der Grundsatz unentgeltlichen Pflichtunterrichtes in Volksschulen verkündet und in der Verfassung von 1791 verankert worden. Auf dem Kontinent setzte sich im frühen 19.Jahrhundert die Einrichtung staatlicher Schulen für alle Kinder durch. In Großbritannien ging dieser Prozeß viel langsamer vor sich, außer in Schottland, wo schon vorzügliche Gemeindeschulen bestanden. Doch selbst in Britannien kam es nach und nach in der Mitte des Jahrhunderts zur Errichtung öffentlicher Schulen (nicht zu verwechseln mit den Public Schools), obwohl auch vorher schon ein erstaunliches Maß von privater Fortbildung da war: Arbeiter-Bildungsstätten, die ›Penny Cyclopaedia‹ und so fort. Auch waren diese Bemühungen nicht auf die Arbeiterklasse beschränkt. In den ersten Jahrzehnten des 19. Jahrhunderts bildete sich in fast jeder großen Stadt ein ›Verein‹, der Vorlesungen veranstaltete und eine Bibliothek ernsthafter Bücher unterhielt. Zur gleichen Zeit konnte sich der intelligente Leser mit einem intelligenten Journalismus beschäftigen, dessen erstes bedeutendes Beispiel die ›Edinburgh Review‹ war.

Die Verfeinerung der Bildung und ihr bemerkenswert rascher Fortschritt wurden zumindest im westlichen Europa und in Nordamerika durch die schnelleren Verkehrsmittel noch gefördert. Die abseits liegenden Gebiete der großen Länder wurden durch bessere Straßen erschlossen, durch Kanäle und noch wirksamer durch Eisenbahnen, die zunächst von einem städtischen Zentrum zum anderen fuhren und dann auch durch Tunnels und über Viadukte hinweg tief in unwegsame und menschenleere Gegenden vordrangen. Man konnte jetzt durch die Apenninen, durch das Zentralmassiv der Alpen und durch das schottische Hochland in Stunden statt in Tagen reisen. Ein Großteil überlieferter Lebensformen wurde aufgegeben. Die Sprachen, die Bücher, die Ideen von Paris und London begannen nun, die schon im Rückzug befindlichen Sprachgrenzen des Katalanischen, Provenzalischen, Bretonischen, Wallisischen, Gaelischen immer rascher zu durchlöchern. Die Schulmeister in abgelegenen Gegenden wie dem schottischen Hochland waren in den großen Städten ausgebildet worden, und ihren Schülern wurde bald bewußt, daß die Kultur mit den Hauptstädten marschierte. Durch diese Ausweitung des Marktes stieg die Nachfrage nach Büchern. Verleger und Autor profitierten auch insofern von der Eisenbahn, als sie stille Stunden der Muße mit sich brachte, für die Bahnhofsbücherstände die erwünschte Zerstreuung lieferten. Die ›yellowbacks‹ des frühen viktorianischen England, die geistig anspruchsvollen Ausgaben der Tauchnitz Edition (bestimmt für die englischsprechenden Besucher des europäischen Festlandes) sowie ernsthafte Zeitschriften waren Folgeerscheinungen der neuen Welt des Dampfrosses.

›Welt‹ ist das richtige Wort. Genauso, wie die Eisenbahn den Verkehr auf dem Lande schneller und sicherer machte, tat es das Dampfschiff zur See. Auch hier galt es, Langeweile durch Lektüre zu ›versüßen‹, und auch hier boten sich neue Märkte zur Ausnutzung an. Den englischen Verlegern standen nun große Gebiete in Übersee als Märkte offen – Nordamerika, dessen Bevölkerung sich durch Einwanderer von überall her rasch vermehrte, Australien, Indien und ein weitgespanntes Netz kleinerer Kolonien, in denen sich Bildung im wesentlichen auf die weißen Verwaltungsbeamten, die Siedler, und nicht zuletzt die Missionare beschränkte, die alles daran setzten, das Evangelium zu verbreiten, indem sie die Eingeborenen im Lesen unterrichteten. Bis ins frühe 20.Jahrhundert drangen parallel zur englischen Sprache auch das Deutsche, Französische und Spanische in Übersee vor, wenn auch nicht im gleichen Umfang.

Die Geistes- und die Naturwissenschaften Europas wurden jedoch im 19.Jahrhundert keineswegs von den Briten geprägt. Die führende Rolle in der Literatur, in den Schönen Künsten und in den akademischen Fächern war in der Renaissance von Frankreich an Italien abgegeben worden. Im 19.Jahrhundert kam es zu einer viel verwickelteren ›translatio litterarum‹. Die kulturelle Führung war nun zwischen Deutschland und Frankreich geteilt. Die deutsche Universität erholte sich zuerst von der Stagnation des höheren Bildungswesens, und es waren die deutschen Universitäten, wo in der nachnapoleonischen Zeit eine neue Naturwissenschaft, eine neue Geisteswissenschaft erstanden, die nun überall in Europa und in Nordamerika dem fortschrittlichen Unterrichtswesen ihr Gepräge gaben. Der deutsche Professor im Kreis seiner Schüler im Seminar oder Labor bemühte sich, die Kenntnisse in seinem Fach zu mehren und nicht Gentlemen oder gar Männer des öffentlichen Lebens auszubilden. Frankreich dagegen wirkte mit seiner romantischen und später realistischen Literatur, mit seinen Impressionisten und Nachimpressionisten als Magnet für Dichter, Romanciers und Maler. Natürlich gab es auch große französische Wissenschaftler, und Darwin war ein in Schottland ausgebildeter Engländer. Aber der Schrittmacher für die Geschichtswissenschaft, für Philologie, Physik und Chemie war Deutschland, und es gab keinen britischen Stendhal oder Flaubert, keinen spanischen oder italienischen Cézanne. Der Entschluß, Werke der Schönen Literatur auszuschließen, obwohl sich einige doch hineinzwängten, hatte zur Folge, daß dieses französische Monopol sich in diesem Buch nicht niederschlägt. Aber es ist bemerkenswert, daß von den hier beschriebenen wissenschaftlichen Büchern, die in den eineinhalb Jahrhunderten nach 1800 erschienen, ein Drittel aus dem deutschsprachigen Europa stammt und größtenteils aus Deutschland selber.

In der allgemeinen Einstellung zum Buche, wie sie sich um 1900 entwickelte, zeigt sich ein merkwürdiger Widerspruch. Auf der einen Seite erfreuen sich alte Bücher besonderer Wertschätzung, auf der anderen Seite werden neue Bücher allgemein als Verbrauchsgut angesehen. Das Sammeln von Büchern, das sich ursprünglich auf Inkunabeln und Ausgaben berühmter Autoren beschränkte, hat sich in den beiden jüngsten Generationen sehr verbreitet und erstreckt sich nun auf jegliche Art von Druckerzeugnissen und jede Art von Schriftstellern. Bibliographische Fachkenntnis hat zugenommen, und die feinsten Varianten werden mit großer Sorgfalt beachtet. Das schlägt sich in den Auktionspreisen nieder und führt dazu, daß sich auch Leute, die Bücher mehr als Kapitalanlage denn als Lesestoff betrachten, Sammlungen zulegen. Unter Kennern und Philologiestudenten gewinnen solche Bibliotheken ein ganz besonderes Ansehen, die das Glück haben, eine Anzahl Raritäten zu besitzen oder zu erwerben. Die Tage sind vorüber, da die Bodleian Library es fertig brachte, sich ihrer ersten Folioausgabe von Shakespeares Werken bei Erscheinen der dritten Ausgabe von 1664 zu entledigen.

Andererseits beherrscht jetzt das Paperback, nach langsamem Vormarsch in den ersten Jahrzehnten dieses Jahrhunderts, einen großen Teil des Büchermarktes. Die schreiende Aufmachung im Laden steht in krassem Gegensatz zu der unaufdringlichen Atmosphäre, wie sie noch vor dem Zweiten Weltkrieg für die Buchhandlungen typisch war. Diese extrovertierte Selbstgefälligkeit scheint das Muster für die Zukunft abzugeben. Wer sieht nicht voraus, wie sein nachbarlicher Buchladen langsam unter der Lavadecke der Paperback-Vulkane verschwindet? Daß ein ernsthaftes Buch als Taschenbuch erscheint, stempelt es offenbar bei vielen Lesern zum Klassiker. Solche Bücher haben keine lange Lebensdauer; sie sind gleichsam fleischlicher Natur, nur zu leicht sich mischend mit den verführerischen Werken der Schönen Literatur, die neben ihnen verkauft werden. Der Leser kauft das gediegene Erzeugnis als ein Mittel der Unterhaltung oder ehrgeiziger Aufbesserung seiner Bildung. Meine eigenen Regale sind mit Paperbacks aller Art vollgestopft, die ich mir im Laufe von dreißig Jahren zusammengekauft habe. Ich habe sie aufbewahrt, weil ich ein konservatives Verhältnis zu Büchern habe und schließlich auch Paperbacks zur Gattung Buch gehören. Doch stehen sie nicht in meinem Arbeitszimmer. Freilich, auch dort habe ich Paperbacks – einige sind französischen und italienischen Ursprungs (denn auf dem Kontinent neigen Verleger ernsthafter und sogar teurer Bücher zu der Annahme, daß ihre Leser sie sich selber binden lassen werden), einige sind Ausgaben wichtiger wissenschaftlicher Werke in englischer Sprache, die in einer gebundenen Ausgabe zu bekommen, zuviel Zeit und Mühe kosten würde.

Die rasche Zunahme der Bücher in unseren Tagen ist nur ein Teil des Wandels unserer Kommunikationsmittel. Viel wichtiger ist das Vorrücken des Rundfunks, des Hörfunks zuerst, dann des Fernsehens. Wie der Buchdruck, ist auch der Rundfunk eine technische Erfindung, die sich mit außerordentlicher Geschwindigkeit ausbreitete. Sie bedeutet einen weiteren Schritt nicht nur in der Verbreitung von Nachrichten und Erkenntnissen, sondern auch im Bereich politischen und kulturellen Wirkens. Die Fähigkeit des Schreibens ließ, wie wir ausführten, Reichweite und Wirkungsgrad der Herrschenden anwachsen, und die Druckkunst förderte diesen Prozeß. Durch den Rundfunk ist die Reichweite politischer Macht bei der Kleinheit dieser unserer Welt theoretisch ohne Grenzen. Wenn das 19. Jahrhundert eine Beschleunigung des Tempos bei der Eroberung weit abgelegener Räume durch die hauptstädtische Kultur größerer Länder erlebte, so ist der Rundfunk mit Erfolg dabei, die in ihrer regionalen Heimat verwurzelten Gemeinschaften samt ihren eigentümlichen Werten völlig auszulöschen.

Es ist natürlich denkbar, daß der Rundfunk die Welt der Bücher ersetzen wird. Sollte dies geschehen, so würde der Mensch auf eine frühere Entwicklungsstufe zurückfallen, zwar nicht die erste, auf der er sich mit Gestik und Gefühlslauten verständigte, so doch die nächste, auf der er sich nur des gesprochenen, aber nicht des geschriebenen Wortes bediente. Für die Unverwundbarkeit des Buches gibt es sicherlich keine Gewähr. Der Mensch liest nun schon seit etwa sechstausend Jahren. Das ist in der ganzen Spanne seiner Entwicklung ein ziemlich kurzer Abschnitt. Sprechen kann er seit sehr viel längerer Zeit. Lesen und Schreiben sind verhältnismäßig junge Errungenschaften, und deshalb mag sich die Redensart an ihnen bewahrheiten: Der letzte, der kommt, ist der erste, der geht. In der Tat wirken in der wissenschaftlichen Forschung Kräfte, die das Buch bedrohen. In einigen naturwissenschaftlichen Disziplinen sind die Fortschritte so rasch, daß ein Buch fast veraltet ist an dem Tage, da es gedruckt wird. Der Biologe, der Physiker und der Mediziner sind auf Zeitschriften angewiesen, um auf ihren Gebieten mit der Forschung Schritt zu halten. Selbst das ist für sie weniger befriedigend als der unmittelbare Kontakt, und so nehmen sie auf Kongressen, in Konferenzen und Kolloquien Zuflucht zum gesprochenen Wort. In der Sprachwissenschaft, wo die Tradition noch am festesten verankert zu sein scheint, macht das Sprachlabor die vertrauten Lehrbücher und Texte überflüssig. Wird der Rundfunk, wird die Beschleunigung des wissenschaftlichen Fortschritts und werden neue Lehrtechniken dazu führen, daß die Uhr des Buches, wie wir es kennen, abgelaufen ist?

»Littera scripta manet« – oder wie es im vollen Wortlaut heißt: »Vox audita perit, littera scripta manet« – »das gesprochene Wort verweht, das geschriebene besteht.« Sinnfälligerweise ist dieser Spruch zum erstenmal, wie es scheint, in einem der frühesten gedruckten Bücher aufgetaucht, in Caxtons ›Mirrour of the World‹, 1481. Sicherlich ist es unvorstellbar, daß die Impresarios der Zukunft die schöpferischen Geister werden überreden können, ihre Ideen ausschließlich dem Äther anzuvertrauen und zwischen Erde und Heaviside-Schicht schwingen zu lassen, bis die Wellen verebben in lautlosem Gemurmel. Autoren sind keine Kinder, denen es genügt, wenn ihre hübschen Kiesel in den großen Teich der Ewigkeit fliegen. Auch brauchen der Student und der Gelehrte auf vielen Gebieten der Wissenschaft ein bestimmtes Maß an Kontinuität. Sie brauchen Schultern, auf denen stehend sie Ausschau halten in die Vergangenheit und in die Zukunft; sie tragen kein Verlangen danach, zurückzukehren zu den Zeiten, da Gedächtnis alles war. Desgleichen kann sich die unendliche Vielfalt persönlichen Forschungsdranges und geistiger Interessen niemals in dem Angebot öffentlicher oder privater Rundfunkanstalten, so kultiviert es auch sein mag, niederschlagen. Vielleicht wird es einmal gelingen, Mittel zu ersinnen, die flüchtigen Worte und Bilder der Vergangenheit wieder einzufangen. Bis es soweit ist, wird es keinen Ersatz geben für den Druck, und das Buch wird die einzige Form bleiben, wie ein Zeitalter zu dem anderen zu sprechen vermag.

Dieser Essay trägt die Überschrift ›Es werde Licht‹. Das scheint ein paradoxer Titel zu sein für eine Abhandlung über die von Gutenberg vor fünfhundert Jahren erfundene Kunst, Druckerschwärze auf Papier zu bringen: wir nehmen die schwarzen Lettern wahr, und nicht das weiße Papier. Trotzdem darf man den Titel gutheißen, denn die gedruckte Seite erleuchtet den Geist des Menschen und wehrt, soweit dies hier auf Erden möglich ist, dem Zerstörungswerk der Zeit.

Die Zahlen unter den Abbildungen geben die Nummer des abgebildeten Buches. Die Rahmen dienen nur der Abgrenzung, sie folgen nicht den Proportionen der Bücher. Alle Abbildungen sind stark verkleinert.

»Im Anfang war das Wort« 1

DIE BIBEL in lateinischer Sprache. *[Mainz, Johann Gutenberg, Johann Fust und Peter Schöffer, um 1455]*

Das erste wirkliche Buch, das in der westlichen Welt mit beweglichen Lettern gedruckt wurde, war, wie es sich gebührte, das einflußreichste aller Druckwerke – die Bibel. Als Text lag die in Latein gehaltene Fassung der Vulgata zugrunde, die noch heute für die katholische Kirche maßgebend ist. Sie beruht hauptsächlich auf der Übersetzung des heiligen Hieronymus (etwa 340-420) aus den Ursprachen, enthält in einzelnen Teilen jedoch die Arbeit früherer Übersetzer und hat in späterer Zeit einige Abwandlungen erfahren.

Die erste gedruckte Bibel ist gemeinhin als die Gutenberg-Bibel bekannt; die Bibliographen nennen sie jedoch mit Bezug auf die durchschnittliche Anzahl der Zeilen in jeder Spalte die zweiundvierzigzeilige Bibel, um sie von einer wahrscheinlich in Bamberg um 1458-59 gedruckten Konkurrenz-Ausgabe zu unterscheiden, deren Spalte sechsunddreißig Zeilen enthält. Früher wurde sie zuweilen auch als die Mazarin-Bibel bezeichnet, weil das erste Exemplar, auf das man aufmerksam wurde, jenes in der Bibliothek des Kardinals Mazarin in Paris war.

Die Bibel trägt keinen Kolophon (oder Druckvermerk), doch ist man sich darüber einig, daß sie in Mainz gedruckt wurde und daß Johann Gutenberg, Johann Fust und Peter Schöffer den Druck besorgten. Das Exemplar in der Bibliothèque Nationale in Paris trägt einen handschriftlichen Vermerk seines Rubrikators und Binders Heinrich Cremer, des Pfarrers der St. Stephans-Kirche in Mainz, der besagt, daß er seine Arbeit am 24. August 1456 vollendete. Die Drucklegung eines so umfangreichen Buches – es enthält 641 Blätter und ist meist in 2 Bänden gebunden – muß mehr als ein Jahr gedauert haben; sie muß folglich zumindest mehrere

Monate vor der Auflösung der Teilhaberschaft zwischen Gutenberg, dem Erfinder, und Fust, seinem Geldgeber, die durch einen Prozeß und Gerichtsbeschluß am 6. November 1455 vollzogen wurde, begonnen worden sein. Fust und Schöffer druckten gemeinsam den vom 14. August 1457 datierten Mainzer Psalter, und die Schrifttype der zweiundvierzigzeiligen Bibel taucht in einem von Schöffer signierten Donatus von etwa 1470 wieder auf. Man nimmt folglich an, daß Gutenberg den Druck mit Schöffer als Gehilfen und Fust als Geldgeber begann; daß Fust, als er erfaßte, daß ihrem Unternehmen Erfolg winkte, eine legale Möglichkeit ergriff, um die Teilhaberschaft mit Gutenberg aufzulösen und sich den größten Teil des Gewinns zu sichern, und daß Schöffer es mit seinem Schwiegervater Fust hielt und er wahrscheinlich den Druck der Bibel vollendete.

Insgesamt sind, wenn man einige sehr unvollständige Stücke mitzählt, achtundvierzig Exemplare der Bibel bekannt, von denen sechsunddreißig auf Papier und zwölf auf Pergament gedruckt sind; einunddreißig Exemplare sind vollständig erhalten. Ihre Drucker bewarben sich um einen Markt, der bisher von den Herstellern erstklassiger handgeschriebener Bücher beliefert worden war. Die Gestaltung der Schrifttype und die Satzanordnung des Buches hielt sich daher an den Buchschrift-Duktus und die Buchgestaltung jener Zeit, und eine sehr hohe Qualität der Druckarbeit war erforderlich – und wurde erzielt –, damit das neue mechanisch hergestellte Erzeugnis erfolgreich mit seinen handgefertigten Rivalen in Wettbewerb treten konnte. In der Qualität des Papiers und der Druckerschwärze, in Formgebung und handwerklichem Können wurden Maßstäbe gesetzt, denen zu genügen späteren Druckern nicht leichtgefallen ist; nur hinsichtlich der Lesbarkeit der Druckschrift war es ihnen möglich, Besseres zu leisten als dieses, das erste und in vieler Hinsicht das großartigste gedruckte Buch.

DIE BIBEL in deutscher Sprache. *[Straßburg, Johann Mentelin, 1466]*

Binnen zehn Jahren nach Fertigstellung der ersten Ausgabe der Bibel in lateinischer Sprache (1) war bereits ein zweiter deutscher Drucker an der Arbeit, um eine Bibel in deutscher Sprache herauszubringen. Dies war überhaupt die erste Veröffentlichung der Heiligen Schrift in einer Volkssprache. Ebenso wie die Gutenberg-Bibel hat diese erste deutsche Bibel kein Titelblatt, und es findet sich in dem Buch keinerlei Hinweis auf den Namen des Druckers oder den Ort und den Zeitpunkt der Drucklegung. Ein handschriftlicher Vermerk des Rubrikators in einem Exemplar in Straßburg gibt jedoch an, daß der Druck des Bandes dortselbst im Jahr 1466 von Johann Mentelin vollendet wurde, und ein ähnlicher Vermerk im Münchner Exemplar besagt, daß dieses Exemplar ungebunden am 27. Juni jenes Jahres für zwölf Gulden erworben wurde.

Der Text beruht auf der lateinischen Vulgata, aber der Name des Übersetzers ist nicht mit Sicherheit bekannt. Man hat sie einem gewissen Rudigerus zugeschrieben, der möglicherweise der Andreas (oder Stephan) Rüdiger war, von dem man weiß, daß er im Jahr 1451 Professor der Theologie und Rektor der Universität Leipzig war. Man hat vermutet, daß die Übersetzung von den Glaubenssätzen der Waldenser beeinflußt wurde, einer Sekte, welche im 12. Jahrhundert die Lehren, Bräuche und Überlieferungen der Römischen Kirche verwarf und ihren Glauben ausschließlich auf die Autorität der Bibel gründete. Doch galt diese deutsche Fassung gewiß nicht als ketzerisch; zwischen 1466 und dem Erscheinen von Luthers Übersetzung des Neuen Testaments im Jahr 1522 (51) wurden vierzehn Ausgaben der Bibel in hochdeutscher und vier in niederdeutscher Sprache gedruckt, sowie allein vom Psalter mehr als zwanzig deutsche Ausgaben.

Die Verbreitung der Bibel in der Volkssprache war vor der Reformation nicht nur in Deutschland gestattet. Niccolò Malermis Übersetzung ins Italienische wurde erstmals 1471 von Wendelin von Speyer in Venedig gedruckt, und bis zum Ende des 15. Jahrhunderts erschienen wenigstens zehn italienische Ausgaben. Französische Ausgaben des Alten wie des Neuen Testaments kamen gegen Ende der siebziger Jahre aus der Druckerpresse des Guillaume Le Roy in Lyon, aber die französischen Übersetzungen, die auf den freien Bearbeitungen des Petrus Comestor und anderer beruhten, wie sie im Mittelalter umliefen, waren nicht vollständig. Das Alte Testament ohne den Psalter wurde 1477 in holländischer Sprache in Delft gedruckt; die liturgischen Episteln und Evangelien erschienen im gleichen Jahr in Gouda, und der Psalter wurde 1480 in Delft gedruckt. Das vollständige Neue Testament wurde in holländischer Sprache jedoch erst 1522 gedruckt. Eine tschechische Übersetzung des Neuen Testaments lag bereits 1475 gedruckt vor, und die vollständige tschechische Bibel erschien in Prag im Jahr 1488. Eine katalanische Bibel wurde 1478 in Valencia gedruckt.

3   Gottes Herrschaft auf Erden

AUGUSTINUS (354-430). De Civitate Dei. *[Subiaco, Conrad Sweynheym und Arnold Pannartz]*, 1467

Aurelius Augustinus, Bischof von Hippo in Nordafrika, war einer der vier großen Väter der Römischen Kirche. In seinen ›Confessiones‹ (7) schilderte er den Einfluß des Handelns Gottes auf den einzelnen Menschen. In seinem ›Gottesstaat‹ wird die Theologie in ihrer Beziehung zur Menschheitsgeschichte dargelegt und Gottes Handeln in der Welt erklärt.

Im August 410 eroberte ein christliches gotisches Heer unter Alarich Rom und brandschatzte es – die erste Eroberung der Stadt durch ein fremdes Heer seit achthundert Jahren und ein Ereignis, das die ganze Welt tief verstörte. Zwei Jahre danach erhielt der heilige Augustinus einen Brief von einem christlichen Staatsbeamten namens Marcellinus, der betonte, daß nun das Kaiserreich im Niedergang begriffen sei, weil es von Herrschern regiert werde, welche die alten heidnischen Gottheiten zugunsten der neuen christlichen Religion aufgegeben hätten, und daß der Fall Roms gewißlich diesem Glaubenswechsel zugeschrieben werden müsse. Augustins Antwort auf diesen Brief führte ihn schließlich zur Niederschrift des ›Gottesstaates‹. Sein unmittelbarer Zweck war demgemäß eine Apologie, eine Verteidigung: Der Fall Roms könne nicht der Abschaffung der heidnischen Götterverehrung zugeschrieben werden – eine Geschichtsauffassung, die von Gibbon (222) wieder aufgegriffen wurde; das Glück der Menschheit in dieser und der künftigen Welt könne nur durch die christliche Religion gewährleistet werden, und der hl. Augustinus erläutert die christliche Kirche als eine Organisation, welche das vom Zerfall des weltlichen Staates geschaffene Vakuum füllen wird. Es besteht kein Gegensatz zwischen Staat und Kirche; der Staat ist nicht notwendigerweise böse; wenn er von christlichen Idealen und gottesfürchtigem Lebenswandel durchdrungen ist, dann nähert er sich der wahren Gerechtigkeit und damit der Stadt Gottes, dem Gottesstaat.

Die ersten fünf Bücher befassen sich mit der Vielgötterei Roms, die zweiten fünf mit griechischer Philosophie, besonders dem Platonismus und Neuplatonismus (die in Augustins Sicht unausweichlich zum Christentum hinführen, in welchem ihre Fragestellungen ihre endliche Lösung finden), und die letzten zwölf Bücher mit der Geschichte von Zeit und Ewigkeit, wie es in der Bibel aufgezeigt wird. Die Geschichte wird als Kampf zwischen zwei Gemeinwesen begriffen – der Civitas coelestis jener, die von der Liebe zu Gott beseelt sind, welche zur Selbstverleugnung führt, und der Civitas terrena oder diaboli jener, die der Natur des Menschen gemäß leben, was zur Gottesleugnung führen kann. Dieser Widerstreit zwischen den beiden Lebensauffassungen hatte Augustins persönliches Leben beherrscht, wie seine Confessiones bezeugen, und wird hier auf das größere Feld der Weltgeschichte übertragen. Diese beiden Mächte, die um die Gefolgschaft der menschlichen Seele kämpfen, sind in den irdischen Einrichtungen der Gesellschaft unentwirrbar ineinander verschlungen; die Geschichte wird jedoch als fortwährende Entfaltung der göttlichen Absicht verstanden, und alle Kräfte wirken auf die Erlösung des Menschen durch die Gnade Gottes hin – das zentrale Thema der augustinischen Theologie. Aus diesem Grund wird Augustinus als der Begründer einer neuen Wissenschaft angesehen, der Voltaire (202) den Namen ›Geschichtsphilosophie‹ gab. Zum ersten Mal wird hier eine umfassende Übersicht über die Menschheitsgeschichte vorgelegt. Die Geschichte, darauf bestand Augustinus, hat ein Endziel. Die Erlösung durch die Gnade Gottes ist nicht einfach ein zyklisches, zufallsbestimmtes Eintreten von Ereignissen. Nach Augustins Auffassung ist der Sieg des Glaubens historisch unausbleiblich.

Was das Wirtschaftsleben anging, so rühmte Augustinus die Arbeit als ein Mittel zur moralischen Vervollkommnung; Zinsforderung für geliehenes Geld war in seinem System nicht gestattet, aber Handel durfte getrieben werden, solange der Verkauf auf ehrliche Weise geschah und ein »gerechter Preis« verlangt und bezahlt wurde. Viele der mittelalterlichen Vorschriften über Handelsverkehr und Preise waren von diesen Gedanken abgeleitet, und Augustins kontrastierende Schilderung des gerechten Herrschers – beseelt von Frömmigkeit, Demut und Unparteilichkeit – und des Tyrannen oder Antichrist – gottlos und ruhmsüchtig – übte einen machtvollen Einfluß auf das Denken der Renaissance aus.

Augustins Gottesstaat durchdrang das gesamte Mittelalter – Einhard berichtet, daß er das Lieblingsbuch Karls des Großen gewesen sei – und in der Auseinandersetzung zwischen Kaiser und Papst entnahmen ihr beide Seiten ihre Argumente. Das Heilige Römische Reich wurde als ein katholisches Commonwealth begriffen, mit den beiden Schwertern, dem weltlichen wie dem geistlichen, in allen Organen der vollziehenden Macht. Es hatte einen wesentlich religiösen Charakter und wies so mit dem großen kirchlichen Staat des hl. Augustinus gewisse Ähnlichkeiten auf. Das Buch bewahrte bis ins 17. und 18.Jahrhundert hinein seine Autorität; Bossuet (157) war der letzte ›augustinische‹ Historiker; Vico (184) war Augustinus tief verpflichtet, wenngleich ihm natürlich dort, wo es Augustinus hauptsächlich um die Kirche und das Seelenheil geht, um die Welt und die Bekundungen der menschlichen Natur zu tun ist. Der Gedanke des Völkerrechts leitet sich zum Teil aus diesem Buch her; Grotius (125) zitierte den hl. Augustinus. Luther (49) und Calvin (65) nahmen beide nächst der Bibel selbst Augustinus als den Grundstein des Protestantismus. Allein in den Schriften Calvins haben sich mehr als viertausend Zitate aus Augustinus nachweisen lassen.

In unseren Tagen haben Lionel Curtis, Jacques Maritain, Rein hold Niebuhr, Paul Tillich und andere Denker aus diesem großen Werk Anregung geschöpft.

Die Erstausgabe von 1467 ist das dritte Buch, das in Italien gedruckt wurde, und das letzte der drei in Subiaco gedruckten Bücher, ehe die Drucker ihre Presse nach Rom verlegten. Die erste Gesamtausgabe von Augustins Werken erschien in 9 Bänden 1506 in Basel.

Römisches Recht 4

FLAVIUS PETRUS SABBATIUS JUSTINIANUS (483-565). Institutiones. *Mainz, Peter Schöffer, 1468*

Keine Reichsautorität hat auf Form und Inhalt der Gesetzbücher aller Nationen größeren Einfluß gehabt als das Römische Recht. Offenkundig ist das bei jenen, die sich wie der Code Napoléon um ein leitendes Rechtsprinzip bemühen, doch ist dieser Einfluß sogar in grundlegend empirischen Gesetzessammlungen wie dem englischen Gewohnheitsrecht spürbar.

Das Verdienst am Fortleben einer solchen maßgebenden Autorität läßt sich in sehr hohem Grad dem Werk zuschreiben, welches Justinian 1., der Kaiser Ostroms von 527 bis 565, unternahm. Als er auf den Thron kam, befand sich die Gesetzgebung in chaotischem Zustand; sie war aufgeteilt in gesatztes Recht, Dekrete des Senats und die Schriften der alten Rechtsgelehrten, jus vetus genannt, und in die kaiserlichen Constitutiones und späteren juristischen Schriften, die das jus novum bildeten. Nicht einmal die öffentlichen Bibliotheken enthielten einen vollständigen Satz dieser ganzen Rechtsliteratur; sie war wirr und ungeordnet und widersprach sich zuweilen selber. Andererseits enthielt sie viel wertvolles Präzedenzmaterial und die Schriften so hervorragender Rechtsgelehrter wie Papinian, Ulpian und Gaius, von denen besonders Gaius großen Einfluß auf das Werk hatte, das Justinian vollbrachte.

Mit dem Jahr 533 war das Werk vollendet. Eine Kommission unter Leitung Tribonians, des Hauptberaters des Kaisers, sammelte und ordnete vorerst sämtliche kaiserlichen Edikte, und dieser

Codex Constitutionum erhielt 529 durch ein Konsolidierungs-
gesetz, welches alles Vorangegangene für ungültig erklärte, Ge-
setzeskraft. Sodann kam die wesentlich schwierigere Aufgabe, die
Widersprüche und Ungereimtheiten auszumerzen und das in den
Schriften der Rechtsgelehrten eingeschmolzene ältere Recht zu
ordnen; die solcherart hergestellten Auszüge wurden 533 unter
der Bezeichnung Digesten (oder Pandekten) als Gesetz erlassen.
Schließlich, während alle diese Arbeiten im Gang waren, wies
der Kaiser Tribonian an, eine Einführung zum Hauptwerk zu verfassen. Die grundlegende Abhandlung, die auf diese Weise entstand, nämlich die ›Grundgesetze des Justinian‹, ist seither für
den Rechtsstudenten die maßgebende Einführung ins Römische
Recht. Der Kodex des Justinian blieb in seinem Kern trotz späterer byzantinischer Zutaten erhalten. Es gelang ihm auch, den
Ansturm des stammesgebundenen Gewohnheitsrechtes der in der
dunklen Zeit des frühen Mittelalters westwärts wandernden Barbaren aufzufangen. Die berühmte Rechtsfakultät von Bologna
popularisierte ihn vom 11.Jahrhundert an. Eine der ersten Aufgaben, die an die Druckerpressen gestellt wurde, war, ihm noch
weitere Verbreitung zu verschaffen. Die klassische Forschungsarbeit Polizians (32) und späterhin im 16.Jahrhundert von Alciati
und Cujas machte ihn zum anerkannten Ausgangspunkt theoretischer Rechtsüberlegung und zum Kernstück der heute existierenden Gesetzessammlungen. Wenn man heute von Römischem
Recht spricht, so ist Justinian gemeint.

5   Alles, was die Alten von der Natur wußten

GAIUS PLINIUS SECUNDUS (23-79). Historia Naturalis. *Venedig,*
Johannes de Spira [von Speyer], 1469

Die ›Naturgeschichte‹ von Plinius dem Älteren ist mehr als eine
Naturgeschichte; sie ist eine Enzyklopädie des gesamten Wissens
der antiken Welt. Die berühmte Anekdote, wie Plinius den Tod
fand, während er versuchte, den Ausbruch des Vesuv aus größerer Nähe als klug war zu beobachten, wird oft und mit Recht als
Beispiel jener opferfrohen Neugier angeführt, von der jeder Fortschritt des Wissens abhängt. Für die Römer waren seine natur-

wissenschaftlichen Schriften, die, wie er selber bescheiden sagt, bei seinen Landsleuten sich nur geringer Wertschätzung erfreuten, wegweisend.

Er war eher ein Wissenssammler als ein eigenständiger Denker; die Bedeutung seines Buches liegt mehr in seiner alles ausschöpfenden Belesenheit (er zitiert über vierhundert griechische und lateinische Fachquellen) als in eigener Originalarbeit. Alle freie Zeit, die eine geschäftige Verwaltungstätigkeit ihm ließ, war dem Lesen gewidmet; er begann damit lange vor Tagesanbruch, wie sein Neffe, der jüngere Plinius, verzeichnet hat, und murrte über jede Minute, die er nicht in seinem Studierzimmer zubrachte; kein Buch sei so schlecht, pflegte er zu sagen, daß es nicht irgend etwas Wertvolles enthalte. Bei seinem Tod war die ›Naturgeschichte‹ (das einzige erhaltene Werk von hundertundzwei Bänden aus seiner Feder) noch nicht abgeschlossen. Sie umfaßt siebenunddreißig Bücher, die Mathematik und Physik, Geographie und Astronomie, Medizin und Zoologie, Anthropologie und Physiologie, Philosophie und Geschichte, Landwirtschaft und Mineralogie, Kunst und Literatur abhandeln. Er ist peinlich genau in der Angabe seiner Quellen (man muß, schrieb er, mit ehrenhafter Bescheidenheit jene bekanntgeben, die einem nützlich waren), und das ganze erste Buch des Werkes ist als Zeuge für seine Arbeitsweise dem Inhaltsverzeichnis und den Quellenwerken gewidmet.

Die ›Historia‹ wurde bald zum maßgebenden Nachschlagewerk; schon im 3.Jahrhundert erschienen Auszüge, Zusammenfassungen und gekürzte Ausgaben. Beda (16) besaß ein Exemplar; Alkuin übersandte Karl dem Großen die Anfangsbücher; der irische Geograph Dicuil zitiert Plinius im 9.Jahrhundert. Das Werk bildete die Grundlage für Isidorus' ›Etymologiae‹ (9) und für mittelalterliche Enzyklopädien wie das ›Speculum Majus‹ des Vincent von Beauvais und das ›Catholicon‹ des Balbus. Es war eines der frühesten Bücher, die in Venedig gedruckt wurden, der Stadt, von der so viel klassische Literatur erstmals in die Welt ging. Die erste deutsche Übersetzung von Heinrich von Eppendorf erschien in Straßburg 1543; die erste englische Übersetzung von Philemon Holland erschien 1601 und wurde zweimal nachgedruckt.

In neuerer Zeit haben Gelehrte, so verschieden wie Humboldt (301) und Grimm (281), rühmend anerkannt, wie sehr sie ihm verpflichtet seien. Wieder und immer wieder wird man finden, daß die Quelle irgendeines alten Wissensbrockens keine andere ist als Plinius. S. S. Wittstein veröffentlichte eine deutsche Übertragung in sechs Bänden, Leipzig 1880-1882.

6 Roms Epos

PUBLIUS VERGILIUS MARO (70-19 v.Chr.). Opera. *(a) Rom, Sweynheym und Pannartz, [1469]; (b) Venedig, Aldus Manutius, 1501*

Vergil wurde in Mantua geboren, in den frühen Jahren des Kaisers Augustus wurde er in Rom berühmt und starb in Neapel. Italisches Land, das er so gut kannte, ist das Thema, das sein uns überkommenes Werk: die ›Aeneis‹, unmittelbarer noch die pastoralen ›Eclogae‹ und die nur scheinbar lehrhaften ›Georgica‹ durchwirkt. Die Geschichte des Aeneas, des sagenhaften Gründers von Rom – wie er der Zerstörung Trojas entrann, Zuflucht fand bei Dido in Karthago, schließlich Rom eroberte und sich dort niederließ – ist offensichtlich ein Hohes Lied auf die Familie des Augustus und die schicksalhafte Sendung Roms in der Geschichte der Welt: »Tantae molis erat Romanam condere gentem.«

Trotz seiner hohen Meinung von Ehren und Pflichten des Reiches – »Parcere subjectis et debellare superbos« – war Vergil ein zu großer Künstler, um sich durch das vorgezeichnete Thema beschränken zu lassen. Seine Sympathien gehörten eher dem, was seinen Helden kennzeichnet – Ehrfurcht vor dem göttlichen Willen, Entschiedenheit und Klarheit in Tun und Denken – als dem Helden selber. In der Tat erregen die Gestalten, denen Aeneas' Triumph viel Leid zufügt, Dido und Turnus, des Autors Mitgefühl am meisten. Immer wenn er beginnt, sein Land zu schildern und über sein Wesen zu sinnen, erhebt sich seine Dichtung über diese Welt in eine stille, lichtere Sphäre, und das ist es wohl, was Vergils Zeitgenossen so sehr beeindruckte und bis zum heutigen Tag auf uns wirkt. Nie zuvor ist der Sinn für den Adel in menschlichen Verhältnissen und Einrichtungen wie auch in der Natur, ist der bezwingende Zauber natürlicher Schönheit, Zauber

der vergangenen wie der unsichtbaren Welt so hinreißend ausgedrückt worden. Die Verehrung, die Vergil im Mittelalter erwiesen wurde, ist ein bemerkenswertes Zeugnis für den Eindruck,
den er hinterließ. Er kam sogar in den Vorhof der christlichen
Kirche als Verkünder des Messias, ein Glaube, dem er seine Stellung als Dantes Führer und Mentor verdankte. Mittelalterliche
Phantasie schwärzte ihn als großen Zauberer an.

Gut hundert Ausgaben von seinem gesamten Werk oder Teilen
von ihm wurden schon vor dem Ende des 15.Jahrhunderts gedruckt. Die erste ist ein frühes und schönes Werk der ersten
Drucker Roms. Späteren Ausgaben wurde oft der Kommentar
des Servius aus dem 4.Jahrhundert beigefügt, eine unentbehrliche
Informationsquelle. Doch wohl die wichtigste Ausgabe war die
im ersten Jahr des 16. Jahrhunderts von Aldus gedruckte. Sie
war das erste gedruckte Taschenbuch und der Ahne von Millionen billiger Ausgaben und Paperbacks, die zwar in diesen Blättern
nicht erwähnt werden und die doch als Ganzes genommen vielleicht das wichtigste Zeugnis sind für den Einfluß der Druckpresse.

Aldus' Ausgabe und die Reihe der Taschenklassiker, die nach
ihr kamen, hatte einen enormen Erfolg. Die Kursivschrift, die er
für sie geschnitten hatte, vollendete den Sieg der römischen Re-
naissanceletter über die nordeuropäischen gotischen. Aldus'
Triumph war auch ein Triumph des von ihm gewählten Autors.
Im Maße, wie die Gelehrten die Kenntnis Roms und seiner
Bedeutung mehrten, wurde erkannt, daß Vergil der größte lateinische Dichter war, und seine majestätischen Verse und der menschliche Adel seiner Empfindungen sind ein Teil von Europas geisti-
gem Erbe geworden.

Die erste Selbstbiographie 7

AUGUSTINUS (354–430). Confessiones. *[Straßburg, Johann Mentelin, spätestens 1470]*

Dies ist die erste große Autobiographie, in der persönliche Bekenntnisse und Enthüllungen mit dem Geist christlicher Frömmigkeit und Andacht verknüpft sind.

Die ›Bekenntnisse‹ wurden um das Jahr 400 niedergeschrieben, fünf Jahre nachdem Augustinus Bischof von Hippo in Nordafrika geworden war. Die ersten neun Bücher enthalten eine Übersicht über sein Leben bis zu seiner Bekehrung und Taufe und dem Tod seiner Mutter im Jahr 387; Buch 10 ist eine psychologische Studie, in der er erörtert, was es besagt, daß ein Bischof das Buch verfaßte; die Bücher 11-13 enthalten einen Kommentar zum ersten Kapitel der Genesis.

Aurelius Augustinus, wiewohl im christlichen Glauben erzogen, wurde während seiner Studienzeit in Karthago Anhänger des Manichäismus; doch nach einer Zeitspanne der Skepsis, in welcher er sich dem Studium des Neuplatonismus widmete, wurde er von Bischof Ambrosius von Mailand bekehrt und 387 getauft.

Die Bekenntnisse waren als literarische Form etwas völlig Neues. Ihre freimütige Schilderung gefühlsmäßiger wie intellektueller Probleme, ihre scharfsichtigen psychologischen Beobachtungen und die Analyse widerspruchsvoller Empfindungen und zu gleicher Zeit ihre offenkundige Aufrichtigkeit und Demut erklären ihre unmittelbare und anhaltende Wirkung. Doch diese Autobiographie der Seele eines Menschen wird zum Mittler einer Verkündigung der Güte Gottes, des Führers und Beschützers der Menschen. Dies ist der Glaube an die Gnade, einer der zentralen Gedanken der Lehren Augustins. Es selbst sprach es in seinen um 428 geschriebenen ›Widerrufungen‹ aus: »Die dreizehn Bücher meiner Bekenntnisse, meiner Sünden wie meiner guten Werke, preisen Gott, der gerecht und gut ist, und sie wollen sowohl Zuneigung wie Verständnis der Menschen für Ihn erwecken.«

Keine andere Schrift des hl. Augustinus, mit Ausnahme des ›Gottesstaates‹ (3), ist in der ganzen Welt mehr gelesen und bewundert worden. Sie ist ein Buch, das mit der Kraft seiner Gedanken wie dem Eingeständnis menschlicher Schwächen vielen Christen ein ständiger Begleiter gewesen ist; Rousseaus Bekenntnisse und andere bedeutende Autobiographien sind ihm tief verpflichtet.

DANTE ALIGHIERI (1265-1321). La Commedia. *(a) Foligno, Johann Neumeister und Evangelista Angelini, 1472; (b) Florenz, Nicolaus Laurentii, Alemanus, 1481*

Dantes ›Göttliche Komödie‹ hätte zu keiner anderen Zeit geschrieben werden können als zu Beginn des 14.Jahrhunderts. Es war dies seinem inneren Wesen nach ein Zeitalter der Freiheit, kühn in Gedanken und Rede, die in Versen auszudrücken damals ganz natürlich war. Dem fügte Dante eine gründliche Kenntnis des gelehrten Wissens seiner Zeit hinzu, er war selber ein profunder und originaler politischer Denker, dessen Ideale dem Hader und den Fehden, welche Italien zerrissen, vorauseilten, wenngleich wir gerade diesen sein größtes Werk verdanken. Denn es war der völlige Zusammenbruch all seiner politischen Hoffnungen am 27.Januar 1302, der Dante zu lebenslanger Verbannung verurteilte und ihn veranlaßte, jenes Epos zu schreiben, das mit der Vision beginnt, wie er selber am Donnerstag vor Ostern des Jahres 1300 in einem finstren Walde sich verlor und Wolf, Löwe und Leopard ihm den Weg versperrten.

Dantes Thema, das größte, an dem sich Dichtkunst je versuchte, war, den christlichen Kosmos mittels der Allegorie einer Pilgerfahrt zu erklären und zu rechtfertigen. Vergil (6), das Sinnbild der Philosophie, tritt zu ihm, um ihn durch die niederen zwei Reiche des Jenseits zu geleiten, die nach dem Ordnungssystem der ›Ethik‹ des Aristoteles (38) voneinander geschieden sind. Die Hölle ist gesehen als umgestülpter Kegel, mit seiner Spitze dort, wo Luzifer im Mittelpunkt der Welt im Eis verhaftet liegt, und die Pilgerreise als Anstieg von hier zum Fuß des Kegels und weiter den Läuterungsberg hinauf. Unterwegs kommt Dante an Päpsten, Kaisern und Königen, Dichtern, Kriegern und Bürgern der Stadt Florenz vorbei, die hier ihre im irdischen Leben begangenen Sünden abbüßen. Auf dem Gipfel befindet sich das Irdische Paradies, wo Beatrice sie trifft und Vergil Abschied nimmt. Dante wird nun durch die verschiedenen Himmelssphären geführt, und das Gedicht endet mit einer Vision der Gottheit. Die Kühnheit seines Themas, seine gelungene Durchführung, die Schönheit und Erhabenheit seiner Verse haben bewirkt, daß das Gedicht zu keiner Zeit seinen Ruf verlor. Das Bild der göttlichen Gerechtigkeit ist völlig ungetrübt durch Dantes eigene politische Vorurteile, und seine Sprache bleibt nirgends hinter dem, was er schildert, zurück.

Die erste Ausgabe der Commedia wurde 1472 von Johann Neumeister in Foligno gedruckt; ihr folgte ein Neudruck nach dem anderen. Die Ausgabe von 1481 ist berühmt wegen der bemerkenswerten Folge von Stichen von Baldini nach Zeichnungen, die Botticelli für eine wahrscheinlich von Lorenzo de' Medici in Auftrag gegebene Handschrift des Werkes anfertigte; sie enthält außerdem den berühmten Kommentar von Christoforo Landino.

Das Beiwort ›Divina‹ wurde erst 1555 hinzugefügt, und zwar auf dem Titelblatt von Lodovico Dolces Ausgabe.

9   Die mittelalterliche Enzyklopädie

ISIDORUS VON SEVILLA (gest. 636). Etymologiae. *[Augsburg]*, *Günther Zainer, 1472*

Vom Jahr 1460 an, in dem vermutlich Gutenberg selber das im 13. Jahrhundert verfaßte ›Catholicon‹ des Klosterbruders Johannes Balbus von Genua druckte, gehörten Enzyklopädien zu den beliebtesten Erzeugnissen der Druckerpresse – gewinnbringend für Drucker, Verleger und Buchhändler und vielbegehrt von einer Leserschaft, die umfassende Auskunft haben wollte hinsichtlich des Umfangs menschlichen Wissens zu irgendeiner Zeit.

Vor 1500 erschienen außer dem Catholicon (von dem zwischen 1483 und 1506 allein in Venedig sechs Ausgaben veröffentlicht wurden) zumindest noch drei weitere Enzyklopädien im Druck. Die Tatsache, daß ihre Erstausgaben von drei verschiedenen Druckern praktisch zur gleichen Zeit herausgebracht wurden, bezeugt nicht nur das weitverbreitete Interesse für diese Art Buch, sondern auch den heftigen Konkurrenzkampf innerhalb des Druckgewerbes. 1472 brachte der unbekannte Kölner Drucker, in dessen Werkstatt William Caxton das Druckerhandwerk lernte, das aus dem 13. Jahrhundert stammende Werk ›De Proprietatibus Rerum‹ des englischen Franziskaners Bartholomäus de Glanville heraus. Zweieinhalb Jahrhunderte nach der Niederschrift war

tione dellhumana generatione et laltre chose sanza la cognitione et fede delle quali secondo la christiana re
ligione nessuno puo andare alla beatitudine Et nondixe ma dixe non conoscesti che non cono
scesti in una ma alprefente conosci. Et forse c/da dubitare se lanima laquale mentre fu congiunta col corpo
non hebbe cognitione di dio. Dipoi seperata gia et dannata lapossa hauere: Nientedimeno sicc nclude dathe
ologi che lanima seperata dal corpo ha tanto acume che non per congetture lequali possono essere false: Ma
per ragioni dimostratiue conoscono la luce et belleza didio essere infinita laquale cognitione da loro grauis
sima pena uedendosi di quella esser priuati: Ma non la conoscano distinctamente perche di tale cognitione
piglierebbono sommo gaudio et participerebbono del sommo bene. Chome uerbi gratia Se uno giouinet
to non fussi stato infirenze al tempo dellannuale celebratione et pompa facta al Baptista et uno gli narrassi
quella essere molto bella in modo che altutto et sanza dubitatione el giouinetto cupidissimo di tali spectacu
li lo credessi non e/dubbio che ne piglierebbe dispiacere non piacendosene priuato: perche intende
la belleza in confiso che non e altro che lo accenderglisi la uoglia dintenderla distinctamente et con suo ordine
ACCIO chio fugga questo male: cioe il male della ignorantia et del uitio. ET PEGGIO: cioe ladannatione
laquale seguita dal non conoscere quanto male sia nel uitio. Chi non conosce quanto sia pestifero eluitio no
lo fugge di che conseguita graue detrimento: et daquesto ne nasce unaltro piu graue perche non lo fuggen
do ne sa habito elquale uccide lanima. SI CHIO ueggia la porta di san Pietro: Per questo intendi lentrata
del purgatorio. Imperho Pietro cioe elsommo potefice et tutti esacerdoti equali. hano lauctorita da quello ab
soluedo lanima dalla colpa lafanno habile apotere andare apurgarsi: et non essendo absoluta sarebbe dannata
allinferno. Ne mi pare che si debbe intendere laporta del paradiso perche Virgilio disopra ha dimostro no
essere sufficiente a condurlo. ALLHOR si mosse ; Danthe che e/lappetito rationale et la ragione 'inferiore
priega la ragione superiore che lo guidi alla contemplatione et allhora la ragione excitata dallappetito si uol
ge alla contemplatione et Danthe cioe epso appetito gli tien drieto perche gli diuenta obbediente

CANTO SECONDO DELLA PRIMA CANTICA

LO giorno senandaua et laer bruno
toglieua gliantimali che sono interra
dalle fatiche loro: et io solo uno
Mapparecchiaua a sostener laguerra
si del camino et si della pietate:
che ritrarra la mente che non erra
O muse o alto ingegno hor matutate
o mente che scriuesti cio chio uidi
qui si parra la tua nobilitate.

POssiamo dire che elprecedente capitolo sia stato
quasi una propositione di tutta lopera p laquale
lauctore non solamente dimostra con brieue pa
role quello che per tutta lopera habbia adire: Ma ancho
ra la ragione perche tiene tale ordine. Destossi lappeti
to ricercado el suo bene et illuminato dalla ragione fug
gi la selua et salita al monte doue uedea el sole. Ma l
lauia delle fiere: dalle quali gli fu uietato el'salire. Ilche
significa che conosciuto ma non molto distinctamente
chel sommo bene consisteua in fruire idio: cercaua la co
gnitione di quello nella uita ciuile doue regna la ragio
ne inferiore: Laquale spesso e/ingannata dal senso : Et
doue essendo leuirtu ciuili non perfecte non seguitano
el uero gaudio Ne ancho

te perturbationi dellanimo lequali cercando piacere honore et utile non si puo mai seperare da lhonesto. Ne el uero honore elquale non e/ altro che la uera

diese Enzyklopädie noch immer ein maßgebendes Nachschlagewerk, das an allen Universitäten diesseits der Alpen benutzt
wurde, wie aus den häufigen Neuausgaben hervorgeht: Nürnberg, Anton Koberger, 1483; Haarlem, Bellaert, 1485; Westminster, Wynkyn de Worde, 1495.

Älter und von unvergleichlich größerer Bedeutung als diese
drei Enzyklopädien ist das Werk des spanischen Bischofs Isidorus,
das unter dem Titel ›Etymologien oder der Ursprung der Wörter‹
bekanntgeworden ist. Der Bischof war ein emsiger und unkritischer Kompilator; er lieferte sowohl Tatsachen als auch phantastische Informationen, die er aus allen ihm zur Verfügung stehenden antiken Schriftstellern ausgezogen hatte (womit er übrigens
viel Stoff bewahrte, der seither verlorengegangen ist). Isidorus
wurde so zur Hauptautorität des Mittelalters; sein Buch war in
jeder Kloster-, Kathedral- und Universitäts-Bibliothek vorhanden
und ihm vor allem ist das Fortbestehen des Wissens und der
Denkformen der spätrömischen Welt zu danken.

Johannes Balbus, Bartholomäus Anglicus und eine Schar anderer
Schriftsteller stehen tief in Isidorus' Schuld. In seinem Heimatland Spanien überdauerten sein Ruf und Ansehen das Mittelalter
bis weit ins 17.Jahrhundert hinein; Calderon bezog seine Kenntnisse noch aus den Etymologiae. Für unsere Zeit bleibt Isidorus
eine Quelle erster Hand für das antike Weltbild, wie es in der Vorstellung des Mittelalters lebte.

Die frühesten technischen
10   Illustrationen

ROBERTUS VALTURIUS (1413-84). De Re Militari. *[Verona]*, *Johannes Nicolai de Verona*, 1472

Roberto Valturio stammte aus Rimini, war eine Zeitlang aposto-
lischer Sekretär in Rom und wurde schließlich technischer Berater und Ingenieur im Dienst Sigismondo Malatestas, des Herrn
von Rimini. Er verfaßte sein Buch ›Von Militärischen Sachen‹
um das Jahr 1460. Nachdem es bereits in Handschriften weite
Verbreitung gefunden hatte, wurde es 1472 gedruckt. Zur Zeit
der Niederschrift war der mächtige Einfluß des Schießpulvers auf

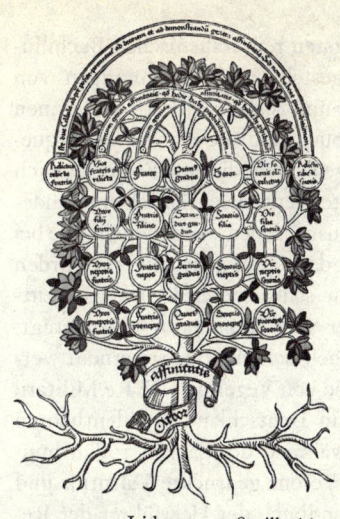

Isidorus von Sevilla (9)   Valturius (10)

die militärische Technik bereits ein Jahrhundert alt, doch die althergebrachten Methoden des Belagerungskrieges wurden nach
wie vor angewendet, und der Text des Buches blickt denn auch im
ganzen eher auf Vergangenes zurück und enthält keine umwälzenden neuen kriegstechnischen Prinzipien. Einige seiner recht
neu erscheinenden Ideen waren bereits im 14. Jahrhundert beschrieben worden, denn Valturio folgte einer weit zurückreichen-
den Tradition des militärischen Ingenieurwesens.

Die historische Bedeutung von ›De Re Militari‹ liegt darin, daß
es das erste gedruckte Buch mit Illustrationen technischen oder
wissenschaftlichen Charakters ist, welche die fortschrittlichen
Ideen der Kriegstechnik zu des Verfassers Lebzeiten veranschaulichen. Die zweiundachtzig Holzschnitte bilden das Rüstzeug ab,
dessen die Heeres- und Flotteningenieure bedurften, darunter
drehbare Geschütztürme, Belagerungstürme und Sturmleitern,
Schaufelräder, einen Taucheranzug, einen Rettungsgürtel, etwas,
das einem Tank ähnlich sieht, Ponton- und andere Brücken, ein
völlig geschlossenes Boot, das halb unter Wasser tauchen konnte,
und dergleichen mehr.

Das Buch war das zweite, das in Verona gedruckt wurde, und

die Bilddarstellungen sind die ersten rein italienischen Buchillu-
strationen, wahrscheinlich hergestellt nach Zeichnungen von
Matteo de Pasti, dem Medailleur und Schüler Albertis (28). Ihnen
waren in Italien nur ein Blockbuch und die römische Torque-
mada-Ausgabe von 1467 vorausgegangen, die eine Folge ziemlich
grobschlächtiger, vermutlich unter deutschem Einfluß entstande-
ner Holzschnitte enthielt. Die Illustrationen wurden nicht wie bei
späteren Büchern zusammen mit dem Text gedruckt; sie wurden
nach vollendetem Textdruck in schwächerer Druckfarbe entweder vom Drucker selber oder vom Illuminator hinzugefügt.
Sie wurden im Nachschnitt, doch seitenverkehrt, erneut verwendet in der deutschen Ausgabe von Vegetius' ›De Re Militari‹
(Augsburg, 1476), dem ersten in Deutschland veröffentlichten
technischen Buch, und waren während des ganzen 16.Jahrhun-
derts recht im Schwang. Der in Verona gedruckte Valturius und
seine Nachdrucke waren das Handbuch der Heerführer der Renaissance, und Leonardo da Vinci besaß zur Zeit, als er Festungs-
bauinspizient und Kriegsingenieur bei Cesare Borgia war, ein
Exemplar des Werkes und entlieh einige seiner Zeichnungen.

11   Arabische Medizin

AVICENNA (980-1037). Canon Medicinae. *[Straßburg, Adolf Rusch
(der Drucker mit dem bizarren* R *), vor 1473]*

Avicenna, ein arabischer Philosoph, Arzt, Dichter, Hofmann und
Politiker, hat wohl die östliche und westliche Hemisphäre stärker
beeinflußt als jeder andere islamische Denker. Er lebte größtenteils in Persien, schrieb aber zumeist arabisch, obwohl einige
seiner Werke in persischer Sprache verfaßt sind. Er soll über einhundertsechzig Bücher geschrieben haben, von denen die meisten
verlorengingen. Als Sechzehnjähriger studierte er Medizin –
»keine der schwierigen Wissenschaften«, wie er sagte – und
wurde Leibarzt des Emirs von Buchara, wo er Zugang zu einer
großen Bibliothek hatte und so seine Studien in Philosophie und
sonstiger Gelehrsamkeit fortsetzen konnte.

Der ›Canon‹, arabisch geschrieben und in der vorliegenden Ausgabe von Gerardus von Cremona ins Lateinische übersetzt, ist

ein Kompendium des griechischen und islamischen medizinischen Wissens zu Avicennas Zeit, das die Lehren Galens (33), Hippokrates' (55) und Aristoteles' (38) miteinander verknüpft. Er verdrängte alle bisherigen Lehrbücher, sogar die große medizinische Enzyklopädie des arabischen Arztes Rhazes (gest. 925) und wurde in lateinischer Übersetzung das maßgebende Lehrbuch an allen Universitäten. Noch im 17.Jahrhundert wurde er neu gedruckt, obwohl er zu dieser Zeit durch Galen und dann durch die von Sydenham (159) und anderen vertretene neue medizinische Schule verdrängt worden war.

Das letzte Buch des Werkes, das seine eigenen Aufzeichnungen von Krankheitsfällen enthielt, ist verlorengegangen, aber der Canon enthält auch so noch viele eigene Beobachtungen. Avicenna erkannte die Übertragung von Krankheiten durch Wasser und Erde. Er beschreibt zahlreiche nervöse Leiden, Hautkrankheiten und anderes. Im Abschnitt Materia Medica verzeichnet er siebenhundertundsechzig Arzneimittel und als erster die Herstellung und Eigenschaften des Alkohols. Er behandelte die Chirurgie als besonderen Teil der Medizin geringeren Ranges und wurde dadurch leider für eine Behinderung der Entwicklung dieses Zweiges der medizinischen Wissenschaft verantwortlich.

Avicennas philosophische Schriften, die sich bemühten, Plato, Aristoteles und das orientalische Denken in Einklang zu bringen, wurden zu grundlegenden Quellenwerken der Scholastik und dürften Denker wie Thomas von Aquin (30), Duns Scotus und Roger Bacon beeinflußt haben. Seine Schriften zur Psychiatrie und Psychologie leiteten sich von Aristoteles her und erwarben sich große Anhängerschaft. Körper und Seele wurden als getrennte Einheiten begriffen; die Seele strömt von Gott aus, geht nach der Zeugung in den Körper ein und ist unsterblich. Diese Vorstellung ähnelt der des hl. Augustinus (3) und führt geraden Wegs zu Descartes' (129) »cogito, ergo sum«. Avicenna schrieb auch über Mathematik (er übersetzte Euklid, 25), Optik und Physik. Sein Werk über den ›Ursprung der Berge‹ ist ein bemerkenswerter früher geologischer Abriß und die Hauptquelle der Enzyklopädisten des 13.Jahrhunderts. Sein Widerstand gegen die Alchemie war ein für seine Zeit einzigartiges Phänomen.

Der Canon wurde 1491 ins Hebräische übersetzt; der erste arabische Druck erschien 1593; die lateinische Übersetzung des Gerardus von Cremona (1114-87) sowie die Kommentare zu ihr erlebten zahlreiche Auflagen. Mit diesen Drucken übermittelten Avicennas Schriften dem Abendland das Gedankengut der großen griechischen Schriftsteller und führten ihm zugleich Avicennas eigene Ideen zu, die jene in mancher Hinsicht verdrängten.

12   Ein Renaissance-Baedeker

MIRABILIA ROMAE. *[Rom, Adam Rot, 1473?]*

›Die Wunder Roms‹, der früheste gedruckte Reiseführer, entwickelte sich aus den Listen der Tempel und Ruinen Roms, die es bereits seit spätklassischer Zeit gab. Als im 12.Jahrhundert die Vorstellung von der Größe Roms wieder auflebte, stellte ein von ihr begeisterter Mann etwa in den Jahren 1140-50 dieses Werk als Führer für die Rompilger zusammen. Wer dieser Mann gewesen, war bis vor kurzem nicht bekannt; man nimmt jedoch heute an, daß es Benedikt, der Domherr von St.Peter, war, der auch ein Handbuch der Kurienverwaltung verfaßte. In den folgenden Jahrhunderten erfuhr das Buch einige formale Änderungen, blieb sich aber im wesentlichen gleich.

Es beginnt mit einer kurzen Geschichte Roms bis hin zur Zeit Konstantins; hierauf folgt eine Beschreibung der Ruinen des antiken Rom mit Vorschlägen zu einem Gang durch die Stadt mit erläuternden Hinweisen auf ihre Kirchen – in späteren Ausgaben sind ihrer etwa achtzig angeführt. Ihre religiöse Bedeutung wird vermerkt, ihre Reliquien und besonderen Festtage und dergleichen, aber auch und mit jeder Ausgabe in zunehmendem Maß wird Auskunft gegeben über ihre Kunstschätze. Dies bezeugt ein Bewußtsein von der Bedeutung der antiken römischen Ruinen und bewirkte, daß einige von ihnen erhalten blieben.

Die Mirabilia sind eine wertvolle Quelle unserer Kenntnis dessen, was im mittelalterlichen Rom noch erhalten war und aufmerksam vermerkt wurde. Eine ihrer erfreulichen Nebenwirkungen war, daß man begann, Maßnahmen zum »Schutz antiker Baudenkmäler« – wie zum Beispiel der Trajanssäule – zu treffen, als die römischen Stadtbehörden ihren Wert für den Fremdenverkehr begriffen. Petrarca und Dante scheinen beide das Buch gekannt zu haben.

Die hier angeführte Ausgabe gilt als die früheste von mehreren undatierten Ausgaben aus dem Beginn der siebziger Jahre des 15. Jahrhunderts. Die erste mit einer Jahreszahl versehene Ausgabe erschien 1475, und von diesem Zeitpunkt an kamen unzählige weitere heraus, viele davon in Deutschland – darunter ein erstaunliches Blockbuch um 1474-75 – aber hauptsächlich in Italien; außerdem gab es italienische, englische, deutsche und spanische Übersetzungen. Mehr als dreißig verschiedene Ausgaben, zunehmend mit vielen Einzelheiten über die Kunstschätze Roms, wurden im 16. Jahrhundert gedruckt, über vierzig im 17., aber nur noch sieben im 18. Jahrhundert. Um diese Zeit war dieser Erstling verdrängt worden von der großen Anzahl italienischer Reiseführer – nicht nur von Rom, auch von anderen bedeutenden Kunststätten, die seit dem 17. Jahrhundert zu erscheinen begannen, bis wiederum in neuerer Zeit der Baedeker (302) ihre Rolle übernahm.

Die Nachfolge Christi   13

THOMAS A KEMPIS (1379 oder 1380-1471). De Imitatione Christi.
[Augsburg], Günther Zainer, [1473]

›Die Nachfolge Christi‹ ist ein Buch mystischen Gedankenguts, das im Lauf der Geschichte Katholiken und Protestanten gleicherweise angesprochen hat. Mit Ausnahme der Bibel war es das meistgelesene Andachtsbuch und hat an Einfluß und Wirkung womöglich sogar die Bekenntnisse des hl. Augustinus (7) und Bunyans Pilgerreise (156) übertroffen.

Dies ist um so erstaunlicher, als das Buch sich in erster Linie an Mönche und Einsiedler wandte. Im Geist der holländisch-deutschen Mystiker-Schule des 15. Jahrhunderts legt es den größten Nachdruck auf die christliche Demut, wie sie die Bergpredigt pries. Selbstentäußerung und Betrachtung des Lebens Christi sind die Hauptpunkte seiner Unterweisung. In der Tat ist der kritische Einwand erhoben worden, seine Frömmigkeit sei der

Bildung und dem Wissen feindlich, betone die passiven Eigenschaften und schenke dem Tun des Menschen insgesamt hinsichtlich seines Existenzkampfes kaum Beachtung. Seine weltweite Wirkung ist jedoch nicht zu leugnen, und sie hat ihren Grund zumindest zum Teil in der großen Einfachheit seines Stils und seinem Freisein von Denkkünstelei und theologischer Dogmatik.

Das Werk ist zum Teil in Versen geschrieben. Sein Titel ist von dem des ersten seiner vier Bücher abgeleitet: ›De imitatione Christi et contemptu vanitatum mundi‹ – Von der Nachfolge Christi und der Verachtung aller weltlichen Eitelkeit. Die Identität seines Verfassers war lange Gegenstand eines zuweilen heftigen Meinungsstreits; der Hauptnebenbuhler des gemeinhin anerkannten Verfassers war Johannes Gerson, aber auch für andere, darunter den englischen Prediger Walter Hilton, wurde die Verfasserschaft in Anspruch genommen. Heute gilt jedoch Thomas a Kempis unbestritten als sein Verfasser. Er wurde in Kempen in der Diözese Köln geboren und erhielt seine Schulbildung durch die Kongregation der Brüder vom Gemeinsamen Leben, die kurz zuvor von Gerhard Groot und Florentius Radewyn in Deventer gegründet worden war und sich die Wiederbelebung des Glaubenseifers der frühen Christen Jerusalems und Antiochias zum Ziel gesetzt hatte. Die Gemeinschaft legte keine Gelübde ab, lebte aber im übrigen nach den mönchischen Regeln der Armut, des Gehorsams und der Keuschheit; alle Einkünfte wurden in eine gemeinsame Kasse getan, und die Anhänger brachten ihr Leben mit Lehrtätigkeit und der Abschrift von Büchern zu – um 1475 richteten sie die erste Druckerpresse in Brüssel ein.

Nachdem Thomas 1399 seine Studien in Deventer abgeschlossen hatte, suchte er seinen Bruder Johannes auf, der Prior des Klosters der Brüderschaft der Augustiner Eremiten auf dem St. Agnetenberg bei Zwolle war. Es verging einige Zeit, bis die Frage seiner Berufung entschieden war, denn erst 1408 legte er seine Gelübde ab und wurde vollgültiges Mitglied der Brüderschaft. Er empfing 1413 die Priesterweihe und wurde 1429 Subprior des Klosters. Hier verbrachte er sein ganzes Leben. Er verfaßte eine Geschichte von St. Agnetenberg und die Lebensgeschichten Groots und Radewyns und schrieb eine Anzahl von

Handschriften ab, unter anderem die Werke des hl. Bernhard und eine große Bibel, die in Darmstadt bewahrt wird.

Die meisterhafte Faksimile-Ausgabe von Thomas' eigenhändiger Niederschrift seines Werkes, die L.M.J. Delaissé 1956 in Brüssel herausgebracht hat, zeigt schlüssig, daß die ›Nachfolge Christi‹, so wie wir sie zu lesen gewöhnt sind, aus vier grundverschiedenen mystischen Schriften besteht, von denen Abschriften mit dem Datum 1427 existieren. Diese Abschriften gelangten etwa vom Jahr 1431 an in Umlauf, und ein von Thomas selbst unterzeichneter und 1441 datierter Kodex ist in der Königlichen Bibliothek in Brüssel erhalten. Der Titel ›Liber de Imitatione Christi‹ kam für die Sammlung in der zweiten Hälfte des 15. Jahrhunderts in Übung.

Die Nachfolge wurde erstmals 1473 gedruckt. Seither sind Tausende von Ausgaben und Übersetzungen in fünfzig Sprachen erschienen, ein Rekord, der nur von der Bibel übertroffen wird. Die erste deutsche Übersetzung erschien gedruckt in Pforzheim 1489. Das Werk übte Einfluß auf so gänzlich verschiedenartige Persönlichkeiten aus wie John Wesley, de Quincey, Milman, George Eliot und General Gordon, der es auf dem Schlachtfeld bei sich trug.

Glaube und Vernunft 14

MOSES BEN MAIMON (bekannt als MAIMONIDES, 1135-1204). Moreh Nebukim. *Rom, Drucker unbekannt, um 1473-75*

Während der Jahrhundertwende vor der Erfindung des Buchdrucks ist die Ideenwelt des Aristoteles (38) hauptsächlich durch die Werke anderer Männer wie Albertus Magnus (17) und Avicenna (11) verbreitet worden. Im 12. und 13. Jahrhundert unternahmen Philosophen den Versuch, sie mit den Glaubenssätzen der drei führenden Religionen in Einklang zu bringen: Thomas von Aquin (30) für die Christen, Averroes (24) für die Mohammedaner und Maimonides – gleich Averroes aus Cordoba in Spanien gebürtig und gleich ihm Arzt und von arabischen Lehrern geschulter Philosoph – für die Juden. Sein ›Führer der Unschlüssigen‹ geht von Aristoteles aus und besteht darauf, daß die Vernunft begrenzt sei und der Ergänzung durch die Offenbarung bedürfe.

Als Cordoba 1148 unter dem Ansturm der arabischen Eindring-linge fiel, wurde die Lage der Juden unerträglich. Maimonides ließ sich nach zehn Wanderjahren in Fez nieder; fünf Jahre darauf übersiedelte er nach Kairo, wo er bald als der größte rabbinische Gelehrte seiner Zeit anerkannt wurde. Er heiratete eine Dame des Hofes und wurde zum Leibarzt Saladins ernannt.

Der in arabischer Sprache geschriebene und um das Jahr 1190 vollendete ›Leitfaden‹ wurde nicht lange darauf unter dem Titel ›Moreh Nebukim‹ ins Hebräische übersetzt. Sein Einfluß wurde bald spürbar nicht nur bei jüdischen, sondern auch bei christ-lichen und islamischen Religionsphilosophen; Albertus Magnus und Thomas von Aquin zitierten beide ausführlich aus der im 13.Jahrhundert angefertigten lateinischen Übersetzung.

›Moreh Nebukim‹ wurde erstmals um 1470 in Rom gedruckt, und zwar in hebräischer Fassung, von einem Drucker, der bisher nicht ermittelt ist. Eine lateinische Übersetzung erschien unter dem Titel ›Dux seu Director Dubitantium aut Perplexorum‹ 1520 in Paris. Die Standard-Ausgabe, arabisch und französisch, in drei Bänden herausgegeben von S.Munk mit dem Titel ›Le guide des égarés‹, erschien in Paris 1856-1866. Eine englische Übersetzung gab M.Friedlander 1881-1885 heraus. Eine deutsche Ausgabe er-schien 1923-1924 in drei Bänden, übertragen und erklärt von A. Weiß unter dem Titel ›Führer der Unschlüssigen‹.

Maimonides' sonstige Werke enthalten einen Kommentar zur ›Mischna‹, der erstmals in hebräischer Sprache 1492 in Neapel er-schien, die ›Mischna Thora, Kitab al-Fara'id‹ (in hebräischer Sprache, Lissabon 1497), ›Responsa‹ und Abhandlungen über die Logik und über Giftstoffe. Die Ethik des Maimonides in deut-scher Übersetzung von Simon Falkenheim erschien 1832.

15   Die Fabeln des Äsop

ÄSOP (um 610-etwa 560 v.Chr.). (a) Vita et Fabulae. *Mailand, Antonius Zarotus, 1474;* (b) Mit italienischer Übersetzung. *Neapel, Francesco del Tuppo, 1485*

Ob Äsop der Verfasser der ›Fabeln‹ war, die seinen Namen tragen, oder nicht, ja, ob es ihn – was zuweilen bezweifelt worden ist –

überhaupt gegeben hat, ist im Grunde unerheblich. Auch die Tatsache, daß der erhaltene Text, der erstmals (mit einer Lebensbeschreibung des Äsop) in der lateinischen Übersetzung von Rinucius im Druck erschien, eine von Maximus Planudes im 14. Jahrhundert (mit einigen orientalischen Hinzufügungen) hergestellte Sammlung ist, fußend auf einer Übersetzung, die Andreopoulos von einer syrischen Fassung des Syntipas machte, welche auf den griechischen Text zurückgeht, den Babrius in der ersten Hälfte des 3. Jahrhunderts in Choliamben umdichtete, ist gleicherweise unwichtig. Einiges von den Fabeln, die Sokrates, wie Platon berichtet, im Gefängnis in Versform brachte, wurde uns jedenfalls bewahrt, und daher stammen all die volkstümlichen Fabeln des heutigen Europa.

Zu allen Zeiten gab es wohl nur wenig Menschen, denen ›Der Fuchs und die Trauben‹ oder ›Die Frösche, die einen König wollten‹ nicht vertraut gewesen wären. Zitiert, kopiert, parodiert und immer wieder neu gedruckt, sind die Fabeln über die ganze westliche Welt verbreitet, und – wer weiß? – möglicherweise sind einige der morgenländischen ›Originale‹ in Wahrheit Kopien noch früherer, verlorengegangener griechischer Quellen. Unzählige Nachahmer von La Fontaine bis James Thurber haben der Form neues Leben verliehen.

Der Ehrwürdige Beda 16

BEDA (oder BAEDA, 673-735). Historia Ecclesiastica Gentis Anglorum. *[Straßburg, Heinrich Eggesteyn, um 1475]*

Beda, der im Jahrhundert nach seinem Tode ›Beda Venerabilis‹, der ›Ehrwürdige Beda‹ genannt wurde, war der größte englische und einer der größten europäischen Historiker des Mittelalters. Es ist also nicht erstaunlich, daß sein bedeutendstes Werk – gewißlich das Werk, das die Laien am stärksten ansprach – eines der ersten Geschichtsbücher war, die gedruckt wurden. Die ›Kirchengeschichte des englischen Volkes‹, die in Wahrheit eine umfassende Geschichte der angelsächsischen Stämme ist, wurde im Jahr 731 abgeschlossen, und ihr Ruhm breitete sich bald überallhin aus. Die englischen Gelehrten und Missionare, die im 8. und

9.Jahrhundert im Frankenreiche wirkten – Männer wie Bonifazius und Alkuin –, waren mit Bedas Schriften wohlvertraut, und Handschriften der Historia Ecclesiastica befanden sich in vielen Klosterbibliotheken des Rhein- und Mosellandes.

Daß die editio princeps der Historia Ecclesiastica in Straßburg erschien, ist weniger auffallend, als es zuerst scheinen mag. Ihr Verleger Heinrich Eggesteyn spezialisierte sich, gleich allen seinen Druckergenossen in Straßburg, auf Bücher für Laienleser, und die Tatsache, daß er das früheste erhaltene Buchplakat zum Aushang brachte (1466), bezeugt, daß er ein geschultes Auge für den Markt hatte. Überdies hatten die rheinischen Drucker – neben den Straßburgern vor allem die Kölner – offensichtlich Interesse am englischen Markt; allein der Kölner Drucker Johann Schilling brachte in den Jahren 1472-73 vier Bücher von englischen Verfassern heraus, darunter Richard de Bury's ›Philobiblon‹. So rechnete Eggesteyn zweifellos damit, daß Bedas Meisterwerk nicht nur beim gebildeten Publikum des Kontinents, sondern auch Englands Käufer finden würde. Hierin irrte er sich nicht: die Historia Ecclesiastica mußte 1500 in Straßburg und 1506 und 1514 von Heinrich Gran zu Hagenau nachgedruckt werden.

Äsop (15)

SCYTHIE INTRA IMAVM MON
TEM SITVS

CYTHIA intra Imaū montem terminatur ab occasu Sarmaria Asiati ca secdm linea exposita A septentrione terra in cognita. Ab oriête Ima o monte ad arctos vergente secdm meridia nā ferme linea q̄ a p̄ dicto oppido vsq̄ ad terrā incognitam extenditur· A meridie ac etiam oriente Satis quidé ac Sugdianis ac Margiana iuxta ipsorū expositas lineas vsꝗ ostia oxe amnis in hyrcanū mare exeutis ac etiā parte q̄ hinc est vsꝗ ad Rha amnis ostia q̄ gradus habet 87 ꜗ48 ꜗ ꜗ. Ad oc casum aut vergitur in gradibꝰ 84 44 ꜗ

Rhymmi ꝭ ostia	91	48 ꜗ⁄ꜗ
Daicis ꝭ ostia	94	48 ꜗ⁄ꜗ
Iaxartiꝭ ostia	97	48
Istai ꝭ ostia	100	47 ꜗ⁄ꜗ
Polytimeti ꝭ ostia	103	44 ꜗ⁄ꜗ
Aspabotis ciuitas	102	44

Ptolemäus (18)

Obwohl Bedas Abhandlung ›De Temporum Ratione‹ (über Zeitrechnung) heutzutage nur noch einer Handvoll Fachgelehrter bekannt ist, wirkt sich dessenungeachtet ihr Einfluß auf unser tägliches Leben aus. Denn dieses Buch trug wesentlich zur Einbürgerung der Gepflogenheit bei, die Jahre seit Christi Geburt zu zählen: Wenn wir heute sagen, Königin Elisabeth II. sei 1926 geboren (und nicht »im 16.Jahr der Regierungszeit Georgs V.« oder »im Jahr 2678 nach der Gründung Roms« oder »im zweiten Jahr der 481.Olympiade«), so verdanken wir dies dem Ehrwürdigen Beda.

Der ›Doctor universalis‹ 17

ALBERTUS MAGNUS (1193-1280). *(a)* De Mineralibus. *[Padua, Petrus Maufer für Antonius de Albricis, 1476]; (b)* De Animalibus (herausgegeben von Fernandus Cordubensis). *Rom, Simon Chardella, 1478*

Albertus Magnus war der gelehrteste Wissenschaftler seiner Zeit, der ›Doctor universalis‹ des Mittelalters und der einzige, dem der Beiname ›Der Große‹ verliehen wurde. Er war ein deutscher Edelmann (Graf von Bollstädt), wurde Dominikaner, lehrte in Deutschland und Paris, wurde Provinzial seines Ordens in Deutschland und Bischof von Regensburg und zog sich schließlich ins Dominikaner-Ordenshaus in Köln zurück. Er galt seit dem 14.Jahrhundert als Heiliger, wurde 1622 seliggesprochen und 1931 zum Heiligen und Kirchenlehrer erhoben.

Albertus war praktisch auf sämtlichen Wissensgebieten tätig – den theologischen, philosophischen und naturwissenschaftlichen – und sein Einfluß in all diesen Richtungen war außerordentlich groß. Er fügte Elemente des Aristotelismus und des Neuplatonismus mit solchen der christlichen Theologie und der islamischen und jüdischen Philosophie zusammen und formte sie zu einem einzigen großen System. Sein Hauptanliegen als Philosoph blieb jedoch die Versöhnung des Aristotelismus mit der christlichen Lehre. Sein System wurde eine der Grundlagen der europäischen Scholastik. Thomas von Aquin (30) besuchte seine Vorlesungen und Dante (8) versetzte beide, Lehrer und Schüler, (im 10. Gesang des Paradieses) unter die ›Spiriti sapienti‹ im Sonnenhimmel.

Da Albertus' System im wesentlichen eine Sammlung fremder Ideen war, können andere seinen Rang auf den Gebieten der Philosophie und Theologie möglicherweise anfechten; doch war er unzweifelhaft der bedeutendste Beobachter der Natur, den das Mittelalter bis dahin hervorgebracht hatte, der größte Naturforscher seit Plinius (5). Er schrieb in Form erläuternder Anmerkungen zu Aristoteles, dem er seine eigenen Beobachtungen natürlicher und naturwissenschaftlicher Phänomene unterstellte, und er besaß zumindest eine Vorstellung von der Bedeutung des Experimentes. Seine wertvollsten Untersuchungen sind wohl seine botanischen und zoologischen Werke, da er auf seinen Reisen zahlreiche Pflanzen und Tiere mit eigenen Augen beobachtet hatte. Sein Buch über die Mineralien enthält Beschreibungen von chemischen Stoffen wie Alaun, Arsenik und Vitriol, Details von fünfundneunzig Edelsteinen oder Mineralien und zahlreiche andere bei seinen Besuchen alchemistischer Laboratorien gesammelte Einzelheiten. Sein Werk ›De Mineralibus‹ war bis zum Jahr 1569 in sieben Ausgaben erschienen und wurde ins Italienische übersetzt.

18   Das ptolemäische Weltall

CLAUDIUS PTOLEMÄUS (gest. nach 161). Cosmographia. *Bologna, Dominicus de Lapis,* ›*1462*‹ *[1477]*

Ptolemäus wurde in Ägypten geboren und lebte in der zweiten Hälfte des 2. Jahrhunderts in Alexandria, wo er zwei Säulen aufrichtete, auf denen seine astronomischen Entdeckungen eingemeißelt waren. Er schrieb griechisch.

Die ptolemäische Vorstellung vom Weltall beherrschte das Denken des abendländischen Menschen vom 2. bis zum 16. und weiter noch bis ins 18. Jahrhundert. Der Einfluß des Ptolemäus läßt sich nur mit dem des Aristoteles vergleichen. Er rührt her aus seinen zwei großen Büchern: dem ›Almagest‹ (siehe 40) und seiner ›Geographie‹ oder ›Kosmographie‹. Ptolemäus stellte auch ein Verzeichnis von 1028 Sternen zusammen, das bis zum 15. Jahrhundert das einzige seiner Art blieb, und verfaßte zwei weitere bedeutende Werke über Optik und Musiktheorie.

In seiner ›Geographie‹ bewies er, daß die Erde eine vollkommene Kugel ist, auf der Land- und Wassermassen untermischt sind, gab eine Tabelle der Längen- und Breitengrade von achttausend verschiedenen Orten der Welt und machte als erster von den Begriffen Parallelkreis und Mittagskreis (Meridian) technischen Gebrauch. Viele seiner Ideen leiten sich von Hipparchos und Marinos von Tyros her, aber Ptolemäus berichtigte ihre Feststellungen und paßte sie praktischer Verwendung an. Sein System enthielt natürlich zahlreiche Irrtümer. Seine falsche Schätzung der Ausdehnung des asiatischen Erdteils veranlaßte Kolumbus (35), in westlicher Richtung zu segeln, und seine Behauptung, der Indische Ozean sei fast gänzlich vom großen südlichen Erdteil umschlossen, wurde erst durch die Reisen Kapitän Cooks widerlegt. Doch ist nicht zu vergessen, daß Ptolemäus' Texte auf dem Weg über byzantinische und arabische Gelehrte in den Westen gelangten – die Ausgaben des 15.Jahrhunderts waren sämtlich lateinische Übersetzungen des griechischen Originals – und daß wir nicht sagen können, wie weit die Landkarten seine eigenen Zeichnungen darstellen oder im Verlauf der Weitergabe geändert wurden. Sogar nach den Reisen von Kolumbus und Magellan (siehe 57) erhielt sich sein Einfluß auf vielen Landkarten des 17. und 18. und, was das Innere Afrikas betrifft, sogar bis ins 19.Jahrhundert.

Doch es war die ptolemäische Gesamtvorstellung vom Weltall, die jahrhundertelang die westliche Welt beherrschte. Sie stellte die Erde und den Menschen in den Mittelpunkt der Welt, ordnete die Planeten rings um die Erde in planmäßigen Laufbahnen und Systemen an und verband einen jeden Planeten mit einer gewissen Menschenschicht. Dieser Gedanke fand besonders starken Anklang bei der Kirche, die sich in ähnlicher Weise die Welt als ein großes hierarchisches System vorstellte, von Gott über den Menschen bis hinab zu den niedrigsten tierischen Lebensformen. Die Gesellschaft war gleicherweise politisch in drei Stände gegliedert – den Adel, die Geistlichkeit und den gemeinen Mann, von denen jedem eine besondere Aufgabe zukam. Diese Systeme schufen ein geordnetes Weltbild, das selbst die niederschmetternde Entdeckung des Kopernikus (70) überdauerte, die Erde wäre nicht der Mittelpunkt des Weltalls.

Dante (8) und Milton bauten ihre Werke auf der Kosmosstruktur des Ptolemäus auf; sie kommt häufig bei Chaucer vor; sie beherrschte die elisabethanische Welt – siehe Spensers ›Faerie Queene‹ – und sogar Pope in seinem ›Essay vom Menschen‹ spricht noch von der »gewaltigen Kette des Seins«, die für ein geordnetes Weltall unerläßlich sei. Dessenungeachtet wurde dieses große weltumspannende und alles einheitlich zusammenfassende System der Kosmographie und des menschlichen Denkens von der Reformation und der daraufolgenden Umwälzung in den Naturwissenschaften schließlich zerbrochen.

Die erste Ausgabe des Ptolemäus in der lateinischen Übersetzung des Jacobus Angelus de Scarparia erschien 1475 in Vicenza ohne Landkarten; die Bologneser Ausgabe ist die erste mit Landkarten illustrierte. Der griechische Originaltext wurde erst 1533 veröffentlicht (Basel, herausgegeben von Erasmus).

19   Das erste zweisprachige Wörterbuch

VOCABOLARIO ITALIANO-TEUTONICO. *Venedig, Adam von Rottweil, 1477*

Es verwundert nicht, daß Venedig, die Wirtschaftsmetropole des Mittelmeerraums, der vom Schicksal auserwählte Ort war für das Erscheinen des ersten Wörterbuches in zwei lebenden Sprachen. Venedig besaß eine große Niederlassung deutscher Kaufleute, deren Sitz der Fondaco dei Tedeschi war, und es ist ziemlich sicher, daß das italienisch-deutsche Vokabularium hauptsächlich für sie gedacht war. Es ist kein Werk gelehrter Sprachwissenschaft, sondern der Vorläufer unserer heutigen praktischen Taschenwörterbücher.

Der Drucker Adam von Rottweil begab sich möglicherweise nach Italien, um sich (in den Jahren 1471-1474) Sweynheym und Pannartz in Rom anzuschließen. Er arbeitete von 1476 bis 1481 in Venedig, von 1481 bis 1486 in Aquila und taucht später in Neapel auf, wo sich schließlich seine Spur verliert.

Die Herstellung einer einfachen Sammlung gebräuchlicher Redewendungen war für einen in einer bedeutenden Handelsstadt ansässigen Verleger offensichtlich ein lohnendes Unternehmen. William Caxton, der erste englische Drucker, griff den Gedanken auf und brachte um 1480 in London ein englisch-französisches Wörterbuch heraus. Wie von Adam von Rottweils Buch haben auch von ihm nur einige wenige zerfledderte Exemplare das Schicksal überdauert, das Büchern dieser Art gemein ist – alte Schulbücher gehören, wie man weiß, zu den Rarissima.

Heilkräuterkunde 20

DIOSCORIDES (erstes nachchristliches Jahrhundert). De Materia Medica. *Colle, Johannes de Medemblick, 1478*

Dies war das erste maßgebende Werk des Altertums über die Materia Medica, jenen Zweig der Naturwissenschaften, der sich mit Heilstoffen befaßt. Von seinem Verfasser Dioscorides weiß man nicht mehr, als daß er ein kilikischer Grieche war, der zu Zeiten der Kaiser Claudius und Nero lebte und – wahrscheinlich als Militärarzt im römischen Heer – im Nahen Osten weit herumkam. Sein Vorgänger Theophrast war der erste wissenschaftlich arbeitende Botaniker; Dioscorides hingegen schrieb als erster über Heilkräuterkunde, und folglich war sein Buch von größerem unmittelbar praktischen Wert und von beiden das einflußreichere. Es kam um das Jahr 78 zuerst in griechischer Sprache in Umlauf und behandelte in seinen vier Teilen aromatische, ölhaltige, zähflüssige oder harzartige Pflanzenprodukte, Tiere und tierische Produkte von medizinischem Nutzen, Getreidepflanzen, Gartenkräuter und eine große Anzahl anderer Heilpflanzen.

In seiner Einteilung der Pflanzen nach Gruppen erkannte der Verfasser lange vor Bauhinus (121) oder Linné (192) gewisse natürliche Familienzusammengehörigkeiten; darüber hinaus enthält sein Buch einige wichtige Unterlagen zur Frühzeit der Chemie und Beschreibungen chemischer Stoffe. Sechshundert verschiedene Pflanzen und ihre medizinischen Eigenschaften wurden beschrieben – einhundert mehr als von Theophrast –, von denen neunzig noch heute verwendet werden.

Man kann ohne Übertreibung sagen, daß von seiner Veröffentlichung an bis weit ins 17.Jahrhundert hinein – sogar noch nach dem Erscheinen des ›Pinax‹ von Bauhinus im Jahr 1623 – sämtliche botanischen Studien sich auf dieses Buch gründeten; und der größte Teil der neuen botanischen Veröffentlichungen während des 16. und 17.Jahrhunderts geschah in Form von Kommentaren zu Dioscorides. Dodonaeus, Matthiolus, Caesalpinus (97), Columna, Brunfels, Bock, Fuchs (69) waren vornehmlich Erläuterer des Dioscorides, und erst mit dem Emporkommen der modernen wissenschaftlichen Botanik im 18.Jahrhundert begann sein Einfluß zu verblassen.

Vom 6.Jahrhundert an existieren zahlreiche Handschriften dieses Textes, und ihre zahlreichen Illustrationen sind unsere wichtigste Quelle zur Geschichte des botanischen Bildstoffes. Die erste gedruckte Ausgabe von 1478 war eine Übersetzung in mittelalterliches Latein, die erste Ausgabe des griechischen Originals erschien 1499. Im 16.Jahrhundert kamen insgesamt nur fünf griechische Ausgaben heraus; die zahlreichen lateinischen Ausgaben hatten die größere Wirkung.

21   **Die Geburt der modernen Chirurgie**

GUY DE CHAULIAC (1300-68). Chirurgia (in der französischen Fassung von Nicolaus Panis). *Lyon, [Nicolaus Philippi und Marcus Reinhart für] Barthelemy Buyer, 1478*

Mit Guy de Chauliac beginnt die moderne Chirurgie. Seine Abhandlung, schlichtweg ›Chirurgie‹ betitelt, war Jahrhunderte lang das maßgebende Lehrbuch. Er war der Sohn eines Bauern, trat in den Priesterstand, studierte in Montpellier, Toulouse, Paris und Bologna und ließ sich schließlich in Avignon nieder, wo er Leibarzt dreier Päpste war. Anders als seine Kollegen blieb er 1348 während des Schwarzen Todes in der Stadt, kümmerte sich um seine Patienten und beschrieb die Krankheit; er erkannte den Wert der Isolierung und befahl dem Papst, seinen Palast nicht zu verlassen. Er selbst wurde von der Krankheit angesteckt, überstand sie jedoch.

Chauliac sonderte die Chirurgie von der allgemeinen Medizin

ab und bemühte sich, ihr höheres Ansehen zu verschaffen. Seine Beschreibungen chirurgischer Verfahren sind so wertvoll und so modern, daß einige von ihnen sich noch heute anwenden lassen. Er empfahl, gewisse anormale Wucherungen im frühen Stadium herauszuschneiden; er operierte bei Leistenbruch und grauem Star – eine Operation, die bisher den umherziehenden Quacksalbern überlassen geblieben war – nicht aber bei Steinleiden. Bei Knochenbrüchen verwendete er die besten klassischen Methoden, die noch heute angewendet werden: Hängebandagen, stetigen mechanischen Zug mittels Rolle und Bleigewichten, genaue Verbindung der Bruchflächen, Abflußkanülen und leichte Druckverbände. Er führte bei bettlägerigen Patienten das über dem Bett angebrachte Seil ein und verschrieb narkotische oder einschläfernde Inhalation als mittelalterlichen Ersatz für Anästhesie. Er war ein bedeutender Gefäßchirurg, und sein Buch enthält vorzügliche Abschnitte über Augenverletzungen und Arzneimittel. Er gab ihm eine Geschichte der Medizin bei, die erste seit Celsus und bis zu Hallers Zeit unübertroffen.

Einige Fachschriftsteller haben geltend gemacht, daß Chauliac mit der Verwendung von Pflastern und der unablässigen Tamponierung offener Wunden, anstatt die Heilung der Natur zu überlassen, den Fortschritt der Medizin gehemmt habe. Wie dem auch sei, so besteht doch kein Zweifel, daß er die große französische Schule der Chirurgie begründete und Paré, ihrem hervorragendsten Vertreter im 16. Jahrhundert, den Weg bereitete. Das Buch wurde um 1363 in lateinischer Sprache geschrieben – Chauliac verfaßte noch andere Werke, doch die meisten von ihnen sind verlorengegangen – und wurde erstmals 1478 in französischer Sprache in Lyon gedruckt: das früheste bedeutende medizinische Werk in französischer Sprache, das zum Druck gelangte, und von großer Seltenheit. Der lateinische Text wurde erstmals 1498 in Venedig gedruckt; zwischen 1478 und 1683 kamen achtundsechzig verschiedene Ausgaben, zumeist in lateinischer Sprache, heraus.

REGIMEN SANITATIS SALERNITANUM. *[Köln, Conrad Winters, 1480?]*

Dieses volkstümliche Werk über Diät und Hygiene war ein Produkt der medizinischen Hochschule in Salerno, die vom 11. bis 14.Jahrhundert in Blüte stand. Salerno ist ein schon in der Antike bekannter Seehafen unweit von Neapel und war schon in früher Zeit Kurort. Hier verschmolz, was sich von der griechischen medizinischen Tradition in Süditalien erhalten hatte, mit lateinischen, jüdischen und islamischen Einflüssen, und so entstand die erste große medizinische Hochschule des Abendlandes. Salerno war genau genommen überhaupt die früheste Universität Europas und sie blieb trotz der Anwesenheit eines Bischofs eine völlig weltliche Anstalt, in der die Medizin erstmals als gesonderte naturwissenschaftliche Disziplin behandelt wurde.

Die ersten bekannten literarischen Erzeugnisse der Schule stammen aus dem 11., ihre höchste Blütezeit war das 12.Jahrhundert. Nach dem Aufstieg Venedigs und der daraus sich ergebenden Verlagerung des Handels- und Kulturlebens nach dem Norden bestand die Universität Salerno zuletzt nur noch als Quelle schwindelhafter Diplome fort, bis sie Napoleon 1811 schloß.

Salerno brachte ein Bücher-Korpus hervor, das die meisten Gebiete der Medizin umfaßte, darunter bedeutende mittelalterliche medizinische Texte aus verschiedenen Zweigen der Naturwissenschaften. Ein berühmtes gynäkologisches Werk, ›De Passionibus Mulierum‹, wurde lange Zeit einer Professorin namens Trotula zugeschrieben – ihr Name lebt weiter in englischen Kinderbüchern als Dame Trot –, doch sie stellte sich als Mythe heraus; das Buch wurde von einem Arzt in Salerno namens Trottus verfaßt – einem schlichten Mannsbild.

Von allen diesen Texten ist das ›Regimen Sanitatis‹ wohl der volkstümlichste. Es enthält Verhaltensregeln für Diät und gesundes Leben und empfiehlt einfache Arzneimittel als Grundlage der Behandlung. Es umfaßt eine Menge älterer Kenntnisse und war bereits ein anerkanntes Werk, als Arnaldus de Villanova (1248-1314), dem zuweilen fälschlich die Verfasserschaft zugeschrieben wird, es bearbeitete; seine Fassung liegt der ersten gedruckten Ausgabe zugrunde. Es geht möglicherweise auf einen pseudoaristotelischen ›Brief an Alexander den Großen‹ zurück, der von Johannes von Toledo, einem getauften Juden, um 1130 ins Lateinische übertragen wurde.

Die in lateinischen Knüttelversen geschriebene ›Salernitanische Gesundheitsregel‹ war an einen mythischen König in England gerichtet – den man fälschlich für Robert von der Normandie, den Sohn Wilhelms des Eroberers, gehalten hat – und wurde von Generationen von Ärzten auswendig gelernt. Ihre Merksprüche wurden zu populären Gesundheitsregeln, und einige von ihnen haben sich bis in unsere Zeit erhalten.

Die Texte wurden vermutlich erstmals um 1160 niedergeschrieben (Breslauer Kodex) und bestanden damals aus 362 Versen. Mit der Zeit kamen zahlreiche Einfügungen hinzu, und eine viel spätere Ausgabe enthält nicht weniger als 3520 Verse. Es ist nach unseren Begriffen kein wissenschaftliches Werk, sondern eine Sammlung populärer Lehrverse, und als solche erfreute es sich jahrhundertelang ungeheurer Beliebtheit. Es wurde ins Deutsche, Englische, Irische, Provenzalische und Tschechische übersetzt, und insgesamt erschienen etwa dreihundert verschiedene Ausgaben.

Englisches Recht 23

SIR THOMAS LITTLETON (etwa 1407-81). Tenores Novelli. *London, John Lettou und William de Machlinia, [1481]*

Littleton war ein erfolgreicher Anwalt und Richter, von dem wenig mehr bekannt ist als die Daten seiner amtlichen Ernennungen. Er verfaßte seinen ›Traktat über dingliche Rechte‹ wahrscheinlich, nachdem er 1466 zum Richter ernannt worden war, und das Buch verdankt sein Entstehen zweifellos dem wirren Zustand jenes Zweiges der Rechtswissenschaft, den es behandelt. Das englische Vermögensrecht hatte sich – seit der normannischen Eroberung mittels ordentlicher Gerichtshöfe – aus einem System der Rechtsprechung entwickelt, das sich teils auf sächsisches, teils auf normannisches Brauchtum gründete. Der Präzedenzfall war maßgebend; ein Rechtsprinzip war unbekannt. Versuche, diesen Stoff von Präzedenzfällen übersichtlich zu ordnen, wurden mittels der ›Registers of Original Writs‹ (Register der behördlichen Erlasse) unternommen, die zu Littletons Zeiten bereits viermal so umfangreich waren wie die frühesten Zusammenstellungen aus der Zeit Eduards I., sowie mittels der gleicherweise angeschwollenen ›Jahrbücher‹. Diesem Wirrwarr widmete Littleton seine Organisationsgabe und sein schöpferisches Denken, deren er so dringend bedurfte.

Sein erster Bruch mit der Tradition bestand darin, daß er sein Buch im Unterschied zum Latein der vorangegangenen Lehrbücher wie Bracton (89) und Glanville in der anglo-französischen Gerichtssprache schrieb. Mit der lateinischen Sprache verwarf Littleton auch das römische Recht und seine Kommentatoren. Sein Traktat befaßt sich lediglich mit englischem Recht. In seiner Systematisierung ist jedoch der Einfluß der römischen Rechtsmethode zu erkennen. Wo zuvor nur ungeordnete Sammlungen von Berichten über tatsächliche Rechtsfälle vorgelegen hatten, gliederte Littleton seinen Gegenstand, indem er die verschiedenen Arten der Vermögensrechte bestimmte und eine jede knapp kennzeichnete; sodann veranschaulichte er sie entweder an Hand tatsächlicher Gerichtsentscheidungen oder häufiger – und hier folgte er der Gepflogenheit des römischen Rechts – durch hypothetische Rechtsfälle. Befreit von der Notwendigkeit, auf Präzedenzfälle zu verweisen, erreichte er eine Stoffülle und Methodik, wie sie bisher nicht möglich gewesen waren.

Während der nächsten hundert Jahre und länger blieben ›Littletons Dingliches Recht‹ das grundlegende englische Rechtshandbuch, und als Coke seinen Kommentar dazu veröffentlichte (126), nannte er es »das vollkommenste und vollständigste Werk, das je über irgendeine menschliche Wissenschaft geschrieben wurde«. ›Coke über Littleton‹ wurde bis ins 19. Jahrhundert hinein immer wieder neu aufgelegt, und auf diese Weise ist das Werk eines obskuren Richters des 15. Jahrhunderts zur Grundlage der wesentlichen Vermögensrechte aller englisch-sprechenden Länder geworden.

MUHAMMAD IBN AHMAD genannt AVERROES (1126-98). Colliget. *Ferrara, Laurentius de Rubeis, 1482*

Averroes war der bedeutendste arabische Philosoph und Arzt im Spanien seiner Zeit. Er lebte in Cordoba, Sevilla und später in Marrakesch und ist denkwürdig hauptsächlich wegen seiner Auslegung des Aristoteles (38), aus der sich ein geschlossenes philosophisches System entwickelte, das heute als Averroismus bezeichnet wird. Mittelpunkt dieses Systems war seine Lehre, daß die Welt ewig ist, keine Schöpfung ex nihilo, sondern von einer unablässig wirkenden schöpferischen Kraft angetrieben – eine Auffassung, die vom Gedanken der Evolution nicht weit entfernt ist.

Andere charakteristische Eigentümlichkeiten des Systems waren der Glaube an den psychologischen Determinismus – der mit der Lehre von der moralischen Verantwortlichkeit unvereinbar ist – und die Theorie von den zwei Wahrheiten: eine für die Philosophen und eine zweite, mehr wörtlich zu verstehende, für die Massen (»Lehrt das Volk, was es verstehen kann!«). Der Averroismus war im wesentlichen ein Versuch, Vernunft und Philosophie mit Glauben und Religion in Einklang zu bringen. Averroes stand damit nicht allein, aber er brachte ihn wohl intelligenter und kraftvoller zum Ausdruck, als andere es vermochten. Dessenungeachtet wurde er von den orthodoxen Philosophen und Theologen, die seine Ideen mißbilligten, weitgehend mißverstanden. Thomas von Aquin (30) unternahm einen Versuch der Aussöhnung; doch der Heilige Stuhl verbot 1270 und 1277 die Lektüre des Averroes, und seine Theorien wurden von den rechtgläubigen Mohammedanern in Spanien ebenso verurteilt wie von den Bischöfen in Paris und Canterbury und einigen maßgebenden Gelehrten in Oxford. Trotzdem übte der Averroismus tiefreichenden Einfluß auf das christliche wie auf das jüdische Denken aus (seine Einwirkung auf die islamische Philosphie war eigentümlich gering) und führte die Scholastiker in die Kenntnis des Aristoteles ein.

Die frühesten Aristoteles-Ausgaben von 1472-74 kamen mit den Kommentaren des Averroes heraus (Text wie Kommentar waren lateinische Übersetzungen, letzterer zum Teil direkt aus dem Arabischen, zum Teil aus hebräischen Fassungen) und in ihnen, sowie in verschiedenen Traktaten, blieb der Averroismus im Umriß bewahrt. Averroes ist hier mit seinem umfangreichsten gedruckten Werk, den ›Bemerkungen zur Medizin‹ vertreten. Die beste frühe Gesamtausgabe seiner Werke in lateinischer Sprache wurde 1552 von den Giuntas in Venedig herausgebracht.

25   Die Elemente der Geometrie

EUKLID (um 300 v. Chr.). Elementa Geometriae. *Venedig, Erhard Ratdolt, 1482*

Euklids ›Elemente der Geometrie‹ sind das älteste mathematische Lehrbuch der Welt, das noch heute allgemein benutzt wird. Sein Verfasser war ein griechischer Mathematiker, der um 300 v. Chr. lebte und in der Regierungszeit Ptolemäus' I. in Alexandria eine Mathematiker-Schule begründete.

Die ›Elemente‹ sind eine Sammlung des ganzen älteren mathematischen Wissens der Griechen seit Pythagoras, so in ein zusammenhängendes System gebracht, daß jeder Lehrsatz logisch aus dem vorangegangenen folgt; in dieser Einfachheit liegt das Geheimnis seines Erfolges. Das Werk ist in dreizehn Bücher gegliedert: 1-4 behandeln die Planimetrie; 5 und 6 die auf Eudoxus zurückgehende Proportionslehre und ihre Anwendung; 7-9 die Eigenschaften der Zahlen; 10 irrationale Größen; 11-13 die Raumgeometrie, die in dem Nachweis gipfelt, daß es nur fünf regelmäßige Körper gibt; die Bücher 14 und 15 sind spätere, nicht von Euklid stammende Hinzufügungen. Euklid schrieb noch andere Bücher, von denen einige erhalten sind, vor allem über Optik, Elemente der Musik, Astronomie und sphärische Geometrie.

Die ›Elemente‹ blieben jahrhundertelang das allgemein gebräuchliche Lehrbuch der Geometrie und erschienen in rund tausend verschiedenen Ausgaben und Übersetzungen. In der zweiten Hälfte des 19. Jahrhunderts wurde der Versuch unternommen, sie durch andere Lehrbücher zu ersetzen. Lobatschewskijs Buch von 1829 über die nicht-euklidische Geometrie (293) focht die Vorherrschaft des euklidischen Systems an, und Einsteins Arbei-

ten (408) und die neueste Entwicklung der Astronomie und Mathematik haben diesen Prozeß fortgeführt.

Die Erstausgabe von Euklids ›Elementen‹ ist eine überragend
schöne Druckerarbeit; Sorgfalt und Verständnis, womit die Dia-
gramme in den Text eingebaut sind, haben sie zum Vorbild aller
späteren Mathematikbücher gemacht. Sie war das erste wichtige
gedruckte Buch mit geometrischen Figuren.

Klassische Baukunst 26

MARCUS VITRUVIUS POLLIO (um 27 v.Chr.). De Architectura.
[Rom, Eucharius Silber, 1483-90]

Dieses Handbuch der klassischen Baukunst ist das einzige von der
griechischen Architektur angeregte römische Werk, das uns überliefert ist. Seine Bedeutung liegt folglich darin, daß es unsere
Hauptquelle zahlreicher verlorengegangener griechischer Schriften über diesen Gegenstand darstellt und zugleich einen Leitfaden
für die archäologische Forschung in Italien und Griechenland liefert. Seine Darlegung der Grundsätze der klassischen Architektur an Hand von Beispielen machte es auf Jahrhunderte hinaus
zum grundlegenden Lehrbuch der Baukunst. Vitruv, der zur Zeit
Julius Cäsars und Augustus' lebte und sein Buch wahrscheinlich
vor dem Jahr 27 v.Chr. verfaßte, war im Grund mehr Theoretiker als praktisch wirkender Architekt, und sein einziges bekann-
tes Bauwerk ist die Basilika in Fano.

Die zehn Bücher ›Über die Baukunst‹ behandeln die Grundsätze
des Bauens im allgemeinen, Baumaterialien, Baupläne für Theater,
Tempel und andere öffentliche Gebäude, Stadt- und Landhäuser,
Bäder, Innenausstattung und Wandmalereien, Uhren und Sonnenuhren, Astronomie, Maschinenbau und militärisches Ingenieurwesen. Das Werk enthält zahlreiche gescheite Vorschläge
zur Beseitigung des Echos in Theatern sowie Gedanken über allgemein akustische Grundbegriffe, über Methoden sanitärer Verbesserungen (Vitruv schuf, wie man annimmt, das neue Kanali-
sationssystem, das beim Wiederaufbau Roms durch Augustus
eingeführt wurde), über richtige Proportionen, die passende Lage
von Gebäuden, Städteplanung und vieles über ballistische und

hydraulische Probleme. Die klassische Tradition der Baukunst mit ihren regelmäßigen Proportionen, ihrer Symmetrie und ihren drei Säulenordnungen – dorisch, ionisch und korinthisch – leitet sich aus diesem Buch her. Neuerdings hat man auch die beträchtliche Bedeutung des Vitruv in der Geschichte der Naturwissenschaften anerkannt, denn er leistete zur Astronomie, Geometrie und zum Ingenieurwesen einige wertvolle Beiträge.

Obwohl sein Einfluß auf die Bautätigkeit während des Mittelalters offensichtlich gering war, sind doch vom 9. Jahrhundert an wenigstens fünfundfünfzig Handschriften von De Architectura bekannt, von denen viele sich heute im Vatikan befinden. Die früheste erhaltene Handschrift wird im Britischen Museum in London aufbewahrt; sie wurde im 9. Jahrhundert in Jarrow in Northumberland angefertigt und fußt auf italienischen Exemplaren, die von Coelfrid im 7. Jahrhundert nach Jarrow gebracht worden waren.

Der Einfluß des Vitruv begann mit der Renaissance. Alberti (28), Bramante, Ghiberti, Michelangelo, Vignola, Palladio (92) und viele andere wurden unmittelbar von ihm angeregt. Die erste gedruckte Ausgabe seines Werkes erschien in Rom (etwa 1483-90), die erste illustrierte 1511 in Venedig, und französische, deutsche, italienische und spanische Übersetzungen folgten bald darauf. Die erste englische Ausgabe ist die prachtvolle Folio-Ausgabe von W. Newtons Übersetzung in 2 Bänden aus den Jahren 1771-91. Die Como-Ausgabe von 1521 in der Übersetzung von Cesare Cesariano, einem Schüler Bramantes, ist die erste in italienischer Sprache. Sie enthält vorzügliche neue Illustrationen, von denen heute einige Leonardo da Vinci zugeschrieben werden. Von allen frühen Ausgaben ist sie die schönste.

27   Die Welt der Ideen

PLATO (428-347 v. Chr.). Opera. *Florenz, Laurentius (Francisci) de Alopa, Venetus, [1484 oder 1485]*

Daß unter den Philosophen des Altertums Plato der erste sein würde, dessen sich die Druckerpresse annahm, um seine Ideen zu verbreiten, war vorauszusehen. Platos zentrale Vorstellung von einem Reich der Ideen, vollkommenen Urbildern, dessen unvollkommene Abbilder die empirischen Dinge sind, und seine Sittenlehre, beruhend auf dem Handeln des Menschen gemäß seiner Veranlagung, die ausgebildet wird durch Erziehung unter der Autorität des Staates, der seinerseits der Idee der Gerechtigkeit untersteht – sie entsprach ebenso der philosophischen, religiösen und politischen Gedankenwelt des westlichen Europa im 15.Jahrhundert bei seinem Ringen um Befreiung von den Fesseln des scholastischen Denkens wie der Gedankenwelt der byzantinischen Griechen, die Plato aufs neue in der westlichen Welt heimisch machten. Sein Lehrer Sokrates legte den Grund zu einer wissenschaftlichen Denkweise, indem er überall, statt unbewiesene Theorien zu entwerfen, die Wesensfrage stellte: »Was ist...?« Sokrates' leidenschaftlicher Glaube, daß es immer Antworten auf Fragen gibt, seine Überzeugung, daß Tugend – das Gute – aus dem Wissen stamme, wurden in Platos Schriften weiterentwickelt. Unter der Fülle und Vielfalt sowohl der Themen wie der Formen ihrer Erörterung durchziehen zwei beherrschende Motive Platos Dialoge: Liebe zur Wahrheit und die Leidenschaft für das Aufwärtsstreben des Menschen. Da Plato in keiner seiner Schriften eine abschließende Fassung seiner Gedanken hinterließ, konnte man mit Recht sagen, daß sich die Keime aller Ideen bei ihm fänden.

Aristoteles (38) war es, der Platos Ideen in eine systematische Ordnung fügte, und die Philosophen, die nach ihm kamen, schuldeten oft mehr, als ihnen bewußt war, Plato als dem wohl anregendsten philosophischen Autor aller Zeiten: Zeno, Epikur, Plutarch – alle hingen von ihm ab. Clemens aus Alexandrien und Origenes führten seine Ideen ein in die geistige Welt der christlichen Religion. Plotin und der irische Philosoph Johannes Scotus erneuerten auf verschiedene Weise seine Ideen. Eine der Wirkungen des Florentiner Konzils von 1439 war die Wiederbelebung seiner Philosophie durch die Vorträge des byzantinischen Gelehrten Gemistos Plethon, dessen Schüler auch Kardinal Bessarion war und Marsilio Ficino, führender Geist in der Bewegung des Humanismus. Er war der Übersetzer der obigen Ausgabe von Platos Schriften (die erste Ausgabe des griechischen Textes erschien erst 1513). Gemessen mit den Maßstäben des 15.Jahrhunderts war Ficinos ›Plato‹ ein ›Bestseller‹ und einige seiner großen Dialoge: die Apologie, das Symposion, Phaidon und Phaidros blieben es bis heute.

28 Renaissance-Baukunst

LEON BATTISTA ALBERTI (1404-72). De Re Aedificatoria. *Florenz, Nicolaus Laurentii, 1485*

Alberti war sowohl ein echter Humanist und Gelehrter von umfassender Bildung als auch ein praktisch arbeitender Architekt. Philosophie, Religion, Erziehung und Sittenlehre – alles beschäftigte ihn; außerdem schrieb er Gedichte und Fabeln. Den größten bleibenden Wert unter seinen Büchern besitzen jedoch seine kunsttheoretischen Schriften. Sie sind die erste literarische Formulierung der ästhetischen und wissenschaftlichen Theorien der Renaissance auf den Gebieten der Architektur, der Malerei und der Bildhauerkunst.

Sein Buch ›Über das Bauen‹, die erste eigenständige Abhandlung der Renaissance über diese Kunst, war möglicherweise schon 1450 vollendet – ehe Alberti selber ein bedeutender praktizierender Architekt wurde –, aber sie wurde erst 1485, nach seinem Tod, von Bernardo Alberti veröffentlicht und bald ins Französische, Italienische und Spanische übersetzt. Die Abhandlung über die Malerei, ›De Pictura‹, wurde 1435 abgeschlossen und 1540 erstmals in Basel gedruckt; das Buch über die Bildhauerkunst, ›Della Statua‹, ist wahrscheinlich vor 1464 geschrieben und erstmals 1651 veröffentlicht.

Sein Werk über die Baukunst gründet sich weitgehend auf klassische Prinzipien, wie sie bei Vitruv (26) niedergelegt sind. Gleich dem Werk des Vitruv ist Albertis Buch in zehn Bücher gegliedert, welche die allgemeinen Grundsätze für Entwurf und schmückendes Zubehör, Kirchen, städtische und ländliche Herrschaftshäuser, Planung von Städten, Gärten, Kanälen und Schleusen und dergleichen mehr behandeln.

In Übereinstimmung mit den klassischen Prinzipien bezeichnet er Schönheit und Schmuck als die Hauptelemente der Baukunst.

Schönheit ist im wesentlichen Harmonie, das richtige Verhältnis der Teile zueinander. Diese Harmonie ist Alberti zufolge – er geht auch in seiner Abhandlung über die Malerei hierauf ein – keine der Phantasie des Künstlers entstammende Vorstellung, sondern sie läßt sich nach mathematischen Grundsätzen gewissermaßen errechnen. Sie ist dem System der musikalischen Harmonie des Pythagoras verwandt. Schönheit ist eine Eigenschaft, die nicht allein vom individuellen Geschmack, sondern von einer allen Menschen gemeinsamen Gabe der Vernunft erfaßt wird.

Alberti behandelt die Baukunst nicht nur im Hinblick auf ihre kirchlichen Zwecke oder ihre privaten Auftraggeber, sondern zum ersten Male vornehmlich als Anliegen der bürgerlichen Gesellschaft. Sein Buch enthält einen Entwurf für den Bau einer ganzen neuen Stadt, das früheste gedruckte Beispiel der Städteplanung. Für Alberti ist der Architekt schlechthin ein Künstler, der in den freien Künsten gebildet ist und nach wissenschaftlichen Grundsätzen arbeitet. Er ist der Entwerfende und Planende, die technische Ausführung sollte einem praktischen Baumeister überlassen bleiben. Dessenungeachtet schuf Alberti selber einige der berühmtesten Bauten seiner Zeit, wie die Fassade von Santa Maria Novella und den Palazzo Rucellai in Florenz, die Kirchen San Sebastiano und San Andrea in Mantua und den Tempio Malatestiano in Rimini.

In seinem Buch über die Malerei legt Alberti besonderen Nachdruck auf Wirklichkeitstreue und die Nachbildung der Natur; um das zu erreichen, muß der Maler mit der Wissenschaft der Perspektive vertraut sein, der die beiden ersten Bücher des Werkes gewidmet sind. Außerdem hat das Gemälde im oben angedeuteten Sinn schön zu sein; Alberti erachtet die historische und Genre-Malerei für bedeutsamer als die Porträtkunst, weil jene die Menschen in ihrem eigenen Leben tätig zeigen und deshalb den Betrachter ansprechen und rühren. Der Einfluß dieses Werkes auf seine Zeitgenossen war recht gering, mit Ausnahme von Paolo Uccello und Piero della Francesca, deren Bilder ohne Kenntnis Albertis nicht hätten geschaffen werden können. Leonardos ›Trattato della Pittura‹ steht stark in Albertis Schuld, und zum Teil erst durch Leonardos ›Paragme‹, die erst im 17.Jahrhundert veröffentlicht wurden, übte Alberti solch starken Einfluß auf den Stil der klassischen und akademischen Malerei des 17. und 18. Jahrhunderts aus.

29   Das englische Heldenepos

SIR THOMAS MALORY (um 1470). Thys Noble and Joyous book entytled le Morte Darthur, Nothwythstondyng it treateth of the Byrth, Lyf, and Actes of the sayd Kyng Arthur. *Westminster, William Caxton, 1485*

Die ›Morte d'Arthur‹ ist die berühmteste und zugleich die erste Fassung in englischer Prosa all jener Sagen, die sich um König Arthur (oder Artus) gesammelt hatten. Es ist das einzige echte englische Heldengedicht; sein Stoff ist der ›Sagenkreis Englands‹. Sein einzigartiger Stil, sein Humor, seine farbige Pracht, sein magischer Zauber, der einem den Atem verschlägt, sie vereinigen sich zu einem Meisterwerk der Sagendichtung. Jedes Jahrhundert hat seine eigene Fassung dieses Bildteppichs der Artus-Sage hervorgebracht; doch die von Malory wird nie vergessen werden.

Außer der Tatsache, daß er im Jahr 1470, als er dieses Buch vollendete, am Leben war, ist praktisch nichts über Herkunft und Lebenslauf des Verfassers bekannt. (Bale erklärt, er sei ein Waliser gewesen, aber das maßgebliche Dictionary of National Biography findet keinen Nachweis hierfür.) Falls er noch anderes schrieb, hat es sich nicht erhalten.

Malory selber gibt zu verstehen und Caxton stellt es in seinem Vorwort ohne Umschweif fest, daß die Morte d'Arthur die Übersetzung eines französischen Originals ist; die Gelehrten haben jedoch Stücke seines ›Mosaiks von Bearbeitungen‹ in einer verwirrenden Vielfalt von Originalen aufgespürt, die keineswegs sämtlich französisch sind. Für wichtige Abschnitte des Buches – Teile von Merlin und Tristan beispielsweise – haben sich keine Originalvorbilder gefunden, und diese Stücke sind möglicherweise wesentlich, wenn nicht ganz Malorys eigene Phantasieschöpfung.

Die Gliederung von Malorys Text in einundzwanzig Bücher, die in Kapitel untergeteilt sind, wurde von Caxton vorgenom-

men (der in diesem Fall sowohl Verleger als auch Drucker war).
Von der Erstausgabe haben sich nur ein vollständiges Exemplar
(in der Pierpont Morgan Library in New York) und ein unvoll-
ständiges (in der John Rylands Library in Manchester) erhalten.

Die Summe der Erkenntnis Gottes 30

THOMAS VON AQUIN (1225-74). Summa Theologiae. *Basel, [Mi-
chael Wenssler], 1485*

Thomas von Aquin war der bedeutendste Philosoph und Theologe des Mittelalters. Er entstammte einem süditalischen Grafen-
geschlecht und wurde auf Schloß Roccasecca bei Aquino im Nea-
politanischen geboren. Gleich seinem Lehrer Albertus Magnus
(17), bei dem er in Köln und Paris studierte, wurde er Dominikaner und war sein ganzes Leben lang im Dienst seines Ordens
mit Reisen und Vorlesungen und als politischer Berater einer
Folge von Päpsten tätig; er lehnte die ihm angebotenen höheren
Stellungen ab und beschloß seine Tage als Professor in Neapel.
Auf dem Wege zum Konzil von Lyon ist er im Alter von neun-
undvierzig Jahren gestorben.

Inmitten all dieser Tätigkeit fand er Zeit, eine erstaunliche
Anzahl von Büchern zu schreiben, von denen die ›Summa‹ das
letzte und größte ist. Die Verschmelzung von Theologie und
Philosophie, die die Grundlage der Scholastik war, fand in seinen
Schriften ihren schönsten Ausdruck. Thomas war der Auffassung,
daß Erkenntnis und Wissen zwei Quellen entspringen: den Wahrheiten des christlichen Glaubens und den Wahrheiten der menschlichen Vernunft. Sie sind zwei deutlich verschiedene Quellen, aber
die Offenbarung, die aus dem Glauben kommt, ist die größere
von beiden; ihr Hauptkennzeichen ist, daß sie aus Geheimnissen
besteht, die man glauben und nicht verstehen muß. Die Vernunft
ist die Quelle der natürlichen Wahrheit, die von den heidnischen
Philosophen Plato und Aristoteles, besonders von diesem, in ein
System gebracht worden ist und die sich, wenn richtig ausgelegt,
in der sichtbaren Welt deutlich bekundet.

Thomas bereitete sich auf die Darlegung seiner Philosophie mit
einer Folge von Erläuterungen der Heiligen Schrift und der Kir-

chenväter vor sowie mit dem Studium Platos und seiner Schule, vornehmlich des Werkes des Pseudo-Dionysius, vor allem aber des Aristoteles (38), in dessen Schriften er die beste Ordnung erblickte, welche die natürliche Vernunft bisher erreicht hatte. Die ›Summa Theologiae‹ ist ein Abriß der christlichen Theologie und Philosophie. Er betrachtete sie als Handbuch zum Gebrauch für Studenten. Der Nachwelt gilt sie als sein Hauptwerk. Sie ist in drei Teile gegliedert. Der erste behandelt Natur und Eigenschaften Gottes sowie seine Dreieinigkeit und auch das physische Weltall; Gegenstand des zweiten Teiles ist der Mensch und der Hauptzweck seines Daseins, wobei eine genaue Lehre der christlichen Ethik festgelegt wird; der dritte Teil, der aufgrund seines Entwurfs nach Thomas' Tod vollendet wurde, befaßt sich mit Christus, Gott und der Menschheit. Sogar in dieser abgeschwächten summarischen Zusammenfassung spürt man die systematisierende Wirkung des Aristoteles auf »das gesamte Wissen der Kirchenväter«, und es war dieses System, was Papst Leo XIII. veranlaßte, es in seiner Enzyklika von 1879 zur unbestreitbaren Grundlage der katholischen Theologie zu erklären; in gleicher Weise liegt es zahlreichen späteren theologischen, politischen und sozialen Untersuchungen über das Wesen des Menschen und seine Stellung im Staat oder im Weltall zugrunde.

31   Die homerischen Epen

HOMER. [Werke]. *Florenz, Demetrius Damilas für Bernardus und Nerius Nerlius [1488]*

Ilias und Odyssee, die beiden unter dem Namen Homers überlieferten Epen von zusammen etwa achtundzwanzigtausend Versen in daktylischen Hexametern, sind die ältesten uns erhaltenen Dichtungen der griechischen und somit der gesamten europäischen Literatur.

Die Ilias erzählt von dem Krieg, den die Griechen gegen Troja geführt haben, um die von Paris geraubte Helena, die Gattin des Menelaos, zurückzuholen. Die Kämpfe des zehnten Kriegsjahres stellt der Iliasdichter unter das Thema der Menis, des Grolls des Achilleus, dem Agamemnon das Mädchen Briseis genommen hat.

Den historischen Hintergrund des Krieges der Achäer um das kleinasiatische Troja haben Schliemanns (362) Ausgrabungen zu erhellen gesucht.

Die Odyssee erzählt von den Irrfahrten des Troja-Kämpfers Odysseus, die er durch den Zorn des Poseidon, dessen Sohn Polyphem er geblendet hat, auf der Heimfahrt von Troja erdulden muß, von seiner Heimkehr nach Ithaka, der Tötung der Freier seiner treuen Gattin Penelope und der schließlichen Wiedervereinigung der Gatten. Nach einem Wort Herodots (41) hat Homer neben Hesiod die griechische Göttervorstellung geprägt.

Die Götter erscheinen bei Homer als gesteigerte Menschen mit größerer Macht, ewigem Leben und starken Leidenschaften. Über den Göttern steht noch das Schicksal, die Moira, dessen Spruch auch sie sich fügen müssen.

Zweifellos hat es bei den Griechen schon vor Homer Heldendichtung gegeben. Aus dem reichen Schatz dieser epischen Dichtungen, die wohl kleineren Umfang hatten und mündlich überliefert wurden, erwuchsen im 8.-7.Jahrhundert v.Chr. die uns erhaltenen großen Epen, wobei einzelnes nicht nur äußerlich aneinandergefügt, sondern durch Unterordnung unter zentrale Motive auch innerlich zusammengeschlossen wurde.

Die Überlieferung der homerischen Gedichte lag in den ersten Jahrhunderten nach ihrer Entstehung in der Hand der Rhapsoden, die die Gedichte bei den Festen der Griechen vortrugen, später auch interpretierten. Schon früh wurden Ilias und Odyssee aufgezeichnet und wurden das Schulbuch aller Griechen. Sie übten das ganze Altertum hindurch größte Wirkung aus. Die griechische Geistesgeschichte ist durchzogen von ständiger Auseinandersetzung mit Homers Weltsicht. Die griechische Hochsprache als Träger der gesamthellenischen und später der mittelmeerischen Kultur und nicht zuletzt der frühchristlichen Religion ist eine Schöpfung der homerischen Dichtung.

In der Zeit des Hellenismus haben Gelehrte an der Bibliothek von Alexandrien die zum Teil voneinander abweichenden Fassungen der homerischen Gedichte gesammelt und durch kritische Arbeit den Text gesichert, den wir heute lesen. Die homerischen Gedichte waren das große Vorbild für die ganze epische Dichtung

des Altertums. Über Vergil, dessen Aeneis (6) sich Homer an-
schließt, wirkten sie weiter auf die spätere europäische Literatur
auch in den Jahrhunderten des Mittelalters, in denen Homer
selber im Westen nicht bekannt war. Erst nach der Eroberung von
Byzanz 1453 kamen Homers Epen in ihrer originalen Gestalt
wieder nach dem Westen, und 1488 gab der Athener Demetrios
Chalkondyles den griechischen Text zum erstenmal im Druck
heraus, den der Kreter Demetrius Damilas auf Kosten der Brüder
Bernardus und Nerius Nerlius besorgte. Die nächste Ausgabe
von Aldus Manutius in Venedig folgte 1504.

Homer wurde unendlich oft übersetzt. Die erste englische Übersetzung (1611-1615) stammt von George Chapman (1559-1630).
Der greise Hobbes (138) veröffentlichte seine Übersetzung 1666.
Die 1715 erschienene englische Übersetzung von Alexander Pope
leitete eine neue Phase des Homerverständnisses ein. In Deutschland hatten die 1782 (Odyssee) beziehungsweise 1793 (Ilias) zuerst herausgekommenen Übersetzungen von Johann Heinrich Voß
die größte Wirkung.

Die Ausstrahlung der homerischen Dichtung auf die Vorstellungswelt des Abendlandes ist kaum vergleichbar mit der eines
anderen Dichters – es sei denn Shakespeares (122). Die Übersetzungen bereicherten den Wortschatz der europäischen Sprachen
und intensivierten das Formgefühl der Dichter wie des Publikums.
Homers Gestalten und ihre Schicksale mehrten den Schatz an
großen Fabeln, in die stets von neuem die wechselnden Generationen ihre eigenen Empfindungen und Erfahrungen kleideten.

Die Frage nach der Identität des Dichters der Ilias und der
Odyssee, die das 19. Jahrhundert sehr bewegte, ist heute wohl
dahin entschieden, daß die Odyssee jünger ist und vielleicht von
einem Schüler Homers, des Iliasdichters, stammt.

32   Gipfel des Humanismus

ANGELO AMBROGINI POLIZIANO (1454-94). Miscellaneorum Cen-
turia Prima. *Florenz, Antonio Miscomini, 1489*

Polizian erlebte während seines kurzen Lebens den Gipfelpunkt
der humanistischen Bildungsbewegung, die auf der einen Seite

neues und lebendiges Interesse für die klassische Vergangenheit erweckte und trotzdem, indem es die Volkssprache adelte, das Lateinische als Literatursprache verdrängte und damit paradoxerweise den gegenwärtigen Niedergang der humanistischen Bildung verursachte. Geboren zur gleichen Zeit wie die Buchdruckerkunst, steht Polizian auf der Scheide zweier Zeitalter. Seine Eltern waren politische Flüchtlinge und brachten den Zehnjährigen nach Florenz, wo er unter Landino und Argyropoulos Latein und Griechisch und bei Marsilio Ficino Philosophie studierte. Lorenzo de'Medici bestellte ihn zum Hauslehrer seiner Söhne Piero und Giovanni (dem späteren Papst Leo x.).

Er war noch keine zwanzig Jahre alt, als er sich bereits mit einer Übersetzung der Ilias in lateinische Hexameter, mit Essays über griechische Verskunst und durch seine Briefe einen Namen gemacht hatte, und binnen eines Jahrzehnts hatten seine Vorlesungen an der Universität Florenz einen Ruf erworben, der sogar in dieser Gelehrtenstadt nicht seinesgleichen hatte. Zu seinen Schülern, die seinen Ruhm ins Ausland trugen, gehörten der Deutsche Reuchlin und die Engländer Grocyn und Linacre. Außer seinen Vorlesungen veröffentlichte Polizian auch eine Anzahl von Übersetzungen.

Das ›Erste Hundert der Miszellen‹, ein Auszug dieser ganzen Gelehrsamkeit, war das populärste seiner gelehrten Werke und schuf eine Norm für Belesenheit und Lesbarkeit, die bis weit ins 18. Jahrhundert hinein gültig blieb. Seine italienischen Werke schrieb er, um dem Verlangen seines Gönners Lorenzo de'Medici nach einer Literatur zu entsprechen, welche dem Toskanischen die Vorrangstellung sichern sollte, die es durch Boccaccio und Dante errungen hatte. Seine Liebesgedichte ›Stanze per la Giostra‹ und die Schäferidylle ›Orfeo‹ waren die Wegbereiter des Triumphs der Sprache Tassos und Ariosts in ganz Europa.

Nicht einmal alle seine erhaltenen Werke, geschweige denn ein einzelnes davon, vermögen vom Genie dieses vielseitig begabten Mannes eine lebendige Anschauung zu vermitteln. In einer Zeit, da Gelehrsamkeit und Wissensdrang blühten wie nie vordem, raget er in jeder Hinsicht hervor; und doch ist es vielleicht nicht so sehr das, was Polizian leistete, als vielmehr seine Persönlichkeit, die ihm Unsterblichkeit verlieh, als die zentrale Gestalt einer Bewegung, der so viele berühmte Gelehrte und Schriftsteller angehörten.

33 Die ›Bibel‹ der klassischen Medizin

GALEN (etwa 130-201). Opera (in der lateinischen Übersetzung des Diomedes Bonardi). *Venedig, Philippus Pincius, 1490*

Der Grieche Galen war der fruchtbarste aller antiken medizinischen Schriftsteller und hinterließ eine gewaltige medizinische Enzyklopädie. Seine Werke füllen in der Standard-Ausgabe von Kühn (Leipzig 1821-33) 22 Bände.

Nahezu fünfzehnhundert Jahre lang erfreute Galen sich unangreifbarer Autorität; jede medizinische Frage wurde automatisch an ihn verwiesen; er war die höchste und letzte Instanz. Galen war ein guter Beobachter und Forscher. Einige seiner Werke über Physiologie und Anatomie – er hinterließ eine glänzende Untersuchung des Gehirns –, über Neurologie und Diagnose sind besonders wertvoll. Doch seine Annahme, daß das Blut durch unsichtbare Poren zwischen den beiden Herzklappen hindurchfließe, verhinderte die Erforschung des Blutkreislaufs bis zu Harveys Entdeckung (127). Er schuf ein Lehrgebäude der Pathologie, in dem er die Humorallehre des Hippokrates mit der pythagoräischen Theorie von den vier Elementen kombinierte, und alle seine Experimente hatten auf dieses oder ein anderes Dogma Bezug zu nehmen. Hippokrates (55) hatte den Wert der Beobachtung und des Experimentes gelehrt, doch Galen setzte an Stelle seines empirischen Vorgehens ein teleologisches System. Alles in der Natur galt als vorweg bestimmt, und hieraus folgte, daß die Atom- und Entwicklungstheorien irrig waren, eine Auffassung, die Galen bei den orthodoxen christlichen Theologen überaus beliebt machte.

Seine Schüler schenkten jahrhundertelang seiner experimentellen Arbeit keine Beachtung, bewunderten ihn jedoch als Philosophen und betrachteten seine Werke als unfehlbares Dogma. Die Folge hiervon war, daß sein Einfluß in vieler Hinsicht den Fortschritt der Medizin in neuerer Zeit verzögerte. Der erste wirkliche Bruch mit dem Galenismus erfolgte durch Vesalius (71) und Paracelsus (110); dennoch blieb Galens Einfluß auf die medizinische Praxis sogar bis ins 19.Jahrhundert hinein wirksam. Er schrieb in griechischer Sprache, aber seine Werke wurden schon frühzeitig ins Arabische und von dort weiter ins Hebräische und Lateinische übersetzt und gelangten so in den Westen. Obwohl dies die erste bedeutende gedruckte Sammlung seiner Werke ist, waren einige von ihnen bereits um 1476 in dem ›Articella‹ benannten Sammelwerk medizinischer Texte im Druck erschienen. Die erste griechische Galen-Ausgabe wurde 1525 von Aldus verlegt.

Musiktheorie   34

BOETHIUS (um 480-524 oder 526). Opera. *Venedig, Johannes und Gregorius de Gregoriis, de Forlivio, 1492*

Wenngleich sich Hinweise auf die Musik in mehreren philosophischen Werken des Boethius finden, ist das Kernstück seines musiktheoretischen Denkens seine Schrift ›De Institutione Musica‹. Von dieser Abhandlung gibt es keine frühe gesonderte Ausgabe; sie ist jedoch sowohl in der ersten (1492) wie in der zweiten (1499) Ausgabe seiner gesammelten Werke enthalten.

Die Bedeutung dieses Werkes des Boethius ist eine zweifache. Wenn es auch im Grunde nur eine Zusammenschau ist, so war es doch das erste Werk, das im christlichen Westen über Musiktheorie verfaßt wurde, und hatte als solches weitreichenden Einfluß auf das musikalische Denken des ganzen Mittelalters. Es war die moralische Grundlage seiner Gedankengänge, die sie ungewohnt und anziehend machte.

Boethius' Auffassung von der Musik, die im 6.Jahrhundert bereits eine hochentwickelte Kunstform war, ist eigentümlich begrenzt. Er sagt nichts über Kirchenmusik, Rhythmus oder Melodie und weist nur kurz auf die Instrumentalmusik hin. Sein Anliegen ist Akustik und Harmonielehre. Die Abhandlung ist in fünf Bücher gegliedert, deren Inhalt sich wie folgt zusammenfassen läßt: I. Elementare Akustik. II. und III. Eine philosophische Einleitung führt zur Darlegung der beiden Hauptschulen des Altertums – der pythagoräischen, die Tonleitern und Intervalle wegen ihrer numerischen Verhältniszahlen hochschätzte, und der aristotelischen, die die Musik besonders wegen ihres moralischen Einflusses als einen Teil des Erziehungswesens ansah. IV. Der Monochord und die Grundformen der Konsonanz. V. Ptolemäische Harmonie als Gruppen des Tetrachords.

Boethius nennt als seine Quellen unter anderen Plato, Aristoteles, Nicomachos, Ptolemäus und Albinus. In der zweiten Abteilung seiner Abhandlung gibt er zu, daß er von den beiden rivalisierenden Systemen dem pythagoräischen den Vorzug gibt.

Boethius, der ein Staatsmann und nicht minder ein Philosoph war, wurde unter dem Ostgotenkönig Theoderich 510 in Rom zum Konsul ernannt. Er wurde jedoch des Verrats angeklagt und schrieb sein bedeutendstes Werk ›De Consolatione Philosophiae‹ während seiner Haftzeit im Gefängnis zu Pavia, bevor er hingerichtet wurde. Dieses Werk stand während des ganzen Mittelalters in hohem Ansehen. Alfred der Große übersetzte es ins Angelsächsische und Chaucer ins Englische, und bis zum Ende des 18.Jahrhunderts waren Ausgaben in französischer, italienischer, spanischer, deutscher und griechischer Sprache erschienen.

35   Der Kolumbus-Brief

CHRISTOPH KOLUMBUS (1451-1506). Epistola de Insulis nuper inventis. *[Barcelona, Pedro Posa, 1493]*

Die vier kleinen Folioseiten dieses Berichts über ›neu entdeckte Inseln‹, hier unter ihrem vertrauten lateinischen Titel angeführt, gaben die Entdeckung der Neuen Welt bekannt.

Christoph Kolumbus wurde in Genua geboren und kam, nachdem er in der portugiesischen Flotte als Steuermann gedient hatte, 1484 nach Spanien. Er brauchte sieben Jahre, bis er die spanischen Behörden dazu bewegen konnte, seinen Plan einer Expedition zu unterstützen, die ›westwärts‹ fahrend Indien erreichen sollte. Zwischen 1492 und 1504 unternahm er vier verschiedene Reisen, die ihn nach Westindien, Haiti, Kuba und dem Golf von Mexiko führten. Bis zu seinem Lebensende war ihm nicht klar, daß er einen neuen Erdteil entdeckt hatte; er glaubte, die vorgelagerten Inseln Indiens erreicht zu haben. ›

Kolumbus-Brief, Basel 1494 (35)

Kolumbus verkörpert in seiner Person das Zeitalter des Übergangs, in dem er lebte; sein Glaube an die aus der Bibel geschöpfte Ermächtigung zu seinen Reisen war mittelalterlich, sein Abenteuergeist und sein Verlangen nach Ehren und Gold modern. Er war ein glänzender Seemann, und obwohl die Mißweisung der Kompaßnadel den Portugiesen wahrscheinlich schon vor ihm bekannt war, wurde sie bestimmt von ihm als erstem erwähnt.

Der Gedanke, westwärts zu segeln, um nach Indien zu gelangen, wurde erstmals von dem florentinischen Kosmographen Paolo Toscanelli angeregt. Er stützte sich dabei auf Marco Polo (39), dem zufolge die asiatische Landmasse sich sogar noch weiter nach Osten erstreckte, als Ptolemäus (18) angenommen hatte. Kolumbus folgte seiner Anregung; er studierte Ptolemäus und wurde durch die irrige Messung des Erdumfangs (dreißigtausendsechshundert Kilometer) noch weiter irregeführt. Es erschien ihm folglich ein logischer Gedanke, den Atlantischen Ozean auf möglichst direktem Weg zu überqueren und so nach Asien zu gelangen.

Kolumbus' Bericht an seine Gönner Ferdinand und Isabella von Spanien war in spanischer Sprache verfaßt und wurde 1493 in Barcelona gedruckt; von dieser Ausgabe ist heute nur noch ein

99

einziges Exemplar erhalten (das Lenox-Exemplar), das sich in der New Yorker Public Library befindet. Neun verschiedene Ausgaben wurden vor 1500 gedruckt: eine in spanischer Sprache (die zweite Ausgabe, die ebenfalls nur in einem Exemplar bekannt ist); sechs in lateinischer, deren früheste die römische Ausgabe von Stephan Plannck vom Jahre 1493 ist, und eine deutsche. Daß der Erdteil schließlich nicht nach Kolumbus, sondern nach Amerigo Vespucci benannt wurde, der 1499 und 1501 nach Südamerika gesegelt war, ist nicht ohne Ironie. Waldseemüller nannte in seiner ›Cosmographiae Introductio‹ (St.Dié, 1501) einen Teil Südamerikas nach ihm, und 1538 wandte Mercator (100) den Namen Amerika auf den ganzen Kontinent an.

Der ›Kolumbus-Brief‹, wie er gemeinhin genannt wird, schildert aus erster Hand die unzweifelhaft bedeutungsvollste aller Entdeckungsreisen. (Die Wikinger waren schon lange zuvor dort gewesen, aber das übrige Europa wußte davon nichts.) Die Existenz eines amerikanischen Kontinents wurde durch ihn allgemein bekannt, und der Lauf der Geschichte schlug eine neue Richtung ein. Der Aufstieg des Kapitalismus erhielt gewaltigen Antrieb sowohl durch die Ausbeutung der Reichtümer Amerikas als auch durch die Erschließung neuer Märkte für den europäischen Handel. Das Schwergewicht der politischen und wirtschaftlichen Macht verlagerte sich vom Mittelmeer zur Atlantikküste und führte zur großen westwärts gerichteten Völkerwanderung aus der Alten in die Neue Welt.

36   Anatomische Sezierszene im Bilde

JOHANNES DE KETHAM (um 1460). Fasciculo di Medicina. *Venedig, Johannes und Gregorius de Gregoriis, de Forlivio, 1493-94*

Diese Medizinischen Miszellen sind kein Werk originaler Forschung, sondern zusammengetragene medizinische Texte, von denen einige aus dem Mittelalter stammten und alle durch lange Praxis geheiligt waren. Handschriftliche Fassungen des Werkes waren weit verbreitet, einige bereits im 13.Jahrhundert. Nach einer solchen Handschrift wurde das gedruckte Buch hergestellt und vermutlich von den italienischen Druckern dem vormaligen

Besitzer der Handschrift, Johannes von Kirchheim, zugeschrieben, dessen Namen sie zu ›Ketham‹ verderbten. Der in Schwaben geborene Johannes von Kirchheim war um 1460 Professor der Medizin in Wien.

Das Buch enthält Kapitel über Chirurgie, Seuchenkunde, Harnuntersuchung, Schwangerschaft und Frauenkrankheiten, Heilkräuter und andere Heilmittel und so fort. Es wurde erstmals 1491 in lateinischer Sprache als ›Fasciculus Medicinae‹ veröffentlicht; in seiner Neuausgabe in italienischer Übersetzung von Sebastian Manilius 1493 wurde es so stark verändert, daß es damit, wie Dr. Singer es nannte, das erste moderne, vom humanistischen Geist erfüllte medizinische Buch wurde – was vielleicht ein wenig hochgegriffen ist.

Die Ausgabe von 1493 enthält zusätzliche Abbildungen und Texte, vor allem die ›Anatomie‹ des Mundinus, die seit der Mitte der siebziger Jahre des 15. Jahrhunderts ein populäres Buch war. Mundinus' 1316 abgeschlossenes Werk beruht zwar noch weitgehend auf Galen (33) und den arabischen Schriftstellern, weist jedoch eine gewisse aus erster Hand stammende Vertrautheit mit den beschriebenen Organgefügen auf, und seine Knappheit und systematische Anordnung machten es zum beliebtesten anatomischen Werk vor Vesalius (71).

Die Typographie und die künstlerischen Qualitäten dieser Ausgabe des Fasciculus erregen weit über die medizinische Welt hinaus Interesse. Es war das erste gedruckte medizinische Handbuch, das mit einer Folge wirklichkeitsgetreuer Bilder illustriert war, darunter ein Tierkreis-Mensch, ein Aderlasser, ein Planeten-Mensch, eine Harnuntersuchung, eine schwangere Frau und vor allem eine anatomische Sezierszene, die eine der ersten und besten Darstellungen dieser Operation ist, die überhaupt in einem Buch erschien, und außerdem eines der drei ersten bekannten Beispiele des Farbdrucks, bei dem vier Farben mittels Schablonen aufgetragen wurden.

Die meisten dieser Abbildungen folgen mittelalterlichen Vorbildern, sind aber hier von einem Künstler hohen Ranges gezeichnet. Wer der war, hat sich nicht ermitteln lassen; man hat – fälschlich – in ihm den Polifilo-Meister vermutet; ganz gewiß jedoch war er ein der Schule Giovanni Bellinis nahestehender Künstler.

Zwischen 1491 und 1523 wurden vierzehn Ausgaben des Werkes gedruckt, doch besonders durch seine Illustrationen überlebte sie der Einfluß des Buches lange.

37   Das Narrenschiff

SEBASTIAN BRANT (1457-1521). Das Narrenschiff. *Basel, Johann Bergmann von Olpe, 1494*

Sebastian Brant wurde in Straßburg geboren und war später Stadtschreiber in seiner Heimatstadt und kaiserlicher Rat unter Maximilian I. Das ›Narrenschiff‹ ist das bedeutendste einer langen Folge von sittenpredigenden Werken, in denen die Schwächen und Laster der Menschheit als Torheiten gegeißelt werden. Die Tradition dieser literarischen Form geht sowohl auf dem Kontinent wie in England ins frühe Mittelalter zurück (zum Beispiel Lydgates ›Order of Fools‹ von 1375 und Wirekers ›Speculum Stultorum‹ von 1200).

Auf einem mit hundert Narren beladenen, von Narren gesteuerten Schiff, das ins Narrenparadies Narragonia fährt, geißelt Brants Satire sämtliche Schwächen, Torheiten und Laster seiner Zeit. Das Buch besteht aus volkstümlichen gereimten Texten, illustriert mit einer bemerkenswerten Folge von Holzschnitten – von denen fünfundsiebzig heute dem jungen Dürer zugeschrieben werden – und schlug sofort ein. Brant verfolgte mit ihm einen moralischen Zweck: er wollte den Lebenswandel seiner Zeitgenossen bessern und mithelfen bei der Erneuerung des Heiligen Römischen Reiches und der Kirche. Die Torheiten der Geistlichen entgingen nicht seiner Rüge.

Brant war ein Humanist – sein Buch ist voll von klassischen Anspielungen –, jedoch in seinem Bedürfnis, die bestehende Ordnung zu stärken, war er unzweifelhaft konservativ. Dessenungeachtet enthält sein Werk viel Kritisches und ist durchdrungen von der Überzeugung, daß der nach Erlösung strebende Mensch unmittelbar zu Gott in Beziehung tritt und nicht notwendig der Kirche als Mittler bedarf. Übrigens enthält das Buch auch den

Den vordantz hat man mir gelan
Dann ich on nutz vil bücher han
Die ich nit lyß/ vnd nyt verstan

Von vnnutzē buchern
Das ich fytz vornan jn dem schyff
Das hat worlich eyn fundren gryff
On vrfach ist das nit gethan
Off myn libry ich mych verlan

Narrenschiff (37)

Marco Polo da Uenie
sia de le merauegliose
cose del Mondo

Marco Polo (39)

frühesten literarischen Hinweis auf die Entdeckung Amerikas;
der Kolumbus-Brief war vom gleichen Drucker im Jahr zuvor
veröffentlicht worden (35).

Der Einfluß des Narrenschiffs war weit und anhaltend: zwischen 1494 und 1513 erschienen sechsunddreißig verschiedene
Ausgaben; allerdings keine zwischen 1670 und 1839, in welchem
Jahr die erste moderne Ausgabe herauskam. Zwölf Übersetzungen erschienen in rund vierzig verschiedenen Ausgaben. Die zeitlich ihm nächststehenden Nachahmer waren Geiler von Kaisers-
berg, Thomas Murner, Hans Sachs und Johannes Fischart in
Deutschland, wo der ›Narr‹ als Typ bis heute fortlebt. Erasmus'
›Moriae Encomium‹ (43) wurde unmittelbar von ihm angeregt.

Das Narrenschiff war die erste literarische Originalschöpfung
eines Deutschen, die in die Weltliteratur einging. Sein Einfluß erweist sich in Frankreich an den Übersetzungen von Rivière und
Drouyon und an den Werken von Robert de Balsac – die wahrscheinlich Rabelais kannte –, Pierre Gringore, Jean Bouchet und
anderen; in England an den Übersetzungen von Alexander Barc-
lay und Henry Watson, die beide 1509 erschienen, und den Werken von John Skelton, Robert Copland und Richard Tarlton. So

spielte Brants Buch eine bedeutende Rolle in der europäischen Literatur und es half, den Pfad aufzuspüren, der von der mittelalterlichen Allegorie zur modernen Satire, zum Drama und Charakterroman führt.

38 Der universale Lehrmeister

ARISTOTELES (384-322 v.Chr.). Opera Omnia (in griechischer Sprache), 5 Bände. *Venedig, Aldus Manutius, 1495-98*

Aristoteles ist nicht nur einer der großen klassischen Philosophen, der Meister sämtlicher Zweige des antiken Wissens; seine Methodik liegt zudem noch immer allem modernen Denken zugrunde. Sein Werk umfaßt die sechs logischen Untersuchungen, die das ›Organon‹ ausmachen; eine Reihe von Schriften über naturwissenschaftliche Gegenstände; die Schriften zur Metaphysik, zur Ethik und zur Politik; Werke über Rhetorik und Poetik und die Abhandlung ›Über die Verfassung von Athen‹ (die einzige von hundertfünfzig oder mehr verschiedenen Staatsverfassungen, die erhalten ist). Die meisten seiner Schriften weisen Spuren mehrfacher Überarbeitung auf, und die Niederschrift von einigen erstreckte sich eindeutig über eine längere Zeitspanne (wie etwa die Schriften zur Politik, die um 357 begonnen wurden). Es ist jedoch möglich, zu unterscheiden zwischen seiner Frühzeit, in der er Dialoge in der Weise Platos (27) schuf, dessen Schüler er war; der mittleren Periode, aus der einige Werke stammen, die uns als unvollendete Entwürfe überliefert sind, und den späteren abgeschlossenen Werken wie der ›Metaphysik‹ und der ›Nikomachischen Ethik‹. Aristoteles trug die meisten seiner Gedanken ursprünglich in freier Rede vor, und die Texte, die wir besitzen, sind vermutlich die Vorlesungsmitschriften seiner Schüler, die er vielleicht und vielleicht auch nicht redigiert hat.

All diesen Vorlesungen wohnt ein innerer Zusammenhang und eine gedankliche Einheit inne, die die geistige Grundlage des Aristotelismus ausmachen. Alle Dinge sind stofflich, sind Substanzen (nicht, wie Plato meinte, Ideen), getrennt, aber miteinander verwandt; einige Dinge sind Attribute, die nur insoweit existieren, als sie Substanz sind, die auf gewisse Weise verändert wird. Ohne Substanzen gibt es nichts, und es gibt das Allgemeine nicht getrennt von den Einzelsubstanzen. Es ist eine Philosophie substantiellen Seins, die zwischen der platonischen Philosophie der Ideen, derzufolge sichtbare Gegenstände Schatten und nur ihre übersensuellen Formen wirklich sind, und der modernen kritischen Philosophie liegt. Für Aristoteles lautet die Antwort, daß alle Dinge Substanzen sind, nicht alle übernatürlich, nicht alle begrifflich; einige sind natürliche Substanzen und diese und ihr Verhältnis zueinander bilden den Gegenstand aller Werke des Aristoteles.

Im Unterschied zu anderen klassischen Schriftstellern erhielt sich der Ruhm des Aristoteles über das ganze Mittelalter hinweg, hauptsächlich durch die Werke Thomas' von Aquin (30), Albertus Magnus' (17) und Averroes' (24); letzterer lieferte die lateinische Übersetzung und den ausführlichen Kommentar zu seinen Werken, die in Padua in den siebziger Jahren des 15. Jahrhunderts im Druck erschienen. Doch die große editio princeps des Aldus, die in fünf Foliobänden zwischen 1495 und 1498 herauskam, war der erste große griechische Prosatext, der der westlichen Welt wieder im Original durch die Druckerpresse zugänglich gemacht wurde.

Der Ferne Osten 39

MARCO POLO (1254?-1324). Delle Meravegliose Cose del Mondo. *Venedig, Johannes Baptista Sessa, 1496*

Marco Polo gehörte einer wohlhabenden venezianischen Kaufmannsfamilie an. 1271 begab er sich zusammen mit seinem Vater und einem Onkel auf eine Reise in den Fernen Osten. Die Reisegesellschaft brach von Akkon auf und reiste durch Persien und das Gebiet des oberen Oxus nach dem Hochland von Pamir und sodann durch die Mongolei und die Wüste Gobi bis in den äußersten Nordwesten Chinas und traf 1275 in Schantung ein. Hier hielten die Reisenden sich am Hof Kublai Khans bis 1292 auf, reisten dann durch Südostasien und Südindien zurück und trafen schließlich 1295 wieder in Venedig ein. Während seines Aufenthalts in China nahm Marco Polo tätigen Anteil an der Regierung und Verwaltung des Landes und unternahm im Dienst des Groß-

Khans ausgedehnte Reisen. Er sah große Teile von China, Nord-
burma, Tibet, Japan, Südostasien, Ostindien, Ceylon, Südindien,
Abessinien, Sansibar und Madagaskar, Sibirien und der Arktis
oder verschaffte sich zumindest Kenntnis von ihnen. Marco Polo
schrieb selbst keine Schilderung seiner Reisen nieder; doch in
den Jahren 1298-1299, als er sich nach dem Sieg der Genuesen
über die Venezianer in der Curzola-Bucht in Gefangenschaft befand, diktierte er seine Geschichte einem gewissen Rusticiano
(oder Rustichiello) aus Pisa, einem Mitgefangenen und literarischen Lohnschreiber. Der Text der ›Wunder der Welt‹, ursprünglich offenbar in französischer Sprache niedergeschrieben, verbreitete sich weithin; 138 Handschriften haben sich erhalten. Im
Druck erschien er erstmals in deutscher Sprache als das ›Buch des
edlen Ritters und Landfahrers Marco Polo‹ in Nürnberg bei
Friedrich Creussner, 1477 (Übersetzer unbekannt). Diese Ausgabe
scheint jedoch wenig Eindruck gemacht zu haben, und trotz der
offenkundigen Bedeutung der undatierten lateinischen Ausgabe
[von 1483-85] ist zu vermuten, daß der italienische Text von den
Seefahrern und Kaufleuten des Mittelmeeres, deren Abenteuerlust
unsere Kenntnis des Erdballs so außerordentlich erweiterte, am
meisten gelesen wurde. Marco Polo gab als erster eine annähernd
zutreffende und detaillierte Schilderung Chinas und des Fernen
Ostens, und die Genauigkeit seiner geographischen Kenntnisse
ist aus der korrekten Placierung der fernöstlichen Länder auf den
Portolani (handschriftlichen Seekarten) des 14. Jahrhunderts zu
ersehen, die eindeutig auf seinem Buch beruhen.

Fra Mauros Wandkarte von 1459, die sich heute in der Markus-
Bibliothek in Venedig befindet, und der Katalanische Atlas (1375
von Abraham Cresques, einem Juden aus Mallorca gezeichnet
und heute in der Bibliothèque Nationale in Paris), die uns das vollständigste Bild der geographischen Kenntnisse des späten Mittelalters vermitteln, sowie andere Kartographen und Geographen
– sie alle stehen bei ihrem Bemühen, eine wahre Darstellung
der bekannten Welt zu geben fern allen Theorien und Fabeln,
bei Marco Polo tief in der Schuld. 1426 wurde dem Prinzen Pedro,
dem älteren Bruder Prinz Heinrichs des Seefahrers, bei seinem
Besuch in Venedig ein Exemplar des Buches übergeben, das sol-

cherart die portugiesischen Seefahrer beeinflußte. Toscanellis Karte der östlichen Welt, die er 1474 Kolumbus übersandte, ging weitgehend auf Marco Polo zurück, und Kolumbus selbst besaß ein Exemplar der undatierten lateinischen Gouda-Ausgabe des Marco Polo, die er mit Anmerkungen versah und die in der Kolumbus-Bibliothek in Sevilla aufbewahrt wird. Dieser Einfluß blieb vorherrschend bis ins 17. Jahrhundert, als die Karten von Martini, die Reisen der Jesuiten und das Werk De l'Isles und D'Anvilles seine Schilderungen überholten und verdrängten.

Als Abenteuerergeschichte, als Schilderung der Erlebnisse eines der größten Reisenden, die je gelebt haben, ist das Buch bis heute lebendig geblieben, und die Zahl der Ausgaben in sämtlichen Sprachen ist unübersehbar.

Ptolemäus erläutert   40

JOHANNES MÜLLER, genannt REGIOMONTANUS (1436-76). Epytoma in Almagestum Ptolemaei. *Venedig, Johannes Hamman, 1496*

Die Bedeutung dieses Buches liegt in der Tatsache, daß hier, eingebettet in den Kommentar des Herausgebers, in einer lateinischen Übersetzung aus dem Griechischen das monumentale Kompendium des Claudius Ptolemäus von Alexandria (18), genannt der ›Almagest‹ (ein aus dem Griechischen hergeleitetes arabisches Mischwort für ›der große Astronom‹), zum ersten Mal im Druck erscheint. Sein Herausgeber, Johannes Müller aus Königsberg in Franken, der sich nach seinem Geburtsort Regiomontanus nannte, hatte in Wien bei dem Astronomen Peuerbach studiert, der diese Übersetzung nach einer gekürzten Fassung des Almagest begonnen hatte. Nach Peuerbachs Tod besuchte Regiomontanus Italien, wo ihn Kardinal Bessarion an sich zog. Er studierte Griechisch und stellte, nachdem er eine zweite, genauere Handschrift des Textes aufgefunden hatte, die Ausgabe des großen Werkes von Ptolemäus fertig und ließ sie in Venedig erscheinen.

Der Almagest ist eine Enzyklopädie des astronomischen Wissens – zum guten Teil von Hipparchos hergeleitet, dessen Originaltexte verloren sind –, welche die Astronomie als mathematische Disziplin begründete. Er enthält eine komplizierte Theorie

der Planeten, die Entdeckung der zweiten Abweichung der Mond-
bahn (die sogenannte Evektion), die Bestimmung der Mond-
entfernung, eine Darlegung der sphärischen Trigonometrie und
der Planimetrie und eine Schilderung der Konstruktion und Verwendung des Astrolabiums.

Nach einem Aufenthalt am Hof des Königs Matthias Corvinus
in Budapest ließ sich Regiomontanus schließlich in Nürnberg
nieder. Hier richtete er gemeinsam mit seinem Gönner Bernhard
Walther das erste europäische Observatorium ein und konstruierte zahlreiche wissenschaftliche Instrumente wie Astrolabien,
Vermessungsgeräte, Sonnenuhren und Himmelsgloben. Er gründete seine eigene Druckerei, in der er seine berühmten ›Epheme-
rides‹ für die Jahre 1474 bis 1506 herausgab. Diese enthielten Berechnungen der täglichen Phasen und Konstellationen des Mondes und der Planeten. Sie wurden das Muster solcher Tabellen
und von den frühen Seefahrern, vor allem von Kolumbus (35), viel
benutzt. Regiomontanus berichtigte gewisse Irrtümer in den
Alfonsinischen Planetentafeln (im 13. Jahrhundert aufgestellt und
erstmals 1483 in Venedig veröffentlicht), die bis dahin verwendet
worden waren, und man hat sogar gemeint, sein Kommentar zu
Ptolemäus deutete die Überzeugung an, daß die Sonne der Mittelpunkt des Weltalls sei und die Erde sich bewege.

Regiomontanus gab außerdem Kalender heraus und war Papst
Sixtus IV. bei der Kalenderreform behilflich. Sein bedeutendster
Originalbeitrag zu den Naturwissenschaften war sein Buch über
die Trigonometrie ›De Triangulis‹, 1464 geschrieben, doch erst
1533 veröffentlicht, das die früheste moderne Darlegung der Planimetrie und sphärischen Trigonometrie enthält, mit deren Hilfe
Generationen lang die Bahnen der Planeten, Kometen und Son-
nenfinsternisse berechnet wurden.

Regiomontanus' Einfluß machte sich sowohl in Westeuropa
wie in Osteuropa geltend, und seine Veröffentlichung des Almagest trug dazu bei, die griechische Astronomie in die westliche
Welt wieder einzuführen. Die erste vollständige Ausgabe des
Almagest erschien in griechischer Sprache im Jahr 1533.

HERODOT (um 484- etwa 424 v.Chr.). Historiae. *Venedig*, *Aldus Manutius, 1502*

Herodot ist der erste wirkliche Geschichtsschreiber; seine Vorläufer waren im Unterschied zu ihm Chronisten. Er war der erste, der systematisch seine Unterlagen zusammentrug – sie auf ihre Genauigkeit und Zuverlässigkeit hin, so gut er konnte, überprüfte und seinen Stoff so anordnete, daß er seine Leser nicht nur ansprach, sondern auch unterrichtete.

Auch sein Gegenstand war genau umrissen: die Geschichte der großen persischen Invasion Griechenlands zwischen 490 und 479 v.Chr. Die ersten vier Bücher – zwei Drittel des gesamten Werkes – sind der Vorgeschichte der beiden Hauptakteure gewidmet, und indem Herodot das Wachstum Persiens vom unterworfenen Staat zum Imperium nachzeichnet, bezieht er auch gleich die Geschichte der anliegenden Länder ein wie Lydien, Assyrien, Ägypten und sogar Skythien, und schildert sie und ihre Völker und gibt dabei, was wir heute nennen würden: die vollständigen geographischen Tatsachen. Bei der Schilderung der gleichlaufenden Entwicklung in Griechenland berichtet er in entsprechender Weise von den Wanderungen, den Kolonien, dem Handel, den Baudenkmälern, Revolutionen, religiösen Glaubensvorstellungen usw. der Völker und Städte. Im Unterschied zu ihm drängte Thukydides (102), der ebenfalls nur einen einzigen Krieg behandelte, welcher zwar länger dauerte, dafür aber begrenzter war, seine Einleitung auf ein einziges Buch zusammen.

Wenn Thukydides eine Tragödie schrieb, so ist das Werk Herodots unzweifelhaft ein Epos. Sein Hauptvorsatz war eine lebendige und malerische Erzählung, die lebenswahre Schilderung von Orten und menschlichen Taten, nicht die subtile Analyse von Charakteren und verborgenen Beweggründen. Er ist ein Romantiker, mit allen Fehlern und Tugenden des Romantikers. Wenn er zur Gutgläubigkeit neigt oder den Tatsachen eine gewisse Gewalt antut, um eine dramatische Wirkung zu erzielen, geschieht es im allgemeinen dort, wo er sich mit der fernen Vergangenheit oder entlegenen Ländern beschäftigt; seine ausgedehnten Reisen und seine grenzenlose Wißbegier verschafften ihm wesentlich größere Kenntnisse, als seine weniger gut beschlagenen Zeitgenossen ihm zubilligten. Was die Geschichte des Krieges selbst betrifft, so schuf sein gültiges Zeugnis die Grundlage aller modernen Darstellungen; mehr noch: es lieferte den Urstoff für Legenden. Herodot ist wesentlich mehr als nur eine wertvolle Quelle; die schöne Lesbarkeit seines Werkes ließ es von Anbeginn bis heute zitiert und übersetzt werden.

42   Der Seeweg nach Indien

MONTALBODDO FRACAN (oder FRACANZANO). Paesi Novamente Retrovati. *Vicenza, Henricus Vicentinus, 1507*

Abgesehen von dem kleinen ›Libretto‹ von 1504 ist dieser Bericht über ›Die Neugefundenen Länder‹ die früheste gedruckte Sammlung von Reiseberichten und Entdeckungsfahrten. Er enthält die Fahrten folgender Entdecker:

1. Alvise Cadamos, der auf zwei Reisen 1455 und 1456 ausgedehnte Erforschungen der westafrikanischen Küste unternahm, Madeira, Senegal und Gambia aufsuchte und die Kapverdischen Inseln entdeckte. Er war der erste Seefahrer, der an Hand des ›Kreuz des Südens‹ Beobachtungen der Sternbilder anstellte, und obwohl andere die gleichen Gegenden besuchten, ist sein Bericht der interessanteste, den wir über Westafrika zu jener Zeit besitzen.

2. Pedro Cabral, der 1499 von Portugal nach Afrika segelte, von seinem Kurs abkam und durch Zufall die Küsten Brasiliens, Guyanas und Venezuelas entdeckte. Seine Nachfolger brachten von dort ein farbstoffhaltiges Holz mit (das dem im Mittelmeerraum bekannten afrikanischen Brasilholz ähnlich war), nach dem Brasilien seinen Namen erhielt.

3. Vincente Yanez Pinzon, der 1500 einen anderen Abschnitt der brasilianischen Küste entdeckte und das Delta des Amazonas erforschte. Cabral gelangte im Februar hin, Pinzon im April.

4. Die ersten drei Reisen des Kolumbus, 1492-1500 (35) und die dritte Reise Vespuccis nach Brasilien, 1501-1502.

5. Zwei Briefe des Girolamo Sernigi, eines italienischen Kauf-

Ketham (36)   Brunschwig (44)

manns aus Lissabon, die den frühesten gedruckten Bericht der
Reise Vasco da Gamas enthalten.

Kolumbus, Magellan (siehe 57) und Vasco da Gama vollbrach-
ten die drei größten Taten in der Geschichte der Seefahrt. Vasco
da Gamas Leistung war noch erstaunlicher als die des Kolumbus,
der die 2600 Seemeilen von Gomera nach den Bahamas in fünf
Wochen zurücklegte, verglichen mit den 3800 Meilen, gesegelt
in drei Monaten von Vasco da Gama von den Kapverdischen Inseln zurück zum Ausgangspunkt, dabei den Südatlantik nahezu
vollständig überquerend. Zu seiner weltgeschichtlich bedeutsamen Fahrt brach er am 8. Juli 1497 von Lissabon aus auf, segelte
über St. Helena (8. August) zum Kap der Guten Hoffnung, sodann
die Küste Ostafrikas hinauf nach der Bucht von Lourenço Mar-
ques und über Mozambique und Mombasa nach Kalkutta, wo er
am 20. Mai 1498 anlangte. Er kehrte im September 1499 nach
Lissabon zurück.

Diese Reise in die östliche Hemisphäre ist an Bedeutung der
Reise des Kolumbus in die westliche vergleichbar. Sie öffnete den
Weg, auf dem die Schiffahrt Europas in den Osten eindrang. Bisher hatten die muselmanischen Kaufleute den Osthandel beherrscht, der sodann über die italienischen Kaufleute nach Europa

weitergeschleust wurde. Dank Vasco da Gama und seinen Nachfolgern konnten die Portugiesen und späterhin andere westeuropäische Völker direkt mit dem Osten Handel treiben, ständige Niederlassungen einrichten und schließlich die Regierung und Verwaltung der umliegenden Länder in die Gewalt bekommen. Gleich der Entdeckung Amerikas trug diese große Navigationsleistung dazu bei, das Schwergewicht der Macht aus dem Mittelmeer auf die Länder mit Küsten am Atlantik zu verlagern.

Sechs italienische, sechs französische, zwei deutsche und zahlreiche andere Ausgaben der von Grynaeus herausgegebenen Fassung der ›Neugefundenen Länder‹ wurden im Lauf des 16. Jahrhunderts veröffentlicht. Durch dieses Buch verbreitete sich die Kunde von den großen Entdeckungen in Ost und West über das ganze Europa der Renaissance.

43   In tyrannos

DESIDERIUS ERASMUS (1466?-1536). Moriae Encomium. Erasmi Roterodami Declamatio. *[Paris]*, *Gilles de Gourmont*, *[1511]*

Erasmus (siehe auch 46, 53) schrieb sein ›Lob der Torheit‹ im Winter 1509-10, als er bei Sir Thomas More (47) in England weilte. Sein Titel ist ein feinfühlig schmeichelhaftes Wortspiel mit dem Namen seines Gastgebers, sein Gegenstand eine glänzende, bissige Satire auf die Torheit, die man überall im Leben antrifft. Das Buch entsprang dem Entschluß, den Erasmus gefaßt hatte, als er Rom verließ, um sich nach England zu begeben: daß er keinerlei Bestallung oder Beförderung annehmen würde, der er seine Freiheit, zu lesen, zu denken und zu schreiben, was ihm beliebte, opfern müßte. Die Schrift zeigt, wie Könige, Päpste, Kirchenfürsten und weltliche Herrscher samt und sonders von der Torheit regiert werden, und es scheint geradezu unvorstellbar, daß man ihn in jenem Zeitalter obrigkeitlicher Allmacht ungeschoren ließ. Das Werk wurde erstmals geheim in Paris gedruckt, und sein sofortiger Erfolg bewahrte Erasmus, wie auch in anderen Fällen, vor den Folgen seiner Kühnheit. Die Nachwelt übte die Rache, die seinen Zeitgenossen versagt blieb: Erasmus erscheint im Index Expurgatorius von 1559 (82) in der

Kategorie A, in welcher die Autoren aufgeführt sind, deren Gesamtwerk verurteilt wurde.

Wo immer Tyrannis oder absolute Macht drohten, wurde das ›Lob der Torheit‹ neu gedruckt und neu gelesen. Es ist ein Anzeichen für das, was in der Luft lag, daß Milton die Schrift 1628 in Cambridge in jedermanns Hand fand. Der eingeborene Skeptizismus des Erasmus hat die Menschen dazu verleitet, in ihm den Vater des Rationalismus des 18.Jahrhunderts zu erblicken; doch ist seine rationalistische Haltung ganz einfach die des ungetrübten gesunden Menschenverstandes, dem Tyrannis und Fanatismus gleicherweise ein Greuel sind.

Renaissance-Chemie   44

HIERONYMUS BRUNSCHWIG (etwa 1430-1512/13). *Das Buch der wahren Kunst zu destillieren. Straßburg, [J. Grüninger], 1512*

Hieronymus Brunschwig aus Straßburg war ein umherziehender Chirurg und Apotheker. Er verfaßte zwei Bücher über Arzneimittelkunde, eines über einfache Heilmittel, das ›Kleine Destillierbuch‹ (erstmals 1500 veröffentlicht) und das vorliegende Werk, das große Destillierbuch über zusammengesetzte Arzneien.

›Die wahre Kunst des Destillierens‹ beschreibt die Technik des Destillierens von Medizinen, zumeist aus Pflanzen und Wurzeln, aber auch aus anderen Stoffen. Andere Abschnitte des Werkes befassen sich mit ärztlichen Heilmethoden, Wundbehandlung, Therapeutik und Pathologie, der Beschreibung von Anlagen und Apparaturen in einem Destillierlaboratorium und einer Apotheke. Der letzte Abschnitt führt eine Liste zahlreicher billiger und leicht erhältlicher Heilmittel auf.

Brunschwig beschreibt eine Reihe neuer Pflanzen und Methoden, Medikamente aus ihnen zu destillieren, die eine bedeutende Erweiterung der Verwendung chemischer Präparate in der Arzneimittelkunde ankündigten. Das Destillieren war ebenso wie die chemische Arzneimittelherstellung ein neues Gewerbe. Die Kenntnis der Arzneimittelkunde war bisher auf einige wenige Fachleute, vor allem in den Klöstern, beschränkt gewesen, und Brunschwigs Buch mit seinen zahlreichen Holzschnitt-Illustrationen von chemischen Apparaten und Heilkräutern machte dieses Wissen jetzt einer größeren Öffentlichkeit zugänglich. ›Die wahre Kunst des Destillierens‹ kam während des ganzen 16. Jahrhunderts in zahlreichen verschiedenen Formen und Ausgaben heraus und lieferte die Vorlage für diese Art Bücher.

Brunschwig hinterließ außerdem noch zwei andere Werke, ein wichtiges Buch über die Chirurgie und eine Schrift über die Pest.

45   Vorläufer der Aufklärung

NICOLAUS CUSANUS (1401-64). Opera, 3 Bände. *Paris, Badius Ascensius, 1514*

Nikolaus Krebs wurde als Sohn eines Fischers in Kues an der Mosel geboren. Er studierte Hebräisch und Griechisch, Philosophie, Theologie und Mathematik und trat dreißigjährig als Erzdiakon von Lüttich auf dem Konzil von Basel als eifriger Verfechter der päpstlichen Unfehlbarkeit auf. Nach einer Anzahl päpstlicher Missionen wurde er von Papst Nikolaus V. 1448 zum Kardinal und 1450 zum Bischof von Brixen erhoben und gründete am Ende eines geschäftigen und durchwegs erfolgreichen Lebens in seiner Heimatstadt ein Altersheim für dreiunddreißig Arme, dem er seine Bibliothek vermachte und das jetzt seinen Namen trägt.

Nikolaus von Kues oder Cusanus, wie er allgemein genannt wird, tat viel zur Kräftigung der Einheit der Kirche; insbesondere reiste er nach Konstantinopel, wo er sich bemühte, die Wiedervereinigung von Ost und West gegenüber der Bedrohung durch die Türken herbeizuführen. Auch begab er sich auf eine Missionsreise, um kirchliche Mißbräuche zu beseitigen und die Klosterdisziplin in Deutschland und in den Niederlanden zu reformieren, eine Aufgabe, die er mit sanfter, aber fester Hand anfaßte, die aber bei seinem Tod noch unvollendet war.

So wie er in dieser Hinsicht ein Vorläufer der Reformatoren des 16. Jahrhunderts war, brach er auch in seinen philosophischen Schriften mit der Scholastik, die zu seiner Zeit noch die orthodoxe Denkweise war. Er erklärte, alles menschliche Wissen sei Vermutung und die Weisheit liege in der Erkenntnis unserer Unwissenheit. Um dem Vorwurf der hierin enthaltenen Skepsis (der zu seinen Lebzeiten gegen ihn erhoben wurde) auszuweichen, vertrat er die Auffassung, daß man Gott durch Intuition erfassen könne, in welcher, wie in der mystischen Schau, jegliche Begrenzungen verschwänden. Diese Lehre wurde ein Jahrhundert später von Giordano Bruno aufgegriffen, der ihn »divus Cusanus« nannte, und auf dem Weg über Bruno übte seine Auffassung Einfluß aus auf Spinoza (153), Leibniz (177) und Hegel (283). Cusanus gab sich zahlreichen theologisch-physikalischen Spekulationen hin über die Gestalt des Weltalls und die Möglichkeit seiner Unendlichkeit, Spekulationen, die noch jahrhundertelang so manchen Geist faszinierten. Die Ansicht, daß er Kopernikus (70) vorweggenommen habe, ist durch diese vagen und allgemeinen Spekulationen kaum gerechtfertigt, aber der Ansporn, den er dem kosmologischen Denken gab, hielt weit über seinen Tod hinaus an.

Das Neue Testament   46
im griechischen Urtext

NEUES TESTAMENT, griechisch und lateinisch. Novum Instrumentum omne, diligenter ab Erasmo Roterodamo recognitum et emendatum ... *Basel, Johannes Froben, 1516*

Nahezu hundert lateinische Bibeln wurden im 15. Jahrhundert gedruckt, und auch Übersetzungen der Vulgata in alle europäischen Hauptsprachen, mit Ausnahme des Englischen, wurden vor 1500 geschaffen. Der Druck des Neuen Testaments im griechischen Originalwortlaut ließ jedoch lange auf sich warten, da er zwangsläufig eine Herausforderung an die offizielle lateinische Bibel der Kirche bedeutete. Jeder Gelehrte, dem beide Sprachen vertraut waren, wäre damit in der Lage gewesen, die Vulgata des hl. Hieronymus zu kritisieren und zu berichtigen.

Schon 1440 hatte Lorenzo Valla, der größte lateinische Philologe des 15. Jahrhunderts, eine Folge von Anmerkungen zum Neuen Testament verfaßt, die sich auf drei griechische Handschriften stützen. Die Entdeckung einer Handschrift dieses Werkes in Löwen im Jahr 1504 weckte das Interesse des Erasmus an der Übersetzung des Neuen Testaments, und er veröffentlichte

Vallas Adnotationes nach dieser Handschrift im folgenden Jahr in Paris. Während seines Aufenthaltes in England 1505-1506 fertigte er eine neue lateinische Fassung des griechischen Testaments an, aber die Hauptarbeit an den Anmerkungen, die seine erste kritische Ausgabe begleiten sollten, besorgte er in Cambridge zwischen 1511 und 1514. Der das Neue Testament enthaltende Band der Complutensischen Polyglott-Bibel (52) war bereits gedruckt – sein Kolophon trägt das Datum 10.Januar 1514 –, aber noch nicht erschienen, als Erasmus mit dem Basler Drucker Froben die Herausgabe seines Textes vereinbarte. Die Drucklegung begann im September 1515 unter Aufsicht des Johannes Œcolampadius (Johann Hausschein), und das Buch erschien im März 1516.

Beweise für diese Hast und Eile, die ihren Grund zweifellos in dem Wunsch hatte, Kardinal Ximenes zuvorzukommen, sind nicht schwer zu finden. Erasmus' Herausgebermethoden waren, mangels paläographischer Kenntnisse zu jener Zeit, für heutige Begriffe primitiv. Er hatte die griechischen Texte nicht sorgfältig miteinander verglichen, und obgleich er vier Handschriften in Cambridge und fünf in Basel benutzt hatte, enthielten doch nur wenige von ihnen das ganze Neue Testament. So standen Erasmus selten mehr als zwei Gewährsleute für eine jeweilige Textstelle zur Verfügung, und er mußte in seinen Anmerkungen gestehen, daß der griechische Text einiger Stellen der Apokalypse seine eigene Rückübersetzung der Vulgata war. Er ließ die beste der Basler Handschriften unbenutzt, in der irrigen Annahme, daß sie später sei als die anderen, und seine sämtlichen Quellen gingen auf den byzantinischen und Konstantinopeler Text zurück, der von der apostolischen Urschrift wesentlich weiter entfernt war als die altlateinische Fassung, auf welcher die Vulgata beruhte, oder die griechischen Handschriften, die der hl.Hieronymus zur Berichtigung der altlateinischen verwendet hatte.

Der so entstandene griechische Text war zweifellos schlechter als der von Stunica und anderen Gelehrten geschaffene, die fünfzehn Jahre lang an der Complutensischen Polyglott-Bibel gearbeitet hatten. Diese Bibel kam jedoch erst 1522 heraus, und inzwischen hatte Erasmus' Fassung in der Gelehrtenwelt sofort Erfolg.

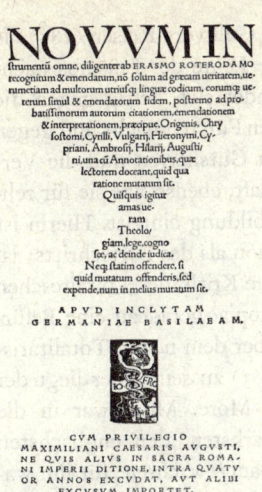

NOVVM IN
strumentū omne, diligenter ab ERASMO ROTERODA MO
re cognitum & emendatum, nō solum ad græcam ueritatem, ue
rumetiam ad multorum utriusq́ linguæ codicum, eorumq́ ue
terum simul & emendatorum fidem, postremo ad pro
batissimorum autorum citationem, emendationem
& interpretationem, præcipue. Origenis, Chry
sostomi, Cyrilli, Vulgarij, Hieronymi, Cy
priani, Ambrosij, Hilarij, Augusti
ni, una cū Annotationibus, quæ
lectorem doceant, quid qua
ratione mutatum sit.
Quisquis igitur
amas ue
ram
Theolo
giam, lege, cogno
sce, ac deinde iudica.
Neq́ statim offendere, si
quid mutatum offenderis, sed
expende, num in melius mutatum sit.

APVD INCLYTAM
GERMANIAE BASILAEAM.

CVM PRIVILEGIO
MAXIMILIANI CAESARIS AVGVSTI,
NE QVIS ALIVS IN SACRA ROMA-
NI IMPERII DITIONE, INTRA QVATV
OR ANNOS EXCVDAT, AVT ALIBI
EXCVSVM IMPORTET.

Erasmus (46)

Das Alte Testament deutsch.
M. Luther. Wittemberg.

Luther (51)

Sie kam als erste heraus, und dieser Umstand, im Verein mit dem
Ruf des Herausgebers, ihrer relativen Billigkeit und Handlich-
keit und ihrer größeren Verbreitung, sorgte dafür, daß sie während der nächsten zweieinhalb Jahrhunderte das Feld beherrschte.
Sie bildete die Grundlage sowohl für Luthers (51) als auch Tyndales (58) Übersetzungen des Neuen Testaments und hatte dadurch wesentlichen Einfluß auf die späteren protestantischen
Fassungen der Bibel.

Utopia   47

THOMAS MORE (1477/8-1535). Libellus ... de Optimo Reipu-
blicae Statu, deque Nova Insula Utopia. *[Löwen]*, *Theodoric Martin*
[1516]

›Utopia‹ erschien im großen Jahr der erasmischen Reform, als die
Aufklärung einen überwältigenden Siegeszug angetreten zu haben schien. Im Frühjahr dieses Jahres hatte Erasmus seine Ausgaben des griechischen Neuen Testaments (46) und des Hieronymus veröffentlicht, sowie in den ›Anweisungen für den christlichen Fürsten‹ seinen leidenschaftlichen Aufruf zu Frieden und
Vernunft in der Politik; im November datierte More die Vorrede

zu seiner Utopia. Sie war ebenso wie Gullivers Reisen (185) als Traktat für die Zeit gedacht, um die Lehre des Erasmus nachdrücklich zu unterstreichen; sie wendet sich heftig gegen die neue Staatsführung der unbeschränkten Fürstenmacht und gegen die neue Weidewirtschaft der großen Gutsherren und die Vernichtung der alten Allmende-Wirtschaft, ebenso wie sie für religiöse Toleranz und allgemeine Schulbildung eintritt. Hierin ist Utopia weit eher ein Werk der Reaktion als des Fortschritts; ja, so wie Johnsons ›Rasselas‹ beinahe eine Kritik des Voltaireschen ›Candide‹ sein könnte, so scheint ›Utopia‹ geradezu eine Befürwortung der alten Tugenden gegenüber dem neuen Totalitarismus von Macchiavellis ›Il Principe‹ (63) zu sein. Hier liegt der Unterschied zwischen Erasmus und More. More war in die Rechtswissenschaft, den traditionsstärksten, den englischsten aller Berufe, hineingeboren und in ihr aufgewachsen: für ihn waren menschliche Einrichtungen keine Angelegenheit für radikale theoretische Reformen, sondern organisch Gewachsenes, das sich nur langsam wandelt. In ›Utopia‹ geht es More darum, zu beweisen, daß die alten, mittelalterlichen Institutionen, wenn von Mißbrauch befreit, die besten seien, und nicht die neuen theoretischen Reformen, die er zu Recht fürchtete.

Ebenso wie Swift sagt More das, worauf es ihm ankommt, durch satirische Kontrastwirkung. So wie die Houyhnhnms, wenngleich Pferde, besser sind als Menschen, so ist Utopia, wenngleich heidnisch, besser als das lasterhafte neuzeitliche Europa. Utopia ist nicht, wie man oft gemeint hat, Mores Idealstaat: sie verkörpert lediglich beispielhaft die Tugenden der Weisheit, Standhaftigkeit, Mäßigung und Gerechtigkeit. Sie spiegelt den Mangel an Moral in den More bekannten Staaten wider, deren christliche Herrscher auch die christlichen Tugenden des Glaubens, der Hoffnung und der Nächstenliebe besitzen sollten. Doch ist Utopia mit der Zeit zum Begriff des Idealstaates schlechthin geworden; schon vor dem Ende des sechzehnten Jahrhunderts konnte Robert Cecil die Friedensbedingungen Tyrones mit einem einzigen verächtlichen Wort zurückweisen: »Yewtopia«. Darüber hinaus ist ›Utopia‹ (abermals wie Gullivers Reisen) noch zu einem Kindermärchen geworden. More besaß durchaus Swifts

Begabung, eine abenteuerliche Geschichte völlig überzeugend vorzutragen: der Anfang, in dem Raphael Hythlodeus von seinen Reisen berichtet, ist von einer Lebendigkeit, die den Leser unwiderstehlich mitreißt und in die politische Theorie hineinzieht.

More ist für den Katholiken ein Heiliger und für den Kommunisten ein Vorläufer von Marx. Sein Manifest ist für beide und außerdem für alle Schattierungen der Weltanschauung, die dazwischen liegen, unerläßliche Lektüre und wird es bleiben.

Plutarchs Lebensbeschreibungen 48

PLUTARCH (um 46 n.Chr.-120). Vitae Romanorum et Graecorum. *Florenz, Filippo di Giunta, 1517*

Elf römische Kaiser kamen und gingen allein zu Plutarchs Lebzeiten. Die schicksalhaften Wechselfälle im Leben der Großen dürfte seine eigentümlich moralistische Methode angeregt haben, ähnliche Lebensläufe miteinander zu vergleichen, eine Methode, die diesem Werk eine größere Reichweite verlieh, als eine Sammlung lediglich biographischer Tatsachen sie besessen hätte. Plutarch hatte in Athen eine philosophische Schulung genossen, war nach Rom gekommen, um hier Vorträge zu halten, und wurde, wie man vermutet, von Trajan zum Erzieher des jungen Hadrian bestellt. Er hatte demzufolge die Möglichkeit, mit gleicher Autorität Ähnlichkeiten und Unterschiede beider Zivilisationen mittels ›Parallelbiographien‹ zu schildern – ein System, das seiner philosophischen Geisteshaltung zugesagt haben dürfte. In jedem dieser Biographiepaare – Theseus und Romulus, Alexander und Cäsar – stellt er einen griechischen Feldherrn, Staatsmann, Redner oder Gesetzgeber neben einen berühmten Römer mit denselben Charaktereigentümlichkeiten und zieht sodann Schlußfolgerungen sowohl hinsichtlich der Unterschiede zwischen diesen Männern und ihren Heimatländern als auch der moralischen Lehren, die sich ihren Lebensläufen entnehmen lassen.

Plutarchs Lebensbeschreibungen sind ein Werk großer Gelehrsamkeit und Forschungsarbeit; Plutarch gibt sorgfältig alle seine Quellen an, und ihre Zahl allein bezeugt seine gewaltige Belesenheit. Einige der Biographien sind skizzenhafter als die übrigen, vor allem die der Römer, zu denen Plutarch erst spät im Leben gelangte; aber sein emsiger Fleiß als Historiker ist auch dort erstaunlich, wo seine Genauigkeit es weniger ist. Für den Historiker liegt der Hauptnachteil der Lebensläufe im Vorherrschen des ethischen Motivs, aber gerade dies hat dafür gesorgt, daß sie sich gehalten und auch viele Leser angezogen haben, die sich für Geschichte nicht interessieren. Plutarch wurde schon frühzeitig übersetzt, von Amyot ins Französische, von North ins Englische, und der Einfluß seiner Methode hat sich in den Biographien der Großen der Neuzeit und in den Schriftstellern, die von ihm angeregt wurden, unablässig kundgetan.

Shakespeare (122) stützte seine Kenntnis des historischen Hintergrundes des antiken Rom nahezu ausschließlich auf Plutarch, und es ist ein schönes Kompliment an den Genius Plutarchs, daß solch ein Zauberwerk wie die Abreise des Antonius aus Alexandria aus ihm sich schaffen ließ.

49 Die Reformation

MARTIN LUTHER (1483-1546). An den Christlichen Adel Deutscher Nation; von des Christlichen Standes Besserung. *[Wittenberg, Melchior Lotter, 1520]*

Unter obigem Schlachtruf eröffnete Martin Luther seinen Feldzug von 1520 mit der ersten seiner drei großen Kampfschriften – dem Manifest der Reformation.

Nach seiner dialektischen Niederlage in Leipzig 1519 in der erbitterten Disputation mit Johannes Eck über die Oberherrlichkeit des Papstes schaffte Luther mit diesen drei Schriften sich selbst und der Welt Klarheit über seinen Standpunkt. Die Religion stand jetzt sichtbarlich auf seiten einer Freiheitsbewegung, und die deutschen Humanisten standen einhellig hinter Luther. Die drei Schriften enthielten zusammenfassend alle Beschwerden des Reformators und legten alle seine Reformvorschläge dar. Er erklärte, geistliche Kraft innewohne nicht allein der Körperschaft der Kirche, sondern der Gesamtkörperschaft aller wahren Gläubigen; allen wahren Christen und nicht allein dem Papst sei es gestattet, die Heilige Schrift auszulegen; die Geistlichkeit sei keine abgetrennte, durch irgendwelche mystischen Weihen ausgezeichnete Bruderschaft, sondern sei der weltlichen Macht Rechenschaft schuldig. Luther trat für die völlige Abschaffung der päpstlichen Oberherrlichkeit über den Staat ein und wandte sich gegen die Lehre von den zwei Ständen, dem geistlichen und dem weltlichen, und den zwei Schwertern (Papst und Kaiser) – auf beide berief sich der Papst. Er forderte eine deutsche Nationalkirche mit einem nationalen Kirchenkonzil. Das Eheverbot für die Geistlichkeit sollte abgeschafft, die Anzahl der Kardinäle, Klöster und Pilgerfahrten und Feiertage verringert, Interdikte und Ablaßverkäufe unterbunden, Schulen und Universitäten reformiert werden.

Dies war Luthers Antwort auf die Bannbulle, die im Juni 1520 in Rom erlassen worden war, und sie übte mächtige Wirkung auf alle Klassen der Gesellschaft aus. Der Reformator Luther setzte beinahe unwissentlich eine soziale Revolution in Gang, und die religiöse Agitation wurde zur politischen Rebellion, die sich sofort tiefgreifend auf die Geschichte Europas und später auf große Teile der übrigen Welt auswirkte. Sie führte zu Bewegungen des Nationalismus und zu sozialen Reformen, von denen Luther selbst keineswegs alle gebilligt hätte.

›An den christlichen Adel‹ erschien Mitte August 1520, und am achtzehnten des gleichen Monats waren bereits viertausend Exemplare der Schrift verkauft; siebzehn weitere Auflagen erschienen im Lauf des 16. Jahrhunderts. Kurz darauf folgten zwei weitere umwälzende Schriften: im September 1520 ›Von der Freiheit eines Christenmenschen‹ (über die Rechtfertigung allein durch den Glauben) und im Oktober 1521 ›Von der babylonischen Gefangenschaft der Kirche‹, die den Sakramentalien-Ritus der Kirche der Kritik unterzog.

›Verteidiger des Glaubens‹   50

HEINRICH VIII. (1491-1547). Assertio Septem Sacramentorum. *London, Richard Pynson, 1521*

Kardinal Wolsey, darauf bedacht, den König von weltlicheren Anliegen abzulenken, ermunterte wahrscheinlich schon 1516

Heinrich VIII., eine ernsthafte Erwiderungsschrift gegen Luther (49) in Angriff zu nehmen. Wolsey bewirkte damit seinen eigenen Sturz, doch dies war vermutlich noch die geringste der Folgen der ›Verteidigung der Sieben Sakramente‹, wohl eines der schicksalträchtigsten Bücher in der Geschichte der abendländischen Kultur.

Obwohl von durchaus echtem und ungeheucheltem Eifer beseelt, die Ketzerei auszurotten, erkannte Heinrich doch erst, als er sich ernstlich für Außenpolitik zu interessieren begann, welchen Wert eine solche Schrift haben könne, wenn sie dem Papst gewidmet würde. Es fällt heute schwer, sich einen Begriff von dem geistlichen Einfluß des Papsttums zu machen in einer Zeit, da die große Mehrheit der Christenheit in ihm einen nicht sonderlich mächtigen weltlichen Staat erblickte; dessenungeachtet wurde dieser Einfluß verspürt. Wie weit Heinrichs Drang, das Buch zu vollenden (zwischen Mai und Juli 1521) vom aufrichtigen, wenn auch romantischen Wunsch getrieben wurde, sich zum Kämpen des Papsttums zu machen, läßt sich schwer sagen. Immerhin findet diese Einstellung eine Stütze in der Äußerung Heinrichs gegenüber dem höchst erstaunten und ungläubigen Thomas More (47): »Von diesem Stuhl haben Wir unsere Reichskrone empfangen.« More erkannte die Gefahren einer so unbedingten Verpflichtung gegenüber der weltlichen, wenn auch nicht der geistlichen Macht des Papsttums, und seine Befürchtungen sollten bald hundertfache Rechtfertigung finden.

Heinrich gewann die Anerkennung, die er von Leo X. erstrebte – den Titel des ›Fidei Defensor‹. Hätte er sich der päpstlichen Autorität nicht so gänzlich unterstellt, so wäre es unwahrscheinlich, daß er sich persönlich so gekränkt gefühlt hätte, als der Papst sich weigerte, ihm in seiner »großen Angelegenheit«, der Ehescheidung von Katharina von Aragon, zu Willen zu sein; unwahrscheinlich, daß er sich mit solcher Heftigkeit gegen nahezu alle seine Ratgeber, unter ihnen More, gewandt hätte, die seine Regierungszeit bis dahin so erfolgreich gemacht hatten; unwahrscheinlich, daß er die königliche Oberhoheit über die Kirche beansprucht hätte; unwahrscheinlich – doch hier muß die Vermutung innehalten. Es genügt zu sagen, daß die Veröffentlichung

der ›Assertio‹ einen entscheidenden Augenblick in der Geschichte
der englischen Reformation bezeichnet.

Die Reformationsbibel

DAS NEWE TESTAMENT DEUTZSCH. *Wittenberg, [Melchior Lotter, 1522]*

Diese deutsche Übersetzung der Bibel durch Martin Luther war
von entscheidender Bedeutung für den Fortgang der Reformation und lieh dem Studium der Heiligen Schrift in der Volkssprache in ganz Europa neuen kraftvollen Antrieb. Zugleich übte
sie einen ähnlich tiefreichenden Einfluß auf die Entwicklung der
deutschen Sprache, wie ihn die King James Bible (114) später auf
die englische hatte.

Luther scheint 1520, als er zur Erbauung der Ungebildeten bereits einige der Psalmen und Teile der Evangelien und Episteln ins
Deutsche übertragen hatte, den Plan zu einer vollständigen Übersetzung der Bibel gefaßt zu haben, die an die Stelle der bis dahin
existierenden deutschen Fassungen treten sollte. Er begann mit
dem Neuen Testament, das er nach der zweiten Ausgabe von
Erasmus' griechischem Text (46) übersetzte, und dies lag im September 1522 vor – daher der frühere Name Septemberbibel. Der
Text war von Anmerkungen begleitet, die zum Teil unverkennbar reformatorische Tendenz hatten, und unter den ganzseitigen
Holzschnitten Lucas Cranachs befanden sich Bilder von Drachen
und von der Hure Babylon, die mit der dreifachen päpstlichen
Krone geschmückt waren. In den Jahren 1523 und 1524 veröffentlichte Luther drei Bände seiner Übersetzung des Alten Testaments, die die Bücher von der Genesis bis zum Hohenlied Salomonis umfaßten; die Propheten erschienen erst 1532, und die
Apokryphen mußten auf die erste Ausgabe der vollständigen
Bibel durch Hans Lufft in Wittenberg im Jahr 1534 warten. Bei
seiner Übersetzung des Alten Testaments benutzte Luther eine
größere Anzahl von Quellen; er verwendete als Grundtext die
1494 in Brescia gedruckte hebräische Fassung, zog aber auch die
Septuaginta, die Vulgata und die lateinischen Übersetzungen und
Glossen heran. Die Apokryphen übersetzte er teils aus der Vul-

gata, teils aus dem von Aldus revidierten griechischen Text von 1518.

Luthers Bibeltext in der Volkssprache erfreute sich sofort unermeßlicher Volkstümlichkeit. Man schätzt, daß bereits bei Abschluß des Gesamtwerkes 1534 über achtzig Ausgaben seines Neuen Testaments erschienen waren. Luthers Text lieferte zugleich auch die Grundlage für Übersetzungen in viele andere Sprachen, wie das Holländische, in dem das Neue Testament 1523, die vollständige Bibel 1532 erschienen. Die schwedische Bibel von 1540 und 1541, die dänische Bibel von 1550 und das isländische Neue Testament von 1540 beruhen ebenfalls auf Luthers Übersetzung, und William Tyndale verwendete sie bei seiner Übersetzung des Neuen Testaments ins Englische (58).

In sprachgeschichtlicher Hinsicht war ihr Einfluß nicht weniger durchschlagend. Anfänglich benötigten die Ausgaben, die in Augsburg, Nürnberg und anderwärts in Süddeutschland erschienen, zahlreiche Wortänderungen oder Worterklärungen. Sie war jedoch so weit verbreitet, daß um die Mitte des 17. Jahrhunderts Luthers Hochdeutsch gesiegt hatte und zur herrschenden Schriftsprache ganz Deutschlands geworden war.

52 Die erste Vielsprachen-Bibel

POLYGLOTTEN-BIBEL, 6 Bände. *Alcalá de Henares, Arnald Guillen de Brocar, 1514-17 [1522]*

Diese große Bibel – ›Das Alte Testament in mehreren Sprachen jetzt erstmals gedruckt; Das Neue Testament griechisch und lateinisch neu gedruckt‹ – enthält den Text des Alten Testaments in hebräischer, aramäischer, griechischer und lateinischer Sprache. Sie wurde herausgegeben und gedruckt in Alcalá de Henares (bei Madrid), dessen lateinischer Name Complutum ist, und sie wird daher für gewöhnlich die ›Complutensische Polyglotte‹ genannt.

Dieses erste Gemeinschaftswerk der Bibelforschung, das im Druck erschien, wurde auf Veranlassung und auf Kosten des Kardinals Francisco Ximenes de Cisneros (1436-1517) geschaffen, des berühmten Staatsmannes und Förderers der Wissenschaft und Gründers der Universität Alcalá. An dieser Universität arbeitete unter Leitung von Diego Lopez de Zuñiga (Stunica) eine Gruppe von Gelehrten fünfzehn Jahre lang an der Redaktion der Texte; sie begannen ihr Werk 1502 und vollendeten es wenige Monate vor dem Tod des Kardinals. Im Unterschied zu Erasmus (46) zogen sie eine beträchtliche Anzahl von Handschriften heran, von denen einige, jetzt in Madrid aufbewahrte, Erwerbungen des Kardinals Ximenes waren, während andere aus verschiedenen Orten entliehen wurden, darunter mehrere aus dem Vatikan.

Das Neue Testament war am 10. Januar 1514 fertiggestellt und demnach vor Erasmus' erster Ausgabe von 1516 bereits gedruckt, wenn auch noch nicht erschienen. Der Anhang wurde 1515 vollendet; die vier Bände des Alten Testamentes wurden zuletzt gedruckt, der abschließende Band 1517. Das Erscheinen zögerte sich jedoch mehr als fünf Jahre lang hinaus, und das Buch scheint erst 1522 in den Handel gekommen zu sein. Der wahrscheinlichste Grund der Verzögerung dürfte in dem kaiserlichen Privileg bestanden haben, das Erasmus 1516 auf vier Jahre gewährt worden war. Dies bedeutete, daß der complutensische Text des Neuen Testaments Luther (51) für seine Übersetzung nicht zur Verfügung stand, so daß die meisten protestantischen Fassungen sich auf den wissenschaftlich weniger genauen Text des Erasmus gründeten. Er wurde jedoch in umfassender Weise bei der Ausgabe des griechischen Neuen Testaments benutzt, die Robert Estienne 1550 in Paris herausbrachte und die als ›textus receptus‹ bekannt wurde und drei Jahrhunderte lang die neutestamentliche Textkritik beherrschte.

Die Complutensische Polyglotte war die erste und auch die schönste einer ganzen Folge großer Polyglotten-Bibeln, die im 16. und 17. Jahrhundert gedruckt wurden. Als nächste kam Plantins Ausgabe heraus, die unter der Schirmherrschaft Philipps II. von Spanien zwischen 1568 und 1573 in Antwerpen hergestellt wurde. 1642 erschien die in acht Bänden unter Leitung von Sebastien Cramoisy in der Imprimerie Royale gedruckte Pariser Polyglotte, und schließlich zwischen 1653 und 1657 Bischof Waltons Ausgabe, die Thomas Roycroft in London druckte.

Aldus Manutius hatte sich vor dem Ende des 15. Jahrhunderts mit der Absicht getragen, eine Bibel in hebräischer, griechischer und lateinischer Sprache zu drucken, aber der Plan gelangte nicht zur Ausführung, und es ist nur der Korrekturabzug einer Seite erhalten, der sich in der Bibliothèque Nationale in Paris befindet.

53   Renaissance-Gespräche

DESIDERIUS ERASMUS (1466?-1536). Colloquia. *Basel, Johann Froben, 1524*

Wollte man eine Einzelgestalt als typische Verkörperung des Geistes der nordischen Renaissance auswählen, so würden nur wenige Menschen Erasmus' Anspruch bestreiten. In Armut und unehelich geboren und schon in frühem Kindesalter verwaist, mußte er seinen Weg in der Welt allein und aus eigenen Kräften machen. Er trat nur widerstrebend in den geistlichen Stand ein und verwandte seine ganze Kraft auf unablässige Lektüre der griechischen und lateinischen Klassiker und der Kirchenväter, und als sein rastloser Geist das Klosterleben nicht mehr ertrug, begab er sich auf Reisen, die ihn nach Paris, London, Venedig und Rom führten, wo der Ruhm seiner Gelehrsamkeit und seiner Werke ihm Freunde und Ehren eintrug.

Um 1510 begann Erasmus seine lange Zusammenarbeit mit dem großen Basler Drucker Johann Froben, der eine erstaunliche Anzahl von Originalwerken und -ausgaben veröffentlichte, die ihn in ganz Europa berühmt machten. Erasmus lehnte die Angebote von Päpsten, Königen und Freunden ab und ließ sich 1521 ständig bei Froben als dessen Hauptlektor und literarischer Berater nieder. Hier war 1516 sein berühmtes griechisches Neues Testament (46) erschienen, und hier sammelte sich der Kreis seiner Freunde und Schüler, unter ihnen die Amerbachs, Glareanus und Œcolampadius, um ihn. Nach Frobens Tod 1527 übersiedelte er nach Freiburg, kehrte aber später nach Basel zurück, wo er siebzigjährig starb.

Das dauerhafteste Denkmal dieser ganzen Tätigkeit sind wohl seine Briefe, von denen über dreitausend erhalten sind, der lebendigste Briefwechsel des 16.Jahrhunderts (1906-47 vorzüglich herausgegeben in 11 Bänden von P.S.Allen und seinen Mitarbeitern). Ein nicht weniger lebendiges Bild des Schriftstellers und seiner

Zeit tritt uns in den noch beliebteren ›Colloquia‹ oder ›Gesprächen‹ entgegen. Erasmus hatte sie ursprünglich in seiner Frühzeit in Paris als Dialoge geschrieben, um die Kunst des gebildeten Gesprächs zu veranschaulichen, und erweiterte sie später zu Konversationsstücken, in denen sämtliche aktuellen Tagesfragen mit einer Freiheit erörtert wurden, die ihre allgemeine Beliebtheit verbürgte. Sie wurden im späteren Verlauf des Jahrhunderts und bis ins 18. Jahrhundert hinein zum vorgeschriebenen Schulbuch, und es gibt bei Shakespeare (122) Zeilen, die unmittelbar an Erasmus' Worte erinnern.

Perspektive 54

ALBRECHT DÜRER (1471-1528). Underweysung der Messung. *Nürnberg, [Hieronymus Formschneider], 1525*

Dieses Buch war die erste der kunsttheoretischen Schriften, die Albrecht Dürer gegen Ende seines Lebens verfaßte. Ihr unmittelbarer Zweck war, die Anwendung der praktischen Geometrie auf das Zeichnen und Malen zu erläutern und die Grundsätze der Perspektive zu lehren. Diese Verfahren sollten auf Baukunst, Malerei, Druckschriften (Dürer entwarf sowohl Antiqua- als auch Fraktur-Buchstaben) und Ornamentik im allgemeinen Anwendung finden, und das Buch wendet sich folglich nicht nur an Maler und Graphiker, sondern auch an Bildhauer, Architekten, Goldschmiede, Steinmetzen und andere Kunsthandwerker.

Das Werk gliedert sich in vier Bücher, die sich mit den Problemen der linearen Geometrie und zweidimensionalen Figuren, mit der Konstruktion regelmäßiger Vielecke und der praktischen Anwendung der Geometrie auf Architektur, Technik, Typographie usw. befassen, und es schließt mit einer Erörterung dreidimensionaler Körper, der Stereometrie und der Perspektive. Dürer illustrierte sein Buch mit Holzschnitten, von denen einige die Apparate veranschaulichen, die er zur Anfertigung korrekter Zeichnungen mit mechanischen anstatt mathematischen Mitteln konstruierte. Perspektive leitete sich angeblich von Euklids Optik und von Vitruv (26) her, aber in Wahrheit besaß keiner dieser beiden antiken Schriftsteller einen vollständigen Begriff von ihren

Grundsätzen. Euklid schrieb lediglich über das Sehvermögen, und Vitruv erteilte nur Anweisungen zum Skizzieren von Gebäuden; sie besaßen kein System der perspektivischen Zentral-Projektion. Der erste, der ein solches System verwendete, war sehr wahrscheinlich Brunelleschi (1379-1446). Alberti (28) schrieb darüber, aber die erste umfassende Darstellung gab Piero della Francesca zwischen 1470 und 1490 in seiner Schrift ›De Prospectiva Pingendi‹, die erst 1899 veröffentlicht wurde. Leonardo, Bellini und Mantegna beschäftigten sich alle mit dem Problem der Perspektive, aber nördlich der Alpen war wenig Kenntnis dieser mathematischen Aspekte der Kunst vorhanden.

Dürers Werk vermittelte dem nördlichen Europa erstmals die völlig neue Einstellung zur künstlerischen Schöpfung, die sich in Italien während der Renaissance herausgebildet hatte. Im Mittelalter hatte man Malerei und Bildhauerei nicht in ihrer Beziehung zu natürlichen Gegenständen und ihrer Nachbildung begriffen, sondern entweder als Projektion einer Idee, die in der Vorstellung des Künstlers lebte, oder als Nachahmung eines anderen Kunstwerkes, das als Muster oder ›Urbild‹ diente. Die Renaissance führte eine völlig andere ästhetische Theorie ein: das Kunstwerk als Darstellung eines natürlichen Gegenstandes. Der Zusammenhang zwischen dem Schönen und dem Natürlichen, zwischen dem Kunstwerk und dem (mathematisch) Korrekten war eine typische Vorstellung der Renaissance. Die große historische Bedeutung von Dürers theoretischen Schriften liegt in der Veranschaulichung dieser Prinzipien – er ergänzte die ›Underweysung‹ durch zwei weitere Bücher über die Proportionen des menschlichen Körpers und über den Festungs- und Städtebau. Sie blieben bis ins 19. Jahrhundert die Grundlage einer kaum bestrittenen ästhetischen Lehre.

55   Der Vater der Medizin

HIPPOKRATES (460?-377? v. Chr.). Opera. *Rom, Franciscus Minitius Calvus, 1525*

Dies ist die erste vollständige lateinische Ausgabe der Werke des größten Klinikers unter den Ärzten. Über das Leben des griechischen Arztes Hippokrates weiß man kaum etwas, außer daß er ausgedehnte Reisen im östlichen Mittelmeergebiet unternahm und eine Zeitlang auf der Insel Kos lebte, wo sich eine berühmte medizinische Schule befand.

Die sogenannte ›Hippokratische Sammlung‹ ist ein umfangreiches Korpus von Werken – die Anzahl schwankt zwischen neunundfünfzig und hundert –, das vermutlich um 300 v. Chr. in Alexandria existierte. Die vorliegende Ausgabe enthält achtzig Werke. Unter ihnen befinden sich Beiträge verschiedener Autoren und Schulen, die jedoch alle von hippokratischen Ideen beseelt sind. Wir wissen nicht einmal genau, ob Hippokrates irgendwelche der Bücher überhaupt selbst geschrieben hat, aber die hippokratische Tradition ist nichtsdestoweniger seit vielen Jahrhunderten anerkannt.

Hippokrates stellte als erster ein empirisches System der Medizin auf, das auf einer Kombination aus Krankenbetterfahrung und der Sammlung zahlreicher Einzelkenntnisse beruhte, welche damals die Grundlage des klinischen Unterrichts bildeten. Er befreite die Medizin vom Aberglauben und dem Einfluß der Priester und leitete sein System aus dem angesammelten empirischen Wissen Ägyptens, Knidos' und Kos' ab. Die klinischen Beschreibungen von Fiebern, Tuberkulose, Kindbettkrämpfen, Epilepsie und anderen Übeln sind bis heute klassische Darstellungen; mehr als tausend Jahre lang wurden keine solchen Aufzeichnungen mehr gemacht.

Die Abhandlung über Chirurgie umfaßt die Behandlung von Verrenkungen und Knochenbrüchen, Schädeltrepanationen, die Beschreibung chirurgischer Instrumente, Regeln für das öffentliche Gesundheitswesen und die Diagnose, eine berühmte Arbeit über das Gehirn, über die Lehre von den vier Hauptsäften des Körpers und vieles andere mehr. Laënnec (280) anerkennt ausdrücklich, was seine Erfindung des Stethoskops den hippokratischen Schriften verdankt. Ihr berühmtestes Stück sind wohl die ›Aphorismen‹, eine Zusammenstellung kurzer klinischer Beobachtungen, von denen viele zu Gemeinplätzen oder Sprichwörtern geworden sind, wie schon gleich die erste: »Ars longa, vita brevis« – Die Kunst währt lang, das Leben kurz.

Das Idealbild des humanen und gebildeten Arztes stammt von Hippokrates her, und der ›Hippokratische Eid‹ ist bis heute die klassische Formulierung der Pflichten, der sittlichen und charakterlichen Maßstäbe des Arztberufs. Als die World Medical Association 1948 eine Erklärung herausgab, welche die Pflichten des Arztes definierte, war diese nichts anderes als eine abgeänderte Neufassung des Hippokratischen Eides.

Hippokrates' Lehren wurden von den Griechen jahrhundertelang angewandt, im Mittelalter überschattete sie jedoch das Aufkommen einer Verbindung magischer und scholastischer Grundsätze, von denen letztere hauptsächlich auf Galen (33) beruhten. Die Renaissance und das Wiederaufleben des klassischen Altertums rückten die hippokratischen Schriften wieder in den Vordergrund, und sie haben seither auf die medizinische Forschung wie die ärztliche Ethik ohne Unterlaß höchst anregend eingewirkt.

Die erste griechische Ausgabe wurde 1526 von Aldus veröffentlicht; die Anzahl der verschiedenen Ausgaben und Übersetzungen ist unübersehbar. Die maßgebenden Standard-Ausgaben sind die von Emile Littré in 10 Bänden, Paris 1839-61, und Richard Kapferer und Georg Sticker, 25 Bände, Leipzig 1934ff.

56 Manifest des Reformators

ULRICH ZWINGLI (1484-1531). Commentarius de Vera et Falsa Religione. *Zürich, Christoph Froschauer, 1525*

Der ›Kommentar über die wahre und falsche Religion‹ ist eine der bedeutsamsten Äußerungen des Schweizer Humanisten Ulrich Zwingli, der einer der drei großen Führer der Reformation war.

Während seiner Jugendjahre in Basel und Bern und als Pfarrer in Glarus und Einsiedeln wurde Zwingli tief in die humanistische Bewegung hineingezogen. Er studierte Griechisch und Latein, las die Bibel in ihren verschiedenen Fassungen, die Kirchenväter und andere frühe Schriften und auch Pico della Mirandola, dessen kritische Werke das ihre taten, ihn der römischen Kirche zu entfremden. Stärksten religiösen und politischen Einfluß übte er als Leutpriester am Großmünster von Zürich von 1519 an.

Theologische und politische Reformgedanken waren bei Zwingli untrennbar miteinander vermischt: er war ein glühender Schweizer Patriot, der die Schweiz einigen und von französischen, römisch-katholischen und anderen ausländischen Einflüssen befreien wollte. In der Tat verkörperte Zwingli, in welch beträchtlichem Ausmaße die Reformation sowohl eine religiöse als auch – und vielleicht sogar mehr noch – eine politische Bewegung war. Er erkannte klar, daß es zur Sicherung der politischen Autonomie des Staates notwendig war, die religiösen Körperschaften ebenso wie die weltlichen der staatlichen Aufsicht zu unterstellen; unter seinem Einfluß übernahm der Magistrat von Zürich einen großen Teil der Kirchenregierung. Auf Veranlassung des Rates der Stadt wurden die religiösen Häuser geschlossen, die Messe im April 1525 abgeschafft, Bilder entfernt und ein neuer Abendmahlsdienst eingeführt.

Dessenungeachtet mußte der Staat nach christlichen Grundsätzen regiert werden. Zwingli schlug zu diesem Behuf eine Rückkehr zu den Grundsätzen des frühen Christentums mit der Bibel als oberster Autorität vor. Seine sozialen wie seine religiösen Theorien verlangten folglich die Ausschaltung des Papstes. Diese Forderung rief eine tiefe Spaltung in der öffentlichen Meinung der Schweiz hervor, und am 8. April 1524 traten die Kantone Luzern, Uri, Schwyz, Unterwalden und Zug – der Bund der Waldstätte – in Beckenried zusammen und bildeten eine Liga zur Bekämpfung aller Lehren von Luther (49), Zwingli und Hus. Nachdem Zürich weitere Maßnahmen ergriffen hatte, brach der Bürgerkrieg aus. Zwingli selbst führte die evangelischen Kantone gegen jene, die zu Rom hielten. Er fiel im Oktober 1531 in der Schlacht bei Kappel, und sein Leichnam wurde von den Katholiken grausig geschändet.

Zwingli führte durch seine Lehren eine Spaltung der Reformationsbewegung in eine lutherische und eine reformierte Kirche herbei. Er brach noch radikaler als Luther mit der Kirche von Rom und führte eine völlig neue Form der Liturgie und Andacht ein. Sein Hauptleitsatz war die ›Predigt der Evangelien‹. Er ging wesentlich weiter als Luther, der im Grunde konservativ war und der in erster Linie die Kirche im Rahmen ihrer bestehenden

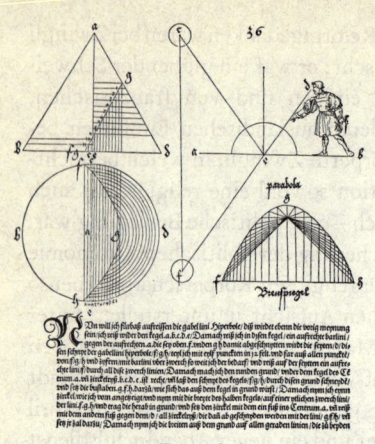

Struktur reformieren wollte, indem er ihre nach seiner Auffassung unkanonischen Auswüchse und Zusätze beseitigte.

Eine bedeutsame Meinungsverschiedenheit entstand über das Wesen des Abendmahls, die auf dem sogenannten Marburger Religionsgespräch am 1. Oktober 1529 zum Austrag kam. Beide lehnten die Lehre von der Transsubstantation ab; aber während für Zwingli das Wesen des Abendmahls rein symbolisch war, nämlich ein Gedenken an den Tod Christi, hielt Luther an der Lehre von der wirklichen Gegenwart des Erlösers fest. Diese grundlegende Meinungsverschiedenheit wurde nie überbrückt, und hier wurzelte die Trennung der beiden Bewegungen. Zwingli war auch mit Calvin (65) verschiedener Meinung hinsichtlich der Lehre von der Erbsünde: er betrachtete sie lediglich als moralischen Defekt und nicht als strafbare Schuld.

Zwinglis Mission schlug in vieler Hinsicht fehl: politisch, weil die Einigung der Schweiz einen Aufschub erlitt, und theologisch, weil seine Anschauungen schließlich von denen Luthers und Calvins überschattet wurden. Nichtsdestoweniger wandte Calvin sich Zwingli und nicht Luther zu, und die Reformierte Kirche ist in den meisten europäischen Ländern seiner Führung gefolgt, wie auch die uneingeschränkte Unabhängigkeit der modernen Schweiz im Einklang mit seinen politischen Ideen steht.

FRANCESCO ANTONIO PIGAFETTA (1491?-1534?). Le Voyage et Navigation faict par les Espaignolz es Isles de Mollucques. *Paris, Simon de Colines, [etwa 1525]*

Kolumbus (35) war westwärts gesegelt in der Hoffnung, nach Indien zu gelangen, aber er hatte statt dessen Amerika entdeckt. Fernando Magellan (1480-1521) war sein klügerer Nachfolger und brachte das Unternehmen mit seiner ersten Umsegelung der Erde zum glücklichen Abschluß. ›Die Fahrt und Navigation der Spanier nach den Molukken-Inseln‹, verfaßt von dem Italiener Pigafetta, der die Expedition als Freiwilliger begleitete, gibt über sie zuverlässigsten Bericht.

Die nachmals Magellan-Straße benannte Meerenge ist schon auf frühen Erdkarten verzeichnet, besonders auf dem Globus Johann Schöners von 1520, aber dies war mehr ein Wunschgedanke als eine bekannte Tatsache. Die Küste Brasiliens war 1500 von Cabral entdeckt worden (siehe 42), und den Stillen Ozean hatten europäische Augen erstmals erblickt, als Balboa 1513 den Isthmus von Darien überquerte. Diese Kenntnisse blieben jedoch bruchstückhaft, bis Magellans große Weltumsegelung sie in den gehörigen Zusammenhang rückte.

Magellan hatte anfänglich in der portugiesischen Flotte gedient und hatte zwischen 1505 und 1508 Malakka umsegelt und die Gewürzinseln (Molukken) erkundet. Später diente er seinem Vaterland in Marokko, wo er verwundet wurde und eine lebenslängliche Lähmung davontrug. Da er nach seiner Rückkehr bei König Manuel I. keine Anerkennung fand, verließ er Portugal und begab sich nach Spanien. Hier redete er Karl V. ein, die Gewürzinseln befänden sich in der Hemisphäre, welche Spanien durch den Vertrag mit Portugal von 1494 zugefallen war, der die Welt zwischen beiden Nationen entsprechend ihren Einflußsphären aufgeteilt hatte. Magellan erbot sich, seine Behauptung mit einer Reise in westlicher Richtung zu beweisen, auf der er an der Südspitze Südamerikas eine Meerengendurchfahrt zu entdecken hoffte, und die spanischen Behörden willigten schließlich in die Expedition ein.

Magellan ging am 10. August 1519 von San Lucar an der Mündung des Guadalquivir mit fünf Schiffen in See. Er segelte in südlicher Richtung, entdeckte (und benannte) Patagonien, unterdrückte eine Meuterei unter seinen Schiffsbesatzungen, fand das Ostende der Meerenge, die jetzt seinen Namen trägt, gab Feuerland (Terra del Fuego) seinen Namen, drang in den jenseitigen Ozean ein, den er wegen seiner stillen Wasser und milden Winde den Pazifischen nannte, überstand eine Skorbuterkrankung und gelangte schließlich zu den Philippinen, wo er im April 1521 von den Eingeborenen ermordet wurde. Der Befehl über die Expedition, die jetzt nur noch aus drei Schiffen bestand, ging auf einen Basken namens Sebastiano del Cano über, und Ende des Jahres überquerte die fünfundachtzig Tonnen große ›Vittoria‹ als einziges noch übriges Schiff den Indischen Ozean, umsegelte das Kap und ging nahezu drei Jahre nach Magellans Ausfahrt mit einer auf achtzehn Mann geschrumpften Besatzung in Sevilla vor Anker.

Magellans Leistung ist wohl die größte Tat der Seemannskunst, die je vollbracht wurde. Man muß bedenken, daß er keine Karten besaß, die Breite nur nach der Sonne und die Länge überhaupt nicht errechnen konnte. Er besaß lediglich den Kompaß, das Stundenglas und den Sternhöhenmesser. Seine Leistung ist ebenso bedeutsam wie die des Kolumbus und hatte eine ebenso mächtige Wirkung auf das Geschick der Welt. Er verband Asien mit Europa durch den westlichen Seeweg, stellte den linearen Erdumfang und die Länge des Breitengrades fest und bewies die Einbuße eines Kalendertages bei der Umsegelung der Erde in westlicher Richtung. Er erkundete die Küste Südamerikas und entdeckte Chile, das kürzlich einige seiner südlichen Gebiete in Magellan-Land umbenannt hat.

Es gibt mehrere Berichte über Magellans Reise, aber Pigafettas Aufzeichnungen (in mehreren frühen Handschriften, zumeist in französischer Sprache erhalten) sind bei weitem die besten und eingehendsten. Seine Schrift enthält nebenbei auch Aufstellungen von Wörtern aus den Sprachen der Patagonier, Brasilianer, Indianer und der Eingeborenen der Molukken und Philippinen und brachte dadurch die erste Kenntnis dieser primitiven Sprachen nach Europa.

THE NEW TESTAMENT. Ins Englische übersetzt von William Tyndale. *[Worms, Peter Schöffer, 1525 oder 1526]*

William Tyndales (?1494-1536) Übersetzung des Neuen Testaments war die erste, die in englischer Sprache gedruckt wurde. Mit Westcotts, des Bischofs von Durham, Worten: »Er stellte einen Maßstab der Bibelübersetzung auf, dem andere folgten. Es ist sogar weniger von Bedeutung, daß sich der bei weitem größte Teil seiner Übersetzung in unseren heutigen Bibeln unversehrt erhalten hat, als vielmehr, daß sein Geist das Ganze beseelt. Sein Einfluß bestimmte, daß unsere Bibel volkstümlich und nicht literarisch sein sollte, sich ausdrückend in einer einfachen Sprache, so daß ihre Einfachheit der Bürge ihrer Dauer sei.«

Tyndale erwarb 1515 in Oxford die Magisterwürde, studierte noch einige Zeit in Cambridge weiter und war 1522 Hauslehrer und Prediger in Gloucestershire; durch sein Eintreten für den Humanismus und seinen Reformeifer verdarb er es jedoch mit der ortsansässigen Geistlichkeit. Als er 1523 nach London übersiedelte, hatte er bereits beschlossen, das Neue Testament zu übersetzen, angespornt von dem Wunsche, daß »ein Junge hinter dem Pflug mehr von der Heiligen Schrift wissen solle«, als die meisten Geistlichen damals wußten. Doch fand er die Atmosphäre in London feindselig, übersiedelte 1524 nach Hamburg und kehrte nicht mehr in sein Heimatland zurück.

Tyndale vollendete seine Übersetzung des Neuen Testaments im folgenden Jahr, und der Druck einer Quart-Ausgabe mit Anmerkungen wurde in Köln in Angriff genommen. Ehe sie jedoch fertiggestellt war, mußte er nach Worms fliehen, wo der Druck von neuem begonnen wurde, diesmal in einer Oktav-Ausgabe ohne Anmerkungen, und zwar in Schöffers Druckerei. Einige Bogen des Kölner Quart-Drucks sind in der Grenville Library des Britischen Museums erhalten, doch die Wormser Oktav-Ausgabe war vermutlich die erste, die tatsächlich herauskam. Mehrere andere Ausgaben folgten und wurden nach England geschmuggelt. Die Kirchenbehörden widersetzten sich jedoch der Übersetzung aufs erbittertste, und zahlreiche Exemplare wurden verbrannt. Tyndale fertigte seine Übersetzung fast völlig allein und ohne Hilfe an; sie beruhte auf dem griechischen Text des Erasmus (46), aber er zog auch die Vulgata und das deutsche Neue Testament Luthers (51) heran, den er in Wittenberg aufsuchte. Die früheren Wicliffitischen oder die daraus abgeleiteten Übersetzungen scheint er nicht benutzt zu haben.

Anschließend übersetzte Tyndale den Pentateuch, und mit der Veröffentlichung dieser Arbeit durch J. Hoochstraten in Antwerpen – der Druckvermerk gibt Marburg an – im Januar 1531 erschien zum ersten Mal überhaupt auch nur ein Teil des Alten Testaments in englischer Sprache im Druck. Es folgte, wahrscheinlich im gleichen Jahr, seine Übersetzung des Buches Jonas in Antwerpen, und als er 1536 in Vilvorde in den Niederlanden den Märtyrertod erlitt, hinterließ er die Handschrift einer Übersetzung der historischen Bücher von Josua bis zum 2. Buch der Chronik, die in Matthews Bibel von 1537 veröffentlicht wurde. Vor seinem Tod hatte ein Regierungswechsel die Verbreitung der Bibel seines Schülers Miles Coverdale in England gestattet, die 1535 im Ausland gedruckt worden war, und ein Jahr später wurde die zweite Ausgabe dieser Bibel mit königlicher Erlaubnis in England gedruckt. Coverdale benutzte Tyndales Text sehr ausgiebig, und sein Einfluß auf spätere englische Bibeln war so stark, daß sogar behauptet worden ist, nahezu neun Zehntel der Worte der ›Autorisierten Fassung‹ von 1611 (114) stammten von Tyndale.

59   Der Hofmann

BALDASSARE CASTIGLIONE (1478-1529). Il Cortegiano. *Venedig, Aldus, 1528*

›Der Hofmann‹ zeichnet das Bild des idealen Aristokraten und ist bis heute die perfekte Darstellung des Gentleman geblieben. Er ist der Urbegriff der höchsten moralischen und sozialen Vorstellungen der italienischen Renaissance, die in vielen Fällen von klassischen Vorbildern angeregt sind.

Castiglione kam 1504, nachdem er in Diensten der Sforza in Mailand und der Gonzaga in Mantua gestanden hatte, an den Hof von Urbino. Hier waren Guidobaldo de Montefeltre und

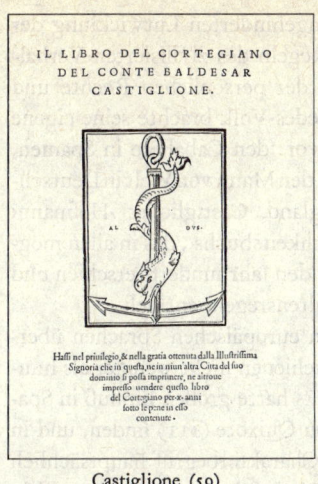

Castiglione (59)   Machiavelli (63)

seine Gemahlin Elisabetta Gonzaga der Mittelpunkt des glanzvollsten Hofs Italiens, dem Bembo, Kardinal Bibbiena, Giuliano
de' Medici und zahlreiche andere hervorragende Männer angehörten. Sein Buch beruhte auf seinen Erfahrungen und Erlebnissen
im Kreis dieser glänzenden Persönlichkeiten.

Das Werk hat die Form eines Gesprächs zwischen Angehörigen
des Hofes, da solche Gespräche die beliebteste literarische Form
der Renaissance waren. Die Tugenden und Qualitäten, welche
der Hofmann pflegen solle, bilden den Hauptinhalt des Buches.
Der Grundgedanke, daß der Mensch sich durch Entwicklung
aller seiner Gaben und Fähigkeiten vervollkommnen solle, geht
auf die Ethik des Aristoteles (38) zurück, und viele der aristotelischen Tugenden erscheinen hier von neuem – Ehrlichkeit, Großmut und gute Manieren. Der ideale Mann soll überdies in Waffen
und Spielen wohl geübt, sehr gebildet und ein Kunstkenner sein;
er soll alle Geziertheit vermeiden, sich anmutiger Redeweise be-
fleißigen und Sinn für Humor pflegen. Das Verhältnis zwischen
dem Hofmann und seinem Fürsten wird erörtert, desgleichen
unterschiedliche Regierungsformen. Ein weiteres Kapitel gibt
ähnliche Regeln für das Verhalten der Dame, und das Buch endet
mit Bembos vielgerühmter Darlegung der platonischen Liebe.

Dieses Renaissance-Ideal der ungehinderten Entwicklung der Gaben des einzelnen und seine Regeln des zivilisierten Verhaltens schufen einen neuen Begriff der persönlichen Rechte und Verpflichtungen in Europa, und jedes Volk brachte seine eigene Abwandlung der Idealgestalt hervor: den Caballero in Spanien, den honnête homme in Frankreich, den Mann von Welt in Deutschland und den Gentleman in England. Castigliones ›Hofmann‹ wurde zum Musterbild des ›Höflichkeitsbuchs‹, das in allen möglichen Abarten während des folgenden Jahrhunderts erschien und unterschiedlich formulierte Verhaltensregeln enthielt.

Das Buch wurde in die meisten europäischen Sprachen übersetzt; zwischen 1528 und 1616 erschienen nicht weniger als hundertacht verschiedene Ausgaben. Es hatte großen Einfluß in Spanien, wo seine Spuren sich im Don Quixote (111) finden, und in Frankreich, wo Corneille seinen Charakterbegriff hauptsächlich von ihm bezog. Seinen stärksten Einfluß hatte es jedoch wohl in England. Sir Thomas Hoby veröffentlichte 1561 eine englische Übersetzung, die eines der beliebtesten Bücher der elisabethanischen Zeit wurde. Ihr Einfluß ist an vielen Stellen bei Shakespeare (122) zu erkennen – besonders in der Figur des Polonius – sowie bei Spenser, Ben Jonson, Sir Philip Sidney und Robert Burton (120) und später in Shelleys ›Hymn to Intellectual Beauty‹. Seine Gesprächsform wirkte sich sehr nachdrücklich auf die Entwicklung des englischen Schauspiels und der Komödie aus. Im 17. Jahrhundert erschienen zwei berühmte Bücher über den Gentleman: das für die Kavaliere bestimmte von Peacham und das von Brathwaite für die Puritaner. Trotz des Wandels im Charakter der Höfe während des 18. Jahrhunderts und dem Großangriff der Französischen Revolution auf den Begriff des Hofmannes lebt das Ideal des ›Gentleman‹ glücklicherweise noch immer fort.

60 Humanistische Bildung in Frankreich

GUILLAUME BUDÉ (1467-1540). Commentarii Linguae Graecae. *[Paris], Jodocus Badius, 1529*

Budé war der einflußreichste der französischen humanistischen Gelehrten zu Beginn des 16. Jahrhunderts. Er machte sich einen

Namen mit einer Abhandlung über antike Münzen und Maße, die für viele Jahre ein maßgebendes Werk wurde, und stand mit den meisten Gelehrten seiner Zeit in Briefwechsel, so mit Erasmus (43, 46, 53), der eine hohe Meinung von seinen Fähigkeiten hegte, und mit Thomas More (47). Franz I., der so große Verdienste um die Förderung des Humanismus in Frankreich hatte, schätzte ihn hoch. Gemeinsam mit Jean du Bellay bewog Budé den König zur Gründung des Collegium Trilingue, das später zum Collège de France wurde, und der für ihre griechischen Handschriften berühmten Bibliothèque von Fontainebleau, die später den Grundstock der Bibliothèque Nationale bildete. Er bewog den König auch, das Interdikt gegen das Drucken, das 1533 von der Sorbonne angeregt worden war, nicht durchzuführen.

Die ›Kommentare zur griechischen Sprache‹ waren eine Sammlung lexikographischer, philologischer und historischer Anmerkungen, die die Grundlage des Studiums der griechischen Sprache in Frankreich bildeten. Sie waren ein Monument der neuen humanistischen Wissenschaft; sie wurden mehrmals neu gedruckt und verschafften Budé einen Ruf, der heute in der modernen Buchreihe von Paralleltexten griechischer, lateinischer und byzantinischer Autoren, die seinen Namen trägt, fortlebt.

Unterweisung in der Regierungskunst 61

SIR THOMAS ELYOT (um 1490-1546). The Boke named eth Governour. *London, Thomas Berthelet, 1531*

Sir Thomas Elyot, Sohn eines hervorragenden Rechtsgelehrten, war Sekretär des Kronrats und wurde zweimal mit diplomatischen Missionen zu Kaiser Karl V. entsandt. Er war ein Freund von Sir Thomas More (47), und infolge dieser Freundschaft sowie einer gewissen Lauheit, mit welcher er die von ihm verlangten ziemlich willkürlichen Aufgaben durchführte, wurde er für seine Dienste nie gebührend belohnt. Seine Bücher waren jedoch sehr geschätzt. Sein lateinisch-englisches Wörterbuch (für das Heinrich VIII. ihm Bücher lieh) war eine bahnbrechende Arbeit. Er veröffentlichte ein populär-medizinisches Werk, ›The Castell of Helth‹, und Übersetzungen aus Werken Pico della Mirandolas und Plutarchs.

Sein berühmtestes Buch war jedoch ›The Boke named the Governour‹, das während des ganzen 16.Jahrhunderts eine Auflage nach der anderen erlebte. Es verdankte mehreren Ursachen seinen Ruhm. Es ist das erste Werk in erkennbar moderner englischer Prosa, der Elyot zahlreiche neue Worte hinzufügte; es trat wirkungsvoll ein für das Studium der Klassiker, aus denen Elyot ausführlich zitiert. Der Hauptgrund seines Erfolgs war jedoch, daß sein Thema zu jener Zeit in großer Mode war – es ist eine moralphilosophische Abhandlung, welche die Grundlinien zieht für die Erziehung derjenigen, die zum Regieren bestimmt sind, und die ihnen die hohen moralischen Grundsätze einprägt, von denen sie sich bei der Ausübung ihrer öffentlichen Pflichten leiten zu lassen haben. Die Gedanken, die das Buch zum Ausdruck brachte, waren nicht sonderlich neu oder umwälzend; Elyot erkennt seine Schuld gegenüber der ›Institutio Principis Christiani‹ des Erasmus und Castigliones ›Il Cortegiano‹(59) an, allerdings nicht, was er Francesco Patrizzi verdankt, der gegen Ende des 15.Jahrhunderts Bischof von Genua war und dessen Werk ›De Regno et Regis Institutione‹ mit Bestimmtheit dem ›Governour‹ als Vorbild diente. Dessenungeachtet blieb es Generationen hindurch ein Lehrbuch des Benehmens und hatte nachhaltigen Einfluß auf die englische Schriftsprache.

62 Lexikographie

ROBERT (I.) ESTIENNE (1503 oder 1504-59). (a) Dictionarium seu Latinae Linguae Thesaurus. *Paris, Robert Estienne, 1531; (b)* Dictionarium Latino-Gallicum. *Ebenda, 1538*

Die von der Familie Estienne oder Stephanus herausgegebene und veröffentlichte Reihe von Wörterbüchern ist vermutlich die bedeutendste, wenn auch keineswegs die einzige geschichtliche Leistung dieser berühmtesten Familie von Gelehrten-Druckern. Robert I., der Sohn Henris I. (gest. 1520), des Begründers dieser Intellektuellen-Dynastie, war der größte von allen, wiewohl sein Sohn Henri II. (1528-98) nicht weit hinter ihm zurückstand. Roberts Ruhm gründet sich auf seine Arbeit mit lateinischen, römischen, griechischen und hebräischen Druckschriften; als vorzüglicher Herausgeber lateinischer Schriftsteller und lateinischer, griechischer und hebräischer Bibeln; als Philologe und Grammatiker in diesen Sprachen wie in seiner französischen Muttersprache und vor allem als erster wissenschaftlich arbeitender Lexikograph der alten wie der neuen Sprachen.

Der ›Thesaurus‹ verdankt seine Entstehung der Nachfrage nach einer Neuausgabe des damaligen lateinischen Standard-Wörterbuchs, des ›Dictionarium‹ des Calepinus. Nach Estiennes Meinung war das Buch so schlecht, daß es einen Neudruck nicht verdiente; seine Aufforderung an eine Anzahl von Gelehrten, es zu bearbeiten, stieß wegen der erforderlichen ungeheuren Arbeitsmühe auf Ablehnung – also nahm er die Arbeit schließlich selbst auf. Er führte drei Hauptneuerungen ein: im Unterschied zur Gepflogenheit seiner Vorgänger stützte sich sein Wortschatz ausschließlich auf klassische Schriftsteller, von denen er einige dreißig auszog; er klärte die Bedeutung von Wörtern, indem er angesehene Fachgelehrte anführte, darunter seinen Freund Budé (60); und er veranschaulichte die korrekte Verwendung von Wörtern und Ausdrücken im Sprachgebrauch durch reichliche Zitate aus klassischen Quellen. Die zweite Auflage (1536) wurde durch Hinzufügung von Eigennamen erweitert; die endgültige Ausgabe in drei Bänden erschien 1543. Bedenkt man, daß der 1894 von fünf deutschen Akademien begonnene ›Thesaurus‹ nach siebzigjähriger Arbeit erst die erste Hälfte des Alphabets bewältigt hat, so ist Estiennes Arbeit als Ganzes noch immer unübertroffen. Der ›Thesaurus Linguae Romanae et Britannicae‹ von Thomas Cooper (London, Henry Wykes, 1565, Neuauflagen 1573, 1578, 1584, 1587) stützt sich in seinem lateinischen Teil, wie der Kompilator ausdrücklich anerkannte, auf Estiennes Thesaurus; Coopers Wörterbuch wurde ohne Quellenangabe von Thomas Thomas kopiert und plagiiert (Cambridge, 1587; 14. Auflage 1644).

Das ›Dictionarium Latino-Gallicum‹ – Lateinisch-französisches Wörterbuch (1538) – wurde vom Erfolg des Thesaurus angeregt und beruhte auf der zweiten Ausgabe dieses letzteren. Es war begreiflicherweise ein noch größerer Erfolg, wurde 1543 und 1546 neu aufgelegt und diente als anerkanntes Vorbild für das lateinisch-deutsche Wörterbuch (Zürich, 1568) und das lateinisch-flämische (Antwerpen, Plantin, 1573). Das ›Dictionnaire François-Latin‹ (1539) war im wesentlichen eine verbesserte Umkehrung des lateinisch-französischen Wörterbuchs; seine zweite Auflage (1549) wurde jedoch durch Aufnahme zahlreicher rechtswissenschaftlicher, medizinischer, botanischer und technischer Fachausdrücke beträchtlich erweitert. Überdies schuf es gleichsam ein maßgebliches Standard-Französisch, indem es seinen Wortschatz auf »bon autheurs françois« gründete – ein Prinzip, das später vom ›Dictionnaire de l'Académie‹ (1694) übernommen wurde.

Neben diesen stattlichen Foliobänden stellte Robert Estienne auch lateinische und französische Schulwörterbücher wie das ›Dictionariolum Puerorum‹ (1550) her, die häufige Neuauflagen erlebten und bald nachgeahmt wurden. Eine englische Fassung von John Vernon mit besonderem Hinweis auf das Dictionariolum erschien bereits 1552 (London, Thomas Wolfe).

Schließlich wandte sich Robert Estienne um 1550 einem griechischen Gegenstück zu seinem Thesaurus zu. Sein Hauptmitarbeiter hierbei war sein Sohn Henri, der es nach dem Tod des Vaters unter seinem eigenen Impressum als ›Thesaurus Linguae Graecae‹ (Genf, 1572) herausbrachte. Mehr noch als beim Thesaurus Latinus gibt es bis auf den heutigen Tag für den Thesaurus Graecus keinen gleichwertigen Ersatz.

63   Der Fürst

NICCOLO MACHIAVELLI (1469-1527). Il Principe. *Rom, Antonio Blado, 1532*

Machiavelli war von 1498 bis 1512 Sekretär der Staatskanzlei der Republik Florenz. Dieses Amt bot ihm unvergleichliche Gelegenheit, die politischen Systeme und Regierungen halb Europas zu untersuchen und vergleichend zu betrachten. Er stand von seinem fünfundzwanzigsten Jahr an in öffentlichen Diensten der Republik und unternahm zahlreiche diplomatische Missionen zu den benachbarten italienischen Staaten und bis nach Frankreich und Deutschland. Das Jahr 1502 brachte das entscheidende Ereignis seiner Laufbahn: die Gesandtschaft zu Cesare Borgia, der sich damals mit komplizierten Machenschaften befaßte, um seine Armee durch Beseitigung ihrer unzuverlässigen Feldhauptleute zu kräftigen. Machiavelli sah diesen Vorgängen zu, und sie flößten ihm große Bewunderung ein für die Mischung aus Kühnheit und Vorsicht, Grausamkeit und Betrug, Selbstvertrauen und Mißtrauen gegenüber anderen, die dieser Fürst an den Tag legte. Der Niedergang der Regierung Piero Soderinis und die Ungnade, in die er selbst bei ihrem Sturz fiel, schenkten ihm unwillkommene Muße, die Überlegungen in Worte zu fassen, die vielleicht ursprünglich von seinem Besuch bei Cesare Borgia angeregt worden waren.

›Der Fürst‹ ist wesentlich mehr als ein Buch von Anleitungen und Weisungen an irgendeinen der zahlreichen italienischen Kleinfürsten. Machiavelli hatte seine Reisen nach Frankreich und Deutschland genutzt, um (in seinen Berichten an seine Regierung) überaus eindringende Analysen der nationalstaatlichen Regierung anzustellen, und schrieb jetzt zur Unterweisung jenes Herrschers, der allein dem verzweifelten gespaltenen Italien politische Gesundheit zurückzugeben vermochte. Die politische Spekulation war bis dahin im wesentlichen eine rhetorische Übung gewesen, die von der unbestrittenen Hinnahme der Kirche oder des Reiches ausging. Machiavelli gründete die moderne politische Wissenschaft auf das Studium der Menschheit – es ist nicht zu vergessen, daß ein Parallelwerk zum ›Fürsten‹ sein historischer Essay über die ersten zehn Bücher des Livius war. Die Politik war für ihn eine Wissenschaft, die von der Ethik völlig zu trennen war, und nichts durfte ihrer Maschinerie hindernd im Wege stehen. Viele der Heilmittel, die er zur Rettung Italiens vorschlug, wurden später angewandt. Seine Vorstellungen von den Eigenschaften, die von einem Herrscher zu verlangen seien, und vom unbedingten Erfordernis einer nationalen Miliztruppe trugen in den Monarchien des 17. Jahrhunderts und ihren Nationalheeren Früchte.

Was Machiavelli freilich übersah, war der Umstand, daß der Mensch nicht nur ein politisches Wesen ist und daß jeder Versuch zu regieren, ohne die anderen Seiten seiner Natur zu berücksichtigen, zum Fehlschlag verurteilt ist. Nichtsdestoweniger ist seine Schrift die eines Patrioten und Staatswissenschaftlers, und er verdient es weit mehr, als ein solcher in Erinnerung zu bleiben denn als die borgiaähnliche Erscheinung, die man heute mit seinem Namen verbindet. Paradoxerweise waren es eben jene, die seine erbarmungslosen Lehren buchstabengetreu in die Tat umsetzten – die Gesellschaft Jesu, die spanischen Habsburger, die französischen Bourbonen –, die als erste den Ausdruck ›machiavellistisch‹ als Schmähung verwendeten, womit sie ihre Gegner meinten (wenn diese Erfolg hatten). Das abgewogenere Urteil der Neuzeit erkennt seinen Patriotismus an und studiert sein politisches Gedankengut, aber der Ausdruck ›machiavellistisch‹ hat seine finstere Bedeutung behalten.

64   Cicero und die lateinische Sprache

MARCUS TULLIUS CICERO (100-43 v.Chr.). Opera Omnia, cum Castigationibus Petri Victorii, 4 Bände. *Venedig, Giunta, 1534 bis 1537*

Während der langen Jahrhunderte, in denen das Lateinische die lingua franca des europäischen Denkens und Gedankenaustausches war, wurden von allen lateinischen Klassikern die Werke Ciceros am meisten gelesen. So haben Ciceros Reden und Briefe, wenngleich sie in erster Linie ein lebendiges Bild des antiken Rom vermitteln, sowie seine philosophischen Werke, deren Inhalt die Grundlage zahlreicher mittelalterlicher Abhandlungen bildeten, einen tieferen, wenn auch indirekten Einfluß auf die Ausdruckskräfte der Völker geübt als die Werke irgendeines anderen Schriftstellers. Als das Lateinische von den Volkssprachen verdrängt wurde, übertrug sich dieser Einfluß auf die neuen Sprachen.

Ciceros staunenswerte Energie ist aus allem zu ersehen, was er schrieb, einem Werksganzen, das unter jenen, die aus dem klassischen Altertum überliefert sind, nicht seinesgleichen hat. Die forensischen Reden, die ihn zum bedeutendsten Rechtsgelehrten seiner Zeit machten, zeigen ihn vor allem als fähigen Verteidiger. Seine Reden als Ankläger, vor allem die Rede gegen Verres, den korrupten Statthalter von Sizilien, sind nicht weniger wirkungsvoll und erheben sich zu unvergleichlicher Höhe in den berühmten ›Philippica‹ – jenen gewaltigen Angriffen gegen Marcus Antonius, nachgebildet den Reden des Demosthenes gegen Philipp von Mazedonien, die Antonius nie verzieh und die Cicero das Leben kosteten. Man hat seine politischen und philosophischen Werke der mangelnden Originalität geziehen, und Cicero hätte dies als erster freimütig zugestanden: es gab, mit Ausnahme des epikuräischen Werks des Lucretius (87), dem sich Cicero als Stoiker widersetzte, wenig philosophische Werke in lateinischer Sprache. Seine moralischen Abhandlungen und Dialoge sind folglich weitgehend Übersetzungen und Bearbeitungen, aber darum nicht weniger einflußreich.

Wohl das wertvollste unter Ciceros erhaltenen Büchern sind seine Briefe, ein Kommentar zu den letzten Jahren der römischen Republik von einer Lebendigkeit, wie wir ihn aus keiner anderen Zeitspanne der Antike besitzen. Hier allein wird, aller Förmlichkeit entkleidet, der Charakter Ciceros und seiner Zeitgenossen enthüllt, und ein Bild wird sichtbar vom Leben vor zweitausend Jahren – was für Menschen dies waren, wie sie reisten, wie ihre Häuser aussahen, welchen Ärger sie mit ihren Dienstboten hatten –, alle häuslichen Einzelheiten, die anderwärts fehlen. Ihre Unmittelbarkeit fördert überdies historische Tatsachen zutage, die sonst verlorengegangen oder vorsätzlich verschleiert worden wären.

Der Herausgeber dieser Gesamtausgabe (Cicero lag seit den sechziger Jahren des 15.Jahrhunderts gedruckt vor) war Pietro Vettori, besser bekannt als Victorius (1499-1585), der bedeutendste Latinist seiner Zeit in Italien. Seine Textrevision und sein Kommentar zum Text lassen seine Befähigung vollauf erkennen; sein Fingerspitzengefühl für Sinn und Bedeutung des Textes und die Sicherheit seiner Berichtigungen leiteten ein neues Zeitalter der Textkritik ein. Wie ein späterer Herausgeber gesagt hat, verdankt Cicero ihm mehr als allen anderen Herausgebern zusammen. Überdies war es diese Ausgabe mit Vettoris beigefügten philologischen Anmerkungen, die Ciceros Latein zum weltweiten Stilvorbild machte, dem die Lateinschüler mit ihren lateinischen Aufsätzen bis heute nachzueifern trachten. Die alten eklektischen Stile der lateinischen Schriftsprache starben nur langsam und nicht ohne Schmähreden gegen den neuen ›Ciceronianismus‹, aber Vettoris schlagende Beweise für die Präzision Ciceros waren auf die Dauer unwiderstehlich.

65 Calvinismus

JEAN CALVIN (1509-64). Christianae Religionis Institutio. *Basel, [Thomas Platterus und Balthasar Lasius], 1536*

Calvins ›Satzung der christlichen Religion‹ war die erste systematische Aussage einer reformierten Kirche. Sie ist das bedeutendste Lehrwerk der Reformation überhaupt und lieferte ein umfassendes theologisches System, das den Systemen des Mittelalters, insbesondere dem des Thomas von Aquin (30), den Rang streitig machte. Das Werk erörtert die antike und mittelalterliche Philosophie, die Kirchenväter, die zeitgenössische Römische Kirche und die Reformatoren. Calvin steht in beträchtlicher Schuld bei dem hl. Augustinus (4) (man hat viertausend Augustinus-Zitate in Calvins Werken gezählt), Luther (49), Zwingli (56) und Martin Butzer; aber er war zugleich auch stark von seiner klassischen Bildung beeinflußt und zitierte Plato (27), Seneca und andere Schriftsteller der Antike.

Calvin war Schweizer, wiewohl in Frankreich geboren, und veröffentlichte die Institutio im Alter von sechsundzwanzig Jahren. Die Widmung an Franz I. von Frankreich enthält einen leidenschaftlichen Appell für Freiheit und Gerechtigkeit für die Protestanten Frankreichs, die Calvin bezeichnenderweise gegen die Beschuldigung, sie seien Aufrührer gegen die Staatsgewalt, in Schutz nimmt. Die anderen Teile des Buches behandeln die in den zehn Geboten niedergelegten Pflichten und Verhaltensweisen, Glauben, Gebet und Sakramente, wie in der Heiligen Schrift gelehrt und von der römisch-katholischen Überlieferung zum Gesetz erhoben, christliche Freiheit und das Verhältnis zwischen kirchlicher und weltlicher Obrigkeit.

Der Calvinismus ist die ›reformierte‹ Kirche im Unterschied zur ›lutherischen‹. Obwohl in der Kirchenpolitik hauptsächlich mit dem Presbyterianertum verbündet, stand er doch auch mit zahlreichen anderen Formen von Kirchenregiment in Verbindung.

Sein Kardinalpunkt war die absolute Herrschaft Gottes in der natürlichen wie in der geistlichen Welt und die vollständige Abhängigkeit von Ihm, durch dessen Gnade allein der Mensch von den Folgen der Sünde befreit wird. Calvin anerkannte vollauf die Lehre der Gnadenwahl, deren Bedeutung späterhin allerdings einigermaßen übertrieben wurde.

Von besonderer historischer Bedeutung war Calvins Einstellung zur weltlichen Macht. Sein Ideal war augustinisch – die Errichtung des Reiches Gottes auf Erden. Die weltliche Regierung war folglich die dem Christen rechtens gebührende Sphäre. Den Herrschern war als Werkzeugen des göttlichen Willens zu gehorchen, doch wenn sie es verabsäumten, Gottes Willen zu vollstrecken, war Widerstand gegen sie statthaft. Calvin gab der repräsentativen Regierungsform mit aristokratischem Beigeschmack den Vorzug, doch sein Nachdruck auf Pflicht, Unabhängigkeit, Verantwortung und die höchsten ethischen Maßstäbe im einzelnen christlichen Bürger förderte die Neigung zu Freiheit und freien Einrichtungen und einem geordneten System christlicher Regierung. Martin Butzer hatte das ›Evangelium der harten Arbeit‹ gepredigt, und auch Calvin verlangte Sparsamkeit und

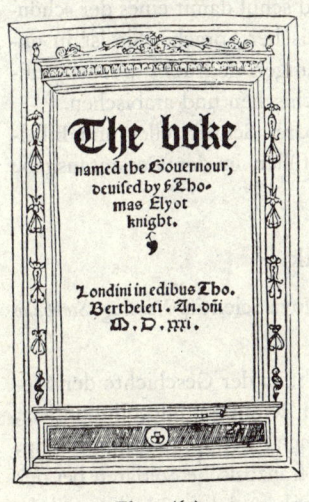

Elyot (61)   (75)

emsigen Fleiß. Die Behauptung, er habe geschäftlichem Unternehmertum und der Anhäufung von Kapital seinen besonderen Segen erteilt oder geschäftlichen Erfolg als Beweis von Gottes Gunst betrachtet, ist jedoch als unrichtig widerlegt worden. Die bedeutsamste Rolle des Calvinismus bestand, trotz Calvins autoritärem Einfluß, in der Unterstützung der Freiheits- und Unabhängigkeitsbewegung in vielen Teilen der Welt. Außerhalb der Schweiz übte er seinen stärksten Einfluß in Holland und Großbritannien aus. Der Puritanismus und die herrschende Theologie des späten 16. und frühen 17.Jahrhunderts in England waren calvinistisch; die schottischen Reformatoren waren durchweg Calvinisten. Auf dem Weg über diese Länder war der Calvinismus von beträchtlichem Einfluß auf die Anerkennung der demokratischen Freiheitsrechte jedermanns, wie sie schließlich in der Verfassung der Vereinigten Staaten von Amerika zum Ausdruck kamen. Im 19.Jahrhundert kam es zu einem Wiederaufleben des Calvinismus, besonders in Holland, und einer seiner bedeutendsten heutigen Vertreter ist Karl Barth.

Die ›Institutio‹ wurde vielfach revidiert und umgeschrieben und erhielt ihre endgültige Form im Jahr 1559; Calvin übersetzte sie 1545 selbst ins Französische und schuf damit eines der schönsten frühen Prosawerke in französischer Sprache. Sie ist in unzähligen Ausgaben und Übersetzungen gedruckt worden, einschließlich einer ungarischen, griechischen und arabischen.

Calvin war ein überaus fruchtbarer Schriftsteller und Bibel-Kommentator, und seine Werke füllen in der Gesamtausgabe neunundfünfzig Bände.

66 Ballistik

NICCOLO TARTAGLIA (1500-77). Nova Scientia. *Venedig, Stephano da Sabio,* 1537

Tartaglias ›Neue Wissenschaft‹ steht in der Geschichte der Mechanik auf der Schwelle eines neuen Zeitalters. Niccolò Fontana, genannt Tartaglia, der Stammler (nach einer Sprachbehinderung, die er einer Verstümmelung durch französische Soldaten bei der Plünderung von Brescia 1512 verdankte), lehrte Mathematik in

Brescia, Verona und Venedig. Er war Ingenieur, Landmesser, Buchhalter und Mathematiker und auf allen diesen Gebieten Autodidakt.

Mittelalterliche Denker wie Albrecht von Sachsen, Johannes Buridan und andere hatten bereits begonnen, die aristotelische Theorie der Bewegung zu modifizieren, derzufolge ein Körper nur so lange in Bewegung bleibt, als er sich in tatsächlicher Berührung mit einem Beweger befindet. Sie hatten an ihre Stelle die Theorie der Schwungkraft gesetzt, eine dem Körper selbst innewohnende Eigenschaft, die er aus der Tatsache erwirbt, daß er in Bewegung gesetzt wird. Tartaglias Arbeit führte diese Theorie einen Schritt weiter.

In der ›Nova Scientia‹ beschäftigt er sich mit Ballistik, Vermessung, Ingenieurwesen und Festungsbau. Er suchte – ohne sie freilich zu finden – nach einer mathematischen Theorie zur Bestimmung der Flugbahn von Geschossen. In mancher Hinsicht waren seine Auffassungen anti-aristotelisch; so meinte er beispielsweise, infolge des Gewichtes des Geschosses krümme sich seine Flugbahn an allen Punkten auf den Erdboden zu. Er lernte von den Kanonieren, daß die größte Reichweite bei einer Richthöhe von 45 Grad erzielt wurde. Jedoch erst Galilei (130) klärte die wahren mechanischen Prinzipien und leitete die mathematische Ballistik aus ihnen vollständig ab. Ein Exemplar von Tartaglias Buch mit Anmerkungen Galileis wird in Florenz aufbewahrt.

Eine der bedeutendsten mathematischen Entdeckungen seiner Zeit machte Tartaglia mit der Entwicklung eines umfassenden Systems zur Lösung kubischer Gleichungen. Er hielt sie anfänglich geheim, ließ sich dann aber bewegen, sie Cardanus mitzuteilen, der sie in seinem ›Artis Magnae sive de Regulis Algebraicis Liber Unus‹ (1545) veröffentlichte. Ein berühmter Gelehrtenstreit war die Folge.

Tartaglia veröffentlichte außerdem Werke über Arithmetik, kaufmännisches Rechnen und mathematische Rätselaufgaben. 1543 gab er die erste italienische Euklid-Übersetzung und die früheste Übersetzung des Archimedes einschließlich seiner ›De Insidentibus Aquae‹ (Über die Bewohner des Wassers) heraus. Eine englische Übersetzung der Nova Scientia erschien 1588.

WILLIAM LILY (um 1468-1522). Institutio Compendiaria Totius Grammaticae. *London, Thomas Berthelet, 1540*

William Lily war ein vielversprechender junger Humanist, Patensohn des bedeutenden Humanisten William Grocyn. Er folgte kaum zwanzigjährig 1486 John Colet als Lehrer ans Magdalen College in Oxford. Gleich ihnen studierte er (auf der Rückreise von einer Pilgerfahrt nach Jerusalem) in Italien Griechisch und teilte mit ihnen das Verdienst der Einführung des Griechischen in England. Er lehrte einige Jahre lang in London und war mit Sir Thomas More (47) befreundet, mit dem gemeinsam er Übersetzungen aus der Anthologia Graeca Palatina, die in Heidelberg herausgekommen war, veröffentlichte. Als Colet seine neue Schule im St.Paul's Churchyard in London gründete, wählte er Lily zu ihrem ersten Hauptlehrer; seine förmliche Ernennung erfolgte erst 1512, und er blieb in dieser Stellung bis an sein Lebensende.

Die Ursprünge seiner berühmten lateinischen Grammatik sind einigermaßen verworren. Lily steuerte zu einem der Werke Colets eine kurze lateinische Syntax mit Regeln in englischer Sprache bei, betitelt ›Grammatices Rudimenta‹; sein ›Absolutissimus de Octo Orationis Partium Constructione Libellus‹, eine Syntax mit Regeln in lateinischer Sprache, erschien 1513. Colet sandte eine erste Fassung der beiden Arbeiten zusammen an Erasmus, der umfangreiche Verbesserungen vornahm; sie waren in der Tat so weitreichend, daß die Basler Ausgaben von 1517 an nur Erasmus als Verfasser angaben. Diese beiden Werke wurden 1540 überarbeitet und zum ›Kompendium der gesamten Grammatik‹ (dem hier angeführten Werk) vereinigt, das auf königlichen Befehl zur offiziellen, allgemeingültigen lateinischen Grammatik bestimmt wurde. Diese Ausgabe wurde vermutlich für den jungen Prinzen Eduard hergestellt, und auf Grund dieser Tatsache und eines Erlasses von 1548, der ihre allgemeine Verwendung verfügt, wird das Kompendium häufig die ›König-Eduard-Grammatik‹ genannt. Das Buch wurde 1542 unter dem Titel ›An Introduction of the Eyght Partes of Speche compiled and sette forthe by the Commandement of Henry VIII‹ ins Englische übersetzt. 1571 setzte das

Oberhaus der englischen Kirchenversammlung eine Richtschnur für den Unterricht fest, um den Gebrauch der Grammatik zur Pflicht zu machen, und eine ähnliche Vorlage wurde 1575 im Oberhaus des Parlaments eingebracht.

1549 wurde das Werk auf Grund des Textes des Erasmus neuerlich überarbeitet und erschien unter dem Titel ›A Short Introduction of Grammar generally to be used‹. In dieser Form wurde die Grammatik von Shakespeare (122) benutzt, der in seiner ›Verlorenen Liebesmüh‹ wie in ›Was ihr wollt‹ vertraute Sätze daraus zitiert. 1732 wurde sie neuerlich revidiert und in dieser Form von der St.-Pauls-Schule, dem Eton-College (für das 1758 ein nochmals durchgesehener Text hergestellt wurde) und anderen Schulen bis weit ins 19. Jahrhundert hinein verwendet. Bedenkt man seine unscheinbaren Anfänge, so hat Lilys Werk erstaunlichen dauerhaften Ruhm errungen.

Physiologie und Pathologie 68

JEAN FERNEL (1485-1558). De Naturali Parte Medicinae. *Paris, [Adam Saulnier für] Simon de Colines, 1542*

Fernel war dank der Entschiedenheit, mit der er auf persönlichen Beobachtungen und Versuchen bestand, einer der einflußreichsten Vertreter der neuen medizinischen Schule. Er lebte als sehr erfolgreicher praktischer Arzt in Paris, kurierte die Unfruchtbarkeit Katharinas von Medici und das Leiden der Diane von Poitiers und wurde später Leibarzt König Heinrichs II.

›Über den Anteil der Natur in der Medizin‹ wurde später überarbeitet und erschien als erster Teil seines großen allgemeinen Werkes, der ›Medicina‹, das 1554 in Paris herauskam. In dieser Ausgabe wurde die Schrift zuerst ›Physiologia‹ genannt und gab damit dem Gegenstand den Namen, unter dem er seither bekannt ist. Für Fernel galten noch die orthodoxen Theorien der vier Körpersäfte (Blut, Schleim, gelbe und schwarze Galle), der vier Eigenschaften (heiß, kalt, naß und trocken) und der vier Elemente (Erde, Luft, Feuer und Wasser), von deren richtigem Zusammenwirken die Gesundheit des Körpers, wie man glaubte, abhing. Doch lehnte er alle Magie und jeglichen Aberglauben als für das

Studium der Körperfunktionen ohne Belang unbedingt ab und erklärte klar und deutlich, die Anatomie zeige lediglich den Sitz, nicht aber die Wesensart dieser Vorgänge auf. Fernel bezog das Studium des Gehirns und der Verstandesfunktionen in die ›Physiologia‹ ein.

Von gleicher Bedeutung war der zweite Teil der Medicina von 1554, nämlich die ›Pathologia‹. Das erste Buch über Pathologie, die Schrift ›De Abditis Causis Morborum‹ (Die verborgenen Ursachen der Krankheiten), Florenz 1507, des italienischen Arztes Benivieni (um 1440-1502), war ein bahnbrechendes Werk, in dem zum ersten Mal Leichenuntersuchungen zur Feststellung innerer Krankheitsursachen verwendet wurden. Benivieni war jedoch ein Anhänger Galens und entwickelte kein neues System. Fernel verwendete als erster den Begriff ›Pathologie‹, und sein Werk war die erste systematische Abhandlung über die krankhaften Phänomene des menschlichen Körpers, die er methodisch an einem Organ nach dem anderen untersuchte. Das Studium der Pathologie hatte sich bis dahin auf Sammlungen von Krankheitsgeschichten beschränkt, ohne daß der Versuch gemacht worden war, ein logisches oder methodisches System zu entwickeln. Fernels Werk enthielt eine Anzahl bedeutsamer Beobachtungen; so findet sich in der Ausgabe von 1567 eine Krankengeschichte, die als die erste Beschreibung einer Blinddarmentzündung gilt. Fernel bezog alles, was Ursache eines Leidens war, in seinen Begriff der Pathologie ein; später wurde der Begriff enger gefaßt und lediglich mit Krankheitsanatomie gleichgesetzt, bis am Ende des 19. Jahrhunderts Cohnheim eine Rückkehr zu Fernels umfassenderem Begriff einleitete.

Physiologie und Pathologie hatten selbstverständlich beide in rudimentärer Form schon vor Fernel bestanden; er jedoch war der Wegbereiter, der beiden Gegenständen ihre Namen gab und sie als getrennte Systeme begründete. Das Studium seiner Bücher war außerordentlich weit verbreitet; die ›Physiologia‹ erlebte in den nächsten hundert Jahren vierunddreißig Auflagen in verschiedenen Ausgaben und wurde ins Französische und Englische übersetzt.

LEONHARD FUCHS (1501-1566). De Historia Stirpium Commentarii. *Basel, Officina Isingriniana, 1542*

Die medizinische Botanik hatte vom klassischen Altertum bis zum Beginn des 16. Jahrhunderts keine nennenswerten Fortschritte gemacht. Alles diesbezügliche Wissen stammte von Dioscorides (20). Texte und Illustrationen botanischer Werke, handschriftlicher wie gedruckter, leiteten sich aus klassischen Quellen her und hatten sich durch unablässiges Kopieren von einer Generation zur nächsten im ganzen nur verschlechtert. Folglich waren die zahlreichen gedruckten Pflanzenbücher des 15. Jahrhunderts, Werke wie etwa der ›Hortus Sanitatis‹, in ihren Texten und Holzschnitten grob und primitiv. Zu Beginn des 16. Jahrhunderts setzte jedoch ein Wandel ein. Er zeigt sich erstmals am Werk von Brunfels, der den Künstler Hans Weiditz d. J. beauftragte, sein ›Herbarum Vivae Icones‹ (Straßburg 1530-36) zu illustrieren. Dieses Werk regte seinerseits Leonhard Fuchs zur Veröffentlichung seiner ›Kommentare zur Geschichte der Pflanzen‹ an, die wohl das berühmteste und schönste Pflanzenbuch sind, das je erschienen ist.

Fuchs war Professor der Medizin in Tübingen, und folglich ging es ihm vor allem darum, die Kenntnis der materia medica zu verbessern und die größtmögliche Anzahl von Pflanzen zu zeigen, die als Heilkräuter und Drogen verwendbar waren. Er beschrieb vierhundert deutsche und einhundert ausländische Pflanzen und veranschaulichte sie mit 512 hervorragenden Holzschnitten. Diese waren von Heinrich Füllmauer und Albert Meyer gezeichnet und von Veit Rudolph Speckle in Holz geschnitten, und die Porträts der drei Illustratoren sind dem Buch beigegeben – eines der frühesten Beispiele einer solchen Anerkennung der Arbeit des bildenden Künstlers in einem gedruckten Buch. Doch war Fuchs' Interesse an der Pflanzenwelt durchaus kein rein pharmakologisches; er verbreitet sich über die Schönheiten der Natur und ist insofern ein echter Botaniker, als er die besonderen Merkmale der Pflanzen, die Orte ihres Vorkommens, ihre Gewohnheiten und Formen beschreibt.

Im Text sind die Pflanzen in alphabetischer Reihenfolge aufgeführt: keine Klassifikation, keine Pflanzengeographie und nichts über das Verhältnis der Pflanzen zu anderen Lebewesen. Fuchs war ein Mann der Renaissance und stützte sich mit seinem Text noch stark auf das klassische Wissen, aber es waren ihm auch nordwesteuropäische Arten und sogar amerikanische Pflanzen wie der Mais bekannt. Als die Fuchsie aus Amerika nach Europa kam, wurde sie nach ihm benannt. Der Geist der Renaissance tritt jedoch am klarsten in den Holzschnitten des Werkes zutage, die sich auf unmittelbare Beobachtung der lebenden Pflanze gründeten und ein Wertmaß aufstellten, dem die Bebilderung der Pflanzenbücher bis heute verpflichtet blieb.

70 Das heliozentrische Universum

NIKOLAUS KOPERNIKUS (1473-1543). De Revolutionibus Orbium Coelestium Libri VI. *Nürnberg, Johannes Petreius, 1543*

Die Veröffentlichung der Schrift ›Über die Umdrehungen der Himmelssphären‹, 1543, war ein Markstein in der Entwicklung menschlichen Geistes. Das Werk zog die Autorität der Antike in Zweifel und zeichnete den Weg der modernen Welt vor, indem es die Vorstellung vom Menschen als Mittelpunkt des Weltalls wirksam zerstörte. Wir verdanken dieses Buch, das schon 1530 mehr oder weniger vollständig abgefaßt war, Georg Joachim Rheticus aus Wittenberg, der Kopernikus die Erlaubnis zur Veröffentlichung abrang; denn bis 1540 hatte der Autor nur vorläufige Berichte in Manuskriptform für den Umlauf zugelassen. Er starb unmittelbar vor der Veröffentlichung seines Werkes.

Nikolaus Kopernikus studierte in Krakau, Bologna und Padua. In sein Geburtsland Polen – geboren in Thorn – zurückgekehrt, wurde er schließlich Domherr in Frauenburg (Ostpreußen), wo er still bis zu seinem Tode lebte. Er war Arzt – in Padua hatte er Medizin studiert – Diplomat, Verwalter, Doktor des Kanonischen Rechtes und Künstler: es existiert noch ein Selbstbildnis von ihm. Als Anhänger von Ptolemäus (18) glaubten die Renaissance-Mathematiker, daß der Mond, die Sonne und fünf Planeten mittels komplizierter Systeme von Epizykeln und Leitkräften um die

Erde, den festen Drehpunkt des ganzen Systems, herumgeführt würden. Es war in der Zeit von Kopernikus gut bekannt, daß die herkömmliche Astronomie nicht genau arbeitete, auch schien weiteres Studium von Ptolemäus die Sache nicht zu bessern. Kopernikus, angeregt durch die freie Erörterung verschiedener anderer Ideen der Astronomen des Altertums, beschloß, die Vorstellungen der ruhenden Erde aufzugeben und damit alle Schwierigkeiten bei der Abbildung der Bewegungen der Himmelskörper, die aus dieser Annahme folgten, zu beseitigen. Mit der Sonne im Mittelpunkt und der Erde, die sich täglich um die eigene Achse drehte und in Gemeinschaft mit den anderen Planeten die Sonne umkreiste, wurde das ganze Himmelssystem klar, einfach und harmonisch. Die revolutionäre Natur seiner Theorie wird in seiner berühmten graphischen Darstellung deutlich, die die konzentrischen Kreisbewegungen der Planeten anschaulich vorführt.

Darüber hinaus arbeitete das neue System mathematisch ebenso gut wie das ptolemäische, obwohl tatsächlich nicht viel besser. Wie Ptolemäus glaubte Kopernikus, daß die Bewegungen am Himmel vollkommen und deshalb gleichmäßig und kreisförmig sein müßten; er gebrauchte noch Epizykeln. Es war Tycho Brahe, der die Himmelssphären endgültig zerbrach, und Kepler (112), der den Mythos der Kreisbewegung zerstörte.

Im ersten Buch der ›De Revolutionibus‹ erklärt Kopernikus, wie das tägliche Auf- und Untergehen der Himmelskörper eine Folge der täglichen Rotation der Erde um ihre polare Achse ist. Der Lauf der Sonne durch die Tierkreiszeichen und die Phänomene der Jahreszeiten werden auf die jährliche Revolution der Erde um die Sonne zurückgeführt. Buch II enthält die Mathematik der Astronomie und einen Sternkatalog, der auf Ptolemäus aufbaut; die Bücher III-VI handeln von den besonderen Bewegungen der Erde, des Mondes und der Planeten. Hier werden die relativen Abstände zwischen Erde und Planeten bestimmt.

Kopernikus (er widmete sein Werk Papst Paul III.) erwartete, wegen der Unvorstellbarkeit seiner Annahme, daß die Erde sich bewegte, ausgelacht zu werden; doch er sah nicht voraus, daß sie religiöse Vorurteile erregen würde. An der anfänglichen Nichtbeachtung der ›De Revolutionibus‹ war ihre Schwierigkeit und

Fremdartigkeit schuld; später wurden die streng Bibelgläubigen argwöhnisch, und das Werk wurde von der Kirche 1616 verurteilt. Dabei erhob die Kirche keinen Einwand gegen das kopernikanische System als Modell vor allem zur Berechnung, wie es, um jeden Einwand zu entkräften, im anonymen Vorwort zur ersten Ausgabe ohne Kenntnis von Kopernikus vom lutherischen Geistlichen Andreas Osiander vorgeschlagen wurde. Worum es ging, war jedoch die wirkliche Bewegung der Erde.

Innerhalb eines Jahrhunderts wurde die kopernikanische Ansicht allgemein von den Führern der Wissenschaft akzeptiert; Galilei (128) und Gilbert (107) waren eifrige Befürworter, ebenso wie Maestlin und Kepler. Newton (161) setzte ihre Gültigkeit endgültig durch, und seine Ansichten wurden von Mathematikern des 18. Jahrhunderts weiterentwickelt, um im ›Traité de Mécanique Céleste‹ von Laplace ihre endgültige Zusammenfassung zu erhalten.

71   **Die Geburt der modernen Anatomie**

ANDREAS VESALIUS (1514-64). De Humani Corporis Fabrica. *Basel, Johannes Oporinus, 1543*

Vesalius, deutscher Abstammung, wiewohl in Flandern geboren, war, wie Garrison gesagt hat, die eindrucksvollste Erscheinung der europäischen Medizin nach Galen (33) und vor Harvey (127). Er begann sein Studium der Medizin zu einer Zeit, als Galens anatomisches Werk gerade bekannt zu werden begann und eine umwälzende Wirkung sowohl auf die Methode wie den Geist der anatomischen Forschung ausübte. Galen war, was er selber beklagt hatte, genötigt gewesen, sich auf das Sezieren von Tieren zu stützen; die Ärzte und Chirurgen des 16. Jahrhunderts waren besser dran, denn sie konnten mit Tier- und Menschenleichen arbeiten. Der junge Vesalius, mit einer für das 16. Jahrhundert charakteristischen reformatorischen Leidenschaft und einem sehr persönlichen, kraftvollen Stil begabt, strebte danach, alles zu tun, was Galen getan hatte, und es besser zu machen.

Das Ergebnis war sein Werk ›Die Struktur des menschlichen

HVMANI COR-   PORIS OSSIVM CAE
TERIS QVAS SV-   *STINENT PARTIBVS*
LIBERORVM, SVAQVE   SEDE POSITORVM EX
latere delineatio.

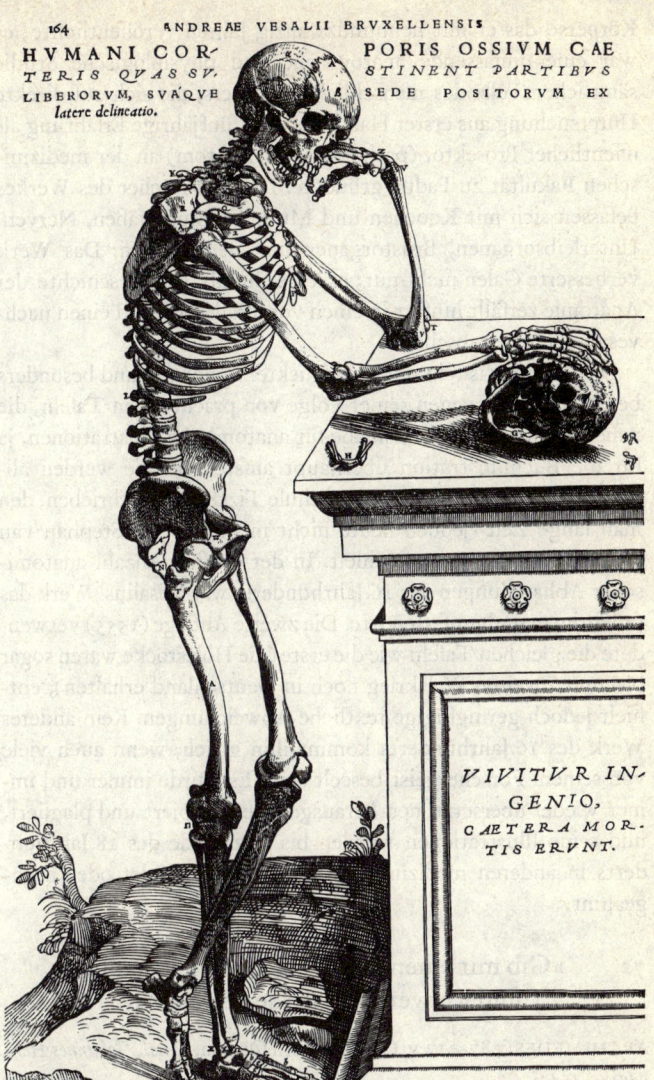

VIVITVR IN-
GENIO,
CAETERA MOR-
TIS ERVNT.

Vesalius (71)

Körpers‹, das er mit neunundzwanzig Jahren veröffentlichte; es war eine umfassende anatomische und physiologische Studie sämtlicher Teile des menschlichen Körpers, die sich auf direkte Untersuchung aus erster Hand und eine fünfjährige Erfahrung als öffentlicher Prosektor (pathologischer Anatom) an der medizinischen Fakultät zu Padua gründete. Die fünf Bücher des Werkes befassen sich mit Knochen und Muskeln, Blutgefäßen, Nerven, Unterleibsorganen, Brustorganen und dem Gehirn. Das Werk verbesserte Galen nicht nur; es löste ihn ab. Die Geschichte der Anatomie zerfällt hinfort in einen vorvesalischen und einen nachvesalischen Zeitabschnitt.

Die ›Fabrica‹ ist ein schön gedruckter Folioband und besonders bemerkenswert wegen seiner Folge von prachtvollen Tafeln, die neue technische Qualitätsmaße für anatomische Illustrationen, ja für die Buchillustration überhaupt aufstellten. Sie werden allgemein einem Künstler aus der Schule Tizians zugeschrieben, den man lange Zeit (jedoch heute nicht mehr) für Jan Stephan van Calcar (1499- etwa 1550) hielt. In der großen Anzahl anatomischer Abhandlungen des 16. Jahrhunderts war Vesalius' Werk das prächtigste und umfassendste. Die zweite Auflage (1555) verwendete die gleichen Tafeln wie die erste (die Holzstöcke waren sogar bis zum Zweiten Weltkrieg noch in Deutschland erhalten), enthielt jedoch geringfügige textliche Abweichungen. Kein anderes Werk des 16. Jahrhunderts kommt ihm gleich, wenn auch viele von seinem Forschergeist beseelt sind. Es wurde immer und immer wieder übersetzt, neu herausgegeben, kopiert und plagiiert, und seine Illustrationen wurden bis zum Ende des 18. Jahrhunderts in anderen medizinischen Werken verwendet oder nachgeahmt.

72   »Gib mir einen Platz, wo ich stehen kann,
        und ich werde die Erde bewegen«

ARCHIMEDES (287-212 v. Chr.). Opera Omnia. *Basel, Johannes Hervagius, 1544*

Archimedes, der bedeutendste Mathematiker und Ingenieur des Altertums, studierte in Alexandria und verbrachte den größten

Teil seines Lebens in Syrakus. Er wurde bei der Einnahme von Syrakus durch die Römer unter Marcellus 212 von einem römischen Soldaten getötet, den er zurechtwies, weil er auf eine von ihm in den Sand gezeichnete geometrische Figur trat.

Über Archimedes zirkulieren viele zum Teil recht schwach verbürgte Geschichten, doch ihr zähes Leben zeugt von seinem dauerhaften Ruf. Um König Hiero zu beweisen, daß eine kleine Kraft ein großes Gewicht bewegen könne, soll er ein großes Schiff an der Küste mit einer Art Flaschenzug mit Leichtigkeit bewegt haben. Nach Pappus von Alexandria veranlaßte diese Erfindung Archimedes zu dem Ausruf: »Gib mir einen Platz, wo ich stehen kann, und ich werde die Erde bewegen.« Vitruv erzählt die Geschichte, daß Archimedes während eines Bades entdeckte, daß die überfließende Wassermenge maßgleich dem eintauchenden Teil seines Körpers war, was ihn auf eines der Fundamentalgesetze der Hydrostatik brachte. Er sprang aus dem Bad, lief nackt nach Hause und rief voller Begeisterung: »Heureka, heureka« (Ich hab's gefunden!).

Archimedes war vor allem ein bedeutender Mathematiker, der viele Ideen von Eudoxus und Euklid (25) weiterentwickelte. In seiner Planimetrie schrieb er über Kreismessung, die Quadratur der Parabel und über Spiralen. In seinem Werk ›Die Methode‹, 1906 von dem dänischen Gelehrten J.L. Heiberg entdeckt, erklärt er, wie er zur Lösung bestimmter mathematischer Probleme kam, indem er (mit Hilfe seiner Untersuchungen über Schwerpunkte) Grundbestandteile einer unbekannten Figur mit denen einer bekannten verglich; er benutzte also rein mechanisches Wissen, um das über Mathematik zu erweitern. Dieses Werk erlaubt auch die Rekonstruktion der anderen Methode von Archimedes: Analyse durch ›Exhaustion‹ (Ausschöpfung). Bei der Ausarbeitung dieser Probleme benutzte Archimedes Techniken, aufgrund derer man ihn als einen wichtigen Vorläufer der Mathematiker betrachten kann, die die Infinitesimalrechnung entwickelt haben. Eine von Archimedes' bedeutendsten Taten war die Berechnung der Kugeloberfläche zum Vierfachen des Kugelgroßkreises und die des Kugelinhalts zu zwei Dritteln des Inhalts des sie umhüllenden Zylinders.

Im ›Arenarius‹ oder ›Sandrechner‹ erfand er ein System der Abzählung, mit dem er jede noch so große Zahl ausdrücken konnte, z.B. die Anzahl der Sandkörner, die in eine Kugel von der Größe des Weltalls passen. Seine Arbeiten über theoretische Mechanik und Hydrostatik sind in ihrer Art klassisch. Er soll die Förderschnecke (›Archimedische Schraube‹) erfunden haben, doch ist es wahrscheinlich, daß sie schon früher für Bewässerungszwecke in Ägypten verwendet wurde. Bei seinen Forschungen über Statik entdeckte er die grundlegenden Prinzipien der Hebelkraft und die Schwerpunkte von Dreiecken, Parallelogrammen und Trapezen. In der Hydrostatik beschrieb er das Gleichgewicht von schwimmenden Körpern und stellte das berühmte Prinzip auf – das unter seinem Namen bekannt ist –, daß bei einem in einer Flüssigkeit schwimmenden festen Körper das Gewicht gleich dem der verdrängten Flüssigkeitsmenge ist. Wenn er schwerer als die Flüssigkeit ist, würde er um die verdrängte Flüssigkeitsmenge leichter sein als sein wirkliches Gewicht. Wir verdanken Archimedes die vollständige Darlegung der Lehre von Hebel und Flaschenzug.

Er konstruierte viele Maschinen, ein Planetarium, Brennspiegel, einen Stapelaufmechanismus für Schiffe usw. Im ›Arenarius‹ zitiert er eine Stelle von Aristarch; sie ist der früheste Beweis für uns, daß letzterer das heliozentrische System lange vor Kopernikus (70) erdacht hatte.

Archimedes wird – zusammen mit Newton (161) und Gauß (257) – allgemein als einer der bedeutendsten Mathematiker betrachtet, den die Welt je gesehen hat, und wenn sein Einfluß nicht anfangs von dem des Aristoteles, Euklids und Platos überschattet worden wäre, hätte sich die moderne Mathematik wohl viel schneller entwickelt. So wurde sein Einfluß erst nach der Veröffentlichung dieser ersten gedruckten Ausgabe voll wirksam, und sie ermöglichte es Descartes (129), Galilei (113, 128, 130) und Newton im einzelnen auszubauen, was er begonnen hatte.

Abgesehen von einem schmalen Band aus dem Jahr 1503 und einer unvollständigen Ausgabe von Tartaglia (66), 1543, ist die oben genannte Ausgabe die erste vollständige der Werke von Archimedes. Der Text ist griechisch und lateinisch, herausgegeben von Theodor Gechauff, mit einem Kommentar von Eutocius Ascolonites.

Es ist bemerkenswert, daß größere Ausgaben von Archimedes' Werken in neuester Zeit publiziert wurden: in griechisch von J.L.Heiberg 1910-15, in englisch von Sir T.L.Heath 1897, in französisch von Paul van Eecke 1921 und in deutsch in verschiedenen Arbeiten von Czwalina-Allenstein 1922-1925.

Ein Buch über Bücher 73

KONRAD GESNER (1516-65). Bibliotheca Universalis. *Zürich, Christoph Froschauer, 1545*

Schon der heilige Hieronymus unternahm es, bibliographische Kataloge von Büchern zusammenzustellen; er legte Listen christlicher Schriftsteller und ihrer Werke an, die von Gennadius fortgeführt wurden. Gewisse Fortschritte erzielte die bibliographische Wissenschaft im Mittelalter und gegen Ende des 15.Jahrhunderts vor allem durch Johannes Trithemius, den Abt von Sponheim, mit seinem Werk ›De Scriptoribus Ecclesiasticis‹, das 1494 in Basel erschien. Diese Bibliographen beschränkten sich jedoch auf die christliche Literatur. Der deutsch-schweizer Naturforscher und Universalgelehrte Konrad Gesner (77) unternahm es, in einer gewaltigen Folge von Bänden alle existierenden Bücher in lateinischer, griechischer und hebräischer Sprache (jedoch keine Werke in der Volkssprache) zu katalogisieren und zu beschreiben. Dies ist die früheste Veröffentlichung systematischer ›Bücher über Bücher‹ und bezeichnet den Beginn der kritischen Bibliographie. Denn Gesner war nicht lediglich ein Aufzähler von Titeln; er gab zugleich sein wohlerwogenes Urteil über ihren relativen Wert ab.

Der hier genannte dicke Folioband, der erste der Folge, umfaßt die Autoren-Bibliographie, in welcher die Verfasser nach ihren Namen angeordnet sind. Ihre Bücher sind mit Einzelangaben über die verschiedenen Ausgaben sowie mit kritischen Anmerkungen aufgeführt; sogar Handschriften und geplante und unvollendete Werke sind erwähnt. 1548 folgte der zweite Teil, das ›Pandectarum … libri XXI‹, 1549 die ›Partitiones Theologicae‹ und 1555 ein

Anhang. Diese drei Bände enthalten das Sachregister; ein jeder
Band ist einem berühmten zeitgenössischen Drucker gewidmet,
mitsamt einem Verzeichnis seiner Druckwerke. Von den geplanten einundzwanzig Büchern kamen nur zwanzig tatsächlich heraus; der Band, welcher Medizin und Naturwissenschaft enthalten
sollte, blieb unvollendet.

Gesners übrige Leistungen sind unter Nr. 77 aufgeführt; doch
wenn er seinen Zeitgenossen auch an erster Stelle als Botaniker
bekannt war, so verleiht die ›Universalbibliothek‹ ihm doch zugleich Anspruch auf den Titel des Protobibliographen des gedruckten Buches.

74   Die Gesellschaft Jesu

IGNATIUS VON LOYOLA (1491-1556). Exercitia Spiritualia (aus
dem Spanischen von A. Frusius). *Rom, Antonio Blado, 1548*

Die ›Geistlichen Übungen‹ sind das berühmteste neuzeitliche
Lehrbuch der asketischen Disziplin, des Wesens der Sünde und
der christlichen Vervollkommnung durch die Gnade.

Der hl. Ignatius von Loyola wurde als Inigo Lopez de Recalde,
Abkömmling einer baskischen Adelsfamilie, in der spanischen
Provinz Guipúzcoa geboren. In seiner Jugend führte er das übliche
Leben seines Standes, doch nachdem er 1521 bei Pamplona im
Kampf gegen die Franzosen verwundet worden war, beschloß er
während seiner Genesung, für seine Sünden Buße zu tun. 1522
begab er sich vorerst nach Montserrat und von dort ins benachbarte Manresa, wo er während seiner Einkehr, die vom März 1522
bis zum Februar 1523 dauerte, seine ›Exerzitien‹ niederschrieb.
Er unternahm eine Pilgerfahrt nach Jerusalem und begann nach
seiner Rückkehr 1524 das theologische Studium, hauptsächlich
in Paris und Rom, doch suchte er 1530 auch England auf. Seine
Ideen wurden von den verschiedenen Orden, bei denen er studierte, mißbilligt, aber 1537 erlangte er schließlich doch die
Priesterweihe. Während dieser Zeit sammelten sich Schüler um
ihn; Ignatius schloß sie zu einer losen Vereinigung zusammen,
die er die ›Gesellschaft Jesu‹ nannte. Sie übersiedelte nach Rom,
und Papst Paul III. erkannte sie nach einigen Schwierigkeiten

1540 an. Die Gesellschaft Jesu wurde nunmehr in aller Form als Orden gegründet, und Ignatius wurde ihr erster Ordensgeneral. Er wurde 1609 von Paul V. selig- und 1622 von Gregor XV. heiliggesprochen und 1922 von Pius XI. zum Patron aller Exerzitienhäuser ernannt.

Die ›Übungen‹, wiewohl unzweifelhaft von der asketischen Lehre des Garcia de Cisneros von Montserrat und den Brüdern vom Gemeinsamen Leben beeinflußt, sind ein einzigartiges Buch, das von einer erstaunlichen Zielstrebigkeit beseelt und für einen klar umrissenen, praktischen Zweck angelegt ist: die Formung des Charakters durch die Lehre der Evangelien. Ihre Askese ist keine Haltung der Entsagung und des Rückzugs aus der Welt, sondern erfüllt von entschiedener Bejahung des tätigen Lebens. Dieser charakteristische Wesenszug war es im besonderen, der dem Buch einen so mächtigen Einfluß verschaffte, als es (zusammen mit den ›Constitutiones‹, an denen Ignatius bei seinem Tod noch arbeitete) zum Hand- und Lehrbuch der Gesellschaft Jesu wurde, die sich Unterricht, Missionswesen und anderes tätiges geistiges Wirken zur Aufgabe gesetzt hat.

Der hl. Ignatius führte mit der Gründung des Jesuitenordens zahlreiche Neuerungen ein: die Aufgabe traditioneller Andachtsformen wie den Chorgesang, eine sozusagen monarchische anstatt der Kollegiats-Verfassung, sowie wesentlich vereinfachte Gelübde. Diese Elemente im Verein mit der geistigen Kraft der ›Übungen‹ verliehen dem Orden seinen militanten Charakter und ermöglichten es ihm, seinen großen Einfluß auf die Welt auszuüben. Als Werk der religiösen Inspiration haben die ›Übungen‹ außerhalb der Gesellschaft Jesu eine nahezu ebenso starke Wirkung gehabt wie innerhalb des Ordens.

Die englische Liturgie 75

THE BOOKE OF COMMON PRAYER. *London, Edward Whitchurch, 1549*

Das englische ›Gemeinde-Gebetbuch‹ war das erste Andachtshandbuch in einer Volkssprache, das der Geistlichkeit und dem Volk gemeinsam war und dessen allgemeine Verwendung und Benutzung offiziell angeordnet wurde.

Seine ursprüngliche Einfachheit, die in den zahlreichen nachfolgenden Bearbeitungen nicht verlorenging, bewirkte und verbürgte seine Dauerhaftigkeit, und zwar verdientermaßen; denn es stellt eine der größten liturgischen Rationalisierungen dar, indem es die vier hauptsächlichen Meßbücher der Vorreformationszeit, das Missale, das Brevier, das Manuale und das Pontifikale, in sich vereinigte und die in den Diözesanbräuchen enthaltenen zahllosen regionalen Abweichungen beseitigte. Diesen vier Meßbüchern entnahm das Prayer Book im wesentlichen seinen Aufbau; sie bilden zusammen mit Übersetzungen aus anderen liturgischen Quellen seinen Inhalt. Ihnen wurden noch die Kollekten hinzugefügt, die Erzbischof Cranmers persönlicher Beitrag waren, mitsamt seiner Übersetzung in ein Englisch, dessen Kraft und Schlichtheit noch heute unverkennbar sind.

Die Litanei wurde 1544 zusammengestellt und veröffentlicht; 1548 folgte die englische Fassung der Episteln und Evangelien; das erste vollständige Book of Common Prayer wurde 1549 herausgegeben und durch die Uniformitätsakte jenes Jahres allgemein verbindlich gemacht. 1552 wurde ein stark veränderter Text eingeführt, um einer extremeren protestantischen Auffassung entgegenzukommen, und geringfügige Änderungen von katholisierender Tendenz wurden 1561 und abermals 1604 vorgenommen. Die letzte große Änderung fand nach der Wiederherstellung der Monarchie 1662 statt; diesmal wurden mehrere hundert Änderungen eingeführt, von einem einzigen Wort bis zu sämtlichen Bibelstellen mit Ausnahme der Psalmen; bei den Bibelstellen trat die ›Authorized Version‹ von 1611 an die Stelle der Großen Bibel von 1540. Von da an ist die Liturgie im wesentlichen unverändert geblieben.

Nicht die geringste Leistung der ursprünglichen Kompilatoren besteht darin, daß der größte Teil dessen, was sie schrieben, vierhundert Jahre später noch immer in Gebrauch ist. Die Sprache des Prayer Book ist in den englischen Sprachgebrauch eingegangen und wird heute häufig sogar zitiert und verwendet, wenn der ursprüngliche Zusammenhang unbekannt ist. Und als Quelle der geistlichen Inspiration steht es für die meisten Engländer nur der Bibel nach.

MARTIN CORTES (1532-89). Breve Compendio de la Sphera y de la Arte de Navegar. *Sevilla, Anton Alvarez, 1551*

Die ›Kurze Abhandlung über die Erdkugel und die Kunst des Navigierens‹ enthält die bis dahin vollständigste und umfassendste Darstellung der Navigationswissenschaft. Ihr Verfasser war ein spanischer Kosmograph, über dessen Leben wenig bekannt ist. Sein Buch ist in drei Teile gegliedert: 1. über das Weltall, die Größe der Erde, geographische Klimazonen; 2. die Bahnen der Sonne und des Mondes, die Jahreszeiten, Gezeiten und Wetter; 3. ein praktisches Handbuch der Navigation mit Anweisungen für das Zeichnen von Seekarten und das Abstecken und Eintragen von Positionen auf der Karte, sowie einem Abschnitt über den Kompaß und andere Instrumente. Die beschreibenden Anweisungen für die Anfertigung nautischer Instrumente, besonders diejenigen für den Kreuzstab und den Sternhöhenmesser, sind besonders gut. William Bourne, der zur Niederschrift seines ›Regiment of the Sea‹ (1574), der ersten gedruckten Originalabhandlung über die Seefahrtskunde von einem Engländer, von Cortes angeregt wurde, fügte Anweisungen für ihre Benutzung hinzu.

Cortes gibt eine Tabelle der Deklination der Sonne für vier Jahre und eine weitere Tabelle der Entfernung zwischen den Meridianen auf jedem Breitengrad, doch hat man ihm fälschlich das Verdienst zugeschrieben, als erster den größeren Abstand der Breitengrade nach dem Pol zu gefunden zu haben; dies war die Leistung Mercators (100) und Wrights (106). Seine Anweisungen für die Anfertigung von Seekarten und die Einzeichnung von Schiffskursen auf ihnen wurden viel befolgt. Als wichtigstes aber begriff und beschrieb er als erster die magnetische Abweichung des Kompasses und äußerte die Vermutung, daß der magnetische Pol und der Erdpol nicht zusammenfielen.

Das ähnliche, aber weniger genaue Handbuch von Medina, die ›Arte de Navegar‹ von 1545, wurde in Frankreich und Italien viel verwendet; doch Stephen Borough, einer der Männer, auf die Königin Elisabeths Maßnahmen zur Förderung der britischen Seemacht zurückgingen, brachte Cortes' Buch aus Sevilla mit und bewog die Muscovy Company (Rußland-Handelsgesellschaft), es ins Englische übersetzen zu lassen. Diese Übersetzung erschien 1561 und hatte 1615 ihre achte Auflage erreicht. Sie war eines der wichtigsten in englischer Sprache gedruckten Bücher, denn sie lieferte den englischen Seefahrern den ersten Schlüssel zur Beherrschung der Weltmeere, der jahrhundertelang in ihren Händen blieb. Das Buch wurde schließlich von den noch weiter fortgeschrittenen Werken Mercators und Wrights überholt, aber es ist bezeichnend, daß ein ganzes Kapitel in Wrights berühmten ›Errors in Navigation‹ eine Übersetzung aus Cortes ist.

77 Renaissance-Zoologie

KONRAD GESNER (1516-65). Historia Animalium, 5 Bände. *Zürich, Christoph Froschauer, 1551-87*

Konrad Gesner war einer der großen Universalgelehrten der Renaissance. Er war ein Deutsch-Schweizer, der in Basel, Paris und Montpellier studiert hatte und Professor für Griechisch in Lausanne und schließlich Professor der Medizin in Zürich wurde, wo er an der Pest starb.

Seine ›Geschichte der Tiere‹ ist eine Enzyklopädie des gesamten damaligen zoologischen Wissens, die nicht nur die mittelalterlichen Sammelwerke, sondern sogar das gleichnamige Werk des Aristoteles ersetzen sollte. Wie jeder neuzeitliche Enzyklopädist bediente Gesner sich der besten ihm zur Verfügung stehenden Auskunftsquellen, und obwohl er viel von seinen Vorgängern (einschließlich Aristoteles) entlehnte, gab er zugleich auch zahlreiche Artikel bei zeitgenössischen Fachgelehrten in Auftrag. Er selbst war in der Naturgeschichte gut beschlagen, ein großer Freund der Natur und mit gesunder Skepsis gegenüber den meisten alten Mythen und Legenden begabt.

Das Werk besteht aus fünf großen Bänden von insgesamt rund 3500 Seiten mit eintausend Holzschnitten. Die ersten vier in den Jahren 1551-1558 erschienenen Bände behandeln Vierfüßler, Vögel und Fische; der nach dem Tod des Verfassers erschienene 5. Band enthält die Schlangen und in einem Anhang Skorpione. Die Tiere sind in alphabetischer Reihenfolge angeordnet und ein jedes wird

Cortes (76)   Agricola (79)

in acht Abschnitten erörtert: 1. Name in verschiedenen Sprachen;
2. Vorkommen, Herkunft, Beschreibung seiner inneren und äußeren Organe; 3. Umwelt, Fortbewegung, Krankheiten, Intelligenz;
4. Geistiges Leben, Gewohnheiten, Naturtriebe und Instinkte;
5. Verwendbarkeit des Tieres für den Menschen; 6. Tiere als
Nahrungsmittel; 7. Tiere für medizinische Zwecke; 8. Literatur-
geschichte, Fabeln und Anekdoten, geheiligte und emblematische
Tiere usw.

Gleich den zeitgenössischen Pflanzenbüchern und einigen früheren zoologischen Werken ist Gesners Enzyklopädie durch
grobe, aber häufig lebendige Holzschnitte bereichert. Die meisten
wurden eigens für dieses Werk angefertigt; andere, wie das Rhi-
nozeros nach Dürer, waren entlehnt. Sie sind ausreichend wirk-
lichkeitsgetreu, um als wertvolle Ergänzung des Textes dienen
zu können.

Obwohl die Historia Animalium noch keine Erkenntnis eines
Zusammenhangs zwischen verschiedenen Lebensformen der Natur aufweist und unseren neuzeitlichen Vorstellungen von bio-
logischer Wissenschaft nicht entspricht, stellte sie doch einen
großen Fortschritt dar und blieb das maßgebende zoologische

Werk zwischen Aristoteles und dem Erscheinen von Rays Klassifikation der Fauna im Jahr 1693.

Das Buch wurde viele Male neu gedruckt, und wenn es auch
häufig unter der Behandlung durch seine Herausgeber und Bearbeiter litt, blieb es doch bis zu Linné (192) und über ihn hinaus
das maßgebende Nachschlagewerk, weil weder Linné noch Ray
Illustrationen enthielten. Deutschsprachige Ausgaben kamen
1557-1613 heraus, eine englische Übersetzung von Topsell erschien 1607, und Gesners unveröffentlichte Aufzeichnungen über
die Insekten bildeten die Grundlage von Moffets ›Insectorum sive
Minimorum Animalium Theatrum‹ von 1634. Cuvier (276) war
einer seiner größten Bewunderer und nannte ihn den »deutschen
Plinius«.

Gesner zeichnete sich noch auf vielen anderen Gebieten aus
(siehe Nr. 73). Er verfaßte einige bedeutende botanische Werke,
die zumeist jedoch erst in C. C. Schmiedels Ausgabe von 1753-59
veröffentlicht wurden. In seinem ›Mithridates‹ untersuchte er die
vergleichende Philologie von hundertzwanzig Sprachen unter
Hinzuziehung von zweiundzwanzig verschiedenen Fassungen des
Vaterunsers. Er veröffentlichte eine Untersuchung über Fossilien
und war einer der allerersten, die auf Berge kletterten, nicht nur,
um Pflanzenarten zu sammeln, sondern aus reiner Freude am
Kraxeln und zur körperlichen Ertüchtigung – eine für damalige
Zeiten höchst ungewöhnliche Einstellung; seine ›Descriptio Montis Fracti sive Montis Pilati‹ von 1555 schilderte seine Ersteigung
des Gnepfsteins (1920 m).

78 Vorspiel zu Harveys Blutkreislauf

MICHAEL SERVETUS (1511-53). Christianismi Restitutio. *[Vienne,
Balthasar Arnollet], 1553*

Michael Servetus, aus Tudela in Navarra gebürtig, war ursprünglich ein Theologe und religiöser Reformator; seine antitrinitari-
sche Lehre – vor allem in seiner ›Wiederherstellung des Christentums‹ – weckte den Widerspruch sowohl der Katholiken als auch
der Protestanten. Fußend auf Cellarius’ ›De Operibus Dei‹, das
1527 erschien, verwarf er die orthodoxe und allgemein anerkannte

Lehre von der Dreifaltigkeit. Er glaubte an die im wesentlichen verstandesmäßige Erkenntnis der Sünde und mißbilligte die Kindstaufe. Er war ein Vorläufer der modernen Bibelkritik.

Sein unmittelbarer Einfluß als Theologe war nicht erheblich; der bedeutendste seiner Anhänger war Bernardino Occhino, dessen Sekte schließlich in den Sozinianern in Polen aufging. Aber wenn er auch unmittelbar kaum Schüler hatte, haben seine Lehren doch die Unitarier seither unablässig beeinflußt.

Servetus hatte während seines Aufenthaltes in Paris zur gleichen Zeit wie Vesalius (71) unter Günther von Andernach Medizin studiert. Sein Buch enthält einen kurzen Abschnitt von einem halben Dutzend Seiten über Physiologie, und daraus leitet sich seine medizinhistorische Bedeutung her. Servetus beschreibt hier klar und deutlich den Lungen- oder kleinen Blutkreislauf, nämlich den Durchlauf des Blutes von der rechten Seite des Herzens durch die Lunge und nach seiner Vermischung mit Luft dort zur linken Seite, und er verwirft den angeblichen Durchlauf gewisser Blutmengen durch das Septum (Scheidewand zwischen den Herzkammern). Die aus jüngster Zeit stammende Entdeckung, daß die erste Beschreibung des Lungenkreislaufs sich bereits bei Ibnal-Nafis, einem ägyptischen Arzt des 13.Jahrhunderts, findet, sowie die Tatsache, daß der Lungenkreislauf von Realdo Colombo und Valverde, zwei Zeitgenossen des Servetus, gelehrt wurde, hat zu einem gewissen Meinungsstreit über den Vorrang der tatsächlichen Entdeckung geführt; in jedem Fall jedoch war Servetus der erste, der sie im Druck veröffentlichte.

Im Verfolg seiner Ablehnung der Dreifaltigkeit bestritt Servetus auch die traditionelle physiologische Theorie von den drei Lebensgeistern, den natürlichen, den vitalen und den animalischen. Und nachdem diese Auffassung, daß nämlich drei verschiedene physiologische Flüssigkeiten im Körper vorhanden seien, einmal zerstört war, klärte sich der Weg zur Theorie des Blutkreislaufes. Servetus kämpfte gegen die Auffassung, daß es zwei verschiedene Arten von Blut, geschieden durch natürliche und durch vitale Lebensgeister, gäbe und lehrte, daß es nur eine Art von Blut gibt und »die Seele selbst das Blut ist«.

Sowohl seine religiösen wie seine physiologischen Anschauungen galten als ketzerisch, und er mußte vor der Inquisition aus Frankreich fliehen. Er wurde auf der Durchreise in Genf von den Calvinisten festgenommen und starb 1553 den Märtyrertod. Calvin (65) wollte ihn enthaupten lassen, aber er wurde auf dem Scheiterhaufen verbrannt. Eines der Argumente, die man gegen ihn vorbrachte, war seine unorthodoxe Auffassung von der Physiologie, aus der sich folgern ließ, daß die Seele, da sie sich ja im Blut befand, mit dem Leib zugrunde ging.

Servetus' Bücher wurden zusammen mit ihm verbrannt und zählen folglich zu den seltensten der Welt; von der ›Christianismi Restitutio‹ sind nur drei Exemplare erhalten geblieben: in Wien, in Paris (vormals in Dr. Richard Meads Sammlung in London) und in Edinburgh (unvollständig). Es besteht guter Grund zur Annahme, daß das Exemplar in Edinburgh Calvin gehört hat.

79 Technologie und frühe Geologie

GEORGIUS AGRICOLA (1494-1555). De Re Metallica. *Basel, J. Froben und N. Episcopius, 1556*

Agricolas bekanntestes Werk ›Über die Metalle‹ ist die erste systematische Abhandlung über Bergbau und Hüttenkunde und eines der ersten technologischen Bücher der Neuzeit.

Agricola, der eigentlich Georg Bauer hieß und seinen deutschen Namen latinisierte, studierte in Leipzig, Bologna und Padua, wurde Stadtarzt von Joachimsthal, dem Zentrum des Bergbaues im Erzgebirge, und war von 1534 bis zu seinem Tod Bürgermeister und Stadtphysikus von Chemnitz. Er verbrachte sein ganzes Leben in Bergbaugegenden und konnte das Bergbau- und Hüttenwesen aus erster Hand studieren, und diese persönlichen Erfahrungen verliehen seinen Schriften besonderen praktischen Wert.

Der Bergbau geht in früheste Zeiten zurück; Gold und Silber, Kupfer und Blei werden seit Jahrtausenden gewonnen, und sogar das Eisen, obwohl ein Spätling, ist bereits prähistorisch. Wenngleich der tatsächliche Metallverbrauch im Mittelalter noch ebenso gering war wie in den vorangegangenen Epochen, verfaßten Fachhandwerker bereits damals die ersten zusammenhängenden Abhandlungen über Behandlung und Verarbeitung von Metallen (so zum Beispiel die ›Schedula Diversarum Artium‹ des Theophilus Presbyter). Im späten Mittelalter machten Bergbau und Hüttenwesen sehr bedeutende Fortschritte, die sich erstmals im ›Probierbüchlein‹ von etwa 1510 (dem ersten gedruckten Buch über diesen Gegenstand) widerspiegeln, sodann in Biringuccios schöner ›Pirotechnica‹ (1540) und schließlich in diesem großen Werk des Agricola, der bei weitem bedeutendsten Darstellung der deutschen Technologie.

›De Re Metallica‹ umfaßt alles, was mit Bergbau und metallurgischen Verfahren zusammenhängt, einschließlich der Verwaltung, der Auffindung von Lagerstätten und Probeschürfungen, den Pflichten der Beamten und Gesellschaften und der Herstellung von Glas, Schwefel und Alaun. Die prachtvolle Folge von 273 großen Holzschnittillustrationen von Hans Rudolf Manuel Deutsch erhöht den Wert des Werkes noch. Zu den wichtigsten Abschnitten gehören jene über die Verwendung von Maschinen und von Wasserkraft, über Grubenförderung, Pumpen, Ventilation, über das Anblasen von Hochöfen, den Transport der Erze usw., was alles eine sehr durchdachte Technik erkennen läßt.

Im fünften Buch dieses Werkes, wie auch in seinem Buch ›De Ortu et Causis Subterraneorum‹ (Über Ursprung und Verhalten der Dinge unter der Erdoberfläche), Basel 1546, leistete Agricola einen bedeutsamen Beitrag zur physikalischen Geologie. Er erkannte den Einfluß von Wasser und Wind auf die Gestaltung der Landschaft und gab eine klare Schilderung der Anordnung und Reihenfolge der Gesteinsschichten, die er in den Bergwerken sah. Bei der Schilderung des Ursprungs der Berge beschreibt er die abtragende Wirkung des Wassers als ihre Ursache mit einem Scharfblick, der seiner Zeit weit voraus war.

Die bedeutendste unter Agricolas übrigen Abhandlungen war ›De Natura Fossilium‹ (ebenfalls Basel 1546), die ihm den Ehrentitel ›Vater der Mineralogie‹ eingetragen hat. Nach den klassischen Schriften des Plinius (5) und des Theophrastus über dieses Gebiet beschäftigte sich die Mineralogie während des Mittelalters hauptsächlich mit den medizinischen und wunderwirkenden Eigenschaften der Steine. Agricola lieferte eine neue wissenschaftliche Klassifikation der Mineralien, die sich auf ihre physikalischen Eigenschaften gründete. Er beschrieb achtzig verschiedene Mineralien und metallische Erze (darunter einundzwanzig zum ersten Male), die Art ihres Vorkommens und ihr Verwandtschaftsverhältnis zueinander.

De Re Metallica wurde häufig neu gedruckt und gelangte angeblich im 17. Jahrhundert bis nach China. Im 18. Jahrhundert erfuhr das Interesse an diesem Werk durch Abraham Gottlieb Werner (247) eine Neubelebung, und 1912 wurde es von dem Bergbau-Ingenieur Herbert Hoover, dem späteren Präsidenten der Vereinigten Staaten, ins Englische übersetzt. Zu Agricolas vierhundertfünfzigstem Geburtstag gab der Verein Deutscher Ingenieure eine Faksimileausgabe des Werkes heraus.

80 Wider die Weiberherrschaft

JOHN KNOX (1505-71). The First Blast of the Trumpet against the Monstrous Regiment of Women. *[Genf, Jean Crespin]*, 1558

John Knox war der erste unter den englisch schreibenden Geistlichen, der sich der Druckerpresse als Mittel bediente, um den Dogmatismus der schottischen Bischöfe zu überwinden und ein mit den praktischen politischen Erfordernissen der Zeit in Einklang stehendes presbyterianisches System an ihre Stelle zu setzen.

Knox lebte seit 1551 im Exil und wirkte in Frankfurt am Main und später in Genf als Kaplan der englischen Flüchtlingsgemeinden, die vor der Verfolgung durch Maria die Katholische das Land verlassen hatten. Hier konnte er seine an die »Bekenner der Wahrheit Gottes in England« gerichtete ›Admonition‹ (Ermahnung) endlich drucken lassen. 1554 begann er mit seinem Flugschriften-Feldzug, der aus rund zehn polemischen Traktaten bestand, sämtlich in Form heftigster Schmähung gehalten, die sogar in einer Zeit, die sich an theologischen Schimpfereien im Fischweiberton ergötzte, die Grenze überschritt.

Knox' theologische Lehre stimmte mit der Calvins (65) überein, aber seine politische Agitation war sein persönliches Anliegen, und die berühmteste seiner Streitschriften setzte Calvin in Verlegenheit. ›The First Blast‹ (Der erste Trompetenstoß gegen das ungeheuerliche Regiment der Weiber) wurde ohne Angabe von Erscheinungsort, Verfasser- und Druckernamen gedruckt und im Register der Genehmigungen der Genfer Stadtväter, die offenbar voraussahen, daß seine Veröffentlichung politische Folgen haben könne, nicht eingetragen. Die Verfasserschaft war bald bekannt, womit Knox zweifellos rechnete. Die Zielscheiben seines Angriffs waren Königin Maria I. die Katholische von England und die Regentin von Schottland, Maria von Lothringen, sowie indirekt deren Tochter Königin Maria von Schottland (Maria Stuart, damals sechzehnjährig und seit zehn Jahren am französischen Hof weilend). Knox bewies mit der Herausgabe seines ›Trompetenstoßes‹ beträchtlichen Mut, denn sie konnte ernste Folgen haben. Es war damals nicht vorauszusehen, daß Königin Marias Leben schon so bald enden würde, noch daß ihre Schwester Elisabeth, als sie ihr auf den Thron folgte, über die Beweiskraft der allgemeinen Behauptung der Streitschrift, daß nämlich ein weiblicher Monarch der Heiligen Schrift zuwiderlaufe, hinwegsehen werde.

Königin Maria I. starb am 17. November 1558, und Calvin fand es bald darauf geboten, Elisabeths Staatsminister Cecil davon zu verständigen, daß ihm Knox' ›Trompetenstoß‹ erst zur Kenntnis gelangt sei, als er bereits gedruckt war. Unter den gegebenen Umständen geriet Calvin in England in größte Verlegenheit und Knox in persönliche Gefahr. Der Einsatz der Druckerpresse bereitete seiner Vormachtstellung unter den Protestanten Schottlands den Weg. Mit ihrer Hilfe führte er einen Feldzug politischer und religiöser Agitation, dem Maria Stuart und ihre Parteigänger nicht gewachsen waren.

Die Theorie der modernen Musik   81

GIOSEFFO ZARLINO (1517-90). Le Istitutioni Harmoniche. *Venedig, (Drucker nicht ermittelt), 1558*

Zarlino erfreute sich einer langen und erfolgreichen Laufbahn als Komponist; er verbrachte sein ganzes Leben in Venedig, wo er 1565 Chorregens an San Marco wurde. Die meisten seiner großen Kompositionen sind verlorengegangen; so ruht sein Ruhm auf seinen erhalten gebliebenen theoretischen Werken, deren wichtigstes ›Die Grundlagen der Harmonie‹ ist.

Das erste Buch, das sich hauptsächlich mit dem arithmetischen Unterbau der Musikwissenschaft befaßt, unterscheidet sich kaum von der traditionellen Theorie. Im zweiten Buch jedoch greift Zarlino das falsche Tonsystem an, zu dem – bei strenger Anwendung – die mathematisch genauen Proportionen der pythagoräischen Viertongruppen unausweichlich führen müssen. Die antike und mittelalterliche Musiktheorie hatte beharrlich an der Gültigkeit der mathematischen Proportion festgehalten, und trotz der Tatsache, daß die Praxis ihr zumindest nach der Erfindung des Kontrapunktes nicht streng folgte – einfach, weil das Ohr impulsiv gegen die mathematische Analogie aufbegehrt –, bedurfte es Zarlinos bahnbrechenden Werkes und des darauffolgenden Meinungsstreites, um der Praxis einen festen Stand zu geben.

Zarlinos Behauptung, daß die diatonische Tonleiter die einzige Form der fortschreitenden Stimmbewegung ist, die sich singen läßt, wurde allgemein anerkannt und als »reine« oder »saubere« Intonation bezeichnet. Die Tasteninstrumente und mit Bünden versehenen Saiteninstrumente können der freien Intonation der Stimme nicht folgen; für sie schlug Zarlino als Kompromiß vor, die Oktave in zwölf gleichwertige Halbtöne aufzuteilen, und nach diesen Tonstufen wurden die Instrumente dann auch eingestimmt. So hatte Zarlinos Abhandlung weitreichende Auswirkungen auf die Musiktheorie, auf die Ausführung der Komposition und auf den Instrumentenbau. Die ›Grundlagen der Harmonie‹ öffneten dem neuen Tonsystem den Weg, welches die Musik vom 17. Jahrhundert bis zum heutigen Tag beherrscht hat.

82 Zensur

INDEX LIBRORUM PROHIBITORUM. *Rom, Antonio Blado, 1559*

Der ›Index der verbotenen Bücher‹ ist das klassische Beispiel der Zensur. Er ist ein in päpstlichem Auftrag veröffentlichter Katalog von Büchern, die nach Auffassung des Heiligen Stuhls Religion und Moral gefährden und die Katholiken ohne Dispens nicht lesen dürfen.

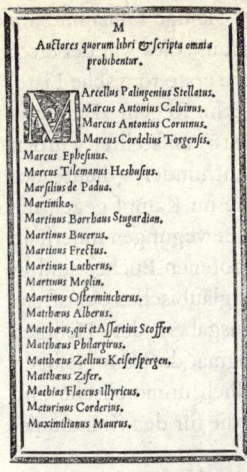

Index (82)

Guicciardini (85)

Das Verbot von Büchern wird in der Apostelgeschichte XIX, 19 empfohlen, wo Paulus die Verbrennung »schlechter« Bücher durch jüngst zum Christentum Bekehrte billigt. Im Jahr 325 verbot das Konzil von Nikäa die ›Thalia‹ des irrgläubigen Arius, und Kaiser Konstantin befahl ihre Vernichtung. Der erste bindende Katalog verbotener Bücher ist das ›Decretum Gelasianum‹, das 496 in Rom erlassen wurde. Im Mittelalter und in der Frührenaissance wurde die Zensur hauptsächlich in örtlichen Bereichen durch die Universitäten (vor allem Paris und Köln) und durch einzelne Bischöfe ausgeübt, von denen einige ihre eigenen Listen verbotener Bücher herausgaben.

Mit der Erfindung der Buchdruckerkunst und der daraus sich ergebenden gewaltigen Ausweitung des Bücherumlaufs erschien den Behörden eine systematischere Überwachung notwendig. Die frühesten gedruckten Verbotslisten wurden in den Niederlanden zwischen 1524 und 1540 veröffentlicht, sodann in Paris in den Jahren 1544-1556 und in Löwen von 1546 bis 1558 (diese letztere Liste wurde 1551 auch in Valencia herausgegeben). In England wurden Dekrete mit Listen verbotener Bücher von Heinrich VIII. und Königin Maria zwischen 1526 und 1555 erlassen. Im Jahr

1543 jedoch gab unter Papst Paul III. das Heilige Offizium zum erstenmal eine Liste verbotener Bücher heraus; dies war der erste Katalog, der den Titel ›Index‹ trug, und die erste römische Liste, die für die ganze Welt bestimmt war. Die zehn Regeln, ›De Libris Prohibitis‹, die das Konzil von Trient (118) aufstellte, wurden 1564 verkündet. Bis zum Ende des 16.Jahrhunderts diente der Index dem Vatikan hauptsächlich als Hilfe im Kampf gegen die Reformation; später wurde er auch gegen Bewegungen innerhalb der Kirche von Rom verwendet. Die verbotenen Bücher sind in der Hauptsache: alle ketzerischen und abergläubischen Schriften; von Nichtkatholiken veröffentlichte Ausgaben der Heiligen Schrift; alle Bücher über Liturgie und Dogma, die vom Heiligen Stuhl nicht genehmigt sind; und schließlich unmoralische und obszöne Bücher. 1949 wurden alle Bücher, die für den Kommunismus eintraten, auf den Index gesetzt.

Die Strafen für Verstöße gegen den Index waren anfänglich sehr streng, sind aber im Lauf der Jahrhunderte milder geworden. In letzter Zeit hat eine wesentlich liberalere Einstellung vorgeherrscht, und der Heilige Stuhl selber wie die Bischöfe haben ziemlich freigiebig Lesern Dispens gewährt.

Der erste römische Index wurde 1557 von der Inquisition gedruckt, aber nicht veröffentlicht, wahrscheinlich, weil der Papst gegen einige Dinge darin Einspruch erhob. Die erste veröffentlichte Ausgabe ist ein Band im Quartformat von vierunddreißig Blättern, den Papst Paul IV. im Januar 1559 herausgab; auf ihn folgten unverzüglich eine Ausgabe im Duodezformat und drei weitere im gleichen Jahr. Diese Ausgabe enthält eine alphabetische Liste von Autoren, beginnend mit jenen, deren Gesamtwerk verboten ist, gefolgt von einer Liste von Einzelwerken und schließlich einer solchen von anonym erschienenen Büchern. 1571 setzte Papst Pius V. die Index-Kongregation ein, die bis 1917 wirkte; dann wurden ihre Aufgaben wieder vom Heiligen Offizium übernommen. Die Verfahrensweise gründete sich zu jener Zeit auf den päpstlichen Erlaß ›Sollicita ac provida‹ Papst Benedikts XIV. vom 9.Juli 1753, ist aber in jüngster Zeit durch die Konstitution Leos XIII. ›Officiorum ac Munerum‹ vom 25.Januar 1897 revidiert worden. Im Dezember 1965, als der Name und die

Verfahrensweise des Heiligen Offizium geändert wurden, vertraute der Papst die Handhabung dieser ganzen Angelegenheit der neu benannten Kongregation für die Grundsätze des Glaubens an; bei der Verurteilung von Lesestoff tritt jetzt ›reprobare‹ (mißbilligen) an die Stelle von ›prohibere‹ (verbieten), und der Verteidigung ist mehr Bewegungsfreiheit gewährt.

Seit der Renaissance sind mehr als vierzig Indices veröffentlicht worden. Der letzte wurde 1948 herausgegeben, mit Ergänzungen bis 1961; er umfaßt 510 Seiten und enthält über sechstausend Titel. 1966 gab der Vatikan bekannt, daß er keine weiteren Ausgaben veröffentlichen werde.

Die Genfer Bibel 83

THE BIBLE AND HOLY SCRIPTURES. *Genf, Rouland Hall, 1560*

Diese Fassung der englischen Bibel wurde von englischen Protestanten geschaffen, die sich während der Regierungszeit Marias der Katholischen nach Genf geflüchtet hatten, wo sie von »den Vorräten himmlischen Wissens und Urteils, die in dieser Stadt so reichlich vorhanden sind«, zu zehren vermochten. Sie ist mit größerer wissenschaftlicher Sorgfalt gearbeitet als irgendeine ihrer Vorgängerinnen und war hauptsächlich das Werk von William Whittingham (1524?-1579), nachmals Dekan von Durham, Thomas Sampson (1517?-1589) und Anthony Gilby (gest. 1585).

Diese drei Übersetzer erhielten möglicherweise einige Hilfe von anderen Engländern im Exil, unter ihnen Miles Coverdale, der sich während eines Teils der Zeit, in welcher die Übersetzer am Werk waren, mit Bestimmtheit in Genf befand. Während Tyndales (58) und Coverdales frühere Fassungen und Anmerkungen den Geist Luthers atmeten, waren die Erörterungen und erläuternden Anmerkungen der Genfer Bibel calvinistisch getönt; Whittingham, der zuvor bereits das Neue Testament übersetzt und 1537 in Genf veröffentlicht hatte, war ein angeheirateter Verwandter Calvins (65). Die Genfer Bibel wurde in England nie offiziell genehmigt; 1568 brachten die Kirchenbehörden ein Gegenstück zu ihr, die sogenannte Bischofsbibel, heraus. Doch wurde sie seit 1575 in London ungehindert gedruckt, und von diesem Zeitpunkt an bis zur Veröffentlichung der ›Authorized Version‹ von 1611 (114) verwendete die Geistlichkeit entsprechend ihren puritanischen oder episkopalischen Neigungen jeweils die eine oder die andere Fassung. Beim Laientum jedoch hatte die Genfer Bibel sofort Erfolg und übte einen außerordentlich starken Einfluß aus. Wenigstens hundertvierzig Ausgaben wurden zwischen 1560 und 1644 gedruckt; in diesem letzteren Jahr, dreiunddreißig Jahre nach der Veröffentlichung der Authorized Version, erschien die letzte Genfer Bibel. Auch die schottische Landeskirche erkannte sie 1579 als offizielle Fassung an.

Die Genfer Bibel enthielt mehrere Neuerungen. Sie war in Antiqua anstatt in gotischer Schrift gedruckt, hatte Vorworte, Karten und Tafeln, und zum ersten Mal in einer englischen Bibel waren die Bibelverse getrennt voneinander gesetzt und numeriert – unschätzbar wertvoll für das Nachschlagen, aber von verhängnisvoller Wirkung auf den Fluß der Erzählung. Die Übersetzung führte zahlreiche seither berühmte Wendungen ein, die auch in die Authorized Version Eingang fanden, denn deren Bearbeiter stützten sich sehr weitgehend auf sie.

Die Genfer Bibel wird häufig auch die ›Breeches Bible‹ genannt; diese Bezeichnung leitet sich von der Übersetzung von Genesis 3,7 her, wo es heißt: »Und sie flochten Feigenblätter zusammen und machten sich *breeches* (Kniehosen)«, anstatt der *Schürzen* in anderen Übersetzungen. Man hat sie richtiger und treffender die elisabethanische Familienbibel genannt, denn es war diese Fassung, die als erste Eingang ins elisabethanische Heim fand, wo sie bald »das Hauptbuch volkstümlichen Wissens« wurde, »Quelle jeglicher religiösen Wahrheit, Stoff für besinnliche Erleuchtung des Gewissens, Grundlage der Moral; und möglicherweise das einzige Buch im Hause«.

Proclamation for the Valuation of certain Base Monies, called Testoons. *London, Rychard Jugge und John Cawood, [27. 9. 1560]*

Käme Sir Thomas Gresham (1519-1579), königlicher Beauftragter in den Niederlanden, Erbauer der ersten Londoner Börse und

Gründer des Gresham-College, heute auf die Erde zurück, wäre er höchst erstaunt zu erfahren, er habe angeblich ein Grundgesetz des Wirtschaftslebens entdeckt – daß nämlich »die schlechte Währung die gute verdrängt«. Den Namen ›Greshams Gesetz‹ erhielt es freilich erst 1858, als H.D. MacLeod in seinem Werk ›Elements of Political Economy‹ auf Seite 475 den »berühmten Gresham« erwähnte, »der das große Verdienst hat, soweit wir haben feststellen können, als erster das große grundlegende Währungsgesetz entdeckt zu haben, daß gutes und schlechtes Geld nicht gleichzeitig umlaufen können«. Die Tatsache als solche war schon wiederholt zuvor bemerkt worden (MacLeod zitiert eine diesbezügliche Stelle aus den ›Fröschen‹ des Aristophanes), aber soweit wir wissen, hatte vor Sir Thomas Gresham niemand den zwangsläufigen Zusammenhang entdeckt. MacLeod wies darauf hin, daß Gresham 1558, bald nach der Thronbesteigung Elisabeths, der Königin »ein Gutachten sandte ..., worin er erläuterte, wie und warum, unter anderem, das hochwertige Geld aus dem Umlauf verschwunden war. Den Grund hierfür erblickte er darin, daß Heinrich VIII. die Münze verschlechtert hatte. Da er als erster erkannte, daß die schlechte, abgewertete Währung die Ursache des Verschwindens des guten Geldes ist, tun wir nur, was recht und gerecht ist, wenn wir dieses große grundlegende Währungsgesetz nach ihm benennen«.

Es ist interessant, im Hinblick hierauf festzustellen, was Gresham tatsächlich sagte. Sein Gutachten befaßt sich gar nicht mit der Währung, sondern trägt die Überschrift ›Auskunft von Sir Thomas Gresham, Seidenhändler, betreffend den Fall des Wechselkurses, MDLVIII‹. Der Absatz, auf den MacLeod sich stützte, den er aber nicht in seiner Gänze zitierte, lautet: »Möge Ihre Majestät huldvollst zur Kenntnis nehmen, daß das erste Vorkommnis eines Fallens des Wechselkurses daraus erwuchs, daß Seine Majestät der König, Ihr verstorbener Vater, die Münze von 6 Unzen Feingold auf 3 Unzen Feingold herabsetzte. Woraufhin der Wechselkurs von 26 Shilling 8 Pence auf 13 Shilling 4 Pence fiel, welches die Ursache war, warum alles Feingold Ihrer Majestät außer Landes geschafft wurde.« Gresham sagte also lediglich, wie Professor de Roover angemerkt hat, daß ein Sinken des

Wechselwertes die Ausfuhr von Feingoldmünzen gewinnbringend machte und daß an ihre Stelle sodann überbewertete schlechte Münzen traten. Die wirkliche Grundlage von Greshams Gesetz, wie MacLeod es anführt, bestand darin, daß eine übermäßige Ausgabe schlechten Geldes die guten Münzen aus dem Umlauf verdrängte, weil diese guten Münzen entweder gehortet oder ins Ausland gebracht oder eingeschmolzen wurden. Dies wurde offenbar zu Greshams Zeiten und auch schon früher, zum Beispiel von Kopernikus (70), begriffen; aber niemand formulierte ein ›Gesetz‹ hierüber, und im 16.Jahrhundert scheint dieser Gedanke (obwohl er sich in verschiedenen handschriftlichen Quellen findet) nicht der Drucklegung für würdig befunden worden zu sein. Er bildete jedoch die Grundlage der elisabethanischen Währungsreform von 1560 – die Greshams Gutachten zweifellos beeinflußte – und stellt folglich einen Markstein der britischen Wirtschaftspraxis dar.

In der königlichen ›Proklamation zur Bewertung gewisser minderwertiger Münzen genannt Testoons‹ – die Bezeichnung leitet sich von einer französischen Silbermünze des 16.Jahrhunderts her – heißt es diesbezüglich: »Ihre erlauchte Majestät die Königin … hat aus der übereinstimmenden Meinung unterschiedlicher kluger Männer befunden, daß nichts so abträglich ist, wie daß geduldet werde, daß die minderwertigen Münzen, welche von verschiedenem Gewicht und Mischung sind, so überreichlich sich im Königreich in Umlauf befinden, wo sie vor der Regierungszeit Ihrer Majestät geprägt wurden … Auch ist im Gegensatz hierzu nichts so gewinnbringend für das gesamte Volk, wie daß man anstelle des minderwertigen Kupfergeldes gute und echte Münzen aus Silber und Gold verwende.«

85   Die erste Geschichte Europas

FRANCESCO GUICCIARDINI (1483-1540). L'Historia d'Italia (herausgegeben von A. Guicciardini). *Florenz, Lorenzo Torrentino, 1561*

»Die Grundlage aller späteren Werke über die Anfänge der neueren Geschichte«, so nannte Ranke die ›Geschichte Italiens‹, als seine ›Kritik‹ (286) den Ruf dieses Werkes als Originalquelle, dessen es sich dreihundert Jahre lang erfreut hatte, zerstörte. Zugleich legte Ranke scharfsinnig die Gründe dar für den unmittelbaren gewaltigen Einfluß des Buches auf die Staatsmänner wie auf die Geschichtsschreiber vom 16. bis zum 18.Jahrhundert.

Denn Guicciardini schrieb die erste Geschichte des gesamten Italien, eingebettet in den größeren Zusammenhang des europäischen Staatengefüges, und zeigte damit die gleichzeitige und wechselseitige Abhängigkeit politischer Vorgänge überall auf dem europäischen Kontinent auf. Sein Interesse galt weniger den Tatsachen selbst (die er häufig aus durchaus unzuverlässigen Quellen bezog) als vielmehr ihren Ursachen und Wirkungen; diese erörterte er mit dem Scharfblick des Politikers und Diplomaten der Renaissancezeit, indem er Absichten und Taten der Hauptdarsteller auf der europäischen Bühne zergliederte und analysierte und – zur eigenen Genugtuung wie der des Lesers – bewies, daß weltliche Leidenschaft, Ehrgeiz und Eigennutz die Haupttriebfedern menschlichen Tuns sind.

Guicciardini entstammte einer vornehmen florentinischen Familie und sammelte seine ersten Erfahrungen in der Weltpolitik als Botschafter am Hof Ferdinands von Aragon, wo England, Frankreich, Indien und Amerika an seinem Horizont auftauchten. Er diente anschließend den Medici-Päpsten Leo X. und Clemens VII. als Statthalter in verschiedenen Teilen des Kirchenstaates, wurde schließlich Oberbefehlshaber der gegen den Kaiser gerichteten Liga von Cognac und als solcher für die Plünderung Roms durch die Spanier und Deutschen 1527 verantwortlich gemacht und entlassen. Seine geschickte, scharfsinnige und vorgeblich freimütige Verteidigung seiner politischen und militärischen Tätigkeit ist den Selbstrechtfertigungen abgedankter Politiker und Generäle aller Zeiten ebenbürtig. Guicciardini kehrte nach Florenz zurück, wo Machiavelli (63) sein Nachbar und Freund war, unterstützte trotz seiner oligarchischen Neigungen die Herrschaft der Medici und wurde Hauptberater Cosimos, des ersten Herzogs von Florenz.

Obwohl er ein überaus fruchtbarer Verfasser von Tagebüchern, Denkschriften, Memoiren und politischen und historischen Abhandlungen war, veröffentlichte Guicciardini selbst nichts. ›L'Hi-

storia d'Italia‹ wurde einundzwanzig Jahre nach seinem Tod von
seinem Neffen Agnolo herausgegeben; die erste vollständige Ausgabe erschien 1567 in Venedig, wo 1544 bereits eine gekürzte
Fassung herausgekommen war. Im Verlauf des 16.Jahrhunderts
allein erschienen zumindest zehn Ausgaben in italienischer Sprache sowie je drei lateinische, französische und spanische und je
eine englische, deutsche und holländische. Bodin (94) und Montaigne (95) waren schon früh glühende Bewunderer Guicciardinis.

86 Protestantische Märtyrer

JOHN FOXE (1516-87). Actes and Monuments of these Latter
and Perillous Dayes, touching Matters of the Church. *London,
John Day, 1563*

›Foxes Buch der Märtyrer‹, wie es seit seiner Erstveröffentlichung
in England allgemein genannt wurde, war mehr als zweihundert
Jahre lang eines der meistgelesenen Bücher Englands. Es erschien
zu einem Zeitpunkt, als seinen Lesern die Behandlung der Protestanten unter Maria der Katholischen noch frisch im Gedächtnis war und schuf ein Charakterbild des papistischen Verfol-
gers, das nicht nur in elisabethanischer Zeit den grimmigen Haß
auf die Inquisition und damit auf Spanien zur Folge hatte, sondern das bis zum heutigen Tage die englische Einstellung gegenüber dem Katholizismus mitbestimmt.

Das Buch hatte eine lange Geschichte, bis es schließlich in
seiner zweiten englischen Ausgabe von 1570 seine endgültige
Form erlangte. John Foxe war Dozent des Magdalen College in
Oxford, legte sein Amt jedoch 1545 aus religiösen Gründen nieder.
Während der folgenden vier Jahre war er Hauslehrer der Kinder
Henry Howards, des Grafen von Sussex, und begann 1552, Auskünfte und Unterlagen über Lebensläufe und Tod der frühen
Reformatoren zusammenzutragen. Als er 1554 England verlassen
mußte und nach Straßburg gelangte, hatte er eine erste Niederschrift seines Werkes bei sich, die eiligst von Wendelin Richel
gedruckt wurde, und zwar mit dem Titel ›Commentarii rerum
in Ecclesia gestarum, maximarumque, per totam Europam, Per-
secutionum‹ (Bericht über die Taten der Kirche und die schlimm-

sten Verfolgungen in ganz Europa). Dieses Oktavbändchen von
212 Blättern enthielt auch einige ausländische Märtyrer wie Hus,
Hieronymus von Prag und Savonarola, befaßte sich aber in der
Hauptsache mit den Lollarden und mit Wiclif. Es machte einen
gewissen Eindruck auf die ausländische Gelehrtenwelt, war aber
kein geschäftlicher Erfolg, denn seine unverkauften Druckbogen
wurden 1564 von Josias Richel unter dem Titel ›Chronicon Ec-
clesiae‹ neu herausgebracht.

Foxe übersiedelte nach Basel, wo er sich als Korrektor des
Druckers Oporinus seinen Lebensunterhalt verdiente, und begann
hier, Material für eine erweiterte lateinische Ausgabe zu sammeln,
die auch die Opfer der Verfolgung unter Maria I. der Katholischen umfassen sollte. Edmund Grindal, der künftige Erzbischof
von Canterbury, der sich damals in Straßburg aufhielt, beabsichtigte, ein ähnliches Werk in englischer Sprache herauszubringen
und gab die Unterlagen, die er erhielt, an Foxe weiter. Als Maria
1558 starb, kehrte Grindal nach England zurück und gab sein
Vorhaben auf; Foxe blieb jedoch in Basel, um den ersten Teil
seines neuen Werkes abzuschließen, das im August 1559 in Basel
von Nikolaus Brylinger und Oporinus unter dem Titel ›Rerum
in Ecclesia gestarum … Commentarii‹ herauskam. Dies war ein
Folioband von 750 Seiten, eine überarbeitete und wesentlich erweiterte Fassung des Straßburger Bandes. Ein zweiter Teil, der
die Opfer der religiösen Verfolgungen auf dem Kontinent umfassen sollte, wurde schließlich von Foxes Basler Freund Heinrich
Pantaleon verfaßt und erschien 1563.

Sobald die lateinische Ausgabe erschienen war, kehrte Foxe
nach England zurück. Er fand hier eine große Menge neuen Materials vor und beschäftigte sich vornehmlich mit der Bearbeitung
dieser Unterlagen, während seine Freunde die lateinische Ausgabe übersetzten – und zwar nicht immer richtig. Die erste englische Ausgabe erschien im März 1563 und hatte sofort großen
Erfolg trotz ihres Umfangs und Gewichts – sie war ein Folioband
von 1741 Seiten – und ihres entsprechend hohen Preises, den der
sparsame John Knox sehr betrüblich fand. Es konnte nicht aus-
bleiben, daß das Buch zur Zielscheibe wütender Angriffe der
Katholiken wurde. In der zweiten Ausgabe, die 1570 in zwei gro-

ßen Foliobänden erschien, berichtigte Foxe zahlreiche Irrtümer;
zugleich verlängerte er seine Schilderung nach rückwärts bis in
apostolische Zeiten und nahm die Geschichten vieler europäischer Märtyrer auf.

1571 verfügte ein Erlaß der Synode, daß Exemplare des Buches
in sämtlichen Kathedralkirchen aufzuliegen und in den Häusern
der Erzbischöfe, Bischöfe, Erzdiakone und Domherren zur Benutzung durch Dienstpersonal und Besucher vorhanden zu sein
hätten. Es bestand keine entsprechende ausdrückliche Weisung
auch für die Pfarrkirchen, doch haben sich auch dort nicht wenige
angekettete Exemplare (vielfach Ausgaben des 17.Jahrhunderts)
erhalten. Infolgedessen bestärkte der überaus lebendige Stil des
Buches, ganz zu schweigen von den schaudervollen Illustrationen,
die erstmals in der englischen Ausgabe von 1563 erschienen, alle
Gesellschaftsschichten, auch solche, die sich die Anschaffung
nicht leisten konnten, in ihren Vorurteilen.

87   Die Natur der Dinge

TITUS LUCRETIUS CARUS (um 98-55 v.Chr.). De Rerum Natura
libri sex, a Dionysio Lambino commentariis illustrati. *Paris,
Rouille, 1563*

Von nur sehr wenigen Sprachen läßt sich sagen, daß ihr erstes
erhaltenes großes Gedicht die Darlegung eines philosophischen
Systems von beträchtlicher Subtilität ist; doch wie auch immer,
ob als erstes oder letztes, wäre Lukrez' ›Von der Natur der Dinge‹
auf jeden Fall ein einzigartiger Beitrag in jeder Literatur gewesen.
In diesem Werk vereinigen sich die Atomtheorie, die lebendigsten
und zartesten Naturschilderungen und ein Gefühl für Schönheit
und Rhythmus der Worte, das die frühe grobe Form des lateinischen Hexameters triumphierend überwindet, auf höchst erstaunliche Weise, um eines der großartigsten und anziehendsten
Gedichte der lateinischen Sprache hervorzubringen.

Über das Leben des Lukrez ist nur wenig bekannt; er starb
und ließ sein Gedicht, so wie es uns überliefert ist, unfertig zurück. Einer alten Legende zufolge gab ihm Cicero (64) seine endgültige Form. Doch das ist nicht sehr wahrscheinlich; Cicero war

als Stoiker, wie seine eigenen philosophischen Schriften bezeugen, ein Gegner des Epikuräertums. Abgesehen vom Ausmaß seiner Belesenheit läßt sich über Lukrez selber aus seinem Werk nichts entnehmen. Unter seinen Lehrmeistern stand an erster Stelle Epikur, dessen Schriften das Thema des Gedichtes liefern. Daß Lukrez den Vers zum Mittler seiner Gedanken machte, geht auf die westgriechischen Philosophen zurück, die ihn der Prosa vorzogen; besonders der Einfluß des Empedokles ist stark. Unter anderen griechischen Autoren werden in dem Gedicht Thukydides (102), Hippokrates (55) und Homer (31), für den Lukrez größte Bewunderung äußert, zitiert und nachgeahmt. In seinem eigenen Sprachbereich lehnt Lukrez sich vor allem an Ennius an, dessen ungeschliffene, aber prächtige Epen ein Jahrhundert zuvor entstanden; ja, Lukrez' Stil ist sogar in der Nachahmung des frühen Vorbildes häufig absichtlich archaisch und steht abseits von der Entwicklung des Versmaßes, das bei Vergil (6) seine höchste Vollkommenheit erreichen sollte.

Lukrez' Thema ist vielschichtig und verschachtelt. Um es kurz zusammenzufassen: sein leidenschaftlicher Wunsch nach Befreiung des Geistes aus den Banden des Aberglaubens drückt sich in einer Darlegung der Naturgesetze aus, die, wie er nachweist, von den naturgegebenen Bewegungen der Atome abhängen, aus denen alle Materie gebildet wird. Diese Bewegungen werden in keiner Weise von irgendwelchen übernatürlichen Wesen gelenkt, die der Überlieferung zufolge das Weltall geschaffen haben sollen und es noch beeinflussen. Das Begreifen der Naturvorgänge wird den Menschen helfen, sich von der Furcht vor solchem Einfluß zu befreien, vornehmlich von der Todesfurcht, die die Quelle aller menschlichen Mißgeschicke und Missetaten ist: tantum religio potuit suadere malorum. Die beiden ersten Bücher erklären deshalb Aufbau und Wirken des Weltalls und zeigen, wie sich alle Materie und alle Bewegung aus der Bewegung der Atome herleitet, die mitsamt dem Weltall selbst die einzigen unzerstörbaren Substanzen sind. Im dritten Buch wendet Lukrez diese Prinzipien auf Geist und Körper des einzelnen Menschen an, um zu zeigen, daß die Seele zugleich mit dem Körper zugrunde geht – ein wesentlicher epikuräischer Lehrsatz. Das vierte Buch befaßt sich mit einer weiteren epikuräischen Auffassung, nämlich der Theorie von den Substanzen, deren Abbilder sich aus den Atomen zusammensetzen, die mit der Auflösung der Abbilder nicht mit zugrunde gehen. Das fünfte Buch handelt vom Ursprung der Welt und des Lebens und vom Fortschritt der Menschheit; das sechste weist nach, wie natürlich gerade jene Phänomene wie Donner und Erdbeben sind, die nach landläufiger Ansicht die Existenz übernatürlicher Kräfte beweisen.

Wenngleich die Muse des Lukrez unter dem Gewicht des Stoffes zuweilen ein wenig schwankt, hält er doch mit der Eindringlichkeit seiner Schau, seiner machtvollen Darlegungskraft und der Vielfalt seiner Erfindungsgabe sein Thema durch und nirgends mit größerem Gelingen als in den Lobgesängen auf den alles durchdringenden Feinsinn der Natur und ihre unendlichen Schöpferkräfte, die er (in offenbarem Selbstwiderspruch) unter dem Namen Venus personifiziert, der Alma Venus, die in den herrlichen Anfangszeilen des Gedichts angerufen wird.

Die erste gedruckte Ausgabe des Lukrez erschien in Brescia um 1473; die zweite kam 1486 in Verona heraus (er gehörte nicht zu den beliebten Autoren der frühen Drucker). Die hier angezeigte Ausgabe war das Meisterwerk des großen französischen Altertumsgelehrten Denys Lambin. Von gründlichster Gelehrsamkeit und dabei leidenschaftlicher Hingabe erfüllt, läßt seine Herausgeberarbeit eine tiefe Gleichgestimmtheit mit seinem Gegenstand verspüren, und seine Vorworte und Anmerkungen sind ein Monument umfassenden Wissens und schönster, kraftvoller Latinität.

88   Kunstgeschichte

GIORGIO VASARI (1511-74). Le Vite de' più Eccellenti Pittori, Scultori e Architettori, 3 Bände. *Florenz, Giunta, 1568*

Dieses Werk über ›Die Lebensläufe der hervorragendsten Maler, Bildhauer und Architekten‹ ist die erste moderne Kunstgeschichte. Sie hat Vasaris Namen unsterblich gemacht, obwohl man ihn zu seinen Lebzeiten vornehmlich als Maler und Architekten schätzte – er arbeitete hauptsächlich in Rom und Florenz, wo er ein Schützling der Medici war.

Sein Buch enthält die Biographien italienischer Maler, Bildhauer und Baumeister vom 13. bis zum 16. Jahrhundert. Sie stützen sich auf frühere handschriftliche oder gedruckte Quellen, auf mündliche Berichte, auf seine persönliche Kenntnis der Kunstwerke und auf seine eigene große Sammlung von Handzeichnungen. Vasari reiste viel umher, um persönliche Auskünfte zu sammeln, und traf mit den meisten Künstlern seiner Zeit zusammen. Obwohl er die konventionelle Auffassung seiner Zeit hegte, daß das Mittelalter ein steriler Zeitabschnitt zwischen Altertum und Renaissance gewesen sei, war er mit seiner Bewunderung für Giotto und Cimabue seiner Zeit voraus. Die florentinische Schule überragte für ihn jedoch alles, und Michelangelo war sein großer Heros.

Die ›Lebensläufe‹ sind zwanglos und unbekümmert mit Geschichten und Anekdoten verbrämt, von denen einige mit Bestimmtheit apokryph sind; die moderne Forschung mit ihren strengeren Maßstäben hat folglich allerlei Unrichtigkeiten und Mängel in dem Buch aufgedeckt. Dessenungeachtet machen Vasaris vorzügliche Erzählergabe und sein lebendiger Stil im Verein mit seiner umfassenden persönlichen Kenntnis die ›Lebensläufe‹ zu einem unerläßlichen Beitrag zu unserem Verständnis des Charakters und der Psychologie der großen Künstler der Renaissance, ein Begriff (rinascita) übrigens, den er als erster Schriftsteller verwendete.

Das Buch erschien erstmals 1550 in Florenz in zwei Bänden, die 133 Lebensläufe enthielten; die dreibändige Ausgabe von 1568, die die Biographien bis 1567 weiterführt, ist jedoch mit ihren 161 Lebensläufen die erste vollständige und außerdem die erste, die mit Holzschnitt-Porträts illustriert ist. Sie enthält zudem eine Autobiographie Vasaris und eine wertvolle Abhandlung über die in den Künsten verwendeten technischen Methoden. Sie wurde das Vorbild des nachfolgenden kunstgeschichtlichen Schrifttums und war die Vorläuferin der erstaunlichen Folge von Studien der verschiedenen italienischen Malerei-Schulen, die Italien im 17. und 18. Jahrhundert hervorbrachte. Für ihre Zeit ist sie das maßgebende Werk geblieben und erlebt bis heute immer wieder neue, sowohl textkritische wie volkstümliche Ausgaben.

HENRY DE BRACTON (gest. 1268). De Legibus et Consuetudinibus
Angliae. *London, Richard Tottel, 1569*

Diese um die Mitte des 13.Jahrhunderts verfaßte Abhandlung
›Über die Gesetze und Bräuche Englands‹ ist die »klassische Darlegung des Gewohnheitsrechts« (D.M.Stenton); die Gerichtshöfe beriefen sich bis ins 18.Jahrhundert hinein auf sie, und sie ist
»bis zum heutigen Tag ein Vorbild der rechtswissenschaftlichen
Literatur« (P.M.Barnes) geblieben.

Heinrich von Bracton legte seinem Buch die Rechtsfälle zugrunde, die vor den großen Richtern der ersten Hälfte des 13.Jahr-
hunderts verhandelt und von ihnen entschieden worden waren –
Männern wie Martin von Pattishall und Wilhelm von Raleigh,
dessen Schreiber er gewesen war – sowie seine eigene zwanzig-
jährige Erfahrung als ›justice itinerant‹ oder Reisender Richter in
den Grafschaften Nord-, Mittel- und Westenglands. Er verband
eine systematische Untersuchung der allgemeinen Gültigkeit von
Rechtsentscheidungen mit der Überprüfung ihrer praktischen
Anwendung an den Gerichten (common law courts) und gelangte

Vasari (88)

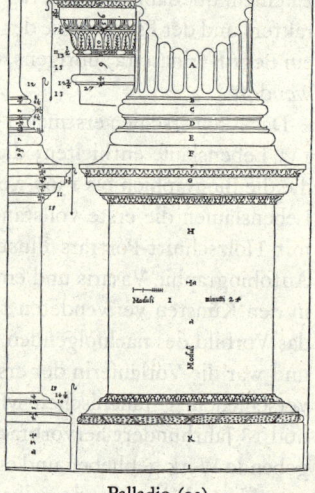

Palladio (92)

auf diese Weise zur Formulierung von Grundsätzen, welche die gesamte Entwicklung des englischen Rechts bestimmt haben, das wohl am auffälligsten die Anwendung von Präzedenzfällen kennzeichnet. Seine Methode wurde von Littleton (23) und Coke (126) übernommen und fortgeführt.

Bracton verfaßte ›De Legibus‹ zwischen 1250 und 1256. Richard Tottel (gest. 1594), der 1569 die erste vollständige Ausgabe druckte, war der führende englische Verleger rechtswissenschaftlicher Werke in der zweiten Hälfte des 16. Jahrhunderts. König Eduard VI. erteilte ihm 1553 ein Privileg für »alle und jegliche Art Bücher über unser irdisches Recht«, und er war eines der Gründungsmitglieder der Stationers' Company, der Drucker- und Buchhändler-Gilde, die 1557 ihren königlichen Freibrief erhielt.

Humane Erziehung 90

ROGER ASCHAM (um 1515-68). The Scholemaster. *London, John Daye, 1570*

Roger Ascham wurde in der Grafschaft Yorkshire geboren und studierte am St. John's College in Cambridge, dessen ›Fellow‹ er wurde. Unter dem Einfluß von Sir John Cheke, einem der Wiedererwecker des Studiums der griechischen Sprache, lernte er Griechisch und die schöne ›Kanzlei‹-Kursive, für die beide berühmt waren. Ascham lehrte Griechisch und Mathematik und wurde, als Cheke 1546 in den Ruhestand trat, sein Nachfolger als offizieller Sprecher der Universität. Kurz darauf wurde er zum Hauslehrer der Prinzessin Elisabeth bestellt, welchem Umstand er nach ihrem Regierungsantritt seine Beförderung verdankte.

Im Jahr 1553 begann er die Niederschrift des Werkes, das ihn berühmt machen sollte: ›The Scholemaster‹. Das Buch verdankt seinen Anlaß einem Tischgespräch mit Sir William Cecil und anderen Herren über das Für und Wider der Prügelstrafe in den Schulen, bei dem Ascham sich zum Wortführer ihrer Gegner machte. Im Anschluß an diese Debatte bat ihn Sir Richard Sackville, eine Abhandlung »über die rechte Art des Unterrichtens« zu verfassen, und das Ergebnis war ›The Scholemaster‹.

Das Buch ist jedoch keine allgemeine Abhandlung über Erziehungs- und Unterrichtsmethoden und war auch nicht zur Verwendung in den Schulen gedacht; vielmehr war es »eine einfache und perfekte Art und Weise, um Kindern beizubringen, die lateinische Sprache zu verstehen, zu schreiben und zu sprechen ... für die Erziehung der Jugend in vornehmen und adligen Häusern«. Auch war es nicht eigentlich ein neuartiges oder revolutionierendes Werk, denn der berühmte Einspruch gegen das unsanfte Prügeln zugunsten der sanften Überredung war schon in der Schule von Winchester vorwegerhoben worden und hatte in England bereits einige Unterstützung gefunden. Daß ›The Scholemaster‹ diesem humanen Geist Ausdruck verlieh und sich zugleich zum lebhaften Verteidiger der Volkssprache machte – sowie vielleicht auch die rührende Schilderung der Lady Jane Grey, wie sie Platos ›Phaidon‹ liest, während jedermann sonst draußen auf der Jagd ist –, das hat das Buch berühmt gemacht.

91   Volkstümliche Atlanten

ABRAHAM ORTELIUS (1527-98). Theatrum Orbis Terrarum.
Antwerpen, Ægidius Coppenius Diesth, 1570

›Das Bild der Welt‹ ist ein Markstein in der Geschichte der Kartographie, denn es ist der erste große moderne ›Atlas‹ – ein Name, den Ortelius' Freund Mercator (100) fünfzehn Jahre später zum ersten Male verwendete.

Die Wiederentdeckung der ›Geographie‹ des Ptolemäus im Jahr 1410 und die großen geographischen Entdeckungen des 15. und 16. Jahrhunderts regten das Zeichnen von Karten der Alten und Neuen Welt an. Während Kartographen wie Mercator ihr Interesse den neuen Techniken der Anfertigung von Landkarten zuwandten, waren Männer wie Ortelius, wenngleich Gelehrte, in erster Linie doch Verleger, die der wachsenden Nachfrage nach Beschreibungen und Landkarten bekannter und unbekannter Länder nachkamen. Er erwarb sich unter den europäischen Kartographen einen großen Kreis von Bekannten, deren Landkarten er herausgab, ehe er diese einige Jahre später in seinem ›Theatrum‹ zusammenfaßte.

Diese Veröffentlichung hatte sofort Erfolg, da sie die besten ver-

fügbaren Karten der Zeit (von F. Hogenberg gestochen) in einem
geschlossenen Band enthielt und damit das Bild der ganzen Welt
vorlegte, so vollständig, wie es damals möglich war, und überdies
den Karten Zitate aus den maßgebenden Fachwerken und Beschreibungen der Topographie und der Altertümer beigab. Das
›Theatrum‹ war allgemein so beliebt, daß die Textteile in zahlreiche Sprachen übersetzt wurden und zwischen 1570 und 1612
insgesamt einundvierzig verschiedene Ausgaben herauskamen.
Die Erstausgabe enthielt dreiundfünfzig Karten; bis 1595 war der
Atlas auf hundertfünfzehn Karten erweitert worden.

Ortelius veröffentlichte eine Anzahl anderer gelehrter Werke,
so den ›Nomenclator Ptolemaicus‹, eine Cäsar-Ausgabe, ein Buch
über seine eigene schöne Sammlung von Medaillen und Skulp-
turen und ›De Recta Pronuntiatione Linguae Latinae‹, das eine
lebendige Schilderung seiner ersten Italienreise enthält. 1575 ernannte König Philipp II. von Spanien ihn zu seinem Hofgeogra-
phen. Vor seinem Tod erhielt er von der Stadt Antwerpen eine
Ehrengabe, wie sie später auch Rubens verliehen wurde.

Der wahre Maßstab für Ortelius' Leistung war jedoch der praktische Erfolg seines Atlas. Er vertrat überzeugend Ortelius' Meinung, daß jeder, der lesen und schreiben könne, auch eine gewisse
Kenntnis der Erdkunde haben sollte; die Texte, die seine Karten
begleiteten, wandten sich denn auch nicht nur an jene, die sich
nur für Geographie interessierten. Wenn heute jedes Haus und
jede Familie irgendeine Art von Atlas besitzt, so ist dies letztlich
der Überzeugung und dem guten Beispiel des Ortelius zu danken.

Der Palladianische Klassizismus   92

ANDREA PALLADIO (1508-80). I Quattro Libri dell'Architettura.
Venedig, Domenico de Franceschi, 1570

›Die Vier Bücher der Architektur‹ enthalten die Grundsätze des
Baustils, der später als ›Palladianismus‹ bekannt wurde.

Andrea Palladio hieß eigentlich Andrea di Pietro und wurde in
Padua geboren. Den Namen ›Palladio‹ erhielt er von seinem Gönner, dem italienischen Humanisten Giangiorgio Trissino, der ihn
nach dem Engel in seinem epischen Gedicht ›L'Italia Liberata da'

Goti‹ (Rom, 1547-48) nannte, der ein Sinnbild ist für die Schönheit der klassischen Architektur.

Palladio beeinflußte nachhaltig den Baustil in vielen Teilen der Welt weniger durch seine eigenen tatsächlichen Bauten als durch dieses Lehrbuch. Es ist in vier Abteilungen gegliedert: Säulenordnungen und Grundprobleme, Wohnbau, öffentliche Bauten und Städteplanung, Tempelbauten. Palladios Stil wurde durch die Schriften Vitruvs (26) und Albertis (28) unmittelbar von den klassischen römischen Vorbildern angeregt. Seine charakteristischen Eigentümlichkeiten sind jene des Klassizismus: Symmetrie, Säulenordnung, feststehende mathematische Verhältnisse der Teile zueinander und zum Ganzen, Logik und Monumentalität. Wenn es auch zutrifft, daß Palladio sich in seiner späteren Schaffenszeit einiges der manieristischen Eigenheiten seiner Zeit zu eigen machte, blieben seine Bauten im Gegensatz zu dem in Rom und Piemont vorherrschenden Barockstil doch im wesentlichen klassisch.

Palladio hielt sich enger an die Regeln der klassischen römischen Baukunst als irgendein anderer Architekt, zuweilen sogar auf Kosten praktischer Verwendbarkeit und häuslicher Bequemlichkeit. Trotz der Modewelle des Barock und der Tatsache, daß er keine unmittelbaren Nachfolger fand, hat sein Buch bis zum Ende des 18. Jahrhunderts – Goethe bewunderte ihn sehr – auf die zeitgenössische Architektur und die Vorstellung vom Klassischen stark eingewirkt. In England ging dieser Einfluß in erster Linie auf seinen enthusiastischen Anhänger Inigo Jones (1573-1632) zurück, der das Queen's House in Greenwich in dem neuen, strengen, einfachen klassischen Stil entwarf. Jones versah sein Exemplar der ›Architettura‹ mit reichhaltigen eigenen Anmerkungen, und diese wurden in die erste, von Giacomo Leoni hergestellte und 1715-1716 veröffentlichte englische Übersetzung eingearbeitet. Lord Burlington, Kent, Campbell, Chambers, Adam und andere folgten. Der ›Palladianismus‹ wurde in der Welt der Kunstkenner geradezu zu einem Partei-Abzeichen, und England erblühte in einer reichen Vielfalt von Bauwerken ›im palladianischen Stil‹ – zweihundert Jahre nachdem Palladio diesen Stil geschaffen hatte. Von dort breitete er sich nach Schottland, Irland und Amerika aus.

Palladios Einfluß begann erst zu verblassen, als unter der Stoß-
kraft der neuen naturwissenschaftlichen Erkenntnisse und der
Schriften von Männern wie Burke (239) und Hume (194) im 18.
und Ruskin (315) im 19.Jahrhundert das Gefüge der klassischen
Ästhetik auseinanderbrach. Das palladianische Ideal ließ sich mit
der Romantik und ihren Wiederbelebungen nicht in Einklang
bringen.

Als praktischer Architekt wirkte Palladio hauptsächlich in Vicenza, Venedig und auf dem venezianischen Festland, besonders
an den Ufern der Brenta. Seine Villa Capra – bekannt als La Ro-
tonda – bei Vicenza wurde recht eigentlich zum Prototyp des
palladianischen Stils und vielfach und getreulich kopiert. Gegen
Ende seines Lebens schuf er die Pläne für das berühmte Glanzstück des Trompe l'œil, das Teatro Olimpico in Vicenza, das von
seinem Schüler Vincenzo Scamozzi vollendet wurde.

Palladio lieferte auch die Illustrationen zu D.Barbaros Ausgabe
des Vitruv (Venedig, 1556) und veröffentlichte einen Führer
durch die Altertümer Roms, ›L'Antichità di Roma‹, 1554, der oft
nachgedruckt wurde und auf die früher erschienenen ›Mirabilia
Romae‹ (12) zurückging, die sein Führer erweiterte und zu ersetzen beitrug.

Geschichtsschreiber und Gelehrter   93

PUBLIUS CORNELIUS TACITUS (um 55-etwa 120 n.Chr.). Histo-
riarum et Annalium libri qui exstant, Justi Lipsii studio emendati
& illustrati. *Antwerpen, Christoph Plantin, 1574*

Tacitus ist der hervorragendste Geschichtsschreiber und bedeutendste Prosaschriftsteller des Silbernen Zeitalters der lateinischen Literatur. Er war der Schwiegersohn des großen römischen
Feldherrn Agricola, unter dem die Eroberung Britanniens abgeschlossen wurde und dessen Biographie er schrieb.

Seine Hauptwerke sind die ›Annalen‹ und die ›Historien‹, die
die Zeitspanne von der Thronbesteigung des Tiberius im Jahr 14
n.Chr. bis zum Tod Domitians im Jahr 97 umfassen. Er ist der bei
weitem zuverlässigste Gewährsmann für die Geschichte dieses
Zeitabschnitts. Seine eigene hohe Stellung – er stieg bis zum

Senator und Konsul auf – verschaffte ihm Zugang zu allen Unterlagen, die nicht in der kaiserlichen Kanzlei unter Verschluß lagen.
Sein eingeborener Pessimismus war durch das Schreckensregiment
in den letzten Regierungsjahren Domitians bestätigt worden;
doch auch ein Blick zurück auf die Geschichte des Jahrhunderts
fand wenig, um seine Überzeugung zu entkräften, daß dies mit
Ausnahme der Regierungsjahre Trajans eine Zeit fortschreitender
Entartung war. Tacitus' Grundanschauung ist sittlicher Natur –
er erblickt in dem Jammer, den er schildert, eine Warnung für
künftige Generationen; doch seine sentimentale Sehnsucht nach
dem heroischen Zeitalter der Freiheit unter der Republik erfährt
ihre Einschränkung durch die Erkenntnis, daß die starke kaiser-
liche Zentralregierung eine wohltätige Notwendigkeit ist – oder
doch sein könnte. Sein vielbewunderter antithetischer, knapper,
rhetorischer Stil bringt seine Meinung mit unvergleichlicher
Kraft zum Ausdruck.

Tacitus war während des Mittelalters ziemlich unbekannt.
Seine Werke sind erstmals in Venedig um 1473 erschienen und
wurden bis zum Ende des Jahrhunderts mehrmals nachgedruckt
und übten auf die Historiker der Renaissance bedeutenden Einfluß aus. Der niederländische Gelehrte Justus Lipsius (1547-1606)
kannte den ganzen Tacitus auswendig, und seine hier angeführte,
neunzehnmal neu aufgelegte Ausgabe ist eines der großen Denk-
mäler der Gelehrtenarbeit des 16.Jahrhunderts. Da ihm selbst im
Leben die Gewalttätigkeit der Regierungen heftig zusetzte, fand
er, wie seine Anmerkungen kundtun, daß diese mit Tacitus' iro-
nischen und zynischen Aufzeichnungen über das Rom des ersten
nachchristlichen Jahrhunderts viel gemein hatte.

94   Die Idee der verfassungsmäßigen Regierung

(a) JEAN BODIN (1530-96). Les Six Livres de la République.
Paris, Jacques du Puys, 1576
(b) HUBERT LANGUET (1518-81). Vindiciae contra Tyrannos.
›*Edinburgi*‹, *[Basel], 1579*

Jean Bodin hatte Rechtswissenschaften studiert und rasch eine erfolgreiche Anwaltspraxis aufgebaut. Ein frühes Werk über Frank-

reichs wirtschaftliche Zwangslage – eine klarblickende Beurteilung der Finanzrevolution des 16.Jahrhunderts – machte ihn in der Öffentlichkeit bekannt und gewann ihm die Gunst König Heinrichs III., der ihn 1576 zu seinem Anwalt in Laon ernannte. Dies war Bodins annus mirabilis, denn im gleichen Jahr heiratete er, veröffentlichte seine ›Sechs Bücher von der Republik‹ und leistete dem Staat seinen größten und nachhaltigsten Dienst: er wurde in die Generalstände von Blois gewählt und schlug dort, fast auf sich allein gestellt, die extremen Forderungen der Liga zurück und mäßigte zugleich die Finanzforderungen des Königs. Ohne Zweifel hat diese Tat den Ausbruch des Bürgerkriegs hinausgeschoben und in gewissem Maße seine Gewalt verringert. Zugleich kostete sie ihn jedoch die Gunst des Königs, und obgleich er sich auch später stets um eine Politik der Mäßigung bemühte, gelang es ihm nicht, seinen Erfolg zu wiederholen.

Bodin kam 1581 mit dem Herzog von Alençon nach England, und als er feststellte, daß die ›Republik‹ hier in weiten Kreisen gelesen wurde, wenn auch in einer schlechten lateinischen Übersetzung, beschloß er, selber eine bessere herzustellen. Im Verlauf dieser Arbeit nahm er am Text des Werkes beträchtliche Veränderungen vor, und dieser Text, der 1586 in Paris erschien, ist seine maßgebende Fassung.

Die ›Sechs Bücher von der Republik‹ erlebten zu Lebzeiten ihres Verfassers und auch späterhin zahlreiche Auflagen und waren überall in Europa von ganz außerordentlichem Einfluß. Sie sind praktisch der erste moderne Versuch, ein vollständiges System der Staatswissenschaften zu schaffen. Ihre Grundlage war die ›Politik‹ des Aristoteles (38), dessen Werk durch Bodin jenen Einfluß auf das moderne politische Denken erlangte, der Aristoteles zum Vater der Demokratie gemacht hat. Bodin gab sich jedoch nicht damit zufrieden, lediglich seinen Lehrmeister wiederzugeben; er fügte aus eigener Erfahrung Beträchtliches hinzu. Er billigte zwar, wie die meisten Schriftsteller des 16.Jahrhunderts, den Absolutismus als Staatsform, forderte jedoch seine Lenkung und Überwachung durch verfassungsmäßige Gesetze und gibt in dieser Hinsicht bereits eine Vorahnung der Entwicklung des Gedankens des ›Gesellschaftsvertrages‹ (207) im 17.Jahrhundert.

Bodin war somit der erste, der klar die Streitfrage stellte, um die sich der größte Teil der politischen Erörterung des 17. und 18. Jahrhunderts drehte, daß nämlich das Gesetz lediglich Ausdruck des souveränen Staatswillens ist, dieser aber dort, wo er bei einem absoluten Monarchen ruht, durch Gewohnheits- oder Naturrecht gemildert werden muß. Wird des Gesetzgebers Recht ungerecht, so verliert es seine Gültigkeit, und man muß sich ihm widersetzen.

Hubert Languet, gebürtiger Franzose, aber ein echter Europäer, war ebenso wie Bodin Diplomat. Er errang einen beträchtlichen Ruf als Gelehrter, und als er während eines Aufenthaltes an der Universität Bologna ein Buch von Philipp Melanchthon las, war er davon so stark beeindruckt, daß er den Verfasser aufsuchte und kurze Zeit danach zum Protestantismus übertrat. Hinfort war er ein Verbannter, wiewohl er von 1561 bis 1572 Kurfürst August 1. von Sachsen am französischen Hof vertrat. Als offizieller Wortführer eines protestantischen Hofes entrann er in der Bartholomäusnacht nur mit knapper Not dem Tod und wurde anschließend Botschafter am Kaiserhof. 1577 trat er in den Ruhestand, und in diese Zeit fällt die Niederschrift des Werkes, dem er seinen Ruhm verdankt. (Das heißt: falls er es tatsächlich schrieb, denn es bestehen hinsichtlich der Verfasserschaft noch immer gewisse Zweifel – es erschien unter dem Pseudonym Stephanus Junius Brutus Celta.)

›Einspruch gegen die Tyrannen‹ wurde wahrscheinlich in Basel gedruckt, außerhalb der Gerichtsbarkeit von Päpsten, Kaisern und Königen, aber aus kluger Vorsicht mit einem erdichteten Impressum versehen. Die Schrift verficht beredt das Recht des Volkes, sich der Tyrannis zu widersetzen, erklärt jedoch ausdrücklich, daß der Widerstand sich auf eine ordnungsgemäß zustande gekommene Obrigkeit stützen müsse. Sie ist in der Tat eine Kundgebung für die Theorie Bodins, und ihre Wirkungskraft und fortdauernde Bedeutung läßt sich an den Namen der Städte und an den Jahren ermessen, in denen sie übersetzt und nachgedruckt wurde: London 1648, London 1689, Paris 1789, Berlin 1848. Gleich den ›Menschenrechten‹ ist es eines der unvergänglichsten Dokumente in tyrannos!

MICHEL DE MONTAIGNE (1533-92). Essais, 2 Bände. *Bordeaux*, *S. Millanges, 1580*

Montaigne erfand die Form des Essays, um seine ganz persönlichen Überzeugungen und Gedanken auszusprechen, eine literarische Form, die es vor ihm kaum gegeben hatte. Sein ausgefeilter Essay, die ›Apologie de Raimond Sebonde‹, steht mit seinem Angriff auf den Fanatismus und mit seinem Eintreten für die Toleranz keiner modernen Schrift nach.

In der vorliegenden Sammlung hat Montaigne seinen Platz jedoch hauptsächlich als vollendeter Repräsentant des aufgeklärten Skeptizismus des 16.Jahrhunderts, dem Bacon (119), Descartes (129) und Newton (161) im folgenden Jahrhundert erwidern sollten.

Die Vorherrschaft der aristotelischen Wissenschaft (38) hatte durch die Wiederentdeckung anderer antiker Philosophen eine Schwächung erfahren, und dies begünstigte eine skeptische Auffassung der Möglichkeit, überhaupt irgendwelche Kenntnis des Wesens der Wirklichkeit zu erlangen. Montaigne war der führende Vertreter dieser Denkungsart, und es ist nicht uninteressant, daß Descartes' Lieblingsausdruck beim Vorbringen seiner Zweifel, »Que sais-je?«, heute der Name einer französischen Taschenbuchreihe ist.

Den Philosophen und Naturwissenschaftlern des beginnenden 17.Jahrhunderts ging es in erster Linie und ausdrücklich darum, diesen Standpunkt zu bekämpfen, und es ist durchaus möglich, im ›Discours‹ von Descartes eine Entgegnung auf Montaigne zu erblicken.

Der letzten, zu Lebzeiten des Verfassers erschienenen Ausgabe der ›Essais‹ von 1588 war ein dritter Band hinzugefügt, und diese Ausgabe wurde der endgültige Text, auf dem alle späteren Ausgaben beruhen.

FRANCISCO SANCHEZ (?1552-1632). Quod Nihil Scitur. *Lyon, Antonius Gryphius, 1581*

Sanchez war portugiesischer und möglicherweise jüdischer Abkunft und Professor der Medizin in Montpellier und Toulouse. Er war einer der ersten, die eine umfassende systematische Kritik der scholastischen Philosophie entwickelten, deren Lehrbücher er in seinen Vorlesungen zu benutzen genötigt war. Zusammen mit seinen Zeitgenossen Montaigne (95) – mit dem er angeblich entfernt verwandt war –, Bruno, Telesius und anderen vertrat er die neue Schule des philosophischen Skeptizismus, besonders im Hinblick auf die Naturwissenschaften.

Obwohl Sanchez die Bedeutung des Aristoteles (38) als Naturwissenschaftler durchaus anerkannte, wandte er sich doch entschieden gegen die unkritische Hinnahme seiner Auffassungen und gegen den vorherrschenden blinden Glauben an seine unumstößliche Autorität im philosophischen und naturwissenschaftlichen Denken. Er lehrte, daß mit der von den scholastischen Philosophen verwendeten syllogistischen Methode der logischen Schlußfolgerung keine Erkenntnis zu gewinnen sei, da sie von gewissen willkürlichen Begriffsbestimmungen ausging, deren Gültigkeit Sanchez für zweifelhaft hielt. Echte wissenschaftliche Erkenntnis – »scientia est rei perfecta cognitio« (Wissenschaft ist die vollkommene Erkenntnis der Dinge) – läßt sich mit dieser Methode nicht gewinnen. Vollkommene Erkenntnis ist dem Menschen unmöglich – daher der einigermaßen orakelhafte Titel des Buches, den man mit ›Warum man nichts wissen kann‹ oder ›Nichts ist gewiß‹ übersetzen könnte – doch kann der Mensch durch Anerkenntnis seiner Beschränktheit mit Hilfe des Experiments, des Empirismus und des vernunftbedingten Urteils (vgl. Nikolaus Cusanus, seinen Vorläufer im 15.Jahrhundert, Nr.45) immerhin zu einer gewissen begrenzten Erkenntnis gelangen. Sanchez griff den Aberglauben seiner Zeit wie Astrologie und Prophezeiungen aufs schärfste an.

Obwohl sein Einfluß eher negativ durch Kritik als positiv durch Schaffung eines neuen Systems wirkte, bereitete sein Werk doch im Verein mit dem seiner Zeitgenossen den Weg für die von Descartes (129) geschaffene Methode. Auch wurden seine Anschauungen von Bacon (119) und späterhin von den rationalistischen Philosophen und Naturwissenschaftlern des 17. und 18. Jahrhunderts aufgegriffen und weitergeführt.

Klassifizierung der Pflanzenwelt   97

ANDREAS CAESALPINUS (1519-1603). De Plantis. *Florenz, Giorgio Marescotti, 1583*

Während des Mittelalters und der Frührenaissance beschränkte sich die botanische Literatur weitgehend auf Pflanzenbücher, die in engem Zusammenhang mit der Arzneikunde standen, und auf Werke, die in den Grenzen des botanischen Wissens der Alten verblieben. Die Kenntnis der neuen Tier- und Pflanzenwelt, die aus der Neuen Welt und dem Osten nach Europa gelangte, sowie die Einrichtung zahlreicher neuer botanischer Gärten weckten jedoch das Bedürfnis nach einem wissenschaftlicheren Ordnungssystem der Pflanzenwelt. Abbildungen und Beschreibungen von Pflanzen folgten anfänglich noch einem ›natürlichen‹ Muster, das von ihrer Form und Struktur ausging, so viele charakteristische Eigentümlichkeiten wie möglich namhaft machte und sie entsprechend klassifizierte.

Mit Andreas Caesalpinus beginnt ein neuer Abschnitt. Er war Professor der Arzneimittelkunde und Leiter des Botanischen Gartens zu Pisa und späterhin Professor in Rom und Leibarzt Papst Clemens' VIII. Sein Buch ›Über die Pflanzen‹ war der erste Versuch, die Pflanzenwelt auf Grund vergleichender Formstudien systematisch zu ordnen; eine ähnliche Untersuchung hatte bereits Gesner (77) unternommen, aber sie wurde erst im 18. Jahrhundert veröffentlicht. Die herkömmliche Einteilung in Bäume, Sträucher, Halbsträucher und Kräuter wurde beibehalten, aber sie sind jetzt entsprechend ihren Samen, Früchten und Blüten in verschiedene Kategorien unterteilt.

Die erste Abteilung des Werkes enthält das allgemeine Ordnungssystem; in den übrigen fünfzehn Abteilungen werden 1520 Pflanzen in fünfzehn Klassen beschrieben. Caesalpinus' Philoso-

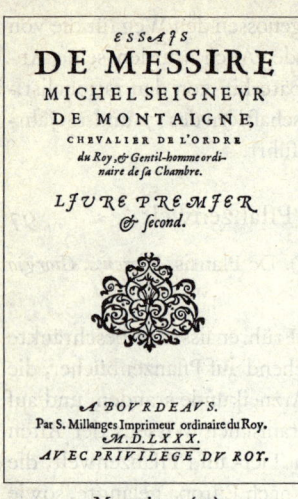

phie ist aristotelisch: Pflanzen besitzen eine Pflanzen-Seele, die
für Ernährung und Fortpflanzung der Organismen sorgt. Man
nahm an, die Ernährung komme aus den Wurzeln im Erdreich
und werde durch den Stengel oder Stamm hinaufbefördert, um
die Frucht hervorzubringen. Folglich sind Wurzeln, Stengel und
Früchte die vornehmsten Kennzeichen, die Caesalpinus zur
Grundlage seiner Klassifizierung wählt. Seine beschreibende Terminologie ruht letztlich auf den Früchten der Pflanzen. Er nahm
an, daß niedrige Pflanzenarten wie Flechten und Pilze, die keine
Fortpflanzungsorgane besitzen, durch spontane Zeugung aus
Verwesungsstoffen entstünden. Sie standen folglich bei ihm am
unteren Ende der Pflanzen-Hierarchie und lieferten das Bindeglied zwischen den Pflanzen und der anorganischen Natur. Das
Geschlecht der Pflanzen war noch nicht entdeckt; Blätter galten
lediglich als Schutz für den Samen.

So unvollkommen die Einteilung des Caesalpinus auch war,
stellte sie doch das erste rationale Ordnungs-System der Pflanzen
dar, das die Beschreibung ihrer stetig wachsenden Anzahl (im
Jahr 1600 waren sechstausend Pflanzen bekannt, zu Beginn des
18. Jahrhunderts nahezu zwanzigtausend) ermöglichte. Die Ent-

deckung des Geschlechtslebens der Pflanzen durch Camerarius (165) lieferte eine weitere Stütze für Caesalpinus' Methode, da die Fortpflanzungsorgane jetzt in größerem Detail als Ordnungselemente verwendet werden konnten. Caesalpinus' Einfluß auf seine Zeitgenossen war anfänglich nicht sehr groß; sie verwendeten weiter die empirische Beschreibung. Sein Hauptanhänger war J. Jung (1587-1657). Binnen eines Jahrhunderts erkannte man jedoch klar, daß ein auf die vergleichende Gestaltlehre gegründetes System erforderlich war, und diese Erkenntnis führte zum Werk Linnés (192), der ebenso wie Bauhinus (121) diesem Buch sehr verpflichtet war. Eine neuzeitliche Grundlage für die Ordnung der Pflanzenwelt ergab sich schließlich aus der organischen Entwicklungstheorie.

Die Chronologie der Geschichte   98

JOSEPH JUSTUS SCALIGER (1540-1609). De Emendatione Temporum. *Paris, Mamert Patisson, 1583*

Scaliger war der größte Gelehrte seiner Zeit; man hat ihn den ›Vater des modernen Kritizismus‹ genannt. Sein durchdringender Forschergeist und seine starke analytische Begabung traten in seiner Ausgabe (1579) eines der schwierigsten lateinischen Texte, der ›Astronomica‹ des Manilius, meisterlich zutage, und diese Arbeit war ein Vorläufer seines größten Werkes.

Die ›De Emendatione Temporum‹ revolutionierte die antike Chronologie; sie erbrachte den Nachweis, daß die Alte Geschichte sich nicht auf die der Griechen und Römer beschränkte, sondern auch die Geschichte der Perser, Babylonier und Ägypter einbezog, sowie die der Juden, die bisher als ›Heilige Geschichte‹ als besonderes Thema behandelt worden war. Scaliger verglich kritisch mit unglaublicher Sorgfalt die erhaltenen Historien und Chroniken jeder Kultur und erarbeitete aus ihren einzelnen Chronologien eine zusammenhängende Geschichtserzählung im Lichte des neuen Verständnisses des Jahresablaufs, wie es das kopernikanische System bewirkt hatte. Bedenkt man die Unordnung und das Durcheinander, die zahllosen vereinzelten und unzusammenhängenden Stückchen und Fetzen, die zu dieser Zeit die Alte

Geschichte bildeten, so steht Scaligers Leistung mit seiner ›Verbesserten Chronologie‹ turmhoch über der seiner Zeitgenossen; man kann sich heute schwer vorstellen, wie man ohne eine ausreichende durchlaufende Chronologie, die sich auf Scaligers Synchron-Prinzip stützt, überhaupt Geschichte schreiben könnte.

Scaliger beschloß seine Tage in Leiden als König der Gelehrtenwelt. Gelehrte aus aller Welt suchten ihn auf, und ein Wort von ihm konnte genügen, um einen Gelehrtenruf zu schaffen oder zu vernichten. Zu seinen Schülern zählten Grotius (125) und der Latinist Heinsius. Bei seinem Tod genoß er einen Ruf, den kein Nachfolger je wieder erreicht hat.

99   Das Dezimalsystem

SIMON STEVIN (1548-1620). De Thiende. *Leiden, Christoph Plantin, 1585*

Obwohl Stevin viele wichtige Beiträge zur Statik, Hydrostatik, Mechanik und Maschinenbaukunst lieferte, wurde er vor allem durch sein Buch ›Das Zehnte‹ bekannt, eine dünne Broschüre von nur sechsunddreißig Seiten, in der er die erste systematische Behandlung von Dezimalbrüchen vorlegte.

Simon Stevin, ein flämischer Mathematiker, Militäringenieur und Generalquartiermeister von Holland, erfand ein Verteidigungssystem für Holland, das aus Deichen und Schleusen bestand, konstruierte Windmühlen und baute einen berühmten Landsegler, der achtundzwanzig Passagiere befördern konnte. Er wurde 1803 auf Befehl Napoleons zerstört.

Dezimalbrüche waren schon viel früher für das Ziehen von Quadratwurzeln vorgeschlagen worden, doch Stevin vertrat ihre allgemeine Verwendung und behauptete, daß nun gemeine Brüche ganz überflüssig wären, da jede Rechnung mit ganzen Zahlen ausgeführt werden könnte. Diese Entdeckung war wahrscheinlich die wichtigste Entwicklungsstufe der Arithmetik seit Einführung der hindu-arabischen Ziffern.

Stevins System sollte wie die gemeinen auch die Sexagesimal-Brüche ersetzen, die in der Astronomie verwendet wurden, und er drang auf die allgemeine Einführung der Dezimale bei Münzen,

Gewichten und Raummessungen. Sie wurde schließlich bei der Münzprägung verwandt und nach der Französischen Revolution als ›metrisches System‹ auch auf Gewicht- und Raummaße übertragen.

In der wissenschaftlichen Mechanik und Hydrostatik schloß sich sein Werk an das von Tartaglia (66) an und ging dem Galileis (113, 128, 130) voraus, doch ihre Untersuchungen fanden völlig unabhängig voneinander statt. Sein Buch ›De Beghinselen der Weeghconst‹, 1586, gründete er auf die Annahme, daß es keine unaufhörliche Bewegung geben könnte. Er benützte diese Hypothese, um einen bemerkenswerten Beweis für das Gesetz der schiefen Ebene zu geben. In der Hydrostatik untersuchte er die Gleichgewichtsbedingungen bei flüssigen Körpern und entdeckte das Grundgesetz, daß der Druck an irgendeinem Punkt in einer Flüssigkeit in allen Richtungen gleich groß ist – später von Pascal bestätigt. Er stellte auch das sogenannte ›hydrostatische Paradoxon‹ fest, daß nämlich der Druck einer Flüssigkeitssäule auf den Boden des Gefäßes nicht von der Form und Größe des Gefäßes abhängt, sondern nur von der Höhe der Flüssigkeitssäule und der Bodenfläche.

›De Thiende‹ wurde 1585 ins Französische und 1608 ins Englische übersetzt. Eine deutsche Übersetzung existiert erst seit 1965.

Mercators Projektion   100

GERARDUS MERCATOR (1512-94). Atlas sive Cosmographicae Meditationes de Fabrica Mundi, 3 Bände. *Duisburg und Düsseldorf, Albertus Busius, [1585]-1595*

Daß die Erdkunde sich aus der ptolemäischen Theorie der Weltentstehung befreite, deren Autorität auf mehr als tausend Jahren gelastet hatte, ist hauptsächlich Mercator und Ortelius (91) zu verdanken. Ortelius veröffentlichte 1570 den ersten modernen Atlas, in dem Konstruktion und Aussehen der Landkarten nach einheitlichen Grundsätzen gestaltet waren; die Bezeichnung ›Atlas‹ wurde jedoch erstmals auf Mercators Kartensammlung angewendet, die den Untertitel ›Kosmographische Überlegungen über das Gefüge der Welt‹ trug.

Gerardus Mercator – er latinisierte seinen eigentlichen Namen Gerhard Kremer – stammte aus Flandern, war Schüler des Kosmographen Gemma Frisius und ließ sich als Instrumentenmacher und Landmesser in Louvain (Löwen) nieder, wo er seine ersten Landkarten herausgab. 1541 und 1551 konstruierte er sein berühmtes Globus-Paar, das 1552 Kaiser Karl V. überreicht wurde. Er wurde Lehrer in Duisburg, wo seine bekanntesten Karten erschienen.

Kartenherstellung und geographische Kenntnisse waren bis zu Mercators Zeit von Ptolemäus beherrscht gewesen, der seine Navigationskurse hauptsächlich auf Grund der Berichte von Reisenden entwarf; seine kartographischen Unterlagen waren völlig unwissenschaftlich und seine Karten voller Irrtümer. Mercator gab 1569 zum erstenmal mit einer Weltkarte ein Beispiel seiner neuen Projektionsmethode: bei ihr verlaufen die Meridiane parallel, und aus einem Großkreis auf dem Globus wird eine gerade Linie. Der Seefahrer, der Mercators Projektion verwendete, konnte folglich seinen Kurs mit dem Lineal ziehen. Mercator verriet die Projektion nicht, auf der seine Karten beruhten; sie wurde erstmals von Edward Wright (106) beschrieben und wird seither bei praktisch sämtlichen Seekarten verwendet. Vom rein geographischen Gesichtspunkt aus weist jedoch eine nach seinen Prinzipien angelegte Weltkarte noch immer beträchtliche Irrtümer auf, hauptsächlich weil die nördlichen Breitengrade nicht im richtigen Verhältnis zueinander – nämlich zu weit nördlich – liegen.

Mercators Karten von Frankreich, den Niederlanden und Deutschland kamen 1585 heraus; Italien und Südost-Europa folgten 1589, Nordeuropa und die Arktis 1595. Letztere wurde erst nach seinem Tod von seinem Sohn Rumbold veröffentlicht und war Königin Elisabeth I. von England gewidmet. Im gleichen Jahr wurde die ganze Kartensammlung mit insgesamt hundertsieben Karten unter dem obigen Titel neu herausgegeben. Einunddreißig Folio-Ausgaben kamen in ziemlich rascher Folge heraus (sechzehn lateinische, acht französische, drei deutsche und je zwei holländische und englische) sowie wenigstens siebenundzwanzig Ausgaben des ›Atlas Minor‹ in kleinerem Format, darunter eine türkische. Mercators Prinzipien fanden, vielleicht

Mercator (100)

Wright (106)

infolge des eingeborenen Konservativismus der Seeleute, nicht unverzüglich allgemeine Anerkennung, aber gegen Ende des 17. Jahrhunderts wurden sie überall verwendet. Erst in allerjüngster Zeit hat man sie hauptsächlich infolge der Erfordernisse des Flugverkehrs teilweise aufgegeben.

Mercator glaubte an eine schiffbare nordwestliche Durchfahrt und an einen großen südlichen Erdteil; er war überzeugt, daß der magnetische Pol mit dem Erdpol nicht identisch war. Er ging noch weiter und erklärte, jener befinde sich auf der Erde und nicht, wie allgemein angenommen wurde, im Himmel und er versuchte, seine Lage zu berechnen.

Altertumsforschung 101

WILLIAM CAMDEN (1551-1623). *Britannia. London, Radulph Newbery, 1586*

William Camden kann einigen Anspruch darauf erheben, als der Begründer nicht nur der Altertumsforschung, sondern auch des Studiums der modernen Geschichte zu gelten. Sein Name war zu seinen Lebzeiten hochangesehen, und seine Werke erfreuten sich nach seinem Tod lang anhaltender Beliebtheit. Heute freilich kennt man seinen Namen vor allem als den des Stifters des Lehrstuhls für Geschichte in Oxford, bis heute Camden-Professur genannt, und er ist außerdem in der Camden Society verewigt, die 1838 mit dem Zweck gegründet wurde, den Druck unveröffentlichter historischer Dokumente zu besorgen. Camden wurde in London als Sohn eines Mitglieds der Malermeister- und Färber-Gilde geboren, besuchte die Christ's Hospital- und die St.-Pauls-Schule und ging von dort 1566 ans Magdalen College in Oxford. Seiner Laufbahn an der Universität war nicht der Erfolg beschieden, den seine Gaben verdienten; hauptsächlich verhinderten sektiererische Vorurteile, daß er ein Stipendium erhielt, und im Jahr 1571 kehrte er nach London zurück.

Vorerst verwandte Camden viel Zeit darauf, kreuz und quer durch England zu reisen und Material für sein großes Werk zu sammeln. Seine noch aus Oxford stammende Freundschaft mit Gabriel Goodman, dem Dekan von Westminster, bewirkte, daß er stellvertretender Direktor der Westminster-Schule und 1593 ihr Direktor wurde. 1597 wurde er zum Clarenceux King of Arms, einem hohen Ehrenposten im Heroldsamt, ernannt, der ihm zweifellos mehr und bessere Gelegenheit zu gelehrter Forschungsarbeit bot. Von da an widmete er sich bis zu seinem Tod seinen antiquarischen und historischen Studien. Sein Fleiß war enorm; er lehnte die Erhebung in den Ritterstand ab aus Furcht, sie könne zeitraubende Pflichten nach sich ziehen. Erzbischof Ussher, Sir Robert Cotton und John Selden zählten zu seinen Freunden; sein Ruhm drang ins Ausland, er stand auf vertrautem Fuß mit dem französischen Rechtsgelehrten Brisson und dem großen französischen Philologen Isaac Casaubon.

Die erste Ausgabe von Camdens ›Britannia‹ erschien 1586. Ihr voller Titel lautet ›Britannia, sive florentissimorum regnorum, Angliae, Scotiae, Hiberniae et insularum adjacentium ex intima antiquitate Chorographica Descriptio‹ (›Britannien oder länderkundliche Beschreibung der blühenden Gebiete: England, Schottland, Irland und die umliegenden Inseln von ältester Zeit her‹). Bis zum Jahr 1623 war das Werk bereits ein halbdutzendmal neu gedruckt worden und hatte seinen ursprünglichen Umfang verdoppelt; zum bisher letzten Mal wurde es, auf vier riesige Foliobände erweitert, noch in den Jahren 1806-1842 neu aufgelegt.

Wenn Camden nicht der erste englische Historiker (im modernen Sinn des Wortes), Topograph und Altertumsforscher war, so war er doch gewiß der erste, der diese drei Studiengebiete in Beziehung zueinander setzte, und seine Britannia, ein in erster Linie topographisches Werk, ist das erste Buch, das – wenn auch nur in rudimentärer Form – die Notwendigkeit der kritischen Quellenauswertung aufzeigt. Der umwälzende Forschungsgegenstand und mehr noch seine umwälzende Behandlung machten das Werk zugleich zum Träger und zum Vorbild der Forschung auf allen drei Gebieten während der nächsten zweihundertfünfzig Jahre. Camden war sich der Bedeutung seiner Arbeit vollauf bewußt; seine übrigen Bücher – die ›Annales‹ der Regierungszeit Elisabeths I., die Ausgaben der frühen Chronisten, die Sammlung von Grabinschriften und vor allem seine ›Remaines concerning Brittaine‹, die seiner Britannia entnommen und eines der beliebtesten englischen Bücher des 17. Jahrhunderts war – bestätigen es. Er selber tat den bedeutsamsten Schritt, um seinem Werk Dauer zu verleihen, indem er aus den Einkünften seines Landbesitzes in Bexley die Stiftung seines Oxforder Lehrstuhls dotierte und seinen Freund, den gelehrten Degory Wheare, auf ihn berief.

Großbritanniens lange Tradition genauer und koordinierter Altertumsforschung ist nahezu ausschließlich Camden zu verdanken. Andere Länder entwickelten ihre eigenen Traditionen der Altertums-Kunde auf ähnliche Weise; Flavio Biondo und seine Anhänger in Italien schlugen allerdings andere Wege ein. Die ›Recherches de la France‹ von Etienne Pasquier (1529-1615) weisen in vielen Punkten Ähnlichkeiten mit Camdens Werk auf, das für den neuen Sinn, den die Menschen damals für die lang vergangenen Zeiten gewannen, sehr bezeichnend ist.

Der Geschichtsschreiber Athens

THUKYDIDES (etwa 471-etwa 400 v.Chr.). De Bello Peloponnesiaco. *[Genf], Henri Estienne, 1588*

Thukydides' Maßstäbe und Methoden zeitgenössischer Geschichtsschreibung sind nie verbessert oder übertroffen worden. Er nahm seine Arbeit sogleich zu Beginn der Ereignisse, die er aufzeichnete, in Angriff, und die Eindringlichkeit und Konzentration, die er auf seine Schilderung des ›Peloponnesischen Krieges‹ (des Krieges zwischen Sparta und Athen 431-404 v.Chr.) verwendete, entsprangen seiner Überzeugung, daß es sich hier um das bedeutendste Ereignis der griechischen Geschichte handle.

Er forderte von sich selber höchste Zuverlässigkeit. »Was die Kriegshandlungen betrifft«, schreibt er, so habe ich mir nicht gestattet, sie aufzuzeichnen auf Grund von Redereien des ersten besten Informanten oder willkürlicher Vermutung. Meine Schilderung beruht entweder auf persönlicher Kenntnis oder auf der genauest möglichen Überprüfung jeglicher Aussage von anderer Seite. Die Nachforschung war mühselig, weil diejenigen, welche die unterschiedlichen Ereignisse mit angesehen hatten, widersprechende Schilderungen gaben, je nachdem die Parteilichkeit sie beeinflußte oder ihr Gedächtnis zuverlässig war.« Er tat das nicht nur, weil er glaubte, daß die Bedeutung der tatsächlichen Ereignisse dies lohnte, sondern auch, weil er überzeugt war, daß sie sich von bleibendem Wert erweisen würden. Er erblickte in seiner Geschichte eine Quelle des Gewinns für »jene, die eine genaue Kenntnis der Vergangenheit begehren als Schlüssel einer Zukunft, die aller Wahrscheinlichkeit nach der Vergangenheit ähneln wird«. In diesem Sinn und nicht als Vorwegnahme seines eigenen dauernden Ruhmes bezeichnete er das Werk mit einer denkwürdigen Wendung als »ein Besitz für immer«.

Genau das ist es geworden. Nichts, nicht einmal seine eigene Teilnahme am Krieg oder seine Verbannung 424-404 ließen den Geschichtsschreiber von den Forderungen abgehen, die er an sich selber gestellt hatte. Man könnte geltend machen, daß Thukydides dadurch, daß er in sein Werk jene Reden, die zu dessen Höhepunkten gehören, aufnahm, von seinen Grundsätzen abgewichen wäre. Es ist offenkundig, daß er zwar einige von ihnen, besonders die berühmte ›Grabrede‹ des Perikles, selber gehört haben muß, daß er hingegen andere unmöglich gehört haben kann. Wahrscheinlich verwendete Thukydides diese Form der Aussage in der ersten Person alter Tradition gehorchend, der jedes griechische Geschichtswerk seit Homer gefolgt war. Er bediente sich ihrer jedoch, um das zu verdeutlichen, was begrifflich ausgedrückt unerträglich trocken gewirkt hätte – nämlich die persönlichen und politischen Beweggründe der Hauptbeteiligten auf beiden Seiten; wie eindringlich das wirkt, sehen wir an den Reden der feindlichen Generale vor der Schlacht, von denen der eine jeweils ganz deutlich dem anderen antwortet, als debattierten sie die Fragen, um die es ging. Thukydides ist so geschätzt worden, wie er es sich erhofft hatte: Staatsmänner wie Historiker, Männer des öffentlichen Lebens ebenso wie Gelehrte haben ihn gelesen und Gewinn aus ihm gezogen.

Der Text wurde erstmals von Aldus 1502 gedruckt. Die Ausgabe Henri Estiennes, eines Angehörigen der berühmten französischen Druckerfamilie, die mit den Gelehrten wie mit Gleichgestellten in Briefwechsel stand, kam erstmals 1564 heraus. Die hier angeführte Ausgabe wurde noch verbessert durch die Hinzufügung einer Übersetzung ins Lateinische von Lorenzo Valla und der Anmerkungen des großen französischen Gelehrten Isaac Casaubon.

Algebraische Trigonometrie 103

FRANCISCUS VIETA (1540-1603). In Artem Analyticam Isagoge. *Tours, Iametius Mettayer, 1591*

Die ›Einführung in die Analysis‹ ist das früheste Werk über algebraische Gleichungen.

Franciscus Vieta, latinisiert aus François Viète, der größte französische Mathematiker des 16. Jahrhunderts, war von Beruf ein Rechtsanwalt aus der Bretagne, der sein Leben lang in öffentlichen Diensten stand, zuletzt als Mitglied des Königlichen Staatsrates. Er war ein wohlhabender Mann, für den Mathematik eine reizvolle Liebhaberei war. Während er noch bei König Heinrich IV. von Frankreich Dienst tat, gelang es ihm, seine mathematischen Fähigkeiten bei der Entzifferung eines schwierigen Zahlenschlüssels der Spanier nützlich zu machen.

Vietas bedeutendste Erfindung in der Mathematik war die Bezeichnung von allgemeinen oder unbestimmten Größen durch Buchstaben des Alphabets statt mit Wortkürzeln, wie sie bisher verwendet wurden. Es stimmt, daß Buchstaben des Alphabets gelegentlich schon benutzt worden waren, um algebraische Größen zu bezeichnen, so im 13.Jahrhundert von Jordanus Nemorarius und im 15. und 16.Jahrhundert von Stifel und Regiomontanus (40) in Deutschland und von Cardanus in Italien, aber Vieta entwickelte diese Idee systematisch und machte daraus einen wichtigen Teil der Algebra. Bekannte Größen wurden durch Konsonanten, unbekannte durch Vokale dargestellt, Flächen, Körper usw. nicht durch neue Buchstaben, sondern durch Zusetzung der Worte Quadrat, Kubus usw. Vieta brachte auch die Zeichen $+$ und $-$ in allgemeinen Gebrauch, wenngleich sie sich schon in früheren deutschen Arbeiten finden und sich bis zum Jahre 1480 zurückverfolgen lassen. Das Gleichheitszeichen $=$ verdanken wir Robert Recorde (1557). Diese algebraische Zeichensetzung ermöglichte den Fortschritt der Analysis mit ihren komplizierten Entwicklungen, eine entscheidende Voraussetzung der modernen Mathematik.

Vieta schrieb auch ›De Numerosa Potestatum ad Exegesin Resolutione‹ (Von der numerischen Auflösung von Gleichungen), 1600, in der er eine Methode der Näherungslösung für die Wurzel einer Gleichung angab, und ›De Aequationum Recognitione et Emendatione‹ (Über Prüfung und Verbesserung der Gleichungen), 1615, das heißt über die Theorie der Gleichungen einschließlich der Lösung der kubischen und quadratischen Gleichungen. Er stellte trigonometrische Tafeln zusammen, abgeleitet von denen des Rheticus, und beschrieb sie in seinem frühesten mathematischen Werke ›Canon Mathematicus‹, Paris 1579, das Napier (116) benutzte. Außer einer genauen Behandlung der Berechnung von Dreiecken enthält der ›Canon‹ eine berühmte Darstellung der Beziehungen zwischen $\sin n\,\theta$ und $\sin\theta$. Vieta arbeitete die Theorie der rechtwinkligen sphärischen Dreiecke aus und ermittelte den Wert von π als einer unendlichen Reihe, die erste, die in einem mathematischen Werk erschien.

Durch seine brillanten mathematischen Untersuchungen wurde Vieta eine Schlüsselfigur in der Entwicklung der Mathematik; seinen Einfluß spürt man bei Descartes (129), bei Harriot und selbst bei Newton (161) und Leibniz (160).

Seine Bücher wurden sämtlich auf seine Kosten für seine Freunde gedruckt und sind deshalb sehr selten.

RICHARD HOOKER (1553-1600). Of the Lawes of Ecclesiastical
Politie. *London, John Windet, [1593 oder 1594]-1597*

Richard Hookers monumentales Werk war gedacht als Verteidi-
gung der in der Regierungszeit Elisabeths I. errichteten anglika-
nischen Staatskirche und im besonderen als Verteidigung des
Episkopats und der Kirchenregierung gegen die Einsprüche der
Presbyterianer. Tatsächlich jedoch geht der Verfasser wesentlich
weiter und erörtert die Grundsätze, auf denen letztlich jegliche
Obrigkeit beruht, und findet sie im Begriff des Gesetzes, »dessen
Sitz der Busen Gottes, dessen Stimme die Harmonie der Welt ist«.
Das in der Natur wirksame Gesetz, das Wesensart und Hand-
lungsweise des Einzelmenschen bestimmt und in der Bildung von
Gesellschaften und Regierungen sichtbar wird, ist gleicherweise
als Teil der göttlichen Ordnung zu begreifen, nach der auch Gott
selbst handelt.

»Alle Dinge wirken daher in gewisser Weise gesetzmäßig; nur
ist bei den Werken und Unternehmungen Gottes Er selbst sowohl
der Wirkende als auch das Gesetz, nach dem sie bewirkt werden.
Das Wesen Gottes ist eine Art Gesetz für sein Wirken; denn die
Vollkommenheit, welche Gott ist, verleiht Vollkommenheit dem,
was Er tut.« Die höchste Annäherung an das Gesetz Gottes, die
dem Menschen möglich ist, erfolgt durch die vollkommene Vernunft bei tiefer und absoluter Achtung der Tatsachen. »Die allgemeine und ständige Stimme der Menschen ist gleich dem Urteilsspruch Gottes selbst.« Indem er seine Grundsätze auf den
Menschen in der Gesellschaft anwendet, leitet er Macht und
Kraft der Regierung aus der allgemeinen Zustimmung her. »Da
die Menschen von Natur aus keine volle oder vollständige Macht
besitzen, ganzen Mengen urteilsfähiger Menschen zu befehlen,
könnten wir solcherart ohne unsere ausdrückliche Zustimmung
dem Befehl keines Lebenden unterstehen. Wir erteilen unsere Zustimmung dazu, daß man uns befehle, wenn und falls die Gesellschaft, deren Teil wir sind, zu irgendeinem früheren Zeitpunkt
ihre Zustimmung gegeben hat, ohne dieselbe durch gleiche allgemeine Übereinkunft später widerrufen zu haben.«

Dies ist die früheste Feststellung des ›ursprünglichen Gesellschaftsvertrags‹ als Grundlage aller Regierung, der seinen Ursprung in Frankreich hatte und der eine der großen Streitfragen in den politischen Kämpfen des 17.Jahrhunderts werden sollte. Hookers Theorie bildete die Grundlage von Lockes ›Treatise of Civil Government‹ (163) und kann somit als erste Formulierung der Grundprinzipien der englischen Verfassung angesehen werden.

Die Teile I und II, die Buch 1-4 und Buch 5 enthalten, erschienen wie oben angegeben; die Bücher 6 und 8 erschienen 1648 und Buch 7 erst 1661.

105   Die Kapitäne der Königin

RICHARD HAKLUYT (1552-1616). The Principal Navigations, Voiages, Traffiques and Discoveries of the English Nation, 3 Bände. *London, George Bishop, Ralph Newberie und Robert Barker, 1598-1600*

Dieses riesige Werk – es enthält angeblich eine Million siebenhunderttausend Worte – ist die vollständigste Sammlung von Beschreibungen der Reisen und Entdeckungsfahrten zu Lande und zu Wasser sowie der nautischen Leistungen des elisabethanischen Zeitalters.

Als Richard Hakluyt noch die Westminster-Schule besuchte, weckte bereits sein Vetter, Ratgeber der Muscovy Company (Rußland-Handelsgesellschaft) sein Interesse an der Geographie. Nach dem Studium am Christ Church College in Oxford, wo er neben vielem anderen auch vier Fremdsprachen erlernte, wurde er der erste Hochschullehrer für Geographie. Später wurde er zum Hausgeistlichen an der englischen Botschaft in Paris und nach der Veröffentlichung seines Buches zum Kaplan der königlichen Schloßkapelle im Savoy und zum Domherrn von Westminster ernannt.

Obwohl Hakluyt selbst nie weiter reiste als bis Paris, hat er einige der großen überseeischen Forschungsreisen seiner Zeit angeregt und war einer der führenden Geister des elisabethanischen Vordringens über die Weltmeere. Er traf mit vielen der großen

Seefahrer wie Drake, Raleigh, Gilbert, Frobisher und anderen persönlich zusammen, stand mit Ortelius (91) und Mercator (100) in Briefwechsel und sammelte alles Material über Seereisen, dessen er irgend habhaft werden konnte. Anfänglich veranlaßte er hauptsächlich die Übersetzung solcher Berichte ins Englische, aber 1589 hatte er selber genügend Unterlagen zusammengetragen, um die erste, 825 Seiten umfassende Ausgabe seines berühmten Buches veröffentlichen zu können. Er fuhr mit der Materialsammlung fort und konnte 1600 die drei Foliobände der endgültigen Ausgabe der ›Principal Navigations‹ füllen, die der Historiker Froude »das Prosa-Epos der modernen englischen Nation« genannt hat.

Das Werk ist sowohl chronologisch als auch nach Weltgegenden angeordnet und enthält persönliche Berichte von Forschungs- und Entdeckungsreisenden, Seefahrern, Kaufleuten und Diplomaten sowie die Wiedergabe dokumentarischer Unterlagen, Segelanweisungen und anderes mehr. Buch I umfaßt die Fahrten nach Norden und Nordosten, Buch II den Süden und Südosten und Buch III Amerika.

Hakluyt war ein energischer politischer Werber und Reichsgründer; es ging ihm darum, den Unternehmungsgeist zur See zu fördern und die britische Expansion nach Übersee zu verstärken. Er erblickte Englands größte Chance in der Kolonisierung Amerikas; seine erste Veröffentlichung war die Bearbeitung und Herausgabe einer Übersetzung von Cartiers Reise nach Kanada von Florio gewesen. 1579 empfahl er, Spanien die Magellan-Straße wegzunehmen. Er trat für die Kolonisation Amerikas hauptsächlich aus wirtschaftlichen Gründen ein, aber auch, um das Evangelium zu verbreiten und die Spanier zu vertreiben. Er setzte sich für eine Forschungsreise zur Auffindung der Nordwest-Passage ein, von deren Existenz er überzeugt war, und trat für die Ausdehnung der englischen Interessen in Indien ein. 1599 wurde er Sachberater der Ostindien-Compagnie, die angeblich auf Grund der Auskünfte in seinem Buch ihre Einkünfte um 20000 Pfund hatte erhöhen können, und 1606 wurde er einer der Gesellschafter der Virginia-Compagnie.

Hakluyt veranlaßte zahlreiche Veröffentlichungen der geographischen Literatur seiner Zeit und trug dazu gewöhnlich ein Vorwort bei. Auf seine Anregung hin veröffentlichte De Bry die Zeichnungen John Whites aus Amerika und Hariots ›True Report‹, den Teil 1 von De Brys großer Sammlung von Seefahrts-Berichten. Seine eigenen Manuskripte wurden Samuel Purchas zugänglich gemacht, der sie für sein Werk ›Hakluytus Posthumus or Purchas his Pilgrimes‹ verwendete, eine Sammlung von Seefahrten, die 1625 in fünf Bänden erschien.

Im weiteren Verlauf des Jahrhunderts und während des 18. Jahrhunderts ließ das Interesse für Hakluyt etwas nach, aber im neunzehnten lebte es wieder auf, und 1846 wurde zu seinen Ehren die Hakluyt Society gegründet.

106 Mercator für Seefahrer

EDWARD WRIGHT (1558-1615). Certain Errors in Navigation ... Corrected. *London, Valentine Sims, 1599*

Die Namen John Dee, William Bourne und Edward Wright umreißen die Spitzenleistung der englischen Navigationskunde zur Tudorzeit. Sie fanden die Lösung praktischer Probleme des Kompasses, der Breitengrade und der Geographie.

Edward Wright war ›Fellow‹ am Caius College in Cambridge und besaß anscheinend selbst wenig praktische Erfahrung in der Seemannskunst; seine einzige Reise nach Übersee unternahm er 1589 in Begleitung des Grafen von Cumberland nach den Azoren. Dessenungeachtet führte er eine Umwälzung in der Navigationskunde herbei, die er zum ersten Mal fest auf mathematische Prinzipien gründete. Sein Buch enthält Übersetzungen von Texten von Roderico Zamorano, Nunez und Cortes (76), doch den größten Wert hatte sein eigener Beitrag. Sein Ruhm beruht hauptsächlich auf seinen Tabellen zur Konstruktion von Karten mit Mercator-Projektion. Auf den alten Seekarten waren Breiten- und Längengrade mit jeweils gleichen Längen eingezeichnet, eine Verzerrung, welche die Eintragung eines Kurses auf See äußerst erschwerte. Mercator (100) hatte als erster eine Seekarte veröffentlicht, auf der ein auf dem Globus eingezeichneter gerader Kurs auf der Land- oder Seekarte als gerade Linie eingetragen werden konnte, indem er die Breitengrade verhältnismäßig stärker verlängerte als die Längengrade; aber er hatte dieses Verfahren nicht praktisch anwendbar gemacht. Wright stellte einen Satz von Tabellen auf, mit deren Hilfe die Mercator-Projektion in der Navigation praktisch verwendet werden konnte; diese Methode ist bis heute in Gebrauch.

Wright formulierte außerdem Anweisungen für die Verwendung des Kompasses und des Kreuzstabs (zur Winkelmessung), erfand Verbesserungen an Navigationsinstrumenten und stellte Tabellen der magnetischen Mißweisung auf. Er hatte seine Ideen dem niederländischen Kartenzeichner Hondius mitgeteilt, der unverzüglich eine Seekarte nach seinen Prinzipien herausbrachte, noch ehe Wright sein eigenes Buch veröffentlicht hatte, das eine Seekarte der Azoren in Mercator-Projektion enthielt. Im Jahr 1600 wurde in England eine Weltkarte nach Wrights System gestochen und in Hakluyts ›Principal Navigations‹ (105) veröffentlicht.

Wright kümmerte sich besonders um die Ausbildung der Seeleute in England. Er schlug die Ernennung eines Groß-Lotsen vor, der die Steuerleute prüfen sollte, eine Reform, die in England erst um die Mitte des 19. Jahrhunderts eingeführt wurde. Wright übersetzte auch Napier (116) ins Englische, da er sofort die große Bedeutung der Erfindung der Logarithmen für die Anwendung wissenschaftlicher Mathematik erkannte. Sein Interesse an den Problemen der geographischen Breiten kam in seiner Übersetzung von Stevins ›Die Kunst, den Hafen zu finden‹ von 1599 zum Ausdruck.

Die Erde ein Magnet 107

WILLIAM GILBERT (1544-1603). De Magnete. *London, Peter Short, 1600*

Die magnetischen Eigenschaften des Magnetits oder Magneteisensteins waren schon den alten Griechen bekannt, aber die Kenntnis des magnetischen Kompasses gelangte erst im Mittelalter aus China, wo die Geheimnisse des Magnetismus ebenfalls seit langem studiert wurden, nach Europa. Doch erst mit Gilbert, dem Leibarzt der Königin Elisabeth I., beginnt wirklich die neuere Entwicklung der Elektrizität und des Magnetismus.

Sein Buch ›De Magnete‹ war die erste große englische naturwissenschaftliche Abhandlung, die auf experimentellen Forschungsmethoden beruhte. Gilberts Hauptanliegen war der Magnetismus; aber im zweiten Buch seines Werkes erörtert er in einer Abschweifung auch die Anziehungskraft des Bernsteins (electrum) und er kann somit als Begründer der Elektrizitätskunde angesehen werden. Er prägte die Begriffe ›Elektrizität‹, ›elektrische Kraft‹ und ›elektrische Anziehung‹. Sein ›Versorium‹, eine kurze Nadel, die auf einer scharfen Spitze balanciert, um sich unbehindert bewegen zu können, ist das erste Instrument zur Untersuchung elektrischer Phänomene und diente zugleich als Elektroskop und Elektrometer. Er stellte die Behauptung auf, die Erde sei ein einziger großer Magnet; er unterschied die magnetische Masse vom Gewicht; er arbeitete an der Anwendung des Erdmagnetismus bei der Navigation.

Gilberts Buch beeinflußte Kepler (112), Bacon (119), Boyle (141), Newton (161) und im besonderen Galilei (130), der seine Theorien verwendete, um mit ihnen seinen eigenen Beweis für die Richtigkeit der Befunde des Kopernikus in der Himmelskunde zu stützen. Das Buch erlebte elf verschiedene Ausgaben, vier lateinische, sechs englische und eine russische.

108   Il Bel Canto

GIULIO CACCINI (um 1545-1618). Le Nuove Musiche. *Florenz, Marescotti, 1601 [1602]*

Um Caccinis ›Die Neue Musik‹ richtig zu sehen, muß man sie im Zusammenhang mit seinem Leben und im Verhältnis zu seinem übrigen Werk als Komponist betrachten. Caccini wurde um 1545 in Rom geboren und trat 1564 in die musikalischen Dienste der Medici in Florenz, hauptsächlich als Sänger, aber auch als Instrumentalist und Kapellmeister. Abgesehen von einer Reise nach Rom im Jahr 1592 und einem Aufenthalt in Paris 1604-05 verbrachte er sein ganzes Leben am Hof von Florenz und starb dort 1618. Sein Leben fiel zeitlich mit dem Aufstieg der italienischen Oper zusammen, zu deren Theorie und Praxis er Bedeutendes beitrug.

Um 1590 war Caccini ein hervorragendes Mitglied jenes Kreises von Dichtern und Musikern geworden, der sich im Palazzo des Giovanni de'Bardi, Grafen von Vernio, zusammenfand und der sich um die Wiedererweckung der verlorengegangenen Musik des antiken griechischen Dramas bemühte. Man hat gelegentlich behauptet, Caccini habe die Monodie erfunden; das ist zwar unrichtig, aber man kann einräumen, daß er viel zur Komposition von Musik für Einzelstimmen beitrug. Nach vorbereitenden Versuchen vollendete er gegen Ende des Jahres 1601 seine Fassung zu Peris Oper ›Euridice‹, der ersten, die im Druck erschien.

›Le Nuove Musiche‹ enthält drei Arien und zwei Chöre aus seinem anderen Bühnenwerk, ›Il Rapimento di Cefalo‹, sowie eine Anzahl selbständiger Arien und Madrigale. Besonders diese werden angeführt, um Caccinis Neuerung aufzuzeigen, den Texten auch musikalisch besonderen Ausdruck zu verleihen, um so ihren Stimmungsgehalt zu verstärken. Er erzielte dies hauptsächlich durch die Verwendung blühender, kunstvoll ausgearbeiteter Verzierungen, die man ›Gorgheggio‹ nannte. Das Vorwort zu dem Werk ist von größter Bedeutung, denn in ihm wird diese neue Technik im einzelnen erörtert; es ist ein Markstein in der Geschichte sowohl der Musik wie des Gesanges. Man kann es sogar als die Grundlage der italienischen Methode der Stimmausbildung, des Belcanto, betrachten, die von der ganzen Welt übernommen wurde, bis Wagner (333) den deklamatorischen Stil einführte, die aber für die italienische Oper bis heute charakteristisch geblieben ist.

Politik: Das Recht und das Volk   109

JOHANNES ALTHUSIUS (JOHANN ALTHAUS, um 1557-1638). Politica, Methodice Digesta. *Herborn, Christoph Corvinus, 1603*

›Die Wissenschaft von der Politik, systematisch dargestellt‹ gilt heute anerkanntermaßen als eines der bedeutendsten Dokumente in der Geschichte der Staatswissenschaften; ja, man kann sogar behaupten, daß die heutige Bedeutung des Wortes Politik Althusius zu verdanken ist. Sein Werk stellt die Systematisierung und endgültige Formulierung einer bezeichnenden Tendenz des politischen Denkens dar, die sich im 16. Jahrhundert aus biblischen, klassischen und mittelalterlichen Quellen und durch den Gärstoff der zeitgenössischen Ereignisse entwickelte. Es ist außerdem ein Werk von prophetischem Einblick: noch über die Jahrhunderte hinweg vermochte es Otto von Gierke (360) anzusprechen, dessen eigene Schriften viel zur Begründung der Staatswissenschaften, wie wir sie heute kennen, beigetragen haben. Die ›Politica‹ war zu ihrer Zeit ein berühmtes und populäres Werk; es kamen wenigstens sechs, möglicherweise acht Auflagen heraus, die letzte 1654. Danach geriet das Buch über zweihundert Jahre lang in Vergessenheit; kein politischer Schriftsteller, mit der einzigen Ausnahme Spinozas (153), scheint es gelesen zu haben, bis es von Gierke wiederentdeckt wurde, der es 1880 zur Grundlage seiner umwälzenden Schrift über ›Die Entwicklung der naturrechtlichen Staatstheorien‹ machte.

Althusius wurde nicht vor 1557 in Diedershausen in Westfalen geboren und promovierte 1586 in Basel zum Doktor beider Rechte. Unmittelbar darauf übersiedelte er an die Universität Herborn, wo er ein oder zwei Jahre später eine Professur erhielt. Dort blieb er bis 1604, beteiligte sich in hervorragender Weise an den Angelegenheiten der Universität und an dem politischen Leben des Landes und erwarb sich als Rechtsgelehrter und praktischer Anwalt einen wachsenden Ruf. Dann nahm er das Angebot der Stadt Emden an, ihr Stadtsyndikus oder Rechtsberater zu werden. Der Syndikus besaß beträchtlichen Einfluß auf die inneren Angelegenheiten der Stadt und war außerdem in ihren auswärtigen Beziehungen diplomatischer Hauptvertreter dieses damals großen Handelszentrums, das zugleich eine der einflußreichsten Hochburgen des Calvinismus in Nordeuropa war. Althusius blieb in Emden bis zu seinem Lebensende; ungeachtet seiner Anwaltspraxis und seiner städtischen Obliegenheiten verfaßte er nebenher noch weitere theoretische Werke, darunter eine erweiterte und verbesserte Ausgabe der ›Politica‹. Auf Grund seines großen Rufes wurde er darüber hinaus auch von anderen politischen Körperschaften als Rechtsberater in Anspruch genommen.

Was seine Zeitgenossen ebenso beeindruckte wie uns heute, ist das Geschick und der Scharfsinn, mit dem Althusius aus Quellen, die nach Stoff und Tendenz weit auseinanderlagen, in der

›Politica‹ ein nicht nur sinnvoll zusammenhängendes, sondern auch höchst persönliches System aufbaute. Er entlehnte aus philosophischen Werken wie der ›Politik‹ des Aristoteles (38), dem er viel verdankt, nicht zuletzt in seiner Stoffgliederung, und auch aus Propagandaschriften wie der ›Vindiciae contra Tyrannos‹ (94b) und verbesserte das Entlehnte. Wesenselement der Politik war für ihn die ›consociatio symbiotica‹, wie er es nannte, »die von Natur aus zusammenwirkende Gruppe«. »Die Politik«, erklärte er, »ist die Wissenschaft von der Bindung der Menschen in der Gesellschaft.« Während Machiavelli (63) sie als die Autorität des Fürsten über das Volk begriff und Bodin (94a) sie als die Autorität des Volkes über den Fürsten sah, erblickte Althusius sie in der Tatsache des Vorhandenseins gesellschaftlicher Gruppen. Dieses Ordnungsgefüge leitete sich, von seinem calvinistischen Standort her gesehen, eindeutig von Gott her, einem deterministisch fernen und entrückten Gott, von dem Althusius in einem seiner berühmtesten Aussprüche sagte: »Quod Deus est in universo, lex est in societate.«

Dies ist der Beginn der modernen Entwicklung der Naturrechtslehre und der Ausgangspunkt der politischen Überlegungen Lockes und Spinozas; und in Althusius' ergänzendem Satz von der natürlichen »Sympathie«, auf welche die gesellschaftliche Lebensform angewiesen ist, haben wir die Essenz von Rousseaus Lehre vom natürlichen Staat. Ein solcher Grad der Abstraktion war zu Beginn des 17. Jahrhunderts etwas Neues; er ist seither zum Gegenstand der Staatswissenschaften geworden.

Das Ende des Steins der Weisen   110

THEOPHRASTUS BOMBAST VON HOHENHEIM genannt PARACELSUS (1493 oder 1494-1541). Opera Medico-chemico-chirurgica, 11 Bände. *Frankfurt*, »*A Collegio Musarum Paltheniarum*«, *1603-1605*

Paracelsus war ein Schweizer Arzt und eine der farbigsten, interessantesten Erscheinungen der Renaissance nördlich der Alpen. (Der Name Paracelsus war eine Erfindung seiner humanistischen Freunde – eine pseudo-griechische Übersetzung von Hohenheim, seinem Geburtsort.) Paracelsus stellte die erstaunliche Behauptung auf: »Der wahre Zweck der Chemie besteht nicht darin, Gold zu machen, sondern Medizinen herzustellen.« Er war ein rastloser, streitsüchtiger, vorwärtsdrängender Mann, eine erstaunliche Mischung von Mystiker und geduldigem Beobachter der Natur, der in seinem System magische und wissenschaftliche Elemente miteinander verband und schon bald mit der orthodoxen Schulmedizin seiner Zeit in Fehde lag. Er verbrachte einen großen Teil seines Lebens als Wanderarzt und -apotheker, Theologe und Laienprediger.

Seine zentrale Idee war, daß der Mensch ein Mikrokosmos sei, daß jeder Bestandteil des Körpers und jede seiner Funktionen ihre Entsprechung in der größeren Welt besäßen, besonders in den Sternen und der Regelmäßigkeit und wechselseitigen Abhängigkeit ihrer Bewegungen. Er war des Glaubens, daß der menschliche Körper von einer okkulten Lebenskraft gelenkt und beherrscht werde, nämlich dem Archeus, der seinen Sitz im Magen habe und dessen Funktion es sei, die gesunden Elemente von den giftigen zu sondern. Der gesunde Körper bedürfte der Ausgewogenheit der mystischen Elemente Salz, Schwefel und Quecksilber, und die Störung dieses Gleichgewichts riefe die Krankheit hervor. Krankheit war nach seiner Auffassung überdies nicht lediglich eine Störung der normalen Körperfunktionen, sondern ein Parasit; sie war folglich eine Einwirkung von außen her – eine durchaus moderne Vorstellung, obwohl Paracelsus natürlich nicht die geringste Ahnung von der modernen Infektionslehre hatte. Folglich mußte der Arzt mit der Alchemie und der physikalischen Wissenschaft vertraut sein, insbesondere mit der Astrologie, da die Sterne die Krankheiten beeinflussen und Astralleiber in den menschlichen Körper eindringen, sowie mit der Theologie, da der Mensch außer seinem Körper und Geist auch eine Seele hat.

Die Bedeutung des Paracelsus für die Geschichte der Medizin lag folglich weniger in seiner Entdeckung spezifischer Heilmittel als überhaupt in seiner beruflichen Einstellung und Verfahrensweise. Seine zwei wichtigsten Ideen auf diesem Gebiet sind die folgenden: Erstens wandte er chemische Verfahrensweisen auf Arzneimittelkunde und Therapeutik an und hatte eine dunkle

Ahnung davon, daß die Körperfunktionen chemischen Charakter trügen, so daß Störungen durch chemische Gegenmaßnahmen geheilt werden könnten. Damit soll nicht behauptet werden, daß Paracelsus ein Apotheker in unserem heutigen Sinn war – dafür war sein Denken viel zu sehr mit Alchemie, mystischer Kosmologie und Philosophie verquickt – aber es gelang ihm immerhin, auf empirischem Wege einige wirksame Drogen zu finden. Zweitens wandte er sich in seinem Medizinunterricht von der damals herrschenden Anschauung der ›Körpersäfte‹ ab, und selbst wenn man für ihn keine moderne Auffassung von Anatomie und Physiologie in Anspruch nehmen kann, so lassen sich in seinem Werk doch die Anfänge der modernen Pathologie erkennen. Er hinterließ eine Anzahl bemerkenswerter Krankheitsbeschreibungen, darunter der ›Staublunge‹ der Bergarbeiter – wohl der ersten Berufskrankheit (siehe 170) – und des Kropfes mit und ohne begleitenden Schwachsinn. Er verwendete Quecksilber als harntreibendes Mittel und wies Albumin (Eiweißstoff) im Harn nach; er verschrieb Opium und ätherähnliche Substanzen als Beruhigungsmittel; er machte Gifte wie Arsen durch besondere Methoden der Entgiftung für medizinische Zwecke verwendbar; er verwarf bei der Beurteilung von Geisteskrankheiten zumindest einige der groben dämonologischen Vorstellungen seiner Zeit.

Sein Einfluß auf das ausgehende 16. und das 17. Jahrhundert reichte tief. Die sogenannte ›Iatrochemie‹ (medizinische Chemie), die unsere Kenntnis der chemischen Verbindungen beträchtlich erweitert hat, geht auf seine Anregungen zurück, und die Arbeit Helmonts (135), eines wissenschaftlichen Forschers schon im modernen Sinn, ist ohne ihn nicht denkbar.

Die theologischen Werke des Paracelsus, die jetzt nach den Handschriften veröffentlicht werden, sollen vierzehn Bände umfassen.

MIGUEL DE CERVANTES SAAVEDRA (1547-1616). El Ingenioso
Hidalgo Don Quixote de la Mancha. *Madrid, Juan de la Cuesta, 1605*
(2.Teil 1615)

Cervantes wurde in Alcalá de Henares geboren und starb nach
einem langen und abenteuerlichen Leben in Madrid. Seine ersten
Verse, eine Ode auf den Tod der dritten Gemahlin Philipps II.,
erschienen 1569. Danach jedoch wurde er Soldat und zeichnete
sich 1571 in der Seeschlacht von Lepanto aus, verlor dort seine
linke Hand, erhielt 1575 Heimaturlaub, doch wurde sein Schiff
auf der Fahrt nach Spanien von nordafrikanischen Seeräubern gekapert und er als Gefangener nach Algier verschleppt. Nach
mehreren Fluchtversuchen, die ihm anscheinend den Respekt
seiner Erbeuter eintrugen, wurde er Ende 1580 ausgelöst und
kehrte nach Spanien zurück. Während der nächsten zehn Jahre
versuchte er ohne viel Erfolg, sich als Dichter sein Leben zu verdienen, doch seine wachsenden Familienverpflichtungen (er hatte
1584 geheiratet) nötigten ihn, einen Posten im Staatsdienst anzunehmen. In diesem Beruf war er womöglich noch weniger erfolgreich, denn zwischen 1597 und 1602 wurde er mehrmals ins Gefängnis geworfen, und im Gefängnis begann er, wie es scheint,
mit der Niederschrift seines Meisterwerkes.

Der erste Teil des Don Quijote erschien 1605. Aus der simplen
Satire auf die öden Ritterromanzen jener Zeit, als die das Werk
begonnen hatte, war ein umfassendes Panorama der spanischen
Gesellschaft geworden, und diese bunte Vielfalt, die Springleben-
digkeit und die spöttischen Seitenhiebe auf die Großen und Berühmten machten das Buch unverzüglich berühmt. Sein größerer
künstlerischer Anspruch, sein gedämpftes, ergreifendes Pathos
und seine allumfassende Menschlichkeit brauchten länger, um
erkannt und gewürdigt zu werden. Dennoch waren Don Quijote
und Sancho Pansa binnen weniger Monate zu legendären Gestalten geworden; das Buch wurde von drei verschiedenen Verlegern
unerlaubt nachgedruckt, und es erschienen außerdem noch zwei
weitere rechtmäßige Ausgaben, sämtlich im Jahr 1605. Noch ehe
der 2.Band herauskam, war der erste bereits in England, Frank-

reich und Italien erschienen, und Cervantes war in ganz Europa bekannt. Die erste deutsche Übersetzung erschien 1621. Zur Niederschrift des zweiten Teils wurde Cervantes dadurch angespornt, daß 1614 ein ihm unterschobener 2. Band herauskam; sein eigener zweiter Teil war ein noch größerer Erfolg als der erste. Cervantes hatte inzwischen seine beiden Helden, die er anfänglich der Lächerlichkeit preisgegeben hatte, zu lieben und besser zu verstehen gelernt. Er starb am 23. April 1616, am gleichen Tage wie Shakespeare.

Don Quijote ist eines jener universalen, weltgültigen Werke, die von Menschen jeglichen Alters zu allen Zeiten und überall immer wieder gelesen werden, denn es gibt wohl wenige Menschen, die sich nicht gelegentlich selber wie Don Quijote im Kampf mit den Windmühlen vorgekommen wären oder wie Sancho Pansa im Wirtshaus.

Die Gesetze der Planetenbewegung 112

JOHANNES KEPLER (1571-1630). Astronomia Nova. *[Heidelberg, E. Vögelin], 1609*

Johannes Kepler steht, mit Galilei (113), zwischen Kopernikus (70) und Newton (161), also zwischen den Begründern der modernen Astronomie und einer neuen Sicht des Universums. Die ›Neue Astronomie‹ ist wohl sein bedeutendstes Buch.

Kepler war ein Schwabe, geboren in Weil der Stadt unweit Stuttgart. Er studierte in Tübingen Mathematik, Astronomie und Theologie. Nachdem er als Protestant gezwungen wurde, seine Stelle als Mathematiklehrer in Graz aufzugeben, stieß er zu Tycho Brahe in Prag, dem berühmten dänischen Astronomen, und wurde nach dessen Tode Mathematiker bei Kaiser Rudolf II., einem großen Förderer der Wissenschaft.

Es war ein glücklicher Umstand, daß Kepler das reiche Beobachtungsmaterial, das Tycho Brahe zusammengetragen hatte, benutzen konnte. Brahe hatte die Konstruktion astronomischer Instrumente bedeutend verbessert und mit ihnen viele Jahre lang systematische und genaue Beobachtungen angestellt. Obwohl er von der traditionellen Vorstellung des Weltalls in einigen kritischen Punkten abwich, hielt er den Gedanken von der Bewegung der Erde für absurd; doch mangelte es ihm an Zeit, sein eigenes System des Weltalls aus der Beobachtung zu entwickeln. Diese Aufgabe hinterließ er Kepler.

Kopernikus hatte die Sonne als Mittelpunkt des Weltalls aufgezeigt, um die Erde und Planeten kreisen, doch war seine Beschreibung ihrer Bewegungen noch stark von alten Vorstellungen von Ordnung und Harmonie durchsetzt. Es war Keplers Ziel, die wahren Bewegungen der Planeten zu ermitteln sowie die mathematischen und physikalischen Gesetze, die sie beherrschen. Das gelang ihm glänzend.

In der ›Astronomia Nova‹ und in ›Harmonices Mundi Libri V‹ – 1619 veröffentlicht – erklärte Kepler seine revolutionären Entdeckungen, die drei Gesetze über die Planetenbewegung, die heute seinen Namen tragen: 1. die Planeten bewegen sich nicht in Kreisen, sondern in Ellipsen, in deren einem Brennpunkt die Sonne steht; 2. ein Planet bewegt sich nicht mit gleichförmiger Geschwindigkeit, sondern so, daß eine Linie, die von jedem Standpunkt des Planeten zur Sonne gezogen wird, in gleichen Zeiten gleiche Flächen überstreicht; 3. die Quadrate der Planetenumlaufzeiten sind proportional den Kuben der mittleren Entfernungen zur Sonne. Kepler versuchte, eine neue physikalische Kosmologie zu entwerfen, in die seine Gesetze passen würden, doch hatte er keine Vorstellungen von der Trägheit der Materie und glaubte noch mit Aristoteles, daß Bewegung die Folge von »tierischer Kraft oder etwas Gleichwertigem« sei. Er ahnte etwas von einer universellen Kraft analog zur Schwerkraft, doch identifizierte er jene mit dem Magnetismus. So konnte er, obwohl er nach einem physikalischen Plan im Weltall suchte, die Gesetze der Planetenbewegung nicht aus den universellen Bewegungsgesetzen ableiten, deren Grundlagen Galilei in dieser Zeit legte. Erst Newton schuf durch seinen entscheidenden Gedanken der universalen Gravitationskraft eine großartige Synthese.

Kepler war ein unermüdlicher Schriftsteller, und seine übrigen Beiträge zur Wissenschaft sind ebenfalls wichtig. Seine ›Rudolfinischen Tafeln‹, 1627, die er von Brahe geerbt hatte, blieben für hundert Jahre die astronomischen Standardtafeln. Sein ›Epitome

Astronomiae Copernicanae‹, 1618-21, eine Zusammenfassung des Kopernikanischen Systems, wurde auf den Index gesetzt (82). Er begrüßte die Erfindung der Logarithmen durch Napier (116) und seine ›Chilias Logarithmorum‹, 1624, machten sie in Deutschland populär. Er bereitete den Weg für die Entdeckung der Infinitesimalrechnung (160). In der Optik schuf er eine exakte Theorie des Sehens, fand, daß die Lichtgeschwindigkeit unendlich groß sein müsse, kam dem genauen Brechungsgesetz sehr nahe und beschrieb verschiedene Arten des neu entdeckten Fernrohres.

A. M D XCII D. XXI Jan. H. VI M.XLI: A.M D XCIII D. VIII Dec.
H.VI. M. XII: A. M D XCV D. XXVI Octob. H.V M.XLIV. Eſtq; longitudo

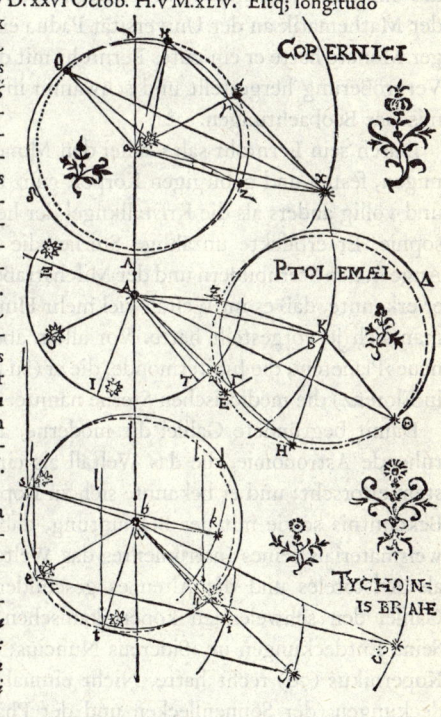

Martis primo tempore ex TYCHONIS reſtitutione, i. 4̇. 38̇. 5̇0̇: ſequentibus temporib. toties per i. 36̇ auctior. Hic enim eſt motus præceſſionis congruens tempori periodico unius reſtitutionis MARTIS Cumq; TYCHO apogæum ponat in 23⅔ꓥ, æquatio ejus erit 11. 14̇.5̇5̇: propterea lōgitudo coæquata anno M DXC i.15̇.5̇3̇.4̇5̇.

Eodem vero tempore, & commutatio ſeu differentia medii motus SOLIS a medio Martis colligitur 10.18̇.19̇.56̇: coæquata ſeu differentia inter medium SOLIS & MARTIS coæquatum eccentricum 10.7̇.5̇.i̇.

PRIMVM hæc in forma COPERNICANA ut ſimpliciori ad ſenſum proponemus.

Sit α punctum æqualitatis circuitus terræ, qui putetur eſſe circulus δ'γ ex α deſcriptus: & ſit Sol in partes β, ut αβ linea apogæi

COPERNICI

PTOLEMÆI

TYCHONIS BRAHE

Kepler (112)

GALILEO GALILEI (1564-1642). Sidereus Nuncius. *Venedig, Thomas Baglionus, 1610*

›Der Sternenbote‹, ein dünnes Heft von nur vierundzwanzig Seiten, enthält einige der bedeutendsten naturwissenschaftlichen Entdeckungen.

Als Galilei im Sommer 1609 in Erfahrung brachte, daß eine Vorrichtung, die ferne Gegenstände nahe und vergrößert erscheinen ließ, aus Holland in Venedig eingetroffen wäre, machte er sich unverzüglich an die Konstruktion eines eigenen Fernrohres, das er den Würdenträgern der Republik Venedig vorführte und das ihm eine beträchtliche Erhöhung seines Gehalts als Professor der Mathematik an der Universität Padua eintrug. Binnen weniger Monate hatte er ein gutes Fernrohr mit dreißigfacher linearer Vergrößerung hergestellt und schwamm in einer Fülle astronomischer Beobachtungen.

Durch sein Fernrohr sah Galilei den Mond als einen kugelförmigen, festen und gebirgigen Körper, ganz ähnlich wie die Erde und völlig anders als die Kristallkugel der herkömmlichen Philosophie. Er erblickte unzählige Sterne, die dem unbewaffneten Auge in den Sternbildern und der Milchstraße verborgen blieben; er erkannte, daß es im Weltall viel mehr Himmelskörper gab, als man sich je vorgestellt hatte. Vor allem aber entdeckte er vier neue ›Planeten‹, die Jupitermonde, die er (zu Ehren seiner Gönner in Florenz) die mediceischen Sterne nannte.

Damit begründete Galilei die moderne, auf Beobachtung beruhende Astronomie, die das Weltall als ein physikalisches System erforscht; und er bekannte sich zu Kopernikus. Mit diesem Bekenntnis sowie mit der Behauptung, daß auf Grund des Beweismaterials seines Instrumentes das Weltall völlig anders sei, als Aristoteles und die Alten es geschildert hatten, entfachte Galilei den schwelenden kopernikanischen Streit von neuem. Seine Entdeckungen im ›Sidereus Nuncius‹ bewiesen nicht, daß Kopernikus (70) recht hatte. Nicht einmal seine späteren Entdeckungen (der Sonnenflecken und der Phasen der Venus) erbrachten einen solchen Beweis, und auch nicht seine späteren

polemischen Schriften. Wohl aber bewies Galilei, daß das aristo-
telisch-ptolemäische Weltbild falsch sein *müsse*. Sogar seine kirchlichen Gegner (wie die jesuitischen Astronomen Clavius und
Scheiner) sahen sich bald genötigt, dies zuzugeben.

Die Veröffentlichung des Sidereus Nuncius verwickelte Galilei
in eine lang währende und langwierige Verteidigung des Fernrohres, seiner Entdeckungen und auch des Kopernikus, wobei er
gewaltige Kräfte der Überredung und der Schmähung entwik-
kelte. Diese Spanne seines Lebens endete 1633 mit dem Pyrrhus-
sieg seiner Gegner in seinem Prozeß in Rom (siehe 128).

Die autorisierte Fassung 114

THE HOLY BIBLE ... Newly Translated out of the Originall Ton-
gues. *London, Robert Barker, 1611*

Die ›King-James-Bibel‹ oder ›Autorisierte Fassung‹, wie sie heute
allgemein (aber ungenau) genannt wird, war das Ergebnis einer
Konferenz von Kirchenmännern und Gelehrten, die König Jakob I.
1604 nach Schloß Hampton Court berief, um die Streitigkeiten
innerhalb der anglikanischen Kirche zu schlichten, die aus dem
puritanischen Eifer einiger ihrer Mitglieder erwachsen waren. Es
war der Führer der Puritaner-Partei, John Reynolds, Präsident
des Corpus Christi College in Oxford, der bei dieser Gelegenheit
den Vorschlag einer neuen Bibel-Übersetzung unterbreitete. Der
König griff den Gedanken begeistert auf und lieh dem Plan seine
volle Unterstützung.

Diese Bibel-Fassung ist als »das einzige literarische Meisterwerk, das je von einem Ausschuß hervorgebracht wurde«, bezeichnet worden. Sie war das Werk von nahezu fünfzig Übersetz-
zern, die sich in sechs Gruppen aufteilten. Zwei dieser Gruppen
traten in Westminster unter dem Dekan Lancelot Andrewes
(1555-1626) zusammen; ihnen waren das Alte Testament von der
Schöpfungsgeschichte bis zum Buch der Könige und die Episteln
zugewiesen. In Cambridge übersetzten zwei weitere Gruppen,
anfänglich unter Leitung von Edward Lively (1545 ?-1605), dem
Regius-Professor für Hebräisch, das Alte Testament von der
Chronik bis zum Hohenlied Salomonis und die Apokryphen. Der

Leiter der zwei Übersetzergruppen in Oxford, John Harding (gest. 1610), war gleichfalls Regius-Professor für Hebräisch, und zu den Übersetzern seiner beiden Gruppen, die am Alten Testament von Jesaja bis Maleachi und an den Evangelien, der Apostelgeschichte und der Offenbarung Johannis arbeiteten, gehörten Männer wie Sir Henry Savile, der Provost von Eton, und George Abbot, der künftige Erzbischof von Canterbury.

Nachdem sie die ihnen zugewiesenen Stücke fertiggestellt hatten, studierten und kritisierten die sechs Übersetzergruppen die Arbeit der jeweils anderen fünf, und sodann unternahm ein repräsentativer Ausschuß von sechs Männern, die neun Monate lang täglich in der Stationers' Hall, dem Zunfthaus der Drucker und Buchhändler, zusammenkamen, die endgültige Überarbeitung. Miles Smith (gest. 1624), der spätere Bischof von Gloucester, und Thomas Bilson (1547-1616), Bischof von Worcester, überwachten die Drucklegung und gelten als die Verfasser der Widmung, des Vorwortes und der Kapitelüberschriften.

Da die Autorisierte Fassung sich auf einen größeren Bereich klassischer und orientalischer Gelehrtenarbeit stützte als ihre Vorgängerinnen, erbrachte sie einen wissenschaftlich genaueren und zuverlässigeren Text. Glücklicherweise jedoch wurde nicht versucht, eine völlig neue Übersetzung zu schaffen. Die Übersetzer zogen zwar den hebräischen Originaltext und den als gültig anerkannten, von Robert Estienne 1550 gedruckten griechischen Text heran, übernahmen jedoch als grundlegenden englischen Text den der Bischofsbibel in der revidierten Fassung von 1572. Sie hatten Anweisung, diesen Text »so wenig zu ändern, wie der Originaltext es gestattet«, waren jedoch zugleich gehalten, die Fassungen von Tyndale (58) und Coverdale und die Genfer Bibel (83) heranzuziehen. Es ist außerdem offenkundig, daß sie ohne Bedenken vieles aus der katholischen Übersetzung des Neuen Testamentes entlehnten, die 1582 in Reims herauskam.

Vor allem aber lebten die Übersetzer zu einer Zeit, in welcher der Genius der englischen Sprache in voller Blüte stand. Obgleich wenige von ihnen persönlich literarisch besonders begabt waren, »besaßen sie sozusagen ein kollektives Ohr und einen kollektiven Geschmack und waren von einem gemeinsamen intensiven und

Cervantes (111)   Shakespeare (122)

gläubigen Eifer beseelt« (D. Bush). Sie verwirklichten in glänzender Weise ihren Vorsatz, nicht eine neue Übersetzung zu schaffen, sondern »eine gute Übersetzung besser zu machen«, so daß die edle Prosa Tyndales und Coverdales das Rückgrat eines Buches blieb, von dem Macaulay gesagt hat, daß, »wenn alles andere in unserer Sprache zugrunde gehen sollte, es allein genügen würde, um das ganze Ausmaß ihrer Kraft und Schönheit aufzuzeigen«.

Hinfort wurde bis zur ›Revidierten Fassung‹ von 1881 keine neue englische Bibelübersetzung geschaffen. Der Einfluß der Autorisierten Fassung läßt sich am besten mit den Worten G. M. Trevelyans schildern: »Auf jeden Engländer, der Sidney oder Spenser gelesen oder Shakespeare im Globe-Theater gesehen hatte, kamen Hunderte, die die Bibel als das Wort Gottes mit größter Aufmerksamkeit gelesen oder ihr gelauscht hatten. Die Wirkung des unablässigen häuslichen Studiums dieses Buches auf den Charakter, die Einbildungskraft und die Intelligenz der Nation während nahezu dreihundert Jahren war größer als die irgendeiner literarischen Bewegung in unseren Annalen oder irgendeiner religiösen Bewegung seit der Ankunft des hl. Augustinus.«

VOCABOLARIO DEGLI ACCADEMICI DELLA CRUSCA. *Venedig, Giovanni Alberti, 1612*

Die Accademia della Crusca – die ›Spreu-Akademie‹ – wurde 1582 zu dem ausdrücklichen Zweck gegründet, »den Weizen von der Spreu zu sondern«, will sagen, die italienische Sprache zu reinigen und zu pflegen. Die Akademiker erfüllten unter der befeuernden Führung Leonardo Salviatis (1540-1589) ihre Aufgabe mit einem Erfolg, von dem sie sich nichts hatten träumen lassen. Ihr 1591 begonnenes ›Wörterbuch‹ verbreitete die toskanische Mundart als Norm des gebildeten Italienisch, indem es den Sprachgebrauch der großen florentinischen Autoren vom 14. Jahrhundert an, mit Dante (8), Petrarca und Boccaccio als Leitsternen, zur festen, allgemeingültigen Grundlage machte. Kein italienischer Schriftsteller oder Drucker von Bedeutung hat seither irgend etwas anderes als reines Toskanisch geschrieben oder gedruckt. Alessandro Manzoni schrieb seine ›I Promessi Sposi‹, wohl den berühmtesten aller italienischen Romane, ursprünglich in der Mundart seines heimatlichen Mailand; doch nach seinem Anfangserfolg im Jahr 1827 erschien das Buch für die Ausgabe von 1840 neu, um es mit den Maßstäben und Anforderungen in Einklang zu bringen, die zweihundert Jahre zuvor von der Akademie aufgestellt und seither beharrlich aufrechterhalten worden waren.

Die im ›Vocabolario‹ verkörperten Grundsätze dienten jenseits der Grenzen Italiens als Modell für alle nachfolgenden Wörterbücher. Die Wörterbücher der französischen (1694) und spanischen (1726-1739) Akademien und Samuel Johnsons ›Dictionary‹ (201) bestätigten entweder ausdrücklich oder indirekt ihre Verpflichtung gegenüber diesem italienischen Werk, das sich in einer langen Folge von Auflagen unangefochten in vorderster Linie der maßgeblichen Werke seiner Art gehalten hat.

JOHN NAPIER (1550-1617). Mirifici Logarithmorum Canonis Descriptio. *Edinburgh, Andrew Hart, 1614*

John Napier von Merchiston verbrachte den größten Teil seines Lebens auf dem Landsitz seiner Familie; neben seinen wissenschaftlichen Studien beteiligte er sich auch aktiv an den politischen und religiösen Streitigkeiten seiner Zeit. Seine ›Beschreibung der wunderbaren Logarithmentafel‹ ist wohl die einzige bedeutende Entdeckung in der Geschichte der Wissenschaften, die ohne jede Hilfe, ohne Vorläufer und fast ohne zeitgenössische Konkurrenten als Ergebnis der Überlegung eines einzelnen gelang. Napier begann die Arbeit an seinen Tafeln 1594, doch es dauerte zwanzig Jahre, bis sie reif zur Veröffentlichung waren und als dünner Band von neunzig Seiten im Quartformat (siehe oben) erschienen.

Napier muß die Notwendigkeit gespürt haben, die überaus komplizierten Methoden zu vereinfachen, die von den zeitgenössischen Mathematikern für ihre astronomischen Berechnungen angewendet wurden. Rheticus, der Freund von Kopernikus (70), und besonders Vieta (103) hatten versucht, zu diesem Zweck Tafeln zu konstruieren. In seinem Buch erklärt Napier das Wesen der Logarithmen und stellt eine logarithmische Tabelle der Sinuswerte eines Viertelkreises im Minutenabstand zusammen. Seine Logarithmen vereinfachten Multiplikation und Division zu einem Additions- beziehungsweise Substraktionsvorgang und reduzierten das Wurzelziehen auf das Dividieren.

Der Kern von Napiers Methode ist die geniale Anwendung einer Beziehung zwischen einer arithmetischen und einer geometrischen Reihe. Anders als bei modernen Logarithmen werden die von Napier bei wachsenden Zahlen immer kleiner.

Die neue Technik wurde sofort angenommen. Henry Briggs (1556-1631), Professor der Geometrie an der Universität Oxford, veröffentlichte 1624 die erste Tafel von Logarithmen der Sinuswerte zur Basis 10 unseres Zahlensystems sowie die Logarithmen der Zahlen 1-20000 und 90000-100000. Sie wurden darauf von dem holländischen Mathematiker Adrian Vlacq (1600-67) durch die von 20000-90000 ergänzt (1633 veröffentlicht). Edmund Gunter (1581-1626) konstruierte Lineale mit einer logarithmischen Skala zur Rechenerleichterung: damit entdeckten er und William Oughtred (1574-1660) das Prinzip des modernen Rechenschiebers. Kepler (112) machte die Logarithmen in Deutschland bekannt und widmete eines seiner Bücher Napier, um ihm so für den Nutzen zu danken, den er von ihnen hatte.

1619 erschien postum Napiers ›Herstellung einer wunderbaren Logarithmentafel‹, obwohl sie vor der ›Beschreibung‹ entstanden war. Darin erklärte er, wie er seine Tafel entwickelt hatte. Die Veränderungen, die er mit Briggs ausarbeitete, bilden die Grundlage unseres modernen Systems der Zehner-Logarithmen. Die ›Descriptio‹ wurde von Edward Wright (106), der ihre Bedeutung für die Navigation erkannte, ins Englische übersetzt und nach dessen Tod von seinem Sohn Samuel 1616 veröffentlicht.

Napier arbeitete auch über sphärische Trigonometrie, und in seinen ›Rabdologiae seu Numerationis per Virgulas libri II‹, Edinburgh 1617, kündigte er eine andere wichtige Erfindung an, die ›Napierbeine‹: Stäbe, die man – auf mechanische Art – zur Ermittlung des Produkts zweier Zahlen, des Quotienten zweier Zahlen, sowie der Quadrat- und kubischen Wurzeln verwenden konnte. Dieses Gerät war damit Vorläufer der Rechenmaschinen und Computer.

117   ## Die Geschichte
als Lehrmeisterin der Politik

SIR WALTER RALEIGH (um 1552-1618). The History of the World. *London, [W. Stansby für] Walter Burre, 1614*

Der Erfolg von Raleighs ›Weltgeschichte‹, die, abgesehen von zahlreichen Kurzfassungen, zwischen 1614 und 1687 zehn Auflagen erlebte, läßt sich wohl am ehesten gerade aus der Tatsache erklären, daß sie kein Geschichtswerk im akademischen Sinn war, sondern ein politisches Traktat von unmittelbarer Anwendbarkeit. Man hörte auf ihren Verfasser nicht so sehr, weil er ein Gelehrter war (was er übrigens nach den damaligen Maßstäben zweifellos war), sondern weil er die ganze Glorie der Regierungszeit Elisabeths I. verkörperte, die sich zur Zeit der Veröffentlichung seines Werkes bereits zu einem Goldenen Zeitalter zu verklären begann.

Raleighs Tod einige Jahre nach dem Erscheinen seiner Weltgeschichte machte ihn zum Helden der Stuart-feindlichen und puritanischen Gesinnung, und sein Werk erwies sich als ein Arsenal der politischen Munition für jene Engländer, die daheim den Absolutismus der Stuarts stürzten und jenseits der Meere die Grundsteine Neuenglands legten. Raleigh war es weniger um die Geschichte der antiken Welt zu tun als vielmehr um den Kampf gegen das angemaßte Gottesgnadentum Jakob Stuarts, der den Verfasser für »unverschämt« hielt, »weil er den Fürsten Verweise erteilte«. Jakob war die eigentliche Zielscheibe der strengen Kritik Raleighs an den antiken Herrschern, die sich über Recht und Gesetz erhoben hatten; Raleigh dachte an England, wenn er den Wert oder Unwert antiker Institutionen an den ewigen Maßstäben von Recht und Gerechtigkeit maß, wie er sie verstand – und wie sie bald darauf von allen Gegnern des königlichen Absolutismus verstanden wurden.

Raleigh kann als Inbegriff der elisabethanischen Vorstellung vom Hofmann und Politiker, vom Seefahrer und Forschungsreisenden, vom Schriftsteller und Poeten gelten: ein Mann von unersättlichem Interesse für Philosophie und Naturwissenschaften, der mit dem Schwert wie mit der Feder, bei Hof und im Parlament, auf hoher See und in wirtschaftlichen Unternehmungen daheim und in Übersee sich einen Namen machte. Er gehörte zu den ersten Engländern, die klar sahen, daß die beiden Amerika das Hauptziel der englischen Ausdehnung in Übersee zu sein hatten, deren letztes Ziel die Verdrängung des spanischen Weltreiches durch ein englisches war. Der Umschlag der Politik Elisabeths durch Jakob I. bedeutete Raleighs Verderben; er wurde auf Grund einer falschen Beschuldigung von 1603 bis 1616 im Tower eingekerkert und fiel schließlich Jakobs prospanischen Neigungen zum Opfer: der letzte Elisabethaner starb unter dem Beil des Scharfrichters.

Während seiner Haft im Tower, die durch die Gesellschaft seiner Gattin und die Besuche seiner Freunde gelindert wurde, betrieb Raleigh naturwissenschaftliche Studien und Experimente, die ihm den Verdacht der Hexerei und des Atheismus zuzogen; er schrieb Essays und Verse und brachte seine ›Weltgeschichte‹ heraus, die ursprünglich seinem Freunde Heinrich, Prinzen von Wales, gewidmet war. Obwohl sie nach Raleighs Absicht die gesamte Geschichte umfassen sollte, gelangte sie nur bis zum Jahr 130 v.Chr. Ein Notizbuch mit Auszügen und Bemerkungen aus anderen Werken, das erst kürzlich als von Raleigh stammend identifiziert wurde (Phillipps 6339, Britisches Museum), enthüllt noch eine andere Seite seiner ›Weltgeschichte‹, die für die heutige Generation vielleicht von noch größerem Interesse ist als die politischen Folgerungen, die das 17. Jahrhundert fesselten – nämlich Raleighs Erkenntnis, daß die Geographie, »die Kenntnis der Orte, an denen Geschichte sich abspielt«, eine grundlegende Voraussetzung für das richtige Verständnis historischer Ereignisse ist.

118   Das Konzil von Trient

PAOLO SARPI (Pseudonym: PIETRO SOAVE, 1552-1623). Historia del Concilio Tridentino. *London, John Bill, 1619*

Das Konzil von Trient, der Wendepunkt der Gegenreformation, schuf die moderne römisch-katholische Kirche. Es stellt nicht lediglich einen der entscheidenden Augenblicke des 16. Jahrhunderts dar, sondern darüber hinaus einen Anstoß, der bis heute in ganz Europa spürbar ist.

Das Konzil war dem widerstrebenden Papsttum von Kaiser Karl V. aufgezwungen worden, dem es darum zu tun war, der durch den Religionsstreit verursachten Zwietracht ein Ende zu machen. Es trat erstmals im Jahr 1545 zusammen. Seine Beratungen waren jedoch von Anfang an vom Papsttum beherrscht. Weit entfernt davon, sich mit dem Protestantismus auszusöhnen, verliehen seine Äußerungen über noch nicht entschiedene Punkte des Dogmas und die Hartnäckigkeit, mit der es sie vorbrachte, seinen Teilnehmern eine neue Zuversicht, die ihrem Widerstand gegen die evangelische Bedrohung zugute kam. Es wurde kein Kompromiß angeboten, keine Ausgleichsformel vorgeschlagen, und als das Konzil nach zahlreichen Verzögerungen und Ausflüchten, um die Absichten und Vorhaltungen der nicht-italienischen Mitglieder zu durchkreuzen, Ende 1563 endlich schloß, war dem Papsttum ein Instrument in die Hand gegeben, das die Entwicklung der Römischen Kirche während der nächsten dreihundert Jahre bestimmte, eine Entwicklung, die ihren Höhepunkt 1870 in der Verkündung des Dogmas von der päpstlichen Unfehlbarkeit fand. Erst neuerdings ist eine gewisse Lockerung im Gange.

Die volle Gewalt der Beschlüsse des Konzils entging weder jenen, die eine Aussöhnung zwischen der Kirche und den neuen Schismatikern wünschten, noch jenen, die der zentralisierten Machtzusammenballung in Rom mißtrauten. Beide Motive veranlaßten den venezianischen Patrioten, Naturwissenschaftler, Gelehrten und Reformator Paolo Sarpi, seine denkwürdige Geschichte des Konzils von Trient zu verfassen, die er unter einem Pseudonym in London veröffentlichte. Sarpi gehörte dem Serviten-Orden an, wurde vom Heiligen Stuhl gehaßt, aber nie exkommuniziert und war ein treuer und geehrter Diener der Republik Venedig. So wie der Verfasser einst zu seinen Lebzeiten, bildete später auch sein Buch einen Kern des Widerstandes gegen das Papsttum Pius' IV. Immer wieder übersetzt und neu gedruckt, wird das Meisterwerk des ›Vaters Paul von Venedig‹, wie Generationen ihn nannten, noch immer gelesen. Ranke (286) unterzog es zusammen mit der päpstlichen Entgegnung des Kardinals Pallavicini einem genauen Studium und entdeckte, was die Unparteilichkeit betraf, keinen großen Unterschied zwischen ihnen, wiewohl er hinsichtlich des Stils Sarpi den Vorzug gab. Erst in unseren Tagen beginnen die Fragen, welche die beiden erörterten, aus dem Vordergrund des theologischen Streits zurückzutreten.

Der Fortschritt der Wissenschaft 119

FRANCIS BACON (1561-1626). Instauratio Magna. *London, John Bill, 1620*

Sir Francis Bacon, Baron Verulam und Viscount St. Albans, Staatsmann, Essayist und Philosoph, studierte Rechtswissenschaften und stieg unter Jakob I. 1618 zur hohen Würde des Lordkanzlers auf. Unter der Anklage, er habe von prozessierenden Parteien Bestechungen angenommen, wurde er 1621 seiner Ämter enthoben und verbrachte seine letzten Lebensjahre in stiller Zurückgezogenheit.

Bacon entwarf einen umfassenden Plan zur Neugestaltung der wissenschaftlichen Methodik und stellte zweckdienliche Überlegungen an über das Verhältnis der Wissenschaft zum öffentlichen und sozialen Leben. Sein Ausspruch: »Ich habe das gesamte Wissen zu meinem Tätigkeitsbereich gemacht«, ist der Leitspruch seines Werkes.

Das Titelbild seines Magnum opus zeigt ein Schiff, das mit geschwellten Segeln zwischen den Säulen des Herkules hindurch von der Alten in die Neue Welt fährt. Es versinnbildlicht das Wunschbild des Verfassers und sein ehrgeiziges Vorhaben einer »vollständigen Neuordnung der Wissenschaften, Künste und allen menschlichen Wissens ... um Macht und Herrschaft des Menschengeschlechts auszudehnen ... über das Universum«. Dieser Plan sollte in sechs Teilen dargestellt werden: 1. Eine vollständige Bestandsaufnahme allen menschlichen Wissens und aller Wissenschaften; sie war in ›De Augmentis Scientiarum‹ (Über die Vermehrung der Wissenschaft) von 1623, einer stark erweiterten Fassung von ›The Advancement of Learning‹ (Der Fortschritt der Gelehrsamkeit) von 1605, dargelegt; 2. eine neue Methode zur Erlangung wahrer Erkenntnis, enthalten im ›Novum Organum‹ (Das Neue Werkzeug), das den größten Teil des obigen Werkes bildet; 3. eine Sammlung empirischer Daten, eine ganze Naturgeschichte der Tatsachen, von der nur die Einleitung unter dem Titel ›Parasceve ad Historiam Naturalem et Experimentalem‹ (Einführung in die Natur- und Experimentalgeschichte) dort abgedruckt ist; 4. Beispiele zur Anleitung für weitere Forschung nach der neuen Methode; 5. einige vorläufige Spekulationen und Lösungen in Vorwegnahme der eigentlichen neuen Philosophie; 6. die neue Philosophie selbst. Von den Teilen 3–5 wurden nur Bruchstücke veröffentlicht; Teil 6 blieb ungeschrieben.

Bacon trug zur Wissenschaft selber nichts Eigenes bei, aber seine beharrliche Forderung, daß die Wissenschaft experimentell

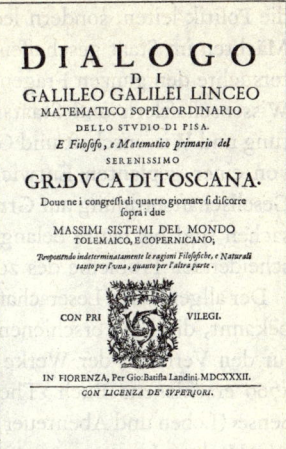

Napier (116)   Galilei (128)

und auf Tatsachen gegründet und nicht spekulativ und philosophisch zu sein habe, hatte bedeutende Folgen. Er hatte die Grenzen der aristotelischen und scholastischen Methoden klar erkannt,
und der sich stetig erweiternde Bruch zwischen dem Denken
seiner Zeit und dem des Mittelalters ist in seinem Werk genauer
formuliert als etwa bei Tommaso Campanella oder Giordano
Bruno. Der Einfluß Bacons als Philosoph auf Locke (163, 164) und
durch ihn auf die nachfolgende englische Schule der Psychologie
und Ethik ging tief. Leibniz (177), Huygens (154) und besonders
Robert Boyle (141, 143) standen stark in seiner Schuld, ebenso
wie die Enzyklopädisten (siehe 200) und Voltaire (202), der ihn
»le père de la philosophie expérimentale« nannte.

Bacon glaubte leidenschaftlich an Bildung und Erziehung; er
war der Meinung, den Gebildeten gebühre ein höherer gesellschaftlicher Rang als den Unwissenden – eine fortschrittliche Ansicht, die gegenwärtig in seinem Heimatland nicht gern gehört
wird. Er hielt dafür, daß die Exekutive und nicht die Legislative
den Staat regieren solle, da die letztere ebenso tyrannisch zu sein
vermöge wie die erstere, und meinte – obwohl oder vielleicht
gerade weil er Lordkanzler gewesen war –, daß die Juristen nicht

die Politik leiten, sondern lediglich das von den beiden anderen Mächten im Staat geschaffene Gesetz handhaben sollten. Er untersuchte den ganzen Fragenkomplex der Beziehungen zwischen Wissenschaftlern und Staatsmännern, Wissenschaft und Regierung und Wissenschaft und Gesellschaft, und seine Vorstellungen von einer geplanten Entwicklung der Wissenschaften und der Gesellschaftsordnung auf Grund wissenschaftlich erhärteter Tatsachen sind bis heute belangvoll für das, was zu einem der entscheidenden Probleme des 20.Jahrhunderts geworden ist.

Der allgemeinen Leserschaft ist Bacon besser durch seine Essays bekannt, die 1597 erschienen. Auch gibt es eine Schule, die ihn für den Verfasser der Werke Shakespeares hält; sie geht auf das 1769 erschienene Buch ›The Life and Adventures of Common Sense‹ (Leben und Abenteuer des gesunden Menschenverstandes) von Herbert Lawrence zurück.

120   Die Anatomie der Melancholie

ROBERT BURTON (1577-1640). The Anatomy of Melancholy. *Oxford, John Lichfield und James Short für Henry Cripps, 1621*

Robert Burton ging 1593 zum Studium nach Oxford und wurde 1599 ans Christ Church College berufen, wo er bis zu seinem Lebensende verblieb. Er verfaßte eine lebendige lateinische Komödie in der Art Ben Jonsons und einige kleinere Arbeiten, doch sein Meisterwerk war ›The Anatomy of Melancholy‹, die erstmals 1621 in Quartformat erschien und anschließend in den Jahren 1624, 1628, 1632, 1651, 1652, 1660 und 1676 als Folioband neu aufgelegt wurde. In der dritten Auflage versprach er, er werde keine Änderungen vornehmen, aber die vierte war dessenungeachtet überarbeitet, die fünfte unterschied sich von der vierten, und die sechste wurde nach seinem Tod nach einem Handexemplar gedruckt, das seine letzten Verbesserungen enthielt; wenn je ein einziges Buch verdient, ein Lebenswerk genannt zu werden, so war es dieses.

Burton war ein überaus belesener Mann, und alles, was er gelesen hatte – oder nahezu alles –, ging in geläuterter Form in die ›Anatomy‹ ein. Wollte man einwenden, daß manches in ihr belanglos sei, so würde die Antwort lauten, daß die Anatomie der Melancholie, gleich dem Studium der Jurisprudenz, Kenntnis aller Dinge, der menschlichen wie der göttlichen, erheische. Das ganze Buch ist höchst kunstvoll und umständlich in Abteilungen, Teile, Abschnitte, Glieder und Unterabschnitte aufgeteilt. Die erste Abteilung ist der Definition des Gegenstandes gewidmet, seiner Arten und Abarten, seiner Ursachen und – endlich auch – seiner Symptome: »Denn es hat der Turm von Babel keine solche Verwirrung der Zungen gestiftet, wie das Chaos der Melancholie Symptome hervorgebracht hat.« Die zweite Abteilung behandelt die Heilung der Melancholie: hier liefert Burtons anschauliches Beispiel, daß es nötig sei, in der richtigen Gegend zu wohnen, wenn man der Melancholie entgehen wolle, Gelegenheit zu einer langen Abschweifung, einer bezaubernden Schilderung fremder Länder, die auf einer umfassenden Lektüre der Kosmographen beruhte – Burton selbst unternahm keine einzige Reise – und einer nachdrücklichen Befürwortung der Freuden des Landlebens. Die dritte Abteilung behandelt die leichtfertigeren Abarten der Melancholie, die vierte die ernsthafte religiöse Melancholie mit einigen ergreifenden Betrachtungen über die »Heilung der Verzweiflung«.

Die ›Anatomie‹ war, wie die Geschichte ihrer Auflagen zeigt, eines der beliebtesten Bücher des 17. Jahrhunderts. Das ganze gebildete Wissen der Zeit wie auch ihr Humor – und ihre Pedanterie – sind in ihm enthalten. Sie hat manches gemeinsam mit Brants Narrenschiff (37), Erasmus' Lob der Torheit (43) und Mores Utopia (47), mit Rabelais und Montaigne (95) und übte gleich allen diesen beträchtlichen Einfluß auf das Denken der Zeit aus. Dr. Johnson hegte tiefe Bewunderung für das Werk, und Charles Lambs häufig und nachdrücklich geäußerte Liebe bewahrte die ›Anatomie‹ davor, was ihr eine kurze Zeitspanne drohte: vergessen zu werden. Ihre Bewunderer werden nicht aufhören, sie wieder und wieder zu lesen.

CASPAR BAUHINUS (1560-1624). Pinax Theatri Botanici. *Basel, Ludovicus Rex, 1623*

Bauhinus' ›Verzeichnis der botanischen Schaubühne‹, eine illustrierte Welt der Botanik, bezeichnet einen höchst bedeutsamen wissenschaftlichen Fortschritt in der Botanik. Bis dahin hatte in der Namengebung der Pflanzen noch große Verwirrung geherrscht, da verschiedene Autoren, von denen jeder sein eigenes System aufbaute, den gleichen Arten unterschiedliche Namen gegeben hatten.

Caspar Bauhinus, in Basel geboren und später dortselbst Professor der Anatomie und Botanik, ein Bruder des gleichfalls berühmten Naturforschers Johannes Bauhinus, begründete als erster ein wissenschaftliches System der Nomenklatur. Sein ›Pinax‹ beschreibt sechstausend Arten und ist der Beginn der modernen ›natürlichen‹, auf einer allgemeinen Morphologie beruhenden Klassifikation. Bauhinus erkannte die Zweckdienlichkeit einer binären Nomenklatur, die später ein entscheidendes Merkmal von Linnés System (192) werden sollte. Er unterschied genau zwischen Gattungen und Arten, gab den Gattungen Namen, ohne sie jedoch zu beschreiben, und unterschied die Arten mittels diagnostischer Merksätze.

Bauhinus' Buch ist noch immer unser wichtigstes Quellenwerk für die Untersuchung der ihm vorangegangenen botanischen Literatur, und von ihm führt der Weg über Ray zu Linné.

122   Die erste Folio-Ausgabe

WILLIAM SHAKESPEARE (1564-1616). Comedies, Histories, and Tragedies. *London, Isaac Jaggard und Ed. Blount, 1623*

Der magische Zauber von Shakespeares Dichtung wirkt nur in seiner eigenen Sprache und läßt sich anderen Völkern unmittelbar nicht mitteilen. Die Bedeutung, die Shakespeares Werk über England hinaus für die Welt hat, erschließt sich einer anderen Betrachtung. Shakespeares wunderbares Sprachwerk erschien in London zu einem Zeitpunkt, da sich dort die geistigen Kräfte der

Renaissance, des Humanismus und der Reformation auswirkten. Sie trafen zusammen mit dem Erwachen eines starken nationalen Bewußtseins, das der endlichen Einigung des Volkes unter einer zielbewußten Regierung und seiner gesellschaftlichen Konzentration in einer blühenden Hauptstadt zu danken war. Dieser Prozeß schuf eine die landschaftlichen Dialekte überlagernde Hochsprache, der nun die Dichtung vor allem Shakespeares solche Weite, Fülle und Feinheit lieh, daß sie die Nation auf eine höhere Stufe ihres Selbstbewußtseins hob und sie gegen jede Überfremdung durch die im 17. und 18.Jahrhundert führende Sprache und Kultur des Kontinents, die französische, abschirmte.

Aus dieser Stellung heraus konnte Shakespeare als Repräsentant der Geistigkeit Englands seit der Mitte des 18.Jahrhunderts der deutschen Sprache und Bildung den unschätzbaren Dienst leisten, dem Verfall ihrer eigenen Formkräfte und der Verfremdung durch die französische Sprache und Bildung zum Trotz zu sich selber zurückzufinden. Das begann in der Schweiz, wo Bodmer und seine Freunde das ›Wunderbare‹ als dichterisches Thema bei Milton entdeckten und in dessen Sprache Shakespeares Vorbild zu ahnen begannen. Der Durchbruch zu Shakespeare selber geschah in dem berühmten siebzehnten Literaturbrief Lessings im Jahre 1759. Auf Shakespeare hinweisend enthüllt er seinen tiefsten Wunsch, daß auch dem deutschen Volke ein Genie erstehen möge, das seine Sprache und seinen Geist frei mache: »Ein Genie aber kann nur von einem Genie entzündet werden…« Drei Jahre danach legte Wieland die erste umfassende Shakespeare-Übersetzung vor (1762-66). Sie war unzulänglich und doch verdienstlich. Das Interesse an Shakespeares Werk wuchs. Herder und Hamann verstanden ihn in Lessings Spur besser, großartiger als Wieland. Herder gab in Straßburg Goethe die eigene Erkenntnis weiter. 1771 hielt das junge Genie dem Meister die Preisrede ›Zum Schäkespears Tag‹. 1773 stellte Herder in der Essaysammlung ›Von deutscher Art und Kunst‹ seinen ›Shakespeare‹ als Leitbild auf. Damit war der Geburtshelferdienst Shakespeares vollzogen. Die deutsche Sprache wurde unter Goethes Händen ihrer ganzen Ausdrucksmittel wieder mächtig und nun auch fähig, sich Shakespeares Werk durch A.W.Schlegels intensive Arbeit – 1797 erscheint die Übersetzung von siebzehn Stücken – soweit anzueignen, daß es ein entscheidender Teil der deutschen Bildungswelt wurde und als Ferment der weiteren Entwicklung von Sprache und Weltverständnis blieb. Eine Wirkung und eine Bedeutung, die Shakespeare heute für die ganze Welt hat.

Als Ursprung dieser Weltwirkung Shakespeares dürfen wir wohl obige erste Ausgabe der Sammlung seiner Stücke bezeichnen, ›First Folio‹ genannt. Sie erschien sieben Jahre nach seinem Tode.

123 Deismus

EDWARD HERBERT, LORD HERBERT OF CHERBURY (1583-1648). De Veritate. *[Paris]*, *1624*

Lord Herbert of Cherbury schien für den Erfolg geboren. Er hatte eine sorgfältige Erziehung genossen, und als er 1605 an den Hof kam, machte er bereits den Eindruck eines Mannes, der zu Großem berufen wäre. Eine erfolgreiche militärische Laufbahn als Freiwilliger in den Niederlanden, die ihm die Freundschaft des Prinzen von Oranien eintrug, bestätigte sein ungewöhnliches Format, und 1619 wurde er Botschafter in Paris. Er war außerordentlich populär, und der Erfolg, mit dem er die Eheschließung zwischen Karl I. und Henrietta Maria von Frankreich zustande brachte, erhöhte seine Beliebtheit noch.

Sein Fehlschlag bei seinem zweiten Vorhaben, nämlich Ludwig XIII. zu bewegen, dem Kurfürsten von der Pfalz, dem Gatten Elisabeths, der Tochter Jakobs I. – der ›Winterkönigin‹ –, zu Hilfe zu kommen, führte 1624 zu seiner Abberufung. Von da an begann der Abstieg seiner Laufbahn. Beim Ausbruch des Bürgerkrieges lehnte er es ab, sich an dem Kampf zu beteiligen, verglich sich jedoch 1644 mit dem Parlament und starb in London. Sein Charakter ist eigentümlich schwer zu fassen; es scheint charakteristisch für ihn, daß sich seine Autobiographie, die 1764 von Horace Walpole veröffentlicht wurde, nur mit seinen gesellschaftlichen Erfolgen beschäftigt und es unterläßt, seine Leistungen auf diplomatischem Gebiet, seine Freundschaft mit Donne, Jonson, Selden, Casaubon, Gassendi und Grotius und sogar seine Schriften zu erwähnen, die durchaus ein originaler Beitrag zur Denkart der Engländer sind.

Von diesen Schriften ist ›De Veritate‹ (Über die Wahrheit) die bedeutendste. Auf den ersten Blick scheinen ihr überladener Stil, ihre weitschweifige Methode und die Eitelkeit der Behauptung Herberts, er habe mit allen früheren Lehren nichts zu schaffen, den frivolen Charakter zu bestätigen, den seine Autobiographie nahelegte. Tatsächlich rechtfertigt er jedoch seinen Anspruch. Das Buch enthält eine mit durchdringender Psychologie verknüpfte, durchdachte Erkenntnistheorie, der ein System der Naturreligion angefügt ist; es ist in vieler Hinsicht ein englischer Vorläufer der natürlichen Theologie (der Vernunftreligion) und der von Descartes (129) formulierten rationalistischen Philosophie.

Herbert definiert die Wahrheit als den richtigen Ausgleich der menschlichen Begriffsfähigkeiten miteinander und mit ihren Gegenständen. Der Geist verfügt über vier solche Begriffsvermögen: den natürlichen Instinkt, der gottgegeben und unbestreitbar ist; die innere Wahrnehmung, in deren Rahmen er Liebe, Haß, Gewissen und Willensfreiheit abhandelt; die äußere Wahrnehmung durch die Sinne; und die Vernunft, das am wenigsten sichere Erkenntnismittel, das nur als Ergänzung der anderen Mittel verwendet wird, wenn diese für sich allein versagen. Die Objekte des Begreifens sind in ähnlicher Weise eingeteilt in solche, die in sich wahr sind, solche, die dem Anschein nach wahr sind; solche, deren Wahrheit begreifbar ist; und solche, deren Wahrheit sich nur mittels der Vernunft feststellen läßt. Das Überraschendste an ›De Veritate‹ ist nicht ihre Erkenntnistheorie, sondern ihre raffinierte metaphysische Differenziertheit, besonders in der Lehre von den ›notitiae communes‹, den absoluten Wahrheiten. »Diese Elemente oder geheiligten Prinzipien sind so weit davon entfernt, aus der Erfahrung oder Beobachtung abgeleitet zu sein, daß wir ohne einige von ihnen weder etwas zu erfahren noch auch nur etwas zu beobachten vermögen.« Das hätte Kant sagen können.

In Wahrheit sind es, trotz Herberts eingestandener Voreingenommenheit für den Intellekt und nicht für den Glauben, die Grundvorstellungen der Religion, die wirklich seinen Gegen-

stand ausmachen. Seine Formulierungen dieser Grundvorstellungen – daß es einen obersten Gott gibt, daß er verehrungswürdig
ist, daß die Verehrung in Tugend und Frömmigkeit besteht, daß
wir unsere Sünden bereuen und von ihnen ablassen müssen und
daß es Lohn und Strafe hienieden und im Jenseits gibt – sollten
die ›Fünf Artikel‹ des Deismus bilden, der großen theologischen
Kontroverse des 18. Jahrhunderts. Es ist jedoch klar, daß es Herberts Vorsatz war, für die natürliche Theologie das gleiche zu
leisten, was sein Freund Grotius (125) für das Naturrecht geleistet hatte, und damit brachte er das erste moderne metaphysische
Werk aus der Feder eines Engländers hervor.

In der Londoner Ausgabe von 1645 ist auch die Abhandlung
›De Causis Errorum‹ (Über die Gründe des Irrtums) enthalten.

124   »Amerika, mein neugefundenes Land«

JOHN SMITH (1580-1631). A Generall Historie of Virginia, New
England and the Summer Isles. *London, Michael Sparkes, 1624*

Zu Beginn des 17. Jahrhunderts begannen die abenteuerlichen
Piratenfahrten der elisabethanischen Kapitäne an der spanischen
Nordküste Südamerikas sich in Kauffahrtei-Unternehmungen
weiter nördlich an der amerikanischen Küste umzuwandeln. Zu
den ursprünglichen Motiven der Seeherrschaft und des auf überseeische Kolonisation gerichteten Handels kam jetzt der dringende Wunsch vieler Puritaner unter König Jakobs Untertanen
hinzu, Gewissensfreiheit jenseits seines direkten Zugriffs zu suchen. So kam es 1606 zur Gründung der sogenannten London
Company, einer Art Aktiengesellschaft zur Errichtung einer
Pflanzung in dem Landstrich, den Drake bereits Virginia getauft
hatte.

Kapitän John Smith, ein begeisterter Anhänger der britischen Expansionspolitik, gehörte zu den Gründern der Gesellschaft und er begleitete die Ansiedler auf ihrer Fahrt im Jahr 1607.
Er war der führende Kopf der Kolonie während ihrer sehr schwierigen Anfangszeit und wurde schließlich ihr Präsident. Die erste
Niederlassung in Jamestown in Virginia wurde die erste ständige
englische Kolonie in Amerika. Sie bezeichnet den Beginn eines

neuen Zeitalters für den amerikanischen Kontinent, in seiner Weltbedeutung vergleichbar mit der Fahrt des Kolumbus (35).

Wie auch immer es sich mit der Wahrheit der Geschichte verhalten mag, daß John Smith von der Indianerprinzessin Pocahontas vor den Kriegern ihres Vaters gerettet wurde, gewiß ist, daß Smith die Chesapeake-Bucht erkundete, den Potomac bis zur Gegend des heutigen Washington hinauffuhr und den Rappahannock bis hinauf zu dem Platz, wo heute Fredericksburg liegt. Er kehrte 1609 nach England zurück, fuhr jedoch 1614 neuerlich aus und vermaß die Küste von New England von Penobscot bis Cape Cod. Er nannte den Landstrich ›New England‹ und das Festland gegenüber Cape Cod ›Plymouth‹. 1616 veröffentlichte er ›A Description of New England‹ mit einer ausgezeichneten Karte und trat für weitere Kolonisation ein. Eine Folge hiervon war die Landung der Pilgerväter auf der ›Mayflower‹ in Plymouth Rock im Dezember 1620, dem anerkannten Geburtsdatum des modernen Amerika.

Smith veröffentlichte zahlreiche Bücher und Flugschriften, sämtlich mit dem Zweck, den Überseehandel und die Kolonisation zu fördern. Sein Meisterstück ist die ›Generall Historie‹, das erste größere, in englischer Sprache geschriebene Werk über den neugefundenen Erdteil. Wenn auch nicht in jeglicher Hinsicht zuverlässig, ist es doch ein Standardwerk geblieben, auf das sich Englands Kenntnis von Amerika während der Frühzeit der Kolonisation gründete.

Völkerrecht 125

HUGO GROTIUS (1583-1645). De Jure Belli ac Pacis. *Paris, Nicolas Buon, 1625*

Hugo de Groot, stets als Hugo Grotius bekannt, konnte in seinem lebenslänglichen Bemühen, in einem Zeitalter des Meinungsstreites und des Krieges für den Frieden zu wirken, keinen nennenswerten Erfolg für sich in Anspruch nehmen. Er war ein Wunderkind, bezog schon als Zwölfjähriger die Universität Leiden und lenkte bereits frühzeitig die Aufmerksamkeit des großen J.J.Scaliger (98) auf sich. Er promovierte zum Doktor der Rechte und beschloß, sich dem Anwaltsberuf zu widmen. Er hatte Erfolg in seinem Beruf, war aber ebenso sehr an seiner Theorie wie an seiner Praxis interessiert.

Im Jahr 1604, als Einundzwanzigjähriger, verfaßte er aus Anlaß eines Rechtsfalles, bei dem es um das Eigentum an einer portugiesischen Galeone ging, die in der Meerenge von Malakka gekapert worden war, eine Abhandlung betitelt ›De Jure Praedae‹ (Über das Recht am Raube), und diese Schrift wurde zur Grundlage seines berühmtesten Werkes. Es folgte eine diplomatische Mission nach England, doch bei seiner Rückkehr mußte er feststellen, daß die religiösen und politischen Meinungsverschiedenheiten zwischen der calvinistischen und antispanischen Partei unter dem Prinzen Moritz und den gemäßigteren Remonstranten, die für Frieden mit Spanien eintraten und von Provinzialständen unterstützt wurden, sich so verschärft hatten, daß ein offener Kampf unausweichlich geworden war. Trotz Grotius' Bemühungen um eine Kompromißformel siegten die Calvinisten. Prinz Moritz als Statthalter sorgte dafür, daß seine Gegner bestraft wurden, und Grotius wurde 1618 zu lebenslänglichem Gefängnis verurteilt; es gelang ihm jedoch 1621, nach Paris zu entfliehen.

In Frankreich wandte er sich wieder seiner früheren Arbeit zu und schrieb binnen eines Jahres sein Meisterwerk ›Drei Bücher über Kriegs- und Friedensrecht‹, das ihn in ganz Europa berühmt machte. Sein Hauptanliegen galt natürlich dem zweiten Teil seines Gegenstandes, und die Fragen, die er darin aufwarf, sind für die späteren Auffassungen vom Völkerrecht grundlegend geworden. Es war dies der erste Versuch, außerhalb der Kirche und der Heiligen Schrift einen Rechtsgrundsatz aufzustellen und eine Rechtsgrundlage für Gesellschaft und Regierung zu schaffen. Die Unterscheidung zwischen Religion einerseits und Recht und Moralität andererseits ist zwar nicht klar und eindeutig getroffen, aber dessenungeachtet ist Grotius' Prinzip eines unwandelbaren Rechtes, das Gott ebensowenig ändern kann wie ein mathematisches Axiom, die erste Formulierung des ›droit naturel‹, des Naturrechtes, das die großen politischen Theoretiker des 18. Jahrhunderts so stark beschäftigte und das die Grundlage des modernen Völkerrechts ist.

EDWARD COKE (1552-1634). The First Part the Institutes of the Lawes of England; or, a Commentarie upon Littleton. *London, The Society of Stationers, 1628*

Die erste Hälfte der Laufbahn von Sir Edward Coke hätte die eines jeden erfolgreichen Rechtsanwalts seiner Zeit sein können. Er wurde 1578 als Anwalt bei Gericht zugelassen, und seine umfassende und genaue Gesetzeskenntnis verschaffte ihm rasch eine umfangreiche Praxis. Bis zum Jahr 1594 war er nacheinander Recorder (Stadtrichter) von Norwich und London, Solicitor-General (zweiter Kronanwalt), Speaker oder Vorsitzender des Unterhauses und schließlich Attorney-General (Generalstaatsanwalt) gewesen. In allen diesen Ämtern und ganz besonders bei seiner brutalen Anklage gegen Raleigh (117) unterschied er sich von den Rechtsanwälten seiner Zeit nur durch größere Emsigkeit und Tatkraft. Und doch legte er als Richter, trotz einer Härte und eines Mißbrauchs seiner Autorität, auf die man andererseits gefaßt sein mußte, eine Unabhängigkeit an den Tag – die seiner Entschlossenheit entsprang, das Gewohnheitsrecht, das er so genau kannte, gegen alle Übergriffe zu verteidigen –, welche sich von der üblichen Haltung seiner opportunistischen und gesinnungslosen Zeitgenossen sehr stark unterschied. In drei berühmten Rechtsfällen durchkreuzte er die Wünsche des Königs, indem er in jedem von ihnen nachwies, daß die königliche Prärogative sich über das Gesetz nicht hinwegsetzen könne. Nach einem vierten solchen Fall, der zu einer direkten Konfrontation mit Jakob I. führte, wurde er aus allen seinen Ämtern entlassen.

Coke begann nunmehr eine neue Laufbahn als Führer der Verfassungspartei im Parlament. Er veranlaßte persönlich das Unterhaus, die berühmte Petition vom 18. Dezember 1621, die freie parlamentarische Debatte verlangte, in das Sitzungsprotokoll der Kammer einzutragen. Nachdem er in den ersten drei Parlamenten Karls I. die Sache des Volkes verfochten und im letzten maßgebend an der Aufsetzung der ›Petition of Rights‹ (Antrag an die Krone zur Herstellung der konstitutionellen Rechte) beteiligt gewesen war, zog er sich 1628 zurück und brachte seine letzten

Lebensjahre mit der Niederschrift der Werke zu, die ihm die Unsterblichkeit gesichert haben.

Wenn Bracton (89) mit der Kodifizierung des Gewohnheitsrechts begann, so war es Coke, der sie vollendete. Seine ›Institutionen‹, die mit Kommentar, Protokoll, Beweisführung und Entscheidung das gesamte Rechtsgebiet erfassen, sind ein unordentliches, pedantisches, eigenwilliges und herrisches Werk, dessen durchlaufender roter Faden ein nationaler Dogmatismus ist, der hartnäckig an seinem fortdauernden, stetig sich selbst erneuernden Leben festhielt. Mit ihm im Bunde fochten die Rechtsgelehrten den Kampf der Verfassung gegen die Stuarts durch; die Erforschung historischer Präzedenzfälle bildete ihre Verteidigung der nationalen Freiheiten. In den Institutionen, die 1629 in einer überarbeiteten und verbesserten Auflage erschienen, setzte sich die Tradition des Gewohnheitsrechts seit Bracton und Littleton (23), dessen Namen Cokes Kommentar – der erste Teil der Institutionen – berühmt machte, unerschüttert als Grundlage der britischen Reichsverfassung durch.

127   Moderne Physiologie

WILLIAM HARVEY (1578-1657). Exercitatio Anatomica de Motu Cordis et Sanguinis in Animalibus. *Frankfurt, William Fitzer, 1628*

Die Physiologie der Blutgefäße ist bis in Harveys Zeit oft untersucht, aber kaum verstanden worden. In obiger ›Anatomischer Abhandlung über die Bewegung des Herzens und des Blutes bei Tieren‹, einem Aufsatz von nur zweiundsiebzig Seiten, löste er das Problem durch den Nachweis der Blutzirkulation.

William Harvey wurde nach seiner Ausbildung in Cambridge und Padua ein erfolgreicher Arzt in London. Er stand im Dienst des St.-Bartholomäus-Krankenhauses sowie im Dienst Jakobs I. und Karls I., zu dessen Gefolge er in der Schlacht von Edgehill (1642) gegen die Parlamentstruppen gehörte.

Galen (33) hatte angenommen, daß die Adern dazu dienten, alle Teile des Körpers mit dem in der Leber aufbereiteten nährenden Blute zu versehen. Er erkannte, daß sowohl die Venen wie die Arterien Blut enthielten, und nahm an, daß das arterielle Blut

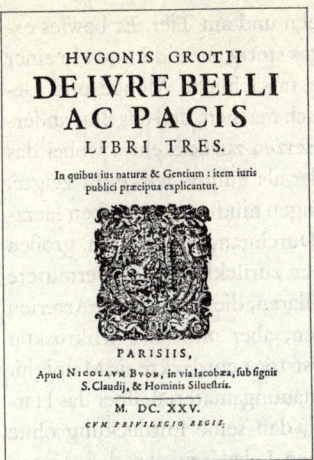

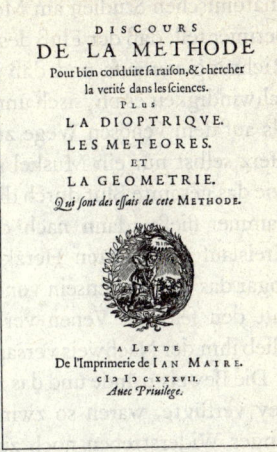

Grotius (125)   Descartes (129)

– deutlich durch seine Farbe vom venösen Blut unterschieden –
durch die Scheidewand des Herzens hindurch vom venösen Zu-
fluß, soweit es nötig sei, wieder aufgefüllt würde. Anatomen des
16.Jahrhunderts wie Vesalius (71) hatten erkannt, daß diese
Scheidewand undurchbrochen war. Die früheste veröffentlichte
Erwähnung des Lungen- oder kleinen Kreislaufes – Fluß des Blutes von der rechten zur linken Herzkammer durch die Lunge hindurch – findet sich in Servetus' theologischem Traktat von 1553
(78); doch da er den Medizinern kaum zur Kenntnis kam, muß
als sein wirklich erstes allgemeines Bekanntwerden die unzwei-
deutige Feststellung des Realdus Columbus in dessen ›De Re
Anatomica‹ (1559) angesehen werden. 1603 veröffentlichte Harveys Lehrer, Fabricius aus Aquapendente, eine Monographie über
die Adernklappen – früher schon von anderen erwähnt –, deren
Zweck er aber nur zum Teil verstand.

Es war Harveys Verdienst, diese Entdeckungen zu verknüpfen,
den Gedanken eines Kreislaufes des ganzen Blutsystems zu fassen
und ihn durch eine erschöpfende Reihe von anatomischen Sek-
tionen und physiologischen Experimenten zu beweisen. Zwanzig
Jahre lang oblag Harvey der Erforschung seines Gegenstandes in

anatomischen Studien am Menschen und am Tier. Er bewies experimentell, daß der Fluß des Blutes stetig ist und immer in einer Richtung verläuft und daß seine tatsächliche Menge und Geschwindigkeit es physisch unmöglich machen, daß das Blut anders als auf dem venösen Wege zum Herzen zurückkehre, wobei das Herz selbst nur ein Muskel sei, der als Pumpe wirke. Er zeigte, wie das gesamte Blut durch die Lungen hindurch zur linken Herzkammer fließt, dann nach dem Durchgang durch den großen Kreislauf zur rechten Herzkammer zurückkehrt; er vermutete sogar das Vorhandensein von Kapillaren, die die feinsten Arterien mit den feinsten Venen verbänden, aber ohne das Mikroskop blieb ihm der Nachweis versagt. Erst 1661 entdeckte sie Malpighi.

Die Beweisgründe und das Anschauungsmaterial, über das Harvey verfügte, waren so zwingend, daß seine Entdeckung ohne langes Widerstreben noch zu seinen Lebzeiten von den Ärzten anerkannt wurde. Descartes (129) nutzte sie als Grundlage für seine mechanistische Physiologie; englische Naturwissenschaftler hielten sie für ebenso bedeutend wie Kopernikus' Astronomie oder Galileis Physik. Lower (149) ergänzte Harveys Werk durch die Entdeckung der Rolle, die die Lungen bei der Versorgung des arteriellen Blutes mit Luft spielen. All dessen ungeachtet, bewirkte Harveys Werk keinen Wandel der ärztlichen Praxis noch änderte es grundsätzlich die zeitgenössischen Anschauungen in der Physiologie.

Harvey hatte mit seinem anderen Buche – ›Über Zeugung‹ – weniger Erfolg, obwohl es ebenso zuverlässig auf Experimente gegründet war. Es ist bemerkenswert, mit welcher Entschiedenheit er darauf bestand, daß alle lebendige Materie aus dem Ei entstehe, so daß keine spontane Zeugung vor sich gehen könne.

William Fitzer, der Frankfurter Verleger von Harveys ›De Motu Cordis‹, war ein Engländer. Harveys Freund Robert Fludd, der Rosenkreuzer, von dessen Büchern Fitzer einige gedruckt hatte, empfahl ihn Harvey. Fludd hatte festgestellt, daß er bei Veröffentlichungen in Frankfurt nicht nur nichts dafür zu zahlen hatte, sondern sogar einige Freiexemplare und obendrein ein Honorar erhielt. So geschah es, daß eines der bedeutendsten Bücher Englands im Ausland veröffentlicht wurde.

GALILEO GALILEI (1564-1642). Dialogo sopra i Due Massimi
Sistemi del Mondo, Tolemaico e Copernicano. *Florenz, Giovanni
Batista Landini, 1632*

Obgleich Galileis ›Gespräch über die beiden wichtigsten Welt-
systeme‹ weder ein sehr seltenes noch ein sehr kostspieliges
Buch ist, können doch wenige andere Bücher mit seiner dramatischen Geschichte wetteifern. Wenn es auch nicht ausgesprochen
der Inquisition zum Trotz geschrieben wurde, so doch mit der
vorsätzlichen Absicht, die Zensur hinters Licht zu führen und
Galileis geistliche Feinde zu überlisten. Von diesen beiden ließen
die Zensoren sich leichter täuschen; nachdem das Buch erschienen
war, zerrten Galileis Feinde ihn 1633 nach Rom und vor das Inqui-
sitionsgericht und zwangen ihn, alles zu widerrufen, was der ›Dialogo‹ erklärt hatte. Die Überlieferung, derzufolge er nach dem
Widerruf gemurmelt haben soll »eppur si muove« – und sie bewegt sich doch – gilt heute als apokryph. Das Buch selbst blieb
bis 1823 auf dem Index Librorum Prohibitorum (82). Es ist eine
ewige Mahnung an das menschliche Streben und die menschliche
Fehlbarkeit.

Wie jedermann weiß, war es ein historischer Zufall, nämlich die
Erfindung des Fernrohrs, der aus einem unbekannten fünfzigjäh-
rigen Professor in Padua den weltberühmten Galilei, den Verfechter der kopernikanischen Hypothese, machte. Während des
voraufgegangenen Jahrzehnts war Galilei ein schweigender Revolutionär geblieben, der fürchtete, sich bei Hofe lächerlich zu
machen, wenn er für die heliozentrische Astronomie eintrat; denn
sogar sechzig Jahre nach Kopernikus’ Tod herrschte noch weithin
Gleichgültigkeit gegenüber einer scheinbar so unglaubwürdigen
Hypothese. Kopernikus (70) war Mathematiker gewesen; es war
der Physiker und Philosoph Galilei, der nachwies, daß sein Werk
mit der Wirklichkeit der Dinge zu tun hatte. Wohl die größte
Entdeckung, die Galilei mit seinem Fernrohr (113) machte, war
der Nachweis, daß die aristotelische Auffassung von der Erde als
Mittelpunkt des Weltalls (38) ebenso wie die Epizykel des Ptolemäus mit der Erde als Mittelpunkt (18) völlig falsch waren.

Galileis erste Veröffentlichungen hatten nur geringe Verbreitung gefunden. Dann wurde er 1615 hinsichtlich der wahren Erkenntnisse der Astronomie offiziell zum Schweigen gebracht. Der Dialogo war als Appell an die große Öffentlichkeit und als Flucht aus dem Schweigen gedacht. Er hat die Form einer offenen Diskussion zwischen drei Freunden – ihrer Geisteshaltung nach einem Radikalen, einem Konservativen und einem Agnostiker – und ist eine meisterhafte Kampfschrift für die neue Wissenschaft. Er führt alle die großen Entdeckungen am Himmel vor, die die Alten nicht beachtet hatten; er zieht mit bissiger Schmähung über die Sterilität, Halsstarrigkeit und Unwissenheit all derer her, die ihre Systeme verteidigen; er schwelgt in der Einfachheit des kopernikanischen Denkens; und er lehrt vor allen Dingen, daß die Bewegung der Erde philosophisch, das heißt hier physikalisch sinnvoll und einleuchtend ist. Richtig verstanden, so erklärt Galilei, wirken Astronomie und Bewegungslehre Hand in Hand zusammen. Es bestehe kein Grund zur Befürchtung, daß die Umdrehung der Erde sie in tausend Stücke zerbersten lassen wird.

Damit nahm Galilei einen Faden auf, der direkt zu Newton (161) führte. Der Dialogo machte weit mehr als irgendein anderes Werk das heliozentrische System zu einem Gemeinplatz. Sämtliche Befürchtungen der Feinde Galileis waren gerechtfertigt; nur ihre Bemühungen, das Denken zu unterdrücken, waren vergebens.

129 »Cogito, ergo sum«

RENÉ DESCARTES (1596-1650). Discours de la Méthode pour bien conduire sa Raison & chercher la Verité dans les Sciences. *Leiden, Jan Maire, 1637*

Descartes' Leben war einzig dem Fortschritt der Philosophie und der Naturwissenschaften gewidmet. Da er nicht gestatten wollte, daß irgendeine Beteiligung an öffentlichen Angelegenheiten sein Denken behindere, verließ er Frankreich und ließ sich 1629 in Holland nieder, wo größere Ruhe und Geistesfreiheit herrschten. Hier blieb er zwanzig Jahre lang und verließ Holland erst, um einem Ruf an den Hof der Königin Christine von Schweden zu folgen, wo er ein Jahr später starb.

Es ist keine Übertreibung, zu sagen, daß Descartes der erste moderne Philosoph und einer der ersten modernen Wissenschaftler war; auf beiden Gebieten ist sein Einfluß unermeßlich gewesen. Obwohl sein Wirkungskreis nicht so umfassend war wie der Bacons (119), steht sein großer Vorgänger im Vergleich mit ihm doch dem mittelalterlichen Gelehrtentum näher als dem der neueren Zeit. Die Umwälzung, die Descartes hervorrief, läßt sich am leichtesten aus seiner Wiederbehauptung des – im Mittelalter verlorengegangenen – Grundsatzes ersehen, daß Erkenntnis, wenn sie von Wert sein soll, auf Intelligenz und nicht auf Belesenheit beruhen müsse. Seine Anwendung der modernen algebraischen Arithmetik auf die antike Geometrie schuf die analytische Geometrie, die die Grundlage der nach-euklidischen Entwicklung dieser Wissenschaft ist. Sein Satz von den Elementargesetzen der Materie und der Bewegung im physikalischen Weltall, seine Lehre von den Wirbeln und zahlreiche andere Spekulationen rückten sämtliche Fächer der Naturwissenschaften, von der Optik bis zur Biologie, in ein neues Licht. Bemerkenswert ist auch seine Erörterung von Harveys Entdeckung des Blutkreislaufs (127), die erste Erwähnung dieser Entdeckung durch einen hervorragenden ausländischen Gelehrten.

Dies alles hatte seinen Ausgangspunkt in der ›Erörterung der Methode der rechten Verwendung der Vernunft und der Erforschung der Wahrheit in den Wissenschaften‹. Descartes' Anliegen ist, den einfachen, unzerstörbaren Satz zu finden, der dem Weltall und dem Denken ihre Ordnung und ihr System verleiht. Er trifft drei Feststellungen: Klarheit und Distinktheit des Denkens schließen die Gewißheit des Bewußtseins in sich und damit die des Seins: »Cogito, ergo sum«; die unausweichliche Bewältigung des Teilzustandes der Wahrheit in unserem endlichen Bewußtsein durch fortschreitende Erhöhung zu ihrem vollen Zustande in der unendlichen Existenz Gottes; und die letztliche Rückführung der dinglichen Welt auf Ausdehnung und Bewegung. Von diesen Leitsätzen der Logik, Metaphysik und Physik gingen die nachfolgenden Untersuchungen Lockes (164), Leibniz' (177) und Newtons (161) aus; von ihnen stammt das gesamte moderne naturwissenschaftliche und philosophische Denken ab.

GALILEO GALILEI (1564–1642). Discorsi e Dimostrazioni Matematiche. *Leiden, Elzevir, 1638*

Galileis ›Gespräche und mathematische Demonstrationen‹ betrachten die meisten Wissenschaftler heute als sein bedeutendstes Werk. Es zerfällt in drei Teile. Das Hauptthema der ersten beiden Tage der Gespräche zwischen Salviati, Sagredo und Simplicio, den Teilnehmern des früheren ›Dialogo‹ (128), gilt einer theoretischen Untersuchung über die Festigkeit der materiellen Körper, ein Gegenstand, den er ganz neu anfaßte und auf fast exakte mathematische Grundlagen stellte. In den selben beiden Tagen werden eine Reihe anderer physikalischer Fragen diskutiert, wie Bewegung, Unendlichkeit, Vakuum, Luftgewicht, Kohäsion fester und flüssiger Körper usw. Die zwei späteren Diskussionstage sind der Bewegungslehre gewidmet. Im ›Dialogo‹ hat Galilei Bewegung philosophisch behandelt, hier geht er über die mittelalterliche mathematische Tradition hinaus und gibt exakte Definitionen von gleichförmiger und beschleunigter Bewegung. Danach entwickelt er die Kinematik in einer Reihe von geometrischen Sätzen, deren wichtigster – schon im Dialogo angekündigt – lautet: »Die Strecken, die ein gleichförmig beschleunigter Körper – etwa im freien Fall – zurücklegt, verhalten sich wie die Quadrate der dazu benötigten Zeiten.« Hier findet sich auch Galileis Beweis durch »reductio ad absurdum«, daß der Geschwindigkeitszuwachs nicht proportional der zurückgelegten Strecke sein kann.

Galileis spätere Sätze in den Discorsi handeln von der Bewegung auf schiefen Ebenen, die ihn zur – allerdings unzulänglichen – Betrachtung von Pendelschwingungen führen, sowie der Wurfbewegung im Vakuum, deren parabolischen Verlauf er nachweist. Für das Verständnis von Galileis Mechanik bilden die Discorsi und der Dialogo eine Einheit; die philosophischen Erörterungen des einen ergänzen die mathematische Analyse des anderen. Mathematiker und Physiker des späteren 17. Jahrhunderts, darunter Newton, nahmen zu Recht an, daß Galilei eine neue Ära der Lehre von der Mechanik eingeleitet hat. Auf seinen

Grundlagen bauten Huygens (154), Newton (161) und andere das theoretische Gebäude der Dynamik auf und bewiesen seine Gültigkeit für die Himmelskörper durch Einführung des umfassenden Begriffs der Gravitation.

Die ›Discorsi‹ wurden in Leiden gedruckt, da Galilei – entgegen seinen Wünschen – kein kirchliches Imprimatur für Venedig erhielt. Sie waren sein letztes Werk, und er verbrachte die wenigen ihm noch verbleibenden Lebensjahre mit ihrer Überarbeitung und Erweiterung.

Religio Medici   131

THOMAS BROWNE (1605-1682). Religio Medici. *London, Andrew Crooke, 1642*

»Meiner Vernunft zu folgen bis zu einem ›O Altitudo‹« – das ist der thematische Leitgedanke, welcher der ›Religio Medici‹ zugrunde liegt. Es war das erste Buch des Verfassers und von ihm nicht zur Veröffentlichung bestimmt (die beiden ersten Ausgaben erschienen ohne seine Erlaubnis).

Der abwechselnd leichtgläubige und skeptische Sir Thomas Browne ist einer der ungewöhnlichsten unter den großen Schriftstellern des 17. Jahrhunderts. Er arbeitete sein Leben lang als praktischer Arzt in Norwich und hielt sich in bemerkenswerter Weise fern von allen politischen Wirrnissen seiner Zeit. Er war dem Temperament nach ein Platoniker; die Welt war ihm nur ein Abbild, ein Schatten des Wirklichen, und alle Existenz lediglich der Reflex, die Spiegelung von Ideen. Nichts war ihm zu winzig oder zu gering, um nicht erwogen zu werden; die kleinste Unerheblichkeit konnte vielleicht den Schlüssel liefern zu den Problemen der Existenz und zu dem, was jenseits des Todes liegt. Brownes unnachahmlicher Stil spiegelt die besondere Eigentümlichkeit seines Denkens wider: in einer Zeit, die der Bücherweisheit, der Metaphysik und der kunstvoll verschnörkelten Sprache verfallen war, besitzen seine Schriften ein sehr eigenes Übermaß von allen dreien, dessen der Leser jedoch niemals müde wird.

Die ›Religio‹ ist nicht, wie ihre zahlreichen Nachahmer es waren, eine Schrift zur Verteidigung der ›Berufung‹ ihres Verfassers und auch nicht Ausdruck irrgläubiger Ansichten; Brownes Ansichten waren frei von jeglicher Ketzerei, und der Titel des Buches wäre anstatt mit ›Religion‹ besser mit ›Philosophie‹ oder ›Überzeugung‹ zu übersetzen. Was Browne fordert, ist die Freiheit, in den Fällen, in denen die Heilige Schrift oder die Lehre der Kirche uns keinen genauen Weg angibt, sich von der eigenen Vernunft leiten zu lassen. Das Buch bereitete seinen Zeitgenossen einiges Kopfzerbrechen; es erschien in Paris als das Werk eines Katholiken, und in Rom wurde es auf den ›Index Expurgatorius‹ (82) gesetzt. So ist es in gewisser Weise seither geblieben. Aber nicht nur wegen ihres Stoffes wird die ›Religio Medici‹ bis heute allgemein gelesen. Die eigentümliche Verbindung von objektiver Distanz zur Welt und leidenschaftlichem Interesse für ihre kleinsten physischen Gegenstände, der Stil des Buches und der Geist, den Stil und Inhalt offenbaren, haben Leser jeglicher Art seit seinem ersten Erscheinen immer wieder gefesselt.

132   Wahrheit trotzt der Überlieferung

ACTA SANCTORUM, Band I. *Antwerpen, 1643;* spätere Bände, *Tongerloo, Brüssel, Paris (noch im Erscheinen begriffen)*

›Die Taten der Heiligen‹ ist eine kritische Sammlung von Lebensläufen der christlichen Heiligen und wohl das erstaunlichste kollektive Gelehrtenwerk, das je unternommen wurde. Noch nie haben auf dem Felde der Gelehrsamkeit so viele Menschen so wenigen so viel zu danken gehabt. Dies läßt sich wahrhaftig von der kleinen Gruppe belgischer Gelehrten sagen, die seit mehr als zweihundertfünfzig Jahren diese Folge herausgeben. Der Redaktionsstab umfaßte zu keiner Zeit mehr als sechs und zumeist nur drei oder vier Männer, die sämtlich aus den flämischen oder wallonischen Landesgegenden des heutigen Belgien stammten.

Der Urheber des Unternehmens war Heribert Rosweyde aus Utrecht (1569-1629), der 1607 die erste Ankündigung einer Sammlung von Lebensläufen der Heiligen, nach dem Kalender angeordnet, aufsetzte. Diese Lebensläufe sollten auf authentischen dokumentarischen Unterlagen beruhen, die mit der gleichen peinlich genauen und unparteiischen Wissenschaftlichkeit kritisch geprüft werden sollten, welche die großen französischen und holländischen Philologen – Budé (60), Estienne (62), Lipsius (93), Scaliger (98) und andere – den weltlichen Texten gewidmet hatten. Rosweydes Absicht war, den Nebel unbegründeter Legenden, erbaulicher Märchen und frommen Betrugs zu durchdringen und die Hagiographie zu einer historischen Wissenschaft zu erheben.

Rosweydes Plan wurde von Jan Bolland (1596-1665) und seinen Schülern verwirklicht, unter denen Godfried Henskens (1601 bis 1681) und Daniel Papebroech (1628-1714) die ersten und wohl die bedeutendsten ›Bollandisten‹ waren. Sie fügten den römischen Heiligen noch die griechischen hinzu und unterstrichen damit den wahrhaft katholischen Charakter ihres Unternehmens. Henskens erzielte mit der Bearbeitung von vierundzwanzig Bänden eine Höchstleistung, die wohl kaum übertroffen werden wird – Papebroech kam ›nur‹ auf achtzehn. Papebroechs erbarmungslose Zerstörung jeglicher zweifelhaften Überlieferung und seine Verachtung für jede Art von Aberglauben brachten ihn in gefährliche Nähe der Inquisition, und seine überkritische Einstellung zu durchaus echten Dokumenten forderte Mabillon (158) zu einer Entgegnung heraus, deren Überzeugungskraft Papebroech selbst als erster anerkannte.

Der Einfall der französischen Revolutionsheere in Belgien im Jahr 1794 unterbrach die Arbeit der Bollandisten. Sie wurde erst 1837 wieder aufgenommen, und mittlerweile waren ihre wissenschaftlichen Methoden von denen der ›Monumenta Germaniae‹ (287) überholt worden. Die Acta Sanctorum wurden folglich 1882 völlig neu angeordnet und modernisiert und erreichten ihren Höhepunkt unter der Leitung von Hippolyte Delehaye (1859 bis 1941) und Paul Peeters (1870-1950).

Das Werk umfaßt heute nahezu siebzig riesige Foliobände und ist bis zum Anfang des Monats Dezember fortgeschritten. Sobald das Ende des Kalenderjahres erreicht ist, wird die ganze mühevolle Arbeit jedoch mit dem ersten Januar von neuem beginnen müssen, um sowohl neue Heilige einzufügen wie andere auszuscheiden. Ein trauriges Opfer des bollandistischen Strebens nach Wahrheit wurde leider die Legende des hl. Georg, des Schutzheiligen Englands.

JOHN MILTON (1608-1674). Areopagitica; a Speech for the Liberty of Unlicenc'd Printing, to the Parliament of England. *London, 1644*

»Gebt mir vor allen anderen Freiheiten die voraus, nach meinem eigenen Gewissen zu erkennen, zu sprechen und frei und ungehindert zu disputieren.« So schließt Milton seine meisterliche Schrift zur Verteidigung der Freiheit der Rede, der Schrift und des Druckens gegen die Unklugheit und Ungerechtigkeit des Zwangs einer behördlichen Druckerlaubnis, was praktisch eine von der Regierung ausgeübte Zensur darstellte.

In Wahrheit jedoch war Miltons Kampf bereits drei Jahre zuvor gewonnen worden, als die Abschaffung der Sternkammer – des geheimen, nur dem König verantwortlichen Gerichtshofs – 1641 auch den Zensur-Apparat hinwegräumte. Die Flugschriften-Verfasser jener Zeit nützten diese Abschaffung nach Kräften aus, und die Regierung bemühte sich vergeblich, durch die Verordnung vom 14.Juni 1643 die Lizenzgesetze wieder einzuführen. Zu diesem Zeitpunkt veröffentlichte Milton seinen Traktat über die Ehescheidung, in dem er in charakteristischer Weise seine private Erfahrung – seine Frau hatte ihn verlassen – verallgemeinerte. Sein Plädoyer zugunsten der Ehescheidung rief unter der Geistlichkeit eine solche Empörung hervor, daß nach der neuen Verordnung eine Klage gegen ihn eingebracht wurde, auf die Milton, indem er abermals seine persönliche Erfahrung in einen öffentlichen Protest verwandelte, mit der ›Areopagitica‹ antwortete. Die Jahre der Freiheit hatten jedoch ein nationales politisches Bewußtsein gezeugt und der Versuch der Wiederbelebung der Zensur kam zu spät. Milton wurde nicht unter Anklage gestellt, und die Areopagitica kämpfte einen Kampf, der bereits gewonnen war.

Warum ist dann diese Schrift heute noch von Bedeutung? Zum Teil, weil die Beweisführung zugunsten der Freiheit niemals, weder vorher noch nachher, so prachtvoll und kraftvoll vorgetragen worden ist. Und doch sind sogar Miltons Argumente in der Praxis verfälscht worden. »Wenn auch alle Winde der Doktrin entfesselt werden, um über die Erde zu fegen, so wird doch die Wahrheit das Feld behaupten. Wir tun Unrecht, wenn wir mit dem Lizensieren und Verbieten ihrer Kraft und Stärke mißtrauen. Möge man sie mit der Falschheit ringen lassen; denn wer hätte je gehört, daß die Wahrheit in offener und freier Auseinandersetzung besiegt worden wäre?« Dies ist prächtigster Idealismus, aber er läßt »das Vorurteil, die Dummheit und die einfältige Leichtgläubigkeit der Menschen« außer acht. Was wir Milton vor allem und in erster Linie verdanken, ist die Ausklammerung und Hervorhebung der Pressefreiheit aus allen anderen zu jener Zeit umstrittenen und befürworteten Formen der Toleranz, besonders der religiösen Toleranz; diese Tatsache und die Frische der unvergleichlichen Prosa, mit der er für sie eintrat, verleihen Miltons Worten auch heute noch Lebenskraft.

Atlas der Meere   134

SIR ROBERT DUDLEY (1573-1649). Dell'Arcano del Mare, 3 Bände. *Florenz, Francesco Onofri, 1646-7*

Dieses prachtvolle Buch ist der berühmteste aller frühen See-Atlanten. Sir Robert Dudley, natürlicher Sohn des Lord Leicester, der sich aus eigener Machtvollkommenheit Herzog von Northumberland nannte, begann als Weltreisender, fuhr 1594 nach Trinidad und nahm an einigen von Cavendishs Fahrten und an der Expedition des Grafen von Essex nach Cadiz teil. 1605 verließ er England und ließ sich in Florenz nieder, wo er in die Dienste des Herzogs Ferdinand II. von Toskana trat, dem dieses Werk gewidmet ist. Er legte die Sümpfe zwischen Pisa und dem Meer trocken und schuf den großen Hafen von Livorno.

Sein Ruhm gründet sich auf diesen großen See-Atlas – dem ›Geheimnis des Meeres‹ –, der die neuen, von Mercator (100), Edward Wright (106) und anderen entwickelten Errungenschaften der Seemannskunst in weite Kreise trug. Das Werk behandelt in seinen sechs Teilen die geographische Länge und die Mittel zu ihrer Bestimmung, Flottenbau und Seekriegskunst, die Prinzipien der Navigation und nautische Instrumente und enthält überdies Lagepläne von Landeplätzen und Häfen, ›Portolani‹ und allgemeine Karten, die hinsichtlich Länge und Breite berichtigt sind. Seine Hauptbedeutung liegt darin, daß zum ersten Male in einem so großen See-Atlas alle Land- und Seekarten in der Mercator-Projektion gezeichnet sind und daß er die vorherrschenden Winde und Strömungen in allen bedeutenden Häfen und Ankerplätzen sowie die magnetische Mißweisung einer großen Anzahl von Orten und Plätzen angibt. In Buch v wird das Verfahren des Großkreis-Segelns – der Fahrt entlang einem Großkreis (alle Längengrade der Erde sind solche Kreise) – bedeutend verbessert und durch Weiterentwicklung der frühen Ideen von Nuñez und Mercator praktisch durchführbar gemacht. Es war dieses Verfahren, das die modernen Navigatoren daraufbrachte, daß die kürzeste Flugstrecke von Kopenhagen nach Tokio über den Nordpol führt.

135   Gas

JOHANNES BAPTIST VAN HELMONT (um 1577-1644). Ortus Medicinae. *Amsterdam, Ludovic Elzevir, 1648*

›Die Geburt der Medizin‹, nach dem Tod ihres Verfassers von seinem Sohn herausgegeben, ist unsere Hauptquelle für Helmonts Entdeckungen hinsichtlich der chemischen Natur der Lebensvorgänge. Helmont war ein Edelmann aus Brabant, der sich nach Reisen in Frankreich, der Schweiz und England auf seinem Gut in der Nähe von Brüssel niederließ und sich während des größten Teils seines Lebens chemischen Studien widmete.

Viele von Helmonts allgemeinen Grundsätzen waren von denen seines Lehrmeisters Paracelsus (110) hergeleitet. Gleich Paracelsus beschränkte er seine Studien nicht auf spezifische, abgegrenzte Gebiete, sondern betrachtete alles von einem universalen Standpunkt aus. Er strebte nach einem kosmologischen System und einer einheitlichen Auffassung der Naturwissenschaft, die sämtliche Erscheinungen umfassen würde. Seine metaphysischen und religiösen Anschauungen führten ihn zur Aufgabe der scholastischen Denkformen, und damit gelangte er, indem er der theoretischen Spekulation abschwor, dazu, im Experiment und in der Empirie die Hauptpfade zur Erkenntnis zu erblicken. Obwohl er zur Mystik neigte, wurde er nichtsdestoweniger ein erstaunlicher wissenschaftlicher Forscher und trug Bedeutendes zum Fortschritt von Chemie und Medizin bei.

In seiner allgemeinen Auffassung von den Körperfunktionen und der Krankheit folgte Helmont ebenfalls weitgehend Paracelsus. Im besonderen war er überzeugt, daß die Vorgänge in erkrankten Organen chemischer Natur seien, in jedem einzelnen Fall rückführbar auf das Wirken eines spezifischen Gärstoffes, und er gab der Anwendung chemischer Heilmittel gegen Krankheiten, besonders bei Asthma, Katarrh und Lungenleiden, neuen Auftrieb.

Auf medizinischem Gebiet führte er die Untersuchung des spezifischen Gewichts des Urins zu diagnostischen Zwecken ein. Er untersuchte die Flüssigkeiten im menschlichen Körper und förderte mit der Entdeckung der Säureverdauung im Magen das Studium der Verdauung und anderer physiologischer Veränderungen und war damit nicht mehr weit von der Identifikation der Magensäure mit der Salzsäure (Chlorwasserstoff) entfernt – zweihundert Jahre vor der tatsächlichen Entdeckung dieser Tatsache.

Helmonts Bedeutung für die Entwicklung der Chemie ist womöglich noch größer. Er verwendete als erster die Bezeichnung ›Gas‹ – abgeleitet vom griechischen Wort ›Chaos‹. Er erkannte, daß ›Gas‹ etwas anderes war als Luft und Wasserdampf, und unter-

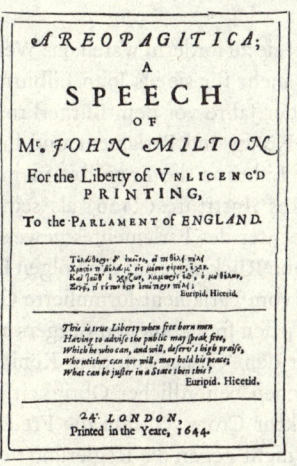

Milton (133)

Comenius (139)

schied die verschiedenen Quellen entstammenden Gase, darunter jenes, welches wir heute Kohlendioxyd nennen. Er verwendete die Waagschale in der Chemie, wies in vielen Fällen die Unzerstörbarkeit der Materie bei chemischen Veränderungen nach und war der Überzeugung, daß das Wasser der Urstoff aller Materie sei.

Helmont, der selber ein Alchemist war, bezeichnet den Übergang von der Alchemie zur Chemie im modernen Sinn, und es überrascht nicht, daß Robert Boyle (141, 143) ihn genau studierte und viele seiner Ideen übernahm. Helmont steht mithin am Beginn der Umwälzung in der Chemie, die von Lavoisier (238) im 18. Jahrhundert abgeschlossen wurde.

136 Die Rechte des Volkes

JOHN LILBURNE (um 1614-1657). An Agreement of the Free People of England. *[London], Gyles Calvert, [1649]*

In den endlosen Diskussionen und Kontroversen über die relative Bedeutung des Staates und des Einzelnen, die während des ganzen englischen Bürgerkrieges tobten, wurden jene Sicherungen der Freiheiten des Volkes geschmiedet, die schließlich 1688 endgültig verankert wurden.

Diese Freiheiten und das Recht, sie zu fordern, waren das Werk vieler Köpfe, aber keiner leistete mehr für sie als John Lilburne. Während des Verfassungsstreits der Jahre vor dem Bürgerkrieg, der um das Verhältnis zwischen König und Parlament und ihre Machtbefugnisse ging, verfolgte Lilburne die Frage bis in ihre letzte Schlußfolgerung. Mit Cokes ›Institutes‹ (126) als seiner Bibel – was sie auch für die Verfechter des Parlamentes gewesen waren – trat er unablässig und ohne Rücksicht auf die Folgen für seine eigene Person nicht für das vom Parlament formulierte Gesetz, sondern für das Recht eines jeden freigeborenen Bürgers auf Gerechtigkeit und Freiheit unter dem Gesetz ein, dem Könige, Parlamente und alle anderen Formen behördlicher Obrigkeit zu gehorchen hatten. Als der Protektor Cromwell ihm die Freilassung anbot, wenn er verspräche, nicht gegen die Regierung vorzugehen, antwortete er, er wolle »seine Freiheit keinem anderen

Weg verdanken als dem Weg des Rechts«. Was er für sich selber verlangte, strebte er gleicherweise für andere an.

Meinungsstreit lag Lilburne im Blut; sein Vater war einer der letzten gewesen, die in einem zivilen Rechtsstreit noch die Entscheidung durch Zweikampf verlangten. Schon als Lehrbursche wurde er vor der Sternkammer (133) angeklagt, unter anderem die Flugschriften William Prynnes verbreitet zu haben, und weigerte sich, den Eid abzulegen mit der Begründung, daß er nicht verpflichtet sei, sich selbst zu belasten, ein für ihn charakteristischer Schritt, der die ganze Verfahrensweise des Gerichts in Frage stellte. Er wurde wegen seiner Widersetzlichkeit an den Pranger gestellt, was ihn unverzüglich zum Volkshelden machte. Bei Ausbruch des Bürgerkrieges brachte er es unter Cromwell in einer kurzen, glänzenden militärischen Laufbahn, die jedoch 1645 durch seine Eidesverweigerung auf den Covenant ihr Ende fand, bis zum Oberstleutnant. Kurz zuvor hatte er die erste seiner zahlreichen Flugschriften veröffentlicht, in welcher er seinen alten Bundesgenossen Prynne und die Unduldsamkeit der Presbyterianer angriff und für Freiheit der Rede und des Gewissens eintrat: »und daß die Presse uns ebenso offenstehe wie euch«. Dies war der Beginn der Leveller- oder Gleichmacher-Bewegung.

Bisher hatte er an das Unterhaus als der einzigen richterlichen Instanz »eines freigeborenen Engländers« appelliert; jetzt jedoch hatte er es sich zum Feind gemacht und wandte sich folglich aus dem Gefängnis – wo er es bewerkstelligte, weitere Flugschriften zu verfassen und zu veröffentlichen – unmittelbar an das Volk und im besonderen an die Armee in ›Jonas' Schrei aus dem Bauch des Walfisches‹, 1647. Wiederum enttäuscht, veröffentlichte er 1648 die Flugschrift ›Die Grundlagen der Freiheit‹, mit der er den Londoner Pöbel und die mißvergnügten Elemente in der Armee aufzuwiegeln trachtete. Er wurde abermals ins Gefängnis geworfen, und im Mai 1649 erhoben die Meuterer sich zum Aufstand. Lilburne veröffentlichte nunmehr die verbesserte Fassung seines Verfassungsplans unter dem Titel ›An Agreement of the Free People‹ (Eine Übereinkunft des Freien Volkes). Aber der Aufstand schlug fehl, und im Oktober wurde ihm der Prozeß gemacht. Er wurde freigesprochen und in die Verbannung geschickt, bewerkstelligte es zurückzukehren, kam abermals vor Gericht und wurde inmitten erstaunlicher Szenen der Volksbegeisterung abermals freigesprochen. Nun waren seine Mißhelligkeiten vorüber; er trat den Quäkern bei und wurde mit einer wöchentlichen Pension von vierzig Schillingen auf freien Fuß gesetzt.

Obwohl Lilburne selbst keinen dauerhaften Erfolg erzielte, hat die Sache, die er verfocht, die Zeit überdauert. Während andere sich über die Rechte des Königs oder des Parlamentes ereiferten, sprach er mit Mut und Beredsamkeit für die Rechte des Volkes. Als Halifax (162) 1688 in der Krise, die auf die Landung Wilhelms von Oranien folgte, die öffentliche Meinung sondierte, folgte er, wie er selber sagte, »der Stimme des Volkes«. Es war Lilburne, der dem Volk diese Stimme verliehen hatte.

137 Frommer Lebenswandel

JEREMY TAYLOR (1613-67). The Rule and Exercise of Holy Living. *London, R. Norton für Richard Royston, 1650*

Unter den zahlreichen bemerkenswerten Klerikern des 17.Jahrhunderts war und bleibt Jeremy Taylor einer der berühmtesten. Er wurde in Cambridge geboren und erzogen, erhielt 1633 ein Stipendium am Caius College und wurde bald darauf zu einem der besonderen Schützlinge des Erzbischofs Laud. Die nächsten zehn Jahre seines Lebens waren eine Kette ununterbrochener Erfolge. Er wurde an das All Souls College in Oxford berufen, war nacheinander Hausgeistlicher Lauds und des Königs, schloß eine glückliche Ehe und erhielt von Bischof Juxon von London die Pfarrstelle Uppingham.

Doch der Verfasser von ›The Sacred Order and Offices of Episcopacy or Episcopacy Asserted against the Aerians and Acephali New and Old‹ (Das heilige Amt und die Pflichten des Bischofs, oder Verteidigung des Bischofsamtes gegen neue und alte Nesthocker und Dummköpfe) konnte nicht mehr darauf hoffen, nach 1644 (Cromwells Sieg bei Marston Moor) seine Pfarre behalten zu können, und so führte er während der nächsten fünfzehn Jahre das unstete Leben eines Flüchtigen, zumeist in Wales. Er wurde dreimal ins Gefängnis geworfen und nahm schließlich, wohl um weiteren Mißhelligkeiten zu entgehen, eine Hilfspredigerstelle in Lisburn in Irland an. Nach der Wiederherstellung der Monarchie wurde er Bischof von Down und Connor und Vizekanzler der Universität Dublin. Beide Posten waren keine Sinekuren, und er verbrachte seine letzten Lebensjahre mit unermüdlicher Seelsorgarbeit, eine Aufgabe, die durch die offizielle Politik, den Iren die Glaubenssätze der anglikanischen Kirche aufzuzwingen, noch erschwert wurde. Einen Mann, der zeitlebens Toleranz gepredigt hatte, kam die Unterdrückung bigotter Presbyterianer und unwissender Katholiken gleicherweise schwer an.

In diesen mißlichen Zeiten dürften seine Gedanken häufig zu den stillen Exilstagen im gastfreien Haus ›Golden Grove‹ Richard Vaughans, des Grafen von Carbery, in Carmarthenshire zurückgekehrt sein. Hier schrieb er, unbedrängt von anderen Sorgen, seine besten Arbeiten, nicht zuletzt ›The Rule and Exercise of Holy Living‹ (Regeln und Übungen heiligmäßigen Lebens). Dieses Buch ist das berühmteste und beliebteste in englischer Sprache geschriebene Handbuch der christlichen Frömmigkeit geworden. Es bietet »die Mittel und Handhaben zur Erlangung jeglicher Tugend und die Heilmittel für jegliches Laster, sowie Überlegungen, welche dazu dienlich sind, allen Versuchungen zu widerstehen, mitsamt Gebeten, darin die gesamte Verpflichtung eines Christenmenschen enthalten ist«. Das Buch ist wahrscheinlich seit 1650 bis zum heutigen Tag nie vergriffen gewesen. Taylors Wissen und Bildung, seine Gabe menschlichen Verständnisses und vor allem sein Stil, majestätisch und rhythmisch, gehoben und doch schlicht, dabei stets klar und lebendig, sind charakteristisch für den toleranten Geist der anglikanischen Kirche in ihrer besten Form.

Leviathan 138

THOMAS HOBBES (1588-1679). Leviathan, or The Matter, Forme, and Power of a Common-Wealth, Ecclesiasticall and Civill. *London, Andrew Crooke, 1651*

Thomas Hobbes aus Malmesbury wurde im Jahr der spanischen Armada geboren. Sein langes Leben erstreckte sich über eine der folgenschwersten Zeitspannen der englischen Geschichte, und er war, zugleich gefeiert und verabscheut, eine ihrer hervorstechendsten Erscheinungen. Seine Schulung in Malmesbury und am Magdalen College in Oxford bekräftigten seinen selbständigen und skeptischen Geist in der Gewohnheit, herkömmliche Lehrmeinungen nicht unbesehen hinzunehmen; doch als er 1610 als Erzieher des Sohnes von William Cavendish mit seinem Zögling auf die übliche große europäische Bildungsreise ging und unterwegs die neuen kritischen Methoden Galileis (113), Keplers (112) und Montaignes (95) kennenlernte, fand er sein wahres und eigentliches Feld. Aus dieser Zeit stammt seine berühmte Übersetzung des Thukydides, die er bezeichnenderweise erst 1628, im Jahr der Petition of Rights, veröffentlichte. Als er abermals ins Ausland reiste, diesmal mit dem Sohn seines vormaligen Schülers, traf er mit Galilei und Mersenne zusammen und trat in Briefwechsel mit Descartes. Seine Veröffentlichungen – ›Natur des Menschen‹, ›Über den Staat‹ und ›Über den Bürger‹ und andere kleinere Schriften – hatten ihn inzwischen berühmt gemacht, aber erst beim Ausbruch des Bürgerkrieges, als er nach Frankreich floh und Erzieher des Prinzen von Wales wurde, nahm er sein größtes Werk in Angriff.

›Leviathan‹ ist das Produkt dieser wirren Zeiten. Der Staat, so erschien es Hobbes, ließ sich als ein großes, aus Einzelmenschen zusammengesetztes künstliches Ungeheuer sehen, dessen Dasein sich von seiner Zeugung durch die menschliche Vernunft unter dem Druck menschlicher Bedürfnisse bis zu seiner Vernichtung durch den menschlicher Leidenschaft entspringenden Bürgerkrieg verfolgen läßt. Der Einzelmensch sollte sich – außer es ginge darum, sein Leben zu retten – stets dem Staat unterordnen, da jede Regierung besser ist als die Anarchie des Naturzustandes. Hobbes hatte den Sturm, den sein Werk sowohl unter den Republikanern in England wie unter den Royalisten entfesseln sollte, so wenig erwartet, daß er seinem jungen Herrn, der jetzt König Karl II. geworden war, ein Exemplar »in besonders schöner Handschrift auf Pergament gefertigt« überreichte – zweifellos das Exemplar, das sich jetzt im Britischen Museum befindet. Er wurde bald eines Besseren belehrt. Von diesem Tag an sah er sich als Mittelpunkt eines Meinungsstreites, der auch mit seinem Tod nicht aufhörte. Nach der Restauration stellte ihn Karl II., der ihm stets eine gewisse Zuneigung bewahrt hatte, unter seinen Schutz. Er veröffentlichte weitere Bücher, vor allem ›Behemoth‹, ein Zwiegespräch über die Ursachen des Bürgerkrieges, und einen Angriff auf die von Edward Coke (126) verfochtene Theorie der konstitutionellen Regierung, ließ sich in einen wilden Disput über die Quadratur des Kreises ein und veröffentlichte schließlich als Siebenundachtzigjähriger eine Homer-Übersetzung. Seine letzten Lebensjahre verbrachte er bei seinen alten Gönnern, der Familie Cavendish, und starb mit einundneunzig Jahren auf ihrem Schloß Hardwick Hall.

Hobbes' Gedankengänge haben weder die Verfechter der Grundrechte des Menschen noch die Vorkämpfer des modernen Staates mit seinem mystischen ›Volks‹-Begriff angesprochen, doch der Kern seiner Überlegungen hat die Philosophen von Spinoza (153) bis zur Schule Benthams (237) angeregt, und es war Bentham, der ihn in seinem Rang als selbständiger politischer Philosoph seiner Zeit wieder bestätigte.

Latein ohne Tränen 139

JOHANN AMOS COMENIUS (1592-1670). Orbis Sensualium Pictus. *Nürnberg, Wolfgang Endter, 1654*

›Die Welt rings um uns in Bildern‹ war das erste europäische Schulbuch nach dem Prinzip des heutigen Anschauungsunterrichts. Jede Seite des Buches besteht aus einem Holzschnitt, der einen bestimmten Gegenstand zeigt, und darunter, in zwei Spalten, einem zweisprachigen, lateinisch-deutschen Text, der mit einfachen Worten die Abbildung erklärt und mit Nummern auf die abgebildeten Einzelheiten verweist. Obige Ausgabe ist die früheste, die uns bekannt ist.

Schon mehr als ein Jahrhundert zuvor, in den Jahren 1535-36, hatte Charles Estienne, der Bruder von Henri II. Estienne (62), eine Folge zweisprachiger lateinisch-französischer Schulbücher gedruckt und herausgegeben. Doch diese kleinen Bücher – über römische Kleidung, Gefäße, Pflanzen etc. – waren ohne Abbildungen erschienen. Die Zusammenstellung von Text und Bildern machte den ›Orbis Pictus‹ zu einem Meilenstein in der Geschichte des Unterrichtswesens. Der Name selbst ist zum Begriff für Bilderbücher mit oder ohne pädagogische Absicht geworden.

Jan Amos Komenský war Angehöriger der Mährischen Brüdergemeinde und wurde sogar 1632 deren letzter Bischof. Während der habsburgischen Gegenreformation 1620 aus Böhmen ausgewiesen, durchzog er in seinem restlichen Leben das ganze protestantische Europa und England und ließ sich schließlich in Amsterdam nieder. Seine universale Bedeutung beruht auf seinen pädagogischen Lehren und Schriften, die er zu einem vollständigen Erziehungssystem vom vierten bis vierundzwanzigsten Lebensjahr ausbaute: die ›Didactica‹, geschrieben 1632 und 1657 gedruckt. Er interessierte sich besonders für den Vorschul- und Grundschul-Unterricht; sein ›Informatorium der Mutterschul‹ (1633) ist die erste ›Anweisung für Kindergärten‹; seine ›Offene Tür zu den Sprachen‹ (Janua Linguarum Reserata), geschrieben 1628 und 1631 erschienen, führte eine mehr oder weniger einheitliche Methode des Lateinunterrichts auf dem europäischen Kontinent ein. In allen seinen Schriften appellierte Comenius vor allem an die Intelligenz und die Mitwirkung des Schülers, anstatt sich auf formales Einpauken, Gewaltmethoden und Strafen zu verlassen. Seine Nachfolger auf dem Gebiet der Theorie und Praxis des Unterrichtswesens waren Pestalozzi (258) und Fröbel (317).

140   **Wider die Kasuistik**

BLAISE PASCAL (1623-1662). Les Provinciales, ou des Lettres Escrites par Louis de Montalte à un Provincial de ses Amis. ›*Köln*‹ *[Paris], Pierre de la Vallée, 1656-7*

Die ›Lettres Provinciales‹, wie sie allgemein genannt werden, sind das erste Musterbeispiel französischer Prosa, wie wir sie heute kennen – untadelig geschliffen in der Form, abwechslungsreich im Stil und handelnd von einem Gegenstand universaler Bedeutung. Als Äußerungen einer der feinsten Intelligenzen des 17. Jahrhunderts stehen sie nur Pascals eigenen ›Pensées‹ (152) nach, die unvollständig blieben und zum Gegenstand eines endlosen Gelehrtenstreites über ihren Text und ihre Anordnung wurden.

Pascal wurde als Sohn eines Beamten der Provinzverwaltung in Clermont-Ferrand geboren. Er war ein Wunderkind und noch keine sechzehn Jahre alt, als er mit seinen mathematischen und naturwissenschaftlichen Arbeiten bereits beträchtliches Aufsehen erregte. Er verfaßte eine Abhandlung über Kegelschnitte, die später von Leibniz (160) mitgeteilt wurde, und löste Probleme der Infinitesimalrechnung, vor denen Galilei, Descartes und Fermat die Waffen gestreckt hatten. Seine größte Entdeckung lag auf dem Gebiet der Hydrodynamik. Er erkannte, daß der Luftdruck meßbar ist, und erfand das Mittel, ihn zu messen. Sein berühmtes Experiment auf dem Puy de Dôme erbrachte den Beweis, daß die Quecksilbersäule im Barometer fällt, wenn sie höher hinauf in die Atmosphäre getragen wird (siehe 145).

So bedeutend Pascal als Mathematiker und Naturwissenschaftler war, wird seiner von der Nachwelt vor allem als großer sittlicher Persönlichkeit gedacht werden, im besonderen als Verteidiger des Jansenismus, der asketischen französischen Reformbewegung innerhalb der katholischen Kirche im 17.Jahrhundert. Pascals Schwester Jacqueline trat als Nonne in das Kloster Port-Royal, die Hauptstätte des Jansenismus, ein, und Pascal selber zog sich nach einer ›Bekehrung‹ im Herbst 1654 dorthin als Eremit zurück. Gegen Ende des Jahres 1655, als die Bewegung schweren Angriffen seitens der Jesuiten ausgesetzt war, wurde Pascal dringlich gebeten, eine Entgegnung zu verfassen. Er schrieb sie in wenigen Tagen nieder. Der Angriff der Jesuiten zielte vornehmlich darauf, daß die Glaubenssätze des Jansenismus der calvinistischen Lehre von der Gnadenwahl gefährlich nahekamen. Pascals Gegenangriff bestand in einer glänzenden Entlarvung der von den Jesuiten verwendeten kasuistischen Beweisführung. Er war zugleich eine prachtvoll durchgehaltene bissige Schmähschrift. Seitdem haben die Jesuiten ihre frühere Stellung in Frankreich nur vorübergehend zurückerlangt – sie war an dem schlechten Ruf schuld, der ihnen weniger verdientermaßen als traditionell bis heute anhaftet – und sie war eine noble Verteidigung selbständigen Denkens in Glaubenssachen.

Pascals Waffe war die Ironie, und die Frische, womit die ganze Schwere des Gegenstandes mit der hohen Leichtigkeit seiner Behandlung kontrastiert, zeugt von souveräner Meisterschaft. Die Lebendigkeit und Würde seines Stils gemahnt an Miltons beste Prosa.

Die Briefe erschienen ursprünglich getarnt in achtzehn Teilen als eine Folge getrennter Veröffentlichungen einer Anzahl verschiedener Drucker zwischen dem 23. Januar 1656 und dem 15. Januar 1657. Über diese separaten Ausgaben liegen keine detaillierten oder maßgeblichen Auskünfte vor.

141 Die Begründung der Chemie

ROBERT BOYLE (1627-91). The Sceptical Chymist. *London, J. Cadwell für J. Crooke, 1661*

Robert Boyle war der bekannteste englische Naturforscher seiner Zeit und der bedeutendste wissenschaftliche Experimentator des 17. Jahrhunderts. Er war ein führender Verfechter der ›neuen Bildung‹, für die sich die Gründer der Royal Society, zu denen auch er gehörte, einsetzten, war ein eminenter Naturphilosoph, ein einfallsreicher Chemiker und ein würdiger Vertreter der Meinung, daß das Studium der Natur hinführe zum Glauben an die Gottheit.

Boyle sah sich selber in erster Linie als Chemiker, obwohl ein großer Teil seiner besten Arbeiten zur Experimentalphysik gehörte. In seiner Zeit wurde die Gedankenwelt der Chemiker beherrscht von der Ansicht, daß alle chemischen Veränderungen erklärt werden könnten und sollten mit dem Begriff der ›Elemente‹. Des Aristoteles Elemente, Erde, Luft, Feuer, Wasser, oder des Paracelsus Salz, Schwefel, Quecksilber waren gedacht als Grundbestandteile, aus denen die gesamte Materie gebaut war und in die Materie zerlegt werden konnte. Das hat Boyle sein Leben lang bestritten. ›Der skeptische Chemiker‹ (siehe oben) erlangte als frühestes Beispiel dieser kritischen Haltung großen Ruhm, obwohl er keineswegs Boyles klarste Stellungnahme dazu ist.

Er glaubte (siehe auch 143) fest an die Teilchennatur der Materie und entwickelte seine eigene Korpuskular-Philosophie. Für ihn bestand Materie aus Teilchen oder Atomen unterschiedlicher Gestalt und Größe, die sich selber zu Gruppen ordneten, die ihrerseits chemische Substanzen bildeten; und Boyle fand viel mehr solcher Elemente als nur die vier des Aristoteles. Diese Ansicht vertrug sich nicht mit der Definition eines Elementes als eines Körpers, der nicht weiter geteilt werden konnte, noch mit der Theorie, daß ein paar Elemente ausreichen, um alle Körper zusammenzusetzen. Boyles Theorie steht der modernen physikalischen Chemie mit ihren Molekülen, Atomen und kinetischen Vorstellungen, wobei der Element-Charakter der betreffenden Substanz wenig beachtet wird, viel näher. Die Bedeutung von Boyles Buch haben wir in seiner Verknüpfung von Chemie und Physik zu sehen. Seine Korpuskular-Theorie und deren Ausbau durch Newton führte die Chemiker stufenweise zu einer atomaren Vorstellung von der Natur, wenn auch erst Dalton (261) sie wirklich gewann.

Boyle unterschied zwischen Mischungen und Verbindungen und suchte letztere zu begreifen als Zusammenfügung einfacher chemischer Grundeinheiten. Seine Deutung sollte die Chemiker wegführen von dem gedankenlosen Pröbeln seiner alchimistischen Vorgänger und sollte die theoretischen, die experimentellen und mechanistischen Elemente der wissenschaftlichen Chemie stärker betonen. ›Der skeptische Chemiker‹ befaßt sich mit den Beziehungen zwischen den chemischen Substanzen mehr als mit der Umwandlung eines Metalles in ein anderes oder mit der Herstellung irgendwelcher Drogen. So darf das Buch bewertet werden als einer der wichtigsten Meilensteine auf dem Wege zu Lavoisiers (238) Revolution im späten 18.Jahrhundert.

Die Missions-Bibel   142

THE HOLY BIBLE ... Translated into the Indian Language. *Cambridge [Mass.], Samuel Green und Marmaduke Johnson, 1661-1663*

Dies war nicht nur die erste Bibel, die in der Neuen Welt gedruckt, sondern auch die erste vollständige Bibel, die als Werkzeug der Bekehrung in einer fremden Sprache hergestellt wurde. Als solche kann man in ihr die Vorläuferin aller Missionsübersetzungen erblicken. Die Evangelien waren in arabischer Sprache bereits 1590 in Rom gedruckt worden, aber eine vollständige arabische Bibel erschien erst 1671. Inzwischen sind zumindest Teile der Bibel in mehr als 1180 verschiedene Sprachen übersetzt worden.

Diese Übersetzung in den Massachusetts-Dialekt der Algonkin-Sprachenfamilie, der von einem großen, heute ausgestorbenen Indianerstamm gesprochen wurde, welcher im 17.Jahrhundert in Massachusetts saß, war das Werk John Eliots (1604-1690), des ›Apostels der Indianer‹. Eliot hatte am Jesus College in Cambridge studiert, landete 1631 in Boston und wurde im folgenden Jahr zum ›Lehrer‹ der Kirche in Roxbury bei Boston bestellt, wo er sein Leben lang blieb. Er hatte einen gewissen Anteil an der Übersetzung des ›Bay Psalm Book‹ von 1640 aus dem Hebräischen, des ersten Buches, das in Nordamerika gedruckt wurde. Sodann begann er, sich der Missionstätigkeit unter den Indianern von Massachusetts zu widmen. 1646 hatte er ihre Sprache so weit gemeistert, daß er in ihr predigen konnte, und war maßgeblich beteiligt an der in England erfolgten Gründung der ›Gesellschaft zur Verbreitung des Evangeliums Jesu Christi in Neu-England‹. Diese Vereinigung, allgemein die ›Neu England-Gesellschaft‹ genannt, war die erste Missionsgesellschaft, die in England ins Leben gerufen wurde. Dank der Bemühungen Robert Boyles (141), der ihr Präsident war, wurde ihr Freibrief bei der Restauration von 1660 erneuert, und sie übernahm die Finanzierung von Eliots sämtlichen Missions-Veröffentlichungen.

1651 versuchte Eliot sich mit der Übersetzung einiger metrischer Psalmen in die Massachusetts-Sprache, und 1654 brachte er einen Katechismus heraus. Auf ihn folgten im nächsten Jahr Probeausgaben der Genesis und des Matthäus-Evangeliums. Letztere ist nicht erhalten, aber ein Exemplar der Genesis-Ausgabe wurde 1937 in der Bibliothek des King's College in London aufgefunden. Das vollständige Neue Testament erschien 1661 in einer Auflage von tausendfünfhundert Exemplaren, von denen tausend Exemplare zurückbehalten wurden, um mit Exemplaren des Alten Testaments, das 1663 fertiggestellt war, zusammengebunden zu werden.

Das Buch wurde in der Druckerei hergestellt, die 1638 von Samuel Green in Cambridge, Massachusetts, gegründet worden war und die auch schon das Bay Psalm Book gedruckt hatte, und zwar auf einer neuen, von jener Gesellschaft in London gesandten Presse. Die Gesellschaft lieferte auch eine neue Schrifttype mit einem Sonderalphabet und noch zusätzlichen Mengen der Buchstaben k und q, die für die indianische Sprache gebraucht wurden. Schließlich wurde ein erfahrener junger Drucker namens Marmaduke Johnson aus London eigens nach Cambridge geschickt, um bei der Drucklegung zu helfen. Sein Arbeitsvertrag enthielt die Bestimmung: »Und wird in selbiger Anstellung wenigstens zwölf Stunden täglich arbeiten (Sabbath-Tage ausgenommen).«

Später wurde eine zweite Auflage erforderlich, und der Geistliche von Plymouth, John Cotton, war Eliot bei der Überarbeitung des Textes behilflich. Der Druck dieser Ausgabe begann 1680, aber das Alte Testament wurde erst 1685 fertiggestellt.

Das Boyle'sche Gesetz 143

ROBERT BOYLE (1627-1691). New Experiments Physico-Mechanical touching the Air, the Second Edition. *Oxford, H. Hall für Thomas Robinson, 1662*

Als Boyle (141) 1657 von der Erfindung einer Luftpumpe durch Otto von Guericke in Deutschland erfuhr, veranlaßte er seine Assistenten, eine für seine Zwecke zu konstruieren. Mit dieser und einer anderen von Robert Hooke (147), der damals noch das Handwerk wissenschaftlichen Forschens lernte, führte er eine vollständige, gut durchdachte und entscheidende Reihe von Versuchen über die physikalische Beschaffenheit der Luft durch. Er bewies als erster experimentell die seit der Zeit von Aristoteles gehegte Meinung, daß der Schall zu einer Übertragung auf die Luft angewiesen ist und sich nicht im Vakuum ausbreitet. Er wies nach, daß das Gewicht der Luft der Quecksilbersäule im Barometer das Gleichgewicht hält, indem er das Torricellische Experiment (145) im Rezipienten seiner Luftpumpe durchführte und diesen dann schrittweise luftleer pumpte – wobei die Quecksilbersäule schrittweise fiel. Er führte an Hand von Experimenten das Gewicht der Luft vor, ihre erstaunliche Elastizität sowie, daß sie für Atmung und Verbrennung unerläßlich war. Gleichzeitig zeigte er, daß Dinge wie Licht und Magnetismus zu ihrer Übermittlung nicht auf Luft angewiesen wären.

All diese Untersuchungen, sorgfältig und leicht faßlich beschrieben, veröffentlichte Boyle 1660. Bald rief man nach einer
zweiten Auflage der ›New Experiments‹, der er eine Verteidigung
seiner Ansichten gegen Angriffe von Hooke und anderen beifügte. Diese zweite Ausgabe (hier zitiert) ist besonders wichtig
für die Formulierung des ›Boyle'schen Gesetzes‹, das Boyle selber
noch als ›Hypothese‹ bezeichnet: Das Luftvolumen in einem geschlossenen Gefäß verhält sich umgekehrt proportional zum
Druck. Er belegte das mit vielen experimentellen Einzeluntersuchungen über Luftverdünnung, die von anderen, Hooke eingeschlossen, ausgeführt wurden, wie auch mit eigenen über Luftverdichtung.

144 Bevölkerungsstatistik

JOHN GRAUNT (1620-1674). Natural and Political Observations
made upon the Bills of Mortality. *London, Thomas Roycroft für John
Martin, James Allestry und Thomas Dicas, 1662*

Die statistische Erfassung und Aufzeichnung sozialer und medizinischer Phänomene, die heute ein unentbehrlicher Vorgang im
praktischen Leben wie in der Regierungsarbeit ist, verdankt ihre
Einführung John Graunt, einem Kurzwarenhändler in der Londoner City, der auf Grund der Veröffentlichung dieses Buches
zum Mitglied der Royal Society gewählt wurde.

Listen von Geburten und Todesfällen waren in London sporadisch seit dem 16.Jahrhundert veröffentlicht worden. Nach der
Pestepidemie von 1603 kamen wöchentliche Berichte über Taufen,
Begräbnisse und Todesfälle durch die Pest heraus, und nach 1629
wurden alle Todesursachen systematisch von den Küstern der
Londoner Sprengel bekanntgegeben. Auf Grund dieser Berichte
stellte Graunt seine statistischen Tabellen auf. Er erkannte als
erster die Bedeutung der Bevölkerungsstatistik und die Notwendigkeit, Ordnung in ihr zu schaffen, was ihm mittels mathematischer Berechnungen gelang, und sie führte ihn zu wichtigen
Schlüssen über die sozialen und wirtschaftlichen Verhältnisse der

Bevölkerung. Graunt stellte die ersten Sterblichkeitstabellen auf, die das proportionale Verhältnis von Menschen verschiedener Lebensalter und die Lebenserwartung in jedem Lebensalter zeigten. Er sammelte medizinische Unterlagen auf mathematischer Grundlage, notierte die Schwankungen und Abweichungen der Sterblichkeitsziffern nach Jahren und Jahreszeiten und klassifizierte ihre Ursachen. Diese Erhebungen waren von großer Bedeutung für die künftigen Epidemie-Untersuchungen von Männern wie William Farr, John Snow und anderen im 19. Jahrhundert. Das wissenschaftliche Studium von Bevölkerungsziffern, Bevölkerungs-Eigenheiten und gebietsmäßiger Bevölkerungsverteilung – heute Demographie genannt – begann mit Graunt. Er formulierte einige Grunderkenntnisse, zum Beispiel, daß gewisse entscheidende Lebensphänomene regelmäßig auftreten, daß die Sterblichkeitsziffer in den Städten normalerweise höher liegt als auf dem Land, daß die Sterblichkeit am höchsten in den frühen und späten Lebensjahren ist und daß die Zahl der männlichen Geburten höher ist als die der weiblichen.

Die Anwendung kritischer wissenschaftlicher Methoden auf medizinische und Bevölkerungsstatistiken, die einem so großen Teil der heutigen Regierungs-, Verwaltungs- und Wirtschaftsplanung zugrunde liegt, läßt sich auf John Graunts erstaunliches Buch zurückführen. Sein unmittelbarer Einfluß war beträchtlich, besonders auf Sir William Petty, den Verfasser der ›Political Arithmetic‹. Petty bearbeitete 1675 die fünfte Auflage von Graunts Buch, was zeitweilig zu der irrigen Annahme führte, er und nicht Graunt sei der Verfasser. Edmund Halley (173) veröffentlichte 1693 in den Philosophical Transactions (148) einen Aufsatz über Sterblichkeitstabellen, die bis weit ins 19. Jahrhundert hinein verwendet wurden, und seine Ideen leiteten sich von Graunt her. Graunts eigene Tabellen wurden bis zum Ende des 18. Jahrhunderts in Frankreich benutzt, und auch in Holland und Deutschland machte sich sein Einfluß geltend; eine deutsche Ausgabe seines Buches erschien 1702. Graunt setzte sich für Volkszählungen ein, aber obwohl man in Virginia bereits seit 1624 und in Kanada seit 1665 Volkszählungen veröffentlichte, setzte sich der Gedanke in Europa nur langsam durch; die erste Volkszählung in Frankreich fand im Jahr 1800, die erste in England 1801 statt. Graunts Bedeutung für die Begründung von Lebensversicherungsgesellschaften ist offenkundig.

145 Das Barometer

EVANGELISTA TORRICELLI (1608-1647). Experienza dell'Argento Vivo. *In:* Timauro Antiate (d.i. Carlo Dati), Lettera a Filati. *Florenz, 1663*

Die ›Experimente mit Quecksilber‹ beschreiben die Erfindung des Barometers.

Evangelista Torricelli, ein italienischer Physiker und Mathematiker, wurde zu seinen Studien weitgehend von Galilei (113, 128, 130) angeregt, dessen Schüler er wurde und mit dem er bis zum Tod des Meisters zusammenlebte. Er wurde Galileis Nachfolger als großherzoglicher Hofmathematiker und Professor der Mathematik an der Akademie von Florenz.

Bis zum Beginn des 17.Jahrhunderts hatte man allgemein geglaubt, das Phänomen des Sogs oder Unterdrucks gehe auf den Abscheu der Natur vor dem leeren Raum zurück – den horror vacui, der eine aristotelische Vorstellung war. Galilei war die bereits von Bergbauingenieuren beobachtete Tatsache bekannt, daß Wasser mittels Saugpumpen nur etwa zehn Meter und nicht darüber gehoben werden konnte. Er fand es eigentümlich, daß der Abscheu der Natur vor einem leeren Raum in dieser Weise begrenzt sein sollte, aber obwohl er wußte, daß die Atmosphäre Gewicht besaß, brachte er die beiden Phänomene nicht miteinander in Zusammenhang.

Um 1630 führte die Erörterung der gleichen Phänomene in Rom zur Veranstaltung einiger Experimente, bei denen Röhren, die beträchtlich länger waren als zehn Meter, mit Wasser gefüllt und dann am unteren Ende geöffnet wurden, so daß das Wasser bis auf den Stand sank, auf dem es von der Luft gehalten wurde. Man debattierte eifrig darüber, ob der Raum am oberen Ende der Röhre, in dem sich kein Wasser mehr befand, nun leer sei oder nicht. Als Torricelli und Viviani, ebenfalls ein Schüler Galileis, die gleichen Experimente durchführten, erkannten sie die

Verwendbarkeit des Quecksilbers: da dieses Metall vierzehnmal so dicht ist wie Wasser, nahmen sie an, daß die Säule nur ein Vierzehntel so hoch sein werde. Sie stellten fest, daß es sich in der Tat so verhielt, und schlossen hieraus, daß das Gewicht der Atmosphäre, also der Luftdruck, dem Gewicht der Flüssigkeitssäule das Gleichgewicht halte.

Obwohl Torricelli durch seinen frühen Tod an der Vollendung seiner Forschungsarbeit gehindert wurde, wurde sein Name durch Père Marin Mersenne, der von seinen Forschungen durch Peiresc erfuhr, untrennbar mit dem Barometer verknüpft. Die Kunde verbreitete sich rasch im Ausland, obwohl Torricellis eigene Darstellung bis 1663 unveröffentlicht blieb; zu den berühmtesten Fortsetzungen seiner Forschungen gehörte Florin Periers Experiment auf dem Puy de Dôme (1648), das sein Schwager Pascal angeregt hatte. Perier bestieg den Berg mit Torricellis Apparat und stellte fest, daß die Quecksilbersäule stetig fiel, je höher er stieg. Damit war der Zusammenhang zwischen dem Luftdruck und der Höhe der Quecksilbersäule erwiesen.

Die Bezeichnung ›Barometer‹, wahrscheinlich von Boyle geprägt, tauchte erstmals in einer Nummer der ›Philosophical Trans-

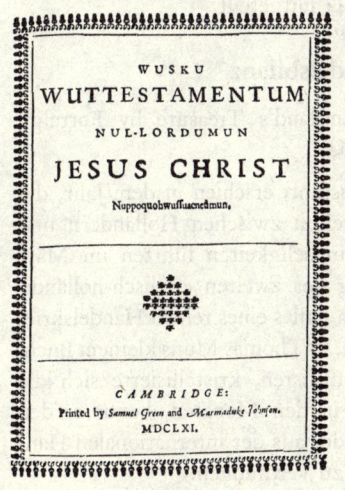

Indianerbibel (142)

Bunyan (156)

277

actions‹ (148) auf. Um 1660 entdeckte Guericke die Wechselbeziehung zwischen dem barometrischen Druck und dem Wetter,
und von diesem Zeitpunkt an wurde die Ablesbarkeit des Instrumentes so weit verbessert, daß die wesentlichen Merkmale des
Barometers sich seit dem 17. Jahrhundert bis heute nicht geändert
haben.

Torricelli leistete außerdem grundlegende Arbeit auf dem Gebiet der Hydrodynamik, deren Ergebnisse er in seinen Werken
›De Motu Gravium Naturaliter Descendentium‹ (Über die Bewegung der Gewichte im natürlichen Fall) und ›Opera Geome-
trica‹ von 1644 veröffentlichte. Hierzu gehört ›Torricellis Lehrsatz‹, der sich mit dem Problem der Ausflußgeschwindigkeit einer
Flüssigkeit durch ein kleines Loch in der Gefäßwand befaßt, während die Flüssigkeit im Gefäß durch Zugießen auf konstanter
Höhe gehalten wird, und beschreibt die parabolische Bahn dieser
ausfließenden Flüssigkeit. Torricelli arbeitete außerdem am In-
finitesimalkalkül und der Zykloide und setzte Galileis optische
Arbeiten fort und verbesserte sie.

Torricellis Erfindung des Barometers wurde zu seinen Lebzeiten nicht veröffentlicht; er hatte sie jedoch M. A. Ricci in zwei
Briefen vom 11. und 28. Juni 1644 mitgeteilt.

146 Die Handelsbilanz

THOMAS MUN (1571-1641). England's Treasure by Forraign
Trade. *London, Thomas Clark, 1664*

›England's Reichtum durch Ausfuhr‹ erschien in dem Jahr, das
den Ausbruch der Feindseligkeiten zwischen Holländern und
Engländern brachte. Diese Feindseligkeiten führten im März
1665 zur förmlichen Erklärung des zweiten englisch-holländi-
schen Krieges, des eindeutigsten Falles eines reinen Handelskrie-
ges in der englischen Geschichte. In Thomas Muns kleinem Buch,
der Bibel der späteren Merkantilisten, kristallisierte sich die
öffentliche Meinung Englands in den Monaten, bevor es den
Versuch unternahm, die Holländer aus der internationalen Han-
dels- und Seevormachtstellung zu verdrängen.

Thomas Mun war ein überaus erfolgreicher Kaufmann in Ita-

lien – wo er, wie er uns erzählt, mit Ferdinand, dem ersten Großherzog von Toskana, Geschäfte machte – und in der Levante. Im
Jahr 1615 wurde er ins Direktorium der Ostindischen Gesellschaft
gewählt, und hinfort waren sein Leben und seine literarischen
Hervorbringungen völlig mit dem Leben dieser Gesellschaft verquickt. Sein erstes Buch, das 1621 unter dem Titel ›Eine Abhandlung über den Handel von England nach Ostindien‹ erschien, war
eine Verteidigung der Währungspolitik der ›Gesellschaft‹, zu der
unter bestimmten Bedingungen auch die Ausfuhr von Geld gehörte. Seine mit Eifer wahrgenommene Rolle als öffentlicher
Rechtsvertreter der ›Gesellschaft‹ trug ihm 1624 das Angebot
ein, ihr stellvertretender Präsident zu werden, was er jedoch ablehnte. Trotzdem fuhr er fort, für das »Gemeinwohl« und die
englische Kaufmannschaft zu wirken und unterbreitete dem
Ständigen Handelsausschuß des Parlamentes, der 1622 zur Untersuchung der allgemeinen Depression im Handelsverkehr, besonders im Tuchhandel, eingesetzt war, mehrere Gutachten. Ein
großer Teil von ›England's Reichtum‹ ist diesen Denkschriften
entnommen.

Mun war der Auffassung, das Land könne seinen Wohlstand
am besten durch Außenhandel erhöhen, »worin«, sagte er, »wir
diese Regel beachten müssen: daß wir alljährlich den Ausländern
mehr verkaufen, als wir an Wert von dem Ihrigen verbrauchen«.
Ein hervorragender Punkt in diesem Programm zur Erzielung
einer günstigen Handelsbilanz war die Befreiung Englands aus
seinem halbkolonialen Stand unter den fleißigen, auf Frieden be-
dachten Holländern. Der nationalistische Ton dieser Forderung
nahm das populäre Kriegsgeschrei während der drei Kriege mit
Holland von 1652, 1665 und 1672 vorweg. Das merkantilistische
Programm in diesem Buch versinnbildlichte eindeutig die Ver-
mählung der Wirtschaft mit der nationalen Politik, die sich im
17.Jahrhundert vollzog; eine Vereinigung, die ihr Sinnbild darin
fand, daß John Mun, der Sohn des Verfassers, der dessen
›England's Reichtum‹ dreiundzwanzig Jahre nach Thomas Muns
Tod herausbrachte, das Buch mit einer Widmung an Thomas
Wriothesley, den Lord-Schatzkanzler Karls II., versah.

ROBERT HOOKE (1635-1703). Micrographia. *London, John Martyn und James Allestry, Printers to the Royal Society, 1665*

Robert Hooke war ein ungewöhnlich vielseitiger, hochbegabter Naturwissenschaftler; seine Leistungen in der Astronomie, der Optik und allen Zweigen der Physik sowie auf den Gebieten der Mechanik, der Technologie und der Architektur sind kaum zu zählen. Er wurde 1662 zum Kustos für Experimente an der neu gegründeten Royal Society (siehe 148) ernannt und stand bis zu seinem Tod im Mittelpunkt der englischen wissenschaftlichen Welt. Er regte naturwissenschaftliche Forschungsarbeiten auf sämtlichen Gebieten an und führte eine unermeßliche Anzahl von Versuchen selber durch. Er hinterließ vergleichsweise wenige gedruckte Werke, und von ihnen ist die ›Micrographia‹ das berühmteste.

Das Buch enthält siebenundfünfzig mikroskopische und drei teleskopische Beobachtungen; es beginnt mit einer Untersuchung anorganischer Materie und schreitet weiter zur Untersuchung pflanzlicher und tierischer Körper. Obwohl es sich vorgeblich mit Mikroskopie befaßt, enthält es außerdem wissenschaftliche Beobachtungen von großer Bedeutung auf anderen Gebieten.

Hookes Hauptbeitrag zur Biologie bestand in seinen mikroskopischen Untersuchungen. In Beobachtung 18 beschreibt er die Struktur des Korkes, den er mit einer Bienenwabe vergleicht, da er sich aus ›cellulae‹ und diese ›Zellen‹ begrenzenden Wänden zusammensetzt. Eineinhalb Jahrhunderte später führte das intensive Studium der ›Zellen‹ – das Wort wird hier zum ersten Mal verwendet – zu völlig neuen Vorstellungen über die Struktur von Tieren und Pflanzen. In Beobachtung 16, die der Holzkohle gilt, teilt Hooke seine Ansichten über die Verbrennung mit; sie kommen denen Boyles (141), mit dem er zusammenarbeitete, sehr nahe. Beobachtung 58 beschreibt das Phänomen der Beugung des Lichtes, eine Entdeckung, völlig unabhängig von der Grimaldis neun Jahre zuvor. In Beobachtung 17 schreibt Hooke über die Merkmale der Fossilien, die nach seiner Meinung die Schalen gewisser Schalenfische sind, »die durch einen Wolkenbruch, eine

Überschwemmung oder ein Erdbeben zufällig dorthin geschleudert wurden«. In Beobachtung 4 verweist er auf die Möglichkeit, aus einer leimartigen Substanz eine Art ›künstlicher Seide‹ zu spinnen, die der Naturseide gleichwertig sein könnte.

Im rein mikroskopischen Teil dieses schön gedruckten und reich illustrierten Foliobandes beschreibt Hooke zum ersten Mal ein Moostierchen, die winzige Zeichnung der Fischschuppen, die Struktur eines Bienenstachels, das zusammengesetzte Auge der Fliege, die Mücke und ihre Larven, die Struktur von Federn, den Floh und die Laus. Er beobachtete Schwämme, die er als tierische Gebilde und nicht als Pflanzen definiert und deren Gewebe er mit Horn und Haar vergleicht. Er erkannte die pflanzenähnliche Form des Schimmelpilzes.

Hookes übrige Experimente und insbesondere seine Arbeit mit wissenschaftlichen Instrumenten sind bemerkenswert. Er vervollkommnete das zusammengesetzte Mikroskop, das er für seine Beobachtungen verwendete; er erfand das Zeigerbarometer, und seine neuen Methoden der Aufzeichnung von Wettertabellen haben ihm den Namen des Begründers der modernen Meteorologie eingetragen. Hooke arbeitete auf dem Gebiet der Geographie und Kartographie – er half Ogilby und Pitt bei der Schaffung ihrer Atlanten –, er verbesserte Uhren und trug vieles zur Optik, Physiologie, künstlichen Atmung, Geologie und Paläontologie bei. Er erfand einen Apparat zum Tauchen und zur Tiefenlotung und erfand oder verbesserte eine große Anzahl wissenschaftlicher Instrumente. Er war außerdem Landvermesser und Architekt.

Die Micrographia war gleich ein großer Erfolg – viele Exemplare tragen die Jahreszahl 1666 auf dem Titelblatt; Samuel Pepys las sie, und Newton studierte sie genau. Die prachtvollen Tafeln, zumeist nach Zeichnungen des Verfassers hergestellt – einige sind wahrscheinlich von Sir Christopher Wren –, wurden 1745 neu gedruckt und tauchen noch in Mikroskopie-Büchern des 19. Jahrhunderts wieder auf. Es ist heute anerkannt, daß Aubrey recht hatte, als er sagte: »Er ist gewißlich heutigen Tages der größte Mechaniker der Welt«, und es gibt Leute, die meinen, daß Hooke vielleicht überhaupt das größte Mechaniker-Genie war, das die Wissenschaft je besessen hat.

PHILOSOPHICAL TRANSACTIONS: giving some Accompt of the Present Undertakings, Studies, and Labours, of the Ingenious in many Considerable Parts of the World, Band 1. *London, John Martyn und James Allestry, 1665-1666*

Die ›Philosophical Transactions‹ sind die früheste wissenschaftliche Zeitschrift. Ihre erste Nummer erschien am »Montag, 6. März, 1665«, und sie ist mit kurzen Unterbrechungen seither und bis zum heutigen Tag weiter erschienen.

Die Transactions waren der Royal Society gewidmet, die knapp drei Jahre zuvor von Karl II. ihre erste Charta erhalten hatte: »In diesen ungeschlachten Sammlungen«, schrieb ihr Verleger Henry Oldenburg, »die nur die Ährenlese meines persönlichen Zeitvertreibs in unterbrochenen Stunden sind, wird zu Tage treten, daß vor Euren Augen und auf Grund Eures Beispiels viele Köpfe und Hände an vielen Orten emsig beschäftigt sind, jene Hochziele zu verfolgen, welche Euren kühnen Unternehmungen eigen sind.« Denn die Transactions waren keineswegs nur ein protokollarischer Bericht über die wissenschaftliche Tätigkeit der Royal Society oder beschränkten sich auf London; dank Oldenburgs ausgedehntem Briefwechsel sowohl im Inland wie mit dem Ausland enthielten sie Berichte und Nachrichten aus allen Teilen Großbritanniens und Europas. Sie bildeten eine internationale Zeitschrift, die bei ihrem Erscheinen in englischer Sprache überall auf dem Kontinent umlief und später gesammelt ins Lateinische übersetzt wurde.

Die Idee, eine Zeitschrift zu schaffen zur Übermittlung neuer wissenschaftlicher Informationen – was das um einiges frühere ›Journal des Sçavans‹ in Frankreich nicht gewesen war – stammte von einem emsigen Deutschen, der zu Cromwells Zeit nach England gekommen war und durch seine Verbindung zu Robert Boyle (141) in den fünfziger Jahren des 17. Jahrhunderts überall im wissenschaftlichen Leben Europas Eingang gefunden hatte. Er wurde bereits in der ersten Charta der Royal Society zu einem ihrer beiden Sekretäre bestellt, ein Amt, das er sein Leben lang innehatte und in dem ihm praktisch sämtliche literarischen Geschäfte der Gesellschaft oblagen. Doch war der Posten unbezahlt, und die Transactions waren ein Mittel, mit dem er versuchte, sich für das fehlende Gehalt zu entschädigen. Die Transactions wurden mit Zustimmung der Gesellschaft ins Leben gerufen, doch die gesamte Leitung und Geschäftsführung lag in Oldenburgs Händen, und die Zeitschrift war sein Privateigentum. Sie bestand anfänglich aus einer kleinen, monatlich erscheinenden Broschüre von etwa zwanzig Seiten, die in einer Auflage von etwa 1500 Exemplaren gedruckt wurde. Sie enthielt unter anderem auch Auszüge oder Inhaltsangaben von Briefen, die Oldenburg erhalten hatte, oder von Berichten an die Gesellschaft sowie Bücherbesprechungen, für gewöhnlich aus der Feder des Herausgebers. Später wurden Artikel eigens zur Veröffentlichung in der Zeitschrift geschrieben: »Das Ganze zum Ruhme Gottes, zur Ehre und dem Vorteil dieses Königreichs und zum allgemeinen Wohl der Menschheit.«

Um die Mitte des 18. Jahrhunderts übernahm die Royal Society offiziell die Verantwortung für die Transactions.

Bluttransfusion 149

RICHARD LOWER (1631-1691). Tractatus de Corde. *London, John Redmayne für James Allestry, 1669*

Richard Lower erhielt seine Ausbildung in Oxford und gehört jener vom Glück begünstigten Generation englischer Wissenschaftler an, die die Methoden der ›neuen Wissenschaft‹ von der älteren Generation, die sie praktizierte, erwerben konnte; während Lower in Oxford studierte, waren John Wilkins, John Wallis, Thomas Willis und Robert Boyle (141, 143) sämtlich mit der Erforschung und Förderung der experimentellen Naturwissenschaft beschäftigt.

Lowers Hauptarbeit galt der Anatomie und Physiologie des Blutsystems. Er lieferte die bis dahin genaueste Beschreibung der Struktur des Herzens und erforschte Struktur und Funktion der Venen und Arterien. Er erläuterte den Mechanismus des Atmens. Es war seit dem Altertum bekannt, daß venöses und arteriöses Blut verschiedenfarbig waren; Lower wies schlüssig nach, daß dieser Unterschied der Färbung lediglich durch die Beimischung von Luft hervorgerufen wurde, während das Blut von der rechten Herzseite durch die Lunge floß. Er zeigte sogar, daß man venöses Blut dem arteriösen ähnlich machen konnte, indem man eine Blutprobe in der Luft schüttelte. Er schloß hieraus, die Veränderung der Farbe werde dadurch verursacht, daß das Blut Luft absorbiere, woraus sich erklärte, warum Luft lebensnotwendig war. Seine Experimente waren vorzüglich angelegt und durchgeführt, und seine Schrift ›Eine wissenschaftliche Abhandlung über das Herz‹ ist ein würdiger Nachfolger von Harveys ›De Motu Cordis‹ (127).

Lowers Buch enthält darüber hinaus eine interessante Darstellung eines der frühesten Versuche der Bluttransfusion. Versuche mit der Injektion von Drogen in die Blutgefäße von Tieren wurden erstmals 1656 in Oxford von Robert Boyle und Christopher Wren unternommen und später von Lower wiederholt. Er zog daraus die für ihn ganz natürliche Folgerung, das Blut eines Tieres in die Blutgefäße eines anderen überzuleiten, ein Experiment, das ihm Anfang 1666 auch glückte. Dieser Versuch wurde von Mitgliedern der Royal Society eingehend erörtert, und Ende des Jahres veröffentlichten die ›Transactions‹ (148) einen Bericht darüber. Das Experiment wurde in Frankreich, Italien und Österreich nachgeahmt; in Paris übertrug Jean Denis tierisches Blut in den Arm eines Mannes, erst einmal mit augenscheinlichem Erfolg. Auch die Royal Society schien mit einem armen geistesgestörten Mann namens Coga Erfolg zu haben, und 1668 erkühnte sich Denis zu wiederholten Experimenten an einem Geisteskranken. Der jedoch starb bald darauf – ob infolge der Blutübertragungen oder aus anderer Ursache, wurde nie eindeutig festgestellt – und die Blutübertragung auf Menschen wurde nicht fortgesetzt, obwohl Lower den Glauben an ihre mögliche Wirksamkeit nie verlor. Bis zum Beginn des 19. Jahrhunderts wurden keine Versuche mit Bluttransfusionen mehr gemacht; dann lebten sie zeitweilig in England und Deutschland wieder auf. Es blieb jedoch ein höchst gefährliches Verfahren, bis Karl Landsteiner 1900 das Vorhandensein wechselseitig unverträglicher Blutgruppen nachwies, und seither ist die Bluttransfusion zu einer wertvollen und allgemein anerkannten Praxis geworden.

WILLIAM PENN (1644–1718). No Cross, No Crown. *[London]*, gedruckt im Jahr 1669

Im Jahr 1668 wurde William Penn, der spätere Gründer der Provinz Pennsylvania, im Londoner Tower eingekerkert, weil er in einem einstmals berüchtigten, heute vergessenen Traktat, betitelt ›The Sandy Foundations Shaken‹, seine von der Rechtgläubigkeit abweichende Auffassung von der Dreifaltigkeit veröffentlicht hatte. Es war zweifellos ein taktischer Fehler, dem jungen religiösen Eiferer so viel Muße zu gönnen; denn nach seiner Auffassung wäre es eine Vernachlässigung seiner Pflichten gewesen, im Tower untätig herumzusitzen. Penn nützte die Zeit und schrieb, und die Folge war, daß im Jahr seiner Freilassung 1669 sein anspruchsvollstes und gelehrtestes Werk ›No Cross, No Crown‹ (Kein Kreuz, keine Krone) herauskam.

Dies war keine theologische Abhandlung im gewöhnlichen Sinn, sondern eine Art Führer zum praktischen Christentum und ein Kommentar zum täglichen christlichen Lebenswandel. Seine Neuartigkeit und die Quelle seines Einflusses auf die Entwicklung der protestantischen Ethik liegen darin, daß es im Gegensatz zum blinden Glauben Selbstaufopferung und gute Werke forderte und inneres geistliches Empfinden statt leerem Dogma. »Christi Kreuz ist Christi Weg zu Christi Krone«, schrieb Penn im Vorwort zur zweiten Auflage, die 1682 »mit einer großen Erweiterung an Stoff und Zeugnis« erschien, und in dieser späteren, vom gereiften Penn überarbeiteten Form ist das Werk an die nachfolgenden Generationen weitergegeben worden. Gleich den meisten Schriften Penns wurde ›No Cross, No Crown‹ auf Kosten des Verfassers gedruckt und umsonst an jedermann verteilt, der sich dafür interessierte.

Die ursprüngliche Fassung von 1669 ist nie nachgedruckt worden. Zahlreiche, großer Belesenheit entstammende Hinweise, die den Kommentatoren noch heute Bewunderung über die erstaunliche Reife des fünfundzwanzigjährigen Penn abnötigen, wurden in Wahrheit der zweiten Ausgabe dreizehn Jahre später hinzugefügt.

Eine holländische Übersetzung erschien 1687, eine französische 1746 und eine deutsche 1825. Zweihundert Jahre lang blieb das Buch der grundlegende Leitfaden für die Lebensführung der Quäker; die Londoner Ausgabe erlebte bis 1857 nicht weniger als vierundzwanzig Auflagen, zu denen noch andere Ausgaben in Dublin, Boston, New York und Philadelphia hinzukamen. Seither ist es nur noch selten neu gedruckt worden und bleibt dennoch allgemein anerkannt als die klarste Darlegung der Anschauungen der Gesellschaft der Freunde, die in dem Staat, der Penns Namen trägt, stets stark vertreten war.

151 Fossilien

NICOLAUS STENO (1638-1686). De Solido. *Florenz, sub signo Stellae, 1669*

Der dänische Geologe und Anatom Niels Stenson, der sich Nicolaus Steno nannte, unternahm ausgedehnte Reisen in Europa, ehe er sich als Leibarzt des Großherzogs Ferdinand II. von Toskana in Florenz niederließ. Dort trat er 1667, hauptsächlich unter dem Einfluß Bossuets (157), zum katholischen Glauben über. Er wurde zum Apostolischen Vikar der ›Missionen des Nordens‹ ernannt und starb 1686 in Schwerin.

Die Annahme der Alten, daß Fossilien lediglich Nachahmungen natürlicher Organismen seien, die von einer »plastischen Kraft« in der Erde hervorgerufen werden, wurde erstmals von Leonardo da Vinci bestritten, der erklärte, versteinerte Muschelschalen seien in Wahrheit Reste von Organismen, die einstmals gelebt hätten. Fracastorius hatte ähnliche Vorstellungen, und Agricola (79) arbeitete in der gleichen Richtung. Der größte Fortschritt auf diesem Gebiet ist jedoch Steno zu verdanken.

Er beschrieb in obiger Dissertation ›Über feste Körper‹ die Zusammensetzung der Erdkruste in der Toskana, und ein berühmtes Diagramm darin zeigt sechs aufeinanderfolgende Muster von Schichtenbildung der Erdoberfläche (274) – der erste Versuch einer Darstellung geologischer Zeitabschnitte. Dies war eine Folge von Schichten, wie man sie nach seiner Meinung überall auf der Welt antreffen würde. Er erklärte die wahre Herkunft der in der Erde gefundenen Fossilien als Überreste einstiger Lebewesen und unterschied zwischen vulkanischen, chemischen und mechanischen Ursprungsarten des Felsgesteins. Er erkannte als erster, daß die Schichten der Erdkruste die Aufzeichnung einer chronologischen Folge von Ereignissen darstellten, aus der sich die Erdgeschichte rekonstruieren ließ. Er versuchte, die Prinzipien oder Gesetzmäßigkeiten der Schichtenbildung zu ermitteln. Da die meisten Schichten, wie er feststellte, nicht in ihrer horizontalen Lage verblieben waren, schrieb er ihre Störung und Verschiebung dem Einsturz von darunter gelegenen Hohlräumen oder vulkanischer Tätigkeit zu. Er schloß hieraus, daß diese Veränderungen in der ursprünglichen Lagerung der Schichten die wahren Gründe der Unebenheit der Erdoberfläche sein müßten. Dies stand in direktem Widerspruch zur anerkannten Auffassung, daß die Berge seit Anbeginn existierten oder aber ganz einfach gewachsen wären. Er erkannte auch, daß manche Berge durch Abtragung geformt wurden, und erklärte, eine der Auswirkungen der Schichtenverschiebung sei das Auftreten von Rissen und Spalten gewesen, durch die Wasser einsickern konnte – der Ursprung der Quellen.

Stenos Schlußfolgerungen erschienen gleich denen anderer Forscher vor ihm zuweilen widersinnig und unglaubwürdig angesichts der theologischen Überzeugung, daß die Erde nicht älter als sechstausend Jahre sein könne und die Fossilien sich hauptsächlich während oder nach der Sintflut abgelagert hätten. Stenos Hinwendung zum Katholizismus bewirkte, daß theologische Vorstellungen ihn daran hinderten, seine Theorie weiter zu entwickeln, da sie sonst womöglich zur Beschuldigung der Ketzerei geführt hätte. Im späteren Leben stellte er seine naturwissenschaftlichen Studien praktisch ein. Trotz dieser Beschränkungen stellt sein Buch einen großen Fortschritt in der Geologie dar und machte den Weg für die modernen Wissenschaften der Paläontologie und Geologie frei, wie sie schrittweise von Leibniz (160), Lamarck (262) und besonders von James Hutton (247) begründet wurden.

Steno machte außerdem bedeutende und neuartige Bemerkungen über die Formen der Kristalle und die Art ihrer Formbildung;

so entdeckte er, daß Quarzkristalle sich ihrem Aussehen nach zwar voneinander unterscheiden können, daß aber die Winkel zwischen entsprechenden Flächen stets die gleichen sind.

In der Physiologie führten seine anatomischen Untersuchungen zur Entdeckung des Ausscheidungsganges (Stenonschen Ganges), der von der Ohrspeicheldrüse in den Mund führt, und des Tränen-Nasenganges. Er leistete auch Bedeutendes auf den Gebieten der Muskelanatomie, besonders der Muskulatur des Herzens, und der Gehirnanatomie.

›De Solido‹ war lediglich als Einleitung zu einem größeren Werk gedacht gewesen, das jedoch nie geschrieben wurde.

152   Offenbarung gegen Rationalismus

BLAISE PASCAL (1623-1662). Les Pensées. *Paris, Guillaume Desprez, 1670*

Pascal (siehe auch 140) hinterließ bei seinem Tod eine ansehnliche Menge unveröffentlichter Arbeiten, von denen einige erst in jüngster Zeit gedruckt wurden. Erst acht Jahre nach seinem Tod erschien die erste Ausgabe seiner ›Pensées‹ mit einer Einleitung seines Neffen Perier, aus der hervorzugehen schien, daß diese Meditationen eigentlich Bruchstücke einer umfangreichen Apologie des Christentums waren, die Pascal seit langem geplant hatte. Diese Fragmente waren in sich einigermaßen wirr, und es fällt schwer, zu glauben, daß sie tatsächlich Teil eines solchen großen Vorhabens waren. Tatsächlich waren sie eine mit Ermächtigung einer Gruppe hervorragender Jansenisten getroffene Auswahl, und das Buch trug die Druckerlaubnis einer Anzahl anderer Persönlichkeiten, die ihm sämtlich seine Rechtgläubigkeit bescheinigten. Aus diesen Umständen wie auch aus der noch vorhandenen Handschrift geht völlig klar hervor, daß der Text beträchtlich abgeändert wurde – was zu jener Zeit wenig Verwunderung oder Abscheu hervorgerufen haben dürfte –, damit er nicht einen neuerlichen Ausbruch der Feindseligkeit gegen den Jansenismus heraufbeschwöre; denn Port Royal erfreute sich 1670 gerade einer ungewohnten Windstille in allen seinen Mißlichkeiten. Seither wurden der Text der Pensées und Pascals Absicht

und Standpunkt bei ihrer Niederschrift Gegenstand eines endlosen Meinungsstreits. Condorcet (246) veröffentlichte 1776 sogar eine Auswahl, die der Auffassung der Rechtgläubigkeit zu-
widerlief, und erst 1844 brachte Faugère den ersten Text heraus,
der eine gewisse Genauigkeit und Zuverlässigkeit für sich in
Anspruch nehmen konnte. Die moderne Philologie schlägt sich
noch immer mit dem Problem herum.

Was also sind die Pensées? Gewiß nicht lediglich eine Verteidigung der Rechtgläubigkeit; ebensowenig ein Sichberufen auf den
Glauben aus der Feder eines Mannes, dessen wissenschaftliche
Leistungen Angst vor dem Skeptizismus mit sich brachten; noch
weniger verkapptes Freidenkertum. Wenn sie auch den Rationalismus angreifen, wie er bei Descartes sichtbar wird (129), oder
den Skeptizismus, wie ihn Montaigne (95) verkörpert, so geschieht es doch mit den Methoden des Vernunftarguments, wie
Descartes sie entwickelt hat, und in einem Stil, der sich Montaigne
verpflichtet weiß. Pascal bietet dem rationalen Skeptiker einen
tiefer hinabreichenden Skeptizismus an, den er Pyrrhonismus
nennt. Wenn der Skeptiker alles leugnet, was sich nicht mit Vernunft erweisen läßt, so leugnet Pascal auch die Macht der Vernunft, deren Vermögen, Schlußfolgerungen zu ziehen, nur aus der
Macht Gottes existiert; »Cogito, ergo sum« ist nur wahr, wenn
es ein höchstes Wesen gibt, welches dem Menschen das Dasein
gewähren und ihm die Macht des Denkens verleihen kann. Er
geht somit über den Bereich der ›Natürlichen Theologie‹ hinaus,
um sämtliche Widersprüche und Widrigkeiten der menschlichen
Erfahrung ausschließlich mit dem Glauben und der Offenbarung
zu erklären, wobei eines das andere rechtfertigt.

Es ist unmöglich, die unzusammenhängenden Betrachtungen
der Pensées in den Rang eines geschlossenen Denksystems oder
einer vollständigen Antwort auf andere Systeme zu erheben. Der
Leser stößt auf Fragen, die gestellt und nicht beantwortet werden und die ihn weit über den uralten Streit zwischen Glaube und
Vernunft hinausführen; und verhältnismäßig untergeordnete
Probleme werden mit der gleichen Eindringlichkeit behandelt.
Pascals Werk trägt in Wahrheit den Stempel des Genies, indem
es alles erforscht und feststellt, was sich für beide Seiten der

Frage, die es untersucht, vorbringen läßt. Da es sich um unvollendete Aufzeichnungen handelt, gelangt es nicht überall zu Schlußfolgerungen. So ist dies kein Buch, das man mit den Begriffen der Rechtgläubigkeit oder ihres Gegenteils als geschlossenes Ganzes erfassen kann. Es ist jedoch ein Buch, für das der prüfende Geist allen Grund hat, dankbar zu sein – von seiner ersten mangelhaften Ausgabe bis zum heutigen Tag.

153   Die Ethik der Politik

BENEDICT DE SPINOZA (1632-1677). Tractatus Theologico-Politicus. ›Hamburg, Heinrich Künraht‹, [Amsterdam], 1670

Spinoza entstammte einer angesehenen Familie aus Spanien vertriebener sephardischer Juden und wurde in Amsterdam geboren. Er nahm schon frühzeitig das gesamte theologische und philosophische Wissen in sich auf, das die Rabbiner seiner Gemeinde ihm zu vermitteln vermochten. Er lernte Latein von einem exzentrischen Arzt mit materialistischen Neigungen, und dies brachte ihn mit Giordano Bruno und Descartes (129) in Berührung. Hieraus ergab sich der Bruch mit dem strenggläubigen Judentum und der Ausschluß, den die jüdische Gemeinde am 27. Juli 1656 über ihn verhängte. Hinfort führte Spinoza, der anstelle seines Geburtsnamens Baruch die lateinische Form Benedict annahm, ein Wanderleben. Gleich allen seinen jüdischen Zeitgenossen hatte er einen praktischen Beruf gelernt, nämlich das Schleifen optischer Linsen. Hierin, wie auch in der theoretischen Optik, erwies er sich als hochbegabt. Es herrschte beträchtliche Nachfrage nach seinen Linsen, und sein Können brachte ihn in Verbindung mit Huygens (154) und Leibniz (160); eine lange verloren geglaubte Abhandlung über den Regenbogen wurde 1862 veröffentlicht. So war Spinoza in der Lage, seinen Lebensunterhalt zu verdienen, und konnte sich, während er als Gast eines Freundes, eines Angehörigen der Collegianten, einer arminianischen Glaubensgemeinde, auf dem Land außerhalb Amsterdams und der Reichweite seiner vormaligen Glaubensgenossen lebte, ganz seinen Gedanken und Studien widmen. Hier wurde er zum Mittelpunkt eines kleinen philosophischen Klubs, der sich ursprünglich zum

Studium der kartesianischen Philosophie zusammengefunden hatte, sich aber dann von Descartes abwandte; aller Wahrscheinlichkeit nach schrieb Spinoza seine Ethik für diesen Kreis.

Zu Beginn des Jahres 1661 übersiedelte der Freund und Gastgeber nach Leiden, und Spinoza zog mit ihm. In Leiden traf er mit Henry Oldenburg, dem ersten Sekretär der englischen Royal Society (siehe 148), zusammen.

Nach der Übersiedlung breitete sich Spinozas Ruhm alsbald aus, und als er sich 1663 von Leiden nach dem Haag begab, hatte er bereits Mühe, den heimlichen, unerlaubten Druck seines ersten großen Werkes, des ›Tractatus Theologico-Politicus‹, zu verhindern. Diese Arbeit stellte eine Ausdehnung seiner ethischen Anschauungen auf das politische Denken dar: Der Mensch fühlt sich zur Erkenntnis Gottes und zur Liebe Gottes gedrängt; die Liebe zu Gott schließt die Liebe zu unseren Mitmenschen in sich ein. Um sich Sicherheit zu verschaffen, tritt der Mensch einen Teil seines Rechtes auf unabhängiges Handeln an den Staat ab. Der Staat ist jedoch dazu da, Freiheit zu gewähren, nicht zu versklaven; Gerechtigkeit, Weisheit und Duldsamkeit gehören zum Wesen der souveränen Macht.

Spinozas Gedankenbau, eine Verschmelzung von kartesianischem Rationalismus mit jüdischer Überlieferung, in der er aufgewachsen war, ist eine für sich alleinstehende, aber kristallklare Darlegung des Naturrechts. Er verficht mit großer Beredsamkeit die Freiheit des Gedankens und der Rede auf dem Gebiet der Forschung. Der Tractatus enthält die erste klare und eindeutige Feststellung, daß Philosophie und Religion insofern voneinander unabhängig sind, als Forschung und praktisches Verhalten sich nicht überschneiden oder zusammenstoßen können. Spinoza verabscheute alle Kontroversen und veröffentlichte den Tractatus erst 1670 und auch dann nur anonym und mit einem fiktiven Druckvermerk. 1675 erwog er die Veröffentlichung seiner ›Ethik‹, aber grundlose, später von Hume (194) geschwätzig wiederholte Gerüchte über seinen Atheismus hielten ihn davon ab. Er starb am 20. Februar 1677 an der Schwindsucht, und zahlreiche bedeutende Verehrer fanden sich bei seinem Begräbnis ein. Die Linsen, die man in seinem Schrank fand, erbrachten einen hohen Preis;

die ›Opera Posthuma‹, die im gleichen Jahr erschienen, machten zusammen mit dem ›Tractatus Theologico-Politicus‹ seinen Namen unsterblich.

154 Die Pendeluhr

CHRISTIAN HUYGENS (1629-1695). Horologium Oscillatorium. *Paris, F. Muguet, 1673*

Christian Huygens, Mathematiker, Physiker und Astronom, stammte aus einer reichen und vornehmen Familie; sein Vater war der gebildetste Holländer seiner Zeit. Er selbst wurde bald eine internationale Größe der Wissenschaft und in Paris, wo er von 1666 bis 1681 lebte, der führende Geist der Académie Royale des Sciences. Er war außerdem seit 1663 Mitglied der Londoner Royal Society; er traf während seines dritten Englandbesuchs (1689) zweimal Newton und wechselte ein paar wichtige Briefe mit ihm. In der Geschichte der mathematischen Wissenschaft steht Huygens Newton nahe, der – wie er selber auch – auf Galilei (130) und Descartes (129) aufbaute.

Huygens war ein mathematisches Wunderkind: er war sowohl in der reinen wie der angewandten Mathematik beschlagen. Öffentlich machte er sich zum ersten Mal einen Namen durch seine Verbesserung des Fernrohrs wie durch seine Entdeckung, daß die Veränderungen in der Erscheinung des Saturns – zuerst von Galilei festgestellt – einem Ring zuzuschreiben sind, der den Planeten umgibt und dessen Neigung gegen die Beobachtungsrichtung sich verändert; er entdeckte auch 1659 den ersten Saturnmond (Systema Saturnium). Das gleich starke Interesse Huygens' an der Theorie von Optik und Licht fand erst viel später in seinem ›Traité de la Lumière‹ Ausdruck. Bei Galilei fand er den Isochronismus des Pendels: das heißt dessen Eigenschaft, in konstanter Zeit unabhängig von der Schwingungsamplitude zu schwingen. 1657 paßte Huygens das Pendel der Hemmung einer Uhr ein, ohne davon Kenntnis zu haben, daß auch dieser Gedanke schon von Galilei vorweggenommen, wenn auch nicht verwirklicht worden war. Diese Erfindung ließ Huygens viele Jahre hindurch nach einem Chronometer für die Seeschiffahrt, zur ge-

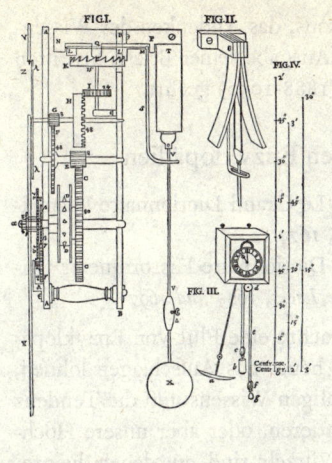

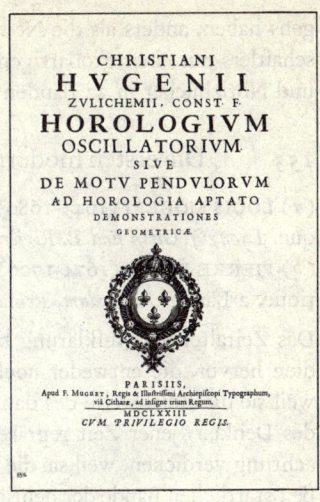

CHRISTIANI
HVGENII
ZVLICHEMII. CONST. F.
HOROLOGIVM
OSCILLATORIVM
SIVE
DE MOTV PENDVLORVM
AD HOROLOGIA APTATO
DEMONSTRATIONES
GEOMETRICÆ

PARISIIS,
Apud F. MUGUET, Regis & Illustrissimi Archiepiscopi Typographum,
viâ Citharæ, ad insigne trium Regum.
MDCLXXIII.
CVM PRIVILEGIO REGIS.

Huygens (154)

nauen Längenbestimmung, suchen: ein Gerät von unschätzbarem Wert für die Seefahrer.

So wie die Uhr von Huygens sowohl vom praktischen wie vom wissenschaftlichen Standpunkt – sie konnte auch von den Astronomen verwendet werden – bedeutsam war, so ist das ›Horologium Oscillatorium, sive de Motu Pendulorum ad Horologia aptato Demonstrationes Geometricae‹ (wie der volle Titel des Werkes über die schwingende Uhr lautet) allgemein eine Arbeit zur Dynamik und speziell eine mathematische Analyse der Pendelbewegung. Es war die originellste Leistung auf diesem Gebiet seit Galileis ›Discorsi‹. Sie enthielt den Beweis für den Isochronismus der Zykloide wie auch für andere neue Eigenschaften dieser Kurve, dann für das konische Pendel und für andere Grunderkenntnisse. Sie schließt mit dreizehn Theoremen – ohne Beweise – über die Dynamik der Kreisbewegung. Newton erkannte in seinen ›Principia‹ (161) die Priorität von Huygens darin an, obwohl dessen Werk wenig Einfluß auf sein eigenes hatte.

Es ist interessant, daß Huygens 1673 ein Exemplar des Horologiums Newton übersandte – es befindet sich heute in der Sammlung von Sam Barches, Tucson, Arizona –, für das sich Newton 1687 mit seinen Principia revanchierte. Die Landsleute von Huy-

293

gens haben, anders als die Newtons, das Andenken des Wissenschaftlers mit einer großartigen Ausgabe seiner Briefe, Schriften und Notizbücher in 22 Bänden (1888-1950) geehrt.

155   Die ersten modernen Enzyklopädien

(*a*) LOUIS MORERI (1643-1680). Le Grand Dictionnaire Historique. *Lyon, J. Girin und B. Rivière, 1674*
(*b*) PIERRE BAYLE (1674-1706). Dictionnaire Historique et Critique, 2 Bände. *Rotterdam, Reinier Leers, 1695 und 1697*

Das Zeitalter der Aufklärung brachte eine Flut von Enzyklopädien hervor, die entweder noch heute das Aufschlagen lohnen, weil sie die Reichweite des damaligen Wissens und die Tendenz des Denkens jener Zeit repräsentieren, oder aber unsere Hochachtung verdienen, weil sie die Wurzeln sind, aus denen die großen stattlichen Bände der heutigen Schatzkammern des allgemeinen Wissens – Encyclopaedia Britannica (218), Brockhaus (269), Larousse und die übrigen – entsprossen sind.

Das erste Werk dieser Art, das die Bezeichnung ›Enzyklopädie‹ auf seinem Titelblatt trägt, war Johann Heinrich Alsteds ›Encyclopaedia Cursus Philosophici‹ (Herborn, 1608; 1630 erweitert zur siebenbändigen ›Encyclopaedia ... distincta‹). Es war eine der letzten Enzyklopädien, die noch in lateinischer Sprache verfaßt und nach einem systematischen Plan angelegt waren, wie es von Isidor (9) bis Bacon (119) der Brauch gewesen war. Die Zukunft gehörte dem neuen, in der Volkssprache geschriebenen und alphabetisch angeordneten Typ, zu dessen frühesten Vertretern Vincenzo Maria Coronellis ›Biblioteca Universale Sacroprofana‹ zählt; von ihren geplanten fünfundvierzig Bänden erschienen jedoch nur sieben (1701-1706).

Die ersten Enzyklopädien in der Volkssprache, die auf die europäische Geisteswelt einen nachhaltigen Eindruck machten, waren zwei französische Werke, die gleichsam das größere geistige Gewicht des Zeitalters des Sonnenkönigs sowie sein widersprüchliches Gesicht – nominelle Ergebenheit gegenüber der katholischen Kirche und skeptischer Zweifel an den Grundlagen der offenbarten Religion – in den Brennpunkt rückten.

Der Abbé Moréri legte sein Buch absichtlich als Verteidigung seiner Kirche an. Es ist darüber hinaus bemerkenswert wegen des Nachdrucks, den es auf historische und biographische Artikel legt, die von anderen Kompilatoren wie Bayle, Harris und Chambers (171b) lange Zeit vernachlässigt wurden. Moréris ›Große historische Enzyklopädie‹ hat bis 1759, als sie von der berühmten ›Encyclopédie‹ Diderots und d'Alemberts (200) verdrängt wurde, zwanzig Auflagen erlebt – ein bemerkenswertes Zeugnis, wie stark die traditionellen, anti-rationalistischen Kräfte im Zeitalter der Vernunft immerhin waren.

Bayle, ein protestantischer Philosoph, verfaßte seine ›Historische und kritische Enzyklopädie‹ während seines freiwilligen Exils in Rotterdam als antiklerikale Entgegnung auf Moréris Werk, um, wie er es ausdrückte, »Moréris Fehler zu berichtigen und die Lücken zu füllen«. Bayle verfocht die Vernunft gegen den Glauben, die Philosophie gegen die Religion, die Toleranz gegen den Aberglauben. Er stellte in scheinbar objektiver, unbeteiligter Weise Argumente und Gegenargumente einander gegenüber und behielt sich seine gewagtesten Anspielungen und Unterstellungen für die ›Renvois‹ – die Quellennachweise und Anmerkungen – vor, mit denen er die Artikel ergänzte. Bayles Dictionnaire beherrschte mehr als ein halbes Jahrhundert lang, bis zum Erscheinen der großen französischen Encyclopédie, die Aufklärung in allen Teilen Europas.

Pilgers Läuterung 156

JOHN BUNYAN (1628-1688). The Pilgrim's Progress. *London, Nathaniel Ponder, 1678*

John Bunyan, Laienprediger der Baptistengemeinde zu Bedford, verbrachte wegen unbefugten Predigens zwölf Jahre, von 1660 bis 1672 und danach 1675 noch einmal sechs Monate, im Gefängnis. Während der zweiten Haft schrieb er dieses Buch.

Die Beliebtheit von ›The Pilgrim's Progress‹ läßt sich daran erkennen, daß das Werk bereits sehr frühzeitig und häufig nachgedruckt wurde. Am Ende des Erscheinungsjahres 1678 waren bereits »10000 Exemplare gedruckt, davon 4000 als Raubdruck.

Als der rechtmäßige Verleger Nathaniel Ponder am 3.Februar 1680 die vierte Auflage herausbrachte, waren ihm schon sechs Raubdrucke bekannt geworden. Bei Bunyans Tod, zehn Jahre nach der Erstausgabe, hatten bereits elf Auflagen – jede wohl zu 4000 Exemplaren – Ponders Druckerei verlassen. Seitdem ist die Traumallegorie des puritanischen Kesselflickers in die fernsten Winkel der Welt gedrungen und wurde in 147 Sprachen übersetzt« (Steinberg, Die Schwarze Kunst, S.416).

Die frühe Nachfrage nach dem Werk kam nicht von den Gelehrten und Gebildeten, sondern von den Frommen und von der Jugend. Es war anfänglich Mode, über Bunyan als Schriftsteller die Nase zu rümpfen, aber das änderte sich, als Swift, Johnson und Walpole ihn guthießen. Heute ist das Werk in der ganzen Welt bekannt und geliebt, und die Parabel vom Seelenheil wird von allen Glaubensbekenntnissen akzeptiert. Seine Sprache ist Allgemeingut geworden, und sein Prosastil hat auf spätere Schriftsteller tiefgreifenden Einfluß ausgeübt.

Noch eine andere Auffassung von der Bedeutung des Buches kommt in dem folgenden Zitat aus E.P.Thompsons ›The Making of the Working Class‹ zum Ausdruck: »Vor allem bei Bunyan finden wir den schlummernden Radikalismus, der sich durch das ganze 18.Jahrhundert erhalten sollte und im 19.Jahrhundert wieder und wieder hervorbrach. ›Pilgrim's Progress‹ ist zusammen mit den ›Menschenrechten‹ (241) einer der beiden grundlegenden Texte der englischen Arbeiterbewegung; Bunyan und Paine sowie Cobbett (294) und Owen (271) trugen das meiste zu dem Vorrat von Ideen und Denkweisen bei, der die Grundlage der Bewegung von 1790 bis 1850 bildet.«

157   Sankt Augustinus à la Française

JACQUES-BENIGNE BOSSUET (1627-1704). Discours sur l'Histoire Universelle. *Paris, Sebastian Mabre-Cramoisy, 1681*

Diese ›Abhandlung über die Weltgeschichte‹ ist das letzte nennenswerte Unternehmen dieser Art Universalgeschichte, die mit dem hl. Augustinus (3) beginnt und den Lauf der Menschheitsgeschichte als durchgehende Manifestation der göttlichen Vorsehung interpretiert, welche die Menschheit ihrem Seelenheil entgegenführt.

Bossuet war der berühmte Hofprediger Ludwigs XIV., dessen gallikanische Kirchenpolitik er gegen die römische Kurie verteidigte. Seine Predigten, insbesondere seine großen Grabreden, sind eindrucksvolle Schaustücke dieses Genres der Barockliteratur. Er schrieb obigen Discours zur Unterweisung des Dauphin, dessen Erzieher er von 1670 bis 1679 war, denn, so erklärte er, »die Geschichte ist der Ratgeber der Fürsten«. Das Buch reicht von der Schöpfung bis zu Karl dem Großen und liefert somit ein direktes Bindeglied zwischen der Geschichte des Auserwählten Volkes und dem Ursprung der französischen Monarchie; die Verherrlichung des Absolutismus – Gott im Himmel, der König auf Erden – ist sein Leitmotiv, und Bossuet wurde denn auch gebührend mit der Verleihung eines Bistums belohnt.

Bossuets theologische und eschatologische Konstruktion wurde von Voltaire zertrümmert, dessen ›Essai sur l'Histoire‹ (202) ursprünglich als vorgebliche Fortsetzung des Discours von der Zeit Karls des Großen bis zu Ludwig XIII. beabsichtigt war. Bossuets Einfluß ist jedoch in populären katholischen Geschichtsbüchern noch immer nachweisbar, und obwohl der Discours als historisches Dokument heute wertlos ist, kann man an ihm als einem edlen Stück klassischer französischer Prosa noch immer seine Freude haben.

Historische Forschung   158

DOM JEAN MABILLON (1632-1707). De Re Diplomatica libri sex. *Paris, Ludovic Billaine, 1681*

Der stattliche Folioband, der Mabillons ›Sechs Bücher über das wissenschaftliche Studium mittelalterlicher Urkunden‹ enthält, rief auf einen Schlag jene historischen Disziplinen ins Leben, die heute unter der einigermaßen irreführenden Bezeichnung ›Hilfswissenschaften‹ bekannt sind, und verschaffte seinem Verfasser einen europäischen Ruf, den die seither verstrichenen drei Jahrhunderte nicht getrübt haben.

Mabillon, seit 1653 Benediktiner in Reims, trat 1664 in die

Kongregation von St. Maur in St. Germain-des-Prés, damals noch vor Paris gelegen, über, die seit ihrer Gründung 1618 eine Stätte der Gelehrsamkeit war. Er sollte ihr berühmtester Sohn werden. Hingebungsvolle Verehrung für die große Vergangenheit seines Ordens ließ ihn eine Ausgabe der Schriften des heiligen Bernhard von Clairvaux (1667) sowie die Herausgabe der ›Acta Sanctorum Ordinis S. Benedicti‹ (9 Bände, 1668-1702) und der ›Annales Ordinis S. Benedicti‹ (begonnen 1703) besorgen, die sämtlich bis heute für den Kirchenhistoriker unentbehrlich sind. Mabillons Hauptruhm gründet sich jedoch auf das eingangs erwähnte ›De Re Diplomatica‹, ein Buch, das mehr oder weniger als Nebenprodukt eines Gelehrtenstreits und des althergebrachten Zwistes zwischen dem Benediktiner- und dem Jesuitenorden entstand.

Papebroech, der große Herausgeber der ›Acta Sanctorum‹ (132), stellte 1675 Regeln für die Unterscheidung zwischen echten und gefälschten Dokumenten auf und focht damit eine Anzahl merowingischer Benediktiner-Urkunden als Fälschungen an, und zwar hauptsächlich auf Grund ihrer, wie ihm schien, unverständlichen und abstrusen Schrift. In seiner Widerlegung dieser übertrieben kritischen Einstellung bewies Mabillon nicht nur die Echtheit dieser Urkunden, sondern erläuterte zugleich auch die richtige und logische Entwicklung der lateinischen Schrift aus den Großbuchstaben des kaiserlichen Rom bis zur Handschrift seiner eigenen Zeit und brachte damit nebenher auch seinen Lesern das Entziffern der verschiedenen Handschriften bei. Er befaßte sich außerdem mit anderen Fakten, die das Aussehen mittelalterlicher Dokumente bestimmen, und stellte damit die »formalen« Hilfswissenschaften für das Studium historischer Urkunden – Handschriften- (Paläographie), Siegel- (Sphragistik), Daten (Chronologie)-Kunde und so fort – auf sichere Grundlage. Mit Hilfe dieser Disziplinen ist es inzwischen möglich geworden, ein festes Gerüst unbestreitbarer Prinzipien der historischen Forschung zu errichten.

THOMAS SYDENHAM (1624-1689). Tractatus de Podagra. *London, Walter Kettilby, 1683*

Die größten medizinischen Fortschritte im 17.Jahrhundert wurden von Männern erzielt, deren Interesse hauptsächlich den exakten Wissenschaften galt. Reine Forschung und wissenschaftliche Untersuchung wurden von Anatomen wie von Physiologen als vordringlich wichtig betrachtet, und überall tauchten neue Theorien und Lehrmeinungen auf. Dadurch war die Aufmerksamkeit zahlreicher führender Ärzte von der praktischen Seite der Medizin und der Pflege des Patienten abgelenkt worden; das Laboratorium schien wichtiger als das Krankenzimmer. Es war hauptsächlich Thomas Sydenham zu verdanken, daß sich diese Einstellung in eine Rückkehr zum hippokratischen Ideal wandelte.

Sydenham war überzeugt, daß persönliche Beobachtung und Pflege des Patienten wichtiger seien als die Entdeckung physiologischer Vorgänge oder die Formulierung einer anderen Grundlehre. Die oberste Aufgabe des Arztes bestand darin, den Heilkräften der Natur bei der Genesung des Kranken beizustehen. Der Arzt mußte folglich jeden Krankheitsfall und dessen Symptome mit größter Sorgfalt beobachten; er mußte bestimmte Krankheiten identifizieren, indem er nach den typischen pathologischen Vorgängen forschte und ähnliche Einzelfälle miteinander verglich, ehe er zu Schlußfolgerungen gelangte. Dies ist im wesentlichen die moderne Auffassung von der Aufgabe des praktischen Arztes und Klinikers.

Diese praktische Einstellung beseelte Sydenhams zahlreiche Abhandlungen über bestimmte Einzelkrankheiten. Seine Epidemie-Studien waren von größter Bedeutung. Er lehrte, daß Epidemien weitgehend von meteorologischen Verhältnissen abhängen – eine von Hippokrates (55) hergeleitete Auffassung: daß sie aus Miasmen oder Krankheits- und Ansteckungsstoffen in der Erde entstehen können, daß sie in regelmäßigen Abständen wiederkehren können und so fort. Darüber hinaus finden sich bei ihm schon Gedanken, welche die Theorie des 19.Jahrhunderts von den Bakterien als Krankheitserregern ankündigen.

Unter Sydenhams Spezialmonographien gilt obige ›Abhandlung über die Gicht‹, in der zum ersten Mal zwischen Rheumatismus und Gicht unterschieden wird, als ein Meisterwerk der klinischen Empirie. Er war ein besonders geeigneter Beobachter, da er selber von der Gicht geplagt wurde. Unter seinen übrigen Studien befinden sich Arbeiten über Schwindsucht, Lungentuberkulose, Masern und Scharlach – die er als erster unterschied –, rheumatische Polyarthritis und ›Sydenhams Veitstanz‹, einer milden Form von Krämpfen bei Kindern. In der Therapeutik empfahl er kühlenden Luftzug bei Pocken, popularisierte die Verwendung der Chinarinde, empfahl als erster die Verwendung von Opium in flüssiger Form – ›Sydenhams Laudanum‹ – und führte zahlreiche andere Verbesserungen ein.

Seine ›Observationes Medicae‹, die erstmals 1676 erschienen, enthielten die meisten seiner pathologischen Beobachtungen, und die ›Processus Integri‹ (Heilprozesse), erschienen 1693, erläuterten seine Therapeutik. Beide erlebten unzählige Ausgaben, besonders auf dem europäischen Kontinent. Der große holländische Arzt Herman Boerhaave und die Wiener medizinische Schule des 18.Jahrhunderts waren Sydenhams Lehren tief verpflichtet und gaben seine Ideen an ihre Schüler und Nachfolger weiter.

160   Die Differential- und Integralrechnung

GOTTFRIED WILHELM VON LEIBNIZ (1646-1716). Nova Methodus pro Maximis et Minimis. *In:* Acta Eruditorum. *Leipzig, Christoph Günther, 1684*

Der deutsche Diplomat, Historiker, Theologe, Philosoph und Mathematiker Leibniz (177), geboren in Leipzig als Sohn eines Professors für Moralphilosophie, war ein universaler Geist, dessen Stellung in der Geschichte der Mathematik auf seiner selbständigen Erfindung der Differentialrechnung basiert sowie auf seinen Beiträgen zur Kombinatorik, die das Aufkommen der modernen mathematischen Logik andeuteten.

Die ›Acta Eruditorum‹, für die Leibniz häufig Artikel beisteuerte, waren eine seit 1682 erscheinende Leipziger Zeitschrift, die das 1665 gegründete französische ›Journal des Sçavans‹ nach-

Sydenham (159)   Camerarius (165)

ahmte. Ein weiterer deutscher Mathematiker (E. W. Tschirnhau-
sen), der darin eine Schrift über Quadraturen – auf Untersuchungen gründend, die ihm Leibniz mitgeteilt hatte – publiziert hatte,
bestimmte ihn schließlich 1684, der Welt die ziemlich schwer verständlichen Teile seiner eigenen Forschungen über die Differentialrechnung vorzulegen. Seine epochemachenden Abhandlungen
gaben Rechenregeln für das Messen von Funktionsänderungen
und das Ziehen von Kurventangenten, ohne sie allerdings zu beweisen. Zwei Jahre später publizierte Leibniz einen Aufsatz, der
unter anderem von Quadraturen handelte und der die Grund-
pfeiler der Integralrechnung enthielt. Die ersten Mathematiker,
die die neuen Methoden aufnahmen und die Mathematik mit
ihrer Hilfe wirksam erweiterten, waren die Bernoulli (179).

   Die Infinitesimalrechnung erwuchs im 17. Jahrhundert aus den
Forschungen Keplers (112), Cavalieris, Torricellis (145), Fermats
und Barrows; doch die zwei voneinander unabhängigen Erfinder
dessen, was wir heute darunter verstehen, waren Newton
(172) und Leibniz. Der folgende Prioritätsstreit zwischen beiden
im frühen 18. Jahrhundert – eine der bemerkenswertesten Kontro-

versen der Wissenschaftsgeschichte – führte zu einer unglückseligen Spaltung zwischen der Mathematik in England und der im übrigen Europa, die bis zum Ende des ersten Viertels des 19. Jahrhunderts andauerte. Obwohl Newton wie auch Leibniz ähnliche Gedanken entwickelten, ersann Leibniz jedoch die überlegene Symbolik. Seine Bezeichnungen sind heutzutage ein charakteristischer Zug aller Darlegungen auf diesem Gebiet.

Mit der Infinitesimalrechnung begann eine neue Ära in der Mathematik, und ohne die Hilfe dieser wichtigen Methode wäre die Entwicklung der mathematischen Physik seit dem 17. Jahrhundert nicht möglich gewesen.

161 Das Gravitationsgesetz

SIR ISAAC NEWTON (1642-1727). Philosophiae Naturalis Principia Mathematica. *London, Joseph Streater für die Royal Society, 1687*

Aufbauend auf den wegbereitenden Forschungen Galileis (130) über die Bewegung und deren mathematische Analyse, über die wichtigen Beiträge von Descartes (129) und Huygens (154), gipfelte die wissenschaftliche Revolution des 17. Jahrhunderts in den gewichtigen Ausführungen Newtons über Dynamik, Gravitation und Astronomie.

Keplers Gesetze der Planetenbewegung (112) wurden in der zweiten Hälfte des Jahrhunderts allmählich anerkannt, und man versuchte vergeblich, sie mit Hilfe einer Zentralkraft, die von der Sonne ausgehen sollte, mathematisch zu erfassen. Vor allem Robert Hooke (147) vermutete, daß eine solche Kraft umgekehrt proportional zum Quadrat der Entfernung wirkt, doch weder er noch seine Kollegen in London konnten beweisen, daß Keplers Gesetze aus einem Gesetz dieser Art mathematisch abzuleiten wären. Schließlich fuhr im August 1684 Halley (173) nach Cambridge und legte das Problem Newton vor, der sofort antwortete, daß er zeigen könne, wie aus diesem Gesetz die Bewegung eines Planeten in einer Ellipse mit der Sonne als einem ihrer Brennpunkte folge. Da er den Beweis für dieses Ergebnis verlegt hatte, verbürgte er sich, die Berechnung Halley zuzuschicken. Da dieser weiter drängte, war Newton (siehe auch 172) schließlich damit einverstanden, die Einzelheiten seiner mathematischen Analyse der Royal Society vorzulegen. Als Halley das Ergebnis seines Drängens sah, übernahm er die Drucklegung des Werkes und bezahlte sie, da die eigenen Mittel der Royal Society erschöpft waren.

›Die Mathematischen Prinzipien der Naturlehre‹ sind in drei Bücher eingeteilt. Das erste Buch enthält die Theorie der Dynamik, die grundlegend für das ganze Werk ist.

Es beginnt mit der Bewegung von Masseteilchen unter der Einwirkung von Kräften einschließlich der Zentralkräfte und dem Beweis, daß die Planeten eine Kegelschnittbahn mit dem Zentrum der Anziehung in einem Brennpunkt beschreiben, falls die Kraft umgekehrt proportional zum Quadrat der Entfernung wirkt. Unter anderem wird gezeigt, daß die Resultierende der einzelnen Anziehungskräfte aller Teilchen eines räumlichen Körpers so wirkt, als ob die Körper selber nur Masseteilchen wären (ihre räumliche Ausdehnung bleibt also ohne Einfluß), so daß es bei der Behandlung der Gravitation genügt, die Himmelskörper als Masseteilchen zu behandeln. Das zweite Buch ist im wesentlichen eine Abhandlung über die Mechanik von Flüssigkeiten einschließlich der Bewegung von Körpern in einem Medium mit Reibung. Insbesondere zeigte Newton, daß man die beobachteten Planetenbewegungen nicht aus den Descartesschen Wirbeln erklären könnte. Das dritte Buch schließlich ist der Astronomie gewidmet und zeigt, wie alle bekannten Erscheinungen des Sonnensystems aus der Grundannahme universaler Gravitationskräfte und der allgemeinen Theorie der Dynamik, wie sie aus dem ersten Buch hervorgeht, vorhergesagt werden können. Unter den anderen wichtigen Themen findet man die Kometenbahnen sowie die Erklärung der Gezeiten mit Hilfe der Gravitation. Vielleicht das Bemerkenswerteste in diesem Buche ist die tour de force, mit der Newton die Präzession der Äquinoktien erklärt.

Die ›Principia‹ werden allgemein als das bedeutendste Werk in der Geschichte der Naturwissenschaft bezeichnet. Sicher wiesen Kopernikus, Galilei und Kepler den Weg; doch wo sie Erscheinungen beschrieben, die sie beobachteten, erklärte Newton die zugrunde liegenden Naturgesetze. Die Principia brachten nun die große Zusammenschau des Kosmos und bewiesen endgültig seine physikalische Einheit. Newton zeigte, daß die wichtigen und dramatischen Naturerscheinungen, die dem umfassenden Gesetz der Gravitation unterstehen, in mathematischen Begriffen einer einzigen physikalischen Theorie ausgedrückt werden konnten. Mit ihm verschwand die Unterscheidung zwischen natürlichen und übernatürlichen, zwischen irdischen und überirdischen Welten. Überall gelten die gleichen Bewegungsprinzipien und das gleiche Gravitationsgesetz. Zum ersten Mal konnte ein einfaches mathematisches Gesetz ebensogut die Bewegungen auf der Erde wie die Himmelserscheinungen erklären. Der ganze Kosmos besteht aus miteinander verbundenen Teilen, die einander nach diesen Gesetzen beeinflussen. Diese großartige Weltsicht führte zu einer allgemeinen Umwälzung im menschlichen Denken, vergleichbar höchstens den Folgen von Darwins ›Ursprung der Arten‹ (344). Es war der endgültige, unwiderrufliche Bruch mit einer mittelalterlichen Vorstellung, die noch auf der griechisch-römischen Kosmologie aufgebaut, einem scholastischen System, das aus der mittelalterlichen Interpretation von Aristoteles entwickelt worden war. Obwohl Newton ein in seiner eigenen Weise tief religiöser Mensch war, im Innersten überzeugt von der Notwendigkeit einer göttlichen Macht, die das Universum erschaffen hatte und erhielt, genügten ihm unveränderliche Naturgesetze für die wissenschaftliche Erkenntnis; deshalb kündigte Newtons Universum, das fast unabhängig von einer metaphysischen Ordnung war, das Zeitalter des Rationalismus an, des wissenschaftlichen Determinismus und einer mechanistischen Anschauung der Natur.

Die Principia sind ein schwieriges Werk, und so ist es nicht überraschend, daß es nur wenige Zeitgenossen vollständig gelesen haben. Allmählich gelang es Newtons Ansicht jedoch, die vorherrschende Wirbeltheorie von Descartes zu verdrängen. Dennoch dauerte es auf Grund des großen Einflusses von Descartes und Newtons Streites mit Leibniz (160) noch an die fünfzig Jahre, bis sich seine Gedanken auf dem Kontinent verbreiteten. Einer seiner berühmtesten Verfechter war in Frankreich Voltaire, dessen ›Eléments de la Philosophie de Newton‹ von 1738 in weiten Kreisen gelesen wurden. Die zweite Auflage der Principia wurde erst 1713 veröffentlicht, die erste englische Übersetzung von Andrew Motte erst 1729, die maßgebliche deutsche 1872.

Newtons System herrschte zwei Jahrhunderte lang unangefochten. Mit Ausnahme der Optik, wo er eine Korpuskulartheorie für das Licht vertrat, wurden seine wissenschaftlichen Ansichten nicht ernsthaft angegriffen. Das änderte sich erst zu Beginn unseres Jahrhunderts mit dem Aufkommen der Relativitätstheorie (408) und der Quantentheorie (391). Nichtsdestoweniger bleiben Newtons Grundthesen und Denkweise noch für viele naturwissenschaftliche Probleme gültig, vor allem für solche, bei denen die betreffenden Geschwindigkeiten kleiner als die Lichtgeschwindigkeit sind. Abgesehen von seinen wichtigen Leistungen in der Mathematik und der Optik (172), widmete Newton seine Arbeitskraft auch der Alchemie und Chemie, der Chronologie und der Theologie. Wie Leibniz Mitentdecker der Differentialrechnung, wird Newton allgemein als einer der größten Mathematiker aller Zeiten und Begründer der mathematischen Physik angesehen.

Politik als Kunst des Möglichen 162

GEORGE SAVILE, MARQUESS OF HALIFAX (1633-95). The Character of a Trimmer. *London, 1688*

Es geschieht nicht oft, daß man von einem Mann sagen kann, er habe durch seine Taten oder durch seine Schriften den Lauf der Geschichte verändert; doch Halifax hat beides getan. Er entstammte einer reichbegüterten Familie in Yorkshire und war zur Macht geboren; er war der Großneffe Straffords, der die Anfänge seiner Laufbahn überwachte, und der Neffe Lord Shaftesburys, der sein erbittertster Gegner werden sollte. Er kam bald nach der Restauration zur Macht und steuerte in den politischen Stürmen am Ausgang des 17. Jahrhunderts dreißig Jahre lang einen mittleren Kurs.

Anfänglich verwandte er seine Tatkraft darauf, das Gesetz (Exclusion Bill) zu verhindern, durch das Jakob II. von der Thronfolge ausgeschlossen worden wäre, da er den gefährlichen Präzedenzfall voraussah, den es schaffen würde. Dies trug ihm die

Feindschaft Shaftesburys, des Hauptbefürworters der Vorlage, ein. Er wandte sich jedoch gleicherweise gegen Jakobs extreme Anschauungen, und obwohl er seinen Einfluß behielt, solange Karl II. am Leben war, diente seine Weigerung, die Aufhebung der Test- und der Habeas-Corpus-Akte zu unterstützen, zum Vorwand für seine Entlassung im Oktober 1685. Im Jahr 1687, als Jakob II. die Nonkonformisten umwarb, rechtfertigte er seine Haltung mit dem berühmten ›Letter to a Dissenter‹, der auf die Gefahr hinwies, sich um zeitweiliger Vorteile willen dem königlichen Willen zu unterwerfen. Diese Schrift hatte sofort Erfolg und spielte bei der Vereitelung der Politik Jakobs eine sehr beträchtliche Rolle.

Im folgenden Jahr rief eine noch größere Krise ein noch bemerkenswerteres Werk hervor. Die Verhandlungen der Gegner Jakobs mit Wilhelm von Oranien gelangten schließlich zum Abschluß, und Wilhelm landete im November 1688 in England. Halifax spielte bei den Verhandlungen mit Wilhelm eine führende Rolle und nahm bei Jakobs Flucht die Regierungszügel in die Hand – sein Einfluß läßt sich an den gemäßigten Bedingungen der Thronfolgeregelung erkennen – und so war er es, der am 13. Februar 1689 im Banqueting House Wilhelm und Mary die Krone als gemeinsamen Besitz anbot. Es war der Triumph der Trimmer-Politik, die das Schiff in die rechte Schwimmlage brachte, wo andere es in gefährlicher Weise nach der einen oder anderen Seite hin überlasten wollten – eine Politik, die er ein Jahr zuvor in glänzend klarer Prosa in der Schrift ›The Character of a Trimmer‹ dargelegt hatte und die während der kritischen Monate der Glorious Revolution erstmals und dann mehrmals nachgedruckt wurde.

Halifax' Politik des wohlausgewogenen Mittelkurses ist zum Wesenselement der konstitutionellen Demokratie geworden. Obwohl er sich hohen moralischen Ideen verpflichtet fühlt und dabei häufig Gedanken Burkes (239) vorwegnimmt, stützt er sich im wesentlichen auf den aristotelischen Lehrsatz, daß die Politik die Kunst des Möglichen ist. Seine Taten hatten eine nachhaltige Wirkung auf die Politik seiner Zeit und eine noch nachhaltigere auf die Regierungsform seines Landes; seine Schriften liefern ein Beispiel für den empirischen Charakter der britischen Verfassung.

JOHN LOCKE (1632-1704). Two Treatises of Government. *London, Awnsham Churchill, 1690*

John Locke (siehe auch 164) war nie von Sorgen um einen Beruf oder um das öffentliche Leben behelligt worden. Er war auf Grund seiner Verbindung zu Lord Shaftesbury nach dessen Flucht 1682 einer gewissen Verfolgung ausgesetzt und genötigt, in Holland Zuflucht zu suchen. Dort veröffentlichte er im reifen Alter von vierundfünfzig Jahren seine ersten Arbeiten, nämlich einige Aufsätze in Le Clercs Sammelwerk. 1689 konnte er nach England zurückkehren und verbrachte die letzten vierzehn Jahre seines Lebens im geistesverwandten Hause Sir Francis Mashams und seiner Gattin Damaris, der Tochter Ralph Cudworths, eines Mitgliedes des Cambridger Platoniker-Kreises, dessen Auffassungen schon frühzeitig Lockes Anteilnahme erweckt hatten.

In seinem Exil beschäftigte sich Locke mit den Problemen von Herrschaft und Regierung und schrieb seine Gedanken darüber in ›Two Treatises of Government‹ nieder. Ihr unmittelbarer Anlaß war die ›Patriarcha‹ von Sir Robert Filmer, die Hobbes' (138) Absolutismus so abwandelte, daß er mit der Auffassung von der Monarchie, die Karl II. in Nachahmung Ludwigs XIV. dem Land aufzuzwingen trachtete, in Einklang stand. Lockes erste Abhandlung ist eine Widerlegung dieser Schrift. Die zweite enthält eine klare und einfache Feststellung der Grundsätze der Demokratie. Zu einer Zeit und in einem Land, in dem die Praxis der Demokratie soeben ihre triumphierende Rechtfertigung erfahren hatte, besaßen Lockes Theorien, obwohl sie in gewissem Grade von der politischen Whig-Tradition – Aristoteles, Thomas von Aquin, Hooker und Grotius – vorweggenommen waren, die ganze Frische der Neuheit. Gleich Hooker (104) setzt Locke ein ursprüngliches und notwendiges Gesetz der Vernunft voraus und gründet die Verfassung der Gesellschaft auf dieses Gesetz und nicht auf die De-Facto-Existenz einer Regierung, die auf der Unterwerfung der Beherrschten unter die Herrscher beruht. Diese Zustimmung der Regierten ist somit eine Vorausbedingung des ›Gesellschaftsvertrags‹ und nicht sein Ergebnis, woraus folgt, daß der weltliche

Herrscher seine Macht nicht absolut, sondern nur bedingt inne-hat; die Regierung ist im wesentlichen ein Treuhandverhält-nis, das hinfällig wird, wenn die Treuhänder ihren Part des Ver-trages nicht einhalten.

Locke untermauerte später diese liberalen Anschauungen mit seinen ›Letters on Tolerance‹. Sie liefern im Verein mit den Trea-tises of Government ein klassisches Beispiel des empirischen Stre-bens nach sozialer und politischer Ordnung, das seither das Grund-prinzip der Demokratie geblieben ist.

164 Philosophie ohne Dogma

JOHN LOCKE (1632-1704). An Essay concerning Humane Under-standing. *London, Elizabeth Holt für Thomas Basset, 1690*

Locke war der erste, der Bacons (119) Herausforderung annahm und nun versuchte, kritisch die Sicherheit und Brauchbarkeit der menschlichen Erkenntnis Gott und dem Universum gegenüber zu ergründen. In der Vergangenheit wurden derartige Unter-suchungen beeinträchtigt durch die Neigung des Menschen, sie über den Bereich des menschlichen Verstandes auszudehnen und Ursachen zu erfinden für Dinge, die man nicht erklären konnte. Deshalb war es Lockes erstes Bestreben, sich der »ursprünglichen Sicherheit und Reichweite der menschlichen Erkenntnis« zu ver-gewissern und ohne Rücksicht auf »physikalische Kenntnisse zu zeigen, wie weit überhaupt der Verstand das Universum erfassen kann«. Lockes Schlußfolgerung war, daß menschliche Erkenntnis zwar das volle Begreifen der Welt notwendigerweise nicht erlangt, sie jedoch ausreicht, uns davon zu überzeugen, daß wir kein Spiel-ball des puren Zufalls sind und daß wir bis zu einem gewissen Grade unser Schicksal selber bestimmen können.

Der Vorgang des Begreifens liegt nach Lockes Ansicht im Ver-mögen, Ideen zu fassen. ›Idee‹ ist ein typischer Begriff Lockes: »der Begriff, der, wie ich meine, am besten dem entspricht, was das Objekt des Verstehens ist, wenn der Mensch denkt«. Ideen sind weder wahr noch falsch, insofern sie nichts weiter sind als bloße Vorstellungen. Ideen werden nur aus der Erfahrung ge-wonnen, und Erfahrung entstammt den Wahrnehmungen unserer

Sinne – äußere Erfahrung – oder der Tätigkeit unseres Bewußtseins – innere Erfahrung. Es gibt keine angeborenen Ideen. Selbst die verwickeltste Idee wird aufgebaut aus einfachen Ideen, die aus einer dieser beiden Quellen stammen. Die Ideen, die aus der Wahrnehmung unserer Sinne gewonnen werden, werden in uns durch die Qualitäten – Eigenschaften – der materiellen Dinge ausgelöst. Locke teilt diese ›Qualitäten‹ ein in primäre: Undurchdringlichkeit, Ausdehnung, Gestalt... und sekundäre: Farben, Töne, Geschmacksempfindungen... Somit entsprechen die Ideen, die wir von den sekundären Qualitäten haben, in keiner Weise den Eigenschaften der Dinge selber, während, so behauptet Locke, die primären Qualitäten einfache Ideen in uns erzeugen, die den Qualitäten der Dinge wirklich entsprechen. An anderer Stelle seines Essays jedoch betont Locke, daß im Verstande nur die Ideen, die die materiellen Dinge vorstellen oder bezeichnen, nicht die Dinge selber vorhanden sind und daß demgemäß – es ist die Lehre vom ›Stellvertretenden Vorstellungsvermögen‹ (Representative Perception) – wir nie wissen, ob unsere Vorstellungen den wirklichen Eigenschaften der materiellen Dinge gleichen oder nicht.

Wenn Locke schließlich die Frage der realen Existenz und der Realität der menschlichen Erkenntnis aufgriff, übernahm er die Folgerungen des ›Stellvertretenden Vorstellungsvermögens‹ und gab zu, daß der Mensch nie über die eigenen Ideen hinaus die reale Welt erfassen kann, da sie ja nie selber im Verstande vorhanden ist. Er wurde zu der Folgerung gezwungen, daß eine »sichere« Erkenntnis begrenzt ist auf eine »intensive« Erkenntnis unserer eigenen Existenz durch ein innerlich untrügliches Wahrnehmen, daß wir sind; von wo aus die Existenz Gottes bewiesen werden kann durch »demonstration« (logische Beweisführung). Die Erkenntnis, die wir von anderen Menschenseelen und von der materiellen Welt – er nennt sie sinnhafte Erkenntnis – haben, besitzt nur eine Gewißheit »so groß wie wir sie benötigen«.

Lockes Forschung wurde durch Hume (194) und Kant (226) weitergeführt. Hume untersuchte kritisch »das Wesen der Beweise für eine reale Existenz... jenseits des Zeugnisses unserer Sinne«. Und Kant versuchte, die Vernunftgrundlagen der Erfahrung klarzustellen. Lockes Entwurf drang nicht so tief und war

nicht so subtil, aber er umfaßt doch ein weites Feld der geheimnisvollen menschlichen Erkenntnis: es war der erste Versuch, sie zu
erforschen.

165   Samenbestäubung

RUDOLPH JACOB CAMERARIUS (1665-1721). De Sexu Plantarum
Epistola. *Tübingen, Vidua Rommeii, 1694*

Vor der Veröffentlichung dieser Abhandlung wußte man über die
Geschlechtlichkeit der Pflanzen nahezu nichts. Allgemein herrschte
noch die Auffassung des Aristoteles (38) und des Theophrastus
vor, daß die Geschlechter bei den Tieren getrennt, bei den Pflanzen hingegen vereint seien. Es bestand keine rechte Vorstellung
von geschlechtlichen Ursprüngen, und Urzeugung galt als Tatsache. Der englische Botaniker Nehemiah Grew (1641–1712) entdeckte zwar als erster, daß es auch bei den Pflanzen zwei
Geschlechter gebe, aber erst Camerarius erbrachte dafür den
experimentellen Nachweis.

Camerarius war Professor der Medizin in Tübingen, und sein
›Brief über das Geschlecht der Pflanzen‹ von 1694 war an R.J.
Valentini, einen Professor in Gießen, gerichtet. Er enthält den
ersten experimentellen Nachweis, daß bei blühenden Pflanzen die
Staubbeutel männliche, die Fruchtknoten und Griffel weibliche
Organe sind und daß lebensfähige Samen sich nur durch Zusatz
von Blütenstaub bilden können. Ohne das Zusammenwirken beider
Geschlechter ist keine Fortpflanzung durch Samen möglich, eine
Entdeckung, die den Zusammenhang zwischen pflanzlichen und
tierischen Lebensvorgängen feststellte. Camerarius erkannte darüber hinaus, welche Bedeutung der Blüte bei der richtigen Klassifikation der Pflanzen zukam.

Diese kleine Schrift bezeichnet folglich den Beginn unserer wissenschaftlichen und experimentellen Kenntnis von der Befruchtung und Kreuzung der Pflanzen, wenngleich sie wenig Aufmerksamkeit erregte, bis der Botaniker J.G.Koelreuter (1733-1806) sie
wiederentdeckte. Camerarius' Entdeckungen wurden sodann von
Linné (192) übernommen und führten zu den großen Fortschritten im Studium der Befruchtung, die von C.K.Sprengel (1750 bis

1816), Charles Darwin (344), Gregor Mendel (356), G.B.Amici
und zahlreichen neueren Forschern erzielt wurden.

Der Mikrokosmos

ANTON VAN LEEUWENHOEK (1632-1723). Arcana Naturae De-
tecta. *Delft, Krooneveld, 1696*

Leeuwenhoek ist das Musterbeispiel eines Amateurwissenschaft-
lers: von Beruf Tuchhändler, wurde er ein ganz hervorragender
Mikroskopierer. Während seines langen Lebens benutzte er zwei-
hundertsiebenundvierzig Mikroskope mit vierhundertneunzehn
Linsen, die – entsprechend dem Untersuchungsmaterial – unterschiedlich konstruiert waren. Alle seine Mikroskope waren einfachen Typs, im Gegensatz zu den zusammengesetzten, die damals allgemein – besonders von seinem Vorgänger auf diesem
Gebiet, Robert Hooke (147) – verwendet wurden; die Linsen
waren von sehr kurzer Brennweite.

Leeuwenhoek machte auf dem Gebiet der menschlichen Anatomie und dem der höheren und niederen Formen tierischen wie
pflanzlichen Lebens bedeutende Entdeckungen: er untersuchte
zweihundertvierzehn Tierarten. Er verfaßte den ersten hinreichend genauen Bericht über die roten Blutkörperchen sowohl bei
Wirbeltieren wie bei den Wirbellosen. Er untersuchte die Wände
der Gefäße, welche die Blutbewegung in den Kapillaren kontrol-
lierten – Malpighi hatte sie als erster gesehen –, und versuchte,
die Blutgeschwindigkeit zu messen. Diese Forschungen vervoll-
ständigten zusammen mit den Arbeiten von Malpighi die Entdeckungen Harveys (127). Leeuwenhoek studierte die Muskel-
fasern und ihre Vergrößerung bei der Zusammenziehung, den
Aufbau der Augenlinsen, der Haut und der Zähne. Auf den Zähnen
entdeckte er gewisse Mikroorganismen und gab (am 17.Septem-
ber 1683) die ersten Zeichnungen verschiedener Arten von Bakterien heraus, ohne die Besonderheit dieser Entdeckung zu be-
merken und ohne sie mit Krankheitsinfektionen in Verbindung
zu bringen; darauf mußte die Welt noch hundertfünfzig Jahre,
insbesondere auf das Werk von Pasteur (336), warten.

Leeuwenhoek war weiterhin der erste, der Spermatozoen (obwohl ihm teilweise Stephen Hamm, der ähnliche Formen beobachtet hatte, um ein paar Monate zuvorgekommen war) und Protozoen erschöpfend beschrieb. Er entdeckte Infusorien und Rädertierchen, die Insektennatur der Schildlaus, die Lebendgeburten der Blattläuse und die schädliche Wirkung dieser Insekten auf Pflanzen. Er untersuchte die Entwicklung von Muscheln und Aalen sowie den Spinn- und Giftapparat von Spinnen. Er beschrieb die Lebensgeschichte der Ameise und wies nach, daß die ›Ameiseneier‹ (wie bisher geglaubt) in Wirklichkeit Ameisenpuppen und die wirklichen Eier viel kleiner waren. Er bemerkte Stärkekörner im Zellgewebe der Pflanzen sowie die äußerst kleinen kugelförmigen Bestandteile der Hefe.

Diese Forschungsergebnisse sprachen klar gegen die Theorie von spontaner Lebenszeugung, den damals allgemein verbreiteten Glauben nämlich, daß tierisches Leben ›Brut der Fäulnis‹ sei. Leeuwenhoek bewies, daß lebende Organismen immer das Produkt von vor ihnen existierenden Eltern der gleichen Species sind.

Wie brillant auch die Leistungen von Leeuwenhoek und Hooke waren – sie begründeten leider keine Schule. Ihre Arbeiten warfen Fragen auf über die Vorstellungen von Schöpfung, Lebenszeugung, Genetik, die Struktur von Pflanzen und Tieren und deren Beziehungen zueinander, Fragen, die sie selber nicht lösen konnten. Obwohl trotz einiger früheren Spekulationen, vor allem von Fracastoro, die Lehre von den Protozoen, die Bakteriologie und die Mikrobiologie mit Leeuwenhoek beginnen, blieb sein Werk eine Sammlung von gültigen Beobachtungen. Ein allgemeines System, eine Theorie wurden daraus nicht entwickelt. Es gab keine Nachfolger bis zum 19.Jahrhundert, als Ehrenberg, Pasteur und andere diese Wissenschaften neu begründeten.

Leeuwenhoeks Beobachtungen wurden hauptsächlich in einer Reihe von dreihundertfünfundsiebzig Briefen, die an die Royal Society in London gerichtet waren, und in der Folge in verschiedenen Sammlungen aus diesen und anderen Artikeln in Holländisch und Latein veröffentlicht, unter denen die obige ›Aufdeckung der Naturgeheimnisse‹ als repräsentatives Beispiel ausgewählt wurde.

THOMAS BRAY (1656-1730). An Essay towards promoting all Necessary and Useful Knowledge, both Divine and Human, in all parts of His Majesty's Dominions. *London, E. Holt für Robert Clavel, 1697*

Im Jahr 1695 schrieben der Gouverneur und die gesetzgebende Versammlung von Maryland an den Bischof von London und erbaten seine Hilfe bei der Ordnung ihrer kirchlichen Angelegenheiten. Bischof Compton forderte den hervorragenden Oxforder Theologen Thomas Bray auf, diese Aufgabe zu übernehmen; aber rechtliche Schwierigkeiten verzögerten seine Abreise. Mittlerweile befaßte er sich damit, freiwillige Helfer für die Arbeit der Missionen im Ausland anzuwerben. Dabei stellte er fest, daß die meisten von ihnen zu arm waren, um sich Bücher kaufen zu können, und bewog eine Gruppe von hohen Geistlichen, einen Fonds zu errichten, mit dem kirchliche Gemeindebibliotheken daheim und im Ausland finanziert werden sollten.

Brays Werbeschrift führte zur Erweiterung dieses Plans und zur Gründung der ›Society for the Promotion of Christian Knowledge‹ (1698-1699) – der Gesellschaft zur Förderung und Verbreitung christlicher Bildung, abgekürzt S.P.C.K.

Im Dezember 1699 reiste Bray selbst nach Maryland. Er kehrte nach vergleichsweise kurzem Aufenthalt nach England zurück, um rechtliche und andere Schwierigkeiten im Zusammenhang mit den Kolonialkirchen zu beheben. Er war durch seine Reisen verarmt, und freigebige Gönner erstatteten ihm seine Ausgaben zurück. Es war charakteristisch für ihn, daß er diese Zuwendungen nicht für sich, sondern für die weitere Förderung des Unternehmens verwendete, das zu seinem Lebenszweck geworden war: die Heidenmission.

Die S.P.C.K. war gegründet worden, um Missionare und andere Geistliche mit der Literatur zu versorgen, die sie für ihren eigenen Bedarf benötigten. Bray erkannte nunmehr, daß noch wesentlich mehr gebraucht wurde, um die Kenntnis des Evangeliums – beispielsweise unter den Indianern Nordamerikas – zu verbreiten. Am 16. Juni 1701 erhielt er von König Wilhelm III. ein Patent für die Gründung einer ›Society for the Propagation of the Gospel in Foreign Parts‹ (Gesellschaft für die Verbreitung des Evangeliums im Ausland), abgekürzt s.p.g., und war damit zum Begründer der zwei ältesten Missionsgesellschaften Englands geworden.

168   Die Heldensage der Wikinger

SNORRI STURLASON (1179-1241). Heims Kringla eller Snorre Sturlusons Nordlänska Konunga Sagor. Sive Historiae Regum Septentrionalium ... illustravit Johann Peringskiöld. *Band 1, Stockholm, Literis Wankiwianis, 1697 (Band 2 ohne Erscheinungsort und -jahr)*

Island ist die Hauptquelle aller nordischen Literatur und Geschichtsschreibung, und wenn es gilt, einen Namen auszuwählen, der das ganze Korpus dieser Literatur zu repräsentieren vermag, die uns zum Teil als regelrechtes Schrifttum, zum Teil als schriftliche Aufzeichnung früherer mündlicher Überlieferung, dann zuweilen anonym, zuweilen mit einem Verfassernamen überliefert ist, so wird man gerechterweise Snorri (auch Snorro oder Snorre) Sturlason (auch Sturluson oder Sturleson) nennen müssen. Er war in mancher Hinsicht, sogar für die gewalttätigen Zeiten, in denen er lebte, ein wenig anziehender Charakter. Nachdem er sich in seinem Heimatland eine hervorragende Stellung errungen hatte, benutzte er seine Macht in einer Folge von zweideutigen Verhandlungen mit Norwegen zum eigenen Vorteil, überwarf sich schließlich mit dem König von Norwegen und wurde ermordet.

Snorris Beitrag zur Literatur Islands ist von unschätzbarer Bedeutung. Er sammelte und bewahrte das große Prosa-Epos der Edda (siehe auch 266) – erstmals 1665 veröffentlicht –, das, außer einigen für uns sehr wichtigen Ausführungen über Komposition und Versarten, die ›Gylfaginning‹ enthält. Dies Werk, teils Mythologie, teils Historie, vermittelt uns die früheste Fassung der Geschichte der Asen und ihres Führers Odin. Hieraus wurden das ›Nibelungenlied‹ und ›Beowulf‹ weitergesponnen; es hinterließ seine Spuren in der Artussage (29) und erwachte bei Wagner (333) zu neuem Leben.

Womöglich noch bedeutender ist Snorris eigener Beitrag, die große Sammlung der nordischen Königssagen, genannt ›Heims

Kringla‹, die erstmals 1697 vollständig im isländischen Originaltext mit Übersetzungen ins Lateinische und Schwedische, herausgegeben von Johann Peringskiöld, erschien. Diese Sammlung beginnt mit der Ynglinga-Sage, einer Schilderung des als geschicht-
licher Vorgang gesehenen Vordringens der Asen, die im Vergleich
zur ›Gylfaginning‹ Snorris kritisches Vermögen und sein Format
als Historiker bezeugt. Diese Folge zusammenhängender Biographien führt bis zu König Sverri von Norwegen im Jahr 1177. Die
ausführlichsten und detailliertesten Lebensbeschreibungen sind
die der Missionarskönige Olaf Tryggvason und Sankt Olaf. Die
Schilderung der Niederlage und des Todes Olaf Tryggvasons im
Kampf gegen die Dänen zeigt Snorris prachtvoll knappe Prosa von
ihrer schönsten Seite; sie ist eines der größten historischen Epen.
Der Lebenslauf des heiligen Olaf enthält die berühmte Schilderung der Brandschatzung von Southwark auf dem südlichen
Themseufer im Jahr 993 (oder 991). Außerdem enthält das Werk
frühe Schilderungen der Seefahrten Erichs des Roten und Leif
Eriksons nach Westen und der frühen Niederlassungen in ›Vin-
land‹, wie die Wikinger die Nordostküste des amerikanischen
Kontinents nannten, und der gleicherweise kühnen Fahrt Sigurds
des Kreuzfahrers nach Osten.

Snorris Werk ist die Hauptquelle der Wikingersage, einer Sagen-
welt, die noch heute lebenskräftig ist.

Das ›missing link‹   169

EDWARD TYSON (1650-1708). Orang-Outang; or the Anatomy of
a Pygmie compared with that of a Monkey, an Ape, and a Man.
London, Thomas Bennet und Daniel Brown, 1699

Die vergleichende Zoologie war in der Zeitspanne zwischen der
Veröffentlichung der Schriften des Aristoteles (38) und dem Wiederaufleben der vergleichenden Anatomie am Ende des 16. und
während des 17. Jahrhunderts unter Männern wie Fabricius, Ruini,
Perrault, Grew und Blasius weitgehend in Vergessenheit geraten.
Edward Tyson, Arzt am Bridewell- und Bethlehem-Krankenhaus,
veröffentlichte als erster ausführliche Einzeldarstellungen, deren
bedeutendste dieses Buch über den Orang-Utan ist, zu dem der

Arzt William Cowper Illustrationen und ein Kapitel über Muskeln beisteuerte. Es ist dies die früheste wesentliche Untersuchung auf dem Gebiet der vergleichenden Morphologie.

Bis dahin wußte man nur wenig über die Menschenaffen und ihren Körperbau. Tyson verglich die Anatomie von Menschen und Affen und stellte zwischen sie ein Lebewesen, das er für einen typischen Pygmäen hielt, das aber in Wahrheit ein afrikanischer Schimpanse war, dessen Skelett bis heute im naturgeschichtlichen Museum in London erhalten ist. Der Schimpanse tauchte in der zoologischen Literatur erstmals 1625 auf und wurde von Dr. Tulp – der auf Rembrandts ›Anatomie des Dr. Tulp‹ zu sehen ist – beschrieben, während der Orang-Utan 1658 erstmals erwähnt und wissenschaftlich zum ersten Mal von Camper 1778 und 1782 beschrieben wurde.

Tysons Arbeit ist weniger wegen ihrer anatomischen Beschreibungen von Bedeutung als wegen der Tatsache, daß er eine neue Familie der Menschenaffen feststellte, die zwischen dem Affen und dem Menschen stand, und erkannte, daß der Mensch wahrscheinlich ein naher Verwandter gewisser niedrigerer Tierarten sei. Die Theorie, daß der Mensch mit dem Affen irgendwelche entfernte Vorfahren gemeinsam habe – volkstümlich ›missing link‹ genannt –, wurde erst mit der Veröffentlichung von Huxleys ›Man's Place in Nature‹ (1863) und Darwins ›Descent of Man‹ (1871) klar dargelegt. Tyson sah die Entwicklungslehre nicht voraus; aber sein Werk trug erheblich zu ihrer Formulierung bei, und in diesem Sinn war er ein Vorläufer von Blumenbach, Buffon (198), Huxley und Darwin (344). In der englischen Literatur leiten sich Sir Oran Haut-Ton in Peacocks Roman ›Melincourt‹ (1817), der Orang-Utan in Shelleys ›Königin Mab‹ und Hauffs ›Der junge Engländer‹ von Tyson her, wenn auch aus zweiter Hand.

Im letzten Teil seines Buches schreibt Tyson über Satyrn und gewisse andere mythische antike Wesen, die nach seiner Meinung keine Menschen, wie bisher angenommen, sondern Affen gewesen sein dürften. Obgleich von Buffon akzeptiert, wurde die Existenz prähistorischer affenähnlicher Menschenrassen erst durch die Anthropologen Quatrefages (1877) und Kollmann (1894) einwandfrei und endgültig nachgewiesen.

BERNARDINO RAMAZZINI (1633-1714). De Morbis Artificium Diatriba. *Modena, Antonio Capponi, 1700*

Bernardino Ramazzini war Professor der Medizin in Padua und Modena. Er genoß einen großen Ruf als praktischer Kliniker und veröffentlichte eine Anzahl von Büchern über medizinische und therapeutische Themen. Es war jedoch sein Essay ›Über die Krankheiten der Handwerker‹, der ihm den Titel ›Vater der Industrie-Hygiene‹ eintrug.

Berufskrankheiten hatten schon seit Hippokrates (55) und Galen (33) hin und wieder in medizinischen Werken Erwähnung gefunden; Helmont (135) und Paracelsus (110) hatten beide im besonderen über die Erkrankungen der Bergarbeiter geschrieben. Ramazzini sammelte systematisch dieses ganze Material, ergänzte es mit den Ergebnissen seiner eigenen Untersuchungen dieses Problems und der Beziehungen zwischen den Berufen und Erkrankungen und zog außerdem die Beobachtungen anderer heran, die direkte Erfahrungen mit solchen Fällen hatten. Er beschrieb die Bergarbeitertuberkulose, die Bleivergiftung der Töpfer, die Augenleiden der Vergolder, Drucker und anderer Handwerker und auch Krankheiten, die dem Arztberuf eigentümlich sind.

Ramazzini erkannte als erster die soziale Bedeutung der Berufskrankheiten, und sein Buch erschien zu guter Zeit, da mit dem Beginn der Industrieentwicklung im 18. Jahrhundert die Verhinderung von Unglücksfällen durch Maschinen und die allgemeine Gesundheit der Arbeiter wachsende Bedeutung erlangten. Er beeinflußte Charles Turner Thackrah, der 1831 den ersten englischen Originalbeitrag zu diesem Thema veröffentlichte, Ludwig Hirt in Deutschland, Sir Thomas Oliver und andere in unserer Zeit. Die führende italienische Fachzeitschrift für Sozialhygiene, die seit 1907 erscheint, heißt ›Il Ramazzini‹.

Die neubearbeitete Ausgabe von 1713 war die endgültige und enthielt viele Verbesserungen sowie eine Ergänzung durch zwölf neu hinzugekommene Kapitel. Abgesehen vom Nachdruck in Ramazzinis Gesammelten Werken erschienen bis zur Mitte des 19. Jahrhunderts 25 Einzelausgaben und Übersetzungen.

(*a*) JOHN HARRIS (1667?-1719). LexiconTechnicum, or anUniversal English Dictionary of Arts and Sciences. *London, Daniel Brown (und andere), 1704*

(*b*) EPHRAIM CHAMBERS (1680?-1740). Cyclopedia, or an Universal Dictionary of Arts and Sciences, 2 Bände. *London, James und John Knapton, 1728*

John Harris, Geistlicher, Mathematiker und ab 1709 Sekretär der Royal Society, brachte die erste alphabetisch angeordnete englische Enzyklopädie heraus. Er war der früheste Lexikograph, der zwischen einem Wörterbuch und einem Sach-Nachschlagebuch (der Enzyklopädie beziehungsweise dem Konversationslexikon) unterschied und damit die Verwirrung beseitigte, die Isidor (9) tausend Jahre zuvor gestiftet hatte. Sein ›Lexicon Technicum‹ scheint das erste technische Nachschlagewerk in irgendeiner Sprache gewesen zu sein. Sein berühmtester Mitarbeiter war Isaac Newton (161, 172).

Ephraim Chambers stammte aus Cumberland und stand in keinem Zusammenhang mit den schottischen Verlegern William und Robert Chambers, die 1859 die berühmte und noch heute existierende ›Chambers's Encyclopaedia‹ herausbrachten. Er ging bei einem Londoner Kartographen in die Lehre und verfiel auf den Gedanken, daß Harris' Lexikon auf den neuesten Stand gebracht werden müsse und daß er der rechte Mann sei für diese »Arbeit, die dem Anschein nach zur Erfahrung eines einzigen Menschen in gar keinem rechten Verhältnis steht«. Er besaß eine gute Kenntnis des Französischen und bearbeitete Moréri und Bayle (155) im Einklang mit dem geistigen Klima des gesunden Menschenverstandes, das die englische Aufklärung kennzeichnete. Außerdem führte er eine Neuerung ein, die sich allen nachfolgenden Lexikographen und Enzyklopädisten als unerläßlich erwies, nämlich Querverweise, »so daß sich vom einen Ende einer Kunst bis zum anderen eine Kette ziehen läßt«. Dank seiner hervorragenden herausgeberischen und redaktionellen Leistungen wurde die ›Cyclopedia‹ während des ganzen 18.Jahrhunderts immer wieder neu bearbeitet, übersetzt und nachgeahmt. Die große französische

›Encyclopédie‹ (200) war ursprünglich als Übersetzung dieses Werkes geplant, und Dr. Johnson formte, wie er Boswell sagte, den Stil seines ›Dictionary‹ (201) zum guten Teil nach Chambers' Werk.

Titel und Untertitel dieser beiden Werke spiegeln die schwankende, immer noch nicht entschiedene Meinung darüber wider, welchen Zweck diese Art Nachschlagewerk eigentlich habe. Lange Zeit hindurch verwendeten Frankreich und Spanien die Bezeichnung ›Dictionnaire‹, Deutschland und Skandinavien ›Lexikon‹ und die Vereinigten Staaten ›Cyclopedia‹, während England, die Niederlande, Italien und Rußland, wie es scheint, stets die Bezeichnung ›Enzyklopädie‹ bevorzugten, die inzwischen ständig an Boden gewonnen hat und heute als international anerkannt gelten kann.

Die Farben des Lichts 172

SIR ISAAC NEWTON (1642-1727). Opticks. *London, Samuel Smith und Benjamin Walford, 1704*

Isaac Newton begann sein Studium des Lichtes und der wissenschaftlichen Optik in Cambridge, als er noch nicht promoviert war, und setzte es zu Hause in Lincolnshire während der Pestjahre 1665-66 fort, als er, wie er sich erinnerte, »in der Schaffensblüte seines Lebens stand«. Damals wie heute wurde das Verhalten von Licht experimentell und mathematisch untersucht; Newton nahm beide Mittel zu Hilfe, doch der Kern seiner Arbeit war die Beobachtung, daß sich das Farbenspektrum – bei Durchgang eines Lichtstrahls durch ein Glasprisma erzeugt – entlang seiner Achse ausbreitete, zusammen mit dem experimentellen Beweis, daß Strahlen unterschiedlicher Farben verschieden stark gebrochen wurden, was die Bandbreite oder Dispersion des Spektrums verursacht.

Alle früheren Philosophen und Mathematiker waren sich sicher, daß weißes Licht rein und einheitlich ist. Sie betrachteten Farben als Modifikationen oder Trübungen von Weiß. Newton zeigt experimentell, daß das Gegenteil der Fall ist: es gibt reine Farbstrahlen, die durch Brechung nicht zerlegt werden können, wie das Grün des Spektrums; genauso gibt es Farbstrahlen, die zerlegt werden können, wie das Grün, das aus der Mischung von blauem und gelbem Licht entsteht. Natürliches weißes Licht ist weit davon entfernt, einheitlich zu sein, vielmehr ist es aus vielen reinen Elementarfarben zusammengesetzt, die nach Belieben getrennt und wieder vereinigt werden können.

Da die Linsen optischer Instrumente Licht in Farben verschieden starker Aufspaltung zerlegen, glaubte Newton (fälschlich), daß es gegen die Farbränder ihrer Bilder keine Abhilfe gebe; deshalb schlug er 1668 ein Fernrohr vor, das durch Spiegelwirkung vergrößerte, und baute es auch. (Heute sind die größten Fernrohre sämtlich Spiegelteleskope.) Diese Erfindung stellte er 1671 der Royal Society vor und kurz danach übermittelte er ihr einen berühmten Brief – veröffentlicht in den Philosophical Transactions, März 1671/2 –, in dem er seine neuen Erkenntnisse vom Licht auseinandersetzte sowie die Experimente, die sie bestätigten.

Newtons Neuerungen wurden leidenschaftlich kritisiert, nicht zuletzt von Robert Hooke, der in der ›Micrographia‹ (147) eine abweichende Farbenhypothese vertrat. Nichtsdestoweniger lieferte Newton 1675 weitere lange Artikel, in denen er hauptsächlich die Färbungen erörterte, die er bei dünnen Glasplatten und Schichten fand. In den folgenden Jahren schrieb er den größten Teil seiner ›Optik‹. Seine unglückliche frühere Erfahrung mit Kontroversen brachte ihn jedoch dazu, vom Druck der Optik bis nach Hookes Tod 1703 abzusehen. Von dieser Zeit an behielt das Werk über ein Jahrhundert lang sein großes Ansehen; mit den treffenden Worten von Andrade: »unerreicht als Aufzeichnung von Experimenten und wissenschaftlichen Folgerungen aus Experimenten«.

Newtons ›Optik‹ ist auch unter zwei anderen Gesichtspunkten bemerkenswert: die erste Auflage brachte Newtons erste mathematischen Aufsätze im Druck – der Streit mit Leibniz (160) hatte schon begonnen – und in den späteren Auflagen wurde das Werk durch eine Sammlung von ›Fragen‹ bereichert, von denen man lange Zeit annahm, sie stellten Newtons Meinungen zu den wichtigsten Naturgeheimnissen dar.

(3075)   *Numb.* 80.

PHILOSOPHICAL
TRANSACTIONS.

February 19. 16$\frac{11}{71}$.

The CONTENTS.

A Letter of Mr. Isaac Newton, *Profeſſor of the Mathematicks in the Univerſity of Cambridge ; containing his New Theory about* Light *and* Colors : *ſent by the Author to the Publiſher from* Cambridge, Febr. 6. 16$\frac{11}{72}$; *in order to be communicated to the* R. Society.

SIR,

TO perform my late promiſe to you, I ſhall without further ceremony acquaint you, that in the beginning of the Year 1666 (at which time I applied my ſelf to the grinding of Optick-glaſſes of other figures than *Spherical*,) I procured me a Triangular glaſs-Priſme, to try therewith the celebrated *Phænomena* of

Gggg   *Colours.*

EDMUND HALLEY (1656-1742). A Synopsis of the Astronomy of
Comets. Translated from the Original, printed at Oxford. *London,
John Senex, 1705*

Edmund (oder Edmond) Halley wurde lange Zeit als der bedeutendste englische Naturforscher nach Newton angesehen. Wir
verdanken ihm die Veröffentlichung von Newtons ›Principia‹
(161). Seine eigene wissenschaftliche Arbeit lag hauptsächlich
auf dem Gebiet der Astronomie. Die ›Synopsis‹ enthält seine klassische Studie über Kometen.

Im Altertum und Mittelalter hielt man Kometen für Ausdün-
stungen der Erde oder man schaute zu ihnen als Gotteszeichen
mit Argwohn und Furcht auf. Man glaubte, daß sie für die
Menschheit schädliche Ereignisse ankündigen. Tycho Brahe war
der erste Astronom, der aus seinen Beobachtungen schloß, daß
Kometen reale astronomische Objekte seien. 1577 beobachtete
er einen leuchtenden Kometen, der notwendigerweise viel weiter
weg als der Mond sein mußte, in einer Gegend, wo nach aristotelischen Vorstellungen überhaupt keine Veränderungen vor sich
gehen konnten. Kepler (112), Hevelius und Cassini versuchten,
die Bahnen von Kometen zu beschreiben, doch mit geringem
Erfolg; es schien unmöglich, ihre Bewegungen auf irgendwelche
Gesetze zurückzuführen. Newton erkannte auf Grund seiner
Gravitationstheorie zuerst, daß die Bahn eines Kometen, je nachdem, ob er wiederkehrte oder nur einmal gesehen wurde, eine
Ellipse oder eine Parabel sein müsse.

Halley sammelte alle ihm erreichbaren Beobachtungen von
Kometen und arbeitete damit die Bahnen von vierundzwanzig
Kometen aus, die in den Jahren 1337 bis 1698 beobachtet wurden.
Er stellte fest, daß drei von ihnen, die von 1531, 1607 und 1683,
sehr ähnlichen Bahnverlauf zeigten, und schloß daraus, daß alle
drei ein und derselbe Komet waren, dessen Bahn also keine Parabel, sondern eine sehr langgestreckte Ellipse war, die in ungefähr
fünfundsiebzig Jahren durchlaufen wurde. Er erklärte genau, daß
der kleine Unterschied von ungefähr fünfzehn Monaten zwischen
diesen Umlaufzeiten auf Störungen zurückzuführen sei, die die

Gravitationsanziehung von Jupiter und Saturn verursachte. Er sagte das Wiedererscheinen seines Kometen für das Ende des Jahres 1758 voraus, und richtig tauchte er zu Weihnachten auf. Er kam 1835 und 1910 wieder und frühere Daten sind nun bis 240 v.Chr. zurückgerechnet worden. Das war ein schlagender Beweis für Newtons Gravitationstheorie: Halley hatte gezeigt, daß Kometen zum Sonnensystem gehören und sich in exzentrischen Bahnen um die Sonne bewegen.

1679 hatte Halley den ersten Sternkatalog für den Südhimmel veröffentlicht. Von 1698 bis 1700 führte er als Kommandant der ›Paramour‹ in südamerikanischen Gewässern und an der westafrikanischen Küste die erste Seereise der Geschichte durch, die zu rein wissenschaftlichen Zwecken unternommen wurde. Er entdeckte die Bedeutung der Venus- und Merkurdurchgänge für die Bestimmung der Sonnenparallaxe, die Veränderungen in den offenbar nicht feststehenden Stellungen einiger Fixsterne, die Beschleunigung bei der mittleren Mondbewegung usw. Er studierte die magnetische Deklination (Mißweisung) und stellte 1702 eine Karte des Atlantischen Ozeans zusammen, die Linien gleicher Deklination enthielt. Es war die erste Karte ihrer Art. Sie blieb ungefähr hundert Jahre gültig, die Linien wurden als ›Halleysche Linien‹ bekannt. Er leistete Beiträge zur Schießkunst und zur Ballistik, verbesserte die Taucherglocke und benutzte das Barometer zur Höhenmessung. 1693 veröffentlichte er Sterblichkeitstabellen der Stadt Breslau, einer der ersten Versuche, Vorausberechnungen auf Grund von Fakten (Graunt 144) anzustellen. Halley schlug als erster die Benutzung von graphischen Mitteln vor, um die geographische Verteilung von physikalischen Charakteristika auf der Erde in Karten festzuhalten. Seine erste meteorologische Karte erschien 1688.

Das Kirchenlied   174

ISAAC WATTS (1674-1748). Hymns and Spiritual Songs. *London, J. Humphreys für John Lawrence, 1707*

Den Liedgesang in der Kirche verdanken wir der Reformation. Luther (49) war ein Freund der Musik; er hat selber zum Liederschatz der Gemeinde einige der schönsten Stücke beigetragen: ›Ein feste Burg ...‹, ›Aus tiefer Not ...‹, ›Vom Himmel hoch ...‹. In seiner Spur schufen im 16. und 17. Jahrhundert: Nicolai (1556-1608): ›Wachet auf ruft uns die Stimme ...‹; Rinckart (1586-1649): ›Nun danket alle Gott ...‹; Stegmann (1588-1632): ›Ach bleib mit Deiner Gnade ...‹; Paul Gerhard (1607-1677): ›Nun ruhen alle Wälder ...‹; Neander (1650-1680): ›Lobe den Herren, den mächtigen König der Ehren ...‹ und viele unbekannt Gebliebene das deutsche Kirchenlied. Calvin (65) bevorzugte das Psalmodieren der Psalmentexte. Daher stammt in den englischen Bibeln von der Mitte des 16. Jahrhunderts an die Beilage einer von Sternhold und Hopkins verfaßten singbaren Fassung der Psalmen. Verse und Musik waren schwunglos und brachten den Puritanern den Spottnamen der ›Psalmenschmetterer‹ ein.

Dichter wie Donne, Gascoigne, Herbert schrieben zwar geistliche Gedichte, aber sie wurden nicht gesungen. Thomas Campion mit seinen ›Two Bookes of Ayres‹ (1612) und George Wither mit seinen ›Hymns and Songs of the Church‹ (1632) gaben sich viel Mühe, dem abzuhelfen, aber ohne Erfolg.

Watts stellte sich die Aufgabe von neuem und mit wesentlich besserem Erfolg, wie das englische Kirchenliederbuch ›Hymns Ancient and Modern‹ heute noch zeigt. Er war ein sehr begabter Mann und hat selber über sechstausend Lieder geschrieben, darunter viele Übersetzungen deutscher Kirchenlieder. Zu seinen bekanntesten Liedern gehören: ›Wenn ich schau das Wunderkreuz ...‹, ›Du Helfer Gott in alter Zeit ...‹, ›Jesus wird der Herrscher sein ...‹. Auch seine Sammlung frommer Kinderlieder von 1715 enthält manche, die bis heute noch lebendig blieben.

175   Wissenschaftliches Griechisch

BERNARD DE MONTFAUCON (1655-1741). Palaeographia Graeca. *Paris, Ludovic Guerin, Jean Boudots Witwe und Charles Robustel, 1708*

Was Mabillon (158) für die wissenschaftliche Untersuchung der mittelalterlichen lateinischen Dokumente leistete, das vollbrachte Montfaucon, der nach Mabillons Tod das führende Mitglied der Kongregation von St. Maur war, auf dem Gebiet der griechischen

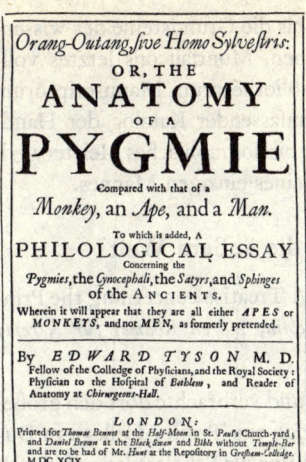

Orang-Outang, sive Homo Sylvestris:
OR, THE
ANATOMY
OF A
PYGMIE
Compared with that of a
Monkey, an *Ape*, and a *Man*.
To which is added, A
PHILOLOGICAL ESSAY
Concerning the
Pygmies, the *Cynocephali*, the *Satyrs*, and *Sphinges*
of the ANCIENTS.
Wherein it will appear that they are all either APES or
MONKEYS, and not MEN, as formerly pretended.

By *EDWARD TYSON* M.D.
Fellow of the Colledge of Physicians, and the Royal Society:
Physician to the Hospital of *Bethlem*, and Reader of
Anatomy at *Chirurgeons-Hall*.

LONDON;
Printed for *Thomas Bennet* at the *Half-Moon* in St. *Paul's* Church-yard;
and *Daniel Brown* at the *Black Swan* and *Bible* without *Temple-Bar*,
and are to be had of Mr. *Hunt* at the Repository in *Gresham-Colledge*.
M DC XCIX.

ESSAIS
DE
THEODICÉE
SUR LA
BONTÉ DE DIEU,
LA
LIBERTÉ DE L'HOMME
ET
L'ORIGINE DU MAL.

A AMSTERDAM,
Chez ISAAC TROYEL, Libraire.
MDCCX.

Tyson (169)   Leibniz (177)

Altphilologie. Sein monumentales Werk, das ein Jahr nach Mabillons Tod erschien, schuf außerdem eine neue Disziplin, die byzantinische Paläographie (Alt-Schriftenkunde). Seine Forschungsergebnisse brauchten später, ebenso wie bei Mabillons Werk, nur in einzelnen Details modifiziert zu werden, und dies hauptsächlich infolge der Verwendung neuzeitlicher technischer Erfindungen wie der Photographie und – in Montfaucons Fall – der Auffindung griechischer Papyri, die den Bereich der modernen Forschung unermeßlich erweitert haben.

Montfaucon verwandte seine umfassende Kenntnis griechischer Handschriften für mustergültige Ausgaben der Schriften des Anastasius, Origenes und Johannes Chrysostomos, die so zuverlässige Texte lieferten, daß sie bis heute noch nicht völlig überholt sind, und die viele zum Studium der Kirchenväter anregten. Darüber hinaus drang er schließlich noch auf ein neues wissenschaftliches Gebiet vor. Seine ›Antiquité expliquée et representée en Figures‹ gab in fünfzehn Bänden eine Übersicht über die gesellschaftlichen und künstlerischen Seiten der antiken Zivilisationen, und seine unvollendeten ›Monuments de la Monarchie Française‹ bemühten sich, ein gleiches für die französische Frühgeschichte zu schaffen.

Diese Werke kann man durchaus als die Grundsteine der wissenschaftlichen Archäologie bezeichnen. Montfaucons letztes vollendetes Werk, die ›Bibliotheca Bibliothecarum Manuscriptorum nova‹ (2 Bände, 1739), ist ein umfassender Katalog der Handschriftensammlungen Europas, ein bibliographisches Meisterwerk und die Frucht der Lebensarbeit eines einzigen Mannes.

176 Inwieweit existiert die äußere Welt?

GEORGE BERKELEY (1685-1753). A Treatise concerning the Principles of Human Knowledge. *Dublin, Aaron Rhames für Jeremy Pepyat, 1710*

Berkeley wurde in Irland geboren und verbrachte dort den größeren Teil seines Lebens. Er ging 1700 ans Trinity College in Dublin, zu einer Zeit also, da die traditionelle Scholastik rasch durch die Lehren Descartes' und Newtons verdrängt wurde und Lockes ›Essay‹ (164) und dessen neue Erkenntnistheorie Verbreitung gewannen.

Hier konnte Berkeley mit seiner Entschlossenheit, nichts lediglich aufgrund autoritären Zeugnisses anzuerkennen, und mit seinem angeborenen Scharfsinn und seiner geistigen Selbständigkeit mit dem Studienplan wenig anfangen, aber man erkannte seine Befähigung, und 1707 erhielt er eine Dozentur. Die Überlegungen, die später in der ›New Theory of Vision‹ von 1709 und sodann in obigen ›Principles‹ zur ersten Darstellung seiner Ideen führten, sind in seinem ›Common Place Book‹ aufgezeichnet. Dieses autobiographische Dokument notiert gewissenhaft das Fortschreiten seiner Gedanken. 1711 ließ er den ›Discourse on Passive Obedience‹ folgen, worin er die moralischen Regeln ableitet, die sich aus Gottes Absichten bezüglich des menschlichen Glückes ergeben und die den Utilitarismus John Stuart Mills (345) schon ahnen lassen. 1712 begab er sich nach London, wo die ›Dialogues‹ von 1713 seine Ansichten weit verbreiteten. Dann reiste er viele Jahre durch Europa. Aus seinen verschiedenen Plänen wurde jedoch nichts und er war genötigt, nach Irland zurückzukehren. 1733 veröffentlichte er ›Alciphron‹, eine Folge von Dialogen, in denen er seine Erkenntnisse zur Widerlegung der damals landläufigen Formen des Freidenkertums anwandte, und im folgenden Jahr wurde er Bischof von Cloyne, arbeitete aber an seinen polemischen Schriften weiter. Er starb während eines Aufenthaltes in England in Oxford.

Das Prinzip, das seiner Philosophie zugrunde liegt, beruht auf der Ablehnung aller Thesen – wie der Lockes – über Bedeutung und Notwendigkeit der Materie als Grunderfordernis jeder menschlichen Erkenntnis. Berkeley erklärte, kurz gesagt, es sei keine Existenz denkbar, die nicht eine Vorstellung sei, deren der Geist sich bewußt ist. Dies setzt die völlige Gleichsetzung von Subjekt und Objekt voraus; es kann kein Objekt geben ohne einen Geist, der es sich vorstellt. Ohne die Präexistenz des Geistes würden Materie und Substanz, Ursache und Wirkung keinen Sinn haben. In den Principles wird gezeigt, daß eine von jeglichem Wirken des Geistes absolut unabhängige Außenwelt eine unmögliche Vorstellung ist; echte Substanz ist allein die des bewußten Geistes, und echte Kausalität ist die Ordnung, die im freien Handeln der göttliche Geist uns einprägte. Körperliche Substanz und Ursachen sind Beziehungen zwischen Phänomenen, die sich zwar in der Schwebe befinden, die aber, kraft der Wirkung des göttlichen Geistes, konstant sind. Verbindungen zwischen ihnen sind, subjektiv gesehen, Suggestionen oder Assoziationen des Geistes, objektiv gesehen das Wirken jenes universalen Weltgeistes. Das Universum ist mithin die Summe aller menschlichen Erfahrungen und zugleich ein Sinnbild der göttlichen Universal-Intelligenz: »esse est percipi«.

In dieser empirischen Einstellung zu den Wahrnehmungen des menschlichen Geistes steht Berkeley auf gemeinsamem Boden mit Locke; der wesentliche Unterschied zwischen ihnen liegt in der Kausalitätslehre mit ihrer Unterscheidung zwischen Sinneswahrnehmung und Einbildung. Nach Berkeleys Auffassung gehen die Sinnesvorstellungen nicht auf unser eigenes Handeln zurück; sie müssen folglich von einem äußeren, das heißt göttlichen Willen hervorgerufen werden. Wahrnehmung ist nicht einfach eine fertige Sache, sondern ist eine von unserer Willkür unabhängige Assoziation von Sinneseindrücken. Als solche sagen sie aber nichts über die permanente Existenz wirklicher Objekte aus, die nur Gott kennt. Hier ergibt sich die Schwierigkeit, den Grad der Beziehung zwischen Sinneseindrücken und existentieller Wahrheit abzuschätzen, und Berkeley begnügt sich damit, dies als Frage offenzulassen. Es ist eine Frage, der Locke seinerseits aus dem Weg ging und die Hume (194) in der Nachfolge Berkeleys bis zu ihrer endgültigen Form weiter entwickeln sollte. Dessenungeachtet hob sie das metaphysische Grübeln auf eine höhere Ebene als zuvor; Berkeleys Größe läßt sich daran ermessen, daß die Schwierigkeiten in seiner Erkenntnistheorie zum Gegenstand späteren philosophischen Denkens geworden sind.

177   Eine neue Philosophie

GOTTFRIED WILHELM VON LEIBNIZ (1646-1716). *(a)* Essai de Théodicée. *Amsterdam, Isaac Troyel, 1710; (b)* Lehrsätze über die Monadologie. *Jena, Mayer, 1720*

Leibniz war einer der letzten ›Universalgeister‹ vom Typ, wie ihn die italienische Renaissance als Idealgestalt gefordert hatte: Philosoph, Historiker, Mathematiker, Naturwissenschaftler, Rechtsgelehrter, Bibliothekar und Diplomat. Auf allen diesen Gebieten sind entweder seine tatsächlichen Leistungen oder seine fruchtbaren Anregungen zum unveräußerlichen Bestand des europäischen Denkens geworden.

Sein Lieblingsgebiet war, obwohl er Rechtswissenschaften studiert hatte, die Mathematik. Er erfand unabhängig von Newton (172) die Differential- und Integralrechnung (s. 160), führte eine Anzahl heute allgemein verwendeter mathematischer Symbole ein und konstruierte eine frühe Form der Rechenmaschine, den Vorfahren unseres Computers.

Mathematische Vorstellungen und Begriffe bestimmen auch seine Philosophie. In ihr versuchte Leibniz, Physik und Metaphysik zu vereinigen und Philosophie und Theologie in Einklang miteinander zu bringen. Sein obiger ›Versuch über die Theodizee‹ ist das einzige größere philosophische Werk, das er selber veröffentlichte; sein Ruhm als Philosoph gründet sich jedoch auf seine ›Monadenlehre‹. Ihr französischer Originaltext wurde erst 1840 veröffentlicht, aber sie war handschriftlich in ihrer ursprünglichen Form eines an den Prinzen Eugen von Savoyen gerichteten Briefes (1714) bereits in Umlauf und wurde 1720 in deutscher und 1721 in lateinischer Übersetzung gedruckt. Leibniz verkündete darin eine ›prästabilierte Harmonie‹ des Weltalls, das sich seiner Erklärung zufolge aus hierarchisch angeordneten ›Monaden‹, den letzten Grundsubstanzen des Geistes wie der Materie, zusammensetzte. Diese Vorstellung spiegelt eindeutig das Ideal des gut gefügten absolutistischen Staates der Barockzeit wider und leitet sich zum Teil von den ›idées simples‹ Descartes' (129) her, den Leibniz sehr bewunderte. Eine Generation später machte Voltaire sich in seinem Candide (204) über die prästabilierte Harmonie lustig; aber die moderne Kernphysik hat Leibniz' Grundvorstellungen, wenn auch von anderen Voraussetzungen ausgehend, bestätigt.

Von 1676 an lebte Leibniz in Hannover im Dienste der Welfen-Dynastie. Er war maßgeblich an der Erhebung des Herzogs zur Kurfürstenwürde beteiligt und half beim Übergang der englischen Thronfolge auf Georg I. Er verfaßte eine umfangreiche Geschichte des Welfenhauses, die viel seither verlorengegangenes oder vernichtetes Quellenmaterial enthält. Er stellte die prachtvolle Bibliothek in Wolfenbüttel neu auf, der Lessing, ihr späterer Bibliothekar, neuen Ruhm verlieh, und er begründete, gefördert von der welfischen Königin Sophie Charlotte von Preußen, 1700 die Berliner ›Sozietät der Wissenschaften‹, aus der die Preußische Akademie der Wissenschaften hervorging. Obwohl Leibniz selbst fast ausschließlich in lateinischer und französischer Sprache schrieb, setzte er sich für die Verwendung des Deutschen in gelehrten Veröffentlichungen ein und empfahl das Studium der deutschen Sprachwissenschaft – ein früher Vorläufer der Brüder Grimm (281).

Leibniz' politische Ideen galten zu seiner Zeit als Schimären; für uns Heutige sind sie Gemeinplätze. So entwarf er Pläne für die Wiedervereinigung der christlichen Kirchen, die heute vom Weltkirchenrat tatkräftig verfolgt und vom Vatikanischen Konzil befürwortet werden. Er riet den Westmächten, Rußland zum Friedenskongreß von Utrecht (1713) zuzulassen und damit dieses damals noch ›unterentwickelte Land‹ in die Völkerfamilie aufzu-

nehmen. Er appellierte an Ludwig XIV. und legte ihm dar, daß
Frankreichs Zukunft durch eine Verewigung seiner Feindschaft
mit Deutschland nicht gesichert werden könne und daß es statt
dessen übers Meer blicken solle; er verwies auf Ägypten und den
Nahen Osten als Ziele französischer Expansion und auf den Bau
des Suezkanals (siehe 339) als wünschenswerte Aufgabe europäischer Zusammenarbeit.

178   Die goldene Mitte

QUINTUS HORATIUS FLACCUS (65-8 v.Chr.). Opera, ed. Richard
Bentley. *Cambridge, [University Press], 1711*

Das Leben des Horaz umspannte den Niedergang und Sturz der
Römischen Republik und die dauerhafte Begründung des Kaiser-
reichs unter Augustus. Er war ein Jüngling und beendete eben
seine Studien in Athen, als der Bürgerkrieg ausbrach. Zusammen
mit anderen Studenten schloß er sich Brutus an und fand sich
beim Zusammenbruch der republikanischen Sache mittellos in
Rom. Vergil führte ihn bei Mäcenas, dem großen Gönner der
Literatur, ein. Mäcenas förderte ihn, half ihm bei der Veröffentlichung seines ersten Buches von Satiren und schenkte ihm einen
Bauernhof, der ihm die materielle Unabhängigkeit verschaffte,
die er so hoch schätzte. Er wurde bald ein besonderer Günstling
des Augustus, für den er einige seiner berühmtesten Dichtungen
schrieb. Als er hochberühmt und anerkannt als der größte römische Dichter seit Vergil starb, war Augustus sein Testamentsvollstrecker.

Obwohl er mit allen großen Männern seiner Zeit auf vertrautem Fuß stand, haftete dem Leben oder den Schriften des Horaz
nichts Liebedienerisches an. Die Erlebnisse seiner Jugend, als das
gesamte gesellschaftliche Gefüge, wie es schien, mit den Wurzeln
ausgerissen wurde, hatten in ihm den Entschluß wachgerufen, von
jeglichem Druck frei und unabhängig zu bleiben, weder reich
noch arm zu sein, weder zu stark am Leben und öffentlichen
Treiben zu hängen, noch sich zu sehr davon fernzuhalten. Diese
geruhsame Unabhängigkeit, dieses gemäßigte Epikuräertum, zu
dem er sich bekannte, haben ihm die Unsterblichkeit gesichert.

Hinzu kommen ein tiefes Empfinden für die Schönheit der Natur und den inneren Frieden, den sie schenkt, und ein untrügliches Gefühl für Sprache und Versmaß. Hinzunehmen, was Fortuna beschert, und nicht zu klagen, wenn es unweigerlich dahingeht – das ist das Credo des Horaz:

>»immortalia ne speres, monet annus et almum
>   quae rapit hora diem.«

Wohl keines anderen Dichters Werk ist so oft abgeschrieben oder gedruckt worden, und Hunderte von Fassungen in sämtlichen modernen Sprachen sind von diesem unübersetzbarsten aller Dichter geschaffen worden. Gewiß läßt Horaz, was die Taschenausgaben betrifft, alle Konkurrenten weit hinter sich; überall auf der Welt, wo sich die Bibliotheken oder auch nur kleinere Sammlungen persönlichen Besitzes großer Männer erhalten haben, findet sich darunter häufig ein zerlesener Taschen-Horaz. Im vergangenen Jahrhundert pflegten die Direktoren einer kleinen Firma alle Sitzungen damit zu eröffnen und zu schließen, daß sie zusammen eine Ode des Horaz lasen. Doch einem der erstaunlichsten Vorhaben, denen Horaz dienstbar gemacht wurde, diente die hier gewählte Ausgabe. Im Jahr 1711 kämpfte Bentley gegen seine erbosten Kollegen am Trinity College in Cambridge, die den Bischof von Ely, den Visitator des College, mit Bittschriften bedrängten, er solle Bentley vom Rektorposten entfernen. Bentley trachtete danach, sich die Unterstützung der Krone zu verschaffen – die den Rektor ernennt – und dies gelang ihm, indem er seine Horaz-Ausgabe dem damaligen Premierminister Harley widmete.

Bentley (1662-1742) war und bleibt der größte der englischen Altphilologen. Er schuf sich seinen Ruf mit seiner ›Dissertation on Phalaris‹, dem endgültigen, niederschmetternden Schlag in der ›Bücherschlacht‹ (siehe Swift, 185). Er vereinte eine immense Gelehrsamkeit mit unvergleichlicher Kunst, sich ihrer zu bedienen. Obwohl er sich in seiner Ausgabe ausschließlich auf Textkritik beschränkte und von Kommentaren und Erläuterungen absah, tritt sein tiefes Verständnis für Horaz' Dichtung in sieben- oder achthundert textkritischen Berichtigungen zutage, von denen viele dauernde Anerkennung gefunden haben. Kühn und dabei beherrscht, hochgelehrt und zugleich einfühlend, ist seine Ausgabe – wie Bentley es selber war – eine Mischung aus Verwegenheit, Geisteskraft und Feingefühl.

179 Eine Mathematiker-Familie

JAKOB BERNOULLI (1654-1705). Ars Conjectandi. *Basel, Impensis Thurnisiorum fratrum, 1713*

Dieser Artikel betrifft eine hochgebildete Familie, die der spanischen Verfolgung in Antwerpen entrann, sich 1622 in Basel niederließ und in drei Generationen acht Mathematiker hervorbrachte.

Gleich ihrem Vater Nikolaus dem Älteren (1623-1708) heirateten seine drei Söhne Jakob 1., Nikolaus II. (1662-1716) und Johann 1. (1667-1748) vermögende Kaufmannstöchter und zeichneten sich alle auf verschiedenen naturwissenschaftlichen Gebieten aus; in erster Linie aber waren sie Mathematiker.

Jakob war einer der ersten, die die Infinitesimalrechnung über Newton (172) und Leibniz (160) hinaus entwickelten. Sein Bruder Johann vervollkommnete sie zusammen mit Euler (196) so weit, daß sie auf dem Kontinent nahezu im täglichen Leben verwendet werden konnte, während ihre Entwicklung in England recht vernachlässigt wurde.

Jakob war sowohl ein Anhänger Descartes' wie Newtons und trug viel zur Verbreitung von Newtons Ideen in Europa bei. Johann hingegen war ein Anhänger von Leibniz und fand, daß dies mit einer Billigung Newtons unvereinbar sei. Er war ein Mann von starkem, wenngleich nicht immer rühmlichem Charakter. Er nahm mehr als einmal die Leistungen seines Bruders Jakob für sich in Anspruch und wies seinen Sohn Daniel (1700-1782) aus dem Haus, weil er den Preis in einem Wettbewerb gewonnen hatte, an dem sein Vater sich ohne Erfolg beteiligt hatte.

Jakobs große Abhandlung ›Über die Kunst des Vermutens‹, wörtlich ›Kunst des Würfelns‹, erschien erst nach seinem Tod. Sie war der erste systematische Versuch, die Wahrscheinlichkeitslehre auf eine feste Grundlage zu stellen, und sie ist immer noch die Basis vieler praktischer Operationen, die auf Wahrscheinlichkeiten beruhen: Versicherungswesen, Statistik und mathematische Vererbungstabellen. Andere Forschungen Jakobs, die man einst als Kuriositäten ansah, werden heute beim Bau von Hängebrücken und Hochspannungsleitungen verwendet.

Johanns Sohn Daniel (1700-1782) war Professor für theoretische Physik an der Petersburger Akademie. Auch er arbeitete weiter an der Wahrscheinlichkeitstheorie und seine Abhandlung ›Hydrodynamica‹, 1738, ist berühmt wegen ihres Vorschlags eines dynamischen Gasmodells.

Einsame Inseln 180

DANIEL DEFOE (1660?-1731). The Life and Strange Surprizing Adventures of Robinson Crusoe, of York, Mariner. *London, W. Taylor, 1719*

Nach zwanzig Jahren enorm fruchtbarer Tätigkeit als Verfasser politischer und sektiererischer Flugschriften, auch in Versen, enthüllte Defoe unversehens eine genialische Begabung für Abenteuergeschichten. Die von ihm gewählte besondere Form des

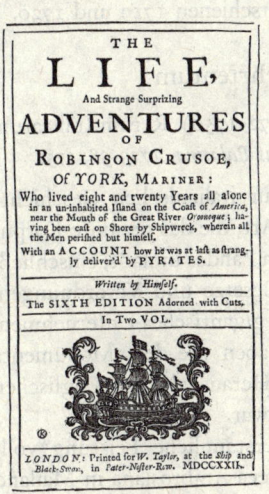

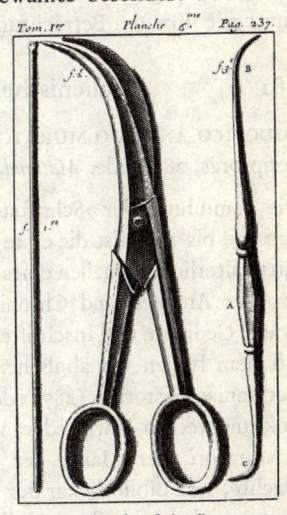

Defoe (180)

Fauchard (186)

Abenteuers und sogar der Name seines Helden sind von zahllosen Nachahmern übernommen worden – Campes ›Robinson der Jüngere‹ und Wyß' ›Schweizerischer Robinson‹ sind nicht unwürdig, neben Defoe erwähnt zu werden. Dieser Einfluß ist bis heute noch spürbar: ein guter Teil der Science Fiction ist im Grunde nichts anderes als Crusoes Insel, aus der ein Planet geworden ist.

Ebenso bedeutsam im Sinn unseres Buches ist die Gestalt des einsamen Menschen, der ganz auf sich gestellt die erbarmungslosen Kräfte der Natur meistert: die Rückkehr zur Natur in allem Ernst und das Abbild des ›edlen Wilden‹ auf eine Weise, die das Buch zur unerläßlichen Lektüre für Rousseaus Émile machte.

Seither ist Robinson Crusoe weit mehr in der gekürzten Fassung für Jugendliche gelesen worden, in der seine Selbstanklagen und philosophischen Auslassungen zurücktreten hinter der Fußspur im Sand, dem Mann Freitag, den drohenden Wilden und der unerschöpflichen Findigkeit des Helden, sein Leben auf der Insel erträglich zu machen. Die gottesfürchtigen Abschnitte des Buches haben jedoch ihre Bedeutung für die religiösen Folgerungen, die Crusoe aus seinem Zwiegespräch mit der Natur zieht.

Zwei weitere Bände, einer mit ›Weiteren Abenteuern‹ und einer mit ›Ernsten Betrachtungen‹ erschienen 1719 und 1720.

181   Italienisches Gelehrtentum

LODOVICO ANTONIO MURATORI (1672-1750). Rerum Italicarum Scriptores, 28 Bände. *Mailand, Societas Palatina, 1723-38, 1751*

Die Sammlung der ›Schriftsteller zur italienischen Geschichte von 500 bis 1500‹ ist die erste ihrer Art, die das gesamte Korpus mittelalterlicher Quellen eines ganzen Landes umfaßt, einschließlich der Annalen und Chroniken, Gesetze und Verordnungen, Briefe, Gedichte und Inschriften – ein gigantisches Unternehmen, mit dem Italien vor ähnlichen Vorhaben wie den ›Monumenta Germaniae Historica‹ (287) oder der Herausgabe der ›Englischen Dokumente‹ ein Jahrhundert voraus war.

Muratori, der Mann, der diese erstaunliche Leistung vollbrachte, war Bibliothekar der Biblioteca Ambrosiana in Mailand (1695) und anschließend Bibliothekar des Herzogs von Modena

(1700). Italienische Patrioten und Gelehrte gründeten die Palatinische Gesellschaft, um sein Vorhaben durchzuführen; Kaiser Karl VI. nahm die Widmung des ersten Foliobandes an. Muratori ließ auf die Serie der ›Scriptores‹ zwei Werke von kaum geringerer Bedeutung folgen: die ›Antiquitates Italicae Medii Aevi‹ (6 Bände, Mailand 1738-1743), die eine Dokumentargeschichte der italienischen Kultur des Mittelalters darstellen, und seine eigene chronologische Zusammenfassung dieses ganzen Materials, die ›Annali d'Italia‹ (12 Bände, Mailand, 1744-1749). Muratori wandte Mabillons (158) kritische Methoden auf die Quellen der italienischen Geschichte an und wurde damit zum Begründer der modernen italienischen Geschichtsschreibung. Gibbon (222) erkannte ihn dankbar als seinen »Führer und Meister« an.

Eine große Anzahl von Muratoris Texten ist heute original nur noch in seiner Ausgabe vorhanden, und es ist ein verdienter Tribut an sein Genie, daß die neue Ausgabe der Scriptores, die seit 1900 von einer Heerschar italienischer Kenner des Mittelalters herausgegeben wird, seinen Namen auf dem Titelblatt trägt.

Fahrenheit-Réaumur-Celsius 182

GABRIEL DANIEL FAHRENHEIT (1686-1736). Experimenta circa Gradum Caloris. *In:* Philosophical Transactions of the Royal Society. *London, 1724*

Galilei (113 etc.) war angeblich der erste, der ein Instrument zur Messung der Wärme erfand. Sein Biograph Viviani schreibt ihm die Verwendung dieses ›Thermoskops‹ bereits im Jahre 1592 zu, und Castelli gibt 1638 in einem Brief an Cesarini eine detaillierte Schilderung der Vorführung dieses Instruments durch Galilei im Jahr 1603.

Eine Art klinischen Thermometers wurde zu Beginn des 17.Jahrhunderts von Sanctorius (Santorio Santorio, italienischer Arzt und Professor der Medizin, 1561-1636) erfunden und verwendet. Die Fachleute geben abweichende Auskunft über das Buch, in welchem es erstmals beschrieben wurde, und über das Datum der Veröffentlichung – von Wolf (1612) über Foster (1614) zu Garrison (1625) und Garrison-Morton (1626), wobei die beiden letzten Hinweise sich auf das gleiche Buch beziehen, nämlich Sanctorius' ›Kommentar zum ersten Buch des Avicenna‹, in dem das Instrument tatsächlich abgebildet ist.

Bacon, Boyle, Guericke, Jean Rey (erstes flüssiges Thermometer), Großherzog Ferdinand II. von Toskana (erste Verwendung von gefärbtem Alkohol, etwa 1641-1654), Hooke, Huygens und viele andere hatten das Problem mit geringem Erfolg in Angriff genommen.

Gabriel Fahrenheit, ein Glasbläser aus Danzig, der in Holland arbeitete und dort auch starb, schuf mit dem in obiger Schrift ›Experimente über den Wärmegrad‹ entwickelten Verfahren ein zum erstenmal zuverlässig reproduzierbares Instrument, wobei seine Hauptneuerung war, daß er für sein halb mit Quecksilber gefülltes luftleeres Röhrchen einen ›festen Ausgangspunkt‹ wählte, nämlich die Temperatur, bis zu der Wasser durch Beimischung von Eis und Salz gekühlt werden kann, ohne zu gefrieren. Diesen Punkt nannte er 0°. Seine Skala zeigte die normale menschliche Blutwärme mit 96° an – und den normalen Gefrierpunkt des Wassers mit 32°. Die Verlängerung der Skala zeigte am Siedepunkt des Wassers 212° an. Fahrenheit war möglicherweise der erste, der Quecksilber als Thermometerflüssigkeit verwendete.

Réaumur (um 1730/31) und der schwedische Astronom Anders Celcius (1742) führten andere Methoden der Skaleneinteilung ein. Das Hundert-Grad-System, das heute nahezu in der ganzen Welt üblich ist, wurde anscheinend schon 1743 von einem gewissen Christin in Lyon eingeführt, aber ein locus classicus ist hierfür offenbar nicht bekannt. Celsius bezeichnete übrigens den Gefrierpunkt des Wassers mit 0° und den Siedepunkt mit 100°.

183   Neuer Kontrapunkt

JOHANN JOSEPH FUX (1660-1741). Gradus ad Parnassum, sive Manuductio ad Compositionem Musicae Regularem. *Wien, J.P. van Ghelen, 1725*

Der Verfasser dieses Leitfadens der kontrapunktischen Musik – ›Schritte zum Parnaß‹ – entstammte einem österreichischen

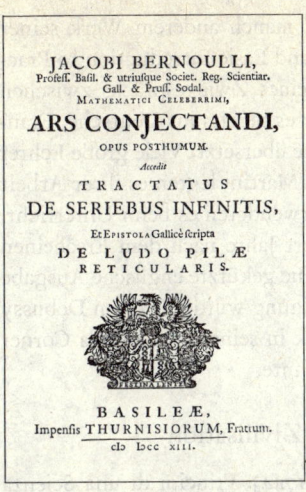

JACOBI BERNOULLI,
Profeſſ. Baſil. & utriuſque Societ. Reg. Scientiar.
Gall. & Pruſſ. Sodal.
MATHEMATICI CELEBERRIMI,

ARS CONJECTANDI,

OPUS POSTHUMUM.

Accedit

TRACTATUS
DE SERIEBUS INFINITIS,

Et EPISTOLA Gallicè ſcripta
DE LUDO PILÆ
RETICULARIS.

BASILEÆ,
Impenſis THURNISIORUM, Fratrum.
cIɔ Iɔcc xiii.

Versuch
Schweizerischer
Gedichten.

. . . Stulta eſt Clementia , cum tot ubique
Vatibus occurras ; perituræ parcere Chartæ.
Iuvenal.

BERN/
Bey Niclaus Emanuel Haller,
MDCCXXXII.

Bernoulli (179)   Haller (190)

Bauerngeschlecht und schrieb sich 1680 an der Jesuiten-Universi-
tät Graz für das theologische Studium ein. Er entfloh jedoch schon
bald nach Wien, wo er 1696 Organist an der Schottenkirche
wurde. Zwei Jahre später wurde Fux zum Hofkomponisten und
1712 zum Ersten Kapellmeister am Stefansdom ernannt. Er wurde
schließlich Erster Hofkomponist und wurde in Hofkreisen hoch-
geschätzt, wo er zahlreiche Gunstbezeugungen erhielt.

Fux war ein fruchtbarer, wenn auch nach den damaligen Begriffen nicht ungewöhnlich fruchtbarer Komponist. Er hinterließ
über vierhundert Kompositionen, von denen nahezu dreihundert
Kirchenmusik waren. Doch obwohl man ihn den österreichischen
Palestrina genannt hat, sind sie heute nahezu alle vergessen.
Einiges von seiner Instrumental- und Bühnenmusik – er schrieb
an die zwanzig Opern – hat sich als dauerhafter erwiesen. Zu
seinen Lebzeiten wurde er hauptsächlich als Meister der Theorie
und Praxis der Musik geschätzt, und es hätte ihm wohl Genugtuung bereitet, zu wissen, daß sein Nachruhm sich hauptsächlich
auf seine ›Gradus ad Parnassum‹ gründet.

Dies ist eines der einflußreichsten und langlebigsten aller musiktheoretischen Werke. Es war ursprünglich in lateinischer

Sprache verfaßt und hatte gleich manch anderem Werk seiner Art seit Thomas Morleys ›Plaine and Easie Introduction to Practicall Musicke‹, 1597, die Form eines Zwiegesprächs zwischen Lehrer und Schüler. Um 1770 war es bereits ins Deutsche, Französische, Italienische und Englische übersetzt. Viele große Lehrer der Musiktheorie wie Vogler und Martini legten es ihrer Arbeit zugrunde. Haydn und Mozart verwendeten es beim Unterricht. Noch 1943, weit über zweihundert Jahre nach dem Erscheinen des Originals, kam in New York eine gekürzte englische Ausgabe heraus. Wohl die reizendste Huldigung wurde Fux von Debussy erwiesen, der 1906 das erste Stück in seinem Children's Corner ›Doctor Gradus ad Parnassum‹ nannte.

184   Geschichte der Zivilisation

GIOVANNI BATTISTA VICO (1668-1744). Principi di una Scienza Nuova intorno alla Natura delle Nazioni. *Neapel, Felice Mosca, 1725*

Die ›Prinzipien einer neuen Wissenschaft von der Natur der Völker‹ sind zu Recht der Träger genannt worden, mit dem »der Begriff der historischen Entwicklung endlich ins westeuropäische Bewußtsein trat«.

Vico war sehr bescheidener Herkunft. 1735 wurde er Professor der Rhetorik in Neapel und königlicher Historiograph. Er schuf, in fast völliger Abgeschlossenheit arbeitend, die Grundlagen unserer modernen Vorstellung von der Soziologie. Er griff kühn die weithin anerkannte Lehre Descartes' (129) an, daß in allen Sphären des Bewußtseins der mathematische Beweis das einzige Kriterium der Wahrheit sei. Naturphänomene, so erklärte er, sind Werke Gottes; die Mathematik ist eine willkürliche menschliche Erfindung, und es besteht kein Grund anzunehmen, daß Gott sich nach ihren Prinzipien richtet.

Vico war der Überzeugung, daß dem Menschen eine echte, wenn auch begrenzte Erkenntnis der äußeren Welt möglich sei, und verachtete die Verwendung mathematischer Methoden durchaus nicht; doch die kartesianische Vorstellung, daß die vollständige und vollkommene Kenntnis des Universums nur auf die Perfektion des geometrischen Wissens warte, war für ihn völlig unannehmbar. Infolge der Unvollkommenheit der menschlichen Natur und unseres begrenzten Beobachtungsvermögens könne die menschliche Kenntnis des Weltalls niemals vollkommen sein. Vollkommene Erkenntnis sei nur Gott möglich.

Gleichfalls in direktem Gegensatz zu Descartes lehrte Vico, daß unsere Kenntnis der Geschichte sich weit mehr der Vollkommenheit anzunähern vermöge als die Kenntnis der Naturphänomene. Anders als die Geschichte des physikalischen Weltalls, gehe die Geschichte des Menschengeschlechtes auf das Tun von Menschen wie wir selber zurück. Wir können uns geistig in sie hineinversetzen und mit geduldiger Aufzeichnung und Auslegung die Folge von Ursachen und Wirkungen rekonstruieren, aus der die modernen Gesellschaften sich entwickelt haben. Das historische Studium des menschlichen Tuns hat ebenso Anspruch, sich eine Wissenschaft zu nennen, wie die Naturwissenschaften.

Vico erbte die überkommene Vorstellung vom zyklischen Ablauf der Geschichte, die in unserer Zeit bei Spengler (410) und Toynbee (421) wieder auflebt, und machte dieses alte Prinzip in erstaunlich origineller Weise nutzbar. So wie der Einzelmensch auf einander folgende Phasen der Empfindung, der Einbildung und endlich des Denkens durchläuft, so durchläuft die Geschichte der Zivilisation die Zeitalter der Götter, der Heroen und der Menschen. Zu Beginn entwickelt sich aus einer rein animalischen oder bestialischen Phase eine barbarische; auf sie folgt eine Übergangsperiode intellektueller und spiritueller Verfeinerung, die zur Ära der Menschlichkeit führt. Sodann erfahren die Energien der Zivilisationen eine allmähliche Schwächung; sie fallen zurück in die Barbarei, und der ganze Kreislauf beginnt von neuem.

Vico erkannte als erster die Bedeutung von Sprache, Mythos und Überlieferung als Quellen für das Verständnis der primitiven Phasen der Menschheitsgeschichte, die der Entwicklung des intellektuellen und historischen Bewußtseins vorausgehen. So bewahrt die Dichtung zum Beispiel in ihrem Schrein viel frühe Geschichte, und aus der Sprachforschung lassen sich historische Tatsachen ableiten. Das Konzept der menschlichen Ideengeschichte, die Prinzipien der Universalgeschichte und ihrer philosophischen Kritik, die Erkenntnis der Bedeutung der Gesellschaftsklassen – das alles beginnt mit Vico. Zahlreiche Vorstellungen des 20. Jahrhunderts auf den Gebieten der Anthropologie, der vergleichenden Rechtswissenschaft, der Literatur, Religion und Sprachphilosophie finden sich auf den Seiten dieses Buches.

Vicos Vorstellung vom historischen Zyklus, der im Niedergang endet, war wesentlich pessimistisch und stand, ebenso wie seine Erkenntnis barbarischer Elemente im antiken Griechenland, ganz und gar nicht im Einklang mit der zu seiner Zeit herrschenden Vorstellung stetig fortschreitender Aufklärung. Es überrascht folglich nicht, daß er von seinen Zeitgenossen nicht anerkannt wurde, obwohl sein Buch zu seinen Lebzeiten drei Auflagen hatte. Montesquieu (197) lernte ihn durch Conti kennen, aber erst im 19. Jahrhundert wurde er wieder entdeckt, und seither ist sein Einfluß ständig gewachsen. In Deutschland griffen Herder (216) und durch ihn Goethe (298) seine grundlegenden Erkenntnisse zur Philosophie und Methodik der Geschichtswissenschaft auf – W. E. Weber veröffentlichte 1822 eine deutsche Übersetzung – und in Frankreich setzte sich Michelet für ihn ein. In unserer Zeit hat Benedetto Croce viel dafür getan, die Kenntnis von Vicos Werk zu verbreiten.

185   Gullivers Reisen

JONATHAN SWIFT (1667-1745). Travels into Several Remote Nations of the World. By Lemuel Gulliver, First a Surgeon, and then a Captain of several Ships, 2 Bände. *London, Benjamin Motte, 1726*

Jonathan Swift, Pamphletist und Satiriker ohnegleichen, Dekan von St. Patrick, wurde in Dublin geboren und am Trinity College erzogen. 1689 wurde er Sekretär von Sir William Temple, in dessen Diensten in England er bis zum Tod seines Gönners 1699 blieb. Während dieser Zeit wurde er in den Meinungsstreit über den Wert alter und moderner Literatur verwickelt, dessen berühmtester Streiter Richard Bentley (178) war. Swifts Beitrag zu dieser Auseinandersetzung war ›The Battle of the Books‹ (Die Bücherschlacht), und ihr entsprang das womöglich noch bemerkenswertere satirische Märchen ›Tale of a Tub‹ (1704), das seinen Ruf als originellsten Schriftsteller seiner Zeit begründete.

Er wurde der Freund Popes, Addisons und Steeles; 1708 umwarben ihn beide politischen Parteien, und seine Sympathien für die Anglikanische Hochkirche bewirkten, daß er sich von seiner früheren Whig-Einstellung abkehrte und den Tories zuwandte. Er erschien zur rechten Zeit, als nämlich das Volk der langen Whig-Herrschaft müde zu werden begann, und seine Streitschrift ›The Conduct of the Allies‹ (1711) hatte am Sturz der Whigs wesentlichen Anteil. Swift stand jetzt auf der Höhe seiner Macht; aber seine Wurzeln reichten nicht tief. Unentschlossenheit über die Thronfolge und das verhängnisvolle Zerwürfnis zwischen Harley und Bolingbroke machten der kurzlebigen Tory-Regierung ein Ende, und Swift, nun Dekan von St. Patrick, zog sich nach Irland ins Exil zurück.

Einige Jahre lang verhielt er sich still. Doch das Unrecht, das den Iren von den Engländern zugefügt wurde, brachte ihn auf, und mit seinen ›Drapier's Letters‹ (1724) erlangte er neue Popularität. Diese vorgeblich von einem irischen Tuchhändler verfaßten Briefe waren in Wahrheit ein glänzender, messerscharfer Angriff gegen den Beschluß der Regierung, die irische Münze durch die Einführung von »Woods halbem Pfennig« abzuwerten. 1726 erschienen ›Gullivers Reisen‹, die sofort großen Erfolg hatten, und einige kleinere Werke, darunter ›Directions to Servants‹ und ›Polite Conversation‹. Inzwischen ließen Swifts Kräfte nach. Er regierte zwar seine Kathedrale weiter so pünktlich wie stets, aber er begann an Schwindelanfällen zu leiden und verbrachte seine drei letzten Lebensjahre bei getrübtem Bewußtsein.

Gullivers Reisen haben Swift unsterblich gemacht. Ehe er London verließ, hatte er zusammen mit Pope und Arbuthnot den Scriblerus-Club gegründet, dessen Absicht war, modische Torheiten mit satirischen Schriften zu bekämpfen. Möglicherweise war die Idee zu Gullivers Reisen damals entstanden. Die Bitterkeit der Satire auf den Hof und die damaligen Parteien läßt jedenfalls vermuten, daß die jüngst empfangenen Wunden noch schmerzten. Aber zwei größere Gaben des Erzählers Swift: die strenge Folgerichtigkeit der phantastischen Erfindung und das Geschick, den Leser so zu fesseln, daß er sie als Wirklichkeit hin-

nimmt, gewannen seinem Werk eine andere und viel größere
Leserschaft, als er vorausgesehen hatte. Alle, die von der Wirk-
lichkeitsnähe und dem lebendigen Detail in ›Robinson Crusoe‹
(180) fasziniert gewesen waren, wurden auch jetzt wieder gefesselt. Die Brillanz und Genauigkeit, mit der seine Logik und
Erfindungsgabe den Witz der Größenverhältnisse des Riesen-
menschen unter den Liliputanern und des kleinwinzigen Gulliver unter den Brobdingnagiern bis ins einzelne herausarbeiteten,
gingen mit der ursprünglichen Absicht des Verfassers durch.

Gullivers Reisen sind zum Glanzstück der satirischen Fabeln
aufgestiegen, aber zugleich sind sie eine Geschichte für Kinder
geworden. Auf jede Ausgabe für Leser, die Sinn für den historischen Hintergrund haben, kommen zwanzig andere, gekürzte
oder bearbeitete, für Leser, denen die Satire gleichgültig ist und
die das Buch ganz einfach als spannende Geschichte genießen.

186   Moderne Zahnheilkunde

PIERRE FAUCHARD (1678-1761). Le Chirurgien Dentiste, 2 Bände.
Paris, Jean Mariette, 1728

Bis zu Fauchards Zeit war der Beruf des Zahnarztes im wahrsten
Sinn des Wortes ein ›Geheimnis‹ gewesen, denn die Zahnärzte
hatten es beharrlich unterlassen, irgendwelche Einzelheiten über
ihre Technik und ihre Werkzeuge zu veröffentlichen. Fauchard
faßte auf seinen Buchseiten mit zahlreichen Illustrationen das
Beste in der zahnärztlichen Praxis seiner Zeit zusammen und ent-
schleierte ihre bisher eifersüchtig gehüteten Geheimnisse. Le
Chirurgien Dentiste – ›Der Zahnarzt, oder eine Abhandlung über
die Zähne mit Anweisung über die Mittel, um sie gesund zu erhalten‹ – ist tatsächlich das erste wissenschaftliche Werk über
diesen Gegenstand, und die moderne Zahnheilkunde beginnt mit
seiner Veröffentlichung.

Fauchard beschreibt ausführlich und in Einzelheiten die Verfahrensweisen der operativen Zahnheilkunde, des Plombierens
und Füllens von Zähnen und ganz besonders der Prothese, nämlich der Anfertigung von künstlichen Gebissen, Brücken und ähnlichem. Ganz neu waren seine Methoden zur Berichtigung un-

regelmäßiger Zahnstellungen; er beschrieb beispielsweise als erster die Verwendung von Spangen und Klammern für diesen Zweck. Die Abbildungen der Instrumente, die er in seiner Praxis verwendete, zeigen, wie fortschrittlich seine Methoden waren. Bereits lange vor der Bakterieninfektionslehre verwendete er beim Plombieren von Zähnen antiseptische Verfahren. In der 2. Auflage von 1746 gab er die erste Beschreibung der ›pyorrhea alveolaris‹, einer weitverbreiteten eitrigen Entzündung des Kiefers.

Fauchard fand Nachfolger in Philipp Pfaff, dessen ›Abhandlung von den Zähnen‹ 1756 veröffentlicht wurde, und John Hunter mit seiner maßgebenden ›Natural History of the Human Teeth‹, 1771. Diese drei Werke wurden von Garrison als die »bedeutendsten in der Geschichte der Zahnmedizin« bezeichnet. Wenn auch erst Hunter mit wissenschaftlicher Methodik die Zähne in Augenzähne, kleine und große Backenzähne und Schneidezähne gliederte, so war doch Fauchard der wahre Bahnbrecher der Zahnheilkunde.

Die Saat des Methodismus   187

WILLIAM LAW (1686-1761). A Serious Call to a Devout and Holy Life. *London, William Innys, 1729 [1728]*

William Law wurde in King's Cliffe bei Stamford als eines von elf Kindern geboren und 1705 auf das Emmanuel College in Cambridge geschickt. 1711 wurde er zum Fellow gewählt und zum Pfarrer ordiniert. Er blieb in Cambridge, wo er freilich infolge seiner jakobitischen Ansichten und seiner Neigung zur Anglikanischen Hochkirche gelegentlich in Schwierigkeiten geriet. Als er es 1715 ablehnte, den Treueid auf Georg I. zu leisten, wurde ihm sein Stipendium aberkannt.

1727 tat Law einen Schritt, der sich als entscheidend erweisen sollte: er zog nach Putney ins Haus Edward Gibbons als Hauslehrer dessen Sohnes Edward, Vaters des großen, gleichnamigen Historikers (222). Hier blieb er über zehn Jahre lang und wirkte als geistlicher Berater nicht nur der gesamten Familie, sondern auch einer ganzen Anzahl ernst gesonnener Menschen, die kamen und sich bei ihm Rat holten. Zu ihnen gehörten der Arzt George Cheyne, der Parlamentsabgeordnete für Hastings Archibald,

Hutcheson, der Dichter, Hymnenverfasser und Kurzschrift-Pionier John Byrom und vor allem John und Charles Wesley. Man kann den Einfluß Laws auf die beiden Brüder in dieser kritischen Phase ihrer Laufbahn schwerlich zu hoch einschätzen. Sie selber sprachen von ihm noch in den höchsten Tönen, als sie sich bereits – 1736 – von ihm abgewandt hatten, da ihr aufs Praktische gerichteter Verstand sich mit seiner neuen Begeisterung für die Mystik und die Schriften Jakob Böhmes nicht befreunden konnte.

Laws Schriften zerfallen in drei Gruppen. Am bekanntesten war er anfänglich als literarischer Kämpfer. Seine ›Drei Briefe an den Bischof von Bangor‹, 1717, ließen keinen Zweifel daran, daß sich hier nur Bentley (178) mit ihm messen konnte. Die ›Remarks on Mandeville's Fable of the Bees‹ (1723) sind eine glänzende Verteidigung der Religion und der Morallehre; sie wurden im 19. Jahrhundert noch einmal sehr beliebt, als John Sterling sie rühmte und F. D. Maurice sie neu herausgab. Der ›Case of Reason‹ (1732) war ein ebenso gelungener Angriff auf den Deismus. In der Zwischenzeit hatte Law bereits seine zwei bekanntesten Bücher in der zweiten Periode seiner Tätigkeit, in der praktischen Religionslehre, herausgebracht: ›A Treatise of Christian Perfection‹ erschien 1726, gefolgt von dem berühmten ›Serious Call‹. Als sich der Haushalt der Familie Gibbon 1737 auflöste, widmete sich Law, nunmehr im Ruhestand, dem Studium der Mystik; die Werke aus dieser Zeit – obwohl in jenem praktisch gesonnenen Zeitalter nicht annähernd so erfolgreich wie der ›Serious Call‹ – gehören zu den originellsten und faszinierendsten des 18. Jahrhunderts.

Laws Ansehen gründet sich hauptsächlich auf den ›Serious Call‹, einen Aufruf, zur Übung privater, persönlicher Frömmigkeit zurückzukehren, geschrieben in einem schmucklosen, klaren und tief ergreifenden Stil. Seine eigentümliche Kraft läßt sich schwer vermitteln; so gänzlich verschiedene Männer wie Gibbon, Lord Lyttelton und George Whitefield haben sich begeistert darüber geäußert. Samuel Johnson schrieb es ihm zu, daß er sich erstmals ernsthaft mit der Religion beschäftigte.

Das bedeutendste Zeugnis ist jedoch das John Wesleys, der erntete, was Law gesät. Nachdem er sich bereits von Law getrennt hatte, schrieb er über das Buch: »Es wird in der Schönheit seines Ausdrucks oder in der Rechtlichkeit und Tiefe seiner Gedanken in der englischen Sprache schwerlich übertroffen werden, ja auch nur seinesgleichen finden.«

Wissenschaftliche Landwirtschaft 188

JETHRO TULL (1674-1741). The New Horse-Houghing Husbandry or an Essay on the Principles of Tillage and Vegetation. *London, Privatdruck, 1731*

Die anfänglichen Fortschritte in der europäischen Landwirtschaft des 18. Jahrhunderts beruhten weitgehend auf der empirischen Methode von Versuch und Irrtum; mit der Zeit begann man jedoch, landwirtschaftliche Vorgänge wissenschaftlich zu untersuchen, und einer der Vorkämpfer auf diesem Gebiet war Jethro Tull. Er hatte sich ursprünglich für die Rechtslaufbahn entschieden, war jedoch schon bald Landwirt in Oxfordshire und später in Wiltshire geworden. Er durchreiste Europa, um landwirtschaftliche Methoden zu studieren, und war besonders von den Ergebnissen der Bodenbearbeitung in den französischen Weinbergen beeindruckt.

Tull beobachtete als erster, daß die Auflockerung des Erdreichs ohne Düngung eine bessere Durchlüftung des Bodens und ein ungehinderteres Eindringen des Wassers zu den Wurzeln der Pflanzen gestattete und dadurch ihre Nährstoffaufnahme verbesserte. Seine wichtigste Erfindung war die Pferdedrillmaschine, deren Konstruktion auf dem Mechanismus der Kirchenorgel beruhte, den Tull als junger Mann, als er sich für Musik interessierte, kennengelernt hatte. Die Drillmaschine, die er 1701 verbesserte, ermöglichte es ihm, die Saat dünn in parallelen Reihen und in jeder Reihe kontinuierlich zu säen. Eine weitere seiner Erfindungen, die Pferdehacke, wurde sodann verwendet, um das Ausjäten und die Durchlüftung des anliegenden Bodens zu verbessern. Er machte noch zahlreiche andere wertvolle Beobachtungen über Saaten und die Geschwindigkeit des Säens. Seine Erfindungen ermöglichten zum ersten Mal die Einsparung von Arbeitskräften auf den Bauernhöfen, während die Verwendung seiner Drillmaschine viel Saatgut einsparte. In der Tat hatte die

Weigerung seiner Landarbeiter, neue verbesserte Methoden des Säens anzunehmen, Tull auf die Erfindung der Drillmaschine gebracht, mit der er die gewünschten Ergebnisse mit weniger Arbeitskräften erzielte.

Seine Methoden wurden anfänglich stark kritisiert, setzten sich aber allmählich durch und schufen die Grundlage für eine Mechanisierung und Rationalisierung der Feldbestellung.

In seiner ersten Auflage war das Buch vergleichsweise kurz. 1733 kam eine wesentlich umfangreichere Auflage mit Abbildungen heraus. Zahlreiche weitere Auflagen folgten, und 1822 gab W. Cobbett (294), auch er ein Neuerer, eine neue Auflage heraus. Das Buch wurde von Duhamel du Monceau ins Französische übersetzt und hatte beträchtlichen Einfluß in Frankreich, wo Voltaire einer von Tulls begeisterten Anhängern war.

189   Die Ernährung der Pflanzen

STEPHEN HALES (1677-1761). (*a*) Statical Essays containing Vegetable Staticks: Or an Account of some Statical Experiments on the Sap in Vegetables. (*b*) Haemastaticks or an Account of some Hydraulick and Hydrostatical Experiments made on the Blood and Blood Vessels of Animals, 2 Bände. *London, W. Innys und R. Manby, und T. Woodward, 1731-33*

Stephen Hales, ein bescheidener Landpfarrer in Teddington, besaß eine gewisse Schulung nicht nur in Biologie, sondern auch in Mathematik und Physik. Diese Verknüpfung ermöglichte ihm die naturwissenschaftlichen Untersuchungen, die ihm die Mitgliedschaft der Royal Society und ihre Copley-Medaille eintrugen.

Er studierte die Bewegung des Saftes in den Pflanzen und entdeckte das Phänomen des Wurzeldrucks. Er maß die Wassermenge, die Pflanzen durch Verdunstung verlieren, und brachte sie in Beziehung zu der Wassermenge, die auf einer gewissen Bodenfläche, auf welcher die Pflanzen wuchsen, vorhanden war. Er schätzte im Zusammenhang hiermit Regenfall und Tauniederschlag, maß die Wachstumsgeschwindigkeit von Schößlingen und Blättern und untersuchte den Einfluß des Lichtes auf die Pflanzen. Er stellte Versuche mit Gasen an und fand, daß sie sich durch

Trockendestillation aus Pflanzen gewinnen ließen. Er erkannte als erster, daß den Pflanzen aus der Luft Kohlensäure zugeführt wurde und daß sie einen lebenswichtigen Bestandteil ihrer Nahrungszufuhr darstellte. Diese Experimente waren die Wegbereiter zu den Versuchen von Ingenhousz und de Saussure, während seine Ideen über Verbrennung und Atmung die Entdeckungen von Black, Lavoisier (238) und Priestley (217) erleichterten.

Der zweite Band enthält die Untersuchungen über den Blutdruck, die Hales zu einem der Begründer der modernen experimentellen Physiologie machen. Die Anwendung des Prinzips des Druckmessers oder Manometers ermöglichte es ihm, den Blutdruck während der Zusammenziehung des Herzens zu messen. Er errechnete die Kreislaufgeschwindigkeit, schätzte die Geschwindigkeit des Blutes in den Venen, Arterien und Haargefäßen und leistete mit dem Nachweis, daß die Haargefäße sich zusammenziehen und erweitern, einen bedeutenden Beitrag zum Studium der Physiologie und zur Praxis des heutigen Arztes. Es erwies sich, daß die Blutversorgung weitgehend vom Zustand der Zusammenziehung der Versorgungsgefäße bestimmt wird, die ihrerseits von den Nerven beherrscht werden – eines der Probleme der Nervenintegration, die später von Sherrington (397) untersucht wurden. Hales' Arbeit bezeichnet den größten Fortschritt in der Physiologie des Blutkreislaufs zwischen Harvey (127) und der Einführung des Quecksilbermanometers und anderer Blutdruckmeßinstrumente durch J.L.M.Poiseuille im Jahr 1828.

Hales war außerdem ein Wegbereiter der Sozialhygiene und Volksgesundheitspflege. Er unterstützte die Temperenzbewegung und veranlaßte die Einführung der sogenannten ›Gin-Gesetze‹. Er war der Erfinder der künstlichen Lüftung und konstruierte 1757 einen Blasebalg, um die verbrauchte Luft aus den Häusern herauszusaugen und auf diese Weise, wie er hoffte, die Ausbreitung des Typhus zu verhindern; er entwickelte Methoden zur Messung unlotbarer Tiefen, zur Destillation von Süßwasser aus dem Meer und zur Konservierung von Fleisch und Wasser auf Seereisen. Er war einer der Treuhänder der Kolonie Georgia, deren Gouverneur, der Naturforscher John Ellis, die Pflanze Halesia nach ihm nannte. Der erste Band seines Werkes erschien 1727.

ALBRECHT VON HALLER (1708-77). Versuch Schweizerischer
Gedichten. *Bern, Niclaus Emanuel Haller, 1732*

Diesem kleinen Band kommt in der Geschichte der europäischen
Kultur eine zweifache Bedeutung zu. Obwohl von mäßigem dichterischen Wert, kündete er seinen deutschen, französischen und
englischen Zeitgenossen mit Goethes Worten »den Beginn einer
deutschen Nationaldichtung« an und schuf außerdem ein neues
Naturgefühl, das dem vorigen, dem 17. Jahrhundert recht fremd
gewesen war.

Das in dem Band enthaltene Gedicht ›Die Alpen‹ – erstmals
1729 als Broschüre veröffentlicht – ist »die Frucht der großen
Alpenreise, die ich An. 1728 mit Professor Geßner in Zürich gethan hatte«. Obwohl lehrhaft schildernd und zumindest in manchen Teilen pedantisch, öffnete es dem Leser doch die Augen für
die Großartigkeit und Schönheit der Bergwelt, die man bis dahin
nur mit Furcht und Abscheu betrachtet hatte. Haller griff seinem
Landsmann Rousseau vor und pries als erster das einfache Leben
der Bauern und Hirten auf den Almen, wofür die intellektuell verfeinerten Schriftsteller nur Mitleid oder Spott gehabt hatten. Wiewohl selber ein Sohn der Aufklärung, bereitete Haller der Romantik den Weg.

Haller entstammte einer Berner Patrizierfamilie und ist nicht
nur um seiner Gedichte willen erinnernswert, wenn auch sein
›Versuch Schweizerischer Gedichte‹ zehn Auflagen erlebte und in
der Geschichte der Schweizer Literatur einen Ehrenplatz einnimmt. Er war von Beruf Naturforscher und Mediziner, hatte in
London und Paris studiert und von 1736 bis 1753 den Lehrstuhl
für Anatomie, Botanik und Chirurgie an der Universität Göttingen innegehabt, für den er, als er nach Bern zurückkehrte, seinen
Freund Linné (192) als Nachfolger vorschlug. Sein naturwissen-
schaftliches Interesse wirkte auch auf seine Dichtungen ein: ›Die
Alpen‹ sind begleitet von gelehrten Fußnoten, in denen die in
dem Gedicht behandelten botanischen, zoologischen, geologischen und sonstigen Besonderheiten erläutert werden. Seine medizinischen Schriften machten ihn überdies zum Vorläufer der mo-

dernen experimentellen Physiologie und Diätetik; er wies als erster die psychologische Grundlage der physiologischen Phänomene der Reizbarkeit und Empfindlichkeit nach.

Der alte ›Zedler‹

Großes vollständiges Universal-Lexicon aller Wissenschaften und Künste... 64 Bände und 4 Ergänzungsbände. *Halle und Leipzig, Johann Heinrich Zedler, 1732-54*

Dieses Werk nimmt in der langen Geschichte der Enzyklopädien einen bedeutsamen Platz ein. Es wird stets als ›Zedlers Lexicon‹ angeführt, das heißt mit dem Namen seines Verlegers anstatt dem des Verfassers oder Herausgebers, wie es bisher von Plinius (5) bis Ephraim Chambers (171b) üblich gewesen war, und mit ihm beginnt die neue, von Brockhaus, Larousse und anderen fortgeführte Gepflogenheit, das ganze Verdienst dem Verlagshaus zuzuschreiben.

Es war dies die erste Enzyklopädie, bei der ein ganzer Stab von Redakteuren – in diesem Fall neun – beschäftigt wurde, von denen ein jeder für ein besonderes Gebiet und dessen einheitliche Behandlung verantwortlich war – ein vernünftiger Gedanke, der von der ›Encyclopédie‹ (200) und praktisch allen folgenden Nachschlagewerken ihrer Art übernommen wurde. Die Einbeziehung von ›Wissenschaften und Künsten‹ in den Titel zeigt, daß Zedlers Lexikon sich in der allgemeinen Hauptrichtung der Enzyklopädien des 18. Jahrhunderts von Harris (171a) bis zur ›Encyclopaedia Britannica‹ (218) bewegte. Doch führte es eine aufsehenerregende Neuerung ein: es war die erste Enzyklopädie, die Biographien lebender Persönlichkeiten enthielt. Sein Wert erhöht sich des weiteren nicht nur dadurch, daß es eine der größten je abgeschlossenen Enzyklopädien ist, sondern auch durch sein hohes Maß an Genauigkeit und Zuverlässigkeit, das es trotz seiner vergleichsweise raschen Herstellung erzielte. Der Zedler ist folglich nach wie vor eine sehr brauchbare Schatzkammer von Auskünften über kleinere oder weniger bedeutende Persönlichkeiten und Institutionen des 18. Jahrhunderts, die aus den heutigen Nachschlagewerken längst ausgeschieden wurden.

Grosses vollständiges

UNIVERSAL LEXICON

Aller Wissenschafften und Künste,

Welche bißhero durch menschlichen Verstand und Witz
erfunden und verbessert worden,

Darinnen so wohl die Geographisch-Politische

Beschreibung des Erd-Creyses, nach allen Monarchien,

Käyserthümern, Königreichen, Fürstenthümern, Republiquen, freyen Herr-
schafften, Ländern, Städten, See-Häfen, Vestungen, Schlössern, Flecken, Aemtern, Klöstern, Ge-
bürgen, Pässen, Wäldern, Meeren, Seen, Inseln, Flüssen, und Canälen; samt den natürlichen Abhandlung
von dem Reich der Natur, nach allen himmlischen, lufftigen, feurigen, wässerigen und irrdischen Cörpern, und allen
hierinnen befindlichen Gestirnen, Planeten, Thieren, Pflanzen, Metallen, Mineralien,
Salzen und Steinen ꝛc.

Als auch eine ausführliche Historisch-Genealogische Nachricht von den Durchlauchten
und berühmtesten Geschlechtern in der Welt,

Den Leben und Thaten der Käyser, Könige, Churfürsten

und Fürsten, grosser Helden, Staats-Minister, Kriegs-Obersten zu
Wasser und zu Lande, den vornehmsten geist-und weltlichen
Ritter-Orden ꝛc.

Ingleichen von allen Staats-Kriegs-Rechts-Policey-und Haußhaltungs-
Geschäfften des Adelichen und bürgerlichen Standes, der Kauffmannschafft, Handthierungen,
Künste und Gewerbe, ihren Innungen, Zünfften und Gebräuchen, Schiffahrten, Jagden,
Fischereyen, Berg-Wein-Acker-Bau und Viehzucht ꝛc.

Wie nicht weniger die völlige Vorstellung aller in den Kirchen-Geschichten berühmten
Alt-Väter, Propheten, Apostel, Päbste, Cardinäle, Bischöffe, Prälaten und
Gottes-Gelehrten, wie auch Concillien, Synoden, Orden, Wallfahrten, Verfolgungen der Kirchen,
Märtyrer, Heiligen, Sectirer und Kezer aller Zeiten und Länder,

Endlich auch ein vollkommener Inbegriff der allergelehrtesten Männer, berühmter Universitäten,
Academien, Societäten und der von ihnen gemachten Entdeckungen, ferner der Mythologie, Alterthümer, Münz-Wissenschafft, Philosophie, Mathematic, Theologie, Jurisprudenz und Medicin, wie auch aller freyen und
mechanischen Künste, samt der Erklärung aller darinnen vorkommenden Kunst-
Wörter u. s. f. enthalten ist.

Mit Hoher Potentaten allergnädigsten Privilegiis.

Anderer Band, An—Az.

Halle und Leipzig,

Verlegts Johann Heinrich Zedler,

Anno 1732.

ENCYCLOPÉDIE,

OU

DICTIONNAIRE RAISONNÉ

DES SCIENCES,

DES ARTS ET DES MÉTIERS,

PAR UNE SOCIÉTÉ DE GENS DE LETTRES.

Mis en ordre & publié par M. *DIDEROT*, de l'Académie Royale des Sciences & des Belles-Lettres de Prusse; & quant à la PARTIE MATHÉMATIQUE, par M. *D'ALEMBERT*, de l'Académie Royale des Sciences de Paris, de celle de Prusse, & de la Société Royale de Londres.

Tantùm series juncturaque pollet,
Tantùm de medio sumptis accedit honoris! HORAT.

TOME PREMIER.

A PARIS,

Chez
{
BRIASSON, *rue Saint Jacques, à la Science.*
DAVID l'aîné, *rue Saint Jacques, à la Plume d'or.*
LE BRETON, Imprimeur ordinaire du Roy, *rue de la Harpe.*
DURAND, *rue Saint Jacques, à Saint Landry, & au Griffon.*

M. DCC. LI.

AVEC APPROBATION ET PRIVILEGE DU ROY.

Der unternehmende Leipziger Buchhändler und Verleger Johann Heinrich Zedler (1706-1770) verfeindete sich mit seinen Kollegen, die befürchteten oder doch zu befürchten vorgaben, daß ein allumfassendes Kompendium möglicherweise alle anderen Bücher überflüssig machen und damit das Ende des ganzen Verlagsbuchhandels herbeiführen werde. Zedler verlegte daraufhin sein Unternehmen aus dem sächsischen Leipzig ins preußische Halle, wo der Kanzler der Universität, Johann Peter von Ludewig, das Vorwort zum ersten Band beisteuerte. Zedler besaß die Klugheit oder das Glück, als Hauptredakteur Johann Christoph Gottsched (1700-1766) zu gewinnen, der Professor der Dichtkunst in Leipzig und ein wackerer Verfechter deutscher Philosophie, Literatur und Bildung war, dessen Nachruhm freilich unter dem Spott zu leiden hat, mit dem Lessing (213) seine engstirnigen und doktrinären ästhetischen Theorien überschüttete. Gottsched hatte Bayles ›Dictionnaire‹ übersetzt (4 Bände, 1741-1744, siehe Nr. 155 b) und war folglich als erster Herausgeber von Zedlers Lexikon eine ausgezeichnete Wahl. Vom neunzehnten Band an wurde die Herausgeberschaft Carl Günther Ludovici (1707-1778) anvertraut, der seit 1733 Professor der Philosophie an der Universität Leipzig war. Ludovici hat in den Annalen von Kunst und Wissenschaft keine Spur hinterlassen, doch der ›Zedler‹ ist ein die Zeit überdauerndes Denkmal seiner editorischen Befähigung.

192 Das natürliche System der Pflanzen und Tiere

KARL VON LINNÉ (1707-78). Systema Naturae. *Leiden, Joannes Wilhelm de Groot für Theodor Haak, 1735*

Das ›System der Natur‹ ist der Ausgangspunkt moderner systematischer Botanik und Zoologie. Linnaeus, oder wie er sich seit 1762 nannte: Linné, machte 1732 eine Forschungsreise nach Lappland, hauptsächlich um Pflanzen zu sammeln. 1738 ließ er sich in Stockholm als Arzt nieder und wurde 1741 Professor der Medizin in Upsala, vertauschte aber bald seinen Lehrstuhl mit dem der Botanik.

Er verfaßte dieses Werk, das nur aus sieben Folioblättern bestand, als einen ersten Umriß dessen, was in seiner späteren Entfaltung die Grundlegung des botanischen und zoologischen Klassifizierungssystems wurde. Linné war zuallererst ein Systematiker. Als Ordnungsprinzip stellte er die Diagnosen der Klassen, Ordnungen, Gattungen, Arten für alle Pflanzen und Tiere auf. Natürlich waren früher schon Versuche einer Klassifizierung unternommen worden: Caesalpinus (97), Bauhinus (121) und Tournefort hatten ihre Einteilungen auf besonderen Merkmalen einzelner Teile aufgebaut – Saat und Frucht bei Caesalpinus, Blütenblätter bei Tournefort. John Ray hatte verlangt, daß sämtliche Merkmale einer Pflanze berücksichtigt werden müßten: Linné folgte ihm darin und nahm wie Ray den Artbegriff zum Ausgangspunkt. Hier liegt der grundlegende Unterschied zwischen dem, was man ein ›künstliches‹, und dem, was man ein ›natürliches‹ System der Klassifizierung nennt.

Linné hatte Camerarius (165) gelesen, und dessen Entdeckung der Geschlechtlichkeit der Pflanzen stand im Brennpunkt auch seines Systems. Er entwarf eine Tabelle von vierundzwanzig Klassen im Hinblick auf Zahl, Verbindung und relative Höhe der Staubblätter; die Klassen wurden dann unterteilt in Ordnungen gemäß der Anzahl der Griffel der Blütenstempel. Es war das einfachste System, das es bisher gab, und wurde daher rasch aufgegriffen. Für eine allgemeine Anwendung war es jedoch nicht brauchbar, weil der Aufbau der Blüten weniger einförmig ist, als Linné annahm, und es wurde deshalb durch ein natürlicheres System ersetzt. Linné selber meinte schon, daß gegebenenfalls solch ein natürlicheres System entwickelt werden müßte, gegründet »auf die einfache Symmetrie sämtlicher Teile«.

Zu seiner Zeit jedoch war seine Klassifikation die umfassendste, die zur Verfügung stand, und sie war von außerordentlichem Wert in einer Epoche größter Erweiterung botanischer und zoologischer Kenntnisse. Sein System wurde in seinem Werk ›Genera Plantarum‹ von 1737 und in der ›Philosophia Botanica‹ von 1751 weiterentwickelt, die weitreichenden Einfluß gewannen.

Linné ist vorgeworfen worden, daß er fest an die Artkonstanz glaubte und dadurch den Fortschritt in der Botanik hemmte. Seine Arten waren scharf voneinander getrennt, und er war überzeugt, daß alle Nachkommen eines Elternpaares von gleicher

CAROLI LINNÆI

Med. Doct.

Soc. Ac. Imp. Nat. Cur.

GENERA
PLANTARUM

Eorumque

CHARACTERES NATURALES

Secundum

NUMERUM, FIGURAM,

SITUM, & PROPORTIONEM

Omnium fructificationis Partium.

LUGDUNI BATAVORUM

Apud **CONRADUM WISHOFF**. 1737.

INTRODUCTIO
IN ANALYSIN
INFINITORUM.
AUCTORE
LEONHARDO EULERO,

Professore Regio BEROLINENSI, *& Academiæ Imperialis Scientiarum* PETROPOLITANÆ
Socio.

TOMUS PRIMUS.

LATIUS SUB · ÆGIDE LUCEBIT

LAUSANNÆ,
Apud MARCUM-MICHAELEM BOUSQUET & Socios.

MDCCXLVIII.

Artung wären. In Wirklichkeit gibt es in seinen späteren Schriften manchen Hinweis, daß er die Unveränderlichkeit der Arten nicht für unbegrenzt hielt. Er experimentierte mit Bastarden und sah hier Anzeichen einer neuen Art, die sich im Laufe der Zeit entwickeln könnte. Er gab auch zu, daß besonders günstige Lebensbedingungen zum Erscheinen neuer Varianten führen könnten. Linné waren deshalb die Gedanken Buffons (198) und Darwins (344) nicht ganz so fremd, wie man angenommen hat.

Sein zweiter höchst wichtiger Beitrag zur Botanik und Zoologie war seine neue wissenschaftliche Benennung. Sie war vor ihm in größter Unordnung. Naturforscher bezeichneten irgendeine Art – von Pflanzen oder Tieren – mit ihrem Gattungsnamen und nur recht ungefährer Kennzeichnung ihres spezifischen Charakters. Linné schuf die ›binäre Nomenklatur‹, die heute noch verwendet wird. Sie kennzeichnet jede Art mit zwei Worten – gewöhnlich lateinisch –, das erste für die Gattung, die alle hinreichend ähnlichen Arten einschließt, das zweite für die Art, wobei der besondere Charakter erfaßt wird, z.B. gehören Löwe und Tiger zur Gattung Katzen und werden deshalb bezeichnet mit Felis leo und Felis tigris. Linné war nicht der erste, der ein solches System erdachte – Rivinus und Ray hatten es vor ihm schon angeregt –, aber er wandte es konsequent an. In den ›Species Plantarum‹ von 1753 werden siebentausenddreihundert Arten beschrieben, alle nach dem Sexualsystem geordnet und fast alle von Linné selber untersucht. Die zehnte Auflage der ›Systema Naturae‹ aus dem Jahre 1758 stellt seine letzte Fassung des Systems dar, wonach viele Pflanzen und Tiere bis zum heutigen Tage genannt werden, wie der an Artnamen angefügte Hinweis ›Linnaeus‹, ›Linn.‹ oder ›L.‹ bezeugt.

Linné wurde schon zu Lebzeiten mit Ehren überhäuft, und viele Gesellschaften wurden ihm zu Ehren gegründet. Eine der vornehmsten war die ›Linnean Society‹ in London, die stolze Besitzerin von Linnés Bibliothek, seinem Herbarium und seinen Manuskripten, die ihr Gründer und erster Präsident, Sir James Edward Smith, 1783 von Linnés Witwe für eintausend Pfund erwarb. Allein das ›Systema Naturae‹ ist heute ein Vielfaches dieser Summe wert.

JOSEPH BUTLER (1692-1752). The Analogy of Religion, Natural and Revealed, to the Constitution and Course of Nature. *London, James, John und Paul Knapton, 1736*

Butler wurde als jüngstes von acht Kindern eines wohlhabenden, im Ruhestand lebenden Leinenhändlers in Wantage geboren. Er war zum presbyterianischen Geistlichen bestimmt, trat jedoch noch während seiner Ausbildung an einem Dissidenten-Seminar zur Anglikanischen Staatskirche über. Er wurde 1719 zum Priester geweiht und erhielt eine Berufung an die Rolls Chapel in der Chancery Lane in London.

Hier hielt er eine Anzahl gelehrter Predigten, die 1726 in einer Auswahl unter dem Titel ›Fifteen Sermons‹ erschienen. Unter ihnen befand sich auch seine berühmte Predigt über die menschliche Natur, welche die Keimzelle der ›Analogy‹ enthielt. Butler bekämpfte darin den Gedanken Hobbes' (138), daß das menschliche Wesen von Natur aus dazu neige, nach aufgeklärtem Eigennutz zu streben, und erklärte demgegenüber, daß der Mensch von Natur aus tugendhaft sei. Er war der Auffassung, die menschliche Natur sei auf die Tugend ebenso eingestellt wie eine Uhr auf die Messung der Zeit. »So wie in der Gestalt des Menschen ein höchstes Gewissen sich kundtut, so erweist die Gestalt der Natur einen im Gewissen sich offenbarenden moralischen Lenker.«

Im Jahr 1725 wurde Butler in die behagliche Pfarre Stanhope in der Grafschaft Durham versetzt, wo er zehn Jahre lang blieb. Über sein Leben dort ist wenig bekannt, außer daß er häufig auf einem schwarzen Pferd sehr rasch durch die Gegend ritt und seine Haustür gegen Bettler und Besucher verrammelte. Als Königin Anna sich um diese Zeit einmal bei Erzbischof Blackburne nach Butler erkundigte, gab dieser die Auskunft, er sei »nicht tot, aber begraben«. Er war weder das eine noch das andere: er arbeitete an seiner ›Analogy‹.

Butlers große Sorge war das Vordringen des Deismus, der von Herbert von Cherbury (123) seinen Ausgang genommen hatte; er erkannte, daß man es hier mit einem nicht unerwarteten Ergebnis zu tun hatte, das die Beseitigung der herkömmlichen

Weltallvorstellung durch Kopernikus (70) und Descartes' Vorarbeit für Newtons Idee der Naturgesetzlichkeit gezeitigt hatten. Um dieser Tendenz entgegenzuwirken, schrieb er, ohne es ausdrücklich zu sagen, seine ›Analogy‹, und manche meinen, ihre Bedeutung sei zugleich mit dem Deismus dahingeschwunden. Man gesteht dem Buch gerade noch zu, eine wertvolle Erinnerung an diesen großen Streit zu sein, doch das ist auch alles. Seine Aufnahme in unsere vorliegende Sammlung zeugt hingegen für die andere Auffassung, daß es in Wirklichkeit eines der Bollwerke christlicher Apologetik ist, und wenn ihm auch nicht immer gelang, was es beabsichtigte, so ist an seiner lebendigen Fortwirkung nicht zu zweifeln.

Hume (194), der 1741 Butler seine Essays sandte, stellte ihn auf eine Stufe mit Locke (164) und Berkeley (176) als einen der Urheber der experimentellen Methode in der Moralphilosophie. John Stuart Mill (345) war der Meinung, die von Butler vorgebrachten Argumente seien für die Wandlung seines Vaters zum Skeptizismus entscheidend gewesen. Newman (312) gab einem sehr andersartigen Abschnitt seiner religiösen Auffassungen durch das Studium dieses Werkes sein Gepräge. Gladstone zählte als seine »vier Doktoren« Butler, Aristoteles, Dante und den heiligen Augustinus auf. Macaulay nannte ihn »einen Mann von echtem Genie«.

Butlers Einstellung war empirisch, ähnlich der Humes, aber er vertrat die Auffassung, daß philosophischer Skeptizismus nicht religiösen Skeptizismus im Gefolge haben solle. Wenn man annehme, wie die Deisten anzunehmen bereit waren, daß Gott der Urheber der Natur sei, so bestünden in der Glaubenslehre keine Widersprüche, Unklarheiten oder Unwahrscheinlichkeiten, die sich von jenen unterschieden, die man in der Naturwissenschaft antrifft. Die religiöse Ordnung und die naturwissenschaftliche Ordnung sind einander somit dem Wesen nach ähnlich, und beide bezeugen das Wirken des höchsten Schöpfers.

Butler lehnte 1747 das Angebot eines Erzbistums ab und beschloß seine Tage als Bischof von Durham, einem Bistum, auf das er, wie Horace Walpole schrieb, »in einer Wolke von Metaphysik« herabgeschwebt war.

DAVID HUME (1711-76). A Treatise of Human Nature. *London, Band I und II John Noon, 1739; Band III Thomas Longman, 1740*

David Hume war schon frühzeitig entschlossen, Schriftsteller zu werden, und versuchte sich als Vorstufe hierzu in der Jurisprudenz und als Geschäftsmann, ohne beidem etwas abzugewinnen. 1733 löste die Lektüre von Locke und Berkeley (164, 176) – er hatte eine Vorliebe für »Bücher der Argumentation und der Philosophie« – eine so fieberhaft angespannte geistige Tätigkeit in ihm aus, daß er völlig erschöpft zusammenbrach und nach Frankreich reiste, um sich zu erholen. Er hatte sein wahres Tätigkeitsfeld gefunden und brachte die nächsten drei Jahre damit zu, seine Gedankengänge für die Veröffentlichung in systematische Form zu bringen.

Der ›Treatise‹ erschien 1739-40 und war – obwohl man Humes zuweilen allzu bescheidene Ansicht von der Aufnahme seines Werkes nicht unbesehen hinnehmen darf – ein Mißerfolg. Dessenungeachtet verbesserten sich seine Umstände allmählich. Seine ›Philosophical Essays‹ – im wesentlichen Neuformulierungen von Teilen des Treatise – hatten größeren Erfolg, und 1751 wurde er Bibliothekar der Advocates' Library, damals praktisch die schottische Nationalbibliothek. Dann kam seine ›History of England‹ heraus, und als er 1763 als Botschaftssekretär nach Paris ging, war sein Ruhm bereits weit verbreitet. Seine letzten Lebensjahre verbrachte er im Mittelpunkt jenes Kreises hervorragender Männer, die Edinburgh den Beinamen ›Athen des Nordens‹ verschafft haben.

Im Treatise – Humes philosophische Ansichten änderten sich nicht wesentlich – haben wir den ersten Versuch, Lockes empirische Psychologie auf den Aufbau einer Erkenntnistheorie und, davon ausgehend, einer Kritik metaphysischer Vorstellungen anzuwenden. Humes erster Schritt war, von den Standorten Lockes und Berkeleys aus weiter vorzudringen. Wo Locke eine stoffliche Substanz annahm, die unabhängig von der Wahrnehmung existierte, und Berkeley eine geistige Substanz, erklärte Hume, eine fortdauernde, von der Wahrnehmung gesonderte Existenz von

Gegenständen sei illusorisch. Während man bisher zwischen der Vernunft und dem vereinten Produkt von Empfindung und Erfahrung unterschieden hatte, erklärte er, daß unsere rationalen Urteile nur gewohnheitsmäßige Verknüpfungen (Assoziationen) seien. Unsere gesamte Erkenntnis sei lediglich die Summe unserer bewußten Erfahrung. Von hier aus weitergehend untersucht Hume die Verstandesinhalte und das Wesen der Erfahrung, bei dem er unterscheidet zwischen den primären ›Impressionen‹, Eindrücken unserer Sinne, die an sich original sind, und den sekundären ›Ideen‹, Vorstellungen abstrakter Art, gewonnen aus der Erinnerung an frühere Impressionen oder auch aus der Einbildungskraft. Die genaue Erfassung der Beziehung zwischen den Ideen und den Tatsachen gestattet es Hume, die formalen Elemente der Erfahrung: Raum und Zeit und die Lehrsätze der Mathematik, über die es keine unterschiedliche Meinung geben kann, zu erörtern. Sodann untersucht er das Prinzip des realen Zusammenhangs zwischen Erfahrungen, Ursache und Wirkung und bestreitet, daß ein solcher Zusammenhang eine eigene Existenz haben könne. Eine Kausalkette ist somit lediglich eine Folge von Vorstellungen, von denen wir auf Grund der Geschwindigkeit, mit der sie aufeinander folgen, annehmen, daß sie zusammenhängen. Hieraus folgt, daß das wahrnehmende Ich oder Subjekt keine für sich bestehende Identität besitzen kann: esse est percipi! Hume zieht daraus den Schluß, »daß alle unsere gesonderten Wahrnehmungen gesonderte Existenzen sind und der Verstand nie irgend einen wirklichen Zusammenhang zwischen gesonderten Existenzen wahrnimmt«. Die Ausdehnung dieser theoretischen Analyse auf die Ethik führt zur Ablehnung der Auffassung, daß die Unterscheidung zwischen Recht und Unrecht eine Unterscheidung der Vernunft sei; das Subjekt entscheidet solche Fragen durch Bezugnahme auf sich selber. Jedoch ist als höchstes Ziel ein Moralbewußtsein erforderlich, auf das Bezug genommen werden kann, um das Glück des eigenen Ich mit dem der anderen in Zusammenhang zu bringen.

Damit faßt Hume in entscheidender Weise ein Jahrhundert der Erkenntnisphilosophie und der theologischen Diskussion zusammen. Obwohl seine Schlußfolgerungen zu seiner Zeit allgemein

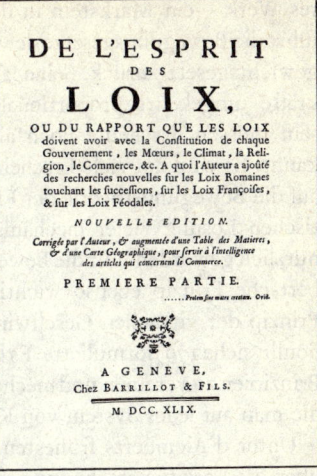

A
TREATISE
OF
Human Nature :
BEING
An ATTEMPT to introduce the ex-
perimental Method of Reasoning
INTO
MORAL SUBJECTS.
by David Hume Esq.

Rara temporum felicitas, ubi sentire, quæ velis ; & quæ
sentias, dicere licet.   TACIT.

VOL. I.

OF THE
UNDERSTANDING.

LONDON;
Printed for JOHN NOON, at the White-Hart, near
Mercer's-Chapel, in Cheapside.
M DCC XXXIX.

DE L'ESPRIT
DES
LOIX,
OU DU RAPPORT QUE LES LOIX
doivent avoir avec la Constitution de chaque
Gouvernement , les Mœurs , le Climat , la Religion , le Commerce, &c. A quoi l'Auteur a ajoûté
des recherches nouvelles sur les Loix Romaines
touchant les successions , sur les Loix Françoises ,
& sur les Loix Féodales.

NOUVELLE EDITION.
Corrigée par l'Auteur , & augmentée d'une Table des Matieres ,
& d'une Carte Géographique , pour servir à l'intelligence
des articles qui concernent le Commerce.

PREMIERE PARTIE.
......Prolem sine matre creatam. Ovid.

A GENEVE,
Chez BARRILLOT & FILS.
M. DCC. XLIX.

Hume (194)   Montesquieu (197)

begrüßt wurden, wurde ihre volle Bedeutung kaum begriffen, bis
Bentham (237) Humes Utilitarismus und Mill (345) seine Logik
auswerteten.

Dynamik 195

JEAN LE ROND D'ALEMBERT (1717-83). Traité de Dynamique.
Paris, David l'aîné, 1743

Jean d'Alembert, Mathematiker und Philosoph, Freund von Voltaire und Madame du Deffand, ergebener Verehrer von Mademoi-
selle de Lespinasse, war der illegitime Sohn von General Des-
touches und Madame de Tençin. An der Kirche von St. Jean le
Rond in Paris ausgesetzt, wurde er von der Frau eines Glasers,
namens Rousseau, gefunden und aufgezogen: das erklärt den
Namen ›Le Rond‹, dem er später ›d'Alembert‹ hinzufügte. Nach
dem Abschluß seiner Studien am Collège Mazarin lebte er dreißig
Jahre lang bei seiner Pflegemutter trotz verlockender Einladungen
von Katharina von Rußland und Friedrich dem Großen, der
ihm wiederholt die Präsidentschaft der Berliner Akademie anbot.

Die ›Abhandlung über Dynamik‹ war d'Alemberts erstes größeres Werk – ein Markstein in der Geschichte der Mechanik. Es führt die Bewegungsgesetze der materiellen Körper auf ein Gleichgewichtsgesetz zurück. Seine These, daß die inneren Trägheitskräfte umgekehrt proportional den beschleunigenden Kräften sein müssen, ist heute noch als ›d'Alembertsches Prinzip‹ bekannt. Es wird auf viele Erscheinungen angewandt, insbesondere auf die Bewegungstheorie der Flüssigkeiten, und ist bei der praktischen Lösung vieler mechanischer und technischer Probleme nützlich geworden. Für die Bewegung von Materie ist das d'Alembertsche Prinzip ebenso wichtig wie für ihr Gleichgewicht das Prinzip der virtuellen Geschwindigkeiten, das 1717 Johann Bernoulli (siehe 179) formulierte. Es blieb Lagrange vorbehalten, beide Prinzipien zu vereinen und mechanische Gleichungen aufzustellen, die man auf jedes System von Körpern anwenden konnte.

Unter d'Alemberts frühesten Werken findet sich ein Aufsatz über die Variationsrechnung, mit deren Hilfe Lagrange die Mechanik einheitlich behandelte. Er klärte auch den Streit zwischen Cartesianern und Leibnizianern, ob ›Quantité de mouvement‹ (Impuls) oder ›Vis Viva‹ (Energie) bei Zusammenstößen erhalten bleibt, indem er ihn als reinen Wortstreit nachwies: beide können – je nach den Versuchsbedingungen – verbraucht werden. Er wandte auch die Differentialrechnung auf das Studium von Saiten- und Luftschwingungen an und veröffentlichte die erste zusammenfassende Darstellung über Winde. In der Astronomie bestätigte er Newtons Theorie über die Präzession der Äquinoktien, die Nutation der Erdachse und die Störungen bei der Planetenbewegung.

D'Alembert bleibt auch durch seine enge Zusammenarbeit mit Diderot bei der Begründung und Herausgabe der ›Encyclopédie‹ (200) in Erinnerung. Er schrieb den ›Discours Préliminaire‹, eine allgemeine Übersicht über Ursprung und Beziehungen der verschiedenen Wissenschaften, sowie einige Artikel hauptsächlich über mathematische Themen.

LEONHARD EULER (1707-83). Introductio in Analysin Infinitorum, 2 Bände. *Lausanne, Marc Michel Bousquet, 1748*

Leonhard Euler, der große Schweizer Mathematiker, wurde in Basel geboren, wo er Schüler von Johann Bernoulli (179) wurde. Dessen Söhne überredeten Katharina die Große, ihn nach Petersburg einzuladen. 1747 kam eine Einladung von Friedrich dem Großen nach Berlin. 1766 wurde er blind, doch das beeinträchtigte seine gewaltige Arbeitsleistung nicht. Insgesamt verfaßte er zweiunddreißig Bücher in lateinisch, deutsch und französisch und fast neunhundert Denkschriften. Er bearbeitete praktisch den ganzen Bereich der reinen und angewandten Mathematik, doch einige seiner besten und zeitlosen Arbeiten widmete er der Analysis, die er als selbständige wissenschaftliche Disziplin durchsetzte.

In seiner ›Einführung in die Analysis‹ leistete Euler für die moderne Analysis das gleiche wie Euklid (25) für die Geometrie des Altertums. Sie enthält eine Darstellung der Algebra, der Trigonometrie und der analytischen Geometrie, Flächen- wie Körpergeometrie, eine Definition der Logarithmen als Exponenten sowie wichtige Beiträge zur Theorie der Gleichungen. Er entwickelte die moderne exponentiale Behandlung der Logarithmen unter Berücksichtigung der Tatsache, daß zu jeder Zahl unendlich viele natürliche Logarithmen gehören. In den Anfangskapiteln erscheint zum ersten Mal die Definition der »mathematischen Funktion«, eine der grundlegenden Konzeptionen der modernen Mathematik. Seit Eulers Zeit zielt man auf eine algebraische Behandlung der Physik und Mathematik, und viele seiner Grundsätze werden heute noch im Mathematikunterricht benutzt. Die wichtigste Weiterführung seiner Vorstellung einer analytischen Mathematik ist jedoch Lagrange zu danken.

Euler veröffentlichte auch wesentliche Arbeiten auf anderen Gebieten der Mathematik wie der Physik. Viele Symbole, Gleichungen und algebraische Ausdrücke sind unter seinem Namen bekannt. Er förderte die Wellentheorie des Lichtes gegenüber der Korpuskulartheorie, wobei er den Einfluß einiger irrigen Ansichten Newtons (172) abschwächte. Er arbeitete neue analytische

Lösungen für die Bewegung von Sonne, Erde und Mond aus, die Tobias Mayer 1755 dazu verhalfen, Mondtafeln mit ausreichender Genauigkeit für die Längenbestimmung auf See aufzustellen. Er untersuchte die Darstellung einer sphärischen Oberfläche auf einer Ebene, bestätigte damit die Projektion von Mercator (100) und bewirkte bedeutende Fortschritte in der Kartographie. Er schrieb über Dynamik, Chemie und Medizin, und seine ›Lettres à une Princesse d'Allemagne‹ von 1768-72, die vor allem Kosmologie und Physik behandeln und in denen er die Monadenlehre von Leibniz (177) angriff, hatten ganz ungewöhnlichen Erfolg und beeinflußten die zeitgenössische Philosophie sehr stark. Eine vollständige Ausgabe von Eulers Werken wurde 1911 begonnen und zunächst in Leipzig, später in Lausanne veröffentlicht. Sie wuchs inzwischen auf über fünfzig Bände an, und man vermutet, daß sie bis zum Abschluß ungefähr siebzig umfassen wird.

197   Der Geist der Gesetze

CHARLES DE SECONDAT, BARON DE MONTESQUIEU (1689-1755). De l'Esprit des Loix, 2 Bände. *Genf, Barillot et fils [1748]*

In vieler Hinsicht eines der bemerkenswertesten Bücher des 18. Jahrhunderts, widersetzt sich der ›Geist der Gesetze‹ hauptsächlich wegen der hohen Abstraktheit, womit seine Erkenntnisse vorgetragen werden, der Einordnung und hat sich aus diesem Grund nie einer großen Popularität erfreut. In der gleichen Weise hat auch sein Verfasser seinen Zeitgenossen Rätsel aufgegeben, und sogar die ›philosophes‹ (200), deren Vorläufer Montesquieu war, äußerten verschiedene Ansichten über ihn und sein Werk.

Montesquieu wurde in der Gironde geboren und erbte von seinem Onkel den Adelstitel der Montesquieu und die Präsidentschaft der Ständeversammlung von Bordeaux, ein Amt, das er zehn Jahre lang innehatte. Während dieser Zeit schrieb und veröffentlichte er seine nicht weniger berühmten ›Lettres Persanes‹. Als Briefwechsel zweier in Europa reisender persischer Edelleute getarnt, sind sie eine unvergleichlich witzige Satire auf die Widersinnigkeiten und Mißbräuche der damaligen gesellschaftlichen, politischen, kirchlichen und literarischen Welt. Frankreich war öffentlich empört und privat entzückt. Allein 1721 erschienen vier Auflagen und danach neun Jahre lang keine mehr; man darf wohl annehmen, daß das Buch von Amts wegen unterdrückt wurde. Dieser Erfolg führte Montesquieu in die Pariser Gesellschaft ein, und nach der Veröffentlichung einiger weiterer Bücher leichterer Art wurde er nicht ohne allerlei Intrigen und Gegenintrigen zum Mitglied der Akademie gewählt. Er gab sein Präsidentenamt in Bordeaux auf und begab sich auf eine ausgedehnte Rundreise durch Österreich, Ungarn, Italien und Deutschland, die in England endete; hier hielt er sich achtzehn Monate lang auf und gewann eine Bewunderung für die englische Verfassung und den englischen Nationalcharakter, die ihn nicht mehr verließ. Nach seiner Rückkehr auf seine Besitzung in La Brède führte er – ein wenig im englischen Stil – das Leben eines Landedelmannes und arbeitete an seinem nächsten Werk.

1734 erschienen in Amsterdam die ›Considérations sur les Causes de la Grandeur des Romains et de leur Décadence‹. Trotz Montesquieus bisherigem Ruf als geistreicher Spötter wurde der Rang dieses Buchs sofort erkannt und es ist von allen seinen Büchern das populärste geblieben. Die Tatsachen, auf denen es ruht, sehen wir heute wohl anders, aber weder sein meisterlich präziser Stil noch sein Stoff – es ist die erste umfassende Sozialgeschichte – haben ihren Wert verloren.

Schließlich begann er im Jahr 1743 am ›Geist der Gesetze‹ zu arbeiten. Er brauchte vier Jahre zur Niederschrift, und als das Buch vollendet war, rieten ihm nahezu alle seine Freunde von der Veröffentlichung ab. Montesquieu schenkte dem keine Beachtung und ließ das Buch im Herbst 1748 in Genf drucken. Es besteht aus fünf Hauptteilen. Der erste befaßt sich mit dem Gesetz im allgemeinen und den verschiedenen Regierungsformen, der zweite mit den Mitteln der Regierungsführung, militärischen Angelegenheiten, Besteuerung und dergleichen. Der dritte Teil behandelt den Nationalcharakter und die Einwirkung des Klimas auf ihn – ein Thema von besonderer Originalität, das damals am meisten erörtert wurde. Der vierte und fünfte Teil behandeln wirtschaftliche und religiöse Fragen, und der letzte ist ein Anhang über römisches, feudales und modernes französisches Recht.

Der ausgeprägteste Zug dieses gewaltigen Kompendiums ist seine Mäßigung, eine Eigenschaft, die nicht dazu angetan war, im Jahr 1748 offizielle Billigung zu finden. Es ist eine auf Schritt und Tritt originale, selbständige Überschau, die weder doktrinär, visionär, exzentrisch noch übermäßig systematisch ist. Wenn es einen Fehler hat, dann besteht er darin, daß es beim Vergleich der verschiedenen Verfassungsformen zu stark zur Kritik an den Mängeln der französischen Monarchie neigt. Doch das hier entworfene Bild einer liberalen, wohlwollenden Monarchie, die durch Sicherungen der persönlichen Freiheit eingeschränkt ist, sollte sich als ungewöhnlich einflußreich erweisen.

Im Jahr 1750 veröffentlichte Montesquieu eine würdevolle ›Défense‹ seines Werkes, doch kurz darauf starb er während eines Aufenthaltes in Paris. Seltsamerweise sprachen die Enzyklopädisten, deren Auffassungen mit ihm stark sympathisierten, wenig von ihm. Dies hatte seinen Grund zum Teil in der Feindseligkeit Voltaires, zum Teil aber auch in dem Gefühl, daß über diesen Gegenstand nicht viel Neues mehr zu sagen sei. Dennoch lagen Montesquieus Lehren den Ideen zugrunde, die zur amerikanischen und zur französischen Revolution führten, und die Verfas-

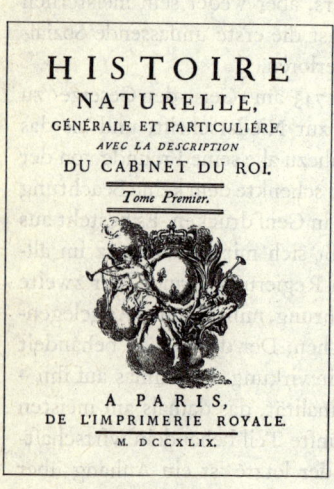

Buffon (198)   Franklin (199)

sung der Vereinigten Staaten bleibt Montesquieu für die Grundsätze, die er verfocht, für immer Dank schuldig.

Populäre Naturgeschichte 198

GEORGES LOUIS LE CLERC, COMTE DE BUFFON (1707-1788). Histoire Naturelle, Générale et Particulière, 44 Bände. *Paris, Imprimerie Royale, 1749-1804*

Buffons ›Allgemeine und besondere Naturgeschichte‹ bot zum
ersten Mal eine vollständige Überschau der gesamten Naturgeschichte in gemeinverständlicher Form.

Der Comte de Buffon war der Sohn eines reichen Vaters. Dies
gestattete ihm, weite Reisen in Europa zu machen und einige Zeit
in England zu verbringen, wo er zum Mitglied der Royal Society
gewählt wurde. Während seines England-Aufenthaltes im Jahr
1733 übersetzte er Hales' ›Vegetable Staticks‹ (189) und Newtons
Werk über die Differentialrechnung (172), die 1735 beziehungsweise 1740 in Frankreich erschienen.

1739 wurde Buffon zum Direktor des Jardin du Roi, des heutigen Jardin des Plantes oder Botanischen Gartens, ernannt. Offenbar war ein Katalog der königlichen Sammlung, den er herstellte,
die Keimzelle seiner Naturgeschichte. Buffon erweiterte nun den
Rahmen nach den Maßstäben von Aristoteles (38) und Plinius (5)
und entwickelte schließlich eine allgemeine Überschau über die
Natur von bisher nicht gekannter Breite und Tiefe.

Mit Hilfe seines Assistenten Louis Daubenton als Anatom und
späterhin auch anderer Mitarbeiter (vor allem des Comte de Lace-
pède), jedoch allzeit unter seiner Leitung und Oberaufsicht, erfaßte dieses riesige Unternehmen schließlich nicht nur die gesamte Tierwelt, sondern auch viele benachbarte Gebiete. Trotz
ihrer Ausmaße und ihrer Kostspieligkeit war die Naturgeschichte
ein großer Publikumserfolg, wie die Häufigkeit beweist, mit der
sie nachgedruckt und übersetzt wurde.

Für uns liegt die Bedeutung des Werkes mehr in seiner Hal-
tung und Einstellung als in seiner Materie. Buffons Schulung in
England und sein späteres genaues Studium der Schriften von
Leibniz (177) hatten ihm das Bewußtsein einer universalen Ge-

setzlichkeit in der unbeseelten Natur eingeflößt sowie die Überzeugung, daß sich diese Gesetzmäßigkeit auch auf die Welt der Lebewesen erstrecken müsse. Er tastet sich sehr behutsam in dieser Richtung vor und eröffnet sein großes Werk mit einem Essay, betitelt ›Théorie de la Terre‹, der zum erstenmal eine befriedigende Geschichte unserer Erdkugel und ihrer Entwicklung zur Heimstätte lebender Wesen umreißt. Nach seiner Auffassung war die Erde ursprünglich ein Teil der Sonne, der durch den Aufprall eines Kometen absplitterte. Sie verfestigte sich allmählich aus ihrem gasförmigen Zustand, und die Kräfte, die Erdteile und Gebirge formten, sind noch immer in Tätigkeit.

Diese Theorie wurde in einem späteren Teil der Naturgeschichte, betitelt ›Des Epoques de la Nature‹ (1778), weiter ausgebaut. Hier unterschied Buffon zwischen sieben geologischen Epochen und verlängerte die bisherige orthodoxe Chronologie, da es ihm unmöglich schien, die ganze Geschichte der Schöpfung in jene sechstausend Jahre zu fassen, die damals nach der biblischen Geschichte als Alter der Erde galten.

Buffons Vorstellungen veranlaßten ihn, ebenso wie Aristoteles, zu bestreiten, daß sich zwischen tierischem und pflanzlichem Leben eine klare Trennungslinie ziehen lasse. Die Kräfte der Fortpflanzung und des Wachstums wären allen Lebewesen eigentümlich. Er scheint darüber hinaus in seiner eigenen Vorstellung praktisch die Lücke zwischen der organischen und anorganischen Welt überbrückt zu haben, wenn er erklärt, das Leben sei »kein metaphysisches Charakteristikum der Lebewesen, sondern eine physische Eigenschaft der Materie«. In Buffons Augen besaß der Mensch nichts, was ihm irgendeine besondere, hervorragende Stellung gewährte. Er ist Teil der Tierwelt und muß in das allgemeine Bild der Natur als Ganzes eingefügt werden. Diese Ablehnung eines starren Ordnungssystems, an das die meisten Biologen jener Zeit sich hielten, und Buffons Überzeugung von der Mutationsfähigkeit der Arten schlossen ein Stück Weges zu Darwins (344) Gedankengängen hin in sich.

Buffon besaß nicht das wissenschaftliche Rüstzeug, das es ihm ermöglicht hätte, dies alles in einer für den modernen Geist annehmbaren Form darzulegen, obwohl seine Gabe zu beschreiben beträchtlich und sein Stil vorzüglich waren. Nichtsdestoweniger war er der erste, der das Universum als ein vollständiges Ganzes faßte und in ihm kein Phänomen antraf, das irgendeiner anderen Erklärung als einer rein wissenschaftlichen bedurft hätte.

Der Blitzableiter

BENJAMIN FRANKLIN (1706-90). Experiments and Observations on Electricity made at Philadelphia in America. *London, E. Cave,* 1751

Benjamin Franklin ist eine der eindrucksvollsten und liebenswertesten Gestalten der amerikanischen Geschichte. Er zeichnete sich auf vielen Gebieten aus: als Staatsmann und Diplomat, Erfinder und Wissenschaftler, als Schriftsteller, Drucker und Verleger, als Pädagoge und im öffentlichen Dienst. Und er war der erste amerikanische Wissenschaftler, der mit seiner Arbeit über die Elektrizität einen internationalen Ruf errang.

Bis zur Mitte des 18.Jahrhunderts war die Elektrizität nur in ihrer statischen Form bekannt, und das wichtigste verwendete Instrument war die Leidener Flasche zur Kondensation von Elektrizität, die 1745 zufällig von Pieter van Musschenbroek entdeckt wurde. Mit diesem und anderen Hilfsmitteln führte Franklin in den Jahren 1746-1757 eine Folge von Versuchen durch. Sein Interesse hierfür wurde geweckt, als er einen umherziehenden Vortragsredner einige elektrische Demonstrationen vorführen sah.

Das dramatischste Ergebnis von Franklins Forschungen war der Nachweis, daß der Blitz in Wahrheit ein elektrisches Phänomen ist. Andere hatten bereits vor ihm diese Vermutung geäußert – sogar Newton (161)–, aber er lieferte den experimentellen Beweis. Im Jahr 1752 ließ er während eines Gewitters einen Drachen aufsteigen und befestigte an einer Schnur einen Schlüssel. Aus diesem Schlüssel sammelte er elektrische Ladungen in einer Leidener Flasche und erbrachte damit den Nachweis, daß die atmosphärische Elektrizität und die durch Reibung oder Maschinen erzeugte die gleichen waren. Er schlug nun vor, auf Hausdächern, Schiffsmasten und ähnlichem Eisenstäbe anzubringen, die ihre aus dem Blitz empfangenen elektrischen Ladungen ins nasse Erdreich ableiten sollten – die Erfindung des Blitzableiters.

Franklin war der Meinung, daß ein einziges elektrisches Fluidum den ganzen Weltraum und sämtliche Körper durchdringe. Bestand innerhalb und außerhalb dieser Körper ein Elektrizitätsgleichgewicht, so waren sie elektrisch neutral. Enthielt aber einer mehr als seinen normalen Anteil, so war er positiv geladen, nämlich ›plus‹; enthielt er weniger, so war er negativ geladen, nämlich ›minus‹. Diese heute allgemein üblichen Begriffe waren Franklins Erfindung, und seine Theorie von dem ›einen Fluidum‹ wurde bis zu Faraday (308) allgemein akzeptiert.

Franklins Ruf als Naturwissenschaftler war sofort begründet, als er die Ergebnisse seiner Forschungen 1751 in einer Folge von Briefen veröffentlichte, die an den Londoner Kaufmann und Naturforscher Peter Collinson gerichtet waren. Die ›Experiments and Observations‹ sind das bedeutendste wissenschaftliche Buch Amerikas im 18.Jahrhundert. Bis 1769 waren fünf Auflagen erschienen, zumeist mit Hinzufügungen von Franklin und anderen; drei französische Ausgaben erschienen in den Jahren 1752, 1756 und 1773, eine deutsche 1758 und eine italienische 1774.

200   Les Philosophes

ENCYCLOPÉDIE, ou Dictionnaire Raisonné des Sciences, des Arts et des Métiers, par une Société de Gens de Lettres. Mise en ordre et publié par M. Diderot ... et quant à la Partie Mathématique, par M. d'Alembert ..., 17 Bände. *Paris, Briasson, David l'aîné, Le Breton, Durand, 1751-65*

Ein Monument in der Geschichte des europäischen Denkens; der Gipfelpunkt des Zeitalters der Vernunft; eine Haupttriebkraft der Aushöhlung des ancien régime und des Herannahens der Französischen Revolution; eine ständige Quelle für alle Aspekte der Kultur des 18.Jahrhunderts – und ein klassisches Beispiel, wie man ein Nachschlagewerk nicht anordnen darf: so läßt sich zusammenfassend die gedrängte Reihe von einundzwanzig Bänden Text, zwölf Bänden Tafeln und zwei Bänden Register nennen, die schließlich im Jahr 1780 die große französische Enzyklopädie ausmachten.

Fig. 1. Fig. 2. Fig. 3. Fig. 4. Fig. 5.

Fig. 6.

Fig. 7.

Fig. 8.

Lucotte Del.

Benard. Fecit.

Ihre Anfänge ließen ihre künftige Bedeutung nicht ahnen. Im Jahr 1745 traten an den Pariser Verleger André-François Le Breton der englische Landwirt John Mills und ein ansonsten unbekannter deutscher Schriftsteller namens Gottfried Selle mit dem Vorschlag heran, eine französische Ausgabe von Ephraim Chambers' ›Cyclo-paedia‹ (171b) herauszubringen; tatsächlich gibt das Titelblatt des ersten Bandes der ›Encyclopédie‹ noch die »dictionnaires anglois de Chambers, d'Harris, de Dyche etc.« als Hauptquelle an. In-zwischen jedoch hatte der Plan eine andere, wesentlich anspruchs-vollere Gestalt angenommen. Le Breton tat sich mit den Ver-legern Claude Briasson, Michel-Antoine David und Laurent Du-rand als Teilhabern zusammen, von denen jeder ein Sechstel des Vorhabens übernahm, während Le Breton drei Sechstel be-hielt. Das königliche Patent, das sie sich verschafften, trägt das Datum des 8. Februar 1746.

Das wichtigste aber war, daß die drei Teilhaber Le Breton mit einem Mann bekannt machten, der soeben ein ›Dictionnaire de Médicine‹ für sie herausgegeben hatte: Denis Diderot (1713-84). Dieser brillante, der Öffentlichkeit unbekannte und in bedräng-ten Verhältnissen lebende junge Mann verschaffte dem Vorhaben unverzüglich die warme Unterstützung seines bereits berühmten Freundes Jean d'Alembert (195), der nicht nur den ›Discours pré-liminaire‹, die allgemeine Einleitung zu der Encyclopédie, schrieb und die Artikel über Mathematik beisteuerte, sondern auch seine gesicherte Stellung in der Gesellschaft und in der literarischen und gelehrten Welt nützte, um dem Unternehmen die moralische und finanzielle Unterstützung der führenden Salons und die Mit-wirkung der besten Gelehrten und ›philosophes‹ zu gewinnen.

Jeder Band rief bei seinem Erscheinen in ganz Europa eine Sen-sation hervor. Der Hof, die Kirche, die Richterschaft waren außer sich vor Empörung; die Zahl der Subskribenten, ursprünglich eintausend, stieg auf viertausend. 1759 wurden die sieben bis da-hin erschienenen Bände vom französischen Generalstaatsanwalt verboten und vom Papst verdammt. Friedrich II. von Preußen und Katharina II. von Rußland erboten sich, das Werk in Berlin und St. Petersburg erscheinen zu lassen. Le Breton fuhr jedoch heimlich mit der Veröffentlichung fort und stellte 1765 den zehnten und letzten im Prospekt vorgesehenen Band fertig. Ein aufstrebender junger Verleger namens Charles-Joseph Panckoucke (1736-1798) setzte das Werk jedoch bis 1780 fort. Inzwischen waren wenigstens sieben Raubausgaben der Encyclopédie in Genf, Bern, Lausanne, Yverdon, Lucca und Livorno herausgekommen. Panckouckes Versuch, die Encyclopédie durch seine eigene Super-Enzyklopädie, die ›Encyclopédie Méthodique‹ in 201 Bänden (1782-1832), zu verdrängen, war ein wohlverdienter Fehlschlag. Die Encyclopédie Diderots und d'Alemberts blieb und bleibt einzigartig.

Standard-Englisch 201

SAMUEL JOHNSON (1709-84). A Dictionary of the English Language, 2 Bände. *London, gedruckt von W. Strahan für J. und P. Knapton, T. und T. Longman, C. Hitch und L. Hawes, A. Millar und R. und J. Dodsley, 1755*

Dr. Johnson vollbrachte mit seinem ›Dictionary‹ die erstaunlichste und dauerhafteste Ein-Mann-Leistung auf dem Gebiet der Lexikographie. Adam Smith (221), der eine der ersten Rezensionen des Werkes 1755 in der ›Edinburgh Review‹ veröffentlichte, verglich es zu seinen Gunsten mit den besten damals zur Verfügung stehenden Wörterbüchern lebender Sprachen, dem der französischen Akademie und dem der Accademia della Crusca (115), welche beide »von einer zahlreichen Gesellschaft gelehrter Männer verfaßt wurden und deren Abfassung mehr Zeit in Anspruch nahm, als das Leben eines einzelnen Menschen wohl hätte erübrigen können«, wohingegen das englische Wörterbuch »das Werk eines einzigen Mannes ist, verfaßt in einer Zeitspanne, die im Vergleich zum Umfang des Werkes sehr gering ist«. Tatsächlich brauchte Johnson weniger als zehn Jahre von der Niederschrift seines ersten Prospekts im Jahre 1746 bis zum Erscheinungstag, dem 14. Juni 1755, an dem die beiden Foliobände zum Preis von vier Pfund und zehn Schillingen herauskamen.

Das Dictionary war ursprünglich das gemeinsame Vorhaben einer Gruppe von Verlegern und Buchhändlern und des großen schottischen Druckers William Strahan. Sie erkannten, daß die

Zeit reif war für die Verwirklichung des Gedankens eines Wörterbuches der englischen Hochsprache, mit dem die Royal Society sich schon 1664 getragen hatte. In jenem Jahr hatte sie einen Ausschuß zur Verbesserung der englischen Sprache ernannt, für den John Evelyn 1665 nach einem Aufenthalt in Florenz einen Bericht über die Tätigkeit der Crusca verfaßt hatte.

Johnsons Dictionary ist in vier Teile gegliedert: das Vorwort, in dem er – weitgehend in den Fußstapfen Ephraim Chambers' (171b) – die Absichten und Probleme der Lexikographie erörtert; eine Geschichte und eine Grammatik der englischen Sprache, die beide nur insofern von Interesse sind, als sie die grenzenlose Unwissenheit der Philologen des 18. Jahrhunderts aufzeigen, ehe Sir William Jones (235) und seine Nachfolger dieses Gebiet bearbeiteten; und schließlich das eigentliche Wörterbuch. Das Vorwort zählt zu Johnsons vorzüglichsten Schriften; die Geschichte und die Grammatik, die ihn nicht im mindesten interessierten, tischen von neuem langweilige ältere Kompilationen auf. Es ist das Wörterbuch selbst, das Noah Webster (291) sagen ließ, »Johnsons Schriften hatten in der Sprachwissenschaft die gleiche Wirkung getan wie Newtons Entdeckungen in der Mathematik«. Johnson führte in die englische Lexikographie Grundsätze ein, die auf dem Kontinent bereits anerkannt, aber in England um die Mitte des 18. Jahrhunderts noch gänzlich neu waren. Er brachte die Schreibweise englischer Wörter in ein einheitliches System; er gab ausführliche und klare Definitionen ihrer Bedeutungen, die häufig aufs unterhaltsamste von seinem Hang zur Hochkirche und zur Tory-Partei gefärbt waren; und er führte eine große Anzahl treffender und anschaulicher Beispiele aus einem weiten Bereich maßgebender Schriftsteller an.

Johnsons größte Nachfolger auf dem Gebiet der englischen Lexikographie waren der Amerikaner Webster (291) und die Verfasser des › Oxford English Dictionary ‹; doch trotz des Fortschritts der historischen und vergleichenden Philologie während der letzten zweihundert Jahre nimmt man auch heute noch Johnsons Werk sowohl zur Belehrung wie zum Vergnügen gern in die Hand.

FRANÇOIS-MARIE AROUET DE VOLTAIRE (1694-1778). Essai sur
l'Histoire Générale et sur les Mœurs et l'Esprit des Nations. *[Genf,
Cramer]*, 1756

Der ›Essay über die Universalgeschichte und die Sitten und den
Geist der Völker‹ hat Voltaire einen doppelten Ehrentitel eingetragen: Vater der Kulturgeschichte (im Unterschied zur politischen Geschichte) und Schöpfer einer ›philosophie d'histoire‹ –
der Begriff stammt von ihm selbst – welche die Schranken zwischen den christlichen und nichtchristlichen, europäischen und
nichteuropäischen Geschichtsvorstellungen beseitigte.

   Das langsame Wachstum des Buches zeigt die Bedeutung an,
die Voltaire den darin entwickelten Ideen beimaß, denn für gewöhnlich arbeitete er rasch und neigte nicht zu nachträglichen
Überlegungen. Die erste, um 1740 begonnene Niederschrift trug
den Titel ›Abrégé de l'Histoire Universelle‹; sie war spöttisch als
eine Fortsetzung von Bossuets biblischer Teleologie (157) angelegt, in Wahrheit jedoch ein scharfer Angriff auf sie. Einige Jahre
später wurde diese ›Kurzgefaßte Weltgeschichte‹ zu obigem Essai
erweitert, und dieser wiederum erhielt seine endgültige Form
1769, wobei der Titel zu ›Essai sur les Mœurs et l'Esprit des Nations‹ abgekürzt wurde.

   Voltaires Anliegen war, die Weltgeschichte als ein allmähliches
Fortschreiten der Menschheit zu erklären, dessen Ziel die Vervollkommnung durch die Vernunft ist. Jedes Volk und jede Epoche sind als selbständiger und eigenständiger intellektueller und
kultureller Organismus dargestellt. Er gab entschlossen die herkömmliche Meinung auf, die in Europa den Mittelpunkt erblickte, und bezog Asien und Amerika in seine Betrachtung ein.

   Über Voltaires Rang in der französischen Literatur und im
europäischen Denken (204) braucht hier nichts gesagt zu werden.
Doch gilt es die Tatsache hervorzuheben, daß der Historiker
Voltaire für gewöhnlich nicht ausreichend gewürdigt wird. Seine
›Histoire de Charles XII‹ (1731), ›Siècle de Louis XIV‹ (1751) und
der ›Essai‹ bezeichnen die Wasserscheide in der europäischen Geschichtsschreibung zwischen Bossuet und Ranke (286).

ROGERIUS JOSEPH BOSCOVICH (1711-87). Theoria Philosophiae
Naturalis redacta ad unicam Legem Virium in Natura existentium.
Wien, in Officina Kaliwodiana, 1758

Die ›Theorie der Naturphilosophie‹ hat nach heutiger Auffassung
einen wesentlichen Einfluß auf die moderne mathematische Physik ausgeübt. Ihr Autor – geboren in Ragusa (Dubrovnik) – wurde
Jesuit und verbrachte den größten Teil seines Lebens in Italien
als Professor für Mathematik am Collegium Romanum und in
Pavia sowie als Direktor des Observatoriums in Mailand. Außerdem hatte er in Wien und in Paris akademische Posten inne.

Boscovichs Theorien behandelten in erster Linie den Aufbau
der Materie, das Verhalten physikalischer Kräfte und das Wesen
von Atomen und von Licht. Die Theorie von Lucrez (87) nahm
an, daß Atome sich als harte Partikel in einer Leere dauernd bewegen und gegenseitig durch Stöße beeinflussen. Seine Erörterung ihres Verhältnisses zu den verschiedenen natürlichen Substanzen ist von allgemeinster Art. Newton (161) war ein Atomist
mit einer klaren Vorstellung von inneratomaren Kräften. Boscovichs Ansichten weichen davon ab und kommen bestimmten Vorstellungen der modernen Physik näher. Wie der Titel seines
Buches besagt, nahm er ›ein einziges Gesetz‹ als Grundlage aller
Phänomene der Natur und der Eigenschaften der Materie an; die
Vielfalt der physikalischen Kräfte sollte nur scheinbar sein und
war unzureichenden mathematischen Kenntnissen zuzuschreiben.

Die ›Punktatome‹ von Boscovich sollten einen Ort – aber keine
Ausdehnung – im Raum haben und Masse besitzen. Boscovich
glaubte, daß jedes Atom von einem Kraftfeld von abwechselnd
positiven und negativen Kreisen umgeben sei. Die Kraft existiert,
unabhängig davon, ob es irgendwo ein anderes Atom gibt, worauf sie wirkt oder nicht. Newton und alle anderen Atomisten
konnten nicht an diese Kontinuität der Materie glauben. Descartes (129) war keiner und glaubte daran.

Die ›Theoria‹ hatte unmittelbaren Erfolg in wissenschaftlichen
Kreisen, und das, obwohl sie nur als Spekulation angesehen wurde.
Joseph Priestley (217) las sie, und ein Jahrhundert später wurde

Faraday (309) durch sie beeinflußt. Clerk Maxwell (355) beschrieb ihren Inhalt in seinem Artikel über das Atom in der ›Encyclopaedia Britannica‹ von 1875. Lord Kelvin zitierte Boscovich häufig und J.J. Thomson (386) bezog sich auf ihn, als er das Elektron und seine eigene Vorstellung von aufeinanderfolgenden Ringen oder Schalen von Elektronen im Atom beschrieb, von denen nur die äußeren chemisch aktiv wären. Das führte zum Werk Niels Bohrs (411), der nachwies, daß die Energie des in seiner festen Kreisbahn umlaufenden Elektrons in Lichtenergie einer bestimmten Frequenz umgewandelt wurde.

Boscovich war ein fruchtbarer Schriftsteller und hinterließ mehr als hundert Abhandlungen und Bücher über die meisten Gebiete der Mathematik, Geodäsie, Astronomie, Physik, Meteorologie und noch über andere Themen. Zusammen mit einem englischen Jesuiten, Christopher Maire, maß er 1750 einen Meridian zwischen Rimini und Rom aus. Auf dieser Grundlage wurde der Kirchenstaat sorgfältig kartiert.

Die beste aller Welten 204

FRANÇOIS-MARIE AROUET DE VOLTAIRE (1694-1778). Candide, ou l'Optimisme. *[Genf? Paris? Amsterdam? London?], 1759*

Es war weit mehr Voltaire selber und seine lange Laufbahn als unbotmäßiger, lästiger und gelegentlich glorreicher Gegner der bestehenden behördlichen Ordnung, als seine Bücher, die seine Zeitgenossen und die nachfolgenden Generationen fesselten und ihren Geist beschäftigten. Ob er leichtfertig spöttisch schrieb, um zu amüsieren, oder ernsthaft, um Unrecht zu tilgen – er blieb nie unbemerkt; seine Bestseller machten ihn zu einem reichen Mann, und wenn er sich bemühte, ein Unrecht wiedergutzumachen, wie im Fall Lally Tollendals, hörte man auf ihn.

Voltaire lebte lange und er befand sich von Jugend an stets in irgendwelchen Mißhelligkeiten. 1716 wurde er zum ersten Mal verbannt, weil er angeblich oder wirklich Schmähschriften gegen den Regenten verfaßt hatte. 1718 wurde seine erste Tragödie ›Oedipe‹ aufgeführt, und im folgenden Jahr wurde er abermals verbannt. Und so ging es fort: Schmeichelei, Vielschreiberei, Beschimpfung und Schwierigkeiten nahmen sein Leben zu gleichen Teilen in Anspruch. 1726, nach einer besonders bösen Mißhelligkeit, begab sich Voltaire nach London. Dort blieb er drei Jahre, mit die wichtigsten seines Lebens. Die Engländer des 18.Jahrhunderts unterschieden sich stärker von den Franzosen des 18.Jahrhunderts, als zwei europäische Völker sich heute unterscheiden, und der Reiz dieses Andersseins hatte die lebhafteste Wirkung auf Voltaire. Hinzu kam, daß die Engländer ihn, anders als die Franzosen, die Voltaire als Verfasser eleganter Spielereien betrachteten, ernst nahmen und ihn entsprechend bezahlten. Voltaires Erwiderung war, daß er sich ernsthaft betrug und sogar Dankbarkeit bezeigte. Sehr beeindruckt vom vortrefflichen Phlegma der Engländer und ihrer Duldsamkeit gegenüber Freidenkerei und launenhafter Verschrobenheit, schrieb er die ›Lettres Philosophiques sur les Anglais‹, eine höchst einfühlsame kritische Betrachtung.

Bei seiner Rückkehr nach Frankreich verursachte ihm dies nur neue Mißhelligkeiten, und er flüchtete sich zu der begabten Marquise de Châtelet nach Cirey in Lothringen. In den vierziger Jahren war er bei Hofe wieder halbwegs in Gunst und wurde dank des Einflusses der Madame de Pompadour am Neujahrstag 1745 zum Königlichen Historiographen ernannt. Doch bald darauf mußte er sich schon wieder verstecken, und Madame de Châtelet starb. Die Folge war, daß er 1751 den beharrlichen Einladungen Friedrichs des Großen nachgab und nach Berlin reiste. Dort blieb er trotz seiner absurden und possenhaften Streitereien mit dem König drei Jahre, bis es zum völligen Bruch kam. Nun floh er nach Genf, wo er vier Meilen außerhalb der Stadt das ideale Refugium, den Landsitz Ferney, fand und kaufte. Hier, gerade noch auf französischem Boden, konnte er sich zugleich der politischen Freiheit Genfs und der gesellschaftlichen Freiheit Frankreichs erfreuen. Hier schrieb er ›Candide‹, die vollkommenste der leichtfüßigen Parabeln, die seine ganz besondere Gabe waren. Das Buch erschien charakteristischerweise anonym und wurde in den ersten Jahren oft nachgedruckt und erschien schon früh in zahlreichen Raubdrucken. Welche der Ausgaben von 1759 die erste ist, blieb bis heute zweifelhaft.

Doch was tut's? Voltaire würde sich darüber freuen, daß es ihm gelang, seine Spur zu verwischen, und mehr noch, daß sein Buch sich nach wie vor großer Beliebtheit erfreut. Denn der optimistische, unschuldige Candide und sein gleicherweise argloser, wenn auch weltklügerer Mentor Dr. Pangloß und ihre hinreißenden Abenteuer fesseln uns noch immer. Die Torheit des philosophischen und religiösen Optimismus ist mit einer Lebhaftigkeit und einem Witz entlarvt, die den Leser mitreißen. Ironie ohne Übertreibung, meisterlich beherrschter, prächtiger Humor, die Gabe des scheinbar achtlos hingeworfenen ›Nebenbei‹ – »pour encourager les autres« – sie alle zeigen Voltaires Stil und Originalität von ihrer allerbesten Seite.

Im Jahr 1778 konnte er, möglicherweise verärgert durch Beaumarchais' (230) neuen Erfolg, der Versuchung nicht widerstehen, Paris einen Besuch abzustatten. Er wurde überschwenglich gefeiert und bei einer Aufführung seiner neuesten Tragödie ›Irène‹ mit einem Lorbeerkranz gekrönt. Das war zuviel für den alten Mann, und er starb am 30. Mai. Seine Hinterlassenschaft eines quicklebendigen Skeptizismus im Geiste der ›philosophes‹ lebt fort.

Lichtmessung

JOHANN HEINRICH LAMBERT (1728-77). *Photometria. Augsburg, C. P. Detleffsen für Eberhard Kletts Witwe, 1760*

Kepler (112) wie auch Huygens (154) hatten die Intensität des Lichtes untersucht, und das erste Photometer war von Pierre Bouguer (1698-1758) konstruiert worden; doch die Grundlage für die Lehre von der Photometrie – der exakten wissenschaftlichen Lichtmessung – wurde durch Lamberts ›Photometria‹ gelegt (Bouguers Abhandlung, ›Traité d'Optique sur la Gradation de la Lumière‹, erschien postum ebenfalls 1760).

Johann Heinrich Lambert, geboren in Mülhausen im Elsaß als Sohn eines Schneiders, war fast ganz Autodidakt. Er fertigte sich seine Instrumente selbst und machte damit eine Reihe von geometrischen und astronomischen Beobachtungen. Im ganzen gesehen zog er die Wellentheorie des Lichtes von Huygens und Euler (196) der Korpuskulartheorie Newtons (172) vor. In der

›Photometria‹ beschrieb er sein Photometer und schlug das Gesetz für Lichtabsorption vor, das heute seinen Namen trägt. Er erforschte die Grundlagen und Eigenschaften des Lichtes, das durch durchsichtige Medien ging oder von undurchsichtigen Oberflächen reflektiert wurde, die physiologische Optik, die Streuung von Licht beim Durchgang durch transparente Medien, die relative Helligkeit der Himmelskörper und die relativen Intensitäten der farbigen Lichtquellen und Schatten. Seine Entdeckungen sind von grundlegender Bedeutung in der Astronomie, Photographie und bei der Erforschung des Sehens im allgemeinen. Sogar in der modernen Welt der Wellenmechanik (417) bleibt die Photometria ein bedeutsames Werk. Es gibt tatsächlich kaum einen Aspekt der Photometrie, der nicht in Lamberts Untersuchungen voll enthalten wäre.

Er lieferte auch einen bemerkenswerten Beitrag zur Kartographie. Als erster regte er an, für die Herstellung von Karten die perspektivische Darstellung zu benutzen. In seinen ›Anmerkungen und Zusätzen zum Entwerfen von Land- und Himmelskarten‹ (dem dritten Teil seiner ›Beiträge zum Gebrauch der Mathematik und deren Anwendung‹, Berlin, 1772) schlug er verschiedene Projektionsmethoden vor. Obwohl vieles aus dieser Arbeit heute überholt ist, wird seine winkeltreue Kegelprojektion noch jetzt benutzt. Sie verwendet einen Kegel, der die Erdkugel in zwei Parallelkreisen schneidet, die als ›Standardparallelkreise‹ für die zu kartierende Fläche bekannt sind. Es ist eine Methode, die im Vergleich zur Zentral- und Mercatorprojektion manche Vorzüge hat, da Funk- und Sichtpeilungen leicht eingezeichnet werden können. Sie wird daher für Luftfahrt und militärische Zwecke weitgehend verwendet.

Lambert schrieb auch über Mathematik – seine ›Theorie der Parallellinien‹ von 1766 (doch erst 1786 veröffentlicht) ist ein früher Versuch in nichteuklidischer Geometrie, obwohl die Folgerungen daraus wahrscheinlich vom Autor selber nicht vollständig gezogen wurden – wie über Kosmologie und rationalistische Philosophie. Er wurde 1765 Mitglied der Akademie der Wissenschaften in Berlin und starb dort 1777.

GIOVANNI BATTISTA MORGAGNI (1682-1771). De Sedibus et
Causis Morborum per Anatomen Indagatis, 2 Bände. *Venedig, Re-
mondini, 1761*

Morgagni war Professor der Anatomie in Padua und ein erfahrener Kliniker und identifizierte als erster den mit vielen Krankheiten verbundenen symptomatischen Zustand. Theophilus Bo-
netus hatte bereits in seinem 1679 in Genf erschienenen ›Sepul-
chretum‹ dreitausend Leichenschauprotokolle aus dem 16. und
17. Jahrhundert gesammelt. Morgagni fand ihre Kürze und Un-
genauigkeit unbefriedigend und begann eigene schriftliche Aufzeichnungen über Obduktionsbefunde zu sammeln und herauszugeben. Sein Buch ›Anatomische Untersuchung der Ursprünge
und Ursachen von Krankheiten‹ enthält protokollarische Berichte
über eine große Anzahl von Obduktionen, die von ihm selbst,
seinem Lehrer Valsalva und anderen Mitgliedern seines Kreises
durchgeführt wurden. Morgagni verglich die klinischen Symptome mit den Obduktionsbefunden und schuf so die Grundlage
der pathologischen Anatomie.

Das Studium erkrankter Organe verdrängte schließlich die
althergebrachte Humoralpathologie. Ohne die Fortschritte der
Physiologie in dem unmittelbar voraufgegangenen Zeitabschnitt
hätte es Morgagni nicht gelingen können, »den anatomischen
Gedanken in die Medizin einzuführen« (Virchow). Ohne Kenntnis der normalen Organfunktion, das heißt der Physiologie, kann
es keine Kenntnis von Erkrankungssymptomen geben. Morga-
gnis Klassifikation war mithin mehr eine Ordnung von Sympto-
men als von Krankheiten. Das Buch enthält eine Anzahl glänzender Beschreibungen neuer Krankheiten, von denen einige bis
heute klassisch geblieben sind, vor allem die Krankheitsbeschreibungen von Herz, Blutgefäßen, Lunge und Kehlkopf. Er beschrieb syphilitische Gehirntumoren (gummata), zeichnete einen
Fall von Herzblock (Stokes-Adams-Krankheit) auf, erklärte die
klinischen Kennzeichen der Lungenentzündung mit der Verhär-
tung der Lunge, beschrieb Veränderungen bei der Angina pectoris,
bei akutem Leberschwund, bei Nierentuberkulose und anderem.

Morgagni gehört nicht in die Reihe der großen Wegbereiter wie Vesalius (71) und Harvey (127), aber er systematisierte einen Zweig der Medizin, der bisher getrennt für sich und unmethodisch studiert worden war. Rudolf Virchow (307c), einer der größten neuzeitlichen Pathologen, erkannte an, wie sehr er Morgagni verpflichtet war.

Außer ›De Sedibus‹ hinterließ Morgagni einige wertvolle Untersuchungen der normalen Anatomie und ein vorzügliches Buch über Leben und Werk seines Lehrers Valsalva. De Sedibus erschien in zahlreichen lateinischen Ausgaben und wurde ins Englische und Französische übersetzt.

207 Der Gesellschaftsvertrag

JEAN-JACQUES ROUSSEAU (1712-78). Du Contract Social; ou, Principes du Droit Politique. *Amsterdam, Marc Michel Rey, 1762*

Im Verlauf eines unablässigen Wanderlebens, dessen Einzelheiten wir zumeist nur aus der unzuverlässigen Quelle seiner eigenen Bekenntnisse kennen, lag Rousseau fortwährend mit nahezu jedermann im Streit.

Nach einer ungeordneten Erziehung und einer Anzahl verschiedener, unbedeutender Beschäftigungen kam er in den vierziger Jahren des 18. Jahrhunderts nach Paris mit nicht mehr als ziemlich dürftigen musikalischen Kenntnissen versehen und einigen Empfehlungsbriefen, um sich damit durchzubringen. Er verdiente sich seinen Lebensunterhalt mit Notenkopieren, eine Beschäftigung, auf die er sich in schwierigen Zeiten stets wieder verlegen konnte, und lernte durch seine Einführungsschreiben Diderot (200) und den Kreis der ›philosophes‹ (200) kennen. So schuf Rousseau unter Umständen, die bis heute nicht völlig geklärt sind – Rousseau behauptet, es sei ausschließlich seine Idee gewesen, doch war Diderot höchstwahrscheinlich am Entwurf beteiligt –, sein erstes Meisterwerk.

Im Jahr 1749 schrieb die Akademie von Dijon einen Preis aus für einen Essay über die Wirkung des Fortschritts der Zivilisation auf die Moral. Rousseau beteiligte sich, nahm als seine These das Paradoxon von der Überlegenheit des edlen Wilden und gewann den Preis. Im folgenden Jahr veröffentlichte er den Essay unter dem Titel ›Un Discours sur les Arts et Sciences‹ und erntete stürmischen Beifall. Madame d'Épinay, die Freundin der Enzyklopädisten, stellte ihm ein Landhäuschen, die berühmte ›Eremitage‹ in Montmorency, zur Verfügung, und einstweilen ging alles gut. Aber 1758 brachte er es zuwege, sich mit allen seinen Freunden zu überwerfen – mit Diderot und Madame d'Épinay aus einem noch immer nicht geklärten Grunde, und mit d'Alembert (195) und Voltaire (202, 204) wegen des ›Lettre à d'Alembert contre les Spectacles‹, eines Angriffs auf die Aufführung von Theaterstücken, der ihm selbst mehr Schaden zufügte als irgend jemand sonst. Dennoch fehlte es ihm auch weiterhin nicht an Gönnern; 1760 erschien ›La Nouvelle Héloise‹ und 1762 sowohl der ›Contrat Social‹ (nach der modernen Schreibweise) als auch ›Émile, ou de l'Éducation‹ (258).

Das erste und das letzte dieser drei Bücher erregten mit ihrem sentimentalen Deismus beträchtlichen Anstoß, und Rousseau war gleich Voltaire genötigt, nach Preußen zu entweichen. Rastlos, wie er war, und in Preußen unbeliebt, floh er weiter nach England, wo man ihm ein großes Willkommen bereitete. Hume,

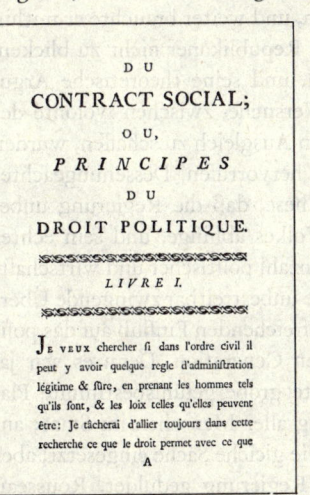

Rousseau (207)

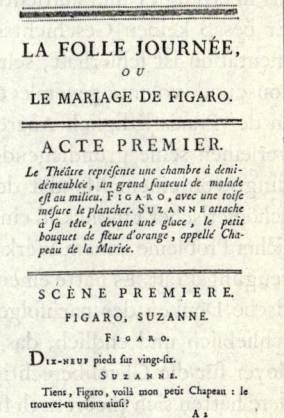

Beaumarchais (230)

der sich erboten hatte, ihn aufzunehmen, kümmerte sich mit geduldiger Langmut um ihn, aber Rousseau, zugleich empört darüber, daß man ihn vernachlässigte, und zu träge, um die Aufmerksamkeit auf sich zu ziehen, wurde erst Londons und dann Englands überdrüssig. Nach einigen Anfällen launenhafter, verdrießlicher Ungezogenheit, darunter wilden Angriffen gegen den engelsgeduldigen Hume, kehrte er 1770 nach Paris zurück. Hier verbrachte er den Rest seines Lebens, schrieb wieder Noten ab und vollendete die ›Confessions‹, die nach seinem Tod, in den Jahren 1782-89, erschienen.

Der ›Contrat Social‹ bleibt Rousseaus größtes Werk. Ohne besondere Bildung, mit keinerlei Logik begabt und mit völligem Mangel an praktischer Erfahrung, gelang es ihm doch, ein Werk von zwingender Beredsamkeit zu schreiben. Er lag, wie man gesehen hat, in grundlegendem Widerstreit mit den anerkannten, feststehenden Auffassungen seiner Zeit. Im Zeitalter der Vernunft trat er für die größere Kraft der Intuition ein; entgegen der künstlichen Verfeinerung forderte er eine Rückkehr zum Naturzustand. Er erklärte, in der französischen Monarchie bestünde die Auswirkung der Regierung darin, daß sich die meisten Menschen im größten Elend befänden, und weiter brauchte er mithin als überzeugter und aufrichtiger Republikaner nicht zu blicken. Er besaß keinen Geschichtssinn, und seine theoretische Argumentation ist fehlerhaft; seine Versuche, zwischen ›volonté des tous‹ und ›volonté générale‹ einen Ausgleich zu schaffen, würden in der Praxis lediglich Anarchie hervorrufen. Dessenungeachtet verleihen seine grundlegende These, daß die Regierung unbedingt von einem Mandat des Volkes abhinge, und sein echter schöpferischer Einblick in eine Anzahl politischer und wirtschaftlicher Probleme seinem Werk eine unbestreitbar zwingende Überzeugungskraft. Es hatte einen tiefreichenden Einfluß auf das politische Denken der nachfolgenden Generation. Denn es war ja, schließlich und endlich, das erste große gefühlsbestimmte Plädoyer für die Gleichberechtigung aller Menschen im Staat; andere hatten sich theoretisch für die gleiche Sache eingesetzt, aber selber eine sehr andersgeartete Regierung geduldet. Rousseau glaubte leidenschaftlich an das, was er schrieb, und als 1789 ein

dem seinen verwandtes Gefühl ausbrach und diesmal das ganze
Volk erfaßte, kam der ›Contrat Social‹ zur Geltung als die
Bibel der Revolutionäre bei der Schaffung ihres Idealstaates. In
sämtliche Sprachen übersetzt und nach wie vor in zahlreichen
Ausgaben und als Taschenbuch erhältlich, bleibt er das entschei-
dende Dokument der egalitären Regierung.

Der Chronometer 208

JOHN HARRISON (1693-1776). An Account of the Proceedings in
order to the discovery of the Longitude. *London, T. und J. W.
Pasham, 1763*

Die Ortsbestimmung auf See erfordert die Bestimmung der geographischen Breite, also des Winkelabstandes nördlich oder südlich vom Äquator, sowie der geographischen Länge, nämlich des
Winkelabstandes nach Osten oder Westen von einem vereinbar-
ten ›Null‹-Meridian, wie der, der durch das Observatorium von
Greenwich verläuft. Die Breite kann man durch einfache astronomische Beobachtung der Sonne oder des Polarsterns mit einem
Sextanten ermitteln – dieses Instrument wurde 1731 vervollkommnet, seine Vorgänger waren Jakobsstab, Astrolabium und
Seequadrant.

Die eine Art der Längenmessung besteht darin, die Ortszeit
mit der Standardzeit am Nullmeridian zu vergleichen. Die Ortszeit kann durch die Beobachtung des Sonnenstandes leicht ermittelt werden, doch nur eine sehr genaue Uhr kann die Standardzeit über längere Zeit hinweg angeben. Die Verbesserungen
im Uhrenbau, wie sie von Christian Huygens (154) und anderen
nach ihm um die Mitte des 17. Jahrhunderts eingeführt wurden,
versprachen Erfolg mit dieser Methode. Doch blieben die praktischen Probleme, die mit der Beseitigung von Temperaturein-
flüssen und ähnlichen Erscheinungen verknüpft waren, unlösbar,
obwohl mehrere Belohnungen für eine Erfindung ausgesetzt wurden. Schließlich baute John Harrison, ein Uhrmacher, der sich
schon mit mehreren nützlichen Erfindungen hervorgetan hatte –
angelockt durch eine Prämie von zwanzigtausend Pfund, die vom
›Board of Longitude‹ 1714 für eine Lösung ausgesetzt war – einen

Chronometer von der geforderten Genauigkeit, der gleichmäßig vor- oder nachging. Er erhielt die ganze Summe von zwanzigtausend Pfund jedoch erst, als Georg III. 1773 direkt intervenierte.

Harrisons Chronometer versah nicht nur die Seeleute mit einem vollkommenen Instrument zur Bestimmung des genauen geographischen Ortes zu jedem Zeitpunkt ihrer Reise, sondern legte auch die Grundlage zur Ausarbeitung genauer Karten der Meere und der Küstengewässer, die heute vom Internationalen Hydrographischen Institut in Monaco geleitet wird. Möglicherweise hat es bis zur Einführung des Radar keinen Fortschritt gegeben, der für die Navigation von vergleichbarer Bedeutung war.

Pierre Leroy, ein französischer Uhrmacher, beanspruchte neben anderen die Priorität für diese Erfindung. Obwohl sein Vorgehen mehr wissenschaftlicher Art war, während Harrisons Instrumente die Ergebnisse eines geschickten Handwerkers gewesen sind, scheinen die Ansprüche des Engländers vorrangig zu sein. 1735 hatte er schon sein erstes Chronometer vollendet und obwohl es ein unhandliches Instrument war, zeigte es sich fähig, einen Fehler von eineinhalb Grad bei der Logberechnung zu korrigieren. Seine vierte Uhr, eine Taschenuhr von etwa 15 cm Durchmesser, wurde im Jahre 1759 fertiggestellt.

Die frühesten Nachrichten über den Chronometer von Leroy scheinen die Vorführung eines Instruments von ihm vor der Académie des Sciences 1763 gewesen zu sein, sowie die eines anderen 1764. Es erscheint ratsam, diesen Punkt der damaligen scharfen Kontroverse nun ruhen zu lassen; gelegentlich sind noch Nachklänge davon zu hören.

209   **Reform des Strafvollzugs**

CESARE BECCARIA (1738-94). Dei Delitti e delle Pene. *[Livorno]*, 1764

Zu Beginn des 18. Jahrhunderts waren die Methoden des Strafrechts und der Bestrafung noch im wesentlichen mittelalterlich. Das Strafsystem war grausam und willkürlich. Es wurden barbarische Methoden der Bestrafung verwendet, die Folter war noch immer in Gebrauch, sogar geringfügige Vergehen wurden nur zu häufig mit dem Tode bestraft, und die Zustände in den Gefängnissen waren primitiv und roh. Die Gerichtsverhandlung war in den meisten Fällen geheim, der Richter war zugleich der Ankläger, und es gab kaum einen Rechtsanspruch auf Verteidigung. Proteste gegen diese Methoden waren seit dem 16. Jahrhundert erhoben worden, aber sie waren vereinzelte Bemühungen geblieben, die keine nennenswerten Ergebnisse zeitigten.

Mit dem Anbruch des Zeitalters der Aufklärung im 18. Jahrhundert wurden die Forderungen nach Reform wesentlich nachdrücklicher. Rousseau, die Enzyklopädisten, Friedrich der Große und im besonderen Montesquieu (197) verlangten eine neue Einstellung gegenüber dem Verbrecher. In diesem günstigen Klima der öffentlichen Meinung erschien eines der einflußreichsten Bücher in der ganzen Geschichte der Kriminologie: ›Über die Verbrechen und die Strafen‹, das 1764 anonym herauskam. Sein Verfasser, damals erst sechsundzwanzig Jahre alt, war Cesare Beccaria, Marchese Beccaria-Bonesana, Angehöriger einer wohlhabenden Familie in Mailand, wo er im Alter von dreißig Jahren Professor der Rechtswissenschaft und Wirtschaftslehre wurde. Sein Freund Alessandro Verri war Gefängnisbeamter, und die Besuche, die er mit ihm zusammen den Gefängnissen abstattete, weckten Beccarias Interesse an den Zuständen im Strafvollzug. Er hatte Montesquieus ›Lettres Persanes‹ (197) in der erweiterten Ausgabe von 1754 gelesen und stand stark unter dem Einfluß der rationalistischen Denker seiner Zeit, und er war folglich entsetzt über das, was er gewahrte. Sein kurzes, aber gewichtiges Buch war das Ergebnis dieser Erlebnisse und seiner Lektüre.

Beccaria vertrat die Auffassung, die Schwere eines Verbrechens solle nach dem Schaden bemessen werden, den es der Gesellschaft zufüge, und die Strafe solle hierzu im Verhältnis stehen. Er war der Meinung, daß die Verhinderung von Verbrechen wichtiger sei als ihre Bestrafung und die Gewißheit der Strafe von größerer Wirkung als ihre Strenge. Er prangerte die Verwendung der Folter und das geheime Gerichtsverfahren an. Er war gegen die Todesstrafe, an deren Stelle lebenslängliches Gefängnis treten solle; Eigentumsdelikte sollten vorerst mit Geldstrafen geahndet werden und politische Verbrechen durch Verbannung; die Zustände in den Gefängnissen wären gründlich zu verbessern. Beccaria war überzeugt, daß die Veröffentlichung von Gerichtsprotokollen, Urteilsverkündungen und Strafbemessungen nicht nur von allgemeinem erzieherischem Wert sei, sondern auch zur Verhütung von Verbrechen beitragen würde. Diese Gedanken sind heute so alltäglich und selbstverständlich, daß es schwerfällt, sich vorzustellen, wie revolutionär sie zu ihrer Zeit wirkten.

Beccarias Buch hatte sofort Erfolg; binnen achtzehn Monaten erschienen sechs Auflagen, und es wurde schließlich in zweiundzwanzig Sprachen übersetzt. Seine Grundsätze sind in den Strafvollzug sämtlicher zivilisierter Länder eingegangen. Die Verfassunggebende Versammlung in Paris fügte in ihre Erklärung der Menschenrechte Beccarias Grundsatz ein: »Das Gesetz darf keine Strafen verhängen, die nicht offenkundig und strikt notwendig sind.« Reformen wurden schon sehr bald eingeführt, vom Großherzog Leopold von Toskana, von Katharina II. von Rußland, von Kaiser Joseph II. und von den Gesetzgebern der Französischen Revolution und der Vereinigten Staaten. Voltaire war einer von Beccarias enthusiastischsten Anhängern – er veröffentlichte einen Kommentar zu dem Buch – und das gleiche galt von Blackstone (212), Bentham (237) und John Howard (224). Die Wirkung von ›Dei Delitti e delle Pene‹ auf die Reform der Kriminaljustiz läßt sich kaum übertreiben. Der nächste Schritt war erst in unserer Zeit die Einführung der psychiatrischen Analyse und Behandlung.

Auch die wirtschaftswissenschaftlichen Arbeiten Beccarias waren von hohem Wert; seine ›Elementi de Economia Pubblica‹ erschienen 1804. Er wandte als einer der ersten die Mathematik auf die Wirtschaftsanalyse an, und seine Bevölkerungsuntersuchungen nahmen die von Malthus (251) vorweg.

JOHANN JOACHIM WINCKELMANN (1717-72). Geschichte der
Kunst des Alterthums. *Dresden, Walther, 1764*

Winckelmann wurde zu Stendal in der brandenburgischen Alt-
mark geboren. Während seiner Schulzeit hatte er in einem erblindeten Lehrer einen Gönner gefunden. Bei ihm konnte er ständig
die schöne Bibliothek benutzen. Es scheint, daß ihn schon in diesen jungen Jahren vor allem das griechische Altertum gefesselt
hat. Als armer Student, an den Universitäten von Halle, Jena und
anderwärts, studierte er Theologie und Medizin. Nach seiner
Promotion plagte er sich einige Jahre als Privatlehrer ab und
schließlich als Konrektor des Gymnasiums in Seehausen.

Der Wendepunkt seines Lebens war 1748 seine Ernennung
zum Sekretär und Bibliothekar des Grafen Bünau in Nötheniz
nahe bei Dresden, wo er für dessen Geschichte des Römischen
Reiches Material sammelte. Die Gelegenheit, die Schätze der
Dresdner Kunstgalerie und zahlreiche Künstler kennenzulernen,
förderte seine natürliche Neigung zur Kunstgeschichte; und die
Bekanntschaft mit dem Päpstlichen Nuntius in Dresden führte
ihn schließlich zum Katholizismus.

1754 veröffentlichte er sein erstes Buch, ›Gedanken über die
Nachahmung der griechischen Werke in der Malerei und Bildhauerkunst‹; im gleichen Jahr trat er zur katholischen Kirche
über. Er gab seine Anstellung auf und reiste mit einem Stipendium Augusts III., des Kurfürsten von Sachsen, nach Rom. Dort
fand er, zweifellos auf Empfehlungen des Päpstlichen Nuntius,
Gönner in mehreren Kardinälen; bei zweien nahm er die Stelle
eines Bibliothekars ein. Desgleichen fand er Beschäftigung in der
Vatikanischen Bibliothek und wurde zum Präsidenten der Altertümer ernannt.

Italien wurde seine zweite Heimat, und als er sich 1768 entschloß, Deutschland wieder zu besuchen, kehrte er, genesen von
einer kritischen Krankheit, die ihn in Tirol befallen hatte, nach
einem erfolgreich verlaufenen Aufenthalt am Hofe Kaiserin Maria Theresias in Wien, wieder in den Süden zurück. Auf der Heim-
reise nach Rom – er wartete in Triest auf ein Schiff, das ihn nach

Ancona bringen sollte – wurde er in einem Gasthaus von einem Italiener ermordet, der einige von den Münzen stahl, die Maria Theresia Winckelmann geschenkt hatte.

Sein oben zitiertes Hauptwerk hatte seinen Ruhm weit verbreitet. Es war in der Tat das erste Werk in deutscher Sprache, das weltweite Zustimmung fand. Winckelmann wies hier zum ersten Mal auf die Wichtigkeit der griechischen Vorbilder für die moderne Welt hin, und mit seiner einzigartigen Kenntnis der noch vorhandenen Beispiele klassischer Kunst, erweitert durch umfassendes und zielsicheres Studium, war seine Autorität unbestritten. Wir wissen zwar heute, daß er sich manchmal von späten hellenistischen oder römischen Kopien griechischer Arbeiten hat irreführen lassen, aber dies hat die Originalität und die Bedeutung seiner These nicht abgeschwächt.

Lessing las schon bald und stark beeindruckt die ›Geschichte der Kunst‹, und die Veröffentlichung seines ›Laokoon‹ (213) 1766 war das erste Beispiel von Winckelmanns Einfluß auf seine Zeit.

211   Roman der Gotik

HORACE WALPOLE (1717-97). The Castle of Otranto, a Story. Translated by William Marshal, Gent. From the Original Italian of Onuphrio Muralto. *London, Thomas Lownds, 1765*

»The Castle of Otranto«, schrieb Sir Walter Scott, »ist bemerkenswert nicht nur wegen der enorm spannenden Geschichte, sondern auch als erster moderner Versuch, einen Unterhaltungsroman auf der Grundlage alter Ritterromanzen zu schaffen.« Die umständliche Erklärung auf der Titelseite über den fiktiven Autor schuf eine vorgetäuschte historische Atmosphäre, an die Chatterton dachte, um seine Rowley Poems zu rechtfertigen, die den Shakespeare-Fälscher Ireland beeinflußte und andere einschließlich der ganzen Schule des historischen Romans. Der Einfluß auf Poe ist offenkundig, und er lebt noch weiter in solchen Romanen wie Bram Stokers ›Dracula‹ und in den modernen Kriminalgeschichten und Gruselfilmen.

In seinem Brief vom 9. März 1765 an William Cole erklärte Walpole, daß die Geschichte von einem Traum herrührte und daß den Hintergrund dafür Strawberry Hill bildete, Walpoles neugotisches Schloß in Twickenham.

Walpole war der vierte Sohn von Sir Robert Walpole, dem Premierminister und späteren Earl of Orford. 1791 folgte er seinem Vater, Bruder und Neffen als vierter Earl. Seine Privatpresse in Strawberry Hill war die erste ihrer Art in England. Das erste Buch, das dort 1757 gedruckt wurde, waren die Oden seines Freundes Thomas Gray.

Die Gesetze Englands 212

SIR WILLIAM BLACKSTONE (1723-1770). Commentaries on the Laws of England, 4 Bände. *Oxford, Printed at the Clarendon Press, 1765-1769*

Blackstones großes Werk über die Gesetze Englands ist ein extremes Beispiel der Rechtfertigung eines bestehenden Zustandes auf Grund seiner Geschichte. Die Entwicklung der Rechtsprechung in England hatte bis dahin nur wenige Kommentatoren gefunden (siehe Littleton 23, Bracton 89, Coke 126), und sie alle waren von einem empirischen Standpunkt ausgegangen; kein Rechtswissenschaftler hatte sich bisher darum gekümmert. Blackstone war selbst auch kein Rechtswissenschaftler; erst Bentham (237) und Maine unterzogen den englischen Rechtsbegriff einer wissenschaftlichen Untersuchung. Doch um diese Zeit hatte er sich in der Vorstellung des Volkes bereits beträchtlich gewandelt, und diese Wandlung war nahezu ausschließlich Blackstone zu verdanken.

Bis zum Erscheinen der ›Kommentare‹ Blackstones hatte der durchschnittliche Engländer das Gesetz als eine riesige, unverständliche und unfreundlich gesonnene Maschine betrachtet; man konnte sich von der Berührung mit ihr nichts als Scherereien, wenn nicht gar Schaden erwarten. Blackstones große Leistung bestand darin, daß er das Gesetz und die Traditionen, die seine Entwicklung beeinflußt hatten, volkstümlich machte. Man hat ihn bezichtigt, er habe nach billigem Effekt gehascht und dem Nationallaster der Selbstzufriedenheit mit einmal vorhandenen Einrichtungen geschmeichelt. Dieser Vorwurf besteht in vieler Hinsicht zu Recht; aber es ist keine geringe Leistung, das ganze Klima der öffentlichen Meinung zu verändern. Das Gesetz mochte nach Blackstone noch genauso eselhaft sein wie vor ihm; aber es war jetzt ein Esel, der einem bekannt und vertraut war. Das öffentliche Interesse an der Rechtsprechung läßt sich an dem Wandel der Gerichtsberichterstattung in den Zeitungen erkennen, die von einer willkürlichen, aufs Geratewohl getroffenen Auswahl des Sensationellen zu einer detaillierten Darlegung der Rechtsfälle übergingen. Wenn die englische Verfassung die Schwierigkeiten des nächsten Jahrhunderts überlebte, so war dies zum Teil dem Riesenerfolg von Blackstones Werk zu verdanken, das den Gesetzen allgemeine Achtung verschaffte.

Seine eigene Laufbahn war nicht sonderlich glänzend und gewiß nicht ungewöhnlich. Er war 1723 geboren und früh verwaist, wurde in Charterhouse und Oxford erzogen, dort 1744 Fellow am All Souls College und 1746 als Mitglied des Middle Temple als Anwalt zugelassen. Hinfort teilte er seine Zeit zwischen Universität und Anwaltspraxis. Besonderen Erfolg hatte er als Verwalter seines College und mit den Reformen, die er in der Clarendon Press, dem Universitätsverlag, einführte. Seine Rechtspraxis war weniger erfolgreich, wenngleich er 1749 Stadtrichter von Wallingford wurde, wo er – nach typischer Gepflogenheit des 18. Jahrhunderts – die Nachfolge seines Onkels antrat. 1752 zog er sich von der Gerichtspraxis zurück, um sich ganz dem akademischen Leben zu widmen; seine Vorlesungen fanden beträchtliche Beachtung, und 1758 hielt er die Vorlesung, die später seinen Kommentaren vorangestellt wurde. Sie hatten rasch und nachhaltig Erfolg. Ursprünglich kamen sie innerhalb von fünf Jahren in vier Quartbänden heraus und wurden anschließend in Oktavformat neu gedruckt und dann ein dutzendmal im Lauf von fast ebenso vielen Jahren neu aufgelegt. Sie wurden ins Französische, Deutsche, Italienische und Russische übersetzt; sie waren lange Zeit das anerkannte Lehrbuch der Studenten; sie waren dem Friedensrichter und gar seinem Gerichtsschreiber unentbehrlich. Ihr Erfolg holte Blackstone nach London in die Rechtspraxis zurück. Er wurde als Abgeordneter ins Parlament gewählt, wo er freilich ziemlich versagte. 1770 lehnte er den

Johann Winckelmanns,
Präsidenten der Alterthümer zu Rom, und Scrittore der Vaticanischen Bibliothek,
Mitgliede der Königl. Englischen Societät der Alterthümer zu London, der Maleracademie
von St. Luca zu Rom, und der Hetrurischen zu Cortona.

Geschichte der Kunst
des Alterthums.

Erster Theil.

Mit Königl. Pohlnisch- und Churfürstl. Sächs. allergnädigsten Privilegio.

Dreßden, 1754.
In der Waltherischen Hof-Buchhandlung.

Laokoon:

oder
über die Grenzen
der
Mahlerey und Poesie.

Ὕλη καὶ τρόποις μιμήσεως διαφέρουσι.

Plut. wer A9. καTo II. ἡ κατα Σ. iσ.

Mit
beyläufigen Erläuterungen
verschiedener Punkte
der alten Kunstgeschichte;
von
Gotthold Ephraim Lessing.

Erster Theil.

Berlin,
bey Christian Friedrich Voß.
1766.

Winckelmann (210)   Lessing (213)

Posten des Zweiten Kronanwalts ab, wurde aber bald darauf zum
Richter befördert und bekam zuletzt sogar einen Sitz im Haupt-
zivilgericht. Er starb 1770.

Wie schon gesagt, interessierte sich Blackstone nicht für
Rechtswissenschaft. Alle Gesetze gelten ihm gleich, ob es das
Gesetz der Schwerkraft oder die Gesetzgebung des Landes ist.
Der Zweck des Gesetzes ist, zwischen Recht und Unrecht zu
unterscheiden. Rechte sind entweder die Rechte von Personen
oder Sachen; Unrecht ist entweder öffentlich oder privat. Diese
Thesen bilden die Überschriften der vier Bücher seiner Kommentare. Blackstone nimmt an, daß diese Unterscheidungen offenkundig und selbstverständlich sind und aus dem Naturgesetz
oder von Gott herstammen. »Keine menschlichen Gesetze«,
schreibt er, »die dem zuwiderlaufen, besitzen irgendwelche Gültigkeit.« Dies ist schwerlich eine klare und einleuchtende Grundlage, und Blackstones Behandlung des Details ist nicht klarer.
Es bereitet ihm ein ausgesprochenes Entzücken, die häufig regel-
widrigen, komplizierten Verschlungenheiten, die im Lauf der
Jahrhunderte in die englische Rechtsprechung hineingewachsen
sind, als das unveräußerliche Wesenselement der Verfassung zu

beschreiben und zu verteidigen. Aber er bringt das erstaunliche Kunststück fertig, dieses Vergnügen seinem Leser mitzuteilen, und das hat seinen Grund in einem Stil, der selbst stets einleuchtend und gefällig ist. Dies ist das Geheimnis von Blackstones enormem Einfluß. Er vollbrachte für die Engländer, was Kaiser Justinian (4) mit seiner Veröffentlichung des Römischen Rechts für das Volk von Rom geleistet hatte.

213   »Der Erste unter Europas Kritikern«

GOTTHOLD EPHRAIM LESSING (1729-81). Laokoon, oder über die Grenzen der Mahlerey und Poesie. *Berlin, Christian Friedrich Voß, 1766*

Lessing war der Sohn eines Pastors in Kamenz im nordöstlichen Sachsen. Die Schule absolvierte er als hochbegabter Schüler, danach immatrikulierte er sich zum Studium der Theologie an der Universität Leipzig. Bald jedoch entdeckte er für sich die beiden Interessengebiete Literatur und Theater, die sein weiteres Leben bestimmen sollten. Und nichts konnte ihn davon mehr abbringen.

1748 übersiedelte er nach Berlin. Dort begann er zu schreiben und gab es bis zu seinem Lebensende nicht mehr auf. Anfang 1751 wurde er Literaturkritiker der Vossischen Zeitung. Diese Tätigkeit erwarb ihm breite Anerkennung als Rezensent von Scharfblick und literarischer Bildung. In den Jahren 1753-55 erschienen seine ersten gesammelten Werke – damals schon in sechs Bänden – einschließlich seiner ›Miß Sara Sampson‹. Mit ihr kam das realistische Drama, das Richardson populär gemacht hatte, nach Deutschland. Nach ein paar Wanderjahren kehrte er nach Berlin zurück, wo 1766 und 1767 zwei seiner Meisterwerke erschienen: der ›Laokoon‹ und das Lustspiel ›Minna von Barnhelm‹. Die Gründung eines Nationaltheaters in Hamburg zog Lessing dorthin. Das Unternehmen wurde ein Mißerfolg, geblieben aber ist Lessings ›Hamburgische Dramaturgie‹ (1767-8), der Kommentar zum Theaterspielplan. Sie ist das erste moderne Handbuch über dramatische Kunst. 1770 erhielt er die Stelle eines herzoglichen Bibliothekars in Wolfenbüttel und blieb dort bis zu seinem Tode.

Die Herausgabe der im Geiste des rationalistischen Deismus

verfaßten sogenannten ›Wolfenbütteler Fragmente‹, deren Autor H.S. Reimarus war, verwickelte ihn in heftige theologische Kontroversen. Angegriffen von jeder Art von Engstirnigkeit und von der Regierung abgehalten, darauf zu antworten, kehrte Lessing mit ›Nathan dem Weisen‹ (1779) zu »seiner alten Kanzel, dem Theater« zurück und verteidigte darin gelassen die Toleranz, die seine Gegner beschämte. Er bekräftigte sie in ›Ernst und Falk‹ (1778) und der ›Erziehung des Menschengeschlechts‹ (1780). Erschöpft, zermürbt von Überarbeitung und Sorgen, starb er 1781. Goethe schrieb: »Wir verlieren viel, viel an ihm, mehr als wir glauben.«

Lessings Laokoon ist außerhalb Deutschlands sein wohl bekanntestes Werk; auf der ganzen Welt wurde sein Einfluß spürbar. Seinen Namen bekam es von der berühmten Skulptur, die in Rom im 16. Jahrhundert entdeckt worden war. Er analysierte darin die Unterschiede zwischen der bildhauerischen Darstellung des Laokoon, der mit den Schlangen ringt, und der Vergilschen Behandlung des gleichen Themas. Davon ausgehend werden die Schranken und Grenzen aller Kunstgattungen diskutiert. Der Laokoon enthält die erste klare Definition der künstlerischen Wahrheit, die heute als grundlegend angesehen wird: daß jede Kunst Beschränkungen unterworfen ist und Größe nur erreichen kann bei einem klaren Wissen davon sowie in der freien Selbstbeschränkung auf ihre eigentliche Aufgabe. Die aussagekräftigsten Abschnitte und jene, die die meiste Frucht getragen haben, handeln von der Dichtkunst. Lessing wußte darüber mehr zu sagen als über Malerei und Bildhauerei, wo er ganz abhängig von Winckelmann (210) war. Seine Auslegung der Szenen Homers und Sophokles' hat auch heute noch Gültigkeit. Er weitete den Horizont für die Wertschätzung der griechischen Literatur.

Jedoch wird man Lessing wohl nur in der Gesamtwertung seines Werkes gerecht. Er war eine der Schlüsselfiguren der Aufklärung, der Befreiung der deutschen Literatur von den engen Fesseln des Klassizismus französischer Schule. Er war es, mehr als jeder andere, der den Grund für den geistigen Primat der deutschen Dichter und Denker im 19. Jahrhundert legte: diese ihre Verpflichtung anzuerkennen, waren sie bereit. Ohne einer be-

stimmten philosophischen Richtung anzuhangen, hörte er nie
auf, gegen Unvernunft und dogmatische Enge zu kämpfen; in der
Kunst, Dichtkunst, im Drama und im Bereich der Religion
weckte er neues Leben. Um es mit den Worten von Macaulay zu
sagen: er war »außer allem Zweifel der Erste unter den Kritikern
Europas«.

214   Wissenschaftliche Landwirtschaft

ARTHUR YOUNG (1741-1820). A Six Weeks Tour, through the
Southern Counties of England and Wales. *London, W. Nicoll, 1768*

Arthur Young war gleich Jethro Tull (188) ein großer landwirtschaftlicher Reformer, dessen Einfluß weit über sein Heimatland
hinausreichte. England jedoch, wo das System der Einhegung
von Gemeindeland (das es zum Privateigentum machte) und das
hieraus folgende Heraufkommen der Großgrundbesitzer und
Großbauern im 18. Jahrhundert die in Kultur genommene Bodenfläche beträchtlich vergrößert hatte, hieß Neuerungen in den
landwirtschaftlichen Methoden ganz besonders willkommen.

Arthur Young arbeitete bei seinem Studium der Landwirtschaft
mit Statistiken und durchleuchtete damit ihre Produktion wie
ihre Kosten. Er verschaffte sich seine Auskünfte und Unterlagen
durch eine Reihe ausgedehnter Reisen in England, Irland und
Frankreich, wo er die landwirtschaftlichen Verhältnisse aus erster
Hand studierte. Diese Reisen erbrachten die Veröffentlichung
von rund zweihundertfünfzig Büchern und Flugschriften, in denen er seine Ideen und Theorien darlegte. Die Hauptpunkte
seines Programms waren die folgenden: richtiger Fruchtwechsel,
maximaler Reinertrag landwirtschaftlicher Erzeugnisse, Untersuchung der chemischen Eigenschaften des Bodens, die er mit
Hilfe Joseph Priestleys (217) unternahm, Erhöhung der Frucht-
barkeit des Bodens durch Verwendung künstlicher Düngemittel,
Verbesserung der Viehzucht, Errichtung größerer landwirtschaftlicher Einheiten, Sicherung der Besitz- oder Pachtdauer
und Verbesserung des Straßensystems. Kurzum, er führte zahlreiche neue und wissenschaftliche Ideen in die Landwirtschaft
und die Bewirtschaftung der Bauernhöfe ein.

1793 wurde Young zum ersten Sekretär des neugegründeten Landwirtschaftsamtes ernannt, einer privaten Einrichtung und Vorgängerin der Royal Agricultural Society. Die Folge von Berichten, welche das Amt über den Stand der Landwirtschaft in den britischen Grafschaften herausgab – Young selbst schrieb die Berichte über Suffolk, Lincolnshire, Hertfordshire, Norfolk, Essex und Oxfordshire –, sind bis heute als landwirtschaftliche Inspektionsberichte unübertroffen geblieben. Young gab auch von 1784 bis 1809 die ›Annals of Agriculture‹ in sechsundvierzig Bänden heraus – mit Beiträgen von Georg III., der unter dem Namen seines Gärtners in Windsor, Ralph Robinson, schrieb, Jeremy Bentham, John Priestley und zahlreichen anderen –, die gleichfalls viel zur Verbesserung der britischen Landwirtschaft beitrugen.

Young hatte Schüler aus allen Teilen Europas und Amerikas. Seine Bücher wurden in mehrere Sprachen übersetzt und waren in den beiden größten landwirtschaftlichen Staaten jener Zeit, in Frankreich und Rußland, von besonderem Einfluß.

Eine Mystifikation 215

BARON D'HOLBACH (1723-89). Système de la Nature, par M. Mirabaud. »London«, [Amsterdam], unbekannter Drucker, 1770

Paul Heinrich Dietrich Baron d'Holbach wurde in Heidelsheim bei Bruchsal geboren und besuchte die Universität Leiden in Holland, ehe er sich in Paris niederließ und die französische Staatsbürgerschaft erwarb. Er war anfänglich bekannt als Naturwissenschaftler und trug rund vierhundert Artikel zu der ›Encyclopédie‹ (200) seines lebenslangen Freundes und Kollegen Denis Diderot bei. Diderot, d'Alembert, Helvétius, Voltaire und andere der ›philosophes‹ trafen sich häufig zum Abendessen und zu anregenden Gesprächen im Haus des Barons, das mit der Zeit als ›das Café Europas‹ bekannt wurde. Zu den ausländischen Gästen dieser Abende gehörten auch Wilkes, Hume und Sterne. Später wandte sich Holbach von den Naturwissenschaften gefährlicheren Gegenständen zu. Er schrieb einen unablässigen Strom von Büchern, in denen er die Religion von allen Seiten her angriff; er veröffentlichte sie im Ausland, und sie strömten illegal nach Frankreich zurück. Es war viel zu gefährlich, sie unter dem eigenen Namen zu veröffentlichen, und Holbach verfiel daher auf den Gedanken, sie unter den Namen kürzlich verstorbener französischer Schriftsteller herauszubringen. So erschien 1770 sein berühmtestes Buch ›Das System der Natur‹ unter dem Namen Jean-Baptiste Mirabaud.

In diesem Werk verwarf Holbach den kartesianischen Dualismus Körper-Geist und versuchte, alle Phänomene, die körperlichen wie die geistigen, als bewegte Materie zu erklären. Er leitete die moralischen und intellektuellen Fähigkeiten von der Empfänglichkeit des Menschen für Eindrücke her, die von der äußeren Welt hervorgerufen werden, und sah das menschliche Handeln ausschließlich von Freude und Schmerz bestimmt. Er setzte seinen direkten Angriff auf die Religion fort, indem er nachzuweisen versuchte, daß sie sich gänzlich aus Brauch und Gewohnheit herleitete. Doch das ›System‹ war kein negatives oder destruktives Buch. Holbach verwarf die Religion, weil er in ihr einen durchaus schädlichen Einfluß erblickte, und er versuchte, eine wünschenswertere Alternative zu liefern. Er gab sogar einen Abriß einer ganzen ethischen und politischen Philosophie, die er in seinen späteren Werken, besonders in ›La Morale Universelle‹ (1776), erweiterte und ausbaute. Es ging ihm darum, aus einer vollständig materialistischen und atheistischen Grundthese eine Morallehre und eine Ethik abzuleiten. Trotz seiner hedonistischen Erklärung des menschlichen Handelns sah er den Menschen doch als ein soziales Wesen; ja die soziale Nützlichkeit ist geradezu die Grundlage seiner Ethik. Das größte Problem, dem er sich gegenübersah und das er nie wirklich löste, bestand darin, seinen vollständigen Determinismus mit der Ablehnung des Fatalismus in der moralischen Sphäre in Einklang zu bringen, das heißt, die Überzeugung, daß jegliche Handlung des Menschen von seinen materiellen Umständen bestimmt wird, mit der Überzeugung, daß der Mensch selber diese Umstände ändern kann, unter einen Hut zu bringen. Doch wie auch immer, in Einklang gebracht oder nicht, hielt er bis zu seinem Tod sowohl an seinem Glauben an den Determinismus wie an seinem noch stärkeren Glauben an die Macht der Bildung und Erziehung fest.

Holbach war kein großer schöpferischer Denker; seine wichtigen Gedanken finden sich bereits bei Vorgängern wie Hobbes (138), Locke (164) und La Mettrie, die ihn alle stark beeinflußten. Doch indem er unterschiedliche Elemente ihres Denkens kombinierte und bis zur logischen Schlußfolgerung vortrieb, gelangte er zum extremsten Standort des Freidenkertums des 18. Jahrhunderts. Für die meisten der Enzyklopädisten, die ›skeptisch‹ waren und zwischen Atheismus und Deismus schwankten, war er ein viel zu dogmatischer Atheist. Sie kritisierten die offizielle Kirche, während Holbach es wagte, den Gottesgedanken selbst anzugreifen. Holbachs Einfluß war vermutlich nie sehr groß, aber der zuversichtliche Dogmatismus und die umfassende Geschlossenheit des ›Système de la Nature‹, das sogar Voltaire dazu brachte, mit einer Verteidigung der Religion zu antworten, verbürgen sein Fortleben als die ›Bibel des Materialismus‹ (s. 338).

Vom Ursprung der Sprache 216

JOHANN GOTTFRIED HERDER (1744-1803). Abhandlung über den Ursprung der Sprache. *Berlin, Christian Friedrich Voß, 1772*

Herder studierte bei Kant (226) in Königsberg von 1762-64. Goethe lernte er 1770 kennen, und auf dessen Fürsprache wurde er 1776 Hofprediger in Weimar und später sogar Präsident des Oberkonsistoriums der Lutherischen Staatskirche im Herzogtum. Er lebte dort bis zu seinem Tode.

Entgegen der allgemein vertretenen Ansicht, daß die Sprache eine unmittelbare, eigens von Gott verliehene Gabe sei, stellte Herder zu seiner eigenen Befriedigung fest, daß es nicht Gott war, der die Sprache für den Menschen erfand, sondern daß der Mensch selber sie ersann als natürliches Mittel, seinen eigenen Verstand zu entfalten. Dies war damals, wie es auch in der Einleitung zur ›Abhandlung‹ gesagt wird, eine neue und erschreckend unorthodoxe Ansicht. Die Pioniernatur dieses Essays von ungefähr zweihundert Seiten wird durch die allgemeine Anerkennung der Philologen von heute nicht geschmälert.

Herder ging in seiner Untersuchung der Sprachen noch viel weiter und obwohl seine Denkweise eher philosophisch als wissenschaftlich ist, gibt sie mächtige Impulse. 1784 pries er in seinem Vorwort zu Schmidts Übersetzung von Monboddos ›Über den Ursprung und die Weiterentwicklung der Sprache‹ des Autors Vergleiche zwischen verschiedenen Sprachen und erklärte, daß echte Sprachwissenschaft nur durch umfassendere Sprachvergleiche entstehen könne, zu denen alle bekannten Sprachen der Vergangenheit und Gegenwart herangezogen werden müßten. Dies war weit vorausschauend zu einer Zeit, in der sich philologische Studien fast ausschließlich auf Latein und Griechisch beschränkten unter Hinzuziehung gerade noch des Hebräischen.

Herder regte weiterhin an, daß die Sprachen zu den kulturellen Entwicklungsstufen in Beziehung gesetzt werden sollten – eine Idee, die von Humboldt (301) aufgegriffen und weiterentwickelt wurde. Es läßt sich beweisen, daß Herder im stillen vergleichende Sprachforschung in Beziehung setzte zu vergleichenden Mythologie- und Religionsstudien. Zum Schluß wies er darauf hin, daß so, wie die Sprache, diese großartige Erfindung menschlichen Geistes, das echte Organ der Vernunft ist, zu vermuten sei, daß ein grundsätzlicher Beitrag zur Aufdeckung der eigentlichen Natur der Vernunft aus diesen von ihm angeregten Studien gewonnen werden könnte.

Herders anregender Einfluß auf das geistige Leben in Deutschland kann kaum überschätzt werden. Seiner Shakespeare-Begeisterung ist es zu danken, daß der größte englische Dichter nicht wegzudenkender Besitz der deutschen Kultur wurde; seine Volksliedersammlung betonte die Einheit der Poesie zu allen Zeiten und in allen Zonen – er nannte sie ›Die Stimme der Völker in Liedern‹, die nach seinem Tode in ›Stimmen …‹ verwässert wurde. Seine zahlreichen theologischen Abhandlungen gaben dem liberalen Protestantismus Nahrung; seine philosophischen – oder, wie wir heute sagen würden, soziologischen – Studien halfen, den Ausgleich zwischen den Idealen des Nationalismus und des Kosmopolitismus zu fördern. Herders Ideen durchdrangen das gesamte Weltbild des 19. und 20. Jahrhunderts, besonders in den slawischen Ländern. Jedoch war sein Einfluß hauptsächlich indirekt wirksam; keine seiner Schriften wird heute mehr gelesen.

In seinen ›Ideen zur Philosophie der Geschichte der Menschheit‹ (4 Bände, 1784-91) verschmolz Herder die Theorien von Vico (184) und von Kant, seinem eigenen Lehrer; weiterbauend auf den Erkenntnissen der großen Naturforscher des 17. und 18. Jahrhunderts: Huygens (154), Newton (161), Linné (192), Priestley (217) und anderen entwarf er als Theologe und Philosoph den Entwicklungsgedanken des 19. Jahrhunderts: »Vom Stein zum Krystall, vom Krystall zu den Metallen, von diesen zur Pflanzenschöpfung, von den Pflanzen zum Thier, von diesem zum Menschen sehen wir die Form der Organisation steigen, mit ihr auch die Kräfte und Triebe des Geschöpfs vielartiger werden und sich endlich alle in der Gestalt des Menschen, sofern diese sie fassen konnte, vereinen. Bei dem Menschen stand die Reihe still.«

Die Entdeckung des Sauerstoffs 217

JOSEPH PRIESTLEY (1733-1804). Observations on Different Kinds of Air. *In:* Philosophical Transactions of the Royal Society. *London, 1772*

Um die Mitte des 18. Jahrhunderts schien das Studium der Chemie weniger Fortschritte gemacht zu haben als das der Physik unter Führung von Galilei (113, etc.) und Newton (161). Boyle (141, 143) hatte, abgesehen von seinen experimentellen Fortschritten, die mechanistische Philosophie unter dem Einfluß von theoretischen Vorstellungen, die bis auf Lukrez (87) zurückgingen, auf die Chemie angewendet. Er hatte die vorherrschende, hauptsächlich von Paracelsus (110) vertretene Ansicht angegriffen, daß es nur wenige Grundelemente gäbe, die alle durch Destillieren gefunden werden könnten. Trotz Boyles theoretischem Standpunkt wurde die Chemie dieser Jahrhundertmitte von der ›Phlogiston-Schule‹ beherrscht, die sich auf das Werk zweier deutscher Chemiker, J.J. Becher und G.E. Stahl, gründete. Sie behaupteten, daß ein Körper während des Brennens Phlogiston verlöre – ein Begriff, der in den dreißiger Jahren des 18. Jahrhunderts für einen hypothetischen Urstoff der Brennbarkeit geprägt wurde. Deshalb müßte die Asche leichter sein als der brennbare Körper. Sie erklärten viele chemische Veränderungen mit dem Wechsel von Phlogiston zwischen den reagierenden Stoffen. Erst recht spät wurde entdeckt, daß Metalle, die bei der Verbrennung gemäß der Theorie Phlogiston verloren, in Wirklichkeit eine Gewichtszunahme verzeichneten. Diese Entdeckung war ein ernsthaftes Hindernis für die Phlogiston-Theorie.

Es ist merkwürdig, daß Priestley zwar mit seinen vielen Entdeckungen zur Revolution der Chemie beitrug, die Phlogiston-Lehre aber bis an sein Lebensende hartnäckig verteidigte und somit die große theoretische Umwälzung Lavoisier (238) überließ. Denn zu unserem Wissen über Gase trug Priestley Entscheidendes bei. Er verfeinerte die Untersuchungsmethoden, indem er die Gase über Quecksilber anstatt über Wasser sammelte, so daß viel mehr Gase beobachtet werden konnten. Er entdeckte Stickstoffoxydul (Lachgas), Stickstoffoxyd, Kohlenmonoxyd, Ammoniak, Schwefeldioxid, Chlorwasserstoffgas und so fort – um unsere heutigen Namen zu wählen. Am 1. August 1774 führte er sein historisches Experiment über die Erhitzung von Quecksilberkalk (Quecksilberoxyd) in einer schmalen Röhre aus, indem er mit einem Brennglas Licht darauf fokussierte; so entdeckte er den Sauerstoff. Er stellte fest, daß die Substanz fünf- oder sechsmal so ›rein‹ wie gewöhnliche Luft war, und wurde mit der Anregung, diese Erkenntnis insbesondere für die Lunge zu nützen, zum Vorkämpfer für die moderne Verwendung von Sauerstoffzelten. Diese Entdeckung – früher und ganz unabhängig auch schon vom schwedischen Chemiker Scheele gemacht – brachte Priestley Ruhm ein und führte zu einem Treffen mit Lavoisier und anderen Wissenschaftlern in Paris. Lavoisier wiederholte das Experiment und gab schließlich der Substanz den Namen Oxygen (Säurebildner).

Die oben angeführte Schrift, für welche die Royal Society Priestley die Copley-Medaille verlieh, berichtete über die Entdeckung von Salzsäure und Stickstoffdioxyd und die Verwendung des letzteren bei Reinheitsmessungen der Luft. Das führte über die Arbeiten von Cavendish, Fontana und anderen zur exakten Messung von Gasvolumina. Priestley beobachtete auch, daß Pflanzen Kohlendioxyd verbrauchen und Sauerstoff abgeben, damit also die Luft reinigen, die durch Verbrennung, Atmung oder

Fäulnis verdorben worden war, und daß dazu Tageslicht unerläßlich ist. Das zeigte sich von größtem Wert für die folgende Arbeit von Ingenhousz und Senebier über die Atmung.

Priestley war ein unermüdlicher Schriftsteller: unter Franklins Einfluß (199) hatte er die ›History and Present State of Electricity‹ 1767 veröffentlicht und sein größtes chemisches Werk sind die ›Experiments and Observations on Different Kinds of Air‹ in 3 Bänden 1774-77, mit drei Ergänzungsbänden 1779-86. Er wurde mit zweiundzwanzig Jahren unitarischer Geistlicher und 1761 Lehrer an der Warrington-Akademie. Seine Opposition gegen die herrschende Kirche, seine Sympathien mit den Ideen der Französischen Revolution und seine Unterstützung der amerikanischen Kolonisten gegen den König machten ihn in vielen Kreisen recht unpopulär: während er Geistlicher der Sekte der Kongregationalisten in Birmingham war, wurden sein Haus und seine Bibliothek am 14. Juli 1791 geplündert. Er floh nach London und wanderte schließlich nach Amerika aus, wo er eine der ersten unitarischen Kirchen gründete.

Die Jahrhundertfeier der Entdeckung des Sauerstoffes wurde in Priestleys amerikanischem Heim in Northumberland, Pennsylvania, gefeiert. Ihr folgte 1876 die Gründung der ›American Chemical Society‹.

Die Encyclopaedia Britannica 218

ENCYCLOPAEDIA BRITANNICA, or a Dictionary of Arts and Sciences, 3 Bände. *Edinburgh, für A. Bell und C. Macfarquhar, 1771*

Bei der berühmtesten aller Enzyklopädien in englischer Sprache stand »eine Gesellschaft von Gentlemen in Schottland« Pate, die möglicherweise ebenso mythisch ist wie Beaumarchais' Einmann-›Société Littéraire et Typographique‹ der Kehler Voltaire-Ausgabe. Die Edinburgher ›Gesellschaft‹ könnte durchaus nur aus dem Herausgeber, dem Altertumsforscher William Smellie (1740-1795), dem Kupferstecher Andrew Bell (1726-1809) und dem Drucker Colin Macfarquhar (gest. 1793) bestanden haben, von denen die beiden letztgenannten die gemeinsamen Eigentümer waren, bis Bell seine Teilhaber auszahlte.

Der Untertitel anerkennt unausgesprochen die Dankesschuld des Herausgebers gegenüber Harris und Chambers (171), wenngleich späterhin – in der dritten Ausgabe von 1801 – die Widmung an den König den Eindruck zu schaffen suchte, die ›Britannica‹ sei ins Leben gerufen worden als ein Mittel, »um der Tendenz [der Anarchie und des Atheismus] jenes schädlichen Werkes entgegenzuwirken«, womit die französische ›Encyclopédie‹ (200) gemeint war. In Wahrheit definierte Smellie ihren Zweck weitaus vernünftiger und überzeugender im Vorwort zur ersten Ausgabe: »Seine Brauchbarkeit soll das Hauptanliegen jedes Artikels sein.«

Die Encyclopaedia Britannica erschien anfänglich in numerierten Lieferungen zum Preis von sechs Pence, oder acht Pence auf besserem Papier (1768-1771). Sie folgte dem Vorbild von Moréri und Bayle (155), als sie in die zweite Auflage (1778-1783) auch Geschichte und Biographie aufnahm; Smellie weigerte sich, diesen Vorschlag Bells auch nur in Betracht zu ziehen, und legte die Herausgeberschaft nieder. Vom Ergänzungsband zur fünften Auflage (1816-1824) an folgte die Britannica dem Beispiel der Encyclopédie und zeichnete Artikel von Originalwert mit den Namen der Verfasser. Es erschienen Namen wie B.R.Haydon (Malerei), W.Hazlitt (freie Künste), Charles Kingsley (Hypatia), Macaulay (Bunyan, Dr.Johnson), Malthus (Bevölkerung), Thomas de Quincey (Pope, Coleridge), Walter Scott (Rittertum), James Watt (Dampf), und allen nachfolgenden Ausgaben haben führende Gelehrte und Schriftsteller aller Nationen den Glanz ihrer Namen geliehen.

Obwohl die meisten Artikel in den frühen Ausgaben natürlich ›veraltet‹ sind, sind einige der Einzelaufsätze wie auch die Ausgaben selbst noch immer zumindest von historischem Interesse: sowohl wegen ihrer Verfasser als auch als Spiegel einer bestimmten Phase der Entwicklung wissenschaftlicher Forschung oder der Lexikographie. So wird die neunte Auflage (1875-1889) als ein Hauptförderer der Bibelkritik in der englischen Welt in Erinnerung bleiben. Ihr Herausgeber W.R.Smith verlor sogar wegen seines Eintretens für einen liberalen Protestantismus seine Professur in Aberdeen, und die Frei-Kirche von Schottland machte ihm wegen Ketzerei den Prozeß. In ähnlicher Weise ist die elfte Auflage (1910-1911) erinnernswert wegen ihres Registers, das mit Recht als das beste Register in irgendeinem Nachschlagewerk bezeichnet worden ist.

Während die Britannica so ständig an Kraft und Einfluß gewann, sind ihr doch allerlei Mißlichkeiten nicht erspart geblieben. Sie geriet 1826 in den Strudel des Bankrotts ihres Verlegers Archibald Constable, der 1812 das Urheberrecht an ihr erworben hatte, und ging durch die Hände einer Reihe von Verlegern (A. und C.Black, The Times Publishing Company und Cambridge University Press). Schließlich wurde sie von einem amerikanischen Syndikat gekauft und anschließend der Universität Chicago übertragen. Heute gilt ein Redaktionsbüro in London als ausreichende Rechtfertigung für die Weiterverwendung ihres Titels.

Der Begründer der Anthropologie 219

JOHANN FRIEDRICH BLUMENBACH (1752-1840). De Generis Humani Varietate Nativa. *Göttingen, F.A.Rosenbusch, [1775]*

Johann Friedrich Blumenbach war nahezu siebzig Jahre lang Professor der Medizin in Göttingen. Er schrieb eine Anzahl wertvoller Werke über Naturgeschichte und vergleichende Anatomie, lebt aber heute vor allem durch sein Werk ›Über die angeborenen Unterschiede des Menschengeschlechtes‹ fort, das als die Begründung der Wissenschaft von der physischen Anthropologie gilt – der Untersuchung des Ursprungs und der Entwicklung der Menschenrassen.

Ihm waren Tyson (169) und Linné (192) vorangegangen, die seinen Studien den Boden bereitet hatten, indem sie den Menschen in ein Verwandtschaftsverhältnis mit der Ordnung der Primaten setzten. Linné hatte vier Menschenrassen hauptsächlich auf Grund ihrer Hautfarbe unterschieden. Von diesen Voraussetzungen ausgehend konnte Blumenbach seine These entwickeln, daß alle lebenden Rassen Spielarten einer einzigen Spezies, des Homo sapiens, seien und daß ihre Unterschiede im Vergleich mit jenen zwischen dem Menschen und dem nächsten Tier geringfügig sind: »Unzählige Spielarten der Menschheit gehen in kaum wahrnehmbaren Stufen ineinander über.« Es überrascht folglich nicht, daß Blumenbach ein Gegner der Sklaverei und der damals vorherrschenden Überzeugung von der angeborenen Wildheit der farbigen Rassen war.

Blumenbach betrieb vergleichende Anatomie und Schädelkunde; er besaß eine große Sammlung von Schädeln in seiner umfassenden anatomischen Sammlung, die eine der berühmtesten seiner Zeit war. Er nahm methodische Messungen der Schädelformen und der Gesichtsbildungen vor und teilte auf Grund ihrer Ergebnisse die Menschheit in fünf Gruppen ein: 1. die kaukasische oder weiße Rasse – ein weiblicher georgischer Schädel war zufällig der symmetrischste in seiner Sammlung, was ihn zur Wahl dieser Bezeichnung für die weißen Rassen veranlaßte; 2. die mongolische oder gelbe Rasse; 3. die äthiopische oder schwarze, 4. die malaiische oder braune, 5. die amerikanische oder rote Rasse. Diese Einteilung hat sich mit gewissen Abänderungen bis in unsere Tage erhalten. Prichard (303) im besonderen wie auch Lambert Quetelet und Paul Broca waren Blumenbach sehr verpflichtet.

Blumenbach stellte außerdem fest, daß Schimpansen trotz ihrer gelegentlichen aufrechten Haltung im wesentlichen Vierfüßler sind, was er aus ihrem Knochenbau nachwies und damit einige Fortbewegungsanalysen des 20.Jahrhunderts vorwegnahm. Er war überdies ein bedeutender Vertreter des hauptsächlich von Albrecht Haller (1708-1777) begründeten ›Vitalismus‹ des 18.Jahrhunderts (190). Blumenbachs Auffassung vom ›Bildungstrieb‹ besagte, daß den Lebewesen eine eingeborene Tendenz zur Selbstentwicklung innewohne. Dieser Impuls müsse den Eigenschaften der Reizbarkeit, Empfindlichkeit und des Reaktionsvermögens als wesentliches Element des Vitalismus hinzugefügt werden.

Blumenbach hatte großen Einfluß auf die wissenschaftlichen Forschungsreisenden seiner Zeit; zu seinen Schülern gehörten Alexander von Humboldt (320), Georg Heinrich von Langsdorff, John Sibthorp, Prinz Maximilian von Wied und andere. Er verfaßte sein Buch ursprünglich als Dissertation zur Erlangung der Doktorwürde, die ihm am 16.September 1775 verliehen wurde.

IN CONGRESS, 4 July 1776, A Declaration. *Philadelphia, John Dunlap, 1776*

Am 2.Juli 1776 beschlossen »die im Allgemeinen Kongreß versammelten Vertreter der Vereinigten Staaten von Amerika, daß diese Vereinigten Kolonien freie und unabhängige Staaten sind und von Rechts wegen sein sollen«. Zwei Tage später legte hinter den verschlossenen Türen des Parlamentsgebäudes in Philadelphia der Ausschuß der Fünf (Thomas Jefferson, John Adams, Benjamin Franklin, Roger Sherman und Robert R. Livingston) den Entwurf einer Erklärung vor, an der er seit Mitte Juni gearbeitet hatte und die vor der Welt den von den Kolonien ergriffenen Schritt rechtfertigen sollte. Nach einiger Diskussion und einer Anzahl Änderungen in der Formulierung wurde das Dokument gebilligt. Es wurde unter dem wachsamen Auge des Fünfer-Ausschusses gesetzt, und im Laufe der Nacht des 4.Juli oder am Morgen des 5.Juli verließ die historische ›Unabhängigkeitserklärung‹ die Presse des Druckers John Dunlap in Philadelphia.

Von Philadelphia breitete sich die Kunde rasch aus. Exemplare von Dunlaps einseitig bedruckter Bekanntmachung wurden am 5.Juli an eine größere Zahl Beamte überall in den Kolonien gesandt, und am folgenden Tag erschien der Wortlaut der Erklärung in der Philadelphia Evening Post zum ersten Mal in einer Zeitung. Von hier lief er rasch weiter, die Küste hinab und hinauf. Am 9.Juli erschien er in Baltimore, am 11. in Annapolis und schließlich am 19. in Williamsburg; nordwärts wurde er am 10.Juli in New York veröffentlicht, am 12. in New London, Connecticut, am 13. in Providence und am 20. schließlich in Portsmouth, New Hampshire. Außer den neunundzwanzig bekannten Zeitungsveröffentlichungen im Juli sind noch neunzehn Flugblattauflagen verzeichnet, die bis Januar 1777 erschienen. Vom Erstdruck blieben nur fünfzehn Exemplare erhalten.

Die Absicht der Unabhängigkeitserklärung bestand nicht darin, eine neue politische Weltanschauung zu formulieren, sondern mit den Begriffen bereits anerkannter Ideen die Rechtmäßigkeit des Vorgehens der Kolonisten zu erklären. John Adams sagte von ihr, sie enthalte »nicht einen einzigen Gedanken, der nicht zuvor zwei Jahre lang im Kongreß ausgedroschen« worden sei. In der Tat waren die grundlegenden Vorstellungen, die sie enthielt, bereits nahezu ein Jahrhundert zuvor im Druck erschienen. Die Philosophie des Naturrechts, auf die sich die Erklärung hauptsächlich stützt, war bereits von Locke (163) in seiner zweiten Abhandlung über die Regierung verwendet worden, um eine andere Revolution zu rechtfertigen, und war von späteren Schriftstellern im Laufe des 18. Jahrhunderts, vor allem 1762 von Rousseau in seinem ›Contrat Social‹ (207), ausgebaut worden. Bis zum Jahr 1776 hatte sie ausreichend breite Anerkennung gefunden, so daß Jefferson sich auf sie als auf »gesunden Menschenverstand« berufen konnte. Er schrieb einige Jahre später: »Sie beabsichtigte weder Originalität der Grundsätze oder Gesinnungen noch war sie von irgendwelchen bestimmten früheren Schriften entlehnt, sondern war als einfacher Ausdruck der amerikanischen Geisteshaltung gedacht.« Sie bleibt eine die Zeit überdauernde Verkörperung sowohl eines bedeutenden historischen Ereignisses als auch jener Wahrheiten, die wir heute für selbstverständlich halten.

221   Das Zeitalter des ›Laissez-faire‹

ADAM SMITH (1723-90). An Inquiry into the Nature and Causes of the Wealth of Nations, 2 Bände. *London, W. Strahan und T. Cadell, 1776*

Adam Smith wurde in Kirkcaldy in der schottischen Grafschaft Fife als Sohn des dortigen Zollinspektors geboren. Im Alter von drei Jahren wurde er von umherziehenden Kesselflickern entführt, aber bald gefunden und zurückgeholt. Sein ungewöhnlicher Fleiß und seine Gedächtnisstärke entwickelten sich schon frühzeitig; 1737, als Fünfzehnjähriger, ging er an die Universität Glasgow, wo er Mathematik und Naturphilosophie studierte; drei Jahre später ging er nach Oxford, wo er sieben Jahre blieb und sich dem Studium der Moral- und Staatswissenschaften sowie der alten und neuen Sprachen widmete. 1748 hielt er einige Vorlesungen

in Edinburgh, wo er der Freund Humes (194) wurde; 1751 übersiedelte er nach Glasgow, wo er zwölf Jahre lang Professor der
Moralphilosophie war. Hier schrieb er seine ›Theorie der moralischen Empfindungen‹ (1759), die seinen Ruhm in die Welt trug;
dies war, so sagte er später, »die bei weitem nützlichste und folglich die bei weitem glücklichste Zeit meines Lebens«. 1763 begleitete er den jungen Herzog von Buccleuch auf seiner Reise
durch Frankreich und die Schweiz. Sie verbrachten achtzehn
Monate in Toulouse und gingen dann nach Paris, wo sie mit Ques-
nay, Turgot, d'Alembert und Helvétius zusammentrafen. 1766
kehrten sie heim; der Herzog bewahrte Smith seine Freundschaft
und verschaffte ihm die Ernennung zum Zollkommissar, ein Amt,
das er bis zu seinem Lebensende innehatte. Die nächsten zehn
Jahre verbrachte Smith mit der Niederschrift und Verbesserung
seines bereits in Toulouse begonnenen Werkes ›The Wealth of
Nations‹ (Eine Untersuchung über Wesen und Wohlstand der
Nationen). Das Buch erschien 1776. Smith begab sich nach London, wo er zwei Jahre blieb und sich mit Gibbon, Burke und
Reynolds anfreundete. Dann kehrte er nach Edinburgh zurück,
wo er 1790 starb.

Die Geschichte der Nationalökonomie bis zum Ende des
19. Jahrhunderts besteht aus zwei Abschnitten: der merkantilisti-
schen Phase, die weniger auf einer Doktrin beruhte als auf einem
System der Praxis, das sich aus den sozialen Verhältnissen ergab,
und der zweiten Phase, welche die Lehre sich entwickeln sah, daß
der Einzelmensch das Recht habe, in der Ausübung seiner wirtschaftlichen Tätigkeit nicht behindert zu werden. Man kann
zwar nicht sagen, Smith habe diese Lehre erfunden – die Physio-
kraten hatten bereits darauf hingewiesen und Turgot im besonderen hatte eine durchgearbeitete Studie des gesellschaftlichen
Wohlstandes entworfen –, doch ist sein Werk die erste wirkliche
Ausführung dieser Theorie. Er beginnt mit dem Gedanken, daß
die Arbeit die Quelle ist, aus der das Volk das bezieht, was es
braucht. Die Verbesserung der Arbeitsteilung ist das Maß der
Produktivität, und in ihr wurzelt der Hang des Menschen zum
Tauschhandel: »Arbeit ist das wirkliche Maß des Tauschwerts
aller Waren ... sie ist ihr wirklicher Preis; das Geld ist nur ihr

nomineller Preis.« Die drei wesentlichen Elemente der Arbeit und
so auch des Preises sind Lohn, Unternehmergewinn und Grundrente, und diese drei schaffen auch die Einkommen. Vom Wirken
der Wirtschaft wendet sich Smith ihrem Ergebnis zu, dem ›Stock‹
oder Warenbestand, der alles umfaßt, was der Mensch entweder
für seinen Eigenverbrauch oder um des Ertrags willen besitzt,
den es ihm bringt. ›Der Wohlstand der Nationen‹ schließt mit einer
Geschichte der Wirtschaftsentwicklung, einem scharfen Angriff
auf das Merkantilsystem und einigen prophetischen Überlegungen über die Grenzen der Wirtschaftskontrolle.

Während die Erforschung der politischen Aspekte der Menschenrechte zwei Jahrhunderte in Anspruch genommen hatte,
bestand Smiths Leistung darin, daß er die Untersuchung der
wirtschaftlichen Aspekte in einem einzigen Werk bis zum gleichen Punkte vortrieb. Sein ›Wohlstand der Nationen‹ stellt kein
System dar, aber als vorläufige Analyse ist das Werk völlig überzeugend. Die Sicherheit seiner Kritik und sein Verständnis der
menschlichen Natur haben es zum ersten und zum bedeutendsten
unter den klassischen Werken der modernen Volkswirtschaftslehre gemacht.

222   Verfall und Untergang des Römischen Reiches

EDWARD GIBBON (1737-94). The History of the Decline and Fall
of the Roman Empire, 6 Bände. *London, W. Strahan und T. Cadell,
1776-88*

Dies Meisterwerk tiefen Eindringens in den historischen Stoff
und zugleich großen literarischen Stils ist eines jener alterslosen
Geschichtswerke, die, gleich denen von Macaulay (328) und
Mommsen (337), ihren Reiz für den Laien und ihr Interesse für
den Fachmann bewahren, auch wenn sie im einzelnen in vieler
Hinsicht durch spätere Forschungsergebnisse und den natürlichen Wandel des geistigen Klimas überholt wurden.

Während andere Historiographen des 18. Jahrhunderts wie Voltaire (202) nur noch mit Respekt zitiert werden, ist Gibbons
›Verfall und Untergang‹ das einzige Geschichtswerk vor Macau-

lay, das immer noch neu gedruckt und wirklich gelesen wird. Gibbon hatte Glück auch mit der Wahl seines Verlegers William Strahan – dem Freunde Dr.Johnsons, Benjamin Franklins, David Humes –, der zusammen mit Cadell auch Adam Smith und James Macpherson verlegte. Strahan hatte als erster die Bedeutung von Gibbons Werk erkannt. Nachdem er das Manuskript des ersten Bandes gelesen hatte, verdoppelte er den Druckauftrag und doch war die erste Auflage von tausend Exemplaren in vierzehn Tagen verkauft.

Gibbon war in der griechischen, römischen, französischen, italienischen und englischen Literatur sehr belesen, er war lebhaft interessiert an Geschichte und Naturwissenschaft, er beschäftigte sich intensiv mit militärischen und politischen Problemen, war 1774-83 Mitglied des Parlaments und 1779-82 als Handelsminister Mitglied der Regierung Shelburnes. Er fühlte sich in Frankreich, in der Schweiz, in Italien genauso zu Hause wie in England.

Am 15.Oktober 1764, so erzählt er selber, sei ihm unter den Ruinen des Kapitols die Idee seines Lebenswerkes aufgegangen. In sechsundzwanzigjähriger Arbeit erweiterte es sich zu einem umfassenden Gemälde der Welt des Mittelmeeres vom Tode Marc Aurels im Jahre 180 n.Chr. bis zum Fall Konstantinopels 1453. Für diese Aufgabe stand Gibbon eine große Vorstellungskraft und eine kritische Beherrschung der verfügbaren Quellen zu Gebote, die bis zum heutigen Tage kaum ihresgleichen haben – und das Ergebnis seiner Mühen fand in unvergleichlich kraftvoller Prosa Ausdruck.

Es war sein Glück, wie Lytton Strachey einmal bemerkte, daß »das Material, das er zu bewältigen hatte, noch nicht zu umfänglich war für einen ungewöhnlich fähigen Geist. Im nächsten Jahrhundert wäre selbst ein Gibbon von der angehäuften Last der nun vorhandenen Kenntnisse erdrückt worden«. Beim damaligen Stand der Dinge war er imstande, die Tatsachen zu überschauen. Unser ungebrochenes Interesse an seinem Werk ist um so bemerkenswerter, als seine Hauptthese, daß Roms Untergang in erster Linie die Schuld des Christentums sei, sich nicht aufrechterhalten ließ. Ja, mehr noch: seine Unart, echte christliche Frömmigkeit ebenso wie törichten christlichen Aberglauben anzuprangern, schießt oft weit über das Ziel, und ihn entlastet kaum, daß er auch den platten Rationalismus und die Gedankenspielerei Voltaires bespöttelt, mit dem er übrigens die Ehre eines ständigen Platzes im ›Index Librorum Prohibitorum‹ (82) teilt.

223   Ein neuer Erdteil

JAMES COOK (1728-79). A Voyage towards the South Pole, and round the World. Performed in His Majesty's Ships the Resolution and Adventure, in the Years 1772, 1773, 1774 and 1775, 2 Bände. *London, W. Strahan und T. Cadell, 1777*

Dies ist der offizielle Bericht über die zweite der drei großen Reisen des berühmten englischen Seefahrers Kapitän James Cook. Er wurde in der Grafschaft Yorkshire geboren, trat bei einem Schiffsreeder in Whitby in die Lehre, wurde Vollmatrose in der Königlichen Flotte und nahm am Siebenjährigen Krieg und an der Eroberung von Quebec durch Wolfe teil. Die vorzüglichen kartographischen Vermessungen, die er zwischen 1759 und 1767 vom St. Lorenzstrom, Neufundland und Neuschottland anfertigte, kamen der Royal Society und der Admiralität zur Kenntnis, so daß ihm 1768 das Kommando über das Schiff ›Endeavour‹ übertragen wurde. Zusammen mit einer Gruppe von Wissenschaftlern unter Sir Joseph Banks segelte Cook nach Tahiti, um den Durchgang des Planeten Venus im Juni 1769 zu beobachten, nach dem bisher nur vermuteten großen südlichen Erdteil zu suchen, ihn zu erforschen und etwa verfügbares Gebiet für Großbritannien in Besitz zu nehmen.

Auf dieser ersten Fahrt vom 25. August 1768 bis zum 12. Juli 1771 umsegelte Cook Neuseeland und erforschte als erster die Ostküste Australiens – frühere, holländische Seefahrer, vornehmlich Tasman, hatten die Nord-, West- und Südküste erkundet. Er nahm sie für Großbritannien in Besitz und durchfuhr auch die Torres-Straße zwischen Australien und Neuguinea. Auf seiner zweiten und historisch bedeutsamsten Reise vom 13. Juli 1772 bis 30. Juli 1775 fuhr er vorerst so weit wie möglich nach Süden am Rande des antarktischen Eises entlang, suchte sodann abermals Neuseeland auf und entdeckte oder erforschte auf Kreuzfahrten durch den Stillen Ozean viele seiner Inselgruppen, im besonderen Neukaledonien, die Palmerston- und Norfolk-Inseln, die Osterinsel, die Marquesas, Neuen Hebriden, Tonga, die südlichen Sandwich-Inseln und Südgeorgia.

Die dritte Reise vom 11.Juli 1776 bis 4.Oktober 1780 wurde mit dem Auftrag unternommen, die Nordwestpassage von Europa nach dem Osten zu finden. Cook suchte abermals Tasmanien, Neuseeland und zahlreiche Inseln des Stillen Ozeans auf, segelte weiter nach Nordamerika und entdeckte unterwegs die Cook-Inseln und die Hawaii-Gruppe. Er nahm die Ostküste Nordamerikas von Oregon bis hinauf zur Bering-Straße auf, wo das Eis ihn zur Umkehr zwang. Auf der Rückreise wurde der große Forscher in einem Kampf mit den Eingeborenen auf Hawaii erschlagen.

Cook verdiente sich seinen Platz in der Geschichte mit der Erschließung des Stillen Ozeans für die Zivilisation des Westens und der Gründung des britischen Australien. Er vermittelte der Welt erstmals eine im wesentlichen vollständige Kenntnis des Stillen Ozeans und Australiens und bewies ein für allemal, daß es keinen großen südlichen Erdteil gab, wie man bis dahin allgemein geglaubt hatte. Er vermutete auch die Existenz eines antarktischen Landgebietes im südlichen Eismeer, eine Tatsache, die erst durch die Forschungen des 19.Jahrhunderts erwiesen wurde.

Cook war ein glänzender Seefahrer und Hydrograph, ein ausgezeichneter Administrator und Planer und wahrscheinlich der erste Schiffskapitän, der erkannte, wie wichtig die Gesundheit und das Wohlbefinden seiner Besatzung waren. Er tat alles Erdenkliche für ihre gute körperliche Verfassung und für die Sauberkeit von Schiff und Mannschaft. Er überwand die bis dahin übermächtige Skorbutseuche, indem er den Genuß von Salzfleisch einschränkte und stets frisches Gemüse und Obst an Bord hatte, besonders Zitronen – erstmals von James Lind 1775 empfohlen. Auf seiner zweiten Reise verlor Cook von den hundertzwölf Mann an Bord der ›Resolution‹ nur einen einzigen durch Krankheit – und diesen nicht durch Skorbut – eine einzigartige Leistung in damaliger Zeit.

JOHN HOWARD (1726-90). The State of the Prisons in England and Wales. *Warrington, gedruckt von William Eyres und verkauft von T. Cadell und N. Conant, London 1777*

Aus dem zufälligen Erlebnis eines Besuches im Gefängnis von Bedford – einer der für die Geschichte des englischen Strafvollzugs bedeutungsvollsten Anstalten (siehe 156) – entsprang John Howards Entschlossenheit, die Zustände in den englischen Gefängnissen zu verbessern. Sein Feldzug, den er ganz allein durchkämpfte, rief nicht nur zu seinen Lebzeiten eine Umwälzung hervor, sondern ist auch der direkte Vorläufer der folgenden Arbeit auf diesem entscheidenden Gebiet der Strafreform.

Howard hätte, nach einigen jugendlichen Abenteuern auf dem Kontinent, möglicherweise den Rest seines Lebens mit unauffälliger Philanthropie auf seinem väterlichen Gut verbracht. Im Jahr 1773 übernahm er jedoch das Amt des High Sheriff der Grafschaft Bedford, und als das nächste Geschworenengericht abgehalten wurde, bestand er darauf, das Gefängnis aufzusuchen. Der Schmutz, die Verwahrlosung und das Elend, die er hier antraf, machten einen unauslöschlichen Eindruck auf ihn, vor allem jedoch die Tatsache, daß die Gefängnisaufseher für ihren eigenen Lebensunterhalt auf die Gebühren der Gefangenen angewiesen waren und daß infolgedessen zahlreiche Gefangene widerrechtlich in Haft behalten wurden, weil sie die Entlassungsgebühren nicht bezahlen konnten. Als Howard den Richtern vorschlug, die Gefängniswärter statt dessen zu besolden, erhielt er die Antwort, er solle hierfür einen Präzedenzfall ausfindig machen. Er reiste daher von einer Grafschaft zur anderen, und obwohl er keinen Präzedenzfall fand, sah er doch genug, um den Entschluß zu fassen, sich der Gefängnisreform zu widmen.

Im folgenden Jahr sagte Howard vor einem Ausschuß des Unterhauses als Augenzeuge aus und empfing den Dank des Parlamentes für »die Menschlichkeit und den Eifer, welche ihn veranlaßten, verschiedene Gefängnisse unseres Königreichs aufzusuchen«. Es wurde unverzüglich ein Gesetz verabschiedet, das kostenfrei alle Häftlinge auf freien Fuß setzte, gegen die keine begründete Anklage vorlag, und das ein Gehalt für die Gefängnisaufseher aus den Steuereinkünften der Grafschaft einführte. Hierauf folgte ein zweites Gesetz, das für Verbesserungen in den bestehenden Gefängnissen und bessere Betreuung, besonders ärztliche Betreuung, der Häftlinge sorgte. Es war bezeichnend für Howard, daß er die neuen Bestimmungen in großer, auffallender Schrift drucken ließ und an sämtliche Gefängnisaufseher und Wärter im ganzen Land schickte. Ermutigt von diesem Erfolg, machte er sich nun zu einer systematischen Rundreise durch die britischen und kontinentaleuropäischen Gefängnisse auf. Er stellte fest, daß es in den Niederlanden vergleichsweise wenig oder gar kein Verbrechen gab und erblickte die Ursache hierfür in der Reform der Art und Weise, wie man dort die Verbrecher behandelte. Die französischen Behörden versuchten zu verhindern, daß er Zugang zu ihren Gefängnissen fand, aber es gelang ihm doch, und er veröffentlichte die Ergebnisse seiner Inspektion. Sie bildeten mit dem vollständigen Untersuchungsbericht einen Teil seines Buches ›Der Zustand der Gefängnisse‹, dem ersten großen praktischen Werk über diesen Gegenstand – Beccarias Buch (209) war in erster Linie theoretisch gewesen.

Wieder erzielte Howard damit eine rasche Wirkung: es wurde ein Gesetz verabschiedet zur Einrichtung von zwei ›Besserungsanstalten‹ ähnlich denen, die Howard in den Niederlanden gesehen hatte, wo die Sträflinge durch Einzelhaft, angemessene religiöse Unterweisung und Anleitung zu gewerblicher Tätigkeit lernten, sich künftig besser in die Gesellschaft einzufügen. Weitere Reisen ergaben zwei umfangreiche Anhänge zu seinem Buch, die 1780 und 1784 getrennt herauskamen. Danach stellte Howard seine Mitarbeit an der Gefängnisreform ein und widmete sich der Untersuchung und Verhütung des Flecktyphus, einer ständigen Gefahr in allen Gefängnissen. Schließlich erkrankte er auf der Krim selbst daran und starb dort im Jahr 1790.

Howards Enthusiasmus war bemerkenswert nicht nur wegen seiner rasch erzielten Ergebnisse, sondern auch wegen der allgemeinen Sympathie, die er einflößte. Seine Sache wurde ständig unterstützt und lebt in der ›Howard League for Penal Reform‹ fort, einer Organisation, auf deren Gründung er stolz gewesen wäre.

FRIEDRICH ANTON MESMER (1733-1815). Mémoire sur la Découverte du Magnétisme Animal. *Genf; Paris, P. Fr. Didot le jeune, 1779*

Die deutsche romantische und mystische Schwarmgeisterei im 18. Jahrhundert bot einen fruchtbaren Boden für die Untersuchungen von Anton Mesmer, einem österreichischen Arzt, dessen Name im ›Mesmerismus‹ dank seiner ›Denkschrift über die Entdeckung des tierischen Magnetismus‹ fortlebt.

Seit den Tagen der primitiven und der Zauber-Medizin, später erneut bei der Geste der Berührung durch den König (zur Heilung von Skrofulose) sind dem Handauflegen heilende Eigenschaften zugeschrieben worden. Mesmers Methode war ähnlich. Er behauptete, daß ein magnetisches Fluidum das Universum durchdringe, daß es in jedem lebenden Wesen vorhanden sei und das Nervensystem reize. Beim Experimentieren mit diesem ›Magnetismus‹ stellte er fest, daß seinen eigenen Händen eine heilende magnetische Kraft innewohne und daß er bei der Behandlung nervöser Störungen ohne einen Magneten Erfolge erziele; diese Kraft nannte er ›tierischen Magnetismus‹. Mesmer versetzte in Schlaf und wendete dabei in der Tat hypnotische Kräfte an. Den Terminus ›Hypnose‹ anstelle von ›Mesmer-Schlaf‹ prägte erst der schottische Neurologe James Braid in seiner Schrift ›Eine praktische Einführung in die Heilkraft der Neuro-Hypnose‹, 1842. Paracelsus (110) hatte vom Einfluß der Einbildung auf das Heilen von Krankheiten gesprochen und Helmont von der okkulten Kraft des Magnetismus, doch wurde diese Behandlungsmethode niemals systematisch angewendet.

Mesmer ging nach Paris, wurde vom König und der Königin gefördert und korrespondierte mit George Washington. Phantastische Szenen spielten sich in seinen wunderbar eingerichteten Behandlungsräumen ab. Die Patienten saßen rund um eine für diesen Zweck eigens angefertigte Wanne, während Mesmer in fliederfarbene Seidengewänder gehüllt und einen metallenen Stab schwingend auftrat. Stark duftende Essenzen, theatralische Kostüme und erregende Beleuchtung waren Mittel der Behandlung.

Ludwig XVI. berief einen Ausschuß zur kritischen Untersuchung des ›tierischen Magnetismus‹. Unter den Mitgliedern waren Lavoisier, Guillotin und Jean Sylvan Bailly. Benjamin Franklin war der Vorsitzende. Ihr Bericht lehnte den ›Mesmerismus‹ als medizinisches Verfahren ab. Die Idee hatte jedoch Wurzeln geschlagen und breitete sich über ganz Europa aus. Scharlatane wie Graf Cagliostro und in Amerika Elisha Perkins bedienten sich ihrer weidlich. Doch es gab auch viele ernsthafte Anhänger, wie etwa Puysegur, der die Hypnose wissenschaftlich weiterentwickelte.

Mesmer selber war trotz seines theatralischen Gebarens zweifellos aufrichtig, aber er vergegenwärtigte sich nie die Folgen seiner Entdeckung und Methoden. Ohne Frage kann die seelische Beeinflußbarkeit des Patienten der Weg zu seiner Heilung sein. So ist Mesmer, der dies erkannte, unbewußt ein Wegbereiter der Psychotherapie geworden. Seit seinen Anfängen sucht man die Entlastung des Unterbewußtseins durch Auto- und Hetero-Suggestion zu erforschen. Auch das gesamte Gebiet des außersensorischen Wahrnehmungsvermögens und des Spiritismus steht in Verwandtschaft zu dem Mesmerismus.

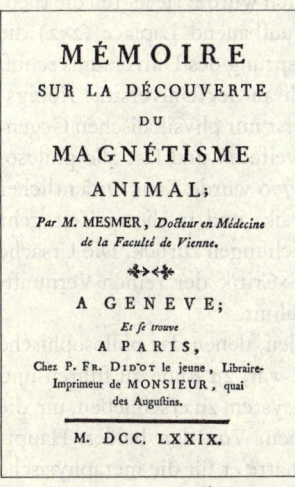

Mesmer (225)   Kant (226)

Wissenschaftlich viel folgenreicher waren die Versuche von Braid in Schottland und Charcot in Paris und die Entwicklung der Psychoanalyse: Freud (389) machte seine ersten Untersuchungen mit hypnotisierten Patienten, und Jung stand dem Mesmerismus besonders nahe durch seinen Glauben, daß das innere Bewußtsein die Grenzen von Zeit und Raum überwinden könne.

226 Reine Vernunft

IMMANUEL KANT (1724-1804). Critik der reinen Vernunft. *Riga, Johann Friedrich Hartknoch, 1781*

Kant wurde in Königsberg geboren und verbrachte dort den größten Teil seines Lebens. Sein Großvater war aus Schottland eingewandert, so daß man ihn – wenn auch sehr entfernt – als Landsmann des einzigen Philosophen ansprechen kann, der einen merkenswerten Einfluß auf die Entwicklung seiner Gedanken hatte: David Hume (194).

Kants erste Veröffentlichungen beschäftigen sich vorwiegend mit physikalischen Theorien. Es genügt anzumerken, daß in ihnen zuerst Kants Unzufriedenheit mit den Systemen von Descartes (129) und Leibniz (177) deutlich wurde: sie legten die theoretischen Grundlagen, auf denen aufbauend Laplace (252) die Kant–Laplacesche Theorie vom Ursprung des Universums schuf.

1755 erhielt er die Venia legendi an der Universität Königsberg, wo seine Vorlesungen, die zuerst nur physikalischen Gegenständen gegolten hatten, sich ausweiteten und fast alle philosophischen Disziplinen einbezogen. 1770 wurde Kant Ordentlicher Professor der Logik und Metaphysik, und in dieser Zeit geht plötzlich die Zahl seiner Veröffentlichungen zurück. Die Ursache wurde elf Jahre später klar, als die ›Critik der reinen Vernunft‹ erschien; sie machte Kant weltberühmt.

Kants große Tat war es, die Linien, denen das philosophische Denken im 18.Jahrhundert gefolgt war, zu Ende zu führen und ein neues, umfassenderes Gedankensystem zu erschließen, um die Probleme der Philosophie anzugehen. Von den beiden Hauptsystemen, die Kant vorausgingen, hatte er für die metaphysische Methodenlehre der Cartesianer wenig oder gar keine Sympathie und empfand mehr Neigung für die empirischen Methoden von Locke (164) und Leibniz. Aber gerade wie die Erweiterung von Lockes Thesen durch Hume anscheinend zur Verneinung wirklicher Erkenntnis geführt hatte, so ergab sich, wie Kant feststellte, eine gleiche Schwierigkeit bei Leibnizens Monadenlehre (177), die ebenfalls zu einem negativen Ergebnis führte. Deshalb neigte Kant mehr Humes Ansicht als der realistischeren von beiden zu und entdeckte dabei, daß Humes negative Schlußfolgerungen fruchtbar gemacht werden konnten. Für Kant bestand das Problem in der Erklärung, wie die denkende Einzelperson die Teile ihrer äußeren Erfahrung zu dem verbinden könne, was wir Erkenntnis nennen. Das Wesen der Erkenntnis ist für ihn ein synthetischer Akt, ein Akt der Verknüpfung der unterschiedlichen Elemente der äußeren Erfahrung. Synthese ist nicht erklärbar als ein Akt reinen Denkens, dessen Funktion lediglich analytisch wäre, und auch nicht nur die Einwirkung äußerer Realitäten auf unsere Fähigkeiten. Wenn Erfahrung des Wirklichen Erkenntnis werden kann, so nur dadurch, daß von außen gegebener Stoff einwirkt auf die verknüpfende Kraft der Synthese. Form und Stoff können von der kritischen Analyse her als getrennt angesehen werden; in der Erfahrung selbst sind sie notwendig vereint.

Kants Einfluß auf die kritische Methode moderner Philosophie ist überragend. Kein anderer Denker ist imstande gewesen, mit solcher Sicherheit zwischen spekulativen und empirischen Ideen das Gleichgewicht zu halten. Seine tiefdringende Analyse der Elemente, die in die Synthese verwoben sind, und des subjektiven Prozesses, durch den diese Elemente im individuellen Bewußtsein realisiert werden, zeigte, wie ›reine Vernunft‹ sich betätigt. Die Schlichtheit und Bündigkeit seiner Argumente bewirkte unverzüglich ihre weltweite Anerkennung.

Kants Verdienste auf anderen Gebieten der Philosophie waren nicht weniger bedeutend und fruchtbar. Der ›Kategorische Imperativ‹ – der Ursprung moderner Ethik – entwuchs der ›Kritik der praktischen Vernunft‹, 1788, und seine Schrift ›Zum ewigen Frieden‹, 1795, legte den Grund zu einem praktischen Pazifismus. Sie enthält den Umriß eines Welt-Völkerbundes. Seine Denk-

methode begeisterte Coleridge; Fichte (244) hat sie weiterentwickelt, und sie beherrschte das westliche philosophische Denken
im 19.Jahrhundert und tut es heute noch.

227 Der siebente Planet

FREDERICK WILLIAM HERSCHEL (1738-1822). On the Proper
Motion of the Sun and Solar System. *In:* Philosophical Transactions of the Royal Society. *London, 1783*

Zwischen 1780 und 1821 erarbeitete Sir William Herschel ungefähr siebzig Artikel, die zum größten Teil in den ›Philosophical
Transactions‹ der Royal Society veröffentlicht wurden. Es waren
die Ergebnisse seiner astronomischen Beobachtungen, die ihm
den Titel ›Vater der Stellarastronomie‹ eintrugen. Der obige Artikel ›Über die eigentümliche Bewegung von Sonne und Sonnensystem‹ ist in dieser Reihe einer der wichtigsten.

Friedrich Wilhelm Herschel (siehe auch 254) wurde in Hannover als Sohn eines Militärmusikers geboren. Er folgte dem
Beruf seines Vaters und wurde Oboist bei der Garde. 1757 ging
er nach England, wo er auch weiterhin seinen Lebensunterhalt
als Musiker verdiente, zunächst als Lehrer in Leeds und dann als
Organist in Halifax und Bath. Er hatte schon in seiner karg be-
messenen Freizeit begonnen, Astronomie zu studieren, und 1772
kam seine Schwester Caroline nach England nach, um ihm beizustehen. Sie wurde ihm ein unersetzlicher Helfer und erwies sich
auch als ein bemerkenswert selbständiger Beobachter.

Herschel war es nicht möglich, sich teure Fernrohre zu kaufen,
also baute er eigene und begann 1774 seine Beobachtungen mit
einem Newtonschen Spiegelteleskop von 180 Zentimeter Brennweite. Am 13.März 1781 machte er die berühmte Entdeckung,
die es ihm ermöglichte, seinen Beruf aufzugeben und den Rest
seines Lebens der Astronomie zu widmen. An diesem Tag stellte
er im Sternbild Stier ein Objekt fest, das deutlich als Scheibe zu
erkennen war. Er dachte zunächst, es wäre ein Komet, doch bei
weiterer Beobachtung identifizierte er es als Planet, der sich
außerhalb der Saturnbahn bewegte. Es war der erste Planet, der
in geschichtlich greifbaren Zeiten entdeckt wurde. Herschel gab

ihm den Namen Georgium Sidus zu Ehren von König Georg III., doch er wurde später in Uranus umbenannt. Herschel wurde zum Mitglied der Royal Society gewählt, bekam die Copley-Medaille und erhielt als Hofastronom des Königs auch ein Jahrgehalt. Herschel war ein sehr geschickter Mechaniker, der viele Instrumente baute und Hunderte von Spiegeln selber schliff. 1789 errichtete er in Upton, nahe Slough, das gefeierte Riesenteleskop von zwölf Metern Brennweite und einer Öffnung von 1,2 Metern, das viele Jahre lang eine Sehenswürdigkeit blieb. Mit diesen Instrumenten führte Herschel seine gewaltige Himmelsvermessung durch. Während des 17. Jahrhunderts war der alte Glaube, daß die Sterne unbeweglich auf einer kristallenen Sphäre festgeheftet seien, endgültig fallengelassen worden; Herschel setzte sich nun die Aufgabe, zu erforschen, wie die Sterne im Raum verteilt sind und wie sie sich zueinander verhalten. Er wendete eine Methode an, die er Sterneichung nannte und mit der er systematisch die sichtbaren Sterne in jedem Teil des Weltalls, auf den er sein Teleskop richtete, zählte. Er schloß daraus, daß das ganze Sternsystem Linsengestalt habe, wobei die Breite der Linse in der Ebene der Milchstraße läge und die Sonne nahe dem Zentrum dieser Linse stünde. Er entdeckte Hunderte von Sternnebeln und kam zu dem Schluß, daß nicht alle davon aus einzelnen Sternen, sondern einige aus »einem leuchtenden Fluidum« bestünden; es seien Gasnebel, aus denen sich allmählich Sternhaufen oder einzelne Sterne durch Verdichtung bilden. Er beschrieb die Bewegung des ganzen Sternsystems durch den Raum, von der er glaubte, daß sie auf einen Punkt im Sternbild des Herkules zu erfolge und allmählich an Geschwindigkeit zunähme. Vielleicht die bemerkenswerteste Entdeckung von Herschel war, daß Sternpaare, deren Partner nahe beieinanderstehen – sogenannte Doppelsterne –, sich nach den Gravitationsgesetzen umeinander bewegen und so die universelle Gültigkeit der Naturgesetze erweisen. Unter vielen anderen Entdeckungen fand Herschel zwei Monde des Uranus und zwei des Saturn.

Er hatte einen Nachfolger in seinem Sohn Sir John Herschel (1792-1871), der die Arbeit seines Vaters vollendete, indem er in Kapstadt Beobachtungen über den südlichen Sternhimmel machte.

ROBERT RAIKES (1735-1811). The Gloucester Journal. *Gloucester, gedruckt von R. Raikes, 3. November 1783*

Raikes war kein großer Pädagoge wie Pestalozzi (258) oder Fröbel (317), sondern eher ein Philanthrop, dem eine ländliche Kreiszeitung, die er geerbt hatte, ›The Gloucester Journal‹, ausgezeichnete Möglichkeiten als Publizist bot. Er nahm nicht für sich in Anspruch, der Urheber der Sonntagsschulen zu sein. Im Gegenteil: eine Sonntagsschule, die ein wenig früher Thomas Stock in Ashbury in der Grafschaft Berkshire ins Leben gerufen hatte, veranlaßte Raikes 1780, auch in seinem eigenen Kirchsprengel St. Mary le Crypt eine solche Schule einzurichten, und er ersuchte Stock, die Statuten für sie aufzusetzen.

Im Jahr 1768 hatte Raikes in seiner Zeitung einen Aufruf zu Geldspenden veröffentlicht, um das elende Los der Häftlinge im Stadtgefängnis zu erleichtern, und seine Bemühungen werden von Howard (224) in seinem Werk anerkennend erwähnt. Am 3. November 1783 brachte er in seiner Zeitung einen kurzen Artikel über die Sonntagsschulbewegung in der Umgegend von Gloucester, ohne dabei seinen eigenen Namen zu erwähnen. Hierauf gingen Anfragen aus allen Teilen des Königreichs ein, und es erfolgte auch eine Notiz darüber an das Gentleman's Magazine.

1786 hielt Raikes' Freund Samuel Glasse im nahe gelegenen Painswick eine beredte Predigt zugunsten der Bewegung und veröffentlichte im gleichen Jahr seine Schrift ›Aus Gottesfurcht, Weisheit und Lebensklugheit Sonntagsschulen zu fördern‹. Er erklärte, zweihunderttausend Kinder besuchten bereits die Schulen. 1789 griff die Bewegung auch nach den Vereinigten Staaten hinüber. 1803 wurde die ›Sunday School Union‹ gegründet, und beim Jubiläum von Raikes' erster Schule, das – ein Jahr verspätet – 1831 gefeiert wurde, gab es angeblich 1,25 Millionen Sonntagsschüler. Wobei betont werden muß, daß für die große Mehrheit dieser Kinder dies, so einfach und elementar es auch sein mochte, die einzige Form der Schulbildung war, die ihnen offenstand, da bis zur Mitte des 19. Jahrhunderts die Erziehung der Armen in den Händen der Kirche und anderer Organisationen lag.

BARTHÉLEMI FAUJAS DE SAINT-FOND (1745-1819). Description des Expériences de la Machine Aérostatique de MM. de Montgolfier, 2 Bände. *Paris, Cuchet, 1783-84*

Zwei Anwärter machen sich den Vorrang der ersten Ballonfahrt streitig: J.A.C.Charles und die Brüder Montgolfier. Faujas de Saint-Fond, ein hervorragender französischer Naturwissenschaftler, war zugleich der Förderer und Geldgeber der Montgolfiers und ihr Chronist. Er setzte eine Subskription in Gang, um ein Experiment zu wiederholen, das sie im Juni 1783 durchgeführt hatten, als sie nämlich eine »in einem Sack eingeschlossene Wolke«, in Wahrheit eine Kugel aus Zeltleinwand von fünfunddreißig Metern Umfang, worin die Luft durch ein Strohfeuer erhitzt wurde, in Annonay mit Erfolg hatten aufsteigen lassen. Die Subskribenten gaben jedoch dem von Charles konstruierten, mit Wasserstoff gefüllten Ballon den Vorzug. Dieser Ballon hatte einen Durchmesser von nur vier Metern, und sein Aufstieg fand im August 1783 auf dem Champs de Mars in Paris statt.

Dieses Kunststück wurde jedoch im September von den Montgolfiers überboten, als sie einen Ballon aufsteigen ließen, der ein Schaf, einen Hahn und eine Ente mit sich führte, und noch sensationeller im November, als nach einigen Versuchen mit einem Fesselballon Pilâtre de Rozier, begleitet vom Marquis d'Arlandes, die erste Luftfahrt der Geschichte machte. Sie stiegen vom Château de la Muette im Bois de Boulogne auf, flogen knapp neun Kilometer über Paris hinweg und gingen nach fünfundzwanzig Minuten am Stadtrand nieder.

Faujas de Saint-Fonds ›Beschreibung der Erfahrungen mit der Luftmaschine der Herren Montgolfier‹ war der erste Bericht über diesen Flug und wurde noch im gleichen Jahr geschrieben und veröffentlicht. Er ist die erste ernsthafte Abhandlung über die Ballonschiffahrt als praktisch durchführbare Möglichkeit.

Im Dezember 1783 führte Charles einen wesentlich längeren Aufstieg in einem Wasserstoffballon eigener Konstruktion durch. Er blieb zwei Stunden lang in der Luft. Ihm sind die wesentlichen Elemente der modernen Ballonkonstruktion zu verdanken.

DESCRIPTION
DES EXPÉRIENCES
DE LA MACHINE
AÉROSTATIQUE
DE MM. DE MONTGOLFIER,

Et de celles auxquelles cette découverte a donné lieu ;

SUIVIE

DE RECHERCHES sur la hauteur à laquelle est parvenu le Ballon du Champ-de-Mars ; sur la route qu'il a tenue ; sur les différens degrés de pesanteur de l'air dans les couches de l'atmosphère ;

D'UN MÉMOIRE sur le gaz inflammable & sur celui qu'ont employé MM. de Montgolfier ; sur l'art de faire les Machines aérostatiques, de les couper, de les remplir, & sur la manière de dissoudre la gomme élastique, &c. &c. ;

D'UNE LETTRE sur les moyens de diriger ces Machines, & sur les différens usages auxquels elles peuvent être employées.

● UVRAGE orné de neuf planches en taille-douce, représentant les diverses Machines qui ont été construites jusqu'à ce jour, particulièrement celle de Versailles, & celle dans laquelle des hommes ont été enlevés jusqu'à la hauteur de 324 pieds, &c. &c.

Par M. FAUJAS DE SAINT-FOND.

A PARIS,

Chez CUCHET, rue & hôtel Serpente.

M. DCC. LXXXIII.

Avec Approbation & Privilège du Roi

Tab. I.

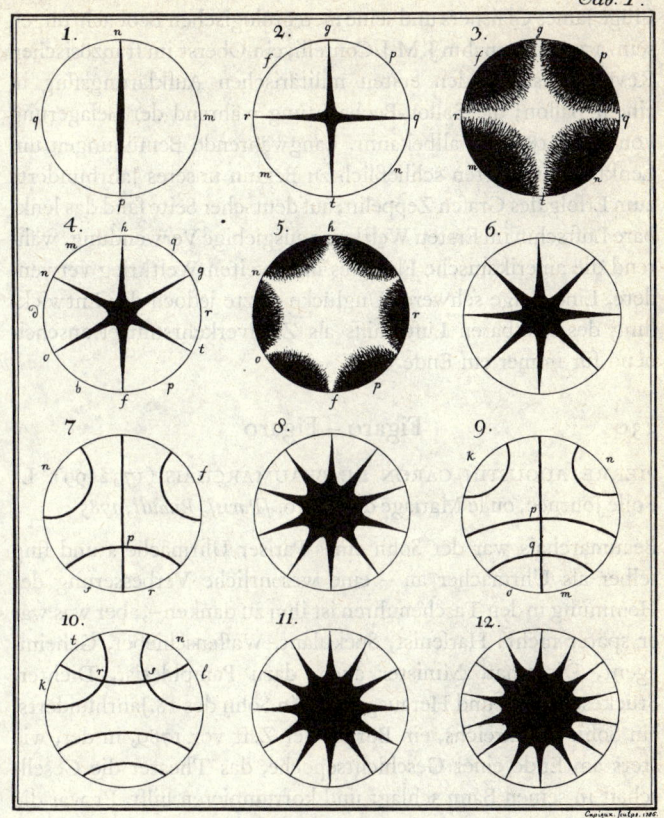

Capieux sculps. 1806.

Chladni (233 a)

Der Ballon wurde schon bald zu wissenschaftlichen Forschungszwecken verwendet; die wichtigsten frühen Beispiele dürften die Flüge James Glaishers und seine meteorologischen Beobachtungen sein. 1794 unternahm J.M.J.Contelli, ein Oberst im französischen Revolutionsheer, den ersten militärischen Aufklärungsflug in einem Ballon; die Ballon-Beobachtung während der Belagerung von Paris 1870 ist allbekannt. Langwährende Bemühungen um Lenkbarkeit führten schließlich zu Beginn unseres Jahrhunderts zum Erfolg des Grafen Zeppelin; auf deutscher Seite fand das lenkbare Luftschiff im Ersten Weltkrieg ausgiebige Verwendung, während die amerikanische Flotte es im Zweiten Weltkrieg verwendete. Eine Folge schwerer Unglücke setzte jedoch der Entwicklung des lenkbaren Luftschiffs als Zivilverkehrsmittel anscheinend für immer ein Ende.

230   Figaro – Figaro

PIERRE AUGUSTIN CARON DE BEAUMARCHAIS (1732-99). La Folle Journée, ou le Mariage de Figaro. *[Paris], Ruault, 1785*

Beaumarchais war der Sohn eines Pariser Uhrmachers und fing selber als Uhrmacher an – eine wesentliche Verbesserung der Hemmung in den Taschenuhren ist ihm zu danken –, aber was war er später nicht: Harfenist, Spekulant, Waffenschieber, Geheimagent, Diplomat, Minister auch, dazu Pamphletist, Dichter, Stückeschreiber und Herausgeber! Ein Sohn des 18.Jahrhunderts, ein Sohn Frankreichs, ein Bürger der Zeit vor 1789, in der, wie stets am Ende einer Geschichtsepoche, das Theater die Gesellschaft in seinen Bann schlägt und korrumpieren hilft. Er war die interessanteste Gestalt der großen zwielichtigen Abenteurer seiner Epoche, für die alles, was sie taten und was sie besaßen: Geld, Macht, Frauen, Skandale, Prozesse, selbst die unausbleiblichen Gefängnisse, Spiel war, das sie vor den Augen der zuschauenden, applaudierenden, schmähenden Zeitgenossen sich selber zum größten Spaß aufführten. Sein Vermögen ging in die Millionen, seine Frauen – deren rasch gestorbener ersten er den Adelsbesitz und damit auch den Namen Beaumarchais verdankte – und seine Mätressen gingen in die Dutzende, seine Leistungen und groß-

artigen Pläne in beträchtliche Zahlen: Gründung der Pariser
Militärakademie, Gründung der Gesellschaft dramatischer Dich-
ter, Ausrüstung von fünfundzwanzigtausend amerikanischen In-
surgenten, die 1777 zur Kapitulation der britischen Truppen in
Saratoga beitrugen, Pläne zu einer Pariser Wasserleitung, zu einem
Kanalsystem zwischen Ostsee und Schwarzem Meer in Rußland.
Seinen literarischen Ruf krönen die vollständige Ausgabe der
Werke des von ihm hoch verehrten Voltaire, die er auf eigene
Kosten jenseits der französischen Grenze im badischen Kehl druk-
ken ließ, und nicht zuletzt seine beiden Meisterkomödien: ›Der
Barbier von Sevilla‹ (1775) und ›Der tolle Tag oder die Hochzeit
des Figaro‹ (1784).

Sein Figaro ist das unübertroffene Beispiel einer Charakter-
komödie geblieben. Die treffende Zeichnung ihrer Figuren, Witz
und Laune des Dialogs und der kunstvoll verwirrten Handlung,
die seltene Eigenschaft, ganz zeitbedingt und dennoch zeitlos zu
sein, ihr überwältigender Erfolg von Anfang an – all das hat die
Nachwelt zu Unrecht politisch interpretiert: Susanne und Cheru-
bin, die Hauptfiguren der ›opuscule comique‹, wie Beaumarchais
sein Stück nannte, als Sturmvögel der Revolution? Er kritisiert
nicht die Gesellschaft und die Zeit, in der sie wie er heiter und
selbstsicher lebten, dazu hat er sie zu sehr geliebt, noch entwirft
er das Bild einer besseren Welt, deren Heraufkunft er verkünden
wollte. Auch das Kleid seiner genau nachzeichnenden und herr-
lich verzaubernden Musik, das Mozart Beaumarchais' Figaro nur
vier Jahre nach der Pariser Uraufführung überwarf, zeugt von
demselben Geist des freien Spiels mit den Figuren und ihren
Schicksalen. Daß es Mozart ist, der hier als Mensch wie als be-
gnadeter Künstler mehr zu geben hatte als Beaumarchais, hätte
dieser vielleicht selber zugegeben; wir haben aber kein Zeugnis
von ihm, daß er Mozarts Werk je gehört hat.

Mozarts Figaro ist von dem Wiener adligen und großbürger-
lichen Publikum wenn nicht als revolutionär, so doch als unge-
hörig empfunden worden. Er brachte es in Wien nur auf neun Auf-
führungen, und Mozart bekam finanziell diesen Unwillen zu spüren. Die Pariser Gesellschaft war großzügiger. Dreiundsiebzigmal
konnte Beaumarchais' Figaro vom 27. April 1784 bis zum 11. Fe-

bruar 1785 gespielt werden, und der Text erschien in immer
neuen Auflagen. Cordiers Bibliographie verzeichnet fünfzehn Auflagen in französischer Sprache innerhalb des ersten Jahres nach
seinem Erscheinen. Das Stück wurde auch gleich übersetzt und in
französischer Sprache oder in Übersetzungen in Stockholm, Nürnberg, Lissabon, Madrid, London, Kopenhagen, St. Petersburg und
Budapest aufgeführt.

231 ›Schottlands Stolz‹

ROBERT BURNS (1759-96). Poems, chiefly in the Scottish Dialect.
Kilmarnock, gedruckt von John Wilson, 1786

Es hat niemals einen Nationaldichter mit so unanfechtbarer Legi-
timität gegeben, wie Burns sie besaß. Selber von bescheidener
Herkunft, sprach er vollendet die Sprache des Volkes, und seine
Lieder sind Teil der Luft, die Schotten einatmen, wo auch in
der weiten Welt sie weilen. Von Wordsworth' ›Lyrischen Balladen‹ (256) sagte man, daß sie keinen Anhaltspunkt böten dafür,
daß »Menschen essen oder trinken, heiraten oder verheiratet

(29)

EXPÉRIENCE

*FAITE avec un Ballon de 70 pieds de
hauteur ſur 40 de diamètre , dans le
jardin de M. Reveillon , rue de Mon-
treuil , fauxbourg S. Antoine , le 12
Septembre 1783 , en préſence de Meſ-
ſieurs les Commiſſaires de l'Académie
Royale des Sciences.*

LA Machine aéroſtatique que M. de Montgolfier faiſoit exécuter au fauxbourg S. Antoine, étoit en toile de canevas, doublée tant
en dedans qu'en dehors d'un fort papier.

Sa coupe géométrique étoit formée ;
1°. Par un priſme de 24 pieds de hauteur :
2°. Par une pyramide de 27 pieds ; qui
devoit couronner le priſme ;
3°. Par un cône tronqué , de 18 pieds ¼ ,
deſtiné à former la partie inférieure de la
Machine.

Chacune de ces portions étoit compoſée
de 24 bandes ou méridiens, réunis & couſus
enſemble.

En cet état la Machine développée, pleine
de gaz, & tendue dans tous les points, devoit

Saint-Fond (229)

A LETTER

ON

THE ABOLITION

OF THE

SLAVE TRADE;

ADDRESSED TO THE

FREEHOLDERS AND OTHER INHABITANTS

OF

YORKSHIRE.

By W. WILBERFORCE, Esq.

" There is neither Greek nor Jew, circumcision nor uncircum-
cision, Barbarian, Scythian, bond nor free: but CHRIST
is all, and in all. Put on therefore bowels of mercies,
kindness," &c.—COL. iii. 11. 12.

" GOD hath made of one blood all nations of men, for to dwell
on all the face of the earth."—ACTS xvii. 26.

LONDON:
Printed by Luke Hansard & Sons,
FOR T. CADELL AND W. DAVIES, STRAND ; And,
J. HATCHARD, PICCADILLY.

1807.

Wilberforce (232)

428

werden«. Keiner könnte das von Burns sagen. Er wäre eher ins
andere Extrem gefallen; seine Gedichte sind so voller Leben, wie er
es selber war. Sie sind »Zauberringe, Losungen, Geheimzeichen
schottischen Lebens«. Die stürmische Begeisterung von Burns'
Landsleuten, besonders der nach England und in die Vereinigten
Staaten ausgewanderten – vor allem auf den traditionellen ›Burns-
Abenden‹ –, verdeckt allzu leicht die Tatsache, daß Burns nicht
nur der größte schottische Dichter, sondern überhaupt einer der
Großen unter den Dichtern aller Zeiten und Länder ist.

Die Abschaffung der Sklaverei 232

(a) THOMAS CLARKSON (1760-1846). An Essay on the Slavery and
Commerce of the Human Species, particularly the African. *London,
T. Cadell und J. Phillips, 1786*

(b) WILLIAM WILBERFORCE (1759 bis 1833). A Letter on the
Abolition of the Slave Trade. *London, T. Cadell & W. Davies,
und J. Hatchard, 1807*

William Wilberforce entstammte einer alteingesessenen Familie
in Yorkshire und vertrat während des größten Teils seines berufs-
tätigen Lebens diese Grafschaft als Abgeordneter im Parlament.
Hier im Parlament wurde der Endkampf gegen die Sklaverei
durchgefochten und gewonnen; ein Kampf, den Wilberforce 1787
begann und nahezu allein und ohne Hilfe durchführte und dessen
erfolgreicher Abschluß einen Monat nach seinem Tod erfolgte.

Wilberforce war nicht der erste, der sich dieser Sache annahm.
Granville Sharp hatte 1772 den Somersetprozeß gewonnen, in
dem er von einem englischen Gericht den Urteilsspruch erlangte,
daß jeder Sklave, sobald er den Fuß auf englischen Boden setzt,
ein freier Mann ist; und als Thomas Clarkson 1785 seinen berühmten Essay (a) schrieb, der im folgenden Jahr erschien, fand sich
eine Gruppe von Männern zusammen, die entschlossen waren,
praktische Schritte zu unternehmen. Aber da ihre Sache im Parlament keine Vertreter oder Befürworter hatte, schien die Abschaffung der Sklaverei noch in weiter Ferne zu liegen. Doch 1787 er-
eigneten sich zwei wichtige Dinge. Erstens beschloß Wilberforce
nach einer Unterredung mit seinem Freunde Pitt, der ihm sagte,

er dürfe »keine Zeit verlieren, sonst werde die Frage von jemand anderem aufgegriffen«, sich im Parlament für die Sache einzusetzen. Am Fuß des Baumes in Holwood Park, Pitts Landsitz, wo der Beschluß gefaßt wurde, befindet sich ein Gedenkstein. Zweitens gründeten Clarkson und Sharp am 22. Mai nach einem Diner, bei dem Wilberforce seinen Entschluß öffentlich bekanntgab, einen ständigen Ausschuß, eine ›Lobby‹, um auf die Abgeordneten in ihrem Sinn einzuwirken.

Die erste Maßnahme des Ausschusses war die Veröffentlichung einer ›Übersicht über den Sklavenhandel‹, die Clarkson aus den auf seinen Reisen gesammelten Unterlagen zusammengestellt hatte. Dies war das Vorspiel zur Aktion im Parlament. Wilberforce, der in der Kammer bereits zugunsten der Abschaffung gesprochen hatte, sollte die erste Gesetzesvorlage einbringen, aber Krankheit verhinderte ihn, und Pitt tat es an seiner Stelle. Er setzte 1788 die Verabschiedung eines ersten kleineren Gesetzes durch, das die Anzahl von Sklaven, die auf einem Schiff transportiert werden durften, auf eine Verhältniszahl zur Tonnage des betreffenden Schiffes beschränkte. Dann kehrte Wilberforce zurück, um das Hauptgesetz einzubringen. Er war sich der Gefahren übereilten Vorgehens bewußt und mußte eine Verschiebung nach der anderen auf sich nehmen, die ihm von den Interessenvertretern der westindischen Pflanzer aufgezwungen wurden, und trotz klügster und vorsichtigster Behandlung der Vorlage in den Ausschußsitzungen wurde der Antrag auf Abschaffung des Sklavenhandels im April 1791 schließlich doch abgelehnt.

Wilberforce und der Ausschuß ließen sich von diesem Rückschlag nicht abschrecken, machten sich neuerlich ans Werk und brachten nach weiteren Verzögerungen und Rückschlägen die Sache 1806 unter der neuen Whig-Regierung wieder zur Sprache. Jetzt wurden mehrere weitere beschränkende Maßnahmen verabschiedet, und schließlich erhielt am 25. März 1807 ein Gesetz, das den Handel mit Sklaven überhaupt abschaffte, die königliche Billigung.

Dies war, wie Wilberforces ›Brief‹ (b) verkündete, der erste große Sieg der Bewegung. Es blieb jedoch noch ein beträchtlicher Weg zurückzulegen. Das Gesetz von 1807 wurde 1811 durch ein zweites verstärkt, das den Sklavenhandel gesetzlich zum Schwerverbrechen erklärte, und 1823 erhielt die Anti-Slavery-Society mit Clarkson und Wilberforce als Vizepräsidenten eine feste Form. 1825 zog sich Wilberforce aus dem Parlament zurück, und der Kampf wurde von anderen fortgeführt. Als er 1833 im Sterben lag, brachte man ihm die Nachricht, daß das Gesetz, das allen Sklaven die Freiheit gab und die Sklaverei in sämtlichen Herrschaftsgebieten der britischen Krone abschaffte, die zweite Lesung überstanden hatte. Es wurde einen Monat nach seinem Tod endgültig verabschiedet. Clarkson und Wilberforce hatten es erreicht und erlebt, daß ein mit mündlicher Rede und mittels der Druckerpresse geführter Kampf um eines der grundlegenden Menschenrechte zum triumphalen Abschluß gelangte.

Chladnische Klangfiguren 233

ERNST FLORENS FRIEDRICH CHLADNI (1756-1827). (*a*) Neue Entdeckungen über die Theorie des Klanges. *Leipzig, Weidmann, 1787;* (*b*) Die Akustik. *Leipzig, Breitkopf und Härtel, 1802*

Die frühesten Beiträge zur wissenschaftlichen Erforschung der Töne wurden fast gleichzeitig, aber unabhängig voneinander, im 17. Jahrhundert von Galilei (113 etc.) und Mersenne geleistet. Beide untersuchten und tabellierten die Töne, die von schwingenden Saiten bei verschiedenen Frequenzen erzeugt wurden.

Chladni, Professor der Physik in Breslau, war der erste, der die allgemeine Beziehung zwischen Schwingungsfrequenz und Tonhöhe auf eine tabellarische Grundlage stellte und so die moderne Akustik begründete. Seine ersten Ergebnisse wurden im ersten Werk (a) 1787 veröffentlicht und im zweiten (b) 1802 bedeutend ausgeweitet. Er streute Sand auf Metall- und Glasplatten, die mit Klammern eingespannt waren. Darauf strich er mit einem Geigenbogen am Rand jeder Platte entlang und zeichnete die Figuren auf, die dadurch im Sand entstanden. Diese Figuren tragen noch heute seinen Namen.

Die Wissenschaft der Akustik wurde von Ohm (289) und von Helmholtz (323) mit dessen ›Tonempfindungen‹ vom Jahre 1863 weiterentwickelt.

ALEXANDER HAMILTON (1757-1804), JAMES MADISON (1751 bis
1836) und JOHN JAY (1745-1829). The Federalist, 2 Bände. *New
York, J. und A. McLean, 1788*

Als Alexander Hamilton seinen New Yorker Mitbürger John Jay
und James Madison aus Virginia aufforderte, mit ihm zusammen
die Folge von Aufsätzen zu schreiben, die als ›The Federalist‹ veröffentlicht wurde, handelte es sich um die dringende Notwendigkeit, die widerwillige Wählerschaft von New York zu überzeugen,
die kürzlich entworfene Verfassung der Vereinigten Staaten zu
ratifizieren. Die Aufsätze waren nicht als staatswissenschaftliche
Abhandlung, sondern als politische Propaganda gedacht. Dessenungeachtet lebt ›The Federalist‹ als einer der wichtigsten Beiträge
der neuen Nation zur Lehre von der Regierungsgewalt fort.

Die Bundesversammlung in Philadelphia sollte von Mai bis September 1787 ihren Verfassungsentwurf einer Anzahl von Staaten
zur Ratifikation übersenden. Da man voraussah, daß es schwierig
sein werde, die gesetzgebenden Versammlungen gewisser Staaten
zur Ratifikation zu bewegen, und weil man auch der Auffassung
war, die Verfassung solle sich direkt vom Volk herleiten, beschloß
man, daß die Ratifikation durch eigens für diesen Zweck gewählte
›State Conventions‹ vorgenommen werden solle. Die Anhänger
der Verfassung standen folglich vor einem doppelten Kampf:
erstens sympathisierende Delegierte in die ›Conventions‹ zu wählen und zweitens, in ihnen die Debatten zu gewinnen. Hamilton
plante, den ›Federalist‹ als Waffe in diesem Kampf im Staat New
York zu verwenden. Doch gerade als Propagandawaffe verfehlte
er sein Ziel: die Wähler von New York wählten sechsundvierzig
Delegierte der Partei, die gegen, und nur neunzehn, die für die
Verfassung waren. Daß die Schlußabstimmung mit dreißig gegen
siebenundzwanzig Stimmen für die Ratifikation ausfiel, hatte seinen Grund weniger in den Argumenten, die der Federalist vorbrachte, sondern einfach in der politischen Erwägung, daß mehrere
Staaten, darunter auch Virginia, bereits für die Verfassung ge-
stimmt hatten und daß ein Gerücht wissen wollte, New York

City habe gedroht, sich vom Staat New York abzuspalten und selbständig um Aufnahme in die neue Nation nachzusuchen.

Der erste Aufsatz erschien am 27. Oktober 1787 in vier New Yorker Zeitungen, und die Veröffentlichung in Zeitungen wurde bis zur Nummer 77 am 2. April 1788 fortgesetzt. Die beiden Bände der Buchausgabe erschienen im März und Mai 1788.

Die drei Verfasser des Federalist waren Männer der vermögenden, grundbesitzenden Schicht, die ein unterschwelliges Mißtrauen gegenüber der Volksdemokratie spüren lassen. Hamilton im besonderen sorgte sich weit mehr um die Rechte von Besitz und Eigentum als um die Naturrechte von »Leben, Freiheit und dem Streben nach Glück«, wie Jefferson sie in der Unabhängigkeitserklärung (220) umrissen hatte. Diese Männer erblickten in einer starken Zentralregierung die unerläßliche Voraussetzung für die Aufrechterhaltung einer gesunden Wirtschaft. Ihre konservativen Anschauungen von Besitz- und Eigentumsrechten haben eine nachhaltige Wirkung auf das Verfassungsrecht der Vereinigten Staaten gehabt. Als Kommentar zur Verfassung von Männern, die zum engsten Kreis ihrer Schöpfer gehörten, hat der Federalist vom Beginn des 19. Jahrhunderts bis heute nicht nur Laien, sondern auch Juristen und Richtern des Obersten Gerichtshofes der Vereinigten Staaten zur Auslegung der Verfassung gedient.

235 Die indoeuropäische Sprachenfamilie

SIR WILLIAM JONES (1746-94). On the Hindus. *In:* Asiatic Researches or, Transactions of the [Bengal Asiatic] Society. *Kalkutta, gedruckt und vertrieben von Manuel Cantopher, vertrieben in London von P. Elmsly, 1788*

Das schmale Manuskript, das 1786 in der Bengal Asiatic Society verlesen und in deren Sitzungsberichten veröffentlicht wurde, bedeutet einen Wendepunkt in der Geschichte der Linguistik und zeigt die Geburt der vergleichenden Sprachforschung an.

Jones verdankte seine Ausbildung Oxford – 1766 wurde er hier graduiertes Mitglied (fellow) des University College. Seinen Ruf als Orientalist erwarb er durch seine Grammatik der persischen Sprache (1771) und seine ›Poeseos Asiaticae Commen-

433

tatorium Libri VI‹ (1774). In diesem Jahre 1774 wurde er Mitglied der Londoner Advokatenschaft, und in diesem seinem zweiten Beruf wurde er 1781 noch einmal als Autor eines Standardwerkes über ›Bürgschaften‹ berühmt, das für lange Jahrzehnte zu beiden Seiten des Atlantik den Ruf eines Klassikers auf seinem Gebiete genoß. 1783 wurde er geadelt und zum Richter am Obersten Gerichtshof in Kalkutta, dem Regierungssitz der Ostindischen Kompanie, bestellt, ein Amt, das er bis zu seinem Tode bekleidete.

Hier konnte Jones seinen orientalischen Studien frei nachgehen. Er gründete die Asiatic Society of Bengal (1784), gab deren Mitteilungen ›Journal of Asiatic Researches‹ heraus, übersetzte indische Klassiker ins Englische – so die Hitopadesa, die Sakuntala und eine Auswahl aus den Upanishaden und den Veden –, druckte als erster Europäer Sanskrit-Texte in der Devanagari-Schrift und stellte Regeln für die ›Schreibung Asiatischer Wörter in Antiqua-Buchstaben‹ auf.

1780 machte Jones seine epochemachende Entdeckung: die Verwandtschaft zwischen dem Sanskrit, dem Gotischen, Griechischen und Lateinischen – und wie er später irrtümlich annahm, auch dem Altägyptischen. Sein sicheres Erfassen der Grundbegriffe aller Sprachwissenschaft schuf das Fundament, auf dem Rask (266), Bopp (275) und Jakob Grimm (281) den eindrucksvollen Bau indoeuropäischer Sprachforschung errichteten.

236   Der klassische Leitfaden

JOHN LEMPRIÈRE (um 1765-1824). Bibliotheca Classica, or a Classical Dictionary. *Reading, gedruckt für T. Cadell, London, 1788*

Lemprières ›Classical Dictionary‹ ist das erste Beispiel einer neuen Art Handbuch, in dem ein Wissensgebiet, das in anderer Form nicht ohne weiteres zugänglich ist, in einer Folge von alphabetisch angeordneten Einzelartikeln für den Gebrauch derjenigen dargestellt ist, denen entweder die Zeit oder die Bildungsvoraussetzung fehlen, um zu den Quellen vorzudringen. Literarische, geographische und biographische Lexika wie auch Enzyklopädien gab es bereits; Lemprières Buch ist jedoch das erste Spezialwerk, das als ein Ersatz für Bildung oder vielmehr als ein Hilfsmittel zur Bildung angelegt ist. Es war in Wahrheit ein frühes ›Einpauker-Buch‹; das Vorwort sagt ausdrücklich, es sei »im besonderen für die Verwendung in den Schulen« bestimmt. Doch was ursprünglich als ein Mittel zur Popularisierung begann, ist inzwischen zu einem wertvollen und geschätzten Teil des literarischen Lebens geworden. Die Reihe der ›Oxford Companions‹ ist einer seiner hervorragendsten Nachkommen.

Über seinen Verfasser ist nur wenig bekannt; wie es mit den meisten volkstümlichen Neuerungen geht, ist es unwahrscheinlich, daß er sich über die gänzliche Neuartigkeit seines Werkes im klaren war. John Lemprière wurde auf der Insel Jersey geboren und besuchte die Schule von Winchester und das Pembroke College in Oxford. Während er sich noch auf der Universität befand, kompilierte und veröffentlichte er die ›Bibliotheca Classica‹. 1792 wurde er Leiter der Lateinschule in Abingdon und später Vikar des Pfarrsprengels. 1808 veröffentlichte er eine ›Universal-Biographie hervorragender Persönlichkeiten aller Zeiten und Länder‹, ein Werk im gleichen Stil wie sein klassisches Lexikon, aber in einer seit langem vertrauten Form. 1809 übersiedelte er nach Exeter, wo er Direktor der dortigen Lateinschule wurde, zog sich aber nach einer Meinungsverschiedenheit mit den Treuhändern zurück und verbrachte den Rest seines Lebens als Landpfarrer.

Lemprières Lexikon ist häufig neu bearbeitet und seine Genauigkeit und Zuverlässigkeit sehr verbessert worden, wobei jedoch sein ursprünglicher Stil, stets lebendig und für ein Nachschlagewerk ungewöhnlich lesbar, weitgehend erhalten geblieben ist. Darüber hinaus besitzt es schließlich noch einen unvergänglichen Ruhmestitel. Keats besaß ein Exemplar, das die Quelle des größten Teils seiner Kenntnis der lateinischen und griechischen Mythologie war; man vermag hier und dort hinter Keats' Verszeilen Lemprières bescheidene, aber lebendige Prosa gewahren.

JEREMY BENTHAM (1748-1832). An Introduction to the Principles of Morals and Legislation. Printed in the year 1780 and now first published. *London, T. Payne and Son, 1789*

Liest man Bentham heute wieder, so wird einem klar, wieviel Gutes er gestiftet und wie stark er das soziale und politische Denken vorwärtsgetrieben hat. Seine Reichweite ist charakteristischerweise zu groß, als daß man ihn ohne weiteres einordnen könnte – er hat keine Schule und keine Anhängerschaft hinterlassen –, aber vieles von dem, was er lehrte, ist Teil des allgemeinen Gedankengutes nicht nur seiner eigenen, sondern auch späterer Zeit geworden; viele Wahrheiten, auf die Bentham zum erstenmal hinwies, sind heute fast Gemeinplätze geworden, zum Beispiel auch der ›Utilitarismus‹: obgleich der Begriff an sich nicht neu war, konnte nur Bentham ihn in dem Aphorismus »Das größte Glück der größten Zahl« fassen, und nur er hätte das Wort ›Utilitarismus‹ als Schlagwort dafür prägen können. Bentham war überhaupt ein Sprachschöpfer, der viele neue Begriffe prägte; ›utilitaristisch‹, ›international‹, ›Kodifikation‹ sind alle von ihm erfunden, und ›utilitaristisch‹ hatte er schon 1802 verwendet, lange bevor John Stuart Mill 1823 glaubte, dies geprägt zu haben. Seine bedeutsamste Leistung jedoch, die auch ihm selbst am meisten Freude gemacht hätte, ist sein wirksamer Einfluß auf das Getriebe der Regierungsmaschinerie und auf die Jurisprudenz.

Bentham wurde als Sohn und Enkel bedeutender Juristen in London geboren. Er war ein Wunderkind, las bereits mit drei Jahren ausgiebig und legte mit fünfzehn sein Bakkalaureat ab. Er wurde als Anwalt bei Gericht zugelassen, brachte jedoch keine große Begeisterung für den Juristenberuf auf, auf den sein Vater für ihn so große Hoffnungen gesetzt hatte. Statt dessen beschäftigte er sich damit, über die Grundsätze und Mißbräuche des englischen Rechtssystems nachzudenken. Er hatte dazu statt des herkömmlichen historischen Standpunktes eine durchaus logische Einstellung, und ohne Zweifel würde es keine Revolution gegeben haben, wenn er die beiden Methoden miteinander vermischt hätte. Das ›Fragment on Government‹ (1776) war die erste Frucht seines Nachdenkens, ein Angriff auf die Lobeshymnen, die Blackstone (212), der Erzhistoriker, für seine Lehre vom organischen Wachstum der britischen Verfassung geerntet hatte. Diese Schrift machte sofort auf Bentham aufmerksam, und als er dreizehn Jahre später die ›Principles‹ folgen ließ, wurde er weltberühmt. Hinfort arbeitete und schrieb er beinahe ohne Unterlaß bis zu seinem Tod 1832. Sein ererbtes Vermögen gestattete ihm die Beschäftigung von Sekretären und die redaktionelle Mitarbeit von Freunden wie den Mills und den Austens. Er verhandelte fünfundzwanzig Jahre lang mit der Regierung über die Gründung des ›Panopticon‹ für die zentrale Überwachung und Unterbringung von Sträflingen im Sinne von Howards Reformbestrebungen (224), aber infolge amtlicher Trägheit wurde es nie gebaut. Nach seinem Tod wurde entsprechend seinen Weisungen sein Leichnam seziert, und seine Knochen werden bis heute im University College in London aufbewahrt.

Alle Reformen und Vorschläge Benthams sind das Ergebnis einer strikten Anwendung des gesunden Menschenverstandes auf die gegebenen gesellschaftlichen Tatsachen. Mit moralischen und ethischen Fragen beschäftigte er sich nur insofern, als er zeigte, daß die menschlichen Impulse vom Gesetz gelenkt und gezügelt werden müssen – der ›ethische Utilitarismus‹ wurde von seinem Schüler Mill entwickelt. Er stellte bei allen Institutionen die Frage, ob ihre Existenz durch ihre Nützlichkeit gerechtfertigt sei. Wo nicht, schlägt er eine neue Institution vor, die den nötigen Dienst zu leisten vermag. So empfahl er, die Spannungen im Recht abzuschaffen, die sich seit der Feudalzeit eingenistet hatten, und lieferte einen neuen Gesetzeskodex, der ohne innere Widersprüche ein geschlossenes Ganzes bildete. Sowohl das Strafrecht als auch das Strafrechts- und Zivilrechtsverfahren in England wurden durch die Anwendung seiner Grundsätze, besonders in der Revolution des Rechtswesens von 1873, in der Gesetzesrecht und Billigkeitsrecht miteinander verschmolzen wurden, wesentlich verbessert. Vielleicht wird eines Tages nicht nur der Inhalt, sondern auch die Ausdrucksform des Rechtes seinen Vorschlägen entsprechend geändert werden. Doch selbst wenn jeder einzelne seiner Vorschläge auf jedem seiner Arbeitsgebiete übernommen würde, wäre der Wert seines Werkes noch immer nicht erschöpft. »Pillé par tout le monde«, sagte Talleyrand, »il est toujours riche« – von aller Welt ausgeplündert, ist er noch immer reich.

238 »La Révolution en Chimie est faite«

ANTOINE LAURENT LAVOISIER (1743-94). Traité Élémentaire de Chimie, 2 Bände. *Paris, Cuchet, 1789*

Dieses Werk revolutionierte die Chemie: doch Lavoisiers Leistung wäre ohne seine Kenntnis der vorhergegangenen Arbeiten unmöglich gewesen. Priestley (217) hatte den Sauerstoff entdeckt; Scheele ebenfalls und hatte darüber hinaus bewiesen, daß die Luft aus zwei verschiedenen Gasen besteht – Stickstoff und Sauerstoff, wie wir heute wissen–, außerdem entdeckte er viele andere Substanzen; Black hatte bewiesen, daß es viele Arten von Gasen gibt, die sich von Luft unterscheiden, was zuerst von Helmont (135) beobachtet worden war; Cavendish stellte fest, daß Wasser kein Element ist; und Stephen Hales (189) hatte sogar schon früher entdeckt, daß man aus Pflanzen Gase erhalten kann.

Lavoisier machte, als er die Ergebnisse der Oxydation von Metallen untersuchte, ausgiebigen Gebrauch von der Apothekerwaage. Er wies nach, daß der Gewichtszuwachs der Metalloxyde auf irgendeine aus der Luft aufgenommene Substanz zurückzuführen sei und daß dieses Ergebnis bei allen solchen Vorgängen konstant blieb. Er nannte die Substanz Oxygen (Säurebildner), im deutschen Sprachraum heißt sie heute Sauerstoff. Er wiederholte die Experimente von Cavendish und schloß daraus, daß Wasser eine Verbindung aus Sauerstoff und Wasserstoff sei. Cavendish, der noch an der ›Phlogiston‹-Theorie (siehe 217) festhielt, hatte sie Phlogiston und dephlogistizierte Luft genannt. Lavoisier stellte fest, daß Atmung und Verbrennung ähnliche Prozesse seien, und nannte die Verbrennungsprodukte, da Sauerstoff (Oxygen) der Teil der Luft war, der sich dabei mit den Metallen verband, Oxyde. Er setzte endgültig die moderne Auffassung von Elementen als Substanzen durch, die nicht weiter zerlegt werden können. Seine ›Grundlegende Abhandlung über Chemie‹ enthält eine Liste von dreiundzwanzig solchen Elementen, die auch heute noch Gültigkeit hat. Zusammen mit Morveau und Berthollet führte er eine völlig neue chemische Nomenklatur in der ›Méthode de Nomenclature Chimique‹, Paris 1787, ein. So wurde das große Durcheinander etwa bei der gültigen Anzahl der Elemente und der äußerst wunderlichen Nomenklatur, die noch viele Begriffe der Alchimie enthielt, endlich vom Tisch gefegt. Da er bewiesen hatte, wie ähnlich Verbrennung und Atmung waren, konnte Lavoisier viele Kreisprozesse im tierischen und pflanzlichen Leben erklären und die ersten biochemischen Experimente durchführen.

Eine der wichtigsten Folgen von Lavoisiers Arbeit war die Aufstellung des Prinzips der Massenerhaltung. Man stellte nun fest, daß chemische Verbindungen genausoviel wogen wie die Summe der einzelnen Substanzen, aus denen sie zusammengesetzt waren; wenn die Verbindungen wieder getrennt wurden, wogen die Bestandteile genausoviel wie vorher: das heißt die Masse bleibt bei allen chemischen Veränderungen konstant. Lavoisiers Werk versetzte der Phlogistontheorie und den noch existierenden Überresten der Alchimie den Todesstoß.

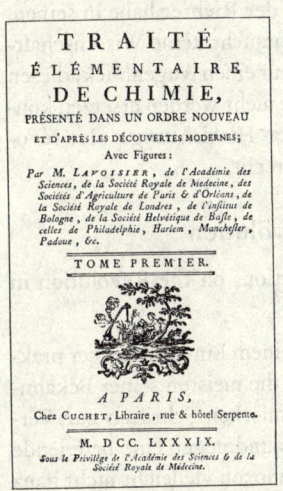

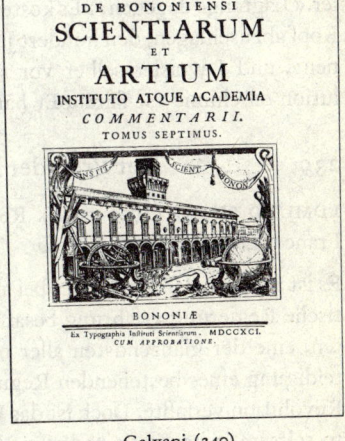

Lavoisier (238)   Galvani (240)

Lavoisier war einer der ersten großen Naturwissenschaftler, der
dem öffentlichen Interesse viel Zeit opferte. Er war Jurist, doch
im Jahre 1768 wurde er stellvertretender Generalpächter der
Steuern, 1775 wurde er ins Rüstungsamt berufen und reformierte
die Beschaffung und Herstellung von Schießpulver. Er vertrat mit
großem Nachdruck die Anwendung wissenschaftlicher Grundsätze in der Landwirtschaft und führte hierzu auf seinem eigenen
Gut ausgedehnte Experimente durch. Viele wirtschaftliche Reformen wurden von ihm entweder durchgeführt oder vorgeschlagen; zum Beispiel ein neues Volkszählungssystem und Verbesserungen in der Steuererhebung; er schlug die Errichtung von
Sparkassen, Versicherungsgesellschaften und den Bau von Kanälen zur Verbesserung der wirtschaftlichen und sozialen Verhältnisse vor und war in Ausschüssen für Hygiene, Münzprägung
und Erziehungswesen sowie zur Einführung des metrischen Systems tätig. Lavoisier erkannte die dringende Notwendigkeit
sozialer Reformen in Frankreich, doch scheute er sich, nichtver-
fassungsmäßige Mittel und Wege zu unterstützen. Dies und seine
frühere Verbindung zu den ›Fermiers généraux‹ machten ihn der
Revolutionsregierung verdächtig und brachte ihn am 8. Mai 1794
auf die Guillotine. Die Legende sagt, der Richter habe in seinem
Schlußwort gerufen: »Die Republik braucht keine Wissenschaftler.« Lagrange dagegen: »Es kostete nur einen Augenblick, diesen
Kopf abzuschlagen, den hundert Jahre nicht werden ersetzen können«, und Lavoisier selber vor seiner Hinrichtung: »La révolution en chimie est faite.« Er hatte recht.

239   Der Preis der Revolution

EDMUND BURKE (1729-1794). Reflections on the Revolution in
France. *London, J. Dodsley, 1790*

Es ist seltsam, daß Burke, der bei all seinem Einfluß weniger praktische Regierungserfahrung besaß als die meisten seiner Bekannten, eine der glänzendsten aller polemischen Schriften zur Verteidigung eines bestehenden Regimes und gegen eine befreiende
Revolution verfaßte. Doch ist das Paradoxon vielleicht nicht ganz
so seltsam, wenn man bedenkt, daß Burkes ganzes Leben dem

praktisch Durchführbaren in den menschlichen Angelegenheiten gewidmet war und daß seine mächtige Einbildungskraft – die weit über seine praktische Befähigung hinaus ihm weiten Einfluß verschaffte, gleichgültig, ob in Regierungsämtern oder ohne sie – von der Überzeugung angefacht wurde, daß die bestehende Ordnung in Europa den dauernden Grundeigenschaften der menschlichen Natur entspräche. Der wahre Einfluß der ›Reflections‹ findet sich in Burkes Leben und im Wirken seiner Einbildungskraft.

Burke wurde in Dublin geboren als Kind nicht gerade armer – sein Vater war Rechtsanwalt –, aber doch einflußloser Eltern. Sein Bildungsgang war nicht sonderlich bemerkenswert, und im Jahr 1750 begab er sich nach England, um sich als Anwalt im Londoner Juristenkreis auszubilden. Die Jurisprudenz war ihm jedoch zuwider, und während der ersten zehn Jahre seines Berufslebens konnte er sich im Existenzkampf nur mit Mühe gerade über Wasser halten. Das Jahr 1756 brachte ihm einiges Ansehen; in diesem Jahr erschienen sowohl seine ›Rechtfertigung der natürlichen Gesellschaft‹, eine Satire über die Gefahr, bürgerliche Einrichtungen an den Maßstäben der reinen Vernunft zu messen, in welcher die Grundsätze der ›Reflections‹ bereits vorgeformt sind, als auch die ›Philosophische Untersuchung der Ursprünge unserer Vorstellungen vom Erhabenen und Schönen‹, die viel Beifall fand und einen gewissen Einfluß auf Lessing (213) hatte. 1759 gründete er das noch heute bestehende ›Annual Register‹, ein Überblick über die Hauptereignisse des Jahres, dessen Chefredakteur er während der ersten acht Erscheinungsjahre war.

Endlich begann Burke sich in der großen Politik einen Namen zu machen. 1765 wurde er ins Unterhaus gewählt, wurde Sekretär des Premierministers Lord Rockingham und hatte hervorragenden Anteil an der kurzlebigen Whig-Regierung, die die absolutistischen Absichten Georgs III. durchkreuzte, und er unternahm, die amerikanischen Kolonisten zu verteidigen. Burke befand sich nun auf dem Weg, dem er während der nächsten fünfundzwanzig Jahre folgen sollte: der Umwandlung des Zeitalters der Familienpolitik in das Zeitalter der großen Prinzipien und der Schaffung einer neuen, auf sicherer Grundlage ruhenden Whig-Partei.

Es ist nicht verwunderlich, daß ein Mann, der Gerechtigkeit

für Amerika verlangte, aber die Doktrinen Jeffersons ablehnte, von den Ereignissen von 1789 tief aufgewühlt wurde. Für Burke waren die Überbewertung des Zwecks und die Mißachtung der Mittel die schrecklichsten aller Sünden. Sein Zorn und sein Abscheu verschärften sich noch durch die Befürchtung, daß die Ziele, Prinzipien, Methoden und die Sprache, die er an Frankreich verabscheute, das englische Volk anstecken könnten. Dies war es, was die ›Gedanken über die Französische Revolution‹ hervorbrachte, in denen sein Mißtrauen gegenüber den ›Perfectibilitarians‹, den Fanatikern der Vollkommenheit, und der rein destruktiven Kritik an den Institutionen sich prachtvoll Gehör verschaffte. Auf die Ansicht, das alte Regime sei so zuinnerst verfault, daß eine umfassende Revolution notwendig sei, erwiderte Burke, daß eine Revolution, die nicht wirkliche Freiheit bringe – welche nur der Rechtsprechung unter einer anerkannten Verfassung ohne Beeinflussung durch den Mob entspringe – überhaupt keine Freiheit darstelle. »Leider«, sagte er, »wissen sie nicht, wieviel mühevolle Schritte getan werden müssen, ehe sie sich zu einer Masse bilden, die eine echte politische Persönlichkeit besitzt.«

Die ›Gedanken‹ hatten in ganz Europa sofort Erfolg – Gentz veröffentlichte 1793 eine deutsche Übersetzung –, wenn sie auch Burke die Gefolgschaft der Whigs kosteten. Jetzt ganz allein auf sich gestellt, genoß er endlich eine europäische Autorität, die er in seinem eigenen Land oder innerhalb seiner eigenen Partei nie erlangt hatte. Die andere Seite fand einen wirksamen Sprecher in Paines ›Menschenrechten‹ (241), welche die Diskussion über die Grenzen der französischen Regierungsform hinaus führte, aber, als die Schreckensherrschaft anwuchs, schien Burke fast zum Propheten zu werden. In der ewig währenden Debatte zwischen dem Idealen und dem Praktischen hat das letztere nie einen wirksameren, einen mitreißenderen Verfechter gehabt oder einen Sprecher, der von höheren Idealen beseelt gewesen wäre, als er es war.

LUIGI GALVANI (1737-98). De Viribus Electricitatis in Motu Musculari. *Bologna, Ex Typographia Instituti Scientiarium, 1791*

Schon geraume Zeit vor Ende des 18.Jahrhunderts hat es Untersuchungen über den Zusammenhang zwischen Nerventätigkeit und Elektrizität gegeben. Bei der Erörterung von Eigenschaften des Äthers hatte Newton die Vermutung geäußert, daß ein elektrischer ›Spiritus‹ Empfindungen entlang der Nerven zum Gehirn leiten und Muskelreflexe erzeugen könnte: siehe ›Opticks‹ (172), Drittes Buch, sowie den Schlußzusatz ›General Scholium‹ der zweiten Auflage der ›Principia‹ (161). Ebenso hatte Haller Experimente durchgeführt, um einen Zusammenhang zwischen elektrischer Wirkung und Muskelreflexen aufzuzeigen.

Jedoch Luigi Galvani, Professor der Anatomie in Bologna, blieb es vorbehalten, in seiner Arbeit ›Von den Kräften der Elektrizität bei der Muskelbewegung‹ aufregende Experimente vorzuführen über das, was damals ›tierische Elektrizität‹, später ›Galvanismus‹ genannt wurde. Galvani hatte in seinem Laboratorium beobachtet, daß heftige Muskelzuckungen auftraten, sobald der Nerv eines Froschschenkels mit einem Skalpell berührt wurde, wenn gleichzeitig in der Nähe eine Elektrisiermaschine Funken entlud. Er entdeckte ferner, daß ein Muskel auch ohne den elektrischen Funken zusammenzuckte, sobald er und ein Froschnerv mit zwei Metallen berührt wurden, die man in Kontakt miteinander brachte. Als Physiologe glaubte er deshalb, daß Elektrizität im Tier selbst, wie beim Zitteraal, vorhanden sein müßte und die Metalldrähte nur als Leiter dienten. Er erkannte nicht, daß er keine physiologische Elektrizitätsquelle entdeckt hatte, sondern eine Quelle neuer Art, die kontinuierlichen elektrischen Strom durch chemische Prozesse lieferte. Bis dahin war Elektrizität ausschließlich durch Reibungselektrisiermaschinen in Form von Entladungsstößen hoher Spannung erzeugt worden. Galvanis Arbeit stieß sofort auf breites Interesse in der wissenschaftlichen Welt und verwickelte ihn in eine Kontroverse mit Alessandro Volta (255). Volta war Physiker. Er bewies, daß für die ›galvanische‹ Elektrizität Tiere unwesentlich wären. Er konstruierte die erste Batterie, die einen Strom chemisch erzeugte. Der Streit wurde in der Hauptsache von Galvanis Neffen Giovanni Aldini im Namen seines Onkels geführt.

Galvani hat also nur indirekten Einfluß auf die moderne Entwicklung von Energie, Elektrochemie und Elektromagnetismus gehabt. Aber zweifellos gründet sich die moderne Elektrophysiologie – worauf einer ihrer bedeutendsten Vertreter, Du Bois-Reymond in Deutschland, nachdrücklich hinwies – auf seine Beobachtungen über das Verhalten von Froschschenkeln.

241 Die Menschenrechte

THOMAS PAINE (1737-1809). Rights of Man. *London, J. Johnson,* 1791

Das Leben Thomas Paines – Quäker und Staatsrechtler, zahlungsunfähiger Steuereinnehmer und Revolutionär in einem – ist ein Bündel von Widersprüchen. Der historische Augenblick in seinem Leben kam, als er 1787 nach einem langen Aufenthalt in Amerika, wohin ihn 1774 Benjamin Franklin geholt hatte, nach Europa zurückkehrte und drei Jahre danach, 1790, Burkes ›Gedanken über die Französische Revolution‹ (239) erschienen.

Burke faßte in einem einzigen Werk alle Bestürzung und alles Entsetzen zusammen, alles, was die liberal Gesinnten, die den Beginn der Revolution freudig begrüßt hatten, jetzt für die französischen Revolutionäre empfanden. Paines ›Antwort auf Mr. Burkes Angriff‹ hob die Auseinandersetzung auf eine höhere Ebene. Mit einer Kraft und einer Klarheit, wie sie nicht einmal Burke besaß, entwickelte Paine jene Grundsätze der allgemeinen Menschenrechte, die unabdingbar sein müssen, gleichviel welche Ausschreitungen auch begangen werden, um sie zu erkämpfen. Seine eigene tiefe und bittere Kenntnis der Revolutionspolitik – er hatte ja den gesamten Verlauf des Unabhängigkeitskrieges miterlebt – ermöglichte es ihm zu erkennen, wo Burkes Sicht der Dinge sowohl durch den Revolutionsschrecken wie durch seine persönliche Erfahrung mit den stabilen politischen Verhältnissen Englands getrübt wurde.

Die ›Menschenrechte‹ hatten sofort Erfolg. Zwar bekam es sogar der politisch radikale Verleger Johnson mit der Angst zu tun, aber Paine fand einen anderen Verleger in Jordan, der das Buch übernahm. Die Regierung versuchte, das Werk zu unterdrücken, aber es wurde darum um so eifriger von Hand zu Hand gereicht. Die es als das Werk eines glühenden Revolutionärs kauften, waren überrascht von seiner Würde und Mäßigung; sogar Pitt meinte, Paine habe durchaus recht – »aber was soll ich machen? Wenn ich, so wie die Dinge liegen, Tom Paines Ansichten fördern würde, hätten wir eine blutige Revolution«. Sieht man aber einmal von dem Aufruhr, der die Veröffentlichung des Buches begleitete, ab, so erkennt man, was die ›Menschenrechte‹ in Wahrheit sind: der Leitfaden erzliberaler Gesinnung und die klarste aller Darlegungen der tragenden Ideen der Demokratie.

Die Rechte der Frauen   242

MARY WOLLSTONECRAFT (1759-97). A Vindication of the Rights of Woman. *London, J. Johnson, 1792*

Mary Wollstonecraft wurde in Hoxton geboren, das zu jener Zeit noch ein Vorort von London war. Ihr Vater hatte ein beträchtliches ererbtes Vermögen durchgebracht, und nach dem Tod ihrer Mutter 1780 mußten sie und ihre zwei Schwestern sich ihren Lebensunterhalt verdienen. Sie zog zu ihrer Freundin Fanny Blood, deren Familie sich in ähnlichen Schwierigkeiten befand, und nachdem die Ehe ihrer Schwester Elizabeth gescheitert war, gründeten sie zu dritt eine Schule, zuerst in Islington und dann in Stoke Newington. Im Jahr 1785 heiratete Fanny, und als sie bald darauf im Kindbett starb, war dies für Mary ein schrecklicher Verlust. Sie schloß die Schule und nahm auf kurze Zeit eine Gouvernantenstellung an; 1787 gab sie auch diese Tätigkeit auf und beschloß, sich einzig literarischer Arbeit zu widmen. Sie wurde Lektorin des Verlegers John Johnson im St. Paul's Churchyard, bei dem die meisten hervorragenden Dichter und Schriftsteller jener Zeit, besonders die liberalen und fortschrittlichen Geister, ihre Bücher veröffentlichten. Sie selbst schrieb Geschichten für Kinder, auch einen Roman und übersetzte; 1792 erschien dann das Werk, das sie für immer berühmt machte.

Paine (241)

Fichte (244)

›Eine Verteidigung der Frauenrechte‹ ist – ausgerechnet – Talleyrand gewidmet, den Mary Wollstonecraft noch von den gleichen fortschrittlichen Ansichten beseelt glaubte wie sie selbst. Ihm schrieb sie, ihr gewichtigstes Argument sei »aufgebaut auf dem einfachen Grundsatz, daß die Frauen, wenn sie nicht durch Erziehung und Bildung darauf vorbereitet werden, Gefährtin des Mannes zu sein, den Fortschritt des Wissens und der Erkenntnis aufhalten werden, denn die Wahrheit muß allen gemeinsam sein«. Das Buch war in seinen Hauptteilen schlicht und ohne Umschweife geschrieben, und dies im Verein mit der Idee, überhaupt über dieses Thema zu schreiben, weckte die Entrüstung, die ihm antwortete. In Wahrheit war an der ganzen Sache nichts sonderlich Schockierendes. Mary griff weder die Einrichtung der Ehe noch die Ausübung der Religion an. Statt dessen trat sie für gleiche und gemeinsame Erziehung und Schulbildung beider Geschlechter und für staatliche Lenkung des Schulwesens ein. Es war ein vernünftiges Plädoyer für eine vernünftige Beziehung zwischen den Geschlechtern – in diesem Punkt war sie mit Rousseau (207) nicht einer Meinung, mit dem sie sonst vieles gemeinsam hatte. Die Hauptabsicht des Buches bestand darin, zu zeigen, daß die Frauen nicht das Spielzeug der Männer wären, sondern ihre gleichberechtigten Partner sein sollten, was sie jedoch nur sein könnten, wenn sie auf die gleiche Weise erzogen und gebildet würden.

Nach der Veröffentlichung der ›Verteidigung‹ ging Mary Wollstonecraft nach Frankreich, um die Revolution mit eigenen Augen zu sehen, und blieb dort während der ganzen Schreckensherrschaft. Sie verband sich mit einem Amerikaner namens Gilbert Imlay, der sie schmählich mit einem Töchterchen sitzen ließ. Nach einem mißlungenen Selbstmordversuch heiratete sie William Godwin (243); mit ihm zusammen genoß sie einige Monate der Ruhe und des Glücks, doch wenige Tage nach der Geburt ihrer Tochter Mary, der späteren Gattin Shelleys, starb sie. Ihr Gatte bewahrte liebevoll ihr Andenken, sammelte ihre Briefe und veröffentlichte 1798 ein Erinnerungsbuch an sie. Ihr Mut und ihr berühmtes Werk wurden viele Jahre später (siehe 398) wieder in Erinnerung gerufen, als der Kampf, den sie begonnen hatte, erfolgreich zum Abschluß kam.

Der vernunftbestimmte Mensch   243

WILLIAM GODWIN (1756-1836). An Enquiry concerning Political Justice, and its Influence on General Virtue and Happiness, 2 Bände. *London, G.G.J. und J. Robinson, 1793*

William Godwin wurde in Wisbech in Cambridgeshire als Sohn eines nonkonformistischen Geistlichen geboren. Er war für den Beruf seines Vaters bestimmt und wurde auf der Akademie in Hoxton, dem Geburtsort seiner künftigen Gattin, erzogen – in dieser neuen Vorstadt Londons nördlich der City war hauptsächlich der wohlhabende Mittelstand ansässig, und sie war das Zentrum der nonkonformistischen Sekten, die er unterstützte. Godwin amtierte als Geistlicher in Ware, Stowmarket und Beaconsfield; doch im Jahr 1782 führten ihn die Lehren der ›philosophes‹ (200), die er in Stowmarket kennengelernt hatte, nach London, noch immer dem Namen nach Geistlicher, doch inzwischen entschlossen, die Energie, die er bisher dem militanten Calvinismus zugewandt hatte, dem reinen philosophischen Radikalismus zu widmen. Gleich den Enzyklopädisten hielt er nichts von menschlichen Institutionen und suchte aller organisierten Politik, Religion und Gesellschaft ein Ende zu machen.

Während der nächsten zehn Jahre lebte Godwin vom Journalismus und Bücherschreiben und verdiente gerade genug, um sich am Leben zu erhalten, bis die Veröffentlichung seines bekanntesten Werkes ›Eine Untersuchung der politischen Justiz und ihres Einflusses auf Moral und Ethik des Volkes‹ ihm großen Ruhm und ein behagliches Einkommen brachte. 1797 heiratete er Mary Wollstonecraft (242), die seine Weltanschauung teilte und mit der er einige wenige Monate lang idyllisch glücklich war. Er war vor Kummer über ihren Tod wie betäubt, doch 1801 heiratete er zum zweitenmal. Er schriftstellerte auch weiterhin viel, geriet aber mehr als einmal in finanzielle Schwierigkeiten, aus denen ihn Unterstützungen der Whig-Gesellschaft retteten, für die er gleichsam eine Art Parteitheoretiker geworden war. Als die Whigs 1833 schließlich an die Macht kamen (siehe 296), erhielt Godwin eine Sinekure mit einer Wohnung in Palace Yard, wo er starb. Während seiner späteren Lebensjahre übte er trotz seiner Mißhelligkeiten durch seine Schriften und seine Gespräche einen sehr großen Einfluß aus, besonders auf die Jugend. Shelley, der 1816 seine Tochter Mary heiratete, war einer von vielen, denen er mit seinen revolutionären Anschauungen fast wie ein Prophet erschien.

Die ›Untersuchung‹ war und blieb sein bekanntestes Werk. Sie war eine der frühesten, klarsten und entschlossensten theoretischen Darlegungen der sozialistischen und anarchistischen Lehre. Godwin war der Überzeugung, daß die Beweggründe allen menschlichen Handelns der Vernunft unterworfen seien, daß die Vernunft Güte und Nächstenliebe lehre und daß folglich alle vernunftbegabten Wesen ohne Gesetze und Institutionen einträchtig miteinander leben könnten. Er war überzeugt, daß der Mensch der Vervollkommnung fähig sei und daß »unsere Tugenden und Laster sich auf die Vorfälle und Ereignisse zurückführen lassen, aus denen unsere Lebensgeschichte besteht, und daß, wenn diese Ereignisse jeglicher ungehörigen Tendenz entkleidet werden könnten, das Laster in der Welt ausgerottet würde«. Jegliche Herrschaft des Menschen über den Menschen sei unerträglich:

»Die Regierung wirkt kraft ihrer Wesensart allein schon der Veredelung des ursprünglichen Geistes entgegen.« Die Zeit werde kommen, so erklärte er, da jeder Mensch, indem er das tue, was in seinen Augen das Rechte schiene, zugleich auch das tun werde, was das beste für alle sei, da sich alle, durch Diskussionen überzeugt, von reinen Vernunftgrundsätzen leiten ließen. Natürliche Beziehungen besäßen keine Bedeutung – Ehe und Elternpflicht wären gleicherweise irrational, und Besitz sei die ärgste Form der Tyrannis.

Man darf bezweifeln, ob irgend jemand sich diesen schrankenlosen Radikalismus vollständig zu eigen machte; doch Godwins leidenschaftliches Eintreten für den Individualismus, sein Vertrauen zur fundamentalen Gutartigkeit des Menschen und seine Opposition gegen jegliche Freiheitsbeschränkung haben die Zeiten überdauert. Sie fanden einen praktischen Vertreter in Robert Owen (271), dessen philanthropische Industrieexperimente stark von Godwin beeinflußt waren. Sie sind der Wurzelgrund aller kommunistischen und anarchistischen Lehren.

Die Grundlagen der Wissenschaftslehre   244

JOHANN GOTTLIEB FICHTE (1762-1814). Ueber den Begriff der Wissenschaftslehre. *Weimar, im Verlage des Industrie-Comptoirs, 1794*

Fichte wurde als Sohn armer Eltern, sein Vater war Bandwirker, in Rammenau (Oberlausitz) geboren. Selbständigkeit und Fleiß zeigten sich schon früh bei ihm, und er erregte damit die Aufmerksamkeit des Freiherrn von Miltitz, der für seine erste Erziehung Sorge trug. 1780 immatrikulierte er sich an der Universität Jena als Theologiestudent und verdiente sich seinen Lebensunterhalt mit Privatstunden. Nach dem Abgang von der Universität nahm er unterschiedliche Arbeiten an. Als er jedoch 1790 mit den Werken Kants (226) bekannt wurde, beschloß er, sich mit der Darstellung und Erläuterung der Weltanschauung seines großen Vorgängers zu befassen.

Fichtes erstes Gespräch mit Kant war eine Enttäuschung. Aber später sandte er doch seinen ›Versuch einer Kritik aller Offenbarung‹, eine Ausweitung von Kants ›Untersuchung über die

Deutlichkeit der Grundsätze der natürlichen Theologie‹ (1764) an Kant, der ihn guthieß und ihm dafür einen Verleger fand. Fichtes Name erschien nicht auf dem Titelblatt, und als das Buch herauskam, wurde es allgemein Kant zugeschrieben. Nachdem Kant dies richtiggestellt hatte, war Fichtes Ansehen gesichert, und Ende 1793 wurde ihm der Lehrstuhl für Philosophie in Jena angeboten.

Hier schrieb er seine wichtigen Arbeiten. Die Einführung in seine Philosophie – ein Ausdruck, den er vermied und an seine Stelle Wissenschaftslehre setzte (ein von ihm selber geprägtes Wort) – legte er dar in ›Über den Begriff der Wissenschaftslehre oder der sogenannten Philosophie‹ (1794); dieser Schrift folgten ›Die Grundlage der gesamten Wissenschaftslehre‹ (1794), der ›Grundriß des Eigentümlichen in der Wissenschaftslehre‹ (1795) und zwei ›Einleitungen‹ (1797). Diese Arbeiten befaßten sich mit der theoretischen Seite seines Systems; die praktische wurde erläutert in der ›Grundlage des Naturrechts nach Prinzipien der Wissenschaftslehre‹ (1796) und im ›System der Sittenlehre nach den Prinzipien der Wissenschaftslehre‹ (1798). Aber 1799 führte ein Artikel aus seiner Feder, der mißverstanden wurde, zu einer Beschuldigung wegen atheistischer Einstellung. Trotz seiner Proteste mußte er seinen Lehrstuhl aufgeben. Er zog sich nach Berlin zurück, wo er für den Rest seines Lebens blieb mit einer kurzen Unterbrechung zwischen 1806-07, als der unglückselige Verlauf des Krieges ihn zwang, erst in Königsberg und dann in Kopenhagen Zuflucht zu suchen. In den Jahren 1807-08 hielt er seine ›Reden an die deutsche Nation‹, die viel dazu beitrugen, das preußische Volk anzufeuern und zu ermutigen. 1810 wurde er der erste Rektor der neuen Berliner Universität, an deren Planung er tatkräftig mitgewirkt hatte. Als 1813 die Freiheitskriege begannen, war Fichte voller Begeisterung dabei, doch im Januar 1814 packte ihn ein Fieber, an dem er starb.

Fichtes letzte Lebensjahre waren der Vervollkommnung (und beträchtlichen Abwandlung) seiner Wissenschaftslehre gewidmet; seine letzte Arbeit, die ›Tatsachen des Bewußtseins‹, erschien posthum 1817. Fichtes Ausgangspunkt war die Erkenntnistheorie, wie sie Kant dargelegt hatte. Die Schwäche von Kants

System war, daß, während die Struktur der Erfahrung bis zu einem vorher nie erreichten Grad durchleuchtet wurde, ihre Materie weitgehend unbeachtet blieb, in einem Ausmaß, das fast annehmen ließ, daß sie eine Eigenexistenz gesondert von ihrer Erkenntnis hatte. Um Kants Werk zu vervollständigen, machte sich Fichte daran, zu erhärten, daß all die notwendigen Wissensbedingungen abzuleiten seien von einem einzigen Prinzip, aus dem ein vollständiges Vernunftssystem entwickelt werden könne. Der Akt der Erkenntnis setzte eine Existenz voraus, ein überindividuelles Ich – »ein Lebensprinzip, das sich selbst erhält«. Dies Ich ist kein ruhendes, bestehendes Etwas, sondern ist das, was Fichte »Tathandlung« nannte, eine Selbstsetzung, ein Prozeß, der sich ereignet, obwohl seine Erkenntnis nicht möglich ist. Diesem steht ein Nicht-Ich gegenüber, wobei beide sich gegenseitig beschränken: Im Erkennen wird das Ich durch das Nicht-Ich, im Handeln das Nicht-Ich durch das Ich beschränkt. Aus diesen Gegensetzungen baute Fichte sein System. Später, in den ›Tatsachen‹, versuchte er noch einmal auf einem anderen Weg das absolute Ich zu bestimmen, das sich seiner bewußt wird in der ursprünglichen Tathandlung, indem es sich in der Vielzahl individueller Ichs bestimmt, und er erfaßt Gottes Existenz als das allein wahrhaft Seiende, an dem teilzuhaben dem Menschen in der tätigen Liebe zum Ewigen Einen gegönnt sei, denn: »Leben in Gott ist Freisein in Ihm.«

In Fichtes letzter Form der Wissenschaftslehre, daß aus der Gegensätzlichkeit von Ich und Nicht-Ich eine verknüpfende Synthese gefunden werden muß, der eine neue Antithese entgegengestellt wird, sehen wir Vorstufen der späteren Dialektik Hegels (283). Hatte Kant der deutschen, ja der Philosophie überhaupt den Weg geöffnet, den sie im 19.Jahrhundert gegangen ist, so ist Fichte die umfassende Beschreibung ihres Bewußtseinsinhaltes zu danken.

WILLIAM PALEY (1743-1805). *(a)* A View of the Evidences of Christianity, 3 Bände, *London, R.Faulder, 1794; (b)* Natural Theology or Evidences of the Existence and Attributes of the Deity collected from the Appearances of Nature. *London, R.Faulder, 1802*

Die theologischen Kontroversen des 18.Jahrhunderts scheinen zuweilen in unbeschreiblich weiter Ferne zu liegen; sogar mehr noch als der Meinungsstreit um die Deisten kommt uns der Streit um die Latitudinarier zweihundert Jahre später völlig harmlos und unschädlich vor. Und doch waren es seine gefährlich latitudinarischen Ansichten, die Paley einen Bischofssitz kosteten. Aber was irgendeine Diözese des 18.Jahrhunderts dabei verlor – Paley war in einer ansonsten nicht sonderlich sorgfältigen Zeit bei seiner Seelsorgerarbeit bemerkenswert gewissenhaft – das haben England und die Welt gewonnen.

Paley wurde in der Schule seines Vaters in Giggleswick und am Christ Church College in Cambridge erzogen und erhielt dort 1768 ein Lehramt. Seine Vorlesungen über Moralphilosophie machten in der Universität Eindruck, und als er heiratete und sich in eine Landpfarre zurückzog, machte er sich daran, sie zu erweitern und zu veröffentlichen. Sie erschienen 1785 als ›Principles of Moral and Political Philosophy‹ (Grundsätze der Moral- und Staatsphilosophie). Das Buch hatte sofort Erfolg, und 1790 ließ Paley ihm ein zweites Werk, die ›Horae Paulinae‹, folgen. 1794 erschien eines seiner zwei einflußreichsten Werke, die ›Beweise des Christentums‹ *(a)*, und Paley sah sich berühmt. Er verbrachte den Rest seines Lebens hauptsächlich in seinem Pfarrhaus in Nordengland.

Bis zum gegenwärtigen Jahrhundert waren Paleys ›Beweise‹ die theologische Abhandlung, die für alle Studenten an erster Stelle stand. Sie sind der Inbegriff der theologischen Beweisführung des 18.Jahrhunderts; vernunftbestimmt und empirisch, suchen sie die Wahrheit der christlichen Religion durch Bezugnahme auf physische Phänomene zu demonstrieren. Paleys Material und in einigen Fällen seine Argumente sind sehr weitgehend von früheren Autoren abgeleitet; aber die Geradlinigkeit und

Klarheit seiner Betrachtungsweise machen sein Werk wohl zur wirksamsten Darlegung des äußeren Beweises des Christentums, die je geschrieben wurde. Er gründet seine Beweisführung auf »das in jedem einzelnen Fall notwendige Vorhandensein eines intelligenten zweckmäßig planenden Geistes zur Bewirkung und Bestimmung der Formen, welche die organischen Körper aufweisen«. Diese Vorstellung von der Offenbarung als einer rein mechanistischen Beziehung Gottes zur Welt, wobei der göttliche Ursprung des Christentums von der Geschichte der Menschheit abgesondert wird, wurde im 19. Jahrhundert durch die Auffassung von der Offenbarung als eines fortlaufenden Geschehens überholt. Doch Paleys Auffassung, welche die Lehre von der aktiven Anpassung der Organismen an ihre Lebensumstände anficht, nahm im 19. Jahrhundert noch eine vorherrschende Stellung ein; ohne einen Begriff von der Einstellung Paleys ist die Opposition gegen die Entwicklungslehre unverständlich.

Paleys Buch wurde nicht seiner Eleganz oder seines besonderen Scharfsinns wegen dauernd geschätzt, sondern Paleys nicht nachlassende Kraft, zu überzeugen, seine Fähigkeit, den Stoff übersichtlich zu gliedern, sein festes Bestehen auf seinen Behauptungen, bewirkten, daß er von einer Generation nach der anderen gelesen wurde. Er war der erste große Vertreter des ›common touch‹, der gemeinverständlichen Aussage. Sein Werk war – nach der ›Materia Medica‹ – das erste, das für den Gebrauch der Studenten im Examen eine ganze Folge eigens hierfür entworfener gedächtnisstützender Reime enthielt. Alles in allem genommen, zeugen die ›Beweise‹ von einem geistigen Klima, das noch heute lebendig ist.

Die ›Natürliche Theologie‹ (*b*) war das letzte von Paleys großen Werken und genoß unmittelbar die gleiche enorme Beliebtheit wie die anderen; 1820 hatte es die zwanzigste Auflage erreicht. Das Buch gibt, wie der Titel besagt, ›Beweise der Existenz und der Attribute der Gottheit entnommen den Naturerscheinungen‹, das heißt, es gibt den teleologischen oder ›a posteriori‹-Beweis der Existenz Gottes.

Darwin (344) erkannte dankbar an, das Studium von Paleys Werken in Cambridge sei »der einzige Teil der Universitäts-Ausbildung gewesen, der .... wenigstens etwas Nutzen« für ihn gehabt habe. Ging man von der Vorstellung einer sich entwickelnden Welt aus – von der die Natürliche Theologie noch keine Ahnung hatte –, so zeigte Darwin, daß die Anpassung an die Umstände keinen Plan und keinen Planer voraussetzte, sondern sich aus dem Wirken der natürlichen Zuchtwahl erklären ließ. Es ist viel Wahres an Thiselton Dyers Bemerkung, daß Darwin »die gesamte Teleologie Paleys hereinnahm und ganz einfach ihre übernatürliche Erklärung wegließ«.

246   Kann der Mensch vollkommen werden

MARIE JEAN ANTOINE NICOLAS CARITAT, MARQUIS DE CONDORCET (1743-94). Esquisse d'un Tableau Historique des Progrès de l'Esprit Humain. *Paris, Agasse, 1795*

Der Glaube an die letztliche Fähigkeit des Menschen, sich zu vervollkommnen ist die Wurzel allen fortschrittlichen Denkens über sein Wesen. Die ›philosophes‹ (200) und Godwin (243) hatten das Publikum mit diesem Gedanken vertraut gemacht; es blieb Condorcet vorbehalten, ihm seinen feinsinnigsten und dauerhaftesten Ausdruck zu verleihen. Es war das Evangelium des 19. Jahrhunderts, daß der Menschheit in der Zukunft ein unbegrenzter Fortschritt bestimmt sei. Condorcet, der zuerst zurück und dann nach vorwärts blickte, sah den Beweis hierfür in der zunehmenden Gleichheit zwischen Klassen und Völkern und der geistigen, körperlichen und moralischen Veredelung des Menschen und prophezeite, daß eine Volkserziehung nach richtigen Grundsätzen diesen Fortschritt kräftigen und sichern werde.

Condorcet entstammte einer alten Familie aus der Dauphiné und zeichnete sich in Schule und Universität als Mathematiker aus. Er wurde der enge, sehr geschätzte Freund d'Alemberts (195), Turgots und Voltaires (202) und wurde aufgefordert, sich an der Abfassung der Encyclopédie (200) zu beteiligen. Im Alter von sechsundzwanzig Jahren wurde er in die Akademie der Wissenschaften gewählt und 1782 ihr ständiger Sekretär. Er trug sehr beträchtlich zu ihren ›Memoires‹ bei, und unter seinen Artikeln befinden sich viele, die sich mit den ausgefallensten mathematischen Problemen befassen. Doch Condorcets Geist war zu weit und reich, als daß er sich hätte spezialisieren können. Philosophie und Literatur und vor allem Sozialarbeit zogen ihn gleicherweise an.

Als die Revolution ausbrach, widmete Condorcet sich unermüdlich der Förderung ihres demokratischen Wachstums. Er verfaßte Flugschriften und setzte, als er in die Gesetzgebende Versammlung gewählt wurde, die meisten ihrer offiziellen Dokumente auf. Am bemerkenswertesten unter diesen war sein Plan für ein umfassendes staatliches Unterrichtswesen, der zwar zu seinen Lebzeiten aufgeschoben, aber zuletzt doch die Grundlage des modernen französischen Schulsystems wurde. Doch das Geschäft der Ausarbeitung der neuen Verfassung wurde durch den verhängnisvollen Prozeß gegen den König unterbrochen, und in den Zerwürfnissen, die hierauf folgten, wurde Condorcet trotz seines unanfechtbaren Republikanertums wegen seiner Unabhängigkeit und seiner öffentlich geäußerten Kritik am Konvent verdächtig. Während der Schreckensherrschaft wurde er geächtet und mußte sich verstecken. Ein Jahr lang blieb er unbehelligt und schrieb den ›Historischen Abriß des Fortschritts des menschlichen Geistes‹, doch schließlich verließ er aus Furcht vor Entdeckung seinen Zufluchtsort und wurde festgenommen; er starb im Gefängnis.

In seinem ›Abriß‹, der nach seinem Tod erschien, zeichnet Condorcet die Geschichte des Menschen durch eine Folge von Epochen nach. Die drei ersten Epochen umfassen sein Fortschreiten von der primitiven Wildheit über die Hirtengemeinschaft zur Ackerkultur. Die nächsten fünf Epochen umspannen das Wachstum der Zivilisationen und des Wissens bis zu Descartes (129), die neunte schildert die Umwälzung zu Condorcets Lebzeiten von Newton zu Rousseau. Der prophetische Ausblick auf die zehnte Epoche zeigt Condorcet von seiner eigenständigsten Seite. Er sagt die Beseitigung der Ungleichheit zwischen Völkern und Klassen und die intellektuelle, moralische und körperliche Vervollkommnung des menschlichen Wesens voraus. Anders als Godwin predigt er keine absolute Gleichheit, sondern eine Gleichheit der Entfaltungsmöglichkeiten. Der Fortschritt ist zwar durch die menschliche Natur eingeschränkt, aber in dem Maße, wie die

Menschen nach Freiheit verlangen, werden sie sie erreichen und mit ihr die Gleichheit, die Hand in Hand mit ihr geht. Erkenntnis dieser Möglichkeit kann nur aus gehöriger Erziehung und Bildung kommen, und dies erklärt Condorcets Eifer, das Unterrichtswesen zu verbessern. Trotz seiner Abneigung gegen die Religion legt seine Ethik den Nachdruck auf die menschlichen Impulse des Mitgefühls und sozialen Empfindens. Sie übte beträchtlichen Einfluß auf Comte (295) aus. Heute jedoch gedenken wir Condorcets Werk vor allem als der umfassendsten und besten Darstellung des menschlichen Fortschritts, und dies verleiht ihm seine bleibende Anziehungskraft.

247   Die Erforschung des Erdmantels

(a) JAMES HUTTON (1726-97). Theory of the Earth, with Proofs and Illustrations, 2 Bände. *Edinburgh, gedruckt für Cadell und Davies, London, und William Creech, Edinburgh, 1795.* Band 3 (herausgegeben von Sir Archibald Geikie). *London, Geological Society, 1899*

(b) ABRAHAM GOTTLOB WERNER (1749-1817). Kurze Klassifikation und Beschreibung der verschiedenen Gebirgsarten. *Dresden, 1787 [1777]*

(c) HORACE BENEDICT DE SAUSSURE (1740-99). Voyages dans les Alpes, 4 Bände. *Neuchâtel, 1779-96*

(d) LEOPOLD VON BUCH (1774-1853). Geognostische Beobachtungen auf Reisen durch Deutschland und Italien, 2 Bände. *Berlin, 1802-09*

James Hutton wurde zwar für den ärztlichen Beruf ausgebildet, hat ihn aber nie ausgeübt. Er lebte auf seinem Gut in Berwickshire und widmete sich dort der Landwirtschaft und wissenschaftlichen Untersuchungen, die in einem klassischen Geologiebuch gipfelten.

Seine Grundüberzeugung – heute eine Selbstverständlichkeit, doch damals etwas völlig Neues – war die Idee von der Gleichförmigkeit der Entwicklung. Die Entstehung der Erdoberfläche ist ein fortwährender Prozeß, der aus dem Material des Erdmantels ohne Rückgriff auf kosmische oder übernatürliche Krafteinwirkung gedeutet werden kann.

Hutton war der Meinung, daß der größere Teil des Festlandes aus Sedimenten besteht, Abtragungen früherer Kontinente, die sich auf dem Meeresboden niedergeschlagen hatten. Demzufolge hätte der größere Teil des jetzigen Festlandes ehemals am Boden des Ozeans gelegen. Die Umformung einiger dieser Sedimente in festes Gestein und die Tatsache, daß die Gesteinsschichten, aus denen die Erde heute besteht, nicht horizontal gelagert sind, sondern in jeder denkbaren Form und Richtung: zerbrochen, gefaltet und verschiefert – Steno (151) war der erste, der dies beobachtet hatte –, hielt Hutton für die Wirkung von Hitze im Innern der Erde. Wenn die Erdrinde hochgehoben wird, zerreißt sie und bricht, und die Spalten füllen sich mit geschmolzener Gesteinsmasse. Vulkane sind eine Art Sicherheitsventile beim Prozeß der Hebung, indem sie der Masse des geschmolzenen Gesteins einen Ausweg bieten und so verhindern, daß der Überdruck der Hitze die Kontinente zu hoch stemmt. Diese Theorie wurde allgemein ›Vulkanismus‹ genannt.

Daß sie fast ein Menschenalter brauchte, um sich durchzusetzen, verschuldete der deutsche Widerpart Huttons, der zwanzig Jahre jüngere Professor an der 1765 gegründeten Bergakademie zu Freiberg in Sachsen: Abraham Gottlob Werner. Er gilt als Begründer der wissenschaftlichen Geologie. Ein Hauptwerk, in dem er seine Erkenntnisse niedergelegt hätte, existiert nicht. Den oben genannten Leitfaden für seine Vorlesungen hat einer seiner Freunde erst zehn Jahre nach seiner Abfassung veröffentlicht. Werners Einfluß auf die Entwicklung der jungen Wissenschaft von der Erde beruht auf seiner Tätigkeit als akademischer Lehrer, zu dem aus ganz Europa die Schüler kamen, darunter so bedeutende Männer wie Leopold von Buch (247d), Alexander von Humboldt (320), d'Aubusson de Voisins, Georges Cuvier (274). Dieser schrieb über ihn: »Er behandelte seinen Gegenstand so bewundernswert, daß er die Begeisterung seiner Hörer weckte und sie nicht nur mit Neigung, sondern mit Leidenschaft für seine Wissenschaft erfüllte.« Aus ihren Notizen und Erinnerungen ergibt sich als Werners Grundlehre, daß sich aus einem die ganze Erde überziehenden Urozean in sehr großen Zeiträumen die Sedimentgesteine gebildet hätten, zu denen Werner auch die kristallinen und Glutflußgesteine zählte. Die Brüche und Faltungen der Sedimentgesteine erklärte er aus den Buckelungen des festen Erdinnern und den gewaltigen Strömungen des Urozeans. Vulkane sah er als Gebilde jüngerer Erdzeiten an. Ihren Einfluß auf die Bildung der Erdoberfläche hielt er für gering. Im Gegensatz zu Huttons Vulkanismus bekam Werners Lehre den Namen ›Neptunismus‹. 1802 veröffentlichte John Murray in Edinburgh unter einem Decknamen eine wohlabgewogene Schrift: ›A Comparative View of the Huttonian and Neptunian System‹. Sein Bemühen, den Streit sachlich zu führen, scheiterte an der Einmischung weltanschaulicher, ja religiöser Vorurteile der Neptunisten, zu denen sich auch Goethe gesellte, dem der Vulkanismus als Prinzip des Werdens unsympathisch war, denn die Natur »bildet regelnd jegliche Gestalt, und selbst im Großen ist es nicht Gewalt!«

Eine zweite bedeutsame Leistung von Huttons System ist seine Ansicht über die Erosion der Erdoberfläche durch die atmosphärische, chemische und mechanische Einwirkung des Wassers, wodurch viele ehemalige Landschaften und Gebirge zerstört wurden. Die Schichten ihrer Ablagerungen zeigen uns »die Überbleibsel einer älteren Welt«, und wir können in ihnen uralte Kontinente studieren und eine Tierwelt, aus der die heutige sich entwickelt hat. Hutton war der Überzeugung, daß diese natürlichen Prozesse stetig und gleichartig durch unendlich lange Zeiträume hindurch sich vollzogen haben und weiter vollziehen werden »ohne die Spur eines Anfangs – ohne die Sicht eines Endes«. Es war eine Anschauung, die den damals vertretenen Theorien widersprach, wonach jeder charakteristische Zug des Erdmantels durch jähe Katastrophen verursacht worden sei (276).

Hutton hatte keine klare Vorstellung von der Bedeutung der Fossilien für seine Theorie einer allmählichen Entwicklung, und nicht alle seine Ideen haben sich durchsetzen können; aber seine großen Leitideen von der Gleichförmigkeit der Entwicklung und von der Wirkung kleiner Wandlungen in der Natur, die schließlich zu vollem Gestaltwandel führen können, hatten weitreichende Folgen durch ihren Einfluß auf Charles Lyell und auf Darwin (344).

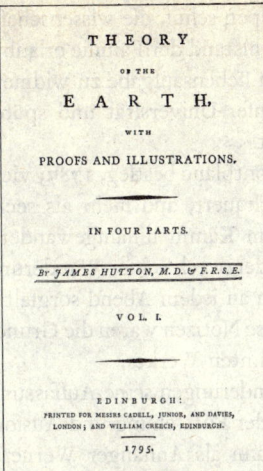

Hutton (247)   Laplace (252)

Hutton war fast sechzig Jahre alt, als er zum ersten Mal seine
Anschauungen in einem Vortrag umriß, den er 1785 in der Royal
Society of Edinburgh hielt (abgedruckt in deren ›Transactions‹
vom Jahre 1788). 1795 veröffentlichte er eine wesentlich erweiterte Fassung in zwei Bänden (s.o.). Ein dritter wurde von Sir
Archibald Geikie 1899 aus hinterlassenen Manuskripten Huttons
zusammengestellt. Sein Stil ist gelegentlich schwer verständlich
und sein Buch nicht gut aufgebaut; deshalb wurden seine Gedanken der wissenschaftlichen Welt erst durch ein Werk seines Schülers John Playfair erschlossen: ›Illustrations of the Huttonian
Theory of the Earth‹, Edinburgh, 1802. Playfair fügte noch eine
Beobachtung hinzu, die weitreichende Folgen haben sollte, daß
nämlich Gletscher imstande wären, gewaltige Gesteinsmassen zu
transportieren.

Die Alpen erwiesen sich nun als großer Lehrmeister der jungen
Geologie. Der erste, der sie systematisch erforschte, war der Gen-
fer Patriziersohn Horace de Saussure. Auf zahllosen Wanderungen
kreuz und quer durch das Gebirge »mit dem Hammer in der
Hand«, wie er selber sagte, trug er Gesteinsproben und genaue
Beobachtungen zusammen, die für die Erkenntnis des erd-

geschichtlichen Prozesses, der die Alpen schuf, die wissenschaftlichen Grundlagen bildeten. Der Wohlstand der Familie erlaubte
ihm, sich früh seiner selbstgestellten Lebensaufgabe zu widmen.
1762 wurde er Professor an der Genfer Universität und später
Mitglied des Rates der Zweihundert.

Saussure war der erste, der den Montblanc bestieg, 1787; vierzehnmal hat er die Alpen ganz durchquert, und mehr als sech-
zehnmal ist er ihre Flanken bis zum Kamm hinaufgewandert,
jedesmal den wissenschaftlichen Sonderzweck seiner Wanderung
beachtend und mit eiserner Disziplin an jedem Abend sorgfältig
notierend, was er erkundet hatte. Diese Notizen waren die Grundlage seines umfangreichen obengenannten Werkes.

Langsam hatte sich bei seinen Wanderungen seine Auffassung
von dem erdgeschichtlichen Prozeß der Entstehung und Ausfor-
mung der Alpen verändert. Er begann als Anhänger Werners,
doch die eigene Forschung zeigte ihm die Unvereinbarkeit seiner
Beobachtungen mit dieser Theorie. Es sei evident, meinte er nun,
daß die kurvigen Gesteinsschichten nicht Ablagerungen an einem
Steilhang am Urgrund des Ozeans sein könnten, sondern daß sie
ursprünglich horizontal gelagert waren und später erst durch eine
gewaltige Kraft gefaltet wurden. »Doch«, fragte er, »was war
das für eine Kraft?« Er fand selber die Antwort nicht, aber ein
anderer Schüler Werners, Leopold von Buch (dem die Herkunft
aus einer wohlhabenden norddeutschen Landadelsfamilie ebenfalls erlaubte, nur seinen Forschungen zu leben), kam bei seinen
Fahrten in Europa bis hinüber zu den Kanarischen Inseln und vor
allem in den Alpen der Lösung dieser Frage einen großen Schritt
näher. Seine Forschungen hatten ihm die Unhaltbarkeit der Wer-
nerschen Theorie gezeigt und ihm die Bedeutung der vulkanischen Kräfte, die Hutton nachgewiesen hatte, bestätigt. Um den
Aufbau der Alpen schärfer zu erfassen, veranlaßte er eine genaue
geologische Untersuchung längs der Brenner- und der Mont-
blancstrecke und kam zu der Überzeugung, daß zumindest die
Südflanke der Alpen auf der Brennerstrecke durch von außen
einwirkende Druckkräfte gehoben und dadurch umgeformt
wurde. Durch weitere Beobachtungen auf einer skandinavischen
Reise (1806-08) und durch das Studium englischer Schriften voll-

zog sich bei Buch die entscheidende Wendung von Werners zu Huttons Idee. Der Weg zu einer richtigeren Auffassung der Gebirgsbildung wurde frei, und die Fülle der von Saussure in den Alpen gesammelten Fakten trug nun für die tiefere Erkenntnis ihres geologischen Aufbaues und ihrer erdgeschichtlichen exemplarischen Bedeutung volle Frucht.

Eine weitere Hilfe, die die Alpen der Erforschung des Erdmantels leisteten, waren dann ihre Gletscher (siehe 309).

Die neue Philologie   248

FRIEDRICH AUGUST WOLF (1759-1824). Prolegomena ad Homerum sive de operum Homericorum prisca et genuina forma variisque mutationibus et probabili ratione emendandi, Band 1. *Halle, Libraria Orphanotrophei, 1795*

Wolf stammt aus Hagenrode bei Nordhausen. Er erwies sich als außerordentlich sprachbegabt, und schnell und leicht lernte er an der dortigen höheren Schule Latein, Griechisch und moderne Sprachen. Als er 1777 an die Universität von Göttingen ging, wurde er nach der von ihm gewählten Fakultät gefragt: »Philologie«, erwiderte er – ein Fach, das es im Lehrplan nicht gab. Möglicherweise war dies der Grund, ganz sicher aber war es seine ganz andere Wesensart, die kein Einvernehmen zwischen ihm und den Gremien der Universität aufkommen ließ, obgleich er sehr belesen war. Als er die Universität verließ, ergriff er mit Erfolg den Beruf eines Lehrers; trotzdem fand er noch die Zeit, Platos ›Gastmahl‹ mit Kommentar und Anmerkungen zu veröffentlichen. Daraufhin bot man ihm 1783 eine Professur an der Universität in Halle an. Seine Tätigkeit in Halle ist wohl die glücklichste und fruchtbarste seines Lebens gewesen. Im Jahre 1807 wurde die Universität jedoch in der Folge der napoleonischen Kriege aufgelöst, und Wolf verlor seinen Lehrstuhl. Er ging nach Berlin, wo er den Rest seines Lebens in ungesicherten und bedrückenden Verhältnissen hinbrachte. Humboldt (301) verschaffte ihm eine Stelle in der staatlichen Schulverwaltung, doch als Lehrer hatte der Alternde keinen Erfolg mehr. Um seine Gesundheit wiederherzustellen, reiste er nach Südfrankreich und starb dort.

Als Wolf 1783 seine Professur annahm, hatte die Pädagogik einen kritischen Punkt erreicht. Neue Ideen, die sich von Locke (164) und Rousseau (207) herleiteten, begannen sich auszuwirken, und Wolf sehnte sich danach, in diesen Kampf einzugreifen. In den Ministern Friedrichs des Großen fand er befähigte und aufgeschlossene Verbündete; mit ihrer Hilfe und dank seiner eigenen Begeisterung gelang es ihm, einen Plan zu verwirklichen, der ihm schon seit langer Zeit am Herzen lag – er wollte der Philologie eine neue Basis schaffen. Wolf begriff ›Philologie‹ in ihrer ursprünglichen Bedeutung – nämlich der Liebe zur Literatur, zur Bildung und zur Sprache. Er erblickte in ihr jenes »Wissen um das Wesen des Menschen, wie es uns im Altertum entgegentritt«; Gegenstand der Philologie war seiner Ansicht nach alles, was uns von einer alten Kultur überkommen ist, und dieses Erbes sollte man sich mit ebensoviel Liebe wie gründlichem Wissen annehmen. Die ›Prolegomena ad Homerum‹, die beste Darstellung seiner Überzeugungen, verfaßte Wolf in aller Eile für eine Vorlesungsreihe, doch weisen sie alle Vorzüge einer guten Vorlesung auf: Methodik, Einfühlung, Gründlichkeit und Weitblick. Wolfs Arbeit ist nicht theoretischer Natur, sondern er entwickelt darin mehrere große Ideen, die den Grundstein für den Vorrang der deutschen Wissenschaft im 19. Jahrhundert legten. Seither haben seine Ideen das Erziehungswesen immer aufs neue befruchtet und ihm Ziele gewiesen.

249 Die Anfänge der Soziologie

SIR FREDERICK MORTON EDEN (1766-1809). The State of the Poor; or an History of the Labouring Classes in England, 3 Bände. *London, gedruckt von J. Davis für B. & J. White (und andere), 1797*

Sir Frederick Edens Vater war der Gouverneur von Maryland, Sir Robert Eden, und seine Mutter Caroline Calvert war die Schwester des letzten Lord Baltimore. Frederick Eden ging 1783 nach Oxford und nahm am Christ Church College das Studium auf. Danach widmete er sich während der ihm noch vergönnten wenigen Jahre dem Geschäftsleben (zum Beispiel als Mitbegründer der Globe Insurance Company, deren Vorsitzender er wurde), andererseits befaßte er sich mit sozialen und politischen Untersuchungen, die ihm später die Bewunderung von Karl Marx eintragen sollten. In seinen sonstigen Schriften erweist er sich als kultivierter und für die öffentlichen Dinge aufgeschlossener Mann. Zum Andenken an Nelson schrieb er ein Gedicht in lateinischen Hexametern, dazu Abhandlungen über Unterstützungsvereine (›Friendly Societies‹), über Verbesserungen des Londoner Hafens und die Errichtung einer Feuerwehr.

›Die Lage der Armen‹ ist eines der klassischen Werke in der Geschichte der Volkswirtschaft. Die hohen Preise infolge des Krieges 1794-95 und ihre Auswirkung auf die soziale Lage der ärmeren Klassen drängten Eden zur Tat. Die Grundlagen seiner Untersuchung erarbeitete er sich durch längere Reisen und durch seinen umfangreichen Briefwechsel mit Korrespondenten in allen Teilen des Landes und mit einer »bemerkenswert gewissenhaften und intelligenten Person, die mehr als ein Jahr damit zubrachte, von Ort zu Ort zu reisen, ausschließlich um sich über eine Reihe von mir zusammengestellter Fragen exakte Informationen einzuholen« – also der erste Helfer bei einer statistischen Erhebung. Die Ergebnisse erschienen in drei Bänden; der erste enthielt eine Beschreibung der sozialen Lage der Arbeiterklassen und analysierte ihre Ursachen; die beiden anderen Bände lieferten das Beweismaterial dafür in örtlichen Berichten über Armen- und Arbeitshäuser, über Unterstützungsvereine und andere karitative Einrichtungen mit einem umfangreichen Anhang, der Preis- und Lohntabellen enthielt sowie ein Verzeichnis von Schriften über die Armut und ihre Linderung.

Trotz seiner Originalität wäre Edens Werk heute vielleicht vergessen, wenn es nicht diese unschätzbare Sammlung von Tatsachen enthielte, die nie an Bedeutung verlieren wird. Und noch wertvoller ist die von ihm angewandte Methode, die Einzelheiten eines so zerfließenden Problems statistisch zu erarbeiten und zu systematisieren. Diese Methode wurde die Basis soziologischer Forschung. Edens Leistung fand ihre wohl größte Anerkennung durch Marx in seinem ›Kapital‹ (359), der ihn neben Malthus (251) als den einzigen Schüler von Adam Smith bezeichnete, der im 18.Jahrhundert etwas Wichtiges zuwege gebracht hätte.

EDWARD JENNER (1749-1823). An Inquiry into the Causes and Effects of the Variolae Vaccinae. *London, gedruckt von Sampson Low für den Verfasser, 1798*

Jahrhundertelang waren die Blattern eine der verheerendsten Krankheiten. Diejenigen, die sie bekämpften, hatten zwei Dinge festgestellt: 1. daß die Leute, die sie einmal überlebt hatten, ein gewisses Maß von Immunität erwarben; 2. daß die Epidemien verschieden stark auftraten. In Indien, China und der Türkei war man deshalb darauf verfallen, die Patienten mit kleinen Flüssigkeitsmengen aus menschlichen Eiterblasen zu impfen, solange eine leichte Form der Epidemie herrschte. Lady Mary Wortley Montagu brachte 1718 dieses Verfahren nach England – als Gattin des britischen Botschafters in Konstantinopel hatte sie es dort kennengelernt. Diese Impfmethode verbreitete sich in England, wo man sie ›Variolation‹ nannte, und wurde bald auch auf dem europäischen Festland angewandt. Aus verschiedenen Gründen war diese Impfung nicht die ideale Vorbeugungsmethode, so daß die Krankheit weiter existierte und immer noch viele Opfer forderte.

Edward Jenner, ein Schüler von John Hunter und praktischer Arzt in dem englischen Landstädtchen Berkeley in Gloucestershire, erfuhr von einer alten Überlieferung im Westen des Landes, nach der Melkerinnen, die die Kuhpocken (eine leichte, vom Rindvieh übertragene Infektion) gehabt hatten, gegen die richtigen Pocken geschützt sein sollten. Er entschloß sich zu einem Versuch, und am 14. Mai 1796 impfte er den Jungen James Phipps mit der Kuhpockenlymphe einer infizierten Melkerin. Am 1. Juli darauf impfte er Phipps mit dem Pockenvirus, und die Infektion blieb aus. So ersetzte ›Vakzination‹ – von vacca (lat. die Kuh) – die ›Variolation‹, die 1840 in England verboten wurde. So wurden die Blattern oder Pocken in der westlichen Welt immer seltener.

Zuerst wurde Jenners Buch sehr kritisch aufgenommen, denn seine Doktrin war doch zu merkwürdig. Zwischen 1799 und 1806 veröffentlichte er fünf ergänzende Berichte, und nach und nach übernahm man sowohl in England als auch in der ganzen Welt sein Verfahren. Das Parlament bedachte ihn für seine Verdienste mit dreißigtausend Pfund. Die erste Impfung in Wien fand am 30. April 1799 statt. Im Jahre 1803 war das Buch bereits ins Lateinische, Französische, Deutsche, Italienische, Holländische und Portugiesische übersetzt und war von Waterhouse in Amerika bekannt gemacht worden. Eine russische Übersetzung erschien 1897. Die letzte Auflage kam 1949 in Denver, Colorado, heraus.

Jenners Arbeit bildet die Grundlage der modernen Wissenschaft über die Immunisierung. Als Pasteur (336) erfolgreich Schafe gegen Milzbrand impfte, nannte er diese Präventivimpfungen Jenner zu Ehren ›vaccines‹, ein Name, der beibehalten wurde für die erfolgreichen Salk- und Sabinvakzine gegen die spinale Kinderlähmung. Jenner hatte einen der größten praktischen Fortschritte in der prophylaktischen Medizin erzielt; heute gibt es Impfungen gegen Scharlach, Typhusfieber, Diphtherie, Keuchkusten und Tetanus, aber auch gegen uralte Seuchen wie Beulenpest, Cholera und Gelbfieber.

Die ersten Thesen zur 251
›Bevölkerungsexplosion‹

THOMAS ROBERT MALTHUS (1766-1834). An Essay on the Principle of Population. *London, J. Johnson, 1798*

Thomas Robert Malthus, der den größten Teil seines Lebens als Professor für moderne Geschichte und politische Ökonomie am College der Ostindischen Kompanie in Haileybury zubrachte, war einer der Begründer der modernen Volkswirtschaftslehre. Sein ›Essay‹ entstand aus einer Diskussion mit seinem Vater über die Möglichkeit, eine vollkommene Gesellschaft zu schaffen. Der ältere Malthus, ein Freund Rousseaus, verteidigte dabei die utopischen Ansichten Godwins (243) und anderer, doch vermochte er sich den zwingenden Gegenargumenten seines Sohnes nicht zu entziehen, so daß er ihn drängte, etwas darüber zu veröffentlichen. So haben wir es bei der ersten Auflage im wesentlichen mit einer Streitschrift zu tun, während die ihr folgenden erheblich geändert und erweitert wurden, als Malthus sich gegen eine Schar von Kritikern zur Wehr setzen mußte.

Die Grundidee seines Essays und der Angelpunkt seiner Thesen waren sehr einfach. Der Zuwachs einer Bevölkerung, so behauptete Malthus, sei geometrischer Art (2-4-8-16), während sich die Lebensmittelversorgung nur arithmetisch (1-2-3-4) steigert. Wenn also ein natürlicher Bevölkerungszuwachs stattfindet, so reicht die Lebensmittelversorgung nicht mehr aus, und der Zuwachs wird durch die Not gebremst – das heißt, die ärmsten Schichten eines Volkes werden von Seuchen und Hungersnöten heimgesucht. Malthus erkannte zwei weitere Mittel, einen Bevölkerungszuwachs einzudämmen: 1. das »Laster«, das heißt Homosexualität, Prostitution und Abtreibung – für Malthus unannehmbar; und 2. »moralische Enthaltsamkeit«, das heißt eine bewußte Geburteneinschränkung durch Aufschieben der Ehe. Dies war die von Malthus verfochtene Lösung des Bevölkerungsproblems. Der Essay übte einen starken Einfluß aus auf die europäische Geistesentwicklung zu Anfang des 19. Jahrhunderts. Die einfache Formel, auf die er den Bevölkerungszuwachs brachte, und die von ihm vertretene Sozialpolitik waren in aller Munde. Der ›Pfaffe‹ Malthus, wie er von Cobbett genannt wurde, war für viele ein Ungeheuer, und seine Ansichten wurden oft völlig falsch ausgelegt. Die Sozialisten bekämpften ihn einmütig – sowohl Marx (359) als auch später Engels verurteilten seine Thesen –, und die Konservativen waren zwar glücklich, daß hier jemand gegen die Ausbreitung der revolutionären Ideen vom Kontinent her kämpfte, doch erkannten auch sie seine Anschauungen nie ganz an. Ob nun positiver oder negativer Art, fest steht jedenfalls, daß Malthus' Einfluß auf die Sozialpolitik erheblich war. Die Malthus'sche Bevölkerungstheorie tauchte gerade zur rechten Zeit auf, um die Abneigung gegen die ›Armengesetze‹ zu versteifen. So wurde Malthus zu einem der führenden Männer, die hinter der Ergänzungsakte des Armengesetzes von 1834 standen.

Die einfache Grundidee des Essays beschäftigte auch Denker auf ganz anderen Gebieten. Paley (245) bekehrte sich zu Malthus' Ansicht, und sowohl Darwin (344) als auch Wallace erkannten Malthus' Ansichten als eine der Wurzeln ihrer Idee vom ›Kampf ums Dasein‹ an. Daß Malthus der einzige Vorläufer war, wie man lange Zeit glaubte und wie Darwin selber behauptete, ist unwahrscheinlich, doch gewiß gab beiden die Lektüre des Essays eine wichtige Anregung bei der Entwicklung ihrer Theorie von der natürlichen Zuchtwahl. Außerdem war es ihnen sicher angenehm, sich auf eine derart bekannte und gewichtige Autorität berufen zu können.

Nach seinem Tode löste Malthus' Lehre viele Kontroversen aus, wobei sie jedoch zumeist als frühviktorianischer, sozialer Konservativismus abgelehnt wurde, abgesehen davon, daß seine wichtigste Behauptung vom »arithmetischen« Ansteigen der Lebensmittelversorgung heute als Irrtum angesehen wird. Trotzdem hat Malthus immer und manchmal sehr unerwartete Zustimmung gefunden. Als Keynes (423) zeigte, daß wirksame Nachfrage nach vielerlei Arten von Kapitalinvestierungen vom Bevölkerungszuwachs abhing – womit er Malthus' negativen Bevölkerungsthesen widersprach –, führte er seine Ansicht, daß ein Mangel an wirksamer Nachfrage Wirtschaftskrisen hervorrufen könne, auf Malthus selber zurück. Außerdem zeigte er den Gegensatz auf zwischen Malthus' praktischer Art und der sehr theoretischen Neigung seines Zeitgenossen und Freundes David Ricardo und schloß, daß sich »die völlige Vernachlässigung von Malthus gegenüber Ricardo hundert Jahre lang auf den Fortschritt der Volkswirtschaft verheerend ausgewirkt hat«.

Himmelsmechanik 252

PIERRE SIMON DE LAPLACE (1749-1827). Traité de Mécanique Céleste. *Paris, Band 1-3, Crapelet für J. B. M. Duprat, [1799]-1802; Band 4, Courcier, 1805; Band 5, Huzard-Courcier, 1825*

Laplace hat man den ›Newton Frankreichs‹ genannt. In seiner großartigen ›Abhandlung über Himmelsmechanik‹, die in einem Zeitraum von siebenundzwanzig Jahren veröffentlicht wurde, faßte er die Theorien und Ausführungen seiner Vorgänger – vor allem Newtons (161), Eulers (196), d'Alemberts (195), Kants (226) und seines Zeitgenossen Lagrange, dessen ›Mécanique Analytique‹ 1788 erschienen war – zusammen und entwickelte sie weiter.

Pierre Simon Laplace war der Sohn eines kleinen Bauern aus der Normandie. Ein paar reiche Nachbarn beobachteten seine Begabung und unterstützten seine Erziehung. Mit achtzehn Jahren kam er nach Paris und traf d'Alembert, der ihm eine Stelle als Mathematikprofessor an der École Militaire verschaffte. Bald wurde er Mitglied der Académie des Sciences. Er nahm großen Anteil an der Politik, und es gelang ihm, sich mit jeder regierenden Macht durch alle politischen Veränderungen Frankreichs hindurch gutzustellen. Er wurde von Napoleon geehrt und erhielt den Titel Comte de l'Empire und in der Restaurationsepoche unter den Bourbonen wurde er Marquis.

Newton hatte an den Bahnen von Saturn und Jupiter Unregelmäßigkeiten entdeckt, die er nicht erklären konnte. Er zweifelte wie Euler, ob die im Sonnensystem wirkenden veränderlichen Kräfte ständig im Gleichgewicht sein könnten, und erklärte deshalb, daß Gott im Weltall gegenwärtig sein müsse, um solche Abweichungen zu korrigieren. Laplace sah die Sache anders. Als er von Napoleon, dem er den ersten Teil seiner ›Mécanique Céleste‹ vorlegte, gefragt wurde, warum er in seinem Überblick über die Schöpfung an keiner Stelle den Schöpfer erwähnt hätte, antwortete er: »Ich hatte solche Hypothese nicht nötig.« Laplace vertrat die Ansicht, daß bei der Drehung jedes Planeten um die Sonne die Exzentrizitäten und Neigungswinkel ihrer Bahnkreise gegeneinander immer klein blieben. Er zeigte auch, daß alle die Unregelmäßigkeiten in den Bewegungen und Stellungen am sichtbaren Himmel als Eigenkorrekturen wirkten, so daß das ganze Sonnensystem mechanisch stabil erschien. Das Weltall war wirklich eine große, selbstgesteuerte Maschine und das ganze Sonnensystem konnte seinem Daseinsplan nach für eine unermeßliche Zeitspanne weiterbestehen. Das war ein großer Fortschritt gegenüber den Unsicherheiten Newtons in dieser Beziehung, obwohl er die Möglichkeit von Störungen durch äußere Kräfte außer Betracht ließ und annahm, daß der augenblickliche physikalische Zustand der Sonne sich nie ändern würde.

Laplace bot auch für die säkularen Schwankungen der mittleren Bewegung des Mondes um die Erde eine brillante Erklärung an – ein Problem, das zu lösen weder Euler noch Lagrange gelungen war. Er bewies, daß diese Unregelmäßigkeiten mit bestimmten Wirkungen der Sonne und Abweichungen im Bahnkreis der

Erde zusammenhingen. Er machte auch Untersuchungen zur Theorie der Gezeiten und berechnete aus ihnen die Mondmasse.

Die Mécanique Céleste selbst ist äußerst schwer verständlich und hoch mathematisch. Laplace hatte früher ein populäreres Buch verfaßt, das die Mathematik großenteils wegließ: die ›Exposition du Système du Monde‹, 1796. Es enthält in einer Fußnote seine berühmte ›Nebelhypothese‹.

Das übrige mathematische Werk von Laplace enthielt die ›Théorie Analytique des Probabilités‹, 1812, und eine Abhandlung über die Anziehungskräfte von Rotationsellipsoiden aufeinander. ›Laplacesche Koeffizienten‹ sind in der Hydrodynamik und Elektrizität von Bedeutung. Er machte Entdeckungen über die Schallgeschwindigkeit in Gasen, fand eine Formel zur Höhenmessung mit dem Barometer und entwickelte eine neue Theorie über Kapillarität.

Die Mécanique Céleste wurde von dem amerikanischen Mathematiker Nathaniel Bowditch ins Englische übersetzt und 1829-39 mit einem ausgedehnten Kommentar in 4 Bänden in Boston veröffentlicht; eine deutsche Ausgabe des allgemeinen Teils besorgte Johann Karl Burkhardt, 1800-02.

Vorstoß der Forschung ins Innere Afrikas 253

MUNGO PARK (1771-1806). Travels in the Interior Districts of Africa. *London, W. Bulmer und Co. für den Verfasser, vertrieben durch G. und W. Nichol, 1799*

Bis zur Veröffentlichung von Parks Buch im Jahre 1799 wußte man kaum etwas über das Innere von Afrika, abgesehen vom Nordosten und den Küstengebieten. Zwar hatte James Bruce 1768-73 mit der Erforschung von Abessinien und der Nubischen Wüste begonnen, doch erfolgte die wirkliche Erschließung Afrikas durch die Weißen erst mit der African Association, die 1788 eigens dazu gegründet wurde, um Afrika zu erforschen und den britischen Handel und den politischen Einfluß dort zu fördern. Diese Aufgabe beschäftigte die Vereinigung ein Jahrhundert lang, wobei sie sich vor allem um die Erschließung der großen Flüsse bemühte, die den Zugang ins Landesinnere ermöglichten. Zuerst war der

Niger das Forschungsziel, später der Sambesi und der Kongo (siehe Baker, 357, Livingstone, 341).

Nachdem vier Expeditionen zum Niger gescheitert waren, beauftragte die African Association 1795 Mungo Park mit dieser Aufgabe. Park, ein Schotte und siebentes Kind von dreizehn, hatte ursprünglich Medizin studiert, doch als er als Militärarzt der ›Worcester‹ auf ihrer Fahrt nach Sumatra Dienst tat, wurde sein Forschungsdrang geweckt. Am 22. Mai 1795 schiffte er sich ein, um den Niger zu suchen und zu erforschen. Von der englischen Handelsniederlassung in Pisania (wo er die Mandingosprache gelernt hatte) reiste er ostwärts das Flußtal des Gambia hinauf, erreichte den Niger in Segu und folgte nun dessen Lauf ungefähr hundert Meilen aufwärts bis Sulla, wo ihn Schwierigkeiten zur Umkehr zwangen. Er folgte wieder dem Niger bis Bamako und erreichte schließlich das Königreich Mandingo am 14. September 1796. Hier erkrankte er, wurde jedoch von einem Sklavenhändler nach Gambia zurückgebracht und kam schließlich am 22. Dezember 1797 in Falmouth an.

Nach der Veröffentlichung seines Buches zog sich Park auf eine Landpraxis in Peebles zurück. Bald begann ihn jedoch das ruhige Leben zu langweilen, und 1805 brach er zum zweitenmal zum Niger auf. Dieses Mal folgte er dem Fluß in einem Kanu, in der Hoffnung, so bis zu seiner Mündung zu gelangen. Doch durch die großen Mühen und Entbehrungen der Fahrt verlor er eine Anzahl seiner Leute, und als er die Stromschnellen von Boussa erreichte, bestand seine Expedition außer ihm nur noch aus vier Europäern. Hier ging das Kanu unter, und er und seine Begleiter kamen in einem Kampf mit den Eingeborenen ums Leben. Glücklicherweise hatte er seine Tagebücher zuvor nach Gambia zurückgeschickt, die nun den Grundstein zu einem zweiten Bericht über seine Reisen bildeten, der von der African Association herausgegeben wurde: ›The Journal of a Mission to the Interior of Africa in the year 1805 ... To which is prefixed an Account of the Life of Mr. Park‹ (von John Wishaw), London, 1815.

Parks Reisebericht von 1799 schlug sofort ein und wurde in fast alle europäischen Sprachen übersetzt. Das Buch ist zu einem Klassiker der Reiseliteratur geworden, und Parks wissenschaft-

liche Beobachtungen auf dem Gebiet der Botanik und der Meteorologie dieser Region und über das soziale und häusliche Leben
der Neger sind von bleibendem Wert. Parks Laufbahn war kurz,
doch tat er den ersten praktischen Schritt zur Erschließung Zentralafrikas. Park gelang es nicht, das Problem des Niger zu lösen:
er glaubte, daß er ein Nebenfluß des Nils oder identisch mit dem
Kongo sei; doch hatte er für die weitere Erforschung dieser Gegenden den richtigen Weg gewiesen. Clapperton, Oudney, Lander,
Barth (341b) und andere folgten ihm nach und entdeckten 1822
den Ursprung des Flusses in Sierra Leone, 1830 seine Mündung
in den Golf von Guinea.

Infrarote Strahlen   254

FREDERICK WILLIAM HERSCHEL (1738-1822). Three Papers on
Radiant Heat, Infra-Red Rays, etc. *In:* Philosophical Transactions
of the Royal Society. *London, 1800. (a)* Investigation of the Powers
of the Prismatic Colours to heat and illuminate Objects; *(b)* Ex-
periments on the Refrangibility of the invisible Rays of the Sun; *(c)* Experiments on the Solar and on the Terrestrial Rays that
occasion Heat.

Newton (172) hatte das Wesen des prismatischen Spektrums entdeckt, und im 18.Jahrhundert hatte der schwedische Chemiker
Scheele herausgefunden, daß Wärme nicht nur als Begleitprodukt
von sichtbarem Licht erzeugt wird – zum Beispiel durch Sammlung von Sonnenstrahlen mit Hohlspiegeln oder Linsen –, sondern
auch durch unsichtbare Strahlen Verbreitung findet.

Sir William Herschel, der große Astronom (227), untersuchte
dieses Problem weiter und leistete einen bedeutenden Beitrag
zur Physik. Er führte einige subtile Experimente an einem Ende
des Spektrums mit einem Thermometer aus und entdeckte, daß
bei der Brechung von Sonnenlicht durch ein Prisma unsichtbare
Wärmestrahlen außerhalb des sichtbaren Spektrums auftraten,
die weniger stark als rotes Licht gebrochen wurden. Er hatte in
der Tat die infraroten Strahlen entdeckt.

In einer der obigen Schriften bemerkte Herschel: »Können
nicht die chemischen Eigenschaften der prismatischen Farben

genauso verschieden sein wie die von Licht und Wärme?« Das
war eine bemerkenswerte Prophezeiung; denn ein halbes Jahrhundert später wurde die spezifische Empfindlichkeit von Silber-
halogeniden für blaues, violettes und ultraviolettes Licht gefunden, ein Grundfaktor der Photographie (318).

255 Der elektrische Strom

ALEXANDER VOLTA (1745-1827). On the Electricity excited by
the Mere Contact of Conducting Substances of Different Kinds.
In: Philosophical Transactions of the Royal Society. *London, 1800*

Galvanis (240) Arbeiten regten Volta zu eigener Forschung an.
Dabei tat er den entscheidenden Schritt, der zum ersten kontinuierlichen und kontrollierbaren elektrischen Strom führte.

Die Volta-Säule revolutionierte Theorie und Praxis der Elektrizität, so daß in den hundert Jahren nach Voltas Erfindung mehr
Fortschritt erzielt wurde als in den zweitausendvierhundert Jahren zwischen den tastenden Experimenten von Thales und der
Veröffentlichung von Voltas Brief an Sir Joseph Banks, den Präsidenten der Royal Society. Seine Säule bestand aus einer Anzahl
von Kupfer- und Zinkplatten, die durch mit Salzlösung oder ver-
dünnter Säure durchtränkte Stoff-, Papier- oder Kartonstücke
voneinander getrennt waren. Der Anschluß an ein Elektroskop
zeigte dann, daß die Säule (wie eine Reibungselektrisiermaschine)
eine elektrische Ladung erzeugte: doch Volta bewies auch, daß
die Wirkung kontinuierlich war, wenn ein ununterbrochener
Kreislauf den Fluß der ›Galvanischen Flüssigkeit‹, wie er es mit
einer höflichen Geste nannte, erlaubte.

In den Tagen der Abfassung dieses Briefes – und gewiß vor
seiner Veröffentlichung – hatte William Nicholson eine Säule gebaut und zersetzte damit Wasser. Humphry Davy verfolgte die
Spur weiter mit eigenen Elektrolyseexperimenten, über die er
seinen ersten Bericht im September 1800 in Nicholsons ›Journal‹
veröffentlichte. Er war der Vorläufer einer brillanten Reihe von
anderen Berichten an die Royal Institution und die Royal Society,
die in den ›Bakerian Lectures‹ 1806 und 1807 gipfelten, in denen
Davy eine Theorie der Massenwirkung skizzierte, die Bedeutung

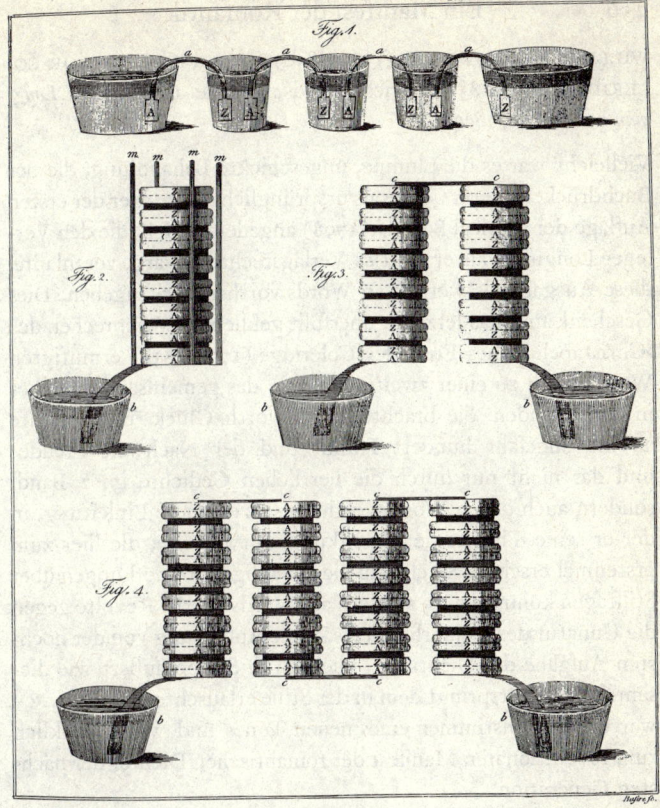

Fig. 1.

Fig. 2. *Fig. 3.*

Fig. 4.

der Elektrizität bei der Atomzerlegung vorhersagte und die Darstellung zweier neuer Elemente durch Elektrolyse meldete, von Sodium und Potassium.

Die Unentbehrlichkeit und der große Anwendungsbereich der elektrischen Energie in der heutigen Zivilisation heben nachdrücklich die Tatsache hervor, daß menschliche Existenz und Umwelt vor 1800 dem Leben im Ägypten des Altertums näherstanden als der unseren. Voltas Erfindung ist eine der frühesten und bedeutendsten Ursachen für diesen Wandel.

WILLIAM WORDSWORTH (1770-1850) und SAMUEL TAYLOR CO-LERIDGE (1772-1834). Lyrical Ballads, 2 Bände. *London, T. N. Longman und O. Rees, 1800*

Vielleicht war es die plumpe, ungeschickte Behandlung, die der Buchdrucker Joseph Cottle als ursprünglicher Verleger der ersten Auflage der ›Lyrical Ballads‹ (1798) angedeihen ließ, die den Verleger Longman, als er Cottles Verlagsrechte erwarb, veranlaßte, diese Ausgabe als wertlos an Wordsworth zurückzugeben. Dies Geschenk und das letztlich unerfüllt gebliebene Versprechen des ›Christabel‹ seines Freundes Coleridge (1772-1834) ermutigten Wordsworth zu einer zweiten Auflage des gemeinsamen Buches in zwei Bänden. Sie brachte Wordsworth Glück (er verdiente an ihr ungefähr hundert Pfund) und der Nachwelt Freude: und das nicht nur durch die herrlichen Gedichte im 2. Band, sondern auch durch Wordsworths ausgezeichnete Einleitung, in der er seine Theorie der Dichtkunst entwickelte, die hier zum erstenmal erschien. Nicht auf die beiläufigen Anmerkungen über Stilfragen kommt es an, sondern auf Wordsworths Revolte gegen die Unnatur des 18. Jahrhunderts. Seine Auffassung von der höchsten Aufgabe der Dichtung – die sich in Sätzen äußert wie diesem: »... sie entspringt dem in der Stille erlauschten Gefühl ...« – war wie das Anstimmen eines neuen Tones und wurde wirklich zum revolutionären Manifest der romantischen Dichter der nächsten Generation.

257   Ein Fürst der Mathematik

CARL FRIEDRICH GAUSS (1777-1855). Disquisitiones Arithmeticae. *Leipzig, Gerhardt Fleischer, 1801*

Gauß gehört zusammen mit Archimedes (72) und Newton (161) zu den größten Geistern in der Geschichte der Mathematik. Ein großer Teil seines Werkes wurde erst lange nach seinem Tode veröffentlicht und damit seine Bedeutung erst in unserem Jahrhundert voll erkannt.

Er war, als Sohn eines Maurers, von bescheidener Herkunft,

doch wurde seine bemerkenswerte mathematische Begabung bald offenbar und Herzog Carl Wilhelm von Braunschweig kümmerte sich selbst um seine Erziehung und schickte ihn auf sein Collegium Carolinum. Er studierte später in Göttingen, wo er 1807 Professor für Mathematik und Direktor der Sternwarte wurde. Er verließ die Stadt kaum wieder.

Gauß veröffentlichte seine ›Arithmetischen Abhandlungen‹ mit vierundzwanzig Jahren, eine erstaunliche Leistung, wenn man bedenkt, daß es als ein Buch angesehen wird, mit dem eine neue Epoche der Mathematik beginnt. Es bildet eine Grundlage der modernen Zahlentheorie. In Teil IV enthält es eine Erörterung des quadratischen Reziprozitätsgesetzes, das Gauß als erster schon in jungen Jahren bewies, während Euler (196) und Legendre es vor ihm vergeblich versucht hatten. Seine Methode, einem Kreis ein reguläres Vieleck von siebzehn Seiten einzubeschreiben, ist in Teil VII ausgeführt – es war die erste neue Entdeckung dieser Art in der euklidischen Geometrie seit über zweitausend Jahren. Andere Teile handeln von Kongruenzen zweiten Grades und von quadratischen Formen. Das Buch ist äußerst schwer verständlich, doch auf Grund der Kommentare Peter Gustav Dirichlets, des Hauptvertreters der Gaußschen Lehrmeinungen im 19.Jahrhundert, und anderer wurden seine Ideen modernen Mathematikern verständlicher.

Es gab kaum einen Zweig der Mathematik, auf dem Gauß keine wichtigen Arbeiten durchführte. Er war einer der ersten, der eine Art nicht-euklidischer Geometrie entwickelte, und es ist vielleicht wert, festzuhalten, daß sich in seinem Kreis studentischer Freunde in Göttingen auch Wolfgang Bolyai befand. Gauß entwickelte in der Fehlertheorie die Methode der kleinsten Quadrate und seine Untersuchungen in der Geodäsie führten ihn dazu, die Probleme gekrümmter Flächen abzuhandeln und dafür die Differentialgeometrie einzuführen, was später Riemann (293 b) und Einstein (408) befruchtete.

Im späteren Leben wandte sich Gauß der Astronomie und dem Magnetismus zu. Seine ›Theoria Motus Corporum Coelestium‹, 1809, enthält eine Untersuchung der Probleme, die bei der Bestimmung von Planeten- und Kometenbewegungen aus einer begrenzten Anzahl von Beobachtungsdaten entstehen. Zusammen mit Wilhelm Weber (1804-91) arbeitete er über Magnetismus, entwickelte eine Theorie des Erdmagnetismus und erfand das Bifilarmagnetometer und 1833 den elektromagnetischen Telegraphen. Er hinterließ außerdem wichtige Untersuchungen über Geodäsie, Mechanik und Kristallographie.

Die Werke von Gauß wurden in einer monumentalen Ausgabe, seinen ›Gesammelten Werken‹, in 13 Bänden von der Gesellschaft der Wissenschaften in Göttingen 1863 bis 1933 veröffentlicht.

258   Erzieher von Gottes Gnaden

JOHANN HEINRICH PESTALOZZI (1746-1827). Wie Gertrud ihre Kinder lehrt. *Bern und Zürich, Heinrich Geßner, 1801*

Pestalozzi war kein ›gelernter‹ Lehrer und hatte dazu auch keine besondere Begabung. Er versagte nacheinander als Geistlicher, als Jurist und als Landwirt.

1775 machte er aus seinem Gut Neuhof, obwohl er selber bitter arm war, ein Waisenhaus, aber schon 1780 mußte er dieses Experiment wieder abbrechen: es mangelte an Unterhaltsgeldern, außerdem hatte die Mehrzahl der Kinder das Weite gesucht. Dann versuchte er sich als Schriftsteller. Einem Band Aphorismen über den Wert der Erziehung im Jahre 1780 folgte ›Lienhard und Gertrud‹ (4 Bände, 1781, 83, 85 und 87), eine Art Erziehungsroman. 1787 kehrte er für zehn Jahre zur Landwirtschaft zurück; doch sein leidenschaftliches Bemühen um eine fortschrittliche Erziehung blieb nicht unbemerkt. Er wechselte Briefe mit Fellenberg, dem Vorkämpfer für landwirtschaftliche Lehrstätten, und mit Fichte (244), der die Übereinstimmung von Pestalozzis Ideen mit denen Kants (226) bemerkt hatte.

1798 eröffnete Pestalozzi zum zweitenmal ein Waisenhaus; in Stans. Hier versammelte er achtzig Zöglinge, von denen er einige für den Lehrberuf an Elementarschulen ausbildete. Im Jahr darauf wurde er an die Volksschule in Burgdorf berufen, wo er das obengenannte Buch schrieb. Der Titel ist irreführend, denn in den Briefen, die den Inhalt des Buches ausmachen, ist mehr von den Ergebnissen als von der Methode des Lehrens die Rede, und

Gertrud selber erscheint gar nicht. Trotzdem ist es eine erschöpfende Darlegung der pädagogischen Grundsätze Pestalozzis und legt besonderes Gewicht auf die drei ›Elementa‹: Lesen, Schreiben, Rechnen. Die wichtigste und zukunftsträchtigste seiner Ideen, auf die er in seiner Praxis wie in seiner Lehre größten Nachdruck legte, war die Erkenntnis, daß die wahre Erziehungsmethode in der Ausbildung eines Kindes und nicht, wie bei einem Hund, in der Abrichtung liege. Der Zögling müsse für wichtiger erachtet werden als der Erwachsene, und es käme darauf an, ihn zum ›ganzen Menschen‹ zu entwickeln.

Rousseaus (207) großer Erziehungsgedanke, den er in seinem ›Émile ou sur l'éducation‹ von 1762 entwickelt hatte, wirkt in Pestalozzis Werk nach. Die Vorstellung vom natürlichen Menschen, den die Erziehung gemäß seiner individuellen Anlagen auszubilden hätte, ohne ihn von vornherein den gesellschaftlichen Normen und Zwecken zu unterwerfen, übernimmt Pestalozzi, aber im Gegensatz zu Rousseau versteht er den Menschen in seiner Vollkommenheit nicht als Naturgeschöpf, sondern als Sozialwesen und glaubt an den Zusammenhang der Vervollkommnung des einzelnen mit der Höherbildung der Gesellschaft.

1805 eröffnete Pestalozzi seine letzte Schule in Yverdon. Obwohl oder vielleicht gerade weil diese Schule Besucher aus ganz Europa anlockte, scheint sich Pestalozzi hier weniger heimisch gefühlt zu haben als in seinen früheren erfolglosen Anstalten.

Man hat gewitzelt, daß ihn die Touristen als Schweizer Kuriosität, nicht anders wie einen Gletscher, aufgesucht hätten. Sein Einfluß wurde in der ganzen Welt verspürt, und die Erinnerungen an ihn bewahren die ›Pestalozzi-Dörfer‹, wo Kriegsflüchtlinge betreut werden. Ebenso wichtig wie die praktische Auswirkung seiner Ideen war seine schneidende Kritik an dem völlig unzulänglichen Bemühen der Gesellschaft um den Lehrernachwuchs.

Die elende Bezahlung und unwürdige Lebensbedingungen reizten damals, wie Pestalozzi sagte, nur »verlotterte Künstler, entlassene Soldaten, durchgefallene Studenten und allgemein nur Personen zweifelhafter Moral und Erziehung zu diesem Beruf«. Gewiß: Pestalozzis Bemühungen, hier Wandel zu schaffen, erreichten zu ihrer Zeit das Ziel nicht, aber er wies den Weg.

THOMAS YOUNG (1773-1829). On the Theory of Light and Colours. *In:* Philosophical Transactions of the Royal Society. *London, 1802*

Young war der letzte Naturforscher, der alles wußte, was man wissen konnte. Er vollendete die Wellentheorie des Lichtes, erklärte den Sehvorgang, stellte die Gesetze des Blutkreislaufes fest, führte die modernen Begriffe von ›Energie‹ und ›Leistung‹ ein, entwickelte eine zuverlässige Gezeitentheorie und half mit, die Hieroglyphen des Rosetta-Steines zu entziffern.

Die ›Bakerian Lecture‹, seine Vorlesung, die er im November 1801 hielt, ist ein epochaler Beitrag zur gesamten Lichttheorie. Hooke (147), Huygens (154) und vor allen Newton (172) hatten im 17. Jahrhundert das Wesen des Lichtes erörtert. Huygens schlug 1690 die Wellentheorie zur Erklärung vor, während Newton hauptsächlich die Korpuskulartheorie vertrat, obwohl in seiner Erklärung bestimmter Erscheinungen teilweise auch Ätherschwingungen eine Rolle spielten. Trotz der Kritik von Euler (196) und einigen anderen, beherrschte die Korpuskulartheorie fast das ganze 18. Jahrhundert, doch in obigem und zwei weiteren Artikeln, alle 1802 in den Philosophical Transactions abgedruckt, sowie in seiner ›Bakerian Lecture‹ vom November 1803, stellte sich Young fest auf den Boden der Theorie, nach der »Lichtstrahlung aus Wellenbewegungen des Lichtäthers besteht«. Diese Vorstellung herrschte nun bis zu den wieder korpuskularen Vorstellungen von Planck (391) und J. J. Thomson (386) an der Wende zum 20. Jahrhundert.

Youngs experimentelle Beweise waren oft von trügerischer Einfachheit. Er ließ Licht durch zwei nadelfeine Löcher so in einen dunklen Raum fallen, daß sich die zwei Strahlen auf einem weißen Schirm trafen. Am Schnittpunkt entstand aus dem weißen Licht ein Band mit leuchtenden Farben. Der Grund hierfür war nach Young die Interferenz ähnlicher Wellen der zwei Lichtquellen, wobei an bestimmten Stellen des Auffangschirmes bestimmte Farben im Spektrum des weißen Lichtes ausgelöscht würden, so daß die Komplementärfarben übrig blieben. Der Winkelabstand der Farbstreifen hing vom Abstand der beiden Löcher ab. Dadurch wurde es möglich, die sehr geringe Wellenlänge – in der Größenordnung von zweitausendstel Millimeter – zu messen.

Das metrische System 260

JEAN BAPTISTE JOSEPH DELAMBRE (1749-1822). Base du Système Métrique Décimal, 3 Bände. *Paris, Baudouin für Garnery, 1806-10*

Jahrhundertelang gab es keine allgemeingültigen Maßeinheiten: jedes Gewerbe und Handwerk hatte sein eigenes besonderes System, das überdies in verschiedenen Gegenden des gleichen Landes voneinander abwich. Seit der Entwicklung des internationalen Handels im Mittelalter war diese chaotische Situation immer lästiger geworden, doch alle Bemühungen um eine Vereinheitlichung wurden durch überkommene Interessen zäh verhindert.

Die frühesten Bücher, die ein universales System vertraten, waren Stevins ›De Thiende‹, 1585 (99), und Moutons ›Observationes Diametronum Solis et Lunae apparentium‹, Lyon 1670, das als Grundmaß die Bogenlänge von einer Minute eines Erdmeridians vorschlug, die mit dezimalen Unterteilungen versehen werden sollte. Huygens (154) und andere waren für die Benutzung der Länge des Sekundenpendels oder eines Drittels davon als Maßeinheit eingetreten. Diese Vorschläge mußten jedoch zurückgewiesen werden, da sie nicht genau genug waren: die Länge des Pendels würde sich von Ort zu Ort, der Meridianbogen mit der geographischen Breite ändern.

Die Einführung eines internationalen metrischen Systems verdanken wir der Französischen Revolution. 1790 setzte die Académie des Sciences auf Ersuchen Talleyrands eine Kommission ein, die die Frage beraten sollte; unter ihren Mitgliedern waren J.C. Borda, Lagrange, Laplace (252), G. Monge und Condorcet (246). 1791 berichteten sie, daß die grundlegende Längeneinheit von einer auf der Erde vorkommenden Größe abgeleitet werden sollte: sie sollte der zehnmillionste Teil eines Quadranten des Erdmeridians sein, der sich zwischen Dünkirchen und Barcelona erstreckt. Da diese Entfernung schon annähernd bekannt war, wurde sofort ein provisorisches Meter angenommen. Die neue Gewichtseinheit sollte das Gramm sein: das Gewicht von 1 Kubikzentimeter Wasser bei 4° Celsius.

Die konstituierende Nationalversammlung setzte eine allgemeine Gewichts- und Maßkommission ein, die diese Vorschläge in die Tat umsetzen sollte. 1795 wurde dann ein Gesetz verabschiedet, welches das metrische System – mit provisorischen Maßeinheiten – in Frankreich einführte. Die Astronomen Jean Baptiste Joseph Delambre und Pierre François André Mechain (1744-1805) erhielten die Aufgabe, die kurz zuvor angenommene Entfernung entlang des Meridianbogens zwischen Dünkirchen und Barcelona genau zu vermessen. Auf Grund der turbulenten Zustände dieser revolutionären Zeit wurde ihre Arbeit stark behindert, doch war die Messung 1799 abgeschlossen. Die oben zitierte Arbeit – ›Die Grundlage des metrischen Dezimalsystems‹ – enthält ihren Bericht. Die Länge eines Meters wurde auf einem Platinbarren markiert und die Gewichtseinheit – das Gewicht eines Kubikdezimeters oder Liters reinen Wassers bei größter Dichte – ebenso aus Platin nachgebildet. Diese Urnormale blieben die Grundmaße bis 1875 und werden noch in Paris aufbewahrt.

Das metrische System wurde schrittweise von den meisten Nationen übernommen – mit den bemerkenswerten Ausnahmen Englands und (für Gewichte und Längenmaße) der USA; doch wurde seine Benutzung nach Wahl 1864 in England und 1866 in den USA gesetzlich verankert. 1965 wurde die allgemeine Einführung in England vorgeschlagen.

Nach Konferenzen einer internationalen Kommission 1872 wurde 1875 das internationale Büro für Maße und Gewichte gegründet. Es hat jetzt seinen Sitz nahe Sèrres und blieb bis heute das internationale Zentrum für alle Fragen der Maßeinheiten. Neue Ur-Einheiten wurden aus einem mit zehn Prozent Iridium legierten Platinbarren angefertigt, von denen die verschiedenen angeschlossenen Länder Kopien erhielten. 1921 wurde die Zuständigkeit des Büros auf die Probleme elektrischer Einheiten ausgedehnt, die wesentlich auf dem metrischen System aufbauten – Ampère, Volt (siehe 255), Ohm (siehe 289). 1927 kamen dann noch die photometrischen Einheiten hinzu.

JOHN DALTON (1766-1844). A New System of Chemical Philosophy. Teil I: *Manchester, gedruckt für R. Bickerstaff, London, 1808;* Teil II: *ebenda, 1810.* Band 2, Teil I: *Manchester, gedruckt für G. Wilson, London, 1827*

Die Vorstellung, daß Materie aus letzten, unzerstörbaren Teilchen besteht, geht auf eine lange griechische Tradition zurück. In der eingehenden Darstellung von Lukrez (87) überlebte sie viele Jahrhunderte, obwohl die ›Kontinuumstheorie‹ von Aristoteles (38) im allgemeinen vorherrschte. Der Atomismus wurde von den Physikern des 17. Jahrhunderts wieder zum Leben erweckt. Er lieferte ihnen eine sich fruchtbar erweisende Vorstellung vom Universum, die durch theoretische Überlegungen und durch Experimente bestätigt schien. Dalton erneuerte Newtons (161) Gedanken über die Struktur der Materie und gab, durch ihre Anwendung auf die Chemie, der Revolution dieser Wissenschaft durch Lavoisier (238) eine tiefere Bedeutung.

Dalton, ein Quäker, war der Sohn eines armen Webers und selber von Beruf Lehrer. Er war ein aktives Mitglied der Literarischen und Philosophischen Gesellschaft von Manchester, vor der er auch seinen ersten Vortrag im Oktober 1794 hielt, der zum erstenmal die Farbenblindheit beschrieb. 1799 steuerte er den ersten einer Reihe von Vorträgen bei, die seine ›Meteorologischen Beobachtungen und Versuche‹ von 1793 fortsetzen. Dieses Buch und die ergänzenden Berichte, die er der Gesellschaft vortrug, schufen nicht nur die Grundlage zur modernen Meteorologie, sondern besonders der vom Oktober 1803 ›Über die Absorption von Gasen durch Wasser und andere Flüssigkeiten‹, veröffentlicht 1805, legte klar, daß die unveränderlichen Gewichtsverhältnisse, mit denen sich nach Daltons Beobachtungen Elemente zu Verbindungen zusammenschlossen, nur durch die Annahme von bestimmten Atomgewichten für jedes Element zu erklären waren.

Diese Behauptung führte er in seinem ›Neuen System der Chemie‹ weiter aus. Er entwickelte darin die Anschauung, daß jedes der ›éléments‹ von Lavoisier aus Atomen bestand, die sich untereinander völlig glichen, und er stützte Lavoisiers Vorstellung von

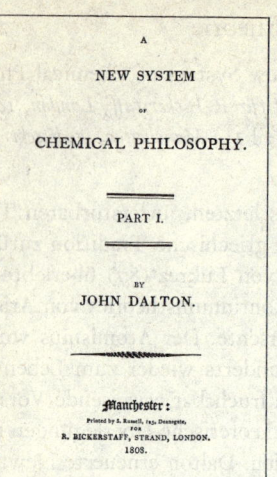

Dalton (261)   Cuvier (276)

Verbindungen als doppelte, dreifache, vierfache usw. Atome, wobei die Zusammensetzung jeder Verbindung konstant blieb. Die
Identität jedes Atoms wurde durch sein besonderes Gewicht festgelegt, das für jedes Element experimentell bestimmt werden
konnte, indem man das Gewicht des Wasserstoffatoms, des leichtesten, gleich 1 setzte. So fand Dalton, daß das Sauerstoffatom
6,5mal soviel wie das Wasserstoffatom wog usw. Nun war das
Problem der chemischen Verbindungslehre, herauszufinden, wie
viele Atome und welcher Art zu einem Ganzen – später als Mole-
kül bekannt – zusammentreten konnten. Dieses Problem beherrschte die Chemie des 19.Jahrhunderts.

   In Daltons ›Über die Absorption usw.‹ findet sich eine Liste von
einundzwanzig Atomgewichten, die vermutlich zwischen dem
Vortrag von 1803 und seiner Veröffentlichung zwei Jahre später
hinzugefügt wurden. Er erlaubte Dr. Thomas Thomson, in der
dritten Auflage seines ›System der Chemie‹ (1807, Band III, S. 424)
einen kurzen Abriß dieser Theorie einzubauen. Daltons eigene
ausführliche Darstellung einschließlich der ersten periodischen
Zusammenstellung der Elemente erschien 1808 und 1810 in den
ersten beiden Teilen seines ›Neuen Systems der Chemie‹. Als der

dritte Teil 1827 erschien, hatte die Theorie schon so viel Verbreitung gefunden, daß Daltons eigene Schlußfolgerungen fast veraltet waren.

Das ist ein typisches Beispiel für Daltons Gleichgültigkeit gegenüber den Arbeiten anderer. Er bestritt Davys Entdeckung der Elemente Chlor, Sodium und Potassium sowie Gay-Lussacs Entdeckungen über die Volumenverhältnisse bei Gasreaktionen, die in Wirklichkeit sein eigenes Gesetz über die Gewichtsverhältnisse gut ergänzten.

Die Idee der Entwicklungslehre 262

JEAN BAPTISTE LAMARCK (1744-1829). Philosophie Zoologique, 2 Bände. *Paris, Dentu, gedruckt für den Verfasser, 1809*

Die ›Zoologische Philosophie‹ ist ein klassisches Werk der Literatur zur Evolutionstheorie. Die Vorstellung von einer evolutionären Entwicklung des Universums geht bis auf Empedokles und Lukrez (87) zurück. In späteren Zeiten wurde sie auf Grund theologischer Vorurteile als teuflisch verurteilt. Hutton (247) schuf die wissenschaftliche Grundlage der Geologie, indem er zeigte, daß Veränderungen in der anorganischen Welt auf das Wirken natürlicher Kräfte zurückgingen und nicht auf eine Anzahl übernatürlicher Sintfluten. Lamarck stellte fest, daß auch in der organischen Welt die Wechselwirkung natürlicher Kräfte ausreichte, um die weit komplizierteren Probleme des Unterschieds zwischen den Tier- und Pflanzenarten zu erklären.

In einer groß angelegten Schau des ganzen organischen Lebens zeigte Lamarck, daß es möglich war, alle Lebensformen in eine einfache Ordnung zu bringen, wenn man mit den niedrigsten und einfachsten Arten begann und zu den höher entwickelten fortschritt. Die Idee dieser Rangfolge stammt allerdings von Aristoteles (38); neu daran war Lamarcks Annahme, daß eine historische Entwicklung der höheren Lebensformen in dieser Reihenfolge stattgefunden habe. Er kam darauf, als er diesen Prozeß in der umgekehrten Richtung untersuchte, wobei er feststellte, wie die unterschiedlichen Eigenschaften höherer Lebensformen sich veränderten, vereinfachten und schließlich verschwanden, sobald eine jeweils niedrigere Entwicklungsstufe erreicht war. Daraus folgte, daß die geschichtliche Entwicklung der Arten ein gleichmäßig unaufhörlicher Prozeß der Spezialisierung war, bei dem nie ein Sprung oder eine Unterbrechung auftraten. Das ist ein klarer Umriß der Evolutionstheorie; doch bei seinen Versuchen, den Mechanismus zu skizzieren, durch den sich etwas veränderte, hatte er wenig Erfolg. Er nahm an, daß der Gebrauch eines Körperteils oder eines Organs Veränderungen hervorrief, was er mit der Vermutung begründete, daß der meistgebrauchte Körperteil die meiste Nahrungsmenge an sich zog. Solche Veränderungen hielt er für erblich. Dieser berühmte Teil von Lamarcks Theorie war die Ursache dafür, daß Darwin (344) dessen Ansichten zunächst als »offensichtlichen Unsinn« abtat; doch im ›Historischen Abriß‹, dem Vorwort zur dritten Auflage seines Werks ›Der Ursprung der Arten‹, korrigierte Darwin sein Urteil mit folgenden Worten: »Lamarcks großes Verdienst war es, als erster die Aufmerksamkeit darauf zu lenken, daß wahrscheinlich alle Veränderungen in der organischen wie in der anorganischen Welt Wirkung von Naturgesetzen und nicht von eingreifenden Wundern sind.«

Unter den bedeutenden Schülern von Lamarck waren Oskar Hertwig, Samuel Butler und Bernhard Shaw. Die Möglichkeit der Vererbung erworbener Eigenschaften ist für Marxisten anziehend und wurde kürzlich in Rußland neu untersucht. Die Ergebnisse waren negativ und man ließ die Vorstellung fallen.

263 Der Vater der Luftschiffahrt

SIR GEORGE CAYLEY, Baronet (1773-1857). On Aerial Navigation. *In:* A Journal of Natural Philosophy Chemistry and the Arts, herausgegeben von W. Nicholson, Band 24-25. *London, 1809-10*

»Der eigentliche Erfinder des Flugzeuges und eine der bedeutendsten Begabungen in der Geschichte des Flugwesens«: mit diesen Worten bezeichnete der französische Historiker Charles Dollfus Sir George Cayley, einen gelehrten Baron aus Yorkshire, der noch bis vor kurzem von den Historikern der angewandten Wissenschaften kaum beachtet wurde.

Cayley lebte und arbeitete fast ausschließlich in Brompton Hall in der Nähe von Scarborough. Seine aeronautische Phantasie entzündete sich zum erstenmal 1783 – er war erst zehn Jahre alt – an der Erfindung des Luftballons (siehe 229), und von da an sollte sein tätiges Interesse am Fliegen bis zu seinem Tod 1857 nie wieder aufhören. 1796 schuf er nach den Vorbildern von Launoy und Bienvenu ein Hubschraubermodell, das er später abänderte und verbesserte. Einige Jahre darauf hatte er den genauen Plan eines Flugzeuges entwickelt, ohne daß er sich dabei auf irgendwelche Vorläufer hätte stützen können. So legte er das Fundament für die ganze Entwicklung des Flugwesens.

Im Jahre 1799 tat Cayley den entscheidendsten Schritt zum ersten Entwurf unseres heutigen Flugzeuges: die klare Trennung von Schubkraft und Auftriebskraft. Damit löste er sich radikal von der früheren Vorstellung vom Schwingenflugzeug. Bildlich gesprochen plante er einen Vogel, der seine Flügel wie bei einem Gleitflug ganz steif hielt und gleichzeitig von irgendeinem Mechanismus angetrieben wurde. Während der nächsten zehn Jahre von 1799 bis 1809 – wohl die fruchtbarste Zeit seines Lebens – machte Cayley seine grundlegenden Experimente, wobei er sowohl Modelle als auch richtige Segelflugzeuge erprobte und schließlich zu dem genau durchdachten Entwurf eines Flugzeuges und zu einer ausgereiften Vorstellung von der Aerodynamik gelangte. Es war fast ein Zufall, daß er seine Aufzeichnungen zusammenstellte und veröffentlichte. Im November 1809, im Februar und März 1810 erschien Cayleys dreiteilige Abhandlung ›Über Luftschiffahrt‹. Sie ist das erste und auch bedeutendste klassische Werk der Geschichte der Luftfahrt. Sie legte den Grundstein zur Wissenschaft der Aerodynamik. Ironischerweise ließ sich Cayley zur Veröffentlichung seiner Aufsätze durch einen großspurigen Bericht bewegen, in dem es hieß, daß es Jakob Degen in Wien gelungen sei, mit Flügeln und mit eigener Muskelkraft einen kurzen Flug zu tun.

Cayley war fest vom kommenden Erfolg seiner neuen Art von Flugzeug überzeugt – eine Überzeugung, die er sich sein Leben lang bewahrte. Charmant faßte er sie in einem seiner ›obiter dicta‹ zusammen: »Ein grenzenlos schiffbarer Ozean, der bis zu jedermanns Türschwelle reicht, sollte als Quelle von Vergnügen und Nutzen der Menschen nicht unbeachtet bleiben.«

ROBERT FULTON (1765-1815). Torpedo War and Submarine Explosions. *New York, William Elliot, 1810*

Bereits um 1797 hatte Fulton mit Torpedos, Minen und Unterseeboten experimentiert. Ihm schwebte ein neues und leistungsfähiges Arsenal von Waffen vor, das für die kleine Flotte der Vereinigten Staaten eine Art von Ausgleich bilden sollte zu den wesentlich mächtigeren Flotten seiner europäischen Konkurrenten: Waffen, die den Blockaden zur See ein Ende setzen, die die Freiheit der Meere gewährleisten und die Kriegsführung zur See reformieren sollten.

Nach der Französischen Revolution bot er seine Erfindungen den Franzosen an, die das Unterseeboot und den Torpedo kurz erprobten – und ablehnten. Der Fulton-Torpedo – das darf man nicht vergessen – besaß keinen eigenen Antriebsmechanismus, sondern mußte geschoben oder gestoßen werden. Als das französische Experiment mit der Demokratie gescheitert war, überquerte Fulton 1804 den Kanal, um den Engländern bei ihren Torpedo-Überfällen auf Napoleons Flottille in Boulogne beizustehen. Zwei Jahre später kehrte er in die Vereinigten Staaten zurück, wo er seine Forschungsarbeit fortsetzte in der Hoffnung, die Regierung der Vereinigten Staaten doch noch von der Vortrefflichkeit einer Kriegsführung mit Torpedos überzeugen zu können. Doch die übertriebene Begeisterung für seine Erfindung tat seiner Sache eher Abbruch, denn sie erweckte bei den Flottenchefs den Eindruck, Fulton wolle die Flotte durch Torpedos ersetzen – und da machten sie nicht mehr mit.

In den Jahren vor dem Krieg mit England von 1812-14 gab Fulton eine Reihe öffentlicher Vorstellungen, um den Kongreß zur Unterstützung seiner Versuche zu bewegen. In New York führte er im Juli 1807 den Torpedo einer Anzahl von Würdenträgern vor, um ihnen seine Wirksamkeit zur Verteidigung des New Yorker Hafens zu demonstrieren. Die Vorstellung verlief

jedoch nur teilweise erfolgreich. In zwei von drei Versuchen mißlang es ihm, das zur Verfügung gestellte Schiff zu versenken, so
daß die neue Waffe sehr bewitzelt wurde. Washington Irving
schrieb am 14. August: »Um der zuverlässigen Wirkung willen
müßte man den Feind bei der ganzen Sache einfach mitmachen
lassen, das heißt, er müßte sich gewissermaßen gefällig erweisen –
anders ausgedrückt: wenn die Maschine das Schiff nicht erreicht,
so muß das Schiff einfach die Maschine erreichen, dann aber wird
ihr Erfolg unausweichlich sein – wenn das Ding zündet.«

Fulton war nicht der Mann, der sich so leicht entmutigen ließ.
Andere mehr oder weniger erfolgreiche Demonstrationen folgten,
und obgleich er einige Anhänger gewann – unter ihnen Thomas
Jefferson, der selber eine Art Erfinder war – stieß er immer noch
auf den hartnäckigen Widerstand des Kommodore John Rogers
und anderer einflußreicher Persönlichkeiten von der Flotte, die
befürchteten, daß diese neue Verteidigungswaffe, wie zuvor schon
Jeffersons Kanonenboote, ihre Zielvorstellung einer offensiven
Hochseeflotte untergraben könnte. Die obige Flugschrift ›Tor-
pedokrieg und Unterwasserexplosionen‹ verfaßte und veröffentlichte Fulton im Jahre 1810, um für weitere Versuche die Unterstützung des Kongresses zu gewinnen. Er verschickte Exemplare
an alle Kongreßmitglieder, bei denen er jedoch auf Gleichgültigkeit stieß, und die seinen Antrag, der ihm die notwendige finanzielle Unterstützung verschafft hätte, zu den Akten legten. Sogar
während der britischen Blockade im Kriege von 1812 beschränkte
sich der Gebrauch von Torpedos auf eine Reihe halboffizieller
Abenteuer von Männern, die für das Versenken feindlicher Schiffe
bezahlt wurden. Im Bürgerkrieg verwandte man Spieren- und
Auslegertorpedos: einer von ihnen versenkte 1864 das Panzer-
schiff Albemarle der Konföderation im Roanoke-Fluß, und jeder
amerikanische Schuljunge kennt Farraguts Befehl bei Vicksburg:
»Zum Teufel mit den Torpedos! Volldampf voraus!« Bevor der
Torpedo sich nicht unabhängig bewegen und steuern ließ, blieb
er in erster Linie Verteidigungswaffe. Robert Whitehead löste das
Problem gegen Ende des Jahrhunderts; doch erst hundert Jahre
nach dem Tode Fultons führten seine Ideen zu einer revolutionären Neuerung auf dem Gebiet des Seekrieges.

SAMUEL CHRISTIAN FRIEDRICH HAHNEMANN (1755-1843). Organon der rationellen Heilkunde. *Dresden, Arnold, 1810*

Hahnemann bietet ein ausgezeichnetes Beispiel eines Menschen, dessen Leistung seine Vorsätze weit übertrifft, und der sich dessen kaum je bewußt wurde. Er schuf die homöopathische Medizin, und obwohl sie auf dem Kontinent sehr viel weiter verbreitet ist als in England, hat sie nicht vermocht, die anderen Behandlungsweisen zu ersetzen. Die heute praktizierte Homöopathie unterscheidet sich überdies erheblich von Hahnemanns System, das er in seinem ›Organon‹ darlegte. Seine Ansicht, daß alle Krankheiten entweder von der Krätze, der Syphilis oder den Feigwarzenwucherungen (Condyloma) herrühren, wurde gänzlich aufgegeben. Sein Grundprinzip – die Lehre von der Ähnlichkeit – ist so alt wie Hippokrates selbst, und der von Hahnemann aufgestellte Satz »similia similibus curantur« (Ähnliches wird durch Ähnliches geheilt) taucht im selben Wortlaut bereits in einer Ausgabe der Werke von Paracelsus (110) aus dem Jahre 1650 auf.

Was bleibt nun von ihm, und mit welchem Recht bewegt er sich hier in dieser erlauchten Gesellschaft? Die Antwort gibt uns sein Leben. Er war der Sohn eines Porzellanmalers in der Meißener Manufaktur und sollte in die Industrie gehen. Das aber hieß, daß sich seine Ausbildung auf die Volksschule beschränken würde. Sein Lehrer war von diesem vielversprechenden jungen Mann so beeindruckt, daß er seine Schulbildung kostenlos fortführte. Später begann Hahnemann, in Leipzig Medizin zu studieren, wo er sich mit der Übersetzung englischer und französischer wissenschaftlicher Werke seinen Lebensunterhalt verdiente. Manche Nächte kam er überhaupt nicht zu Bett. Ein reicher Gönner aus Siebenbürgen nahm ihn als Bibliothekar und Sekretär in seine Dienste, doch sowie er sich genügend Geld erspart hatte, setzte er sein Medizinstudium fort, so daß er 1779 promovieren konnte. Er wurde Assistent beim gefragtesten Arzt von Leipzig, und obgleich er seine Arbeit mit Erfolg tat, entsetzte er sich schließlich so sehr über die brutalen Auf-gut-Glück-Methoden der damaligen Medizin, daß er darauf verzichtete, an dieser florierenden Praxis mitzuverdienen. So machte er sich an das Studium der physiologischen Auswirkungen von Arzneimitteln.

Hahnemann war überzeugt, daß winzige Dosen von Drogen in stark verdünnten Lösungen wirksame Heilmittel abgeben. Wenn man die moderne Praxis mit den wahllosen und massiven Verschreibungen seiner Zeit vergleicht, sieht man sofort, daß die heutigen Anschauungen denen Hahnemanns viel näherstehen als denen seiner Zeitgenossen. Seine Behandlungsweise erwies, daß die Anwendung einer vis medicatrix naturae, gelegentlich verbunden mit einem sanften Nachhelfen, oft schon zu einer Heilung genügt. Er schätzte außerordentlich die Therapeutik, führte viele neue Heilmittel ein, kannte jedoch nicht die heranwachsende Wissenschaft der Pathologie. Er betonte die Wichtigkeit, den Patienten als Ganzes zu sehen und wurde so zu einer Art Vorläufer des psychosomatischen Teils der modernen Medizin.

Von seinen Kollegen im eigenen Land verhöhnt oder verfolgt, trieb es Hahnemann von Ort zu Ort, bis er schließlich im Alter von achtzig Jahren eine junge Französin heiratete, sich in Paris niederließ und – so erzählt Garrison - als Millionär starb.

Nordische Philologie 266

RASMUS KRISTIAN RASK (1787-1832). Vejledning til det Islandske eller gamle Nordiske Sprog. *Kopenhagen, gedruckt für Schuboth von J. R. Thiele, 1811*

Diese ›Einführung in die isländische oder altnordische Sprache‹ war die erste Veröffentlichung in einer gewichtigen Reihe, die Rask zu einem der Begründer der modernen Sprachwissenschaft machte.

Das durch seine Arbeiten für die alten skandinavischen Sprachen geweckte Interesse machte auch auf deren Schrifttum aufmerksam. Rask war der erste, der die altnordischen Sprachen systematisch studierte. Er entdeckte, daß das Verhalten der Konsonanten innerhalb der indoeuropäischen Sprachen gleich ist. Fußend auf Rasks Beobachtungen stellte J. Grimm (281) das Gesetz der germanischen wie hochdeutschen Lautverschiebung auf. 1818 gab Rask den ersten vollständigen Text der beiden Edda-

Sammlungen heraus, der sogenannten ›Älteren Edda‹, in der Bischof Saemund (1056-1132) die Lieder aus der nordisch-germanischen Götter- und Heldensage sammelte, sowie der sogenannten ›Jüngeren Edda‹, in der Bischof Snorri Sturlason (168) ein Jahrhundert später in Prosa mit eingestreuten Verspartien eine Nachlese der alten Sagen hielt.

Auf seinen Reisen nach Rußland und Persien sammelte Rask wertvolle Avesta- und Pali-Handschriften, die er der Königlichen Bibliothek in Kopenhagen überließ. Damit förderte er das Studium des asiatischen Zweiges der indoeuropäischen Sprachenfamilie (siehe 235).

267   Geschichte gegen Mythologie

BARTHOLD GEORG NIEBUHR (1776-1831). Römische Geschichte, 3 Bände. *Berlin, Realschulbuchhandlung, 1811-12, 1832*

Niebuhr – Sohn eines mittleren dänischen Beamten, Carsten Niebuhr (1733-1815), dessen Reisen im Mittelosten (1761-7) in ihrer Bedeutung erst jüngst gewürdigt wurden – ist der Begründer einer modernen wissenschaftlichen Geschichtsschreibung. Das Erscheinen der beiden ersten Bände seiner ›Römischen Geschichte‹ – der dritte erschien nach seinem Tode – setzte einen Maßstab, der für die weitere Geschichtsschreibung richtungweisend war.

Niebuhr begann wie Grote (321) als Bankmann. Er arbeitete in der dänischen und später seit 1806 in der preußischen Staatsbank, bevor er wie Macaulay in den Staatsdienst trat: als preußischer Gesandter beim Vatikan 1816-23 und dazwischen als Professor an den Universitäten Berlin und Bonn. Er war somit fast der einzige deutsche Historiker, dessen Einsichten durch praktische Erfahrungen in der Wirtschaft, der Verwaltung und der Diplomatie vertieft wurden.

Niebuhr verschwor sich dem heute allgemein anerkannten Grundsatz der ›positiven Skepsis‹, wie Goethe es treffend ausdrückte. Er besagt, daß Geschichtsschreibung immer auf systematischem Sammeln und kritischer Würdigung der originalen Quellen gründen müsse. In Niebuhrs Augen war von allen früheren Historikern Gibbon (222) der einzige, der dieser Forderung gerecht wurde. Und Niebuhrs ›Römische Geschichte‹ war in der Tat als sozusagen erster Teil von Gibbons großem Werk entworfen. Als begeisterter Anglophile wie Montesquieu (197) und als Bewunderer Burkes (239) neigte Niebuhr dazu, den römischen Senat dem britischen Parlament gleichzusetzen und die römischen Bauern den englischen Freisassen. Seine höhere Bewertung von Institutionen gegenüber der einzelnen Persönlichkeit zog klar die Grenzen zwischen Faktum und Fabel und trennte endgültig wirkliche Geschichte von traditioneller Legende.

Niebuhrs große Leistung als Quellenkritiker und als Zerstörer der Autorität des Livius verband sich leider mit literarischen Unzulänglichkeiten. Um mit G.P. Gooch zu reden, »ist seine Geschichte das wohl schwierigst zu lesende Werk der klassischen Historiker«, weil es, wie schon Goethe erkannte, keine römische Geschichte ist, sondern »eine Erörterung der Schriftsteller, die uns römische Geschichte übermittelt haben«.

Die englische Übersetzung von Thinwall und Hare von 1828 und die französische Nachahmung von Michelet (324) in seiner ›Histoire Romaine‹ von 1831 verbreiteten Niebuhrs Ruhm in ganz Europa. »Alle Historiker«, sagte Mommsen, »sofern sie würdig dieses Namens sind, sind seine Schüler.« Es war zuletzt Mommsen selber, der, auf der von Niebuhr geschaffenen Grundlage fußend, die klassische ›Römische Geschichte‹ (337) schrieb.

Hansard   268

THE PARLIAMENTARY DEBATES, from the year 1803 to the present time. *London, gedruckt von T. C. Hansard für Longman (und andere), 1812*

Die frühesten genauen Sitzungsberichte des Parlaments gehören zu den Leistungen des betriebsamen William Cobbett (294). Die erste Reihe wurde 1804 veröffentlicht und begründete einen neuen Maßstab für die getreue Wiedergabe der gehaltenen Reden. Wie seine Vorgänger, so sah sich auch Cobbett gezwungen, aus den Notizen der Redner und aus Zeitungsartikeln ein Flickwerk herzustellen, das sich trotz seiner eigenen Vorurteile durch seine Genauigkeit von dem seiner Vorläufer unterschied, während früher guter Stil oder Unterstützung einer Partei die Richtschnur gewesen waren.

Cobbetts erste Drucker waren Cox und Baylis, doch Anfang 1809 erschien auf der Titelseite ein neuer Name – der T. C. Hansards. Thomas Curson Hansard (1776-1833) war der älteste Sohn von Luke Hansard (1752-1828), der im Jahre 1774 Geschäftspartner von John Hughs, des Druckers für das Unterhaus, geworden war. Luke war berühmt für die Genauigkeit und Schnelligkeit seiner Druckarbeiten für das Parlament, und während der Sitzungsperioden mußte er schließlich auf alle anderen Arbeiten verzichten (die ihm immerhin die Freundschaft und das Lob von Dr. Johnson, Burke und Porson eintrugen). Nachdem Thomas einige Zeit für seinen Vater gearbeitet hatte, machte er sich 1803 selbständig. Er hatte Erfolg, und sein Vater begrüßte wahrscheinlich das neu erwachte Interesse am ›parlamentarischen Geschäft‹, das sich darin zeigte, daß er den Druck der ›Debates‹ und Cobbetts anderer Zeitschriften übernahm. – Im Jahre 1810 kam es jedoch zu einem bösen Rückschlag: in seinem ›Political Register‹ veröffentlichte Cobbett einen Angriff gegen die Prügelstrafe beim Militär, worauf von der Regierung eine Verleumdungsklage gegen ihn erhoben wurde, in die auch Hansard als Drucker hineingezogen wurde. Beide wurden für schuldig befunden: Cobbett wurde zu einer Geldstrafe von tausend Pfund und zu zwei Jahren Gefängnis verurteilt, Thomas Hansard bekam drei Monate Haft.

Dieses Mißgeschick sollte für ihn jedoch auch gute Folgen haben. Nach seiner Freilassung konnte Thomas seine Geschäfte wieder aufnehmen, und 1812 erwarb er die ›Parliamentary Debates‹ von Cobbett, den seine Haft finanziell schwer geschädigt hatte. Von da an bildeten die Debates zusammen mit den offiziellen Druckarbeiten für das Parlament für die Hansards eine gute Einnahmequelle. Thomas Hansard wurde einer der angesehensten und erfahrensten Drucker seiner Zeit; er schuf die ›Typographia‹, den besten und verläßlichsten Führer zur Druckkunst jener Zeit.

Nach Thomas Hansards Tod wurden die beiden Firmen zusammengelegt und blieben dem Parlament bis 1895 verbunden – und 1943 wurde der Name ›Hansard‹ auf den Parlamentsberichten wieder aufgenommen.

Mit dem Namen Hansard verbindet sich auch ein berühmter Rechtsstreit aus dem Jahre 1837. J. J. Stockwell fühlte sich durch einen offiziellen, »im Auftrag des Parlaments veröffentlichten« Bericht des Inspektors der Gefängnisse verleumdet und verklagte Hansard. Ergebnis dieses Rechtsstreits war, daß von da an alle parlamentarischen Sitzungsberichte durch dasselbe Privileg geschützt waren, das die Reden von Parlamentsmitgliedern genossen. Die Beziehung zwischen Presse und Parlament in England kann man als bahnbrechend bezeichnen: andere parlamentarische Institutionen zogen großen Nutzen daraus, und der ›Hansard‹ diente vielen Parlamentsberichten der Welt als Vorbild.

Der Brockhaus 269

FRIEDRICH ARNOLD BROCKHAUS (1772-1823). Conversations-Lexicon oder Hand-Wörterbuch für die gebildeten Stände. *Band 1-4, Amsterdam, Kunst- und Industrie-Comptoir, 1812-14; Band 5-10, Altenburg und Leipzig, F. A. Brockhaus, 1815-19*

Mit dem sicheren Spürsinn des großen Verlegers erwarb F. A. Brockhaus 1808 für 1.800 Taler das dahinsiechende ›Conversations-Lexicon‹, das Dr. Renatus Gotthelf Löbel von 1796 bis zu seinem Tode im Jahre 1799 herausgebracht hatte und das nun, steuerlos und unvollständig, nacheinander für fünf Verleger ein glattes Verlustgeschäft war. Brockhaus sah seine Möglichkeiten. Er stellte sofort den sechsten, den Schlußband, zusammen, fügte zwei Ergänzungsbände hinzu und verkaufte innerhalb von zwei Jahren die ganze Auflage – zweitausend Exemplare – des Gesamtwerkes. Die in den Jahren 1812-19 folgenden fünf Auflagen (siehe oben) brachte er unter dem alten Titel und mit dem Vermerk ›Durchgesehene Auflage‹ heraus, obwohl sie sein ganz persönliches Werk waren. Er tat es wohl, um den inzwischen erworbenen Ruf zu nutzen. Jede Auflage zählte zehn- bis fünfzehntausend Exemplare und betraf natürlich jeweils alle 10 Bände – ein unerhörter Erfolg zu jener Zeit. Das Impressum zeigt dabei die Wandlungen in der Firmierung und den wechselnden Sitz des Verlegers.

Das Fehlen jedes Copyright-Schutzes ermöglichte das Erscheinen von mindestens einem halben Dutzend Raubdrucken und schamlos nachahmenden Ausgaben. Doch weder diese Rivalen noch das Verbot der österreichischen Zensur konnten verhindern, daß Brockhaus' Werk ununterbrochen weiter gedieh. Sein hohes Ansehen gründete sich zum guten Teil auf der sorgfältigen Wahl seiner Mitarbeiter auch für recht unwichtige Stichworte. Alle Mitarbeiter blieben anonym, wie ja auch heute noch. Unter ihnen waren rückblickend Jakob Burckhardt (347) und der tschechische Historiker Palacky wohl die hervorragendsten.

Auf die Einstellung des lesenden Publikums im 19.Jahrhundert wirft es ein bezeichnendes Licht, daß ein Bilderatlas, der 1844-49 herauskam, ein riesiger Erfolg wurde. Um 1856 waren fast vier Millionen Exemplare davon abgesetzt, und neue Auflagen wurden bis 1886 herausgebracht. Die Nachfrage nach diesem illustrierten Ergänzungsband stand im scharfen Gegensatz zu den wiederholten kostspieligen Fehlschlägen von Enzyklopädien, die Text und Bebilderung verbanden. Weder die fünfzig Kupferstiche der ›Deutschen Taschen-Encyklopädie‹ (4 Bände, 1816-20) noch die eintausendzweihundertachtunddreißig Holzschnitte des ›Bilder-Conversations-Lexicon‹ (4 Bände, 1837-51) sprachen das Publikum an; beide Unternehmungen mußten aufgegeben werden. Erst 1905 hatte ein illustrierter Brockhaus beim Publikum Erfolg. Der Stil des Brockhaus-Lexikons fand bald auch in anderen europäischen Ländern Anklang. Die wichtigsten, die nach seinem Vorbild und in Zusammenarbeit mit dem Leipziger Haus zusammengestellt, übersetzt und ihren Zwecken angepaßt wurden, waren Francis Liebers ›Encyclopaedia Americana‹ (13 Bände, 1829 bis 1832), William und Robert Chambers' ›Encyclopaedia‹ (1860 bis 1868), das ›Grand Dictionnaire Universel‹ von Pierre Larousse (1864-76) und das gewaltige ›Russki Entsiklopedicheskij Slovar‹ (43 Bände, 1890-1906), auf dem die ›Bolshaya Sovietskaya Entsiklopedia‹ beruht (65 Bände, 1926-47 und spätere Auflagen).

1928 wurde das Lexikon in ›Der Große Brockhaus‹ umbenannt. Seit 1966 erscheint die ›Brockhaus-Enzyklopädie‹ in 20 Bänden als siebzehnte neubearbeitete Auflage des Großen Brockhaus.

Entgegen dem vorherrschenden englischen Brauch blieb Brockhaus bei seinem Grundsatz, sehr viele kurze Stichworte statt umfassenderer Artikel zu bringen. Der letzte Brockhaus enthielt gegen einhundertfünfundvierzigtausend Stichworte im Vergleich zu weniger als vierzigtausend der letzten Encyclopaedia Britannica.

Der Byron-Kult

GEORGE GORDON NOEL BYRON, LORD BYRON (1788-1824). Childe Harold's Pilgrimage. *London, John Murray, 1812, 1816, 1818*

»Eines Morgens erwachte ich und war berühmt«, schrieb Byron in seinem Tagebuch nach der Veröffentlichung der ersten beiden Gesänge von ›Childe Harold‹. Natürlich war sein Verleger auf diesen Erfolg nicht vorbereitet. Nach dem Durchfall des Cambridge-Studenten von 1807 mit seiner trockenen Gedichtsammlung ›Hours of Idleness‹ (Mußestunden) hatte Murray wieder die üblichen fünfhundert Exemplare gedruckt, was für einen Gedichtband damals durchaus angemessen schien. Doch diesmal war innerhalb von drei Tagen die Auflage verkauft, und Murray wagte später, bis zu zehntausend Stück von allen Versepen seines Bestseller-Autors zu drucken. Alle waren innerhalb weniger Wochen vergriffen und mußten sofort nachgedruckt werden.

Byron hat also mit seiner Tagebuchnotiz keineswegs übertrieben. In England überschattete er seine Zeitgenossen Wordsworth, Coleridge, Shelley, Keats und Blake völlig. Walter Scott gab sogar das Dichten auf, weil er sich dem jüngeren Byron hierin unterlegen fühlte, und begann mit dem Schreiben seiner Waverley-Romane (273). Außerhalb Englands wurde Byron im ganzen 19. Jahrhundert und noch darüber hinaus als der größte englische Dichter nach Shakespeare betrachtet. Goethe, dessen ›Faust‹ (298) Byron in seinem ›Manfred‹ 1817 nachzueifern suchte, hat ihn im zweiten Teil des Faust in der Gestalt des Euphorion, dem Sohn von Faust und Helena, in deren Verbindung sich größte Gedankenkraft mit höchster Schönheit vereinigt, unsterblich gemacht. Goethe hat damit in Byron die einzige ihm selber ebenbürtige literarische Kraft des 19. Jahrhunderts gefeiert, den europäischen Dichter, dessen Don-Juan-Epos er »ein grenzenlos geniales Werk« genannt hat. Shakespeare und Byron – neben Heine und Béranger – waren auch die Lieblingsdichter Bismarcks.

So ist Byrons Einfluß auf die geistige Haltung fremder Nationen kaum zu überschätzen. Unter denen, die ihm viel verdanken, befinden sich, um nur einige große Beispiele zu nennen, Alfred de Musset, Théophile Gautier und Victor Hugo in Frankreich; die Russen Puschkin und Lermontow; Heine und Lenau in Deutschland; Guerrazzi, Prati und Niccolini in Italien; die Spanier Rivas, Larra und Espronceda; Almeida Garret und Lemos in Portugal; Azevedo in Brasilien. Auch auf die Musik der europäischen Romantik hat Byron gewirkt: seine Dichtung ›Manfred‹ hat Robert Schumann zu einem großen Melodram verarbeitet.

Für die Engländer und auch die Nichtengländer in der Mitte des 20. Jahrhunderts ist es fast unmöglich, diese Woge der Byron-Schwärmerei zu verstehen. Jedenfalls würde der moderne Byron-Verehrer ohne Zweifel den ›Don Juan‹ (1818-24) dem ›Childe Harold‹ und den anderen romantischen Versepen und pseudometaphysischen Stücken vorziehen, die Byrons Zeitgenossen einst so hingerissen haben. Das riesige, unvollendete Gemälde des ›Don Juan‹, wahrhaftig eine ›comédie humaine‹, ist aber für Nichtengländer zum Teil unverständlich, denn die eigentlichen Gründe für die Anziehungskraft dieses Werks auf englische Leser sind die satirischen Anspielungen auf die Gesellschaft der vorviktorianischen Zeit und die typisch englische Art, philosophische Probleme empirisch anzugehen. Byrons geistige Haltung leitet sich von Dryden und Pope her und ist daher trotz ihrer dünnen romantischen Verschalung im Grunde klassizistisch.

Es war aber das eigentlich ›Romantische‹ des Childe Harold, was Byron und den ganzen Byron-Kult als nationale und ein Jahrhundert lang als internationale Kraft auf die westliche intellektuelle Welt Einfluß nehmen ließ. Was das 19. Jahrhundert daran am meisten bewunderte, war die faszinierende Mischung von aristokratischem Hochmut und revolutionärer Begeisterung, von ausschweifender Sinnlichkeit und hingebender Liebe, von glühender Leidenschaft und tiefer Melancholie, bitterer Ironie und weltschmerzlicher Pose, geziertem Dandytum und hohem persönlichem Mut. Alle diese Züge fand das Publikum in der Mischung von wirklichkeitsnahem Bekenntnis und einem pseu-

doromantischen Saga-Stil, durch den Lord Byron sich sowohl
offenbarte als auch hinter den Masken des Childe Harold, des
Giaur, Laras, Manfreds, Don Juans und seiner anderen Helden
verbarg. Die Byronsche Verknüpfung von orientalischem Zauber
und Naturanbetung, von Pantheismus und Pessimismus drückten
der europäischen Kultur des 19.Jahrhunderts ihren Stempel auf.
Dazu kam, daß er auch zum Symbol der europäischen Freiheitsbewegung für das griechische Volk wurde, als er sich 1823 an die
Spitze einer Gruppe von Freiheitskämpfern setzte und nach Griechenland einschiffte. Schon 1824 erlag er am 29. April einer Krankheit, die er sich im Lager von Lepanto zugezogen hatte. Die
Kunde von seinem Tod ging wie ein Lauffeuer durch die ganze
Welt, die griechischen Freiheitskämpfer trauerten um ihn einundzwanzig Tage. Für das Europa des 19.Jahrhunderts ist er
durch dieses jähe Ende zur Verkörperung der Idee von der Freiheit und der Selbstbestimmung der Nationen geworden.

Die Geburt des Sozialismus 271

ROBERT OWEN (1771-1858). A New View of Society, or Essays on
the Principle of the Formation of the Human Character. *London,
Cadell und Davies, 1813-14*

Die Leitidee des Sozialismus kann auf eine lange und bemerkenswerte Geschichte zurückblicken, an deren Beginn wohl die beiden
Gründergestalten William Godwin (243) und der Marquis de
Condorcet (246) stehen. Die erste tatsächliche Darlegung der
sozialistischen Lehre stammte jedoch von keinem Theoretiker,
sondern von einem Mann, der sie vom praktischen Experiment
her entwickelte.

Mit neunzehn Jahren wurde Robert Owen der Leiter einer
Baumwollspinnerei. Er hatte großen Erfolg, doch nicht nur als
Leiter, sondern auch als Neuerer, indem er die erste aus Amerika
importierte Baumwolle einführte und die Qualität des Garns verbesserte. Noch bevor er dreißig war, hatte er bereits genügend
Erfahrung und das daraus gewachsene Selbstvertrauen erworben,
um sein großes sozialpolitisches Experiment in Angriff zu nehmen. Er überredete seine Partner dazu, die New Lanark Spinne-

reien in der Nähe von Glasgow zu erwerben, ein altes Unternehmen, zu dem einige der ärmsten Arbeiterviertel des Landes gehörten. Die Arbeitszeit war lang; die Arbeiter waren heruntergekommen und verderbt. Owen verbesserte ihre Wohnverhältnisse und die Arbeitsbedingungen; er eröffnete einen Laden, in dem sie Waren kaufen konnten, die nur wenig über dem Selbstkostenpreis lagen; er schränkte den Verkauf von alkoholischen Getränken ein. Den größten Erfolg hatte er bei der Erziehung der Arbeiterkinder. Er war der Gründer von Kindergärten in Großbritannien, die er – obgleich sie im Ausland bereits vorweggenommen worden waren – anscheinend aus seinen eigenen Anschauungen vom Sinn der Erziehung entwickelte. Das ›Lanark Experiment‹ wurde ein großer Erfolg und die Spinnerei arbeitete mit Gewinn. Trotzdem zeigten sich Owens Partner über die Kosten seiner sozialen Pläne unzufrieden, so daß er sich gezwungen sah, die Teilhaberschaft aufzulösen und eine neue Gesellschaft zu gründen, in der Jeremy Bentham (237) und William Allen, der Quäker-Philanthrop, seine Geschäftspartner waren.

Um diese Zeit entstand ›A New View of Society‹. In diesem Werk erläuterte Owen die Grundgedanken, die sein Experiment bestimmt hatten. Da er an keine Art von Religion glaubte, hatte er seinen eigenen Glauben entwickelt. Die wichtigsten Punkte darin waren, daß der Charakter des Menschen nicht durch ihn, sondern für ihn geschaffen sei, und daß er durch Umstände geformt würde, auf die er keinen Einfluß habe. Das erste, was notwendig sei zur richtigen Formung eines Charakters wäre deshalb, ihn von Anfang an gesunden leiblichen, sittlichen und sozialen Einflüssen auszusetzen. Diese Prinzipien – die grundlegende ›Unverantwortlichkeit‹ des Menschen und die Auswirkung eines guten frühen Einflusses – bilden die Grundlage von Owens Theorie und Praxis. New Lanark erwies sich auch auf die Dauer als leistungsfähig und wurde zu einer Modellgemeinschaft, die viele europäische Staatsmänner besichtigten.

Als die wirtschaftliche Depression der nachnapoleonischen Zeit ihren tiefsten Punkt erreicht hatte, begann Owen seine Grundsätze auf die Nation als Ganzes anzuwenden; in seinem Bericht an das Unterhaus über die Lage der Kinder in den Fabriken (1816) empfahl er die Einführung von Gemeinschaftssiedlungen mit einer Küche und Eßräumen für alle; die Familien sollten zwar private Unterkünfte haben, doch würden die Kinder vom dritten Lebensjahr an von der Gemeinschaft erzogen werden, wobei jedoch den Eltern immer noch genügend Einfluß eingeräumt bliebe. Der Gemeinschaft sollte eine geeignete Person vorstehen; ihre wirtschaftliche Basis aber würde die gemeinsame Arbeitsleistung und der gleichmäßig verteilte Verdienst bilden. Diese Pläne begrüßte man mit Begeisterung, doch dadurch, daß Owen sich öffentlich zum Atheismus bekannte, wurde das allgemein in ihn gesetzte Vertrauen erschüttert. Seine späteren Experimente in seiner Heimat und in New Harmony (Indiana) waren kein Erfolg. Um 1846, zwölf Jahre vor seinem Tod, gab es nur wenig, worin sich Owens Energie und Arbeit tatsächlich verwirklicht hatte; doch die Lebenskraft des von ihm zum erstenmal um 1835 geprägten Wortes ›Sozialismus‹ ist Zeugnis genug für den bleibenden Wert seines Werkes.

Über Land zum Pazifik   272

MERIWETHER LEWIS (1774-1809) und WILLIAM CLARK (1770 bis 1838). History of the Expedition under the Command of Captains Lewis and Clark to the Pacific Ocean, 2 Bände. *Philadelphia, Bradford and Inskeep; und Abraham H. Inskeep, New York, 1814*

Jenseits des Missouri lag um 1800 ein weites und größtenteils unentdecktes Land, das bis an den westlichen Bereich der Vereinigten Staaten reichte. Dieses Gebiet hatte 1762 Frankreich an Spanien abgetreten, doch kam es 1800 an Frankreich zurück; in dieser Zeit zogen dort lediglich einige englische und ein paar französische Trapper umher.

Die Wichtigkeit, dies Land zu erforschen, hatte Thomas Jefferson bereits 1783 erkannt, als er mit diesem Plan an George R. Clark herantrat; doch erst zwanzig Jahre später erlebte Jefferson, jetzt Präsident der Vereinigten Staaten, die Verwirklichung seiner Idee. In einer Botschaft an den Kongreß vom Januar 1803 wies er auf die Wichtigkeit des Handels mit den dortigen Indianern hin – ein Handel, der sich nicht nur als solcher einträglich erweisen, sondern auch wertvolle Bande zu diesen Stämmen knüpfen könnte, die bis dahin unter dem Einfluß britischer oder französischer Trapper gestanden hatten. Die Beziehungen zwischen England und den Vereinigten Staaten waren zu jener Zeit gespannt, und im Falle eines Krieges war es unbedingt notwendig, daß man es den Engländern von vornherein unmöglich machte, Indianerhorden auf den Kriegspfad gegen die Siedler im Westen zu schikken. Der Kongreß genehmigte die Vorlage.

Zum Expeditionsleiter ernannte Jefferson Meriwether Lewis, der aus einer alten Familie aus Virginia stammte und sowohl ein ausgezeichneter Amateur-Naturforscher als auch ein erfahrener Armeeoffizier war. Lewis arbeitete um diese Zeit als Sekretär für den Präsidenten und wußte genau um die Hoffnungen und Erwartungen, die Jefferson in die Expedition setzte. Um sich auf den wissenschaftlich detaillierten Bericht, den man von ihm erwartete, noch besser vorzubereiten, machte er in Philadelphia einen besonderen Lehrgang mit, bei dem er sich vor allem auf naturwissenschaftliche Terminologie und Astronomie konzentrierte. Als Begleiter wählte er Roger Clarks Bruder William sowie einen Mann, der mit Indianern und dem Siedlerleben wohlvertraut war.

Als man im Dezember 1803 von Frankreich das Louisiana-Territorium kaufte, wurde die Expedition noch wichtiger, und im Mai des darauffolgenden Jahres brach sie schließlich zum Oberlauf des Missouri auf. Sie überwinterte in den Mandan-Dörfern in Dakota, und im Frühling zog sie weiter nach Westen, überquerte die Rocky Mountains, folgte dann dem Columbia flußabwärts bis an den Pazifik. Auf demselben Weg kehrte sie fast zweieinhalb Jahre später in ihre Heimat zurück und traf im September 1806 in St. Louis ein – zum großen Erstaunen und zur Begeisterung des ganzen Volkes, das sie bereits verlorengegeben hatte. Zwar war es ihr nicht gelungen, einen transkontinentalen Wasserweg zu entdecken, doch hatte sie die Möglichkeit einer Überlandreise an die Westküste bewiesen, eine Möglichkeit, die einige Jahre später durch die Entdeckung des South Pass über die Rocky Mountains noch verbessert wurde.

Die Forscher hatten beabsichtigt, sofort nach ihrer Rückkehr das Expeditionstagebuch zu veröffentlichen; doch mußten beide

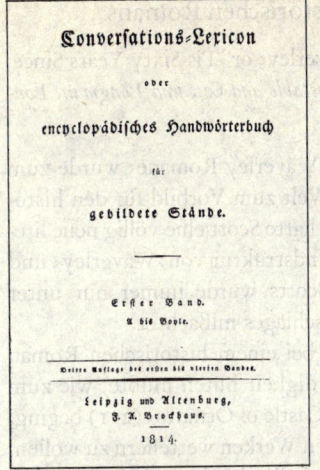

Conversations-Lexicon

oder

encyclopädisches Handwörterbuch

für

gebildete Stände.

Erster Band.
A bis Boyle.

Dritte Auflage des ersten bis vierten Bandes.

Leipzig und Altenburg,
F. A. Brockhaus.
1814.

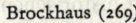

Brockhaus (269)

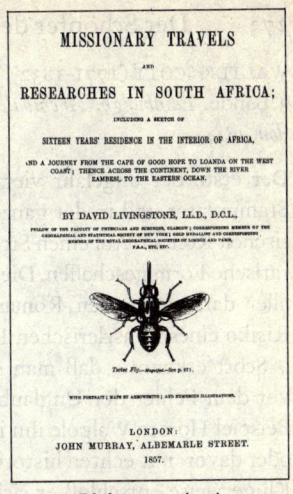

MISSIONARY TRAVELS

AND

RESEARCHES IN SOUTH AFRICA;

INCLUDING A SKETCH OF

SIXTEEN YEARS' RESIDENCE IN THE INTERIOR OF AFRICA,

AND A JOURNEY FROM THE CAPE OF GOOD HOPE TO LOANDA ON THE WEST
COAST; THENCE ACROSS THE CONTINENT, DOWN THE RIVER
ZAMBESI, TO THE EASTERN OCEAN.

BY DAVID LIVINGSTONE, LL.D., D.C.L.,

FELLOW IN THE FACULTY OF PHYSICIANS AND SURGEONS, GLASGOW; CORRESPONDING MEMBER OF THE
GEOGRAPHICAL AND STATISTICAL SOCIETY OF NEW YORK; GOLD MEDALLIST AND CORRESPONDING
MEMBER OF THE ROYAL GEOGRAPHICAL SOCIETIES OF LONDON AND PARIS,
F.R.S., ETC. ETC.

WITH PORTRAIT; MAPS BY ARROWSMITH; AND NUMEROUS ILLUSTRATIONS.

LONDON:
JOHN MURRAY, ALBEMARLE STREET.
1857.

Livingstone (341)

ihren Amtspflichten nachkommen, die ihnen keine Zeit zur Redaktion ließen. Lewis wurde zum Gouverneur des Louisiana-Territoriums ernannt und Clark zum Inspektor für Indianerfragen. Der erste Bericht über die Reise war das ›Journal of Patrick Gass‹, eines Sergeanten der Expedition, dessen Aufzeichnungen von David McKeehan, einem Lehrer aus West Virginia, überarbeitet wurden und 1807 in Pittsburgh im Druck erschienen. 1808 folgte eine Ausgabe in London, spätere amerikanische Auflagen stammen aus den Jahren 1808, 1810 und 1811 und eine Übersetzung ins Französische aus dem Jahr 1810. Bevor Lewis seinen und Clarks Bericht fertigstellen konnte, wurde er auf einer Reise durch Tennessee ermordet (1809). Nach seinem Tod ersuchte Clark Nicholas Biddle, einen Rechtsanwalt aus Philadelphia, die Edition der Tagebücher zu übernehmen. Doch bevor Biddle die Arbeit abgeschlossen hatte, wurde er in die gesetzgebende Körperschaft des Staates Pennsylvanien gewählt, und aus Zeitmangel beauftragte er Paul Allen, die Arbeit abzuschließen. In dieser Lewis-Clark-Biddle-Allen-Fassung wurde das Buch schließlich im Februar 1814 in einer Auflage von zweitausend Exemplaren herausgebracht – also fast zehn Jahre nach der Expedition.

WALTER SCOTT (1771-1832). Waverley; or 'Tis Sixty Years Since,
3 Bände. *Edinburgh, Archibald Constable and Co., und Longman, London, 1814*

Der erste der ungefähr vierzig ›Waverley Romane‹ wurde zum
Stammvater und in der ganzen Welt zum Vorbild für den historischen Roman. Auf einen Streich hatte Scott eine völlig neue literarische Form geschaffen. Die Grundstruktur von ›Waverley‹ und
aller darauffolgenden Romane Scotts wurde immer nur unter
Risiko eines künstlerischen Fehlschlages mißachtet.

Scott erkannte, daß man sich bei einem historischen Roman
vor dem Fehler der Unglaubwürdigkeit hüten mußte, wie zum
Beispiel Horace Walpole ihn im ›Castle of Otranto‹ (211) beging,
oder davor, mit echten historischen Werken wetteifern zu wollen.
Klugerweise entschloß er sich deshalb, den historischen Roman
mit einem wirklichkeitsgetreuen Hintergrund zu versehen, um
so dem Leser die Möglichkeit zu geben, zwischen der Handlung,
den Ereignissen und der Zeit, in der sie spielt, eine Beziehung
herzustellen; auch wollte er keinesfalls das Romangeschehen mit
dokumentarischen Einzelheiten überladen, die den phantasievollen Fluß der Erzählung nur gehemmt und wahrscheinlich ver-
unklart hätten. Außerdem ließ Scott bekannte historische Persönlichkeiten bewußt in untergeordneten Rollen auftreten, weil
ihr fest umrissenes Denken und Tun die schöpferische Phantasie
des Schriftstellers eher verwirrt als anregt; stattdessen wählte er
entweder Helden oder Heldinnen, die seiner eigenen Phantasie
entstammten, oder aber wirkliche, doch unbedeutende Personen,
die er seinen Absichten anpassen konnte, ohne dabei die historische Wahrheit zu sehr zu verletzen: Edward Waverley, der
Marionettenheld aus ›Waverley‹, und Jeanie Deans, die Heldin aus
›The Heart of Midlothian‹ (Vorbild war die historische Helen
Walker of Irongray), stellen die beiden Möglichkeiten dar.

Es ist noch nicht lange her, daß man auf einen der liebenswertesten Züge Scotts aufmerksam wurde: sein Verständnis und
sein Mitgefühl für das einfache, anspruchslose und alltägliche
Volk. Gestalten wie Jeanie Deans und ihr Reuben Butler, der ein-

fältige David Gellatley und Madge Wildfire, der alte Edie Ochiltree und eine Schar anderer menschlich schlichter Figuren entschädigen reichlich für die Abgeschmacktheit der angeblichen Helden. Seine Erkenntnis, daß ihr Leben und ihre Charaktere origineller und oft bewundernswerter sind als die ihrer ›Herren‹, durchbrach eine hartnäckige Überlieferung der Erzählkunst und bereitete dem ›Helden der Arbeiterklasse‹ den Weg.

Walter Scott wurde fast zufällig zum Schöpfer des historischen Romans. Nachdem er die Balladen des ›Minstrelsy of the Scottish Border‹ (Altschottische Grenzergesänge), 1802-03, herausgegeben hatte, und während er an dem Versepos ›The Lay of the Last Minstrel‹ (Des letzten Spielmanns Lied), 1805, arbeitete, verfaßte er den ersten Teil von ›Waverley‹, verlegte das Manuskript und entdeckte es zehn Jahre später zufällig wieder, als Byrons Erfolg (270) ihn den Entschluß fassen ließ, die literarische Form aufzugeben, in der er sich – bescheiden wie er war – dem genialen jungen Dichter unterlegen fühlte. Nach drei Wochen hatte er Waverley abgeschlossen, und am 7. Juli 1814 erschien der Roman anonym und in drei Bänden im Duodez-Format.

Der Erfolg der Waverley Romane ließ nicht auf sich warten. Nicht nur in England und Schottland, sondern auch in den Vereinigten Staaten, wo unerlaubte Nachdrucke erschienen, in Deutschland und in Frankreich überschwemmten die Waverleys den Markt. George IV. war seit Karl I. der erste englische König, der Literatur zu würdigen wußte – er bewunderte Jane Austen, die ihm ›Emma‹ widmete – und erhob 1820 Scott in den Adelsstand. Noch zu Lebzeiten Scotts begannen die ersten historischen Romane, die sich ihn zum Vorbild genommen hatten, zu erscheinen. Viele von ihnen wurden ebenfalls Bestseller und im eigenen Land oder sogar international berühmt: Fenimore Coopers ›Der Letzte der Mohikaner‹, Wilhelm Hauffs ›Lichtenstein‹ (beide 1826), Alessandro Manzonis ›Die Verlobten‹ (1827), Victor Hugos ›Der Glöckner von Notre-Dame‹ (1831), Alexandre Dumas' ›Die Drei Musketiere‹ (1844), L. N. Tolstois ›Krieg und Frieden‹ (1862-9), C. F. Meyers ›Jürg Jenatsch‹ (1876), J. P. Jacobsens ›Frau Marie Grubbe‹ (1876), Margaret Mitchells ›Vom Winde verweht‹ (1936) – diese Werke sind die berühmtesten ›Nachkommen‹.

(*a*) WILLIAM SMITH (1769-1839). A Geological Map of England
and Wales with Part of Scotland, 15 Blätter. *London, Cary, 1815*
(*b*) GEORGES CUVIER (1769-1832). Essai sur la Géographie Miné-
ralogique des Environs de Paris avec une Carte géognostique des
Coups de terrain. *Paris, 1811 (1822)*

William Smith war von Beruf Ingenieur. Als Halbwaise in einem
südenglischen Dorf aufgewachsen, war er gezwungen, sich sein
Wissen auf eigene Faust anzueignen. Schon als Kind sammelte er
Fossilien. Als Achtzehnjähriger wurde er Gehilfe eines Feldmes-
sers und erwarb sich so viele Kenntnisse, daß ihm als Selfmade-
Ingenieur 1793 die Vermessung des Kohlen-Kanals in Somerset
und daraufhin auch dessen Bau übertragen wurde. Das gab den
Anlaß für seine lebenslange Beschäftigung mit dem Studium der
geologischen Schichtbildungen. Ob er später Kanäle baute oder
Sümpfe trockenlegte, Überschwemmungen bekämpfte, versiegte
Quellen wieder zum Leben erweckte – was alles ihn zwang, ohne
Unterlaß kreuz und quer über Land zu reisen, und dies bis zu sech-
zehntausend Kilometern im Jahre zu einer Zeit, da es noch keine
Eisenbahn gab! –, immer nutzte er jede Gelegenheit, um die Folge
der Bodenschichten zu studieren oder geologische Proben und
Fossilien zu sammeln.

Um 1799 hatte Smith die Erdschichten in ihrer zeitlichen Folge
an Hand der in ihnen befindlichen Fossilien geordnet, und er begann nun die Arbeit an seinem geologischen Kartenwerk, zu dessen Vorstudien ihn der Herzog von Bedford, Arthur Young (214)
und Sir Joseph Banks ermutigt hatten. Die Schwierigkeit, eine
Karte als brauchbare Unterlage zu finden, überwand der gelehrte,
philosophierende Instrumentenbauer und Kartograph William
Cary. Er besaß eine Karte im Maßstab 1:3200 und in einem Format von genau 267 Zentimetern Höhe, die er für Smiths Zwecke
neu stach. Seine fertige Karte (s. oben) sandte Smith 1815 an die
Society of Arts, die ihm dafür einen Preis von 50 Pfund zusprach.
»Das Beispiel von Smiths Werk überzeugte die Geologen davon,
daß die Schichtgesteine überall auf der Erde in der einen gleichen

Folge auftraten – Cambrium, Ober- und Untersilur, Devon und so fort – und daß diese Folge nicht nur eine Sache der Geographie war, sondern daß sie die zeitliche Ordnung widerspiegelte, in der die Gesteine sich gebildet hatten. Die überlagerten Schichten waren demnach alle einmal in vergangener Zeit Erdoberflächen gewesen.« (Toulmin und Goodfield, ›Die Entdeckung der Zeit‹)

Smiths Datierung der Schichten aufgrund der in ihnen gefundenen Fossilien war nicht völlig neu, schon Steno (151) hatte die Beziehungen bemerkt. Aber Smith war es, der sie zuerst systematisch als Zeugnisse heranzog, um Verlauf und Zusammenhang der Schichten in der Folge ihrer Überlagerungen festzustellen. Das machte die Paläontologie zu einem entscheidend wichtigen Teil der Geologie. Nun begann es klar zu werden, daß geologische Zeitläufte die Fessel biblischer Chronologie nicht länger tragen könnten. In den ›Zeugnissen der Gesteine‹ und nicht in der Genesis mußte fürderhin die Geschichte der Erde erforscht werden.

Einer der frühen Meister der paläontologischen Wissenschaft war der Baron Cuvier (276). Sein entscheidender Beitrag zur geologischen Wissenschaft betraf die Paläontologie der Wirbeltiere. Er erkannte, daß die Knochen der großen Wirbeltiere des Tertiär und des Quartär zu heute ausgestorbenen Arten und zu bestimmten geologischen Schichten gehörten. In zwei Publikationen legte er seine Erkenntnisse nieder: im obengenannten ›Essai‹ von 1811 – 1822 in erweiterter Ausgabe herausgegeben – und in den seit 1812 zu zwölf mächtigen Bänden herangewachsenen ›Recherches sur les Ossements Fossiles‹. Der Einleitungsband erschien als ›Essay on the Theory of the Earth‹ 1827 in Edinburgh. Cuviers erdgeschichtliche Deutung der Fossilien und des Schichtenbaues der Erdrinde hat sich freilich nicht halten lassen. Trotzdem schuldet ihm die Nachwelt auch auf dem geologischen Felde Dank, denn seine genauen Beobachtungen halfen Lyell nachzuweisen, daß die Störungen ohne Schwierigkeit bei Annahme einer einheitlichen Entwicklung erklärbar waren, und sie halfen Darwin (344), die Fossilien zur Stützung seiner Entwicklungslehre heranzuziehen. Das von Cuvier gesammelte Material ermöglichte größeren Forschern bessere Antworten zu geben.

FRANZ BOPP (1791-1867). Über das Conjugationssystem der Sanskritsprache in Vergleichung mit jenem der griechischen, lateinischen, persischen und germanischen Sprache. *Frankfurt am Main, Andreäische Buchhandlung, 1816*

Den Spuren von Sir William Jones (235) folgend, der die Verwandtschaft der indoeuropäischen Sprachen entdeckt hatte, und aufbauend auf der von Rask (226) gewonnenen Erkenntnis der phonetischen Übereinstimmungen in der germanischen Sprachengruppe, wies der fünfundzwanzigjährige junge Mainzer in dieser seiner ersten Publikation die genauen Entsprechungen in der Verbkonstruktion bei den fünf Hauptstämmen der indoeuropäischen Sprachen nach. Er begründete damit die Vergleichende Sprachwissenschaft »ungefähr so, wie Christoph Kolumbus Amerika entdeckt hat, in der Absicht, den Seeweg nach Indien zu finden«, wie Antoine Meillet (1866-1936), der führende Sprachforscher neuerer Zeit auf Bopps Fachgebiet, von ihm sagte.

Bopp hatte seine Kenntnis des Sanskrit in den Handschriftensälen der Bibliothèque Nationale in Paris und des British Museum in London erworben. Das obengenannte Buch brachte ihm die Berufung auf den Lehrstuhl für orientalische Sprachen an der Berliner Universität ein (1821-1864). Später stellte er fest, daß auch das Litauische, Slavische, Armenische, Keltische und Albanische zu jener Gruppe verwandter Sprachen gehörten, die 1823 den irreführenden Namen ›Indogermanisch‹ erhalten hatte, ein Name, der heute nur noch in Deutschland gebräuchlich ist. Bopps Hauptwerk ist seine ›Vergleichende Grammatik‹, 1833-52. Sie wurde aus dem Text der zweiten (1857-61) und dritten, postum erschienenen Auflage (1868-71) ins Französische übersetzt und brachte damit die Resultate der Boppschen Forschung zu internationaler Kenntnis. Als 1915 die hethitische und 1920 die tocharische Sprache entdeckt und als indoeuropäisch bestimmt wurden, erfuhr Bopps System wohl eine Erweiterung, aber keine Aufhebung.

Bopps Bedeutung liegt darin, daß er mehr als ein Grammatiker war. Er betrachtete vergleichende Sprachforschung als wesentlichen Bestandteil der historischen Erkenntnis. Aus dem Wortschatz der frühesten indoeuropäischen Stämme gewann er ein zuverlässiges Bild ihres physischen und geistigen Lebens.

Vergleichende Anatomie 276

GEORGES LEOPOLD DAGOBERT CUVIER (1769-1832). Le Règne Animal distribué d'après son Organisation, 4 Bände. *Paris, Deterville, 1817*

Cuvier ist ein merkwürdiges Beispiel für eine große Begabung als Sammler und Berichter im Bereich der Naturforschung mit empfindlichen Mängeln in der tieferen Erkenntnis. Er war Altersgenosse von Smith (274), Schiller und Napoleon – 1769 in Mömpelgard südwestlich von Besançon, einer damals württembergischen Grafschaft, geboren – und starb im selben Jahre wie Goethe. Den begabten Schüler holte der Landesfürst nach Stuttgart auf seine Karlsschule. Als Hauslehrer kam er in die Normandie, und seine Beobachtungen der Kleinlebewelt an der Küste weckten sein wissenschaftliches Interesse. Er wandte sich dann der Insektenforschung zu. 1797 ging er nach Paris, wurde Professor am Collège de France und 1814 aufgrund seiner organisatorischen Leistungen Staatsrat und 1818 Mitglied der Pariser Akademie der Wissenschaften.

Seine Fähigkeiten, zu beobachten, zu beschreiben und zu ordnen, waren bedeutend, und sie lieferten unentbehrliche Erkenntnisse für weitere Forschungen. Vor allem in seinem ›Reich der Tiere‹ legte er die Grundlagen für die vergleichende Anatomie, wie er auch in seinen ›Untersuchungen über fossile Überreste‹ vom Jahre 1812 die Wissenschaft der Paläontologie gefördert hat. Auf der anderen Seite führten seine geologischen Ideen (274) (etwa die Theorie, daß das Aussterben bestimmter Arten und die Störungen in bestimmten geologischen Schichten auf übernatürliche Eingriffe, er nannte sie ›catastrophes‹, zurückzuführen seien, deren letzter die Sintflut war und denen jeweils eine erneute Schöpfung folgte) die Forschung unter dem Gewicht seiner Autorität auf Abwege. Als Kind seiner Zeit fehlte ihm noch die genaue Vorstellung von den Zeitspannen erdgeschichtlicher Prozesse.

Cuviers bedeutendste wissenschaftliche Leistung war die Einteilung des Tierreiches in vier Hauptgruppen: Wirbeltiere, Weichtiere, Gliederfüßler, Strahltiere; hier schuf er ein brauchbares Grundschema für seine Nachfolger. Entgegen der landläufigen Anschauung, daß die Struktur eines Tieres seine Funktionen und Lebensweise bestimme, stellte Cuvier fest, daß diese Struktur gerade deren Folge sei. Bewegliche Geschöpfe brauchen Mägen: Pflanzen haben keine. Fleischfresser benötigen scharfe Zähne, kräftige Kiefer und Klauen: Pflanzenfresser haben Mahlzähne und Hufe. Diese Unterscheidungen sind heute Gemeingut, aber Cuvier war der erste, der diese Art vergleichender Erkenntnis auf das gesamte Reich der Tiere anwandte. Er sah auch, daß diese Übereinstimmung bei jedem einzelnen Tier einen sachkundigen Naturforscher in den Stand setzen mußte, die ganze Tiergestalt aus einem wichtigen Teil seines anatomischen Aufbaues zu rekonstruieren.

277 Wirtschaft als Wissenschaft

DAVID RICARDO (1772-1823). The Principles of Political Economy and Taxation. *London, John Murray, 1817*

Ricardo wurde in London geboren; sein Vater war ein holländischer Jude, der sich in England niedergelassen hatte und an der Börse zu einer einflußreichen Persönlichkeit wurde. 1793 trat der junge Ricardo zur Anglikanischen Kirche über, und obwohl ganz sich selber überlassen, hatte der Fünfundzwanzigjährige bereits ein Vermögen erworben.

Nun begann er sich für wissenschaftliche und mathematische Forschungen zu interessieren, doch nach der Lektüre von Adam Smiths › The Wealth of Nations‹ (221) faßte er den Entschluß, sich der Volkswirtschaft zu widmen. Sein erster Versuch auf diesem Gebiet – eine kritische Studie über die Abwertung von Banknoten – erregte einige Aufmerksamkeit. Er lernte James Mill kennen, der viel zu seinem Ansehen im Ausland beitrug. 1815 veröffentlichte er eine weitere Untersuchung über die Getreideschutzzollgesetze, in der ›Ricardos Theorie über die Bodenrente‹ (die er aber nicht selbst erfand) enthalten war. Zwei Jahre später erschienen die berühmten ›Principles‹, und 1819 zog sich Ricardo aus dem Geschäftsleben zurück und wurde ins Parlament gewählt. Zuerst begegnete man ihm mit Mißtrauen, doch wurde er später der anerkannte Wirtschaftsexperte des Parlaments und trug erheblich dazu bei, daß die Idee des Freihandels Anklang zu finden begann. Er starb vorzeitig, und ihm zum Andenken schufen seine Freunde einen Lehrstuhl für Volkswirtschaft.

Den festen Grundbau der Principles bildet die Theorie, daß es – freier Wettbewerb im Handel vorausgesetzt – die zur Produktion der Ware notwendige Arbeit ist, die ihren Tauschwert bestimmt: sicher keine völlig neue These oder eine von unbedingter Gültigkeit, doch durch die Verteilungstheorie, mit der Ricardo sie unterbaute, erfuhr sie neuen Auftrieb. Man hat diese folgendermaßen zusammengefaßt: Die Nachfrage nach Lebensmitteln bestimmt den Nutzwert des in Kultur genommenen Bodens; dieser Wert bestimmt die Grundrente; das für den Arbeiter zum Leben notwendige Einkommen bestimmt die Löhne; die Differenz zwischen dem Erlös der Ware und ihrer Herstellung durch eine dafür benötigte Arbeitsmenge bestimmt den Gewinn. Ricardo entwickelte auch Adam Smiths Steuertheorie als einen Teil seiner Verteilungstheorie. Eine Steuer wird nicht immer von denen bezahlt, von denen sie erhoben wird; eine richtige Steuerpolitik wird immer von der richtigen Einschätzung der mittelbaren und endgültigen Auswirkungen jeder Steuerform abhängen.

In einem gewissen Sinne war Ricardo der erste ›wissenschaftliche‹ Volkswirtschaftler. Da ihm die warme Sympathie Smiths für die Menschheit und insbesondere für den Arbeiter fehlte, erblickte Ricardo in der volkswirtschaftlichen Forschung eine reine Wissenschaft, deren Abstraktheit zu quasi-mathematischen Beweisen fähig war. Seine Lehrsätze bleiben zwar hypothetisch, doch haben sich seine deduktiven Methoden für die grundlegende Analyse ökonomischer Probleme besonders auf Gebieten, die eine derart unerbittliche Analyse vertragen – nämlich Währung und Bankwesen – von bleibendem Wert erwiesen.

(*a*) JOSEPH VON FRAUNHOFER (1787-1826). Bestimmung des Brechungs- und Farbenzerstreuungsvermögens verschiedener Glasarten. *In:* Denkschriften der Königlichen Akademie der Wissenschaften. *München, 1817*

(*b*) GUSTAV KIRCHHOFF (1824-1887). Untersuchungen über das Sonnenspektrum. *In:* Abhandlungen der Königlichen Akademie der Wissenschaften zu Berlin. *Berlin, 1862*

Newton (172) hatte 1672 das Farbenspektrum untersucht, das beim Durchgang eines Lichtstrahls durch ein Glasprisma entsteht. 1753 benutzte Thomas Melvill das Prisma zur Untersuchung von Flammen verschiedener Herkunft und bemerkte Veränderungen in der Farbenreihe. 1802 berichtete W. H. Wollaston, als er sein neues Verfahren zur Messung der Lichtbeugung beschrieb, auch über das Erscheinen von dunklen Linien im Sonnenspektrum, doch sah er sie als einfache natürliche Grenzlinien zwischen den Farben an.

Fraunhofer, ursprünglich kein Wissenschaftler, sondern einfacher Linsenschleifer, konzentrierte sein Interesse auf diese dunklen Linien. Der Titel des obigen Artikels beschreibt schon die Methode und den Zweck seiner Forschungen. Fraunhofer ersetzte das Prisma durch ein Beugungsgitter und entwickelte davon unzählige verschiedene Spezialformen. Damit vermochte er die Wellenlängen selbst schwacher Spektren mit bemerkenswerter Genauigkeit zu messen. Seine glänzenden Ausführungen rechtfertigen es, ihn als Begründer der Astrophysik zu bezeichnen. Er klassifizierte mehrere hundert dieser dunklen Linien, die seitdem als ›Fraunhofersche Linien‹ bekannt sind; doch ihre physikalische Bedeutung blieb ein Rätsel.

Eine Anzahl von geschickten Experimenten Gustav Kirchhoffs, teilweise in Zusammenarbeit mit Bunsen, ging über die Lösung dieses Problems weit hinaus und schuf die neue Wissenschaft der Spektroskopie. Kochsalz (Natriumchlorid) war die am häufigsten benutzte Substanz bei Spektralexperimenten, da sie am leichtesten flüchtig war. Kirchhoff fand, daß ein in die Flamme eines Bunsenbrenners gehaltener Platindraht, der zuvor in Salz getaucht war, die charakteristischen breiten gelben Linien von Natriumchlorid erzeugte, die hier dem Platinspektrum überlagert waren. Wenn er das Experiment wiederholte und dabei Natriumchlorid in Dampfform zwischen den glühenden Draht und den Schirm brachte, gab es statt der gelben Linien dunkle.

Mit genialem Einfühlungsvermögen wiederholte er das Experiment mit Sonnenlicht und erhielt das gleiche Resultat. Die Tatsache, daß die dunklen Linien erzeugt wurden, wenn Licht von einer glühenden Substanz durch die gleiche Substanz bei niedrigeren Temperaturen ging, ließ vermuten, daß Absorption stattfand. Beim Sonnenspektrum etwa wurden die dunklen Linien durch Absorption in den Gasen der Sonnenatmosphäre verursacht. Weitere Experimente zeigten, daß jede glühende Substanz ein Spektrum erzeugt, das nur ihr selbst eigen ist. Dies ermöglichte eine chemische Analyse von solchem Umfang und mit solcher Genauigkeit, wie man sie bisher nicht gekannt hatte. Mehr noch: das ganze Weltall mit seinen Sternen wurde dadurch in das Labor ›gebracht‹, wo man nun feststellte, daß die Grundsubstanzen überall im Weltall die gleichen waren.

Die Vervollkommnung des Spektrographen hat andere bedeutende Fortschritte ermöglicht. 1861 entdeckten Kirchhoff und Bunsen mit Hilfe der Spektralanalyse zwei neue Elemente: Cäsium und Rubidium. Drei andere neue Elemente – Thallium, Indium und Gallium – wurden in den folgenden zwanzig Jahren auf gleiche Weise entdeckt. Rayleigh und Ramsay benutzten zur Identifizierung von Helium, Neon, Argon, Krypton und Xenon ebenfalls die Spektralanalyse.

Planck (391) hat Kirchhoff den ersten Schritt zur Quantentheorie zugesprochen.

Philosophie der Weltverneinung 279

ARTHUR SCHOPENHAUER (1778-1860). Die Welt als Wille und Vorstellung, 3 Bände. *Leipzig, Brockhaus, 1819*

Schopenhauer war das verwöhnte einzige Kind seiner Eltern. Der Vater war ein begüterter Bankier der Freien Hansestadt Danzig, den die Eingliederung Danzigs in den preußischen Staat, vier

Jahre nach Arthurs Geburt, veranlaßte, nach Hamburg zu ziehen. Er schickte den neunjährigen Sohn zwei Jahre nach Frankreich – den Einfluß der französischen Sprache bezeugt seine spätere Prosa – und nahm den Fünfzehnjährigen zwei Jahre auf seine Reisen durch ganz Europa mit. Auf Wunsch des Vaters trat der Siebzehnjährige widerwillig eine kaufmännische Lehre an, und als der Vater kurz danach starb und die Mutter, eine lebensfrohe, literarisch sehr begabte Frau, nach Weimar zog, durfte der Sohn seiner Neigung und Bestimmung folgen, das versäumte Studium nachholen und 1808 auf die Universität Göttingen ziehen. Hier kam er unter den sein Leben und Denken entscheidenden Einfluß der Philosophie Kants (226). 1811 ging er nach Berlin, studierte klassische Philologie bei Wolf (248), Philosophie bei Fichte (244) und Schleiermacher. Seine Antipathie gegen diese beiden entfremdete ihn der zeitgenössischen Philosophie, machte ihn einsam und verstärkte seinen Pessimismus. 1813 promovierte er in Jena mit der Arbeit ›Über die vierfache Wurzel des Satzes vom zureichenden Grunde‹. In Kants und Platos Spur betont er hier die Wichtigkeit des methodischen Denkens. Nur das feste und genaue Erfassen der Vernunftbegriffe ermögliche ein Erfassen des Ganzen der Welt, abstrahiert von der Vielfalt der Erfahrung. 1814-18 lebte Schopenhauer in Dresden, kam aber oft nach Weimar hinüber, verkehrte viel in Goethes Hause und schrieb unter dem tiefen Eindruck, den dessen Farbenlehre auf ihn machte, die kleine lateinische Schrift ›Über das Sehen und die Farben‹ (1816). Doch vor allem reifte in Dresden sein Hauptwerk heran: ›Die Welt als Wille und Vorstellung‹. Auch hier wirken Kants Ideen unverkennbar nach. In der ›Vorstellung‹, und dazu gehört bei Schopenhauer auch die methodische Erkenntnis der Welt, erfassen wir das äußere, in dem von ihm sehr weit gefaßten ›Willen‹ das innere Wesen der Welt und unserer selbst. Die Objektivierung dieses Willens geht in Stufen vor sich – und hier fußt Schopenhauer auf Herders ›Ideen‹ (216) –, von den Urformen der Schwere, Starre, Flüssigkeit über den Magnetismus, die Elektrizität zu Pflanze, Tier und Mensch und in ihm weiter zu dessen geistigen Kräften und seinen künstlerischen Fähigkeiten, zuletzt zu ihrer höchsten Stufe, zur Musik. Von Kant übernimmt Schopenhauer

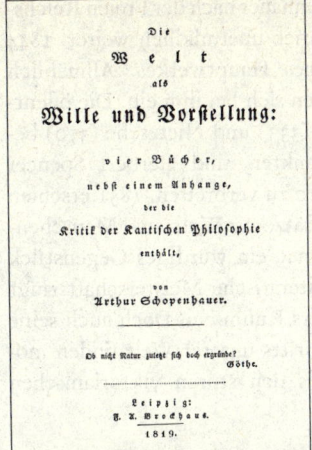

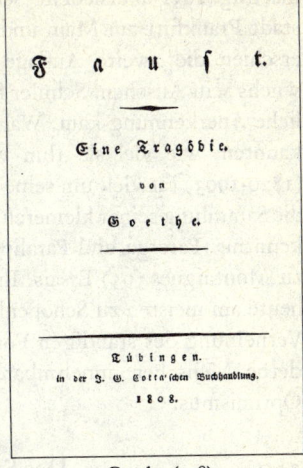

Schopenhauer (279)   Goethe (298)

die Scheidung im sittlichen Bereich zwischen dem empirischen
und dem intelligiblen Charakter des Menschen, doch sieht er die
sittliche Leistung nicht in der freien, tätigen Einordnung unter
das Gesetz des gemeinsamen Guten, sondern für seine im Kern
pessimistische Weltsicht ist das höchste Gut – die Freiheit – nur
zu verwirklichen durch Lösung von dem ›Willen‹ und dem mit
ihm untrennbar verbundenen ›Leiden‹. Die Macht des Welt-
willens, die vom menschlichen Willen unabhängig und ihm weit
überlegen ist, kann vom Einzelwillen nur gebrochen werden –
hier schlägt die indische Philosophie durch – indem man dem
›guten Leben‹ absagt durch ein Leben in Keuschheit, freiwilliger
Armut, Fasten, Selbstverleugnung und vor allem durch die
größte Tugend des Menschen, das tiefe Mit-Leiden mit allen
Kreaturen. Verneinung des Willens zum Leben ist möglich und
ist das hohe Ziel des sich läuternden Menschen.

›Die Welt als Wille und Vorstellung‹ blieb lange Zeit ohne Wirkung. Für Schopenhauer selber war das eine Bestätigung seiner
schlechten Meinung von den Menschen, die er auch seinem Verleger nicht vorenthielt. Auch sein Versuch, an der Berliner Universität Fuß zu fassen, scheiterte. Hegels Einfluß war dort zu

mächtig. 1831 übersiedelte Schopenhauer nach der Freien Reichs-
stadt Frankfurt am Main und schrieb unermüdlich weiter. 1844
erschien die zweite Auflage seines Hauptwerkes. Allmählich
wuchs sein Ansehen. Schüler fanden sich bei ihm ein. Die öffentliche Anerkennung kam. Wagner (333) und Nietzsche (370) bekannten, wie viel sie ihm verdankten, und Herbert Spencer
(1820-1903) tat viel, um seine Ideen zu verbreiten. 1851 erschien
die Sammlung seiner kleineren Aufsätze zur Welt- und Menschen-
kenntnis ›Parerga und Paralipomena‹, ein würdiges Gegenstück
zu Montaignes (95) Essais. Ihre literarische Meisterschaft trägt
heute am meisten zu Schopenhauers Ruhm bei. Doch auch seine
Verneinung des ständigen Fortschritts unserer Welt finden moderne Menschen annehmbarer als den sturen viktorianischen
Optimismus.

280   Das Stethoskop

RENÉ THÉOPHILE HYACINTHE LAËNNEC (1781-1826). Traité de
l'Auscultation Médiate, 2 Bände. *Paris, J. A. Brosson et J. S. Chaudé,
1819*

Heute ist das Stethoskop das Sinnbild für den Arzt – früher, im
Mittelalter, war es das Uringlas. Erfunden wurde das Stethoskop
von dem französischen Arzt R. T. H. Laënnec, der es in seiner
›Abhandlung über die apparative Auskultation‹ beschrieb.

Zu Beginn seiner Laufbahn studierte Laënnec, ein Schüler von
Corvisart, dem Arzt Napoleons, unter dem unmittelbaren Einfluß von Morgagni (206) die Anatomie des kranken Körpers und
suchte nach einer wirksameren diagnostischen Methode. Man
wußte schon sehr lange um die merkwürdigen Geräusche im
Brustkasten von gewissen Kranken. Laënnec kannte auch Auenbruggers epochemachende Entdeckung der Perkussion (›Inven-
tum Novum‹, 1761), durch die die Ärzte durch Abklopfen des
Brustkastens feststellen konnten, ob die Brustorgane gesund oder
krank waren. Eines Tages im Jahre 1816 beobachtete Laënnec
einige Kinder, wie sie auf einen hohlen Baumstamm klopften und
an dessem anderen Ende das übertragene Geräusch hörten – das
gab ihm den Gedanken zum Stethoskop ein. Zuerst benützte er

nur eine steife Papierrolle, doch bald konstruierte er eine ungefähr dreißig Zentimeter lange Röhre aus Zedernholz. Diese Röhre preßte er gegen die Brust des Patienten, und so vernahm er die verstärkten Herzgeräusche und die der anderen Brustorgane. Diese einfache Erfindung bewirkte nach Auenbrugger und vor der Entdeckung der Röntgenstrahlen (vgl. 380) und anderer moderner diagnostischer Instrumente hoher Präzision den größten Fortschritt der ärztlichen Diagnose.

Als treuer Anhänger von Hippokrates (55) und Sydenham (159) nahm Laënnec die Beobachtung am Krankenbett sehr ernst. So bemerkenswert seine Erfindung auch war, wichtiger war, wie er sie auswertete. Während er den Geräuschen von Herz und Lunge lauschte, lernte er ihre verschiedenartige Bedeutung begreifen, für die er eine Terminologie schuf. In der erweiterten zweiten Auflage seines Buches (1826) findet man nicht nur die körperlichen Symptome von Herz- und Brustkrankheiten, sondern ihre ganze Pathologie, Diagnose und Behandlung. Eigentlich schuf er die moderne Wissenschaft der Atmungsorgane und ihrer Erkrankungen. Seine meisterhaften Beschreibungen von Bronchitis, Lungenentzündung, Brand und Oedeme der Lungen, Lungenblähung, Tuberkulose, Lungenkrebs und anderer Krankheiten sind bis heute in vieler Hinsicht unübertroffen.

Im Gegensatz zu Auenbruggers Entdeckung wurde die Laënnecs fast sofort begriffen und anerkannt. Zwischen 1819 und 1839 erschienen von seinem Buch neunzehn Auflagen in Französisch, Englisch und Italienisch, dazu eine in Amerika.

Germanistik 281

JAKOB GRIMM (1785-1863). Deutsche Grammatik. *Göttingen, Dieterich, 1819-37*

Jakob Grimm und sein Bruder Wilhelm sind dem großen Publikum vor allem als Sammler und Verfasser der ›Kinder- und Hausmärchen‹ (3 Bände, 1812-22) bekannt, aber diese Märchen sind nur ein kleiner Teil ihres Gesamtwerkes. Ihre wirkliche Bedeutung liegt darin, daß sie – und in erster Linie der bedeutendere von ihnen, Jakob – fast aus dem Nichts die Erforschung der deutschen und germanischen Sprachen, der Dichtung und des Rechtes betrieben, und zwar größtenteils in den Jahren 1816-29, als Jakob schlecht bezahlter Bibliotheksassistent in Kassel war.

Seine ›Deutsche Grammatik‹ ist in Wirklichkeit eine Germanische Grammatik, insofern sie die Entwicklung des Germanischen als eines Zweiges der indoeuropäischen Sprachenfamilie aufzeigte. Deren Verwandtschaftsbeziehungen hatte Sir William Jones (235) entdeckt und Rask (266) sowie Bopp (275) hatten sie weiter aufgehellt. Grimm klärte nun die Unterschiede zwischen den germanischen Sprachen und ihren indogermanischen Schwestern wie auch die Unterschiede innerhalb des Germanischen, indem er nachwies, daß bisher nicht beachtete oder ungeklärte Erscheinungen der Sprachentwicklung wie Ablaut- und Umlautbildung der Vokale gewissen Gesetzlichkeiten unterstünden. Er fand die Regeln für die Bildung starker und schwacher Substantive und Verben und formulierte das ›Grimmsche Gesetz‹ der Lautverschiebung bestimmter Konsonanten, die den Hauptunterschied zwischen dem Hochdeutschen und allen anderen germanischen Sprachen bewirkte (Wasser – water, machen – make, Pfund – pound).

Jakob Grimm befürwortete auch die Abschaffung der Großbuchstaben im modernen Deutsch, womit er keinen Erfolg hatte, und die Verwendung der Antiqua beim Druck wissenschaftlicher Veröffentlichungen, was sich durchsetzte. Das größte Unternehmen der beiden Brüder war ›Das deutsche Wörterbuch‹, das 1852 zu erscheinen begann und erst nach mehr als hundert Jahren abgeschlossen worden ist. Es war Vorbild für das ›Oxford English Dictionary‹ (371).

282   Elektromagnetismus

HANS CHRISTIAN OERSTED (1777-1851). Experimenta circa Effectum Conflictus Electrici in Acum Magneticam. *Kopenhagen, Schultz für den Autor, 1820*

In seinem Werk ›Experimente und Beobachtungen über Elektrizität‹, das 1751 in London herauskam, hatte Benjamin Franklin (199) die These aufgestellt, daß der Blitz elektrischer Natur sei.

1752 bewies er dies mit seinen Drachenversuchen und war auf dem Wege nachzuweisen, daß alle Arten der Elektrizität gleichen Wesens wären. Dagegen lehnte J.H. van Swiden 1760 jede Verwandtschaft zwischen Elektrizität und Magnetismus (De Attractione, Leiden) entschieden ab. 1802 wiederum erklärte Adam Walker in der zweiten Auflage seines ›Systemes einer Alltagsphilosophie‹ (A System of Familiar Philosophy) – erste Auflage 1799 – unter vielen treffenden Ansichten über ein und dieselbe Natur von Elektrizität, Licht und Wärme kategorisch: »Ich meine, wir kennen zahllose Fakten, die zugunsten eines elektromagnetischen Fluidums sprechen.«

Oersted war der Sohn eines verarmten Apothekers in Rudkjöping. 1806 wurde er Professor der Physik am Polytechnikum in Kopenhagen. 1812 erörterte er in seiner ›Ansicht der chemischen Naturgesetze‹ die Einheit chemischer und elektrischer Kräfte. Er war begeisterter Anhänger der naturphilosophischen Schule in Deutschland, deren Hauptziel die Vereinheitlichung der physikalischen Kräfte war, woraus sich eine monistische Weltanschauung ergab. In diesem Sinne suchte Oersted für die elektromagnetische Einheit, von der er aus metaphysischen Gründen überzeugt war, einen greifbaren Beweis.

In seinen eigenen Räumen in Kopenhagens Noerregade hatte er 1819 oder 1820 vor seinen Studenten über dies Thema gelesen, als er einige von ihnen bat, einem Experiment beizuwohnen: der Ablenkung einer Kompaßnadel durch einen ihr genäherten elektrischen Strom. Das Experiment gelang annähernd. Oersted mußte es viele Male wiederholen, bis er es am 21.Juli 1820 wagen konnte, in einem Bericht von vier Seiten: ›Experimente über elektrische Einwirkung auf die Magnetnadel‹ die Identität des Magnetismus und der Elektrizität öffentlich zu verkünden.

Die Folgen von Oersteds Erkenntnis waren ebenso groß, wie sich die Kunde davon rasch ausbreitete. Sein Bericht wurde noch im gleichen Jahr in England, Frankreich, Deutschland, Italien und Dänemark übersetzt und gedruckt. 1823 konstruierten Ronalds, 1833 Gauß und Weber die ersten brauchbaren Telegraphen. Faradays (308) entscheidende Experimente und auf seiner Spur Clerk Maxwell (355), Heinrich Hertz (377) und noch andere leg-

ten Zeugnis ab für die nachhaltige Bedeutung jener vier Seiten,
welche der Originalbericht umfaßt hatte.

283   Der Staat als vollkommenes Gebilde

GEORG WILHELM FRIEDRICH HEGEL (1770-1831). Grundlinien
der Philosophie des Rechts. *Berlin, Nicolaische Buchhandlung, 1821*

Hegel verbrachte sein Leben in der relativen Stille und Ruhe einer
akademischen Laufbahn. Relativ insofern, als er in einer der stür-
mischsten Epochen der Neuzeit lebte, und auch insofern, als die
äußeren Umstände seines Lebens zwar ziemlich ereignislos, seine
erstaunliche geistige Aktivität und sein nicht zu stillender Wissensdurst jedoch alles andere als ruhig waren.

Als Schüler ließ er nicht allzuviel davon spüren, obwohl er damals schon anfing, alphabetisch geordnete Auszüge und Notizen
aus Zeitungsausschnitten bis zu eigenen Abhandlungen über
moralische und mathematische Themen zu sammeln. Es dürfte
dies die Rohsubstanz sein, aus der später sein eigenes allumfassendes System entstand. Erst als er 1793 die Universität Tübingen verließ, setzte seine eigentliche Entwicklung ein. Seine frühe
Freundschaft mit Hölderlin und Schelling hatte seinen Anschauungen einen revolutionären Zug verliehen, aber als er durch Höl-
derlins Vermittlung in Frankfurt am Main eine Stellung als Hauslehrer bekam, begann seine Leidenschaft für Ordnung und Organisation sich auszuwirken. Er las Gibbon (222), Hume (194) und
Montesquieu (197), und sein Widerwille gegen alles nicht selber
Erfahrene ließ ihn sich in seinem Manuskript gebliebenen ›Ersten
System‹ über Logik, Metaphysik und Naturphilosophie, aber
nicht über Kirche, Staat und Gesetze, äußern. Seine politischen
Ansichten kamen in einem Angriff auf den schlecht organisierten
Zustand des Staates Württemberg zum Ausdruck.

1801 ging Hegel nach Jena, wo sein Freund Schelling Fichtes
(244) Nachfolger geworden war. Trotz ihrer in mancher Beziehung verschiedenen Ansichten arbeiteten sie beide zusammen,
bis 1803 Schelling Jena verließ. Nach Napoleons Einmarsch 1806
folgte eine kurze unruhige Zeit, bis Hegel 1808 Rektor des Ägi-
diengymnasiums in Nürnberg wurde. Hier heiratete er, und hier

erschien seine ›Wissenschaft der Logik‹, die erste Darstellung seines voll entwickelten Systems; sie verschaffte ihm internationalen Ruf. 1818, nach einem kurzen Zwischenakt als Professor in Heidelberg, erreichte seine Laufbahn mit der Berufung auf den philosophischen Lehrstuhl der Berliner Universität ihren Höhepunkt.

1821 erschienen die ›Grundlinien der Philosophie des Rechts‹. Das Recht verwirkliche, sagte Hegel in diesem Entwurf einer sittlichen Gesellschaft, die Freiheit. Sie ist »das lebendige Gute, das an dem sittlichen Sein seinen bewegenden Zweck hat«. In der Sittlichkeit vollziehe sich die Vereinigung des einzelnen mit Familie, Gesellschaft, Staat. Der Staat ist die Wirklichkeit der sittlichen Idee, ist der vernünftige göttliche Wille, der sich in ihm organisiert hat als ›Persönlichkeit‹. Bei der Idee dieses Staates mag ihm ein idealisiertes Preußen vorgeschwebt haben. Die idealistischen Bestrebungen der preußischen Reformer freilich wies er zurück. Ihre Verteidigung persönlicher Freiheit erschien ihm vage, gemessen an der überlegenen Idee des Staates und seiner geschichtlichen Aufgabe. Sein Einfluß war nun auf seinem Gipfel angelangt und überragte den eines Universitätsprofessors weit. Die Revolution in Paris 1830 war für ihn ein schwerer Schlag. Ein Jahr darauf starb er als Opfer der großen Choleraepidemie.

Ein Abriß seiner Ideen – so schwierig solche Zusammenfassung sein mag – ist notwendig, um sein Gedankengebäude in etwa zu erfassen. Da alle Erkenntnisformen, Gesetze wie Begriffe und Ideen, auf Beziehungen des Bewußtseins zur Realität beruhen, kann man ›das Ganze‹ in sechs Bewußtseinsstufen erfassen: Bewußtsein, Selbstbewußtsein, Vernunft, Geist (ein typischer Begriff Hegels), Religion und absoluter Geist. Hegel verwirft den radikalen Idealismus Fichtes. Er erklärt, daß die vollkommene Idee ein unlöslicher Teil der Existenz als Ganzem sei und daß die Realität als beständiges Fließen erfaßt werden müsse. Sowohl von einem logischen wie einem psychologischen Standpunkt aus betrachtet, ist das Universum ein unaufhörlicher Prozeß des Werdens, nie statisch, und deshalb unfähig einer bindenden Definition. Es war Hegels Tat, diesen Prozeßcharakter festzustellen. In seiner ›Phänomenologie des Geistes‹ bestimmt er die Erkenntnisstufen: die subjektive (Psychologie), die objektive (Moralität und politische Philosophie) und die des absoluten Geistes (Philosophie der Kunst, Religion und Logik). Die ›Grundlinien‹ behandeln die zweite Stufe. Sie stellen, wie wir schon ausführten, ein geschlossenes System der Gesellschaft vom Recht des einzelnen bis zum Staat als dem vollendeten Ausdruck des sittlichen Gesetzes dar, wobei die wechselseitige Abhängigkeit mit dem freien Willen zusammengeht. Über ihn hinaus verwirklicht sich der absolute Geist in der Kunst, in der Religion, in der Philosophie. Ganz abgesehen von allem übrigen in Hegels großem Gedankenwerk wurde seine politische Philosophie durch die totalitären Propagandisten arg mißdeutet. Er war trotz allem einer der profundesten Denker des 19. Jahrhunderts. Theologie, Philosophie und politische Theorie wurden durch seine Ideen von Grund auf beeinflußt; Strauß (300), Baur (322), Bradley, Kierkegaard (314), Marx (326, 359), Lenin (392), alle haben sie ihren Zauber empfunden; ihr indirekter Einfluß aber war geradezu grenzenlos.

284 Wiedererweckung der Gotik

(*a*) AUGUSTUS CHARLES PUGIN (1762-1832). Specimens of Gothic Architecture, 3 Teile. *London, für J. Taylor, A. Pugin und J. Britton, 1821-1823*

(*b*) AUGUSTUS WELBY NORTHMORE PUGIN (1812-52). Contrasts; or a Parallel between the Noble Edifices of the fourteenth and fifteenth Centuries and similar Buildings of the Present Day. *London, gedruckt für den Verfasser, 1836*

Charles Pugin war von Geburt Franzose, ließ sich aber in London nieder, wo er sich auf dem Gebiet der Architektur ein erstaunliches Können aneignete – dies jedoch nicht als Architekt, sondern als Zeichner. Er hatte einige Schüler, unter ihnen vor allem seinen Sohn Augustus Welby Pugin, die es als praktizierende Architekten zu hohem Ansehen brachten. Augustus Charles arbeitete viele Jahre an der Vorbereitung und Ausführung einer großen Reihe von Zeichnungen gotischer Bauten in England, die als ›Beispiele gotischer Architektur‹ gestochen und veröffentlicht wurden. Dies waren fast, wenn nicht überhaupt, die ersten ge-

Contrasts
or a parallel between
the architecture of the
15 & 19 centuries
by
A W Pugin

contrasts

drawn etched by APugin

Pugin (284)

nauen Zeichnungen mittelalterlicher Bauten, die veröffentlicht worden sind. Ihre Bedeutung ist kaum zu überschätzen. Bis dahin hatten die Prinzipien der klassischen Architektur an erster Stelle gestanden. Vitruvs (26) Werk über die Baukunst, erweitert von den Theoretikern der Renaissance, schien Anfang und Ende, ein und alles der Architekturlehre zu verkörpern. Die zweite Hälfte des 18. Jahrhunderts erlebte eine zunehmende Rastlosigkeit, eine unruhige Suche nach einem neuen Stil nach griechischem, mittel- alterlichem oder orientalischem Vorbild, doch blieben die Be- mühungen wegen des Mangels an authentischen Dokumenten fruchtlos. Die wiederentdeckte griechische Architektur, die einer der Zeitströmungen, dem Verlangen nach Einfachheit, entsprach, übte einigen Einfluß aus. Die geringste Wirkung hatte die goti- sche Architektur, offensichtlich, weil sie zu wenig ›theoretisch‹ war; man verwandte diesen Stil lediglich für modische und ver- spielte Bauten. In dieses wirre Hin und Her schlug des älteren Pugins Werk wie ein Blitz ein. Seine genauen Zeichnungen be- wiesen eindeutig, daß das Fehlen irgendeiner bekannten Archi- tekturlehre im Mittelalter keineswegs eine großartige Architek- turleistung verhinderte. Außerdem deckte Charles Pugin die Lö- sung einer Reihe struktureller Probleme wieder auf, die während der langen Herrschaft klassischer Vorbilder in Vergessenheit geraten waren.

Augustus Welby, der jüngere Pugin, widmete sich in seinem kurzen Leben der Aufgabe, das, was die Zeichnungen seines Vaters theoretisch bereits an den Tag gebracht hatten, praktisch zu verwirklichen. Zuerst arbeitete er im Büro seines Vaters, wo er für dessen Bücher die Zeichnungen maßstäblich anfertigte. Im Jahre 1827 entwarf er mittelalterliche Möbelstücke für Windsor Castle und schuf mit der Zeit einen richtigen Werkstattbetrieb. Schon sehr früh erkannte er, wie wichtig handwerkliches Können ist, was William Morris (367) noch überzeugender demonstrieren sollte. Das hohe Ansehen, das er sich durch seine Detailarbeit an Barrys Parlamentsgebäude (1837-43) erwarb, war zu einem großen Teil der Gründlichkeit zuzuschreiben, mit der er seine Maurer und Holzschnitzer ausbildete. Viele seiner späteren Werke wurden zu seinem Kummer verdorben, weil sich seine

Kunden über einen Punkt hinwegsetzten: für seinen sorgfältig entworfenen Zierat benützten sie Stuckimitationen. Nach der Annahme des Emanzipations-Gesetzes für die katholische Bevölkerung durch das Parlament und seinem eigenen Übertritt zum Katholizismus erhielt er den Auftrag, eine Reihe von Kirchen zu entwerfen, mit Mitteln für den Bau, die meistens schmerzlich gering waren. In seinen ›Contrasts‹ erläutert Pugin seine Anschauungen in einer besonders eindrucksvollen Weise. Sie sind in einer beredten, sachkundigen, lebendigen Prosa geschrieben, und die von ihm selber gestochenen Illustrationen unterstützen seine Ansichten höchst überzeugend. Alte und moderne Bauten erscheinen auf gegenüberliegenden Seiten: eine Darstellungsform, die die Erbärmlichkeit zeitgenössischer Arbeiten augenfällig macht.

Eines ganzen Jahrhunderts Architektur sollte von den praktischen und theoretischen Lehren der beiden Pugins beeinflußt werden, was uns so unterschiedliche Bauten wie der Mont St. Michel, die Nikolaikirche in Hamburg, der Mailänder Dom und der St. Pancras-Bahnhof in London vor Augen führen.

Der Carnot'sche Kreisprozeß 285

NICOLAS-LEONARD SADI CARNOT (1796-1832). Réflexions sur la Puissance Motrice du Feu. *Paris, Bachelier, 1824*

Carnots Genius wurde im Alter von sechsunddreißig Jahren bei einer Cholera-Epidemie ausgelöscht. Während seines kurzen Lebens veröffentlichte er nur dieses eine Buch: ›Betrachtungen über die bewegende Kraft des Feuers‹. Obwohl Carnot sich auf die verfängliche Analogie mit dem Wasserrade und auf die Begriffe der Wärmelehre stützte, war sein Buch in Wirklichkeit ein Versuch, das mechanische Wärmeäquivalent zu berechnen; Carnot beschrieb den Apparatetyp, der später von J.P. Joule benutzt wurde, um 1841 genaue Zahlenwerte darüber zu erhalten. Seine Arbeit führte direkt zur Aufstellung der Theorie über die Erhaltung der Energie durch Helmholtz 1847 (323). Tatsächlich nahm Carnots Bruder 1878 in einem Nachdruck der ›Réflexions‹ den Inhalt einiger Notizbücher auf, die zeigten, daß Carnot selber schon die

Theorie formuliert hatte, die heute den ersten Lehrsatz der Thermodynamik ausmacht.

Das zweite grundlegende Gesetz der Thermodynamik liegt ebenfalls implicite in Carnots Werk: Arbeit wird nur geleistet, wenn Wärme von einem wärmeren auf einen kälteren Körper übergeht. Es folgt daraus, daß bei erreichtem Temperaturgleichgewicht keine Arbeit mehr geleistet wird. Rudolf Clausius in Berlin drückte diese Tendenz mit einer physikalischen Größe aus, die er Entropie nannte, wobei die Entropie eines Systems »das Maß für die Unbrauchbarkeit seiner thermischen Energie zur Umwandlung in mechanische Arbeit« war.

Carnots Vorstellungen wurden von einem anderen französischen Ingenieur, C.B.E.Clapeyron (1799-1864) im ›Journal de l'École Polytechnique‹ 1832 ausgearbeitet und später von J.P.Joule und Lord Kelvin weiterentwickelt. Seine Forschungen führten auch zur absoluten Temperaturskala.

286 Kritische moderne Geschichtsschreibung

LEOPOLD VON RANKE (1795-1886). Zur Kritik neuerer Geschichtsschreiber. *Leipzig und Berlin, G.Reimer, 1824*

Ranke wandte als erster die kritischen Normen, die Niebuhr (267) für die alte Geschichte aufgestellt hatte, auf die mittelalterliche und neuere Geschichte an. Dabei setzte er für wissenschaftliche Arbeiten neue Maßstäbe, die seitdem von den Historikern aller Nationen übernommen wurden, soweit sie nicht in der Zwangsjacke eines Dogmas stecken. Ranke erläuterte diese Normen im obigen Essay, der seinem ersten Buche ›Geschichten der romanischen und germanischen Völker von 1494-1514‹ angefügt wurde.

Seine ›Kritik‹ setzt sich ab von Guicciardini, der bis dahin als Hauptautorität dieser Periode angesehen wurde. Ohne »eines unserer großen historischen Werke« herabzusetzen, spricht Ranke der ›Historia d'Italia‹ (85) den Rang einer Primärquelle ab und weist nach, wie weit Guicciardini von anderen Autoren abhängig war und, was noch wichtiger ist, wie stark seine Anschauungen durch seine eigenen Lebenserfahrungen, seinen Beruf und die Vorurteile seiner Partei gefärbt waren. Mit anderen Worten: Ranke bemüht sich, den Wert einer Quelle durch kritische Prüfung des Charakters ihres Autors zu bestimmen.

Das Vorwort zu ›Geschichten‹ enthält jene berühmten Sätze, in denen Ranke die Aufgabe, die sich früher die Historiker selber zuschrieben, nämlich Richter über das Vergangene und Lehrer der Zeitgenossen zu sein, ablehnt und sich statt dessen zu dem Willen bekennt, »bloß zu zeigen, wie es eigentlich gewesen«. Dies Ringen um Unparteilichkeit und dies Bestreben, sich einzig auf die besten originalen Quellen zu verlassen, verband sich mit Rankes Überzeugung, daß jede Geschichte Universalgeschichte sei. Alle seine Werke über preußische, deutsche, englische, französische und noch andere Nationalgeschichten waren in diesem Geist entworfen, der seinen vollendeten Ausdruck in seinem Werke ›Die römischen Päpste, ihre Kirche und ihr Staat im 16. und 17. Jahrhundert‹ (1834-36) fand. Dieser Geist ließ ihn im Alter von fünfundachtzig Jahren seine ›Weltgeschichte‹ in Angriff nehmen, die bei seinem Tode mit sieben Bänden bis zur Mitte des 11. Jahrhunderts gelangt war.

Rankes immenser Einfluß gründete sich weniger auf seine Vorlesungen als Professor an der Berliner Universität, der er von 1834 bis zu seiner Erblindung 1871 aktiv angehörte, als auf das riesige historiographische Oeuvre – seine ›Sämtlichen Werke‹ umfassen vierundfünfzig Bände (1867-90) – und vor allem auf sein Wirken als Leiter seines Universitätsseminars. Hier hat er Generationen von Schülern zum kritischen Gebrauch der originalen Dokumente und zum unvoreingenommenen Erfassen jedes Zeitalters und jeder Nation erzogen.

Die Monumenta Germaniae 287

MONUMENTA GERMANIAE HISTORICA. *Hannover, Hahnsche Buchhandlung, 1826 bis heute*

Die ›Monumenta Germaniae Historica‹ sind eine riesige, noch nicht abgeschlossene Sammlung schriftlicher Quellen aus der mittelalterlichen Geschichte Deutschlands; sie enthalten Annalen und Chroniken, Urkunden und Gesetze, Briefe und Flugschriften, Gedichte und Altertümer – angefangen vom 4. Jahrhundert. Ihre internationale Bedeutung ist darauf zurückzuführen, daß die Herausgeber mit höchster Gewissenhaftigkeit, Gelehrsamkeit und ausgefeilter Arbeitstechnik vorgingen. So schufen die ›Monumenta‹ den Maßstab, mit dem seither in der ganzen Welt kritische Ausgaben von Quellenmaterial gemessen werden.

Initiator dieses Unternehmens war der Staatsmann Karl Freiherr vom Stein (1757-1831), Reformator des preußischen Staates nach dem Zusammenbruch von 1806. Ein unparteiisches Wissen von der Vergangenheit, so glaubte er, würden im Volk die alten Tugenden männlichen Selbstvertrauens und den Wunsch nach Selbstregierung wiedererwecken und so am besten der Sache der deutschen nationalen Einheit dienen. Zweck der von Stein 1819 gegründeten ›Gesellschaft für ältere deutsche Geschichte‹, die unter anderem von Goethe (298) und den Gebrüdern Grimm (281) gefördert wurde, war, das vorhandene authentische Quellenmaterial zu veröffentlichen. Der 1. Band erschien 1826 unter dem von Stein gewählten Motto »Sanctus amor patriae dat animum«. Stein war vom Glück begünstigt, als er den jungen Hannoveraner Georg Heinrich Pertz (1795-1876) als ersten Herausgeber gewann. Pertz begann seine gründlichen Forschungen mit Hilfe des preußischen Gesandten Niebuhr (267) in den Archiven des Vatikan sowie an der Bibliothèque Nationale, wo ihm Thierry den Weg ebnete. Auch zum Britischen Museum und zu zahlreichen englischen Privatbibliotheken fand er Zutritt, was seinen beiden Ehen mit Engländerinnen der oberen Gesellschaft zu danken war. 1836 gewann er Rankes bedeutendsten Schüler Georg Waitz zur Mitarbeit an den Monumenta; und nachdem Pertz zum Leiter der Königlichen Bibliothek in Berlin ernannt worden war (1842), entstand eine regelrechte Monumenten-Schule, die die editorische Technik derart vervollkommnete, daß sie zu einem Vorbild an Genauigkeit, Vollständigkeit und Sorgfalt bis ins kleinste Detail der Textkritik hinein wurde. Sehr schnell eiferte man diesem Werk in den anderen Ländern Europas nach und schließlich mit den Urkundenpublikationen (Rolls Series) auch in Großbritannien.

Immer eigenwilliger und eigenartiger geworden, wurde Pertz schließlich 1873 von Ranke (286) und von Mommsen (337),

MONVMENTA

GERMANIAE

HISTORICA

INDE AB ANNO CHRISTI QVINGENTESIMO
VSQVE AD ANNVM MILLESIMVM
ET QVINGENTESIMVM

AVSPICIIS

SOCIETATIS APERIENDIS FONTIBVS
RERVM GERMANICARVM MEDII AEVI

EDIDIT

GEORGIVS HEINRICVS PERTZ
SERENISSIMI BRITANNIARVM ET HANNOVERAE REGIS TABVLARIVS.

SCRIPTORVM
TOMVS I.

HANNOVERAE
IMPENSIS BIBLIOPOLII AVLICI HAHNIANI
MDCCCXXVI.

(287)

wohl dem glänzendsten unter seinen Mitarbeitern, zum Rücktritt gezwungen. Die Monumenta erlebten jetzt unter der Leitung von Waitz (1875-86) ihr Goldenes Zeitalter, doch ging ihnen gleichzeitig ihre frühere handfeste Unabhängigkeit verloren. Das Werk wurde den Akademien von Berlin, München und Wien unterstellt; und die unerquicklichen Zwiste, die nach Waitz' Tod (er starb einen Tag nach Ranke) ausbrachen und sich bei jeder Neubesetzung im Direktorium erneuerten, machten aus den Monumenta nach und nach eine staatliche Institution, die einer immer strengeren Kontrolle unterstand. Man konnte die Monumentiker kaum mehr als richtige Historiker bezeichnen, da sie sich damit zufrieden gaben, höchst geschickte Männer vom Fach zu sein. Die Zeit der unangreifbaren Position der deutschen mittelalterlichen Forschung in der europäischen Geschichtswissenschaft war vorüber. 1945 wurden die Monumenta vor dem allgemeinen Zusammenbruch von dem achtzigjährigen Walter Götz gerettet, dem es als erwiesenem Nazigegner gelang, die alliierten Besatzungsbehörden für die Wiederaufnahme der Arbeit zu gewinnen.

Die Geschichte der Monumenta spiegelt die Entwicklung der deutschen Intelligenz: vom romantischen Idealismus der Generation des Befreiungskrieges durch den liberalen Realismus der technischen und industriellen Revolution Mitte des Jahrhunderts über den nationalistischen Wissenschaftsbetrieb der spätbismarckschen und Wilhelminischen Ära hin bis zur nationalsozialistischen Diktatur Hitlers im Dritten Reich.

288   Das Ei der Säugetiere

KARL ERNST VON BAER (1792-1876). *(a)* De Ovi Mammalium et Hominis Genesi. *Leipzig, Leopold Voß, 1827; (b)* Über Entwicklungsgeschichte der Thiere. 3 Bände. *Königsberg, Bornträger, 1828 bis 1837, Schlußheft 1888*

Weil das Hühnerei ein ziemlich großer Gegenstand ist, haben schon die Männer des Altertums wie Hippokrates (55) und Aristoteles (38) Embryologie getrieben.

Den Gedanken, daß alle Tiere aus einem Ei stammen, hatte

Harvey (127) geäußert, und Reinier de Graaf (1641-73) hatte erklärt, daß jenes nach ihm benannte Follikel (Bläschen des Eierstockes) in Wirklichkeit das Ei der Säugetiere sei. Baers Verdienst war es, die Entwicklung des reifen Eies von der Ausstoßung aus dem Follikel und seiner Befruchtung von seinen späteren Stadien aus bis zum Eierstock zurückzuverfolgen und dort die winzige Zelle nachzuweisen, die das Ei ist. Diese Entdeckungen veröffentlichte er in der oben (a) erwähnten Schrift ›Über die Entstehung des Eies der Säugetiere und des Menschen‹.

In seinem ausführlichen, an zweiter Stelle genannten Werke sammelte Baer mit großem Wissen und peinlicher Sorgfalt alles, was bisher über Embryologie bekannt war, und ging im einzelnen der Entwicklung des Hühnereies, des klassischen Objektes der Forschung, nach. Von da schritt er weiter zum embryologischen Studium der Wirbeltiere überhaupt. Daraus ergab sich sein Vorschlag, dem Studium der Embryologie vier Kernaufgaben zu stellen, die dieser neuen naturwissenschaftlichen Disziplin eine tragfähige Basis gaben.

Elektrizität wird gemessen   289

GEORG SIMON OHM (1789-1854). *(a)* Bestimmung des Gesetzes, nach welchem Metalle die Contactelektrizität leiten, nebst einem Entwurf zu einer Theorie des Voltaischen Apparates und des Schweigger'schen Multiplikators. *In:* Schweiggers Journal, Band 46, 1826. *(b)* Die galvanische Kette mathematisch bearbeitet. *Berlin, T. H. Riemann, 1827*

Die exakte Messung der Naturerscheinungen ist für die reine wie angewandte Wissenschaft, obwohl sie die Allgemeinheit weniger interessiert, ebenso lebenswichtig wie das bloße Sammeln ihrer unendlich verschiedenen Formen.

Auf dem Gebiet der Elektrizitätsmessung war Ohm der große Pionier. Coulomb (1736-1806) hatte zwischen 1784 und 1789 in sieben Berichten für die Pariser Académie des Sciences die wechselseitige Anziehung und Abstoßung elektrisch geladener Körper in Abhängigkeit von ihrer Entfernung gemessen und dazu seine Torsionswaage benutzt. Auch seine Arbeiten über Isolatoren waren wichtig. Ohms bedeutender Beitrag (siehe oben) war es nun, die Stärke des elektrischen Stromes sowie den Einfluß des Widerstandes auf den Strom zu messen. Theoretisch ermittelte er das später ihm zu Ehren benannte ›Ohmsche Gesetz‹ durch Analogieschluß aus Fouriers Wärmemessungen (1800-1814). Es lautet in moderner Formel $I = U/R$, wobei I Stromstärke, U elektromotorische Kraft, R Widerstand sind. Das heißt: Die Stromstärke verändert sich proportional zur angelegten Spannung und umgekehrt proportional zum Widerstand des Stromkreises.

Ohms Ergebnisse wurden von seinen Zeitgenossen entweder gar nicht beachtet, oder man widersprach ihnen. Faraday schloß seine Forschungen ab, ohne auf Ohms Gesetz Bezug zu nehmen. Erst 1841 bewirkte die Anerkennung von Ohms Arbeit durch die Royal Society – Verleihung der Copley-Medaille – langsam eine Wende. 1849 wurde Ohm mit sechzig Jahren Professor an der Münchener Universität. 1854 ist er gestorben. Auf der Pariser internationalen Konferenz zur Bestimmung der elektrischen Maßeinheiten vom Jahre 1881 wurde sein Name zur Bezeichnung der Einheit des Widerstandes gewählt, dessen erstes praktisch brauchbares Maß Werner Siemens 1860 vorgeschlagen hatte. Die La-

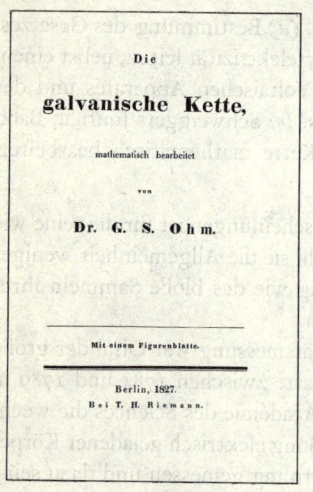

Ohm (289)

Lobatschewskij (293)

dungseinheit erhielt den Namen Coulomb, die der elektrischen
Spannung den Namen Volt (255), die der Stromstärke den Namen
Ampère nach dem Begründer der Elektrodynamik (1775-1836).
Über diese 1881 endlich durchgesetzten elektrischen Maßeinhei-
ten referierte 1884 Lord Kelvin mit hoher Befriedigung.

Die Brownsche Bewegung 290

ROBERT BROWN (1773-1858). A Brief Account of Microscopical
Observations on the Particles contained in the Pollen of Plants;
and on the General Existence of Active Molecules in Organic and
Inorganic Bodies. *Privatdruck. [London, gedruckt von Richard Taylor,
1828]*

Robert Brown wurde in der Welt der Wissenschaft erst bekannt,
nachdem er 1801 zusammen mit Matthew Flinders, dem Kapitän
der ›Investigator‹, von einer Reise nach Australien zurückkehrte.
Er brachte ungefähr viertausend Pflanzenarten mit, von denen
viele der Wissenschaft noch unbekannt waren. Sie wurden in Sir
Joseph Banks großes Herbarium aufgenommen, mit dem sie 1820
ins Britische Museum einzogen, zur gleichen Zeit als Brown dessen erster botanischer Kurator wurde.

Browns Entdeckung wurde im Begriff der ›Brownschen Bewegung‹ ein Denkstein gesetzt. Hooke (147), Leeuwenhoek
(166), Grew und Malpighi waren es, die im 17. Jahrhundert zum
ersten Mal Pflanzenzellen entdeckten, obgleich keiner von ihnen
sie als unabhängige, lebende Einheiten der Pflanzenwelt erkannte.
Während des 17. und 18. Jahrhunderts vernachlässigte man die
Erforschung der Struktur von Pflanzen zugunsten ihrer Klassifikation (vgl. Linné, 192) und des Wesens und der Lebensweise
der Pflanzen als Ganzes (vgl. Hales, 189). Anfang des 19. Jahrhunderts erfuhr jedoch die Erforschung von Pflanzenzellen in Deutschland (Treviranus, von Mohl), in Italien (Amici) und in England
(Brown) einen neuen Antrieb.

Bei mikroskopischen Beobachtungen entdeckte Brown 1827,
daß die Blütenstaubkörnchen der Pflanze Clarkia pulchella eine
fortwährende, wahllose Zickzackbewegung vollführen, wenn
man sie in eine Flüssigkeit hing. Überrascht über das, was er

sah, setzte er das Experiment mit anderen Stoffen fort – unter anderem auch mit anorganischen Substanzen wie Mineralien und Rauch – und entdeckte, daß sie sich alle genauso bewegten, vorausgesetzt, daß sie sehr klein waren. Diese Bewegung wurde 1879 von Ramsay auf die Bombardierung durch Moleküle zurückgeführt, was experimentell 1908 von Perrin bewiesen wurde, dem es auch glückte, das Molekulargewicht von Wasser zu bestimmen. Im 20.Jahrhundert gelang es Exner und anderen, mit Hilfe der Photographie und des Ultramikroskops diese Prozesse eingehender zu ergründen, und das ihnen zugrundeliegende Prinzip wurde von Einstein (408) weiterentwickelt. Die Vorstellung, daß Flüssigkeiten und Gase aus Molekülen in schnellster Bewegung bestehen, war zwar nicht neu, doch weithin theoretisch, bis sie von Robert Brown und seinen Nachfolgern bewiesen und bis ins einzelne erforscht wurde.

Brown lieferte noch viele andere wertvolle Beiträge zur Botanik; er entdeckte den Zellkern wieder, wirkte bei der Einführung eines natürlichen Systems der Klassifizierung der Pflanzen mit, die sich auf die von Jussieu stützte, und leistete entscheidende Vorarbeit in der Erforschung der Anatomie fossiler Pflanzen.

291   Englisch in Amerika

NOAH WEBSTER (1758-1843). An American Dictionary of the English Language. 2 Bände. *New York, S. Converse, 1828*

Dieses Wörterbuch, das in den Vereinigten Staaten fast von Anfang an zum englischen Standardwörterbuch wurde und geblieben ist, war das Endergebnis einer großen Anzahl von Orthographiebüchern, Grammatiken, Lese- und Wörterbüchern, die alle aus der Feder des fleißigen Noah Webster stammten. Wie viele der amerikanischen Rebellen kam auch er aus gutem englischen Freibauerngeschlecht mit Einwanderern des 17.Jahrhunderts. Nach vielen Jahren im Lehrfach wurde er Rechtsanwalt, und seine offenkundige Begabung als Pädagoge und sein scharfer juristischer Verstand wirkten sich außerordentlich vorteilhaft auf seine Tätigkeit als Lexikograph aus.

Webster war leidenschaftlicher Nationalist und wollte die politische Loslösung von England durch die Pflege einer eigenständigen amerikanischen Sprache betonen. Er begann mit der Veröffentlichung einer elementaren Rechtschreibung (1783), der eine Grammatik (1784) und ein Lesebuch (1785) folgten, die alle dazu bestimmt waren, amerikanischen Kindern die Grundzüge ihrer Sprache in Wort und Schrift einzuprägen. Unter dem Einfluß seines Freundes Benjamin Franklin (199) wandte er seine Aufmerksamkeit »einer reformierten Art der Rechtschreibung« zu; und obgleich er die von Franklin vorgeschlagenen radikalen phonetischen Neuerungen ablehnte, ging er doch so weit, daß er der Orthographie vieler amerikanischer Worte ein eigenes Gesicht verlieh. Diese ›amerikanische‹ Rechtschreibung tauchte zum ersten Mal im ›Compendious Dictionary of the English Language‹ (1806) auf und wurde von da an von amerikanischen Druckern angewandt.

Websters großes Wörterbuch – seine siebzigtausend Eintragungen schrieb er mit eigener Hand nieder – wurde unzählige Male neu aufgelegt und immer wieder auf den neuesten Stand gebracht. Es litt unter der Unwissenheit des Autors über die linguistischen Erkenntnisse seiner Zeit – wahrscheinlich hatte er nie von Männern wie Rask (266), Grimm (281) oder Bopp (275) gehört – so daß seine philologischen und etymologischen Anmerkungen zum größten Teil wertlos waren und manchmal sogar lächerlich wirkten. Andererseits bedeutet dieses Buch einen entschiedenen Fortschritt in der modernen Lexikographie, da es viele nicht-literarische Begriffe enthielt und der damaligen Umgangssprache viel Platz einräumte. Außerdem waren seine Worterklärungen fehlerfrei und knapp (Sir James Murray, der Herausgeber des Oxford English Dictionary (371) bezeichnete ihn als den »geborenen Worterklärer«), und zum größten Teil vermochte ihnen die Zeit nichts anzuhaben. Webster ist es gelungen, das amerikanische Englisch von Dr. Johnsons (201) Fesseln zu befreien, und das letztlich zum Vorteil der Sprachen beider Länder.

LOUIS BRAILLE (1809-52). Procédé pour écrire les Paroles, la Musique et le Plain-chant au Moyen de Points. *Paris, [Institution Royale des Jeunes Aveugles], 1829*

Valentine Haüy (1745-1822), der jüngste Bruder des berühmten Kristallforschers, erfand als erster eine Schrift, die von Blinden gelesen werden konnte. Lettern, die sich in ihrer Form von der gewöhnlichen Kursivschrift leicht unterschieden, wurden erhaben auf dickes Papier geprägt, damit sie mit den Fingern gelesen werden konnten. Er gründete 1785 die Institution Royale des Jeunes Aveugles, und tatsächlich scheint es ihm gelungen zu sein, einigen seiner Schüler nicht nur durch seine Methode das Lesen, sondern auch das Setzen und Drucken dieser erhabenen Buchstaben beizubringen. Sein ›Essay über die Erziehung von Blinden‹ (1786) ist eine Inkunabel dieser Methode. Der Essay wurde von Thomas Blacklock, dem blinden Dichter, ins Englische übersetzt.

Der nächste Experimentator war der Schotte James Gall aus Edinburgh, der nach langen Versuchen über den Tastsinn eine eckige Version des Alphabets erfand, die mit den Fingerspitzen leichter ertastet und erfaßt werden konnte. Sowohl ihm als auch Haüy und vielen ihrer Nachfolger unterlief der Grundirrtum, daß sie das Problem vom Standpunkt des Sehenden aus angingen, wodurch sie die Lösung in der Anpassung des überlieferten Alphabets für eine Blindenschrift suchten. Howe und Perkins in Amerika, Taylor, Alston und Watts in England und andere Philantropen in Europa schlugen denselben Weg ein.

T. M. Lucas aus Bristol war es, der auf den Kern des Problems stieß. Einen Fingerzeig entnahm er der Stenographie, und nach ihrem System schuf er eine Gruppe völlig neuartiger Lettern, die eher Laute darstellten als Buchstaben. Mit ihnen druckte er in erhabener Form die Bibel, Euklid und ein Schachbrett. Er begann 1837 mit dem Neuen Testament, das er 1851 vollendete. J. H. Frere erdachte ein ähnliches System und entwickelte eine praktische und billige Form des Prägedrucks. Sein schönstes Geschenk an die Blinden war jedoch seine Erfindung der »rückläufigen Zeile«, das heißt, die Zeilen verlaufen abwechselnd von links nach rechts und von rechts nach links, wobei die Buchstaben in den rückläufigen Zeilen umgekehrt stehen. Er erfand auch eine billige und nützliche Form der Stereotypie für den Prägedruck. Sein Erstlingswerk, das Buch Jesaia, erschien 1843. Die für dieses stenographische System ersonnenen Buchstaben waren für das sehende Auge leserlicher als für die Fingerspitzen. Nur jemand, der selber blind war, konnte das Problem wirklich lösen.

1821 kommentierte der Pariser Mercure Technologique ein System der ›Nachtschrift‹, das von Charles Barbier, einem früheren Artillerieoffizier, für die Armee erfunden worden war. In dem Artikel hieß es, daß die Institution Royale mit diesem System experimentiere, um junge Blinde zu unterrichten. In Barbiers System erschienen Konsonanten und Vokale in erhaben gedruckten Gruppen von jeweils zwei bis zwölf Punkten. Louis Braille, der zwölfjährige Sohn eines Sattlers, besuchte ebenfalls diese Schule – er war einer der begabteren unter diesen »blinden Armen mit ihrer Geometrie und ihrem Latein im Kopf«. Sicher war er auch einer von jenen, die sich bemühten, Barbiers System zu lernen; doch während es Barbier ein leichtes war, visuell eine Gruppe von zwölf Punkten zu erfassen, fiel es Braille mit seinen Fingerspitzen um einiges schwerer. Letzten Endes war diese Schrift als Methode ungeeignet. Wann Braille genau daran ging, die Höchstzahl der Punkte auf sechs zu beschränken, ist unbekannt, doch der Leiter des Instituts, ein gewisser Dr. Pignier, berichtete, daß ihm das Grundsystem Brailles im Jahre 1825 vorgelegt wurde, als der Junge kaum sechzehn war.

Die hier vorgestellte zweiunddreißigseitige Broschüre ›Ein Verfahren, um Worte, Musik und Kirchengesang mit Punkten schriftlich festzuhalten‹ wurde im Institut in erhabenen Buchstaben gedruckt, wobei für den Text das normale Alphabet verwandt wurde, das einige Schüler mühselig zu entziffern gelernt hatten. Braille erfand auch Schreibgestell und -gerät, die die Blinden auch heute noch zum Schreiben benützen.

So versah Braille die Blinden mit einem vollständigen Alphabet, mit mathematischen Zeichen und Musiknoten und einer stenographischen Schreibweise. Pignier, sein erster Biograph, erklärte, daß Brailles Änderung des Barbier-Systems »keine bloße Verbesserung, sondern eine neue Erfindung war«.

Das Braille-System wurde nicht sofort anerkannt; erst 1854 wurde es vom Institut selbst offiziell übernommen. Auf einem internationalen Kongreß in Paris im Jahre 1878 wurde es von ganz Europa angenommen. Heute wird es praktisch in der ganzen zivilisierten Welt verwandt.

Mit einem speziellen Aspekt des Problems befaßte sich William Moon, der 1840 mit zweiundzwanzig Jahren völlig erblindete. Daher wußte er genau, wie schwierig es für verhältnismäßig spät Erblindete ist, mit der ungewohnten Fingerspitzenmethode ein neues Alphabet zu erlernen. Aufbauend auf dem normalen Alphabet entwickelte er zur Erleichterung des ›Tastlesens‹ vereinfachte Buchstaben. Er übernahm das rückläufige Zeilensystem und fügte dem Ende einer jeden Zeile eine erhabene Klammer hinzu, die zur nächsten Zeile führte. Als erstes stellte Moon das Werk ›The Last Days of Polycarp‹ her, das am 1.Juni 1847 erschien. Viele ziehen sein System dem Brailles vor, besonders Menschen, die in späteren Lebensjahren erblindeten.

293   Der Kopernikus der Geometrie

(a) NIKOLAI IWANOWITSCH LOBATSCHEWSKIJ (1793-1856), О Началахъ Геометріи. *In:* Kasanskij Vestnik,Teile XXV, XXVII, XVIII, Februar/März 1829-Juli/August 1830. *Kasan, Universitätsdruckerei*
(b) GEORG FRIEDRICH BERNHARD RIEMANN (1826-1866). Über die Hypothesen, welche der Geometrie zu Grunde liegen. *In:* Abhandlungen der Königlichen Gesellschaft der Wissenschaften zu Göttingen, Band 13 (1867). *Göttingen, Dieterich, 1868*

Es ist heute allgemein anerkannt, daß reine Mathematik im Sinne der Physik weder wahr noch falsch ist, sondern einfach als in sich selbst geschlossene Disziplin betrachtet werden muß, die man auf verschiedene Wissenschaftszweige anwenden kann. Diese Revolution in unserer Vorstellung vom Wesen der Mathematik kann bis auf die klare Formulierung der ersten nichteuklidischen Geometrien im frühen 19.Jahrhundert zurückgeführt werden.

Die Forschungen, die in der Entdeckung der nichteuklidischen Geometrie gipfelten, entstanden aus den erfolglosen Versuchen, das Parallelenaxiom in der euklidischen Geometrie zu beweisen. Dieses Axiom behauptet, daß durch irgendeinen Punkt eine und nur eine Gerade parallel zu einer gegebenen Geraden gezogen werden kann. Obwohl diese Annahme keineswegs als selbstverständlich angesehen und ihre Ableitung aus den anderen geometrischen Axiomen wiederholt versucht wurde, zog sie niemand als kosmische Wahrheit offen in Zweifel, bis Lobatschewskij die erste nichteuklidische Geometrie veröffentlichte. Wir wissen heute, daß Gauß (257) schon zu den gleichen allgemeinen Schlußfolgerungen wie Lobatschewskij gekommen war, doch ohne etwas darüber zu publizieren. In Lobatschewskijs Geometrie können unendlich viele Parallelen durch einen gegebenen Punkt gezogen werden, ohne je eine gegebene Gerade zu schneiden.

Nikolai Iwanowitsch Lobatschewskij wurde in Nischnij Nowgorod geboren und studierte an der Universität zu Kasan, wo er 1827 zum Professor ernannt wurde. Seine grundlegende Schrift wurde seinen Kollegen in Kasan 1826 vorgetragen, doch er veröffentlichte die Resultate erst 1829-30 in einer Folge von fünf Aufsätzen, die im Kasaner Universitätskurier erschienen und deren erster den oben in russischer Sprache angeführten Titel ›Die Anfangsgründe der Geometrie‹ trug. Er erweiterte seine Ergebnisse (noch in Russisch) 1836-38 unter dem Titel ›Neue Anfangsgründe der Geometrie, mit einer vollständigen Theorie der Parallelen‹. 1840 veröffentlichte er eine deutsche Kurzfassung in Berlin unter dem Titel: ›Geometrische Untersuchungen zur Theorie der Parallellinien‹.

Lobatschewskijs Entdeckung wurde durch die Forschungen Georg Friedrich Riemanns weitergeführt, der in Hannover geboren war und unter Gauß in Göttingen und später in Berlin studierte. Nach der Rückkehr nach Göttingen 1850 wählte er 1854 für seine Habilitationsschrift (publiziert 1867) das Problem der Grundlagen der Geometrie. Dieser Aufsatz warf neues Licht auf die Geometrie. Er erweiterte die Gesamtidee von dem, was Geometrie eigentlich sein sollte, außerordentlich und schälte dabei als grundlegend die Vorstellung von Maßverhältnissen (›metrisches System‹) heraus. Das Konzept, wie es Riemann verallgemeinerte, war eine Weiterentwicklung der Oberflächentheorie von Gauß ohne dessen Beschränkung auf zwei Dimensionen. Die Bedeutung dieser Abhandlung ist nicht auf die reine Mathematik beschränkt. Einstein (408) hätte ohne sie seine allgemeine Relativitätstheorie nicht entwickeln können. – Riemann leistete auch für die Funktionentheorie und Topologie sowie für die Theorie der Primzahlen epochemachende Arbeit. Auch seine Beiträge zur mathematischen Physik waren gewichtig. Seine Bedeutung als Mathematiker gründet sich auf die Überzeugungskraft der neuen Techniken und Standpunkte, die er auf verschiedenen Gebieten seiner Wissenschaft durchsetzte.

294 Das Land

WILLIAM COBBETT (1762-1835). *Rural Rides. London, William Cobbett, 1830*

William Cobbett war der Sohn eines kleinen Bauern in Farnham (Surrey), wo er während seiner Jugend auf dem Hof seines Vaters arbeitete. Einer plötzlichen Laune folgend ging der Siebzehnjährige nach London und ließ sich in die Armee einschreiben. Seine militärische Laufbahn, in der er es bis zum Hauptfeldwebel brachte, endete mit seiner ehrenvollen, von ihm selber beantragten Entlassung im Jahre 1791. Im Jahr darauf heiratete er und ging in die Vereinigten Staaten, wo er sich seinen Lebensunterhalt zuerst damit verdiente, daß er französischen Auswanderern Englischstunden gab; später erregte er erheblichen Aufruhr durch seine Angriffe auf die Vereinigten Staaten und auf Frankreich und seine offenkundige Unterstützung Großbritanniens. Diese Artikel veröffentlichte er unter dem Namen ›Peter Porcupine‹ (Stachelschwein).

Um 1800 hatte Cobbett Amerikas Gemüter zu sehr aufgebracht, um noch länger dort bleiben zu können. Er kehrte nach England zurück, wo er als Vorkämpfer für Ordnung und für die Monarchie gefeiert wurde. Doch bald kam er wieder in Schwierigkeiten; er opponierte gegen den Frieden von Amiens, griff die Regierung von Irland an und wurde 1810 wegen seiner Kritik

an der Prügelstrafe in der Armee zu Gefängnis verurteilt. Das
hinderte ihn nicht, weiter zu schreiben. Die Parlamentsberichte,
mit denen er 1803 begann, die Parlamentsgeschichte beider Häuser bis 1803 (268) und eine Reihe anderer Arbeiten sind ein Beweis für seinen Fleiß. Außerdem veröffentlichte er fast ununterbrochen vom Januar 1802 an bis zu seinem Tode jede Woche das
›Weekly Political Register‹ – die Plattform, von der er fast vierunddreißig Jahre lang seine Ansichten verkündete. Es legte schon
früh Zeugnis ab für Cobbetts Wendung zum Radikalismus; in
ihm erschien auch der berühmte Artikel über die Prügelstrafe,
und auch während seiner beiden Jahre im Gefängnis gab es kaum
eine Woche, wo es nicht erschien. Während der Nachkriegs-
depression mußte er 1816 wegen seiner militanten Unterstützung
der politischen Reformbestrebungen fürchten, ein zweites Mal
eingesperrt zu werden, so daß er ins Ausland floh – wieder nach
Amerika.

Als er zwei Jahre später zurückkehrte, begann er, sich mit landwirtschaftlichen Angelegenheiten zu beschäftigen und fuhr fort
zu schreiben. 1821 schlug ein Ausschuß gewisse Mittel gegen
die nachhaltige landwirtschaftliche Depression vor. Cobbett
widersprach ihren Schlußfolgerungen und »entschloß sich zu
handeln und durch eine zuverlässige Untersuchung der Verhältnisse auf dem Lande seinen Ansichten Nachdruck zu leihen, die
er vor dem Landwirtschaftsausschuß als Antwort auf die Argumente der Gutsbesitzer entwickelt hatte«. Zu Pferde unternahm
er eine Reihe von Rundritten durchs ganze Land, über die er im
›Register‹ Berichte veröffentlichte, die später gesammelt in
obigem Buch als ›Ländliche Ritte‹ herauskamen. Die Ausdrucks-
kraft und Lebendigkeit seines Stils, gleichgültig, ob er nun eine
Landschaft oder seine Begegnungen mit Landarbeitern beschreibt,
haben diesem Werk den Rang eines Klassikers verliehen. Mit
seinen Berichten über die Armut, die durch die Landeinhegung
– die Bildung großer privater Güter (214) – verursacht wurde,
tat er in dem langen Kampf um die Verbesserung der Lage des
Landarbeiters den ersten Schwertstreich, und die Ansichten, die
er vertrat, nehmen in vieler Hinsicht die Lehre der Young Eng-
land-Gruppe unter Disraeli (319) vorweg. Gegen Ende seines

Lebens erfüllte sich ein langgehegter, ehrgeiziger Wunsch Cobbetts – er wurde ins Unterhaus gewählt. Nach einem unsicheren Anfang zollte man seinen Meinungen in allen landwirtschaftlichen Fragen großen Respekt, und er beendete sein unruhiges Leben in leidlichem Frieden mit der Welt.

295   Der Positivismus

AUGUSTE COMTE (1798-1857). Cours de Philosophie Positive. 6 Bände. *Paris, Bachelier, 1830; Rouen Frères, 1835-42*

Comte wurde in Montpellier geboren. Im Jahre 1826 begann er in Paris mit Privatvorlesungen über die positive Philosophie, die er – unterbrochen durch eine schwere Nervenkrise, die er durch die aufopfernde Hilfe seiner Frau überwand – im Jahre 1830 abschloß und gleichzeitig den 1. Band davon veröffentlichte. Er brachte ihm einigen Ruhm ein und eine Repetitorstelle an der École Polytechnique. Das Erscheinen des Gesamtwerkes in 6 Bänden vermehrte sein Ansehen. Doch in seiner Vorrede zum letzten Band beleidigte Comte grundlos alle die, die ihn zum Prüfer an der École Polytechnique ernannt hatten, und er wurde entlassen. An diesem kritischen Punkt half ihm J. S. Mill (345), und während der letzten neun Jahre seines Lebens war Comte auf Zuwendungen angewiesen, die Littré und andere Freunde beschafften.

1848 ergriff auch ihn die leidenschaftliche Welle der Revolution, die über Europa hinwegging, und in der Hoffnung, auf die Ereignisse einen ähnlich bestimmenden Einfluß ausüben zu können wie der Jakobinerklub im Jahre 1789, gründete er die Positivistische Gesellschaft. Zwar sah er sich darin enttäuscht, doch scharte sich um ihn eine Gruppe von Anhängern, aus der Comte – er war jetzt in seinen Ansichten dogmatisch geworden – eine Art Kirche machte. Bei seinem Tode im Jahre 1857 ließ Comte dreizehn ›Testamentsvollstrecker‹ zurück, die seine Lehre fortsetzen sollten.

Das enzyklopädische System des Positivismus wurzelt in einer neuen Wissenschaftslehre. Ihr Wesenskern liegt in dem Gesetz von den drei Phasen (les trois états), die der menschliche Geist in seiner Entwicklung durchläuft: erstens die theologische Phase, in der der Geist annimmt, daß Naturerscheinungen aus eigener Kraft oder aus der Kraft eines übernatürlichen Wesens existieren; zweitens die metaphysische Phase, in der diese Kraft auf eine abstrakte höhere Kraft zurückgeführt wird, die zwar den Dingen innewohnt, doch von ihnen unabhängig ist; und in der abschließenden oder positiven Phase, in der »die wirklichen Studien ausschließlich der Analyse der Phänomene gelten, um ihre Gesetze, d.h. ihre festen Beziehungen der Folge und der Ähnlichkeit zu entdecken. Über ihre geheime Zweckursache und ihre absolute Entstehung können wir danach nicht mehr ernsthaft nachdenken.

Die Wissenschaften gliedert Comte in einer aufsteigenden Ordnung, nach der jede einzelne die ihr vorausgehenden Wissenschaften umgreift: Mathematik, Astronomie, Physik, Chemie, Biologie und Soziologie.

Comtes Hauptwerk, enthalten vornehmlich im 4. bis 6. Bande seiner ›Philosophie Positive‹, war der von allen Wissenschaften bisher am meisten vernachlässigten gewidmet: der Soziologie, der er den Namen gegeben hat.

Darin versuchte er zu zeigen, daß die Phänomene der Gesellschaft genauso auf allgemeine Gesetze rückführbar sind wie andere Naturerscheinungen. Ihre Geschichte verläuft parallel zum Wissensfortschritt. Zu jedem der Stadien der intellektuellen Entwicklung gehört eine besondere Gesellschaftsverfassung. Zum theologischen Stadium die kriegerische Ordnung, zum Positivismus die industrielle Gesellschaft.

In seinen letzten Jahren erreichte Comte als letzte Stufe der Entwicklung eine volle Ausgeglichenheit der widerstreitenden Kräfte von Gefühl und Verstand durch ihre Unterordnung unter die Idee der Menschheit in Vergangenheit, Gegenwart, Zukunft. Comte nannte sie »das Große Wesen«. In der Tat handelt es sich hier um ein rein zweckbezogenes System, in dem alle menschlichen Handlungen und Institutionen ein Gewölbe bilden, dessen Schlußstein dies sein erdachtes Großes Wesen ist.

Abgesehen von allem Für und Wider über die Stichhaltigkeit seiner Lehre besteht Comtes bedeutende Leistung in der Schaffung eines Denksystems, das sämtliches Wirken und Wissen des

Menschen umfaßt. Sein Versuch, alle Wissenschaften miteinander zu verbinden, ihre Entwicklung und den Fortschritt der Gesellschaft miteinander in Beziehung zu setzen und dies wiederum zusammen zu denken mit einem System der Vervollkommnung der Menschheit, wobei sie die Stelle eines außenstehenden höchsten Wesens einnimmt – dieser Versuch ist eine der größten Leistungen säkularer Philosophie.

296   Durchbruch der demokratischen Ordnung

THE EXTRAORDINARY BLACK BOOK. Vom ursprünglichen Herausgeber (d. h. John Wade). *London, Effingham Wilson, 1831*

An der Wende zum 19. Jahrhundert setzten sich beide Häuser des Parlaments noch überwiegend aus dem Adel und den Landbesitzern zusammen. Das Wachstum der Industrie, das durch die Napoleonischen Kriege noch gewaltig beschleunigt wurde, hatte die herkömmliche Agrarstruktur erschüttert und damit auch die alten Standesordnungen. Die Verschuldung des Staates als Kriegsfolge und die Versuche der Regierung, die Landwirtschaft durch Anheben der Nahrungsmittelpreise zu schützen, führten nur zu weit verbreiteter Arbeitslosigkeit. Halb verhungerte Fabrikarbeiter (die sogenannten Ludditen) zogen durch das Land und zerschlugen die Maschinen, die sie fälschlicherweise für die eigentliche Ursache ihres Elends hielten.

Die Regierung, immer noch blind gegen die wirklichen Gründe der Unzufriedenheit, erließ außer den Getreidegesetzen die noch kurzsichtigeren Gesetze zur Privatisierung des Gemeindelandes (Enclosure Bills), um Englands eigene Nahrungsmittelerzeugung weiter zu fördern. 1817 wurde ein Attentat auf den Prinzregenten verübt und die Habeas Corpus-Akte aufgehoben. William Cobbett (294), der einflußreichste Befürworter der Reformbestrebungen, mußte England verlassen, und 1819 kam es schließlich in Manchester zu einer bewaffneten Auseinandersetzung. Das ›Massaker von Manchester‹ gab der Reformbewegung neuen Auftrieb. Die Regierung antwortete mit den ›Sechs Gesetzen‹ zu ihrer weiteren Unterdrückung. Das Land schien kurz vor einer Revolution zu stehen.

Die Wurzel des Übels lag in der ungleichmäßigen Vertretung der Wählerstimmen im Parlament. Während dichtbevölkerte Industriegebiete ohne Abgeordnete blieben, konnten entvölkerte Wahlkreise weiterhin einen oder mehrere Parlamentsmitglieder stellen. Uneigennützige Mitglieder beider Parteien hatten sich schon seit langem für eine Wahlrechtsreform eingesetzt, aber erst 1821 begann die Whig Partei, in der Opposition, mit ihrem Reformfeldzug, der schließlich zum Reformgesetz von 1832 führte. Nicht nur England, sondern auch die anderen Staaten in Metternichs Großer Allianz trieben damals eine reaktionäre Politik. Unter Castlereagh und Canning trat daher England aus der Allianz aus und beseitigte somit einen der Hauptangriffspunkte der Reformer. Im Laufe der Zeit konnten diese eine Reihe fortschrittlicher Verordnungen durchsetzen, vor allem das Gesetz zur Emanzipation der Katholiken (1829). Am 26. Juni 1830 starb Georg IV. – kaum einen Monat vor dem Ausbruch der Revolution in Paris. Wilhelm IV. bestieg den Thron zu einer Zeit, als ihn zwar die Außenpolitik von Castlereagh–Canning vor den unmittelbaren Folgen der Revolution bewahrte, in der aber Unzufriedenheit und Aufruhr herrschten wie nie zuvor.

Schließlich wurden die Ultra-Konservativen unter Wellington von den Whigs unter Grey abgelöst. Im Jahr 1831 erfolgten verstärkte Anstrengungen, die große Reformvorlage durchzusetzen. Als sie in zweiter Lesung in der Parlamentskommission niedergestimmt wurden, legten sie ihren Gesetzentwurf dem ganzen Volk vor mit dem Ergebnis einer überwältigenden Mehrheit dafür. Im September wurde ihr Entwurf vom Unterhaus gebilligt, jedoch im folgenden Mai vom Oberhaus erneut abgelehnt. Wieder trat die Regierung zurück. Da die Tories nicht in der Lage waren, eine Regierung zu bilden, sah sich Wilhelm aus Furcht vor weiteren Unruhen gezwungen, Druck auf das Oberhaus auszuüben. So wurde schließlich am 4. Juni 1832 die Reformvorlage als Gesetz verabschiedet. Einhundertdreiundvierzig Sitze wurden für Abgeordnete der Industriebezirke frei. Mit einem Schlag war so den alteingesessenen Landbesitzern die Macht entzogen.

Die Auswirkungen des Gesetzes können kaum überschätzt

werden. Alle Länder Europas verfolgten diesen Kampf mit ge-
spannter Aufmerksamkeit. Es standen dabei ja die Grundsätze
von Monarchie und Demokratie in gleicher Weise auf dem Spiel.
Ausländischen Beobachtern mußte es unmöglich erscheinen, daß
beide diesen Kampf überstehen könnten. Daß das Experiment
dennoch gelang, gereicht den beiden Parteien zur Ehre. Schon
die nächste Regierung zeigte Europa, wie Monarchie und Demokratie in einem fortschrittlichen Staat zusammenarbeiten können.

Der lange Kampf wurde mit einem gewaltigen Aufwand an
Druckerschwärze geführt, die von der Presse, die selber erst in
den Anfängen ihrer industriellen Revolution stand, bereitwillig
zur Verfügung gestellt wurde. Die ›Bibel der Reformer‹ war das
›Black Book‹, das Schwarzbuch, eine umfangreiche Sammlung
aller wahlrechtlichen, kirchenpolitischen und juristischen Miß-
stände, gegen die sie ankämpften. Es erschien 1820 und erlebte
zahlreiche Neuauflagen, die ständig um neue Argumente, neue
Berichte von Mißständen und neue Statistiken erweitert wurden.
Die hier angegebene Auflage war insofern die einflußreichste, als
sie unmittelbar vor der Verabschiedung der Reformbill erschien.
Denn das Black Book war vor allem ein Dokument praktischer
Politik, und seine Betonung der Notwendigkeit einer nicht nur
arbeitsfähigen, sondern auch gleichberechtigten Volksvertretung
trifft auch heute noch den Kern jeder parlamentarischen Demokratie.

297 Philosophie des Krieges

KARL VON CLAUSEWITZ (1780-1831). Vom Kriege. 3 Bände. *Berlin, Ferdinand Dümmler, 1832-34*

Dieses Werk mit seinen tausend Seiten nimmt unter den militärischen Schriften aller Zeiten und Völker einen einzigartigen
Platz ein. Obwohl in ihm die Erkenntnisse aus den Kriegen Napoleons und denen der Französischen Revolution verwertet wurden,
ist es doch weniger ein Handbuch für Strategie und Taktik als
eine umfassende Untersuchung über die Grundprinzipien des
Krieges. Der Krieg, so behauptete Clausewitz, müsse immer als
politisches Instrument betrachtet werden; denn, so lautet sein

berühmtester Aphorismus: »Krieg ist die fortgesetzte Staatspolitik mit anderen Mitteln.« Er weist die Ansicht vom schädlichen Einfluß der Politik auf die Kriegsführung zurück, da Vor- oder Nachteile des Einflusses ganz bei der Politik lägen. Ist die Politik gut, so kann sie sich auf die Kriegsführung nur vorteilhaft auswirken: die Siege der Französischen Revolution über zwanzig Jahre hinweg ergaben sich hauptsächlich aus der fehlerhaften Politik der gegnerischen Regierungen. Seine Grundkonzeption, daß militärische Entscheidungen politischen Erwägungen immer untergeordnet sein müssen, unterstützt er durch seine nachdrückliche Betonung von Moral und Selbstzucht als den entscheidenden Faktoren im Krieg. Daher verurteilte er alle unbeweglichen Schlacht- und Feldzugpläne auf dem Papier, definierte Strategie als ein unablässiges Wechseln und Kombinieren von Angriff und Verteidigung und stellte die damals aufsehenerregende Behauptung auf, daß es keine schlechten Soldaten, sondern nur schlechte Offiziere gäbe.

Clausewitz nahm als Offizier an allen europäischen Feldzügen zwischen 1793 und 1815 aktiv teil – und von 1812 bis 1814 stand er in russischen Diensten. Mit Scharnhorst und Gneisenau arbeitete er an der preußischen Armeereform, und von 1818 bis 1830 war er Leiter der Berliner Kriegsakademie, der Vorgängerin des preußischen Generalstabs. Sein Werk ›Vom Kriege‹ entstand aus einer Reihe von Aphorismen, die er zwischen 1816-18 notierte und als Basis für seine Vorlesungen an der Akademie benützte. Nachdem er als Generalstabschef von Gneisenau wie dieser im polnischen Feldzug an der Cholera gestorben war, wurde das Buch von seiner Frau als Kernstück seiner ›Hinterlassenen Werke über Krieg und Kriegführung‹ (10 Bände, 1832 bis 1837) veröffentlicht. Es fand sofort Anerkennung als eine der tiefsten Ausführungen über die Philosophie des Krieges – ein Rang, der ihm nie streitig gemacht wurde.

JOHANN WOLFGANG VON GOETHE (1749-1832). Faust. Eine Tragödie. *Stuttgart und Tübingen, Cotta, 1834*

Wenn man Goethe mit Recht den letzten Vertreter des Renaissance-Ideals vom ›uomo universale‹ genannt hat, so verkörpert sein Faust die Summe seiner eigenen Entfaltung als Mensch, Künstler und Denker. Zugleich entfaltet sein ›Hauptgeschäft‹, wie er den Faust im Alter nannte – dem Prisma vergleichbar, welches das Sonnenlicht zum farbigen Spektrum bricht –, die geistige und gesellschaftliche Welt des Abendlandes noch einmal im farbigen Abglanz der Dichtung: die mythische Welt der griechischen Antike, die dunkle Gewalt des römischen Imperiums, Enge und Dichte des Mittelalters, die bunte Pracht der Renaissance, die Grandezza des 18. Jahrhunderts, den dämonischen Einbruch der Technik und das Heraufziehen der ozeanischen Mächte.

Goethe arbeitete an seinem Faust mit Unterbrechungen von 1773 an, als er der führende Genius des ›Sturm und Drang‹ war, dann ab 1800 in seiner klassischen Periode, als Schiller ihn ermutigte, am zweiten Teil weiterzuarbeiten, und schließlich seit 1825 in seinen letzten schöpferischen Jahren, als er die Schlußszenen mit tiefer religiöser Mystik erfüllte wie auch mit seinen politischen und gesellschaftlichen Lebenserfahrungen.

Er nannte sein Stück eine Tragödie; tatsächlich ist es mehr eine ›Komödie‹ im Sinne von Dantes ›Göttlicher Komödie‹ (8), da es zu guter Letzt mit der Errettung des Helden endet. Dieser glückliche Ausgang war das Ergebnis einer langen Entwicklung des Faust-Themas. Das Urbild war ein Georg Faust, der von etwa 1480 bis 1540 lebte, ein mit Recht übel beleumundeter Nekromant, der schon zu seinen Lebzeiten die Phantasie des Volkes beschäftigte als mächtiger Magier, dem böse Geister dienten. Dessen Geschichten, vermehrt um schaurige Beschreibungen seines gräßlichen Endes, wurden um 1575 niedergeschrieben und von dem Frankfurter Verleger Johann Spieß mit dem Titel ›Historia von D. Joh. Fausten‹ (1587) als drohende Warnung vor den schrecklichen Folgen fruchtlosen theologischen Spekulierens oder törichter Beschäftigung mit der Schwarzen Kunst veröffentlicht.

Das Büchlein war ein ungeheurer Erfolg, und zahllose Nachdrucke und volkstümliche Bearbeitungen hielten die Faustsage über zwei Jahrhunderte am Leben. Eine englische Übersetzung des Spießschen Buches gelangte in die Hände von Christopher Marlowe, der den rohen Stoff in die großartige ›Tragicall History of D. Faustus‹ umarbeitete (1588/89 geschrieben, 1592 aufgeführt, 1604 im Druck erschienen). Englische Schauspieler brachten die Tragödie nach Deutschland, wo sie im Laufe der Jahre zu einem possenhaften Puppenspiel entartete. Der Wendepunkt in der Entwicklung des Faust kam mit Lessings Fragmenten eines ›Faust‹, die erstmals 1759 veröffentlicht wurden. Lessing (213), überzeugter Rationalist, machte aus der Schreckfigur der christlichen Orthodoxie einen furchtlosen Sucher nach Wahrheit, dessen Wissensdurst eher Anspruch auf Erlösung denn Verdammung hat.

Diese grundverschiedenen Quellen bildeten den Stoff, aus dem Goethe nach und nach seinen Faust schuf: Faust, Ein Fragment (1790), Faust, Erster Teil (1808), das Helena-Zwischenspiel (1827), Faust, Zweiter Teil (vollendet im Januar 1832, postum veröffentlicht 1832), beide Teile in einem Band erschienen 1834. Byrons ›Manfred‹ (1827) ist das erste einer langen Reihe von Faust-Schauspielen, -Romanen und -Musikkompositionen, von denen noch erwähnt seien: Heines ›Tanzpoem‹ (1847), Gounods Oper ›Margarethe‹ (1859), Paul Valérys ›Mon Faust‹ (1946) und Thomas Manns ›Doktor Faustus‹ (1948).

Während der Dichter, Dramatiker, Epiker und Romancier Goethe einen festen Platz neben den Größten – Dante, Shakespeare, Voltaire – gefunden hat, ist der Naturforscher in ihm zu Unrecht vernachlässigt worden.

Drei seiner wissenschaftlichen Untersuchungen, die sich auf die Gebiete der Biologie, Optik, Anatomie, Geologie und noch darüber hinaus erstreckten, verdienen besondere Erwähnung: er war ein Pionier auf dem Felde der Pflanzenmorphologie; er ist der einzige Naturforscher, der gegenüber Newtons Farbentheorie eine selbständig für sich bestehende Farbenlehre aufgestellt hat; seine Entdeckung des Zwischenkieferknochens im menschlichen Schädel (1784) erwies die morphologische Gleichartigkeit von Mensch und Wirbeltier und ist Grundlage der Entwicklungslehren.

Die erste bedeutende Biographie Goethes: ›Life of Goethe‹ (1855) schrieb der englische Schriftsteller George H. Lewes; ein anderer Engländer, der Nobelpreisträger Sir Charles Sherrington, festigte Goethes Bedeutung als Naturforscher in seinem Werk ›Goethe on Nature and on Science‹ (zweite Auflage 1949). In jüngster Zeit hat Werner Heisenberg in einer Rede, vor der Goethe-Gesellschaft zu Weimar 1967 über ›Goethes Naturbild und die technische Welt‹ seine Bedeutung als Naturforscher gewürdigt.

299   Das häßliche Entlein

HANS CHRISTIAN ANDERSEN (1805-75). Eventyr fortalte for Børn, 2 Bände. *Kopenhagen, Bianco Luno und Schneider für C. A. Reitzel, [1835]-1837*

Die Märchen Hans Christian Andersens stehen in ihrer Art einzig da. Im Gegensatz zu denen Perraults oder Grimms (281) haben wir es hier mit Eigenschöpfungen zu tun. Man kann sie in zwei Gruppen einteilen: bei den ›Eventyr‹ handelt es sich um Märchen von übernatürlichen Wesen und phantastischen Begebenheiten, während die ›Historie‹ aus Geschichten über alltägliche Leute und Ereignisse bestehen. Beide schuf er durch die ihm eigene kindliche Phantasie und eine schöpferische Begabung und Originalität, die seinen anderen Werken merkwürdigerweise abgehen. Abgesehen von ihrem eigentlichen Wert zeichnen sich Andersens Geschichten auch dadurch aus, daß sich in ihnen eine neue und völlig andere Einstellung Kinderbüchern gegenüber erkennen läßt. Was ihnen vollkommen abgeht, sind Rührseligkeit, der erhobene Zeigefinger und moralischer Bekehrungseifer. Andersen war der Vorläufer einer neuen Epoche auf diesem Gebiet.

Nur langsam hatten Andersens Märchen in seiner Heimat Erfolg. Diese beiden winzigen Bändchen der ›Märchen für Kinder‹, von denen jedes auf rund vierzig Pfennige kam, wurden von ihrem Autor als Bagatellen, als zweifelhafte Taschenspielerstückchen abgetan, denn eigentlich wollte er ja ein größerer Dichter als Oehlenschläger und größerer Dramatiker als Heiberg werden. Gegen Ende seines Lebens betrachtete er diese Schöpfungen höchstens mit einer gewissen Nachsicht und weigerte sich immer noch zuzugeben, daß sie es waren, die seinen internationalen Ruhm begründeten. Von den meisten der damaligen führenden Kritiker wurden sie verächtlich behandelt und lediglich als weiterer Beweis für die Unfähigkeit eines Schriftstellers angesehen, von dem sie sowieso keine besonders hohe Meinung hatten.

Zwischen 1835 und 1844 veröffentlichte Andersen sieben weitere Märchenbücher, wobei er sich oft mit Büchern statt mit Geld bezahlen ließ. Obgleich sie bereits ›Was der Mond sah‹ und solch kleine Meisterwerke wie ›Die kleine Seejungfrau‹, ›Der Zinnsoldat‹ und ›Das Feuerzeug‹ enthielten, sollten sie doch erst mit dem Erscheinen des ›Häßlichen Entleins‹ im Jahre 1843-44 allgemeine Beachtung finden. Der Wissenschaftler H. C. Oersted (282) und der Bildhauer Thorvaldsen waren begeisterte Bewunderer dieser Märchen, von denen im Königlichen Theater in Kopenhagen Matinéelesungen veranstaltet wurden. Doch eigentlich war es vor allem ihr schneller Erfolg im Ausland, durch den sie auch in Andersens Heimat Aufmerksamkeit erregten. In Schweden wurden sie viel gelesen, und sofort nach ihrem Erscheinen wurden sie alle ins Deutsche übertragen. Ein deutscher Verleger war es auch, der bei Vilhelm Pedersen die Illustrationen bestellte.

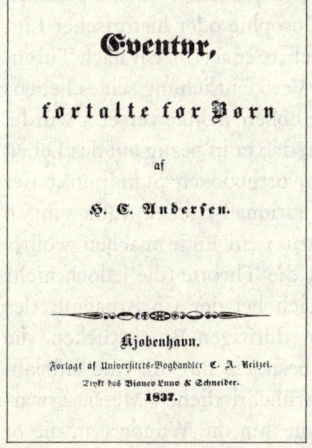
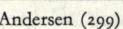

Andersen (299)

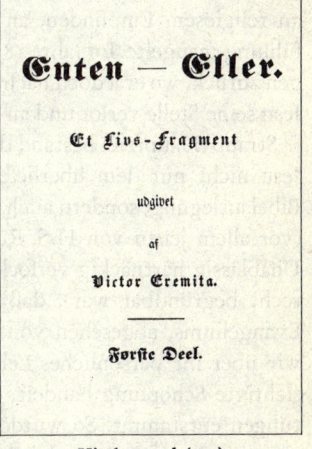

Kierkegaard (314)

DAVID FRIEDRICH STRAUSS (1808-74). Das Leben Jesu kritisch bearbeitet, 2 Bände. *Tübingen, C.F.Osiander, 1835-36*

Die Veröffentlichung des Werkes ›Das Leben Jesu kritisch bearbeitet‹ erregte einen Sturm des Widerspruchs. Seine revolutionäre These und sein Inhalt wurden heftig angegriffen, ohne in den gedanklichen Zusammenhängen behandelt zu werden. Das aber wäre erforderlich, um sich damit im Hinblick auf Strauß' Entwicklung auseinanderzusetzen. Dazu müssen wir F.C. Baur (322), den Gründer der Tübinger Schule der Bibelkritik, heranziehen. Strauß besuchte das Evangelische Seminar in Blaubeuren, wo er Baur zum Lehrer hatte. Im Jahre 1825 ging er mit Baur an die Universität von Tübingen. Auch er begann sich für die Philosophie Hegels (283) und Schleiermachers zu interessieren und gab 1830 seine erste Stelle auf, um bei ihnen in Berlin zu studieren. Hegel starb, bevor er ankam, doch sollten Schleiermachers Vorlesungen über das Leben Jesu und die Diskussionen mit Hegels Schülern schließlich seine theologischen Anschauungen bestimmen, die sich bis an sein Lebensende kaum mehr wandelten. Diesen Anschauungen lag eine ausschließlich analytische und kritische Betrachtungsweise zugrunde, welcher es fast gänzlich an religiösem Empfinden, an Philosophie oder historischer Einfühlung mangelte. Im Jahre 1832 kehrte er als Dozent nach Tübingen zurück, wo er jedoch nach der Veröffentlichung seines Lebens Jesu seine Stelle verlor und an eine höhere Schule versetzt wurde.

Strauß' Hauptziel bestand darin, daß er in bezug auf das Leben Jesu nicht nur dem überlieferten, orthodoxen Standpunkt der Bibelauslegung, sondern auch den rationalistischen Auffassungen (vor allem jenen von H.S. Reimarus) ein Ende machen wollte. Unablässig hartnäckig verfocht er die Theorie (die jedoch nicht recht begründbar war), daß es sich bei der Christusfigur des Evangeliums, abgesehen von den dürftigen Bruchstücken, die wir über ihr persönliches Leben besitzen, nur um eine unbeabsichtigte Schöpfung handelt, die frühchristlichen Messiaserwartungen entstammt. So wurden von ihm die Wunder, an die er einen strengen und unnachsichtigen Maßstab anlegte, größtenteils als bloße Erdichtungen abgetan, und seine Auffassung von der Beziehung zwischen dem Menschen und dem Göttlichen war höchst nüchtern. Strauß hatte die heftigen Angriffe gegen sein Werk vorausgesehen und veröffentlichte im Jahre 1838 Antworten an seine Kritiker. In der dritten Auflage seines Lebens Jesu veränderte er seinen Standpunkt erheblich, doch nahm er diese Konzessionen in der nächsten Ausgabe (1840) wieder zurück. In dieser Gestalt und in der Übersetzung von George Eliot ist das Leben Jesu zum erstenmal in England erschienen.

Da er durch die Kontroverse einen in Aussicht gestellten Lehrstuhl in Zürich eingebüßt hatte, ließ Strauß dieses Thema für zwanzig Jahre ruhen und machte sich währenddessen durch eine Reihe wertvoller Biographien einen Namen. Im Jahre 1864 begann er, sich wieder mit dem Leben Jesu Christi zu befassen und veröffentlichte eine Reihe von Arbeiten, die sich hauptsächlich mit den dem Glauben gesetzten Grenzen beschäftigten. Diese Arbeiten – vor allem die letzte mit dem Titel ›Der alte und der neue Glaube‹ – beweisen, daß sich sein früherer Standpunkt nicht geändert hatte, so daß sie fast ebenso starke Kontroversen auslösten. Falls es überhaupt möglich war, so war seine Auffassung noch engstirniger geworden: jetzt erblickte er in der Geschichte des Christentums einen unablässigen Glaubenszerfall, und fast hat es den Anschein, als hätte er sich von der Religion ab- und dem Materialismus zugewandt. Doch ist kein Zweifel daran möglich, daß man gegen Strauß' Skeptizismus auf einer gewissen Ebene zwar beträchtliche Einwände erheben kann, daß sich jedoch seine Einstellung insofern als wertvoll erwies, als sie der Selbstgefälligkeit damaliger Theologen einen Schlag versetzte.

Die Sprachphilosophie 301

KARL WILHELM VON HUMBOLDT (1767-1835). Über die Verschiedenheit des Menschlichen Sprachbaues und ihren Einfluß auf die geistige Entwicklung des Menschengeschlechtes. *Berlin, Druckerei der Königlichen Akademie der Wissenschaften, 1836*

Humboldt stammte aus einer wohlhabenden Familie des niederen pommerschen Adels. Er wurde Diplomat und Staatsmann und spielte bei der letzten Koalition gegen Napoleon eine wichtige Rolle. In Deutschland führte er Pestalozzis Erziehungssystem (258) ein, und ihm vor allem ist die Gründung der Universität Berlin zu verdanken.

Obgleich er zwangsläufig als Gelehrter immer etwas von einem Dilettanten behielt, ist er doch als Sprachforscher sehr ernst zu nehmen. So unternahm er zum Beispiel zur Erforschung der baskischen Sprache lange Reisen in Frankreichs und Spaniens Baskenland, wo er in abgelegenen Dörfern zusammen mit einheimischen Kennern Sprachstudien betrieb. Zu demselben Zweck zog er in der Königlichen Bibliothek zu Madrid seltene Manuskripte zu Rate. Er plante die Zusammenstellung eines auf diesen Studien basierenden baskisch-spanischen Wörterbuches. Nach einem Studium, das sich über zwanzig Jahre hinzog, brachte er jedoch statt dessen im Jahre 1821 seine ›Prüfung der Untersuchungen über die Urbewohner Hispaniens vermittelst der baskischen Sprache‹ zum Abschluß. Er versuchte bereits in diesem Werk, zwischen dem Charakter sowie der Entwicklung der baskischen Stämme und dem Stil und Inhalt ihrer Sprache Beziehungen nachzuweisen.

Später wandte er sich dem Studium der alten Kawisprache Javas zu, eine Arbeit, die er bei seinem Tode als Fragment hinterließ. Abgeschlossen hatte er dagegen ein umfangreiches Vorwort (siehe oben), das von seinem jüngeren Bruder Alexander, dem großen Reisenden und Naturforscher (320), redigiert und nach seinem Tode veröffentlicht wurde.

In diesem seinem philologischen Testament versucht Humboldt, Völker nach ihrer Sprache zu klassifizieren. Wichtiger als diese Klassifizierung ist jedoch der Schluß, den Humboldt daraus zieht, daß nämlich die Entwicklung der einzelnen Sprachen durch Physiologie, Ethnographie, Geschichte, Geographie sowie politische und religiöse Beziehungen beeinflußt wird und daß kulturelle Entwicklungsphasen der Völker in ihren Sprachen starke Spuren hinterlassen. A.H. Sayce, ein großer Sprachforscher unserer Zeit, schrieb: »In diesem Essay kommt zum ersten Mal klar zum Ausdruck, daß der Charakter und der Bau einer Sprache das Innenleben und das Wissen der Sprechenden widerspiegeln und daß sich Sprachen in derselben Weise und im selben Maße voneinander unterscheiden wie die Menschen, die sie sprechen ... Was Humboldt die innere Form einer Sprache nennt, ist genau jene Art der Beziehungen zwischen den Satzteilen, welche die Art widerspiegelt, wie eine bestimmte Menschengruppe die Welt um sich herum anschaut.«

Reiseführer 302

(*a*) JOHN MURRAY III (1808-92). Hand-Book for Travellers on the Continent: being a Guide through Holland, Belgium, Prussia and Northern Germany and along the Rhine, from Holland to Switzerland. *London, John Murray, 1836*

(*b*) KARL BAEDEKER (1801-89). Rheinreise von Basel bis Düsseldorf. Sechste verbesserte und vermehrte Auflage der Klein'schen Rheinreise, bearbeitet von K. Baedeker. *Koblenz, Baedeker, 1849*

Auf den Vorschlag des Verlegers John Murray II hin faßte Marianna Starke ihr zweites Buch über Italien in Form eines Reisehandbuches ab, das im Jahre 1820 unter dem Titel ›Travels on the Continent‹ erschien und als Vorläufer unserer heutigen Reiseführer bezeichnet werden kann. Allerdings fand es keine Nachahmung. Erst im Jahre 1836 veröffentlichte John Murray III als Ergebnis einer jahrelangen Erforschung Nord- und Mitteleuropas sein erstes ›Handbuch‹. Es hatte sofort Erfolg, so daß ihm sehr schnell weitere Führer über Süddeutschland, die Schweiz und Frankreich folgten, die Murray alle selbst verfaßte. Das berühmteste in der langen Murray-Reihe war Richard Fords ›Handbook to Spain‹, dem man literarischen Rang zuschreiben kann.

Im Jahre 1832 übernahm Karl Baedeker den Verlag F. Röhling, der im gleichen Jahr unter anderem den Rheinführer eines gewissen Professor Klein veröffentlicht hatte. Im Jahre 1835 brachte Baedeker hiervon eine etwas verbesserte Ausgabe heraus, und in jeder der folgenden Auflagen (1839, 1843 und 1846) wurden mehr Veränderungen vorgenommen, bis die sechste – obengenannte – Ausgabe vom Jahr 1849 schließlich die uns wohlbekannte Baedeker-Form angenommen hatte, in der dieser auch als Herausgeber genannt wurde. Zwar hatte Baedeker zuvor bereits vier andere Handbücher zusammengestellt und veröffentlicht – über Belgien

A

HAND-BOOK

FOR

TRAVELLERS ON THE CONTINENT:

BEING A GUIDE THROUGH

HOLLAND, BELGIUM, PRUSSIA,

AND

NORTHERN GERMANY,

AND

𝕬long the 𝕽hine, from 𝕳olland to 𝕾witzerland.

CONTAINING

DESCRIPTIONS OF THE PRINCIPAL CITIES, THEIR MUSEUMS, PICTURE
GALLERIES, &c.;—THE GREAT HIGH ROADS;—AND THE MOST
INTERESTING AND PICTURESQUE DISTRICTS;

ALSO

Directions for Travellers; and Hints for Tours.

WITH AN INDEX MAP.

LONDON:

JOHN MURRAY AND SON, ALBEMARLE-STREET.

MDCCCXXXVI.

Rheinreise

von

Basel bis Düsseldorf

mit **Ausflügen** in

das Elsaß und die Rheinpfalz, das Murg- und Neckar-
thal, an die Bergstraße, in den Odenwald und
Taunus, in das Nahe-, Lahn-, Ahr-, Roer-,
Wupper- und Ruhrthal und nach Aachen.

―――――

Sechste verbesserte und vermehrte Auflage der
Klein'schen Rheinreise

bearbeitet

von

K. Bädeker.

―――――

Mit fünfzehn Ansichten, zwei Karten, den Plänen der Städte
Straßburg, Frankfurt, Mainz, Koblenz, Bonn, Köln,
Aachen und Düsseldorf, und dem Plane des Schwetzinger Gartens.

―――――

Koblenz,
bei Karl Bädeker.
1849.

(1839), Holland (1839), Deutschland (1842) und die Schweiz (1844) –, die zum Teil neu aufgelegt worden waren, doch zeichnete sich noch keines dieser Werke durch den klassischen Baedekerstil aus.

Dem Wegbereiter des Reiseführers, Murray, zollte Baedeker oft dankbare Anerkennung. So wies er zum Beispiel in seinem Hollandführer auf das »hervorragendste je veröffentlichte Reisehandbuch« hin, das er sich zum Vorbild genommen hatte – nämlich auf Murrays Ausgabe aus dem Jahr 1836. Ähnlichem Lob begegnet man in seinen Handbüchern über Deutschland (1842) und die Schweiz (1851). In seinen Ausgaben aus dem Jahre 1850 bekundete Baedeker den Murray-Editionen noch offensichtlicher seine Zuneigung, die jedoch weniger willkommen gewesen sein dürfte: er übernahm sowohl den roten Einband als auch das Format der englischen Führer, worauf Murray seine Handbücher in der heutigen blauen Form herausbrachte.

Die Murray-Baedeker-»Formel« war für jene immer zahlreicher werdenden Reisenden gedacht, denen kein Reisebegleiter oder Cicerone die Reisevorbereitungen abnehmen konnte. Die sorgfältigen Angaben über Hotels, Restaurants und Trinkgelder, über das genaue Wo zum Beispiel von Bildern in Galerien und Museen (über die rechte Seitentür links hinten, hinter der man den Wärter aufstöbern kann!) – all diese Angaben aus den alten Reiseführern sind natürlich überholt, doch dadurch, daß sie eine Unmenge genauen Informationsmaterials, kombiniert mit knappen, freilich dem damaligen Zeitgeschmack unterworfenen ästhetischen Urteilen enthalten, bilden diese abgenützten roten und blauen Führer selbst für viele Reisende von heute noch eine unerschöpfliche Fundgrube.

303   Waren Adam und Eva schwarz?

JAMES COWLES PRICHARD (1768-1848). Researches into the Physical History of Mankind. Dritte Auflage, 5 Bände. *London, Sherwood, Gilbert und Piper, J. und A. Arch, 1836-47*

Prichard beschäftigte sich in seiner vielseitigen Forschungsarbeit mit »den körperlichen Unterscheidungsmerkmalen, durch die verschiedene Menschenrassen gekennzeichnet werden«. Als erste Untersuchung dieser Art verfaßte er in Edinburgh seine medizinische Doktorarbeit ›De Humani Generis Varietate‹, deren erweiterte Fassung er im Jahre 1813 unter dem Titel ›Researches‹ veröffentlichte. Er gelangte zu der Schlußfolgerung, daß die Menschheit ursprünglich schwarz war und daß die Hautfarbe der Weißen sich erst unter dem Einfluß der Zivilisation entwickelt hätte. In der zweiten, stark erweiterten Auflage der Researches aus dem Jahre 1836 erscheint der ursprüngliche Nachdruck, den er auf die Abstammung weißer Rassen von schwarzen Vorfahren legte, abgeschwächter; jetzt kam er zu dem Schluß, daß »alle Menschenrassen einer Spezies und einer Familie angehören«.

In der obigen dritten Auflage des Werkes besitzen wir Prichards eigentliche Leistung: erst sie enthält alles, was man damals über die verschiedenen Menschenrassen wußte, und brachte jene Synthese, die den Grundstein der modernen ethnologischen Forschung bildet.

Den größten Teil seines Lebens wirkte Prichard als Arzt in Bristol. Im Jahre 1835 veröffentlichte er seine ›Monographie über den Irrsinn‹ (Treatise on Insanity), worin er als erster die ›moral insanity‹ so beschrieb, wie sie heute vom englischen Recht anerkannt wird; ein halbes Jahrhundert lang sollte diese Arbeit das Standardwerk über dieses Thema bleiben.

Die dramatisierte Revolution   304

THOMAS CARLYLE (1795-1881). The French Revolution, 3 Bände. *London, James Fraser, 1837*

Von den drei großen politischen Umwälzungen, die das Gesicht der Welt veränderten – der amerikanischen, der französischen und der russischen Revolution –, ist es wohl nur die französische, die Schriftsteller zu Meisterwerken angeregt hat, die nun ihrerseits mittel- oder unmittelbar auf Millionen von Menschen einzuwirken begannen, die sich für die nüchternen Ergebnisse der Gelehrsamkeit nie interessiert haben und nie interessiert hätten. Zu diesen Meisterwerken muß man das genannte Buch Carlyles und Michelets ›Histoire de la Révolution Française‹ (324) rechnen. Carlyle verfaßte seine ›Französische Revolution‹ als einen weltlichen »Traktat für die eigene Zeit« und als eine Warnung seiner Landsleute vor den entsetzlichen Folgen des Materialismus, des Utilitarismus und der Demokratie. Seine Leitsterne waren der schottische Puritanismus und die deutsche Romantik; sein historisches Glaubensbekenntnis gipfelte in dem Satz: »Geschichte ist die Essenz aus zahllosen Biographien.« Das Ergebnis ist kein gelehrtes Werk, sondern ein Prosa-Epos mit einer Überfülle an farbenprächtigen Beschreibungen dramatischer Ereignisse und phantasievollen Porträts der führenden Revolutionäre. Innerhalb kürzester Zeit eroberte dieses Buch die englischsprechende Welt und prägte außerhalb Frankreichs bis heute eine weitverbreitete Auffassung von der Französischen Revolution.

305   Die Märtyrer von Tolpuddle

GEORGE LOVELESS (1797-1874). The Victims of Whiggery; being a Statement of the Persecutions experienced by the Dorchester Labourers. *London, Effingham Wilson (und andere), [1837]*

Die alte und komplizierte Geschichte der englischen Gewerkschaftsbewegung findet man im Standardwerk von Sidney und Beatrice Webb: ›Trade Unionism‹ (verbesserte Auflage 1920).

Im Oktober 1833 umriß Robert Owen (271) vor dem ›Congress of Owenite Societies‹ seine Absicht, einen das ganze Volk erfassenden Verband der Arbeitnehmer zu gründen. Im Januar 1834 wurde die ›Grand National Consolidated Trades Union‹ ins Leben gerufen. Sowohl in bezug auf die Angliederung bereits bestehender Gewerkschaften als auch hinsichtlich der Förderung neuer Zweige war ihr sofort Erfolg beschieden, was seitens der Arbeitgeber und der Regierung (damals fast Synonyme) zu massiven Vergeltungsmaßnahmen führte.

Kurz nach ihrer Gründung bat man die ›Grand National‹, eine unter der Führung von George und James Loveless aus Tolpuddle in Dorset stehende Gruppe von Arbeitern, einige Delegierte zu schicken, die sie bei der Bildung einer ›Friendly Society‹ beraten sollten. Die ansässigen Bauern wurden unruhig und veranlaßten die Obrigkeit, eine Erklärung zu veröffentlichen des Inhalts, daß man sich durch die Mitgliedschaft in diesem Verband strafbar machen würde und eine siebenjährige Deportation zu gewärtigen habe. Die beiden Loveless und vier weitere Arbeiter wurden verhaftet, und obgleich keine Anklage gegen sie erhoben wurde und ihnen kein schwerwiegenderes Verbrechen nachzuweisen war als die Durchführung einleitender organisatorischer Formalitäten (oder, wie man sagte, »einen ungesetzlichen Eid abgenommen zu haben«), wurden sie zur vollen Strafe verurteilt.

Die Whigs unter Melbourne billigten dieses Urteil öffentlich im Unterhaus und schienen dabei nicht zu ahnen, welchen Sturm der Entrüstung sie damit auslösten. Denn genau das war die Absicht, welche die ›Grand National‹ verfolgt hatte, und dieses zum Himmel schreiende Urteil hätte ihrer Sache nicht besser dienen können. Die ganze Organisation konzentrierte sich nun auf einen nationalen Protest gegen diese Travestie von Recht und Gesetz, wodurch sich die verschiedenen Gewerkschaften in ihren Bestrebungen noch enger zusammenschlossen. Für eine Petition zur Aufhebung des Urteils wurde über eine Viertelmillion Unterschriften gesammelt, und ein riesiger Zug von ungefähr dreißigtausend Menschen machte sich auf den Weg, um sie zu überreichen. Man gründete das ›London Dorchester Committee‹, um den Protest lebendig zu erhalten.

Im Jahre 1836 führte eine ununterbrochene Agitation dazu, daß man die Strafen erließ, doch erst im Jahre 1838 kehrten fünf der sechs Männer nach England zurück. Sie hatten den Gegnern der Gewerkschaften einen Schlag versetzt, von dem sich diese nie wieder erholen sollten. Als ›Märtyrer von Tolpuddle‹ aber gingen sie in die Geschichte der Gewerkschaftsbewegung ein.

Das Penny-Porto 306

ROWLAND HILL (1795-1879). (a) Post Office Reform; its Importance and Practicability. *London, Privatdruck bei W. Clowes and Sons, 1837;* (b) Third Report from the Select Committee on Postage ... *Gedruckt im Auftrag des Unterhauses vom 13. August 1838*

Das von Rowland Hill erfundene und eingeführte Penny-Porto erforderte die Übernahme fünf neuer Prinzipien: 1. Vorauszah-

lung des Portos, 2. Bezahlung nach Gewicht und nicht nach Anzahl der Briefbogen, 3. einheitliches Porto für alle Entfernungen,
4. Gebrauch von Umschlägen und 5. Anbringen von Klebe-
marken auf Briefen. Vor dieser Reform wäre zum Beispiel der
Gebrauch eines Umschlags für die meisten Briefschreiber etwas
vollkommen Neues gewesen; außerdem hätten sie das doppelte
Porto entrichten müssen.

Hills Privatdruck von 1837 kam noch im selben Jahr in einer
zweiten durchgesehenen Auflage heraus. Zur selben Zeit machte
man sich offiziell über das Absinken der Posteinnahmen Sorgen.
Hill vertrat die Ansicht, daß an den hohen Kosten der Postzustel-
lung vor allem die umständliche Arbeitsweise der Postämter
schuld wäre – Kosten, die größtenteils vermieden werden könnten, wenn man die Portogebühren ohne Rücksicht auf die Entfernung vereinheitlichte und vorweg kassierte. Wenn man bei
jeder Sendung je Halbunze einen Penny forderte, so würden nach
seiner Meinung die Zustellgebühren einen Gewinn von zweihundert Prozent abwerfen.

Nach der Veröffentlichung von Hills Broschüre beantragte der
Parlamentsabgeordnete Robert Wallace, der schon länger als Hill
für die Postreform tätig war, die Bildung eines Ausschusses, der
Hills Vorschläge überprüfen sollte. Wallace wurde zum Vorsitzen-
den ernannt. Man holte viele Gutachten ein, unter anderen auch
von Rowland Hill selber und vom Generalpostmeister, der gegen
Hills Ideen unentwegt opponierte. Der Bericht des Ausschusses
fiel günstig aus, allerdings mit der bemerkenswerten Ausnahme,
daß die Ausschußmitglieder eine Grundgebühr von zwei Pennies
empfahlen. Spring Rice, der Schatzkanzler, überraschte jedermann dadurch, daß er den Bericht zwar im allgemeinen billigte,
das Zwei-Penny-Porto jedoch zugunsten der Ein-Penny-Grund-
gebühr verwarf.

Diese neue Verordnung wurde im August 1839 gesetzlich anerkannt. Mehr als zweitausend Entwürfe für Umschläge und
Briefmarken wurden eingereicht – ein Zeichner Charles Whiting
lieferte allein ungefähr hundert. Keiner von ihnen wurde angenommen. Statt dessen beauftragte man Henry Corbould damit,
das vom königlichen Medailleur William Wyon für die Gedenk-

münze zur Thronbesteigung von Königin Viktoria gestaltete Porträt zur Verwendung als Briefmarkenmotiv zu bearbeiten. Dieser Entwurf wurde dann von Charles Heath und dessen Sohn Frederick gestochen. Der Hintergrund aber stammte aus einem Entwurf, den die Druckerei Perkins, Bacon und Sketch besaß und der bereits seit einigen Jahren für Banknoten und Wertpapiere verwendet worden war. So entstand schließlich der berühmte und immer noch mit Recht bewunderte ›Penny Black‹.

Im Dezember 1839 wurde dann ein einheitliches Porto von vier Pennies eingeführt, das jedoch schon nach dem 10. Januar 1840 wieder durch einen Tarif von einem Penny für eine Sendung bis zu einer halben Unze Gewicht abgelöst worden ist. Von nun ab mußte auch das Porto bereits im voraus entrichtet werden, was allerdings vorerst bedeutete, daß die Sendungen zum Postamt zu bringen und dort freizumachen waren: die Kuverts und Briefmarken erschienen nämlich erst am 6. Mai 1840.

Die Reform erwies sich sofort als glänzender Erfolg. Im Jahre 1840 belief sich die Anzahl aller aufgegebenen Briefe auf 169 Millionen, mehr als das Doppelte von 1839. Die Nettoeinnahmen sanken jedoch auf beunruhigende Weise, und der alte Stand wurde erst nach fünfunddreißig Jahren wieder erreicht.

Hills Einfall, daß man die damals gebräuchlichen gefalteten und versiegelten Blätter durch Briefumschläge – »diese kleinen Taschen, die man Kuverts nennt« – ersetzen könnte, zog ebenfalls zahllose Entwürfe nach sich, von denen der beste von William Mulready stammte. In der Praxis entdeckte man jedoch bald, daß eine besondere Form des Briefumschlags gar nicht nötig war. Der erste Umschlag mit aufgeprägter Marke kam im Jahre 1841 heraus.

(*a*) MATTHIAS JACOB SCHLEIDEN (1804-81). Beiträge zur Phytogenesis. *In:* Archiv für Anatomische Physiologie und Wissenschaftliche Medizin, herausgegeben von J. Müller. *Berlin, Veit, 1838*

(*b*) THEODOR SCHWANN (1810-82). Mikroskopische Untersuchungen über die Übereinstimmung in der Struktur und dem Wachsthum der Thiere und Pflanzen. *Berlin, Sander'sche Buchhandlung (G.E. Reimer)*, 1839

(*c*) RUDOLF VIRCHOW (1821-1902). Die Cellularpathologie. *Berlin, August Hirschwald, 1858*

Unter den Beobachtungen, die wir in Hookes ›Micrographia‹ (147) verzeichnet finden, stoßen wir auch auf die der zellularen Natur der Pflanzenstruktur. Zwischen 1671 und 1674 legte Malpighi der Royal Society zwei Abhandlungen vor. Am 7.Dezember 1671, genau an dem Tag, als Malpighi seine erste Abhandlung unterbreitete, legte Nehemiah Grew der Society ein Exemplar seiner ›Anatomy of Vegetables Begun‹ vor (der Titel trägt das Datum 1672). Sowohl Grew als auch Malpighi hatten mit dem Mikroskop die Zellstruktur der holzigen Teile von Pflanzen bemerkt und daraufhin den Rohentwurf einer Arbeitshypothese für eine Zellulartheorie des Pflanzenlebens aufgestellt. Robert Brown (290) war der erste Forscher am Mikroskop, der im 19.Jahrhundert diese Zellulartheorie wieder aufgriff. Nach ihm kam Schleiden, der in seinen ›Beiträgen zur Phytogenesis‹ den Versuch machte, die Entwicklung der Zelle zu rekonstruieren, indem er vom Zellenembryo ausging. Zwar unterliefen ihm dabei schwerwiegende Fehler, doch verteidigte er die Unabhängigkeit der Zelle, und er war es, der als erster die Ansicht vertrat, daß zum Beispiel eine Pflanze aus einem Zellenverband bestünde.

Schwann, als Beobachter wesentlich genauer und geschulter als Schleiden, führte dessen Untersuchung um einen entscheidenden Schritt weiter, indem er in seinen ›Mikroskopischen Untersuchungen …‹ erklärte, daß die Zelle in der Tier- wie in der Pflanzenwelt die Grundeinheit des Lebens darstelle.

Virchow war der erste, der das heute allgemein anerkannte

Axiom »Omnis cellula a cellula« aufstellte. »Wo eine Zelle entsteht«, so schrieb er, »da muß eine Zelle vorausgegangen sein, ebenso wie das Tier aus dem Tiere, die Pflanze nur aus der Pflanze entstehen kann.« Das Ziel seiner ›Cellularpathologie‹ bestand darin, daß er eine Beziehung herstellen wollte zwischen der Schleiden-Schwann-Theorie und seinem Forschungsgebiet der Pathologie, auf dem er Hervorragendes leistete. Er war der Begründer (1847) des Archivs für Pathologische Anatomie, das unter dem Namen ›Virchow-Archiv‹ weltbekannt wurde.

Die großen Experimentierer   308

(a) MICHAEL FARADAY (1791-1867). Experimental Researches in Electricity. Reprinted from the Philosophical Transactions of 1831-1838, 3 Bände. *London, Richard und John Edward Taylor, 1839, 1844, 1855*
(b) WERNER SIEMENS (1816-1892). Über die Umwandlung von Arbeitskraft in elektrischen Strom ohne permanente Magnete. *Monatsbericht der Berliner Akademie der Wissenschaften vom 17. Januar 1867*

Faraday war einer der größten Physiker des 19. Jahrhunderts und einer der besten Experimentierer überhaupt. Seine bedeutendste Leistung war die Erweiterung unserer Kenntnis vom Wesen und den Möglichkeiten der Elektrizität.

Faraday ging einigen Anregungen Wollastons nach, die auf Oersteds Entdeckung aufbauten, daß eine Magnetnadel durch den elektrischen Strom (282) abgelenkt würde. 1821 führte er vor, daß eine stromdurchflossene Drahtspule einen Magnetstab zum Kreisen bringt oder ein Magnetstab eine stromdurchflossene Spule. Dies ist das Prinzip des elektrischen Motors. Faraday suchte lange nach der umgekehrten Wirkung, das heißt nach der Erzeugung von Elektrizität durch Magnetismus. 1831 entdeckte er schließlich, daß, wenn ein Magnetstab und eine Drahtspule aufeinander zu oder voneinander fort bewegt wurden, in dem Draht ein Strom floß. Das war das Prinzip der Dynamomaschine und des Transformators. Damit begann Faraday die lange Reihe seiner Untersuchungen über die Elektrizität.

Faraday selber war jedoch an diesen Experimenten nur interessiert als Teil seiner Untersuchungen über den Elektromagnetismus. Ihm gelang dabei, nachzuweisen, daß alle Arten von Elektrizität: Reibungselektrizität, Strom der Volta-Säule, die Elektrizität mancher Fische, atmosphärische im Gewitter sich entladende Elektrizität und welche es sonst sei, ein und dieselbe wäre. Er wies auch nach, daß bei der Elektrolyse die Menge der chemischen Wirkung direkt proportional sei der aufgewendeten Elektrizitätsmenge. Zuletzt entwickelte er die Theorie von Linien oder Röhren (tubes) der magnetischen Kraft. Sie wurde der Ausgangspunkt für Clerk Maxwells (355) und später Einsteins (408) revolutionären Theorien.

Obwohl seine Entdeckung des Prinzips des Motors wie der Dynamomaschine eigentlich nur ein Nebenprodukt seiner wissenschaftlichen Entdeckungen war, begründete er damit die moderne Elektroindustrie: Licht und Kraft, Telephonie, Funktechnik, Fernsehen usw. insofern es auf Grund und in Fortführung seiner Entdeckung möglich wurde, wie Werner Siemens es später ausdrückte, »elektrische Ströme von unbegrenzter Stärke überall da zu erzeugen, wo Arbeitskraft disponibel ist«.

In einem Aufsatz über die Kondensation von Chlor hat Faraday zum erstenmal bewiesen, daß jedes Gas verdampfte Flüssigkeit mit niedrigem Siedepunkt sei. Er entdeckte das Benzol und er prägte eine große Zahl neuer Begriffe: Elektrolyse, Kathode, Anode, Ionen. In der Faraday-Vorlesung vom Jahre 1881 wies Helmholtz darauf hin, daß Faraday der Entdeckung der Atomistik der Elektrizität sehr nahe gekommen war.

Den entscheidenden Schritt von Faradays Entdeckung des technischen Prinzips der Umwandlung mechanischer Energie in elektrische zur Erzeugung elektrischer Energie in unbegrenzter Menge tat kurz vor Faradays Tod Werner Siemens. Er selber und mehr noch sein 1858 britischer Bürger gewordener Bruder Wilhelm waren mit Faraday freundschaftlich verbunden, und ihm zu Ehren nannten sie 1873 den Kabeldampfer, den ersten seiner Art, den sie für ihre atlantischen Kabellegungen hatten bauen lassen, ›Faraday‹.

Die Vorstufe seiner Entdeckung war der von Werner Siemens

konstruierte kleine Stromerzeuger vom Jahre 1856. Mit Hilfe eines ingeniös konstruierten Ankers (›Siemens-armature‹) und des ihm zugepaßten Stahlmagneten gab dieser Induktor einen mechanisch erzeugten kräftigen Strom. Zehn Jahre danach experimentierte Siemens mit einem kleinen Motor, der diesen Anker hatte, und entdeckte, daß der vom rückwärts gedrehten Anker erzeugte Strom bei zweckmäßiger Schaltung den Elektromagneten, der den früheren Stahlmagneten ersetzt hatte, zu erregen vermochte, wodurch die bisher notwendige Fremderregung des Elektromagneten überflüssig wurde, und daß diese Erregung möglich war, ohne vorher den Weicheisenkern des Elektromagneten zu magnetisieren. Diesen Wirkungszusammenhang nannte Siemens das »dynamo-elektrische Prinzip«. Mit ihm erst fiel die Schranke, die bis dahin die Entwicklung der Stromerzeugung hemmte, wie Siemens es sofort sah und in der Lesung vor der Berliner Akademie der Wissenschaften, wie oben schon zitiert, aussprach.

Die Eiszeit   309

JEAN LOUIS RODOLPHE AGASSIZ (1807-73). Études sur les Glaciers. Textband mit Bildtafeln. *Neuchâtel, gedruckt für den Autor und vertrieben von Jent und Gassman, Soleure, 1840*

Der Schweizer Naturwissenschaftler Jean Louis Rodolphe Agassiz wurde 1848 als Zoologieprofessor an die Harvard-Universität berufen, wo er das Museum für vergleichende Zoologie einrichtete und zu einem der bedeutendsten Lehrer der Biologie und Naturwissenschaften des 19.Jahrhunderts wurde.

Seine ›Untersuchungen über die Gletscher‹ sind eins seiner einflußreichsten Bücher. Zusammen mit Charpentier und anderen Begleitern baute er sich auf dem Agargletscher eine Hütte, von der aus er über die Gletscher nahe Chamonix und die riesigen Moränen des Rhônetales umfassende Beobachtungen anstellte und die Einwirkung der Gletscher auf die Gestalt der Landschaften untersuchte. Huttons Anhänger (siehe 247) hatten bereits die Behauptung aufgestellt, daß Gletscher Gestein fortzubewegen vermochten. Agassiz kam zu dem Schluß, daß gewisse glatte Felsoberflächen über der derzeitigen Gletscherhöhe und an den

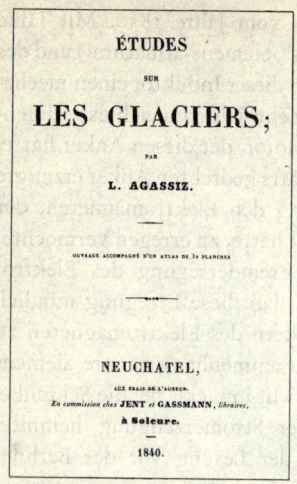

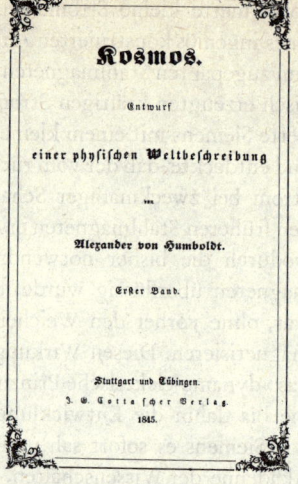

Agassiz (309)   A. v. Humboldt (320)

niedrigen südlichen Hängen des Jura ihre Oberflächengestalt
nicht durch Wasser erfahren haben können, wie behauptet worden war, sondern nur durch Eis, das über sie hinweggewandert
war, obgleich sie jetzt weit entfernt von den Gletscherströmen
sind. So gelangte er zu der Überzeugung, daß die Gletscher, die
heute nur mehr in höher gelegenen Tälern anzutreffen sind, einst
die ganze Nordwestschweiz bedeckten und daß die Moränen und
erratischen Blöcke im Schweizer Flachland und an den niedrigeren Hängen des Jura von großen Massen von Gletschereis dorthin
geschafft worden wären – eine Überzeugung, die zu der damals
weit verbreiteten Ansicht im Widerspruch stand, daß es Wasser
– so glaubten die ›Neptunisten‹ (247) –, treibendes Eis oder ›Ex-
plosionen‹ gewesen seien, die diese Blöcke dorthin geschafft hätten. Agassiz besuchte England und entdeckte im Norden, in
Schottland und in Irland, ähnliche Phänomene. Nun erweiterte
er seine Hypothese und erklärte sich überzeugt, daß die Erde
einst einen starken Temperatursturz erlebt habe, wodurch sich
eine riesige Eisdecke gebildet hätte, die sich über den größeren
Teil Europas bis hinab ans Mittelmeer und an den Atlas und über

566

Nordasien und Nordamerika erstreckte. Diese geologische Phase taufte er die ›Eiszeit‹, wobei er auf eine Anregung seines deutschen Kollegen Schimper zurückgriff.

Zuerst stießen seine Ansichten auf starken Widerstand, doch nach und nach fanden sie Anerkennung, vor allem in England durch Buckland und schließlich auch durch Charles Lyell (344). Heute gibt es über diesen Gegenstand eine umfangreiche Literatur. So wurden Agassiz' Beobachtungen zum Ausgangspunkt der modernen Geologie der Eiszeiten.

Außerdem verfaßte er ein klassisches Werk über Fischfossilien (1834-44), in dem er über tausend Arten von fossilen Fischen zusammentrug – ein Werk, das der Erforschung der ausgestorbenen Lebewesen überhaupt einen starken Antrieb gab. Darüber hinaus schrieb er noch eine wichtige Arbeit über die Naturgeschichte Brasiliens. Sein ganzes Leben lang war er ein Anhänger von Cuviers (274) Katastrophentheorie und war davon überzeugt, daß es überreichlich Beweise für »das unmittelbare Eingreifen einer höheren Intelligenz in den Schöpfungsplan« gab. Ironischerweise waren es Männer wie Darwin (344) und Lyell, die sich seine wichtigen Entdeckungen zunutze machten, während er sich selber hartnäckig auf Grund seiner konservativen philosophischen Einstellung den großen Veränderungen im wissenschaftlichen Verständnis der Natur widersetzte, die jene herbeiführten.

Organische Chemie   310

JUSTUS LIEBIG (1803-73). (a) Die Organische Chemie in ihrer Anwendung auf Agricultur und Physiologie. *Braunschweig, Friedrich Vieweg, 1840; (b)* Die Organische Chemie in ihrer Anwendung auf Physiologie und Pathologie. *Braunschweig, Friedrich Vieweg, 1842*

»Die Dämmerung eines neuen Tages in der Pflanzen- [das heißt organischen] Chemie«, so bezeichnet Berzelius eine umfangreiche, von Liebig und seinem Freund Friedrich Wöhler (1800-82) verfaßte Reihe von Abhandlungen, unter denen ihre Untersuchung des Bittermandelöls und anderer benzolhaltiger Verbindungen einen hervorragenden Platz einnimmt. Tatsächlich gehen moderne Ansichten über die Molekularstruktur und den chemischen Aufbau organischer Verbindungen unmittelbar auf jenes »Doppel-Gestirn« der obigen beiden Bände zurück.

Doch war Liebigs Einfluß auf dem Gebiet der angewandten Wissenschaften unmittelbarer und offensichtlicher. Im Jahre 1840 (siehe a) behauptete er mit der ihm eigenen leidenschaftlichen Überzeugung, daß nur die mineralischen Bestandteile des Bodens für Gesundheit und Wachstum der Pflanzen ausschlaggebend wären. Humus dagegen verachtete er. Heute wissen wir, daß er in diesem Punkte irrte, und Fanatiker verfielen sogar ins andere Extrem, indem sie jeglichen Gebrauch des von Liebig empfohlenen Kunstdüngers verunglimpften. Dadurch jedoch, daß er hartnäckig an der Wichtigkeit künstlicher Düngemittel festhielt, konnte auch das von Malthus (251) aufgeworfene Problem vorerst gelöst werden.

Im Jahre 1842 (siehe b) führte ihn seine chemische Forschungsarbeit auf das Gebiet der Tierphysiologie. Wie Lavoisier (238), bewies auch er, daß den Tieren die Körperwärme nicht von Natur aus eigen, sondern das Ergebnis eines Verbrennungsprozesses ist. Er führte den Begriff des Stoffwechsels ein und teilte die tierischen Nährstoffe ihrer Funktion entsprechend ein in Fette, Kohlehydrate und Eiweiß. So wurde er zum Begründer der modernen Ernährungswissenschaft. Er war auch ein bedeutender Lehrer der Chemie. Er umriß die Grundsätze, auf denen moderner Unterricht beruht, und die Errichtung und Ausstattung von Speziallabors ist vor allem ihm zu verdanken.

311   Nationalbewußtsein und Volkswirtschaft

FRIEDRICH LIST (1789-1846). Das Nationale System der Politischen Ökonomie. *Stuttgart und Tübingen, J.G.Cotta, 1841*

Obwohl er ein völliger Autodidakt war, wurde List im Jahre 1817 an der Universität von Tübingen zum Professor für Politik und Verwaltungsrecht ernannt. Im Jahre 1820 enthob man ihn seines Amtes, da er den Deutschen Zollverein verteidigte. Als demokratischer Abgeordneter des württembergischen Landtags versuchte er administrative Reformen durchzusetzen, wurde jedoch 1822 auf Grund seiner umstürzlerischen Tätigkeit zu Festungshaft verurteilt. Er flüchtete ins Elsaß, besuchte Frankreich und England und kehrte danach zurück, um 1824 seine restliche Strafe abzubüßen. Schließlich wurde er gegen das Versprechen freigelassen, nach Amerika auszuwandern.

Während seines siebenjährigen Aufenthalts in Amerika entwickelte er unter dem Einfluß von Alexander Hamiltons Schriften (234) auf dem Gebiet der Politik und Ökonomie seine bekannten streng nationalen Anschauungen. Finanziell unabhängig, kehrte er 1830 als amerikanischer Konsul nach Leipzig zurück. Er wurde zum leidenschaftlichen Vorkämpfer der nationalen Einheit, und von neuem drängte er auf die Errichtung eines Deutschen Zollvereins und die Verwirklichung eines umfassenden Eisenbahnnetzes als wirtschaftlicher Grundlage dieser Einheit. Die Gründung dieser Union in Form des Zollvereins (1833) war vor allem seinem leidenschaftlichen Eintreten für die Abschaffung der Inlandszölle zu danken. Als sich List in seinen Hoffnungen auf eine sichere Lebensstellung enttäuscht sah, beging er Selbstmord.

Trotz des Einflusses von Alexander Hamilton finden sich die Keime des ›Nationalen Systems der Politischen Ökonomie‹ in den romantischen Theorien Adam Müllers (1779-1829). Von ihm bezog List seine Opposition gegen Adam Smith (221) und dessen Prinzip des ›free-trade‹ (Freihandels). Er lehnte Smiths Parallele zwischen dem ökonomischen Besitz des einzelnen und dem des Staates ab und erblickte in Smiths Freihandel einen gewissenlosen privaten Vorteil zum Nachteil des Staates. List sah in der Nation eine selbständige Einheit, die ihren Platz zwischen dem einzelnen und der Menschheit als Ganzem hatte; diese Einheit bildeten gemeinsame Sprache, Überlieferungen, Kultur und Staatsverfassung. Daraus folgte, daß der Volkswohlstand entgegen der Behauptung von Smith nicht im internationalen Handelsaustausch lag, sondern in der Entwicklung eigener wirtschaftlicher und produktiver Hilfsquellen. Deshalb mußte das Wohl der nationalen Wirtschaft über dem des einzelnen stehen.

Hieraus folgerte List sein wirtschaftspolitisches System, das sich auf wechselseitiges Wirken von Freihandel und Kontrollen gründete, jedoch immer durch das Wohl des Staates bestimmt bleiben sollte, insofern man die eine Generation dazu brachte, ihren eigenen Wohlstand zugunsten der nächsten zu opfern, die heutigen Gewinne zugunsten einer langfristigen Steigerung der Produktivität von morgen. Diese Ansichten fielen mit dem Wiedererwachen des deutschen Nationalbewußtseins zusammen, so daß Lists Buch bei seiner Veröffentlichung großes Aufsehen erregte. Siebzig Jahre lang benutzten es die Verfechter von Schutzzöllen in Deutschland, Großbritannien und den Vereinigten Staaten als ihr Evangelium.

312 **Traktat Neunzig**

JOHN HENRY NEWMAN (1801-90). Remarks on Certain Passages in the Thirty-nine Articles. (Tracts for the Times no. 90.) *London, J.G.F. und J. Rivington und J.H. Parker, 1841*

Newmans langes Leben umspannte den Zeitraum der einschneidenden Glaubenskrise, von der das Christentum in England während des 19. Jahrhunderts erfaßt wurde; er war in fast jede ihrer Phasen verwickelt. Im Jahre 1817 ging er als Mitglied der evangelisch-kalvinistischen Kirche nach Oxford – ein Glaubensbekenntnis, das er während seiner ganzen Lehrtätigkeit am Oriel-College (1822-32) nicht aufgeben sollte. Danach begann er sich jedoch von seiner Kirche zu lösen, und als er von einer langen Reise ans Mittelmeer, auf der er sein ›Führe, freundliches Licht‹ verfaßte, zurückkehrte, schloß er sich mit Pusey, Rose und Froude zusammen. Daraus sollte die Oxfordbewegung entstehen.

Newman fehlte allerdings, als sich die Geistlichen der Hochkirche in Roses Pfarrhaus versammelten und bei dieser Gelegenheit beschlossen, für »die apostolische Sukzession und die Reinerhaltung des anglikanischen Prayer Book« zu kämpfen. Newmans eigener Initiative war es zu verdanken, daß er wenige Wochen später die ›Tracts for the Times‹ ins Leben rief, die er bis 1841 herausgab. Wie wichtig sie waren, zeigt die Tatsache, daß die heutige Oxfordbewegung damals gewöhnlich als ›Tractarian‹ bezeichnet wurde. Newman wollte für die anglikanische Kirche eine endgültige Doktrin und Disziplin schaffen: entweder durch eine Entstaatlichung der Kirche oder durch den Austritt der Anhänger der Hochkirche, eine Möglichkeit, die angesichts der kürzlichen willkürlichen Behandlung der Staatskirche von Irland durch die Regierung nicht unwahrscheinlich schien. Newman ergänzte seine Schriften durch äußerst populäre Sonntagsnachmittagspredigten. Doch jetzt begann er an der Vertretbarkeit der anglikanischen Position überhaupt zu zweifeln, worin er sich durch die Lektüre eines Wiseman'schen Artikels bestärkt sah, der ihm darauf hinzudeuten schien, daß der heilige Augustinus der Kirche neben der Tradition des frühchristlichen Gedankenguts eine immanente Autorität zuerkannt hatte.

Newman setzte sich weiterhin mit der Kontroverse um die Hochkirche auseinander, bis es ihm im ›Traktat Neunzig‹ gelang, seine Zweifel in Worte zu fassen. In einer Art von exemplarischer Auseinandersetzung, in der er die Haltbarkeit aller katholischen Doktrinen in der anglikanischen Kirche auf die Probe stellte, verfaßte er eine detaillierte Untersuchung der ›Neununddreißig Artikel‹, in der er die Meinung vertrat, daß sie sich nicht gegen den ursprünglichen katholischen Glauben richteten, sondern lediglich gegen verbreitete Irrtümer und Übertreibungen. Obgleich nicht ganz neu, rief dieser Standpunkt zu eben jener Zeit in Oxford Unruhe und Entrüstung hervor, und auf den Wunsch des Bischofs von Oxford hin wurde die Veröffentlichung der ›Traktate‹ eingestellt. 1842 zog sich Newman ins nahe gelegene Littlemore zurück und 1843 legte er sein Amt nieder. Die nächsten beiden Jahre verbrachte er in schmerzhafter Selbstforschung. Er verfaßte einen Essay über die Entwicklung der christlichen Doktrin, durch den er versuchte, sich mit dem detaillierten Glaubensbekenntnis und dem praktischen System der römisch-katholischen Kirche zu versöhnen, in die er schließlich aufgenommen wurde.

Der Rest seiner Laufbahn steht auf einem anderen Blatt. Seine ersten unglücklichen Jahre in der römisch-katholischen Kirche, während derer man ihn kaum beachtete, gipfelten in der Kontroverse mit Charles Kingsley, aus der die ›Apologia pro Vita sua‹ hervorging. Von da an blieb seine eigene Lauterkeit unangefochten, und seine Lage als Mensch und als Mitglied der römisch-katholischen Kirche erleichterte sich erheblich. Doch trotz der

Tatsache, daß sein Werk und seine faszinierende Persönlichkeit gegen Ende seines Lebens durch seine Aufnahme ins Kardinalskollegium verspätet anerkannt wurden, erlangte er doch nie wieder jenen Einfluß und jene Autorität, die er während der dreißiger Jahre besessen hatte. Das, was Newman während dieser Zeit leistete und was von Pusey und den anderen ›Tractarians‹ fortgeführt wurde, diente wesentlich mehr der Entwicklung der anglikanischen Kirche der Neuzeit als der der römisch-katholischen Kirche.

313 Reform im Gesundheitswesen

EDWIN CHADWICK (1800-90). Report to Her Majesty's Principal Secretary of State for the Home Department, from the Poor Law Commissioners, on an Inquiry into the Sanitary Conditions of the Labouring Population of Great Britain. *London, Her Majesty's Stationery Office, 1842*

Im Jahre 1830, als Chadwick sich auf den Anwaltsberuf vorbereitete, wurde er Benthams (237) Sekretär, der damals gerade seine Schriften zum Verfassungsrecht abfaßte. Viele von dessen Grundgedanken wurden in das neue Armengesetz aus dem Jahre 1834 aufgenommen, das aus dem Bericht eines Ausschusses hervorging, dem Chadwick seit 1832 angehörte. Ein Jahr später trat er der Fabrik-Kommission bei. Ihm vor allem verdanken wir das daraus hervorgegangene Fabrikgesetz.

Im Jahre 1838 sah sich Chadwick – damals Sekretär der Kommission für das Armengesetz – durch den Ausbruch einer Seuche in Whitechapel dazu veranlaßt, Dr. Southwood und zwei weitere Mediziner um ein Gutachten zu bitten. Die Ergebnisse dieser Untersuchung bestürzten die Öffentlichkeit derart, daß man auch über die Industriegebiete solche Berichte forderte. So entstand das oben zitierte erschütternde Dokument. Wörtlich hieß es darin: »Mehr Schmutz, mehr körperliches Leiden und mehr Demoralisierung, als Howard sie beschreibt (224), trifft man unter den in Kellerwohnungen lebenden Arbeiterfamilien von Liverpool, Manchester oder Leeds und in großen Teilen der Hauptstadt an.« Kein Wunder, daß Engels (siehe 326) in seinem Werk

›Die Lage der arbeitenden Klassen in England‹ (1845) reichlich
daraus zitierte.

Obwohl dem Namen nach ein Werk der Mitglieder des Ausschusses, wurde dieser Bericht in Wirklichkeit von Chadwick
allein verfaßt. Dieses Dokument ist eines der wichtigsten in der
Geschichte der ersten Hälfte des 19.Jahrhunderts. In ihm wurde
zum ersten Mal auf die Verantwortung des Staates für Kanalisa-
tion, Straßenreinigung, Strom- und Wasserversorgung, eine allgemeine staatliche Krankenversorgung und einen Bestattungs-
dienst verwiesen. Das ›Gesundheitsamt‹ aus dem Jahre 1848, die
Kommunalverwaltungsbehörde (1871) und das heutige Gesund-
heitsministerium (1919) sind alle nachweisbar auf Chadwicks
Bericht zurückzuführen.

G.M.Young hat in seinem Werk ›Victorian England‹ darauf
hingewiesen, daß durch Chadwicks Einfluß auf die Kommission
die ›Bentham-Formel – Untersuchung, Gesetzgebung, Durchführung, Überprüfung und Bericht‹ in die englische Verfassung
aufgenommen wurde.

Im Jahre 1843 wurde ein Ergänzungsbericht herausgegeben.

Der Prophet des Existentialismus   314

SØREN AABYE KIERKEGAARD (1813-55). Enten–Eller. *Kopenhagen,
E.A. Reitzel, 1843*

Kierkegaard wurde in Kopenhagen geboren und starb dort nach
einem von seinen Landsleuten recht mißverstandenen Leben.
Seine komplizierte Natur wurde stark von seinem Vater beeinflußt, einem strengen und frommen Anhänger des Determinismus, der von seiner eigenen Schuld überzeugt war und seine
Anschauungen auch der Erziehung seines Sohnes zugrunde legte.
Auf seinen Wunsch hin ging der junge Kierkegaard 1830 als Theologiestudent an die Universität von Kopenhagen. Dort wechselte
er zur Philosophie und Literatur über, und obgleich er schließlich
1840 doch noch sein Theologieexamen absolvierte, wurde er nie
ordiniert. Als ewiger Student bestritt er sein Leben mit dem reich-
lichen väterlichen Erbe, von dem bei seinem Tode wegen seiner
Verschwendung nur wenig übrigblieb. Seine Lebensgewohnhei-

ten waren exzentrisch. Das zeigte sich vor allem in seiner Entlobung, für die er ideelle Gründe anführte. Er setzte sich dadurch beträchtlichen Mißverständnissen aus. Als Kierkegaard starb, hatte er zwar einen gewissen literarischen Einfluß erlangt, doch seine Philosophie blieb fast gänzlich unbeachtet, was natürlich auch darauf zurückzuführen war, daß er dänisch schrieb: es dauerte lange, bis seine Werke übersetzt wurden.

›Enten–Eller‹ (Entweder–Oder) verfaßte er vor seinem neunundzwanzigsten Lebensjahr. Es ist ein merkwürdiges Bündel von Abhandlungen, Essays, Halbdialogen und Notizen, scheinbar bunt zusammengewürfelt, in Wirklichkeit jedoch dialektisch geordnet. Ursprünglich wurde ›Entweder–Oder‹ unter verschiedenen Pseudonymen veröffentlicht, die alle leicht erkennbar waren. Der Hauptvorteil dieser Methode war wohl, daß sie es Kierkegaard ermöglichte, auf eine halbsokratische Weise verschiedene Seiten seines Denkens wie Individuen miteinander Zwiegespräche führen zu lassen. Ohne seinen eigenen tatsächlichen Glauben aufzudecken, konfrontierte er seine Leser mit einer Auswahl verschiedener Möglichkeiten. Als Hegelianer (283) erzogen, opponierte er gegen dessen Verfahren, das Leben als eine Synthese von Ideen zu interpretieren. Mit seiner ›ästhetischen Haltung‹ vertrat Kierkegaard den Standpunkt, daß man verschiedene Möglichkeiten gegeneinander abwägen müsse und daß es auf religiösem und ethischem Gebiet immer Sache des einzelnen sei, zu wählen. Die Wahl – ein Begriff, der auch im Titel seines Buches zum Ausdruck kommt – bildet die Wurzel der Gedankenwelt Kierkegaards. Es gibt keine Kontinuität der Existenz, sondern nur eine Kontinuität des Denkens. Daraus entwickelt er seine These von der ›Existenz‹, die von den modernen Existentialisten übernommen wurde. Sie besagt, daß Menschen nur als Subjekte und nicht als Objekte wahre Existenz besitzen: ihre ›wesentliche Erkenntnis‹ steht der empirisch mathematischen Natur gegenüber und konzentriert sich auf das Entweder–Oder, den existentiellen Ruck der Entscheidung.

Auch in seinen religiösen Arbeiten, vor allem in seinen ›Stadien auf dem Lebensweg von Hilarius Buchbinder‹, 1845, sieht Kierkegaard religiöse Entwicklung als ein System von Entscheidungen und Konflikten an; die Geschichte des christlichen Glaubens betrachtet er darin hauptsächlich als einen Prozeß der Entartung der radikalen Kategorien des Neuen Testaments. Für ihn gab es nur Gott, den unendlich Großen, und den einzelnen Menschen, den unendlich Kleinen, und die Forderungen, die der eine an den anderen stellte, waren unvereinbar. Für die bequeme Religiosität des 19.Jahrhunderts war dieser Standpunkt untragbar, so daß Kierkegaard heftig angegriffen und natürlich auch mißverstanden wurde. Neuerdings fand seine Gegenüberstellung von kategorischem christlichem Glauben und spekulativer Philosophie einige Unterstützung durch die ›dialektische Theologie‹ Karl Barths. Dann wurde seine existentielle Philosophie von Heidegger und Jaspers fortentwickelt. Als Denker mußte Kierkegaard erst auf das 20.Jahrhundert warten, um sein Publikum zu finden. Heute wird er ungeachtet seiner Sonderlichkeit allgemein als einer der wichtigsten christlichen Philosophen betrachtet.

Kunst neu überdacht 315

JOHN RUSKIN (1819-1900). Modern Painters. By a Graduate of Oxford, 5 Bände. *London, Smith, Elder und Co., 1843-60*

Es fällt heute nicht leicht, zu begreifen, wieso Ruskin einen derart beherrschenden Einfluß auf zwei Generationen ausüben konnte sowohl durch die Prägung des Kunstgeschmacks der zweiten Hälfte des 19.Jahrhunderts als auch durch seine Unterstützung jener typisch englischen Form des utopischen Sozialismus, der zur selben Zeit entstand. Ruskin begann schon in jungen Jahren zu schreiben, und als er starb, zählten einige der Bücher, die er dreißig oder vierzig Jahre zuvor verfaßt hatte, immer noch zu den Bestsellern. Seine Beliebtheit ist also unbestreitbar: wie kam sie zustande?

Er war ein Einzelkind und seine Eltern opferten sich für ihn auf. Seine Erziehung wurde sorgfältig überwacht, obgleich seine Ausbildung auf Schule und Universität unmethodisch verlief. Schon sehr früh begann er mit jenen Kunst-, Natur- und Literaturstudien, die sich in seinem späteren Werk einzigartig miteinander verquicken sollten. Im Jahre 1830 veröffentlichte er sein erstes Gedicht ›On Skiddaw and Derwent Water‹, und 1834 erschienen im ›Magazine of Natural History‹ drei Essays von ihm. Sein erstes größeres Werk waren jedoch die ›Modern Painters‹, von denen der erste Band mit der berühmten Verteidigung Turners anonym im Jahre 1843 erschien. Diese Reihe der Modern Painters sollte Ruskin für die nächsten siebzehn Jahre beschäftigen – ein Zeitraum, der genau dem seiner schriftstellerischen Auseinandersetzung mit der Kunst entspricht. Doch keiner der folgenden Bände errang annähernd jenen durchschlagenden Erfolg wie der erste.

Viele Kritiker zeigten sich wenig wohlwollend, und eine Anzahl von Malern – unter ihnen Turner selbst – wenig begeistert. Trotzdem war am Erfolg nicht zu zweifeln. Seine Eltern waren entzückt darüber und nahmen ihn sofort in die Alpen mit, damit er dort das Gebirge und ›Wahrheit‹ in der Kunst studieren konnte. Der 2. Band stellt einen Abriß italienischer Kunst dar. Er erschien 1846 und verdient deshalb besondere Aufmerksamkeit, weil er unmittelbar zur Gründung der ›Präraffaelitischen Bruderschaft‹ beitrug. Kurz darauf folgten ›Die sieben Lampen der Architektur‹ und die ›Steine von Venedig‹, die beide mit ihrem leidenschaftlichen Eintreten für Funktion und künstlerische Form der Architektur außer ihrer Geschichte und Praxis wiederum revolutionären Erfolg errangen. 1851 ließ Ruskin die ›Modern Painters‹ unter eigenem Namen erscheinen. Im 4. Band (1856) befaßte er sich mit einem Lieblingsthema: Gebirgslandschaft in ihrem Aufbau und ihrer Gestaltung. In diesem wie auch im letzten Band finden sich herrliche Graphiken, auf deren handwerkliche Qualität Ruskin allergrößten Wert legte. Er stellte dafür oft hervorragende eigene Skizzen zur Verfügung, welche er selber als bloße zeichnerische Versuche betrachtete – heute zählt man sie zu den besten, eigenartigsten Aquarellen überhaupt. Der 5. Band erschien 1860. Er hatte Dante Gabriel Rossetti Anlaß zu der spitzen Bemerkung gegeben, daß die in ihm behandelten modernen Maler bereits zu den Alten Meistern zählen würden, bevor Ruskin diesen Band abgeschlossen hätte.

Doch Ruskin schloß mit diesem Band nicht nur die Modern Painters, sondern auch seine Kunstschriftstellerei überhaupt ab, obgleich er als Professor der Schönen Künste in Oxford immer noch die von ihm begründeten Doktrinen lehrte. Die nächsten dreißig Jahre benutzte er dazu, seine ebenso dogmatischen Ansichten über Soziologie, Industrie, Erziehung und Religion zu erläutern. Und so, wie es ihm früher gelungen war, bei seinem Publikum ein ästhetisches Urteilsvermögen zu wecken, genauso rüttelte er jetzt dessen soziales Gewissen auf. Die Arbeiterklassen, mit denen ihn so wenig zu verbinden schien, lasen und liebten ihn, was sich durch die vielen ›Ruskin Societies‹ bestätigte, in denen man seine sozialen Ideen in die Praxis umsetzen wollte. Im wesentlichen aber war Ruskin Vorkämpfer und Verfechter der Kunst. Und wenn er den Künstler als Handwerker ansah, so war er es auch, der diesem Wort neuen Sinn verlieh.

Asepsis und Antisepsis 316

(a) OLIVER WENDELL HOLMES (1809-94). On the Contagiousness of Puerperal Fever. *In:* The New England Quarterly Journal of Medicine and Surgery. *Boston, 1843*

(b) IGNAZ PHILIPP SEMMELWEIS (1818-65). Höchst wichtige Erfahrungen über die Ätiologie der in Gebäranstalten epidemischen Puerperalfieber. *In:* Zeitschrift der k.k. Gesellschaft der Ärzte zu Wien. IV. Jahrgang, 2. Band, *Wien, 1847-49.* (b2) Die Ätiologie, der Begriff und die Prophylaxis des Kindbettfiebers. *Pest, Wien und Leipzig, C.A. Hartleben, 1861*

(c) JOSEPH LISTER (1827-1912). On a new Method of treating Compound Fracture, Abscess, &c. With Observations on the Conditions of Suppuration. *In:* The Lancet. *London, 1867.* (Sechs Abhandlungen, die zwischen dem 16. März und 21. September erschienen)

Nicht immer sind zeitliche Priorität und der Einfluß eines Entdeckers miteinander identisch. So erklärte Holmes 1843, daß Kindbettfieber ansteckend sei. Er empfahl den Ärzten, nach Post-Mortem-Sektionen oder der Behandlung von Kindbettfieberfällen die Kleider zu wechseln und ihre Hände in Chlorkalkwasser zu waschen, falls sie danach Frauen im Kindbett zu behandeln hätten. Außer daß diese Erklärung die zornige Verachtung aller orthodoxen Geburtshelfer erregte, war ihre Wirkung gleich Null. Holmes war der erste, der hiermit seinen Vorläufer Alexander Gordon von Aberdeen anerkannte, der 1795 in seinem ›Treatise on the Epidemic Puerperal Fever of Aberdeen‹ zu genau demselben Schluß gelangt war.

Der in Österreich-Ungarn geborene Semmelweis wußte von Holmes' Abhandlung nichts, als er in der Entbindungsanstalt in Wien die wahrscheinliche Ursache der endemischen Natur des Kindbettfiebers analysierte. Er bemerkte, daß auf der mit Medizinstudenten besetzten Station die Sterblichkeitsziffer wesentlich höher war als auf der Station mit Hebammen.

Als er der Leichenöffnung eines Kollegen beiwohnte, der an einer Blutvergiftung gestorben war, die er sich bei der Sektion eines Leichnams zugezogen hatte, entdeckte Semmelweis, daß die Symptome und körperlichen Auswirkungen dieselben waren wie beim Kindbettfieber: er erkannte, daß hier eine Sepsis vorläge, die von den Sektionsräumen in die Entbindungsstationen verschleppt worden war. Wie Holmes ordnete auch er an, daß man sich vor der Behandlung von Kindbettfieber die Hände in Chlorkalkwasser waschen solle (vgl. *b*). Der Erfolg war, daß die Sterblichkeit um fünf Sechstel zurückging.

Die Veröffentlichung von Semmelweis' Abhandlungen in den Jahren 1847 bis 1849 löste in einem solchen Maße Spott, Opposition und regelrechte Verfolgung aus, daß er sich gezwungen sah, Wien zu verlassen und nach Budapest zu gehen, wo er sein großes Werk über die Ätiologie (vgl. *b2*) verfaßte. Er entwickelte akuten Verfolgungswahn und starb in geistiger Umnachtung. Trotz der Unterstützung einiger weniger Getreuer überlebte Semmelweis' aseptische Prophylaxe kaum ihren Urheber.

Lister war es, der sich von neuem mit diesem Problem befaßte, als er versuchte, bei komplizierten Brüchen die verhängnisvolle Sterblichkeitsziffer von fünfundvierzig Prozent zu mindern. Der übliche saloppe Ausdruck ›lobenswerter Eiter‹ erschien ihm verdächtig. Er kannte Pasteurs (336) Schlußfolgerungen und kam auf den Gedanken, daß der Prozeß des Eiterns genauso wie der des Verwesens durch winzige, in der Luft lebende Organismen verursacht sein könnte. Um diese Organismen zu vernichten, verwandte er Karbolsäure, und innerhalb von drei Jahren verminderte sich die Sterblichkeit bei Amputationen um fast zwei Drittel.

In den achtziger und neunziger Jahren wandte man sich von Listers Antisepsis ab und kehrte zur Asepsis von Semmelweis zurück. Von Bergmann erfand die Dampfsterilisierung von Kleidern (1886) und W.S. Halsted führte Gummihandschuhe ein (1890).

Der Kindergarten

FRIEDRICH WILHELM AUGUST FRÖBEL (1782-1852). »Kommt, laßt uns unsern Kindern leben!« Mutter- und Koselieder. Dichtung und Bilder zur edlen Pflege des Kindheitslebens. *Blankenburg bei Rudolstadt, Anstalt zur Pflege des Beschäftigungstriebes der Kindheit und Jugend, [1844]*

Fröbel war sicher ein wunderlicher Kauz. Er war zerstreut, leichtsinnig, theatralisch, überspannt, überzeugt von seiner eigenen Unfehlbarkeit und in metaphysischen und mystischen Vorstellungen schwelgend. Doch er liebte Kinder, und mit dem Kindergarten, in dem kleine Kinder durch Spiele und Unterhaltung unterrichtet werden, machte er der Menschheit ein bleibendes Geschenk.

Er wurde in einem thüringischen Dorf geboren, wo sein Vater Pastor war. Seine Mutter verlor er kurz nach seiner Geburt, seine Stiefmutter vernachlässigte ihn, dann wurde er zum Bruder seines Vaters, einem Pastor in Stadtilm, gegeben, wo er zur Schule ging. Er war ein verträumter, versponnener Junge, den man wie einen Dummkopf behandelte – für ihn zweifellos ein eindringliches Beispiel dafür, wie unzulänglich Lehrer sein können.

Bevor Fröbel im Jahre 1805 als Lehrer an eine Musterschule in Frankfurt am Main ging, hatte er sich als Förster, Architekt, Soldat und Museumsdiener fortgebracht. 1808 nahm er in einer Familie mit drei Jungen die Stelle eines Hauslehrers an und die Eltern der drei Kinder schickten ihn mit ihren Söhnen an Pestalozzis Schule in Yverdon (258), wo sie sich zwei Jahre lang aufhielten. 1811 beschäftigte er sich mit dem Entwurf einer philosophi-

schen Formel für den Kosmos, ›Das sphärische Gesetz‹, in dem er
sich mit seinen dunklen metaphysischen Ansichten zum Teil in
baren Unsinn verstieg. Diese Fragment gebliebene Arbeit ist jedoch insofern wichtig, als Fröbels spätere Vorstellungen über
Kindererziehung auf der mystischen Vorstellung basieren, daß
die Kugel der Prototyp der Einheit aller Dinge sei und daß den
verschiedenen, von der Materie angenommenen Formen eine
okkulte und spirituelle Bedeutung innewohne.

Im Jahre 1816 eröffnete er in Griesheim eine eigene Schule, zog
jedoch bald nach Keilhau. Er wendete Pestalozzis Methoden an,
hatte jedoch 1826 nicht mehr als fünfzig Schüler, die keinesfalls
ausreichten, seine beiden Kriegskameraden und einen Verwand-
ten zu erhalten, die alle geheiratet und sich ihm als Lehrer angeschlossen hatten. Von niemandem unterstützt, mußte die
Schule 1829 wieder geschlossen werden. Im Jahre 1831 versuchte
er sich an zwei weiteren Schulen in der Schweiz. Die Berner Regierung betraute ihn mit Übungskursen für Lehrer und ernannte
ihn zum Leiter eines Waisenhauses in Burgdorf, wo Pestalozzi
dreißig Jahre zuvor gewirkt hatte. 1837 kehrte er in seine Heimat
zurück und eröffnete in Blankenburg seine erste Kinderschule,
der sein erster Kindergarten folgte. Er gab eine Wochenzeit-
schrift, das ›Sonntagsblatt‹ (1837-40), heraus, in der er seine
Ideen propagierte. Außerdem veröffentlichte er auf eigene Kosten
die entzückenden ›Mutter- und Koselieder‹ unter dem Motto:
»Kommt, laßt uns unsren Kindern leben!«

Fröbels Grundgedanke bestand darin, seine Kinder durch lehr-
reiche Spiele zu unterrichten. Am allgemeinen Spieltisch hatte
jedes Kind seinen eigenen Stuhl und seinen festen Platz. Das
Interesse des Kindes wurde sofort dadurch geweckt, daß man es
am Spiel teilnehmen ließ. Es bekam eine Vielzahl vertrauter
Dinge – bunte Wollbälle, Streichhölzer, Holzklötzchen, farbige
Papierstreifen und ähnliches –, dann ermunterte man es, nach
eigener Lust und Laune Muster zu legen oder Dinge zu bauen.
Die so geweckte Aufmerksamkeit wurde bei den Kindern dadurch
verstärkt, daß man sie eine Reihe Fragen beantworten ließ, die,
sorgfältig ausgewählt, sie dazu bringen sollten, ihr Tun verstan-
desmäßig zu erfassen und in ihren Alltag einzubeziehen. Davon

gab Fröbel in seinem Buch einen Abriß, dem er Musikstücke, Lieder und Spiele beifügte.

Als »atheistisch und demagogisch« verbot die preußische Regierung 1851 die Kindergärten, die Fröbel in wachsender Zahl gegründet hatte. Der fruchtlose Kampf gegen diesen Bildungshaß untergrub seine Gesundheit. Im Jahre 1852 starb er plötzlich – im selben Jahr, in dem das große englische ›Oxford Dictionary‹ das Wort Kindergarten als englisches Wort anerkennt.

Der Baronin Marenholtz-Bülow, die ihm ihr Marienthaler Schloß für eine Schule zur Verfügung stellte, war es zu verdanken, daß es auf der ›Educational Exhibition of the Society of Arts‹ im Jahre 1854 in London auch einen Fröbel-Stand gab, der so viel Aufmerksamkeit erregte, daß sie im Jahr darauf ein Buch über Fröbels System – ›Woman's Educational Mission‹ – veröffentlichte. Im Jahre 1859 trug sie dazu bei, daß in Belgien der erste Kindergarten gegründet wurde und daß man Fröbels Buch ins Französische übersetzte. Ihre ›Erinnerungen an Friedrich Fröbel‹ geben ein zauberhaftes Porträt dieses unglücklichen und liebenswerten Menschen.

Photographie   318

(*a*) WILLIAM HENRY FOX TALBOT (1800-77). The Pencil of Nature. *London, Longman, Brown, Green und Longman, 1844-[46]*
(*b*) LOUIS JACQUES MANDÉ DAGUERRE (1787-1851). Historique et Description des Procédés du Daguerréotype et du Diorama. *Paris, Alphonse Giroux et Cie; ou se fabriquent les Appareils; Delloye, Libraire, 1839*

Wohl hatte man schon früher die Einwirkung von Sonnenlicht auf Silberverbindungen entdeckt, doch erst Thomas Wedgwood beschrieb in einer Abhandlung aus dem Jahr 1802 (Journal of the Royal Institute, 1, 170) den ersten erfolgreichen Versuch, damit Bilder herzustellen. Seine Versuche, die Bilder der Camera obscura zu vervielfältigen, scheiterten an der zu geringen Lichtstärke; es gelang ihm jedoch, die Umrisse von Blättern, Scherenschnitten und anderen Gegenständen auf entsprechend zubereitetem Papier wiederzugeben. J.N.Niepces Versuche von 1822 und 1824, bei

denen er zweifellos zumindest *eine* geglückte Photographie mit
einer Kamera aufnahm, wurden erst 1841 in einer Broschüre seines
Sohnes Isidore, der ›Historique de la Découverte improprement
nommée Daguerréotype‹, veröffentlicht.

Als Chemiker und Mitglied der Deputiertenkammer äußerte
sich am 7.Januar 1839 Arago vor der Kammer kurz über Daguerres Verfahren und publizierte im folgenden August den vollen
Wortlaut seines Berichts zu diesem Thema, den er in einer gemeinsamen Sitzung von Deputiertenkammer und Akademie der
Wissenschaften vorgetragen hatte. Die erste eigene Veröffentlichung Daguerres, der von Beruf Kunstmaler war, ist die obengenannte Monographie über ›Geschichte und Beschreibung des
Daguerréotypie-Verfahrens‹.

Der Physiker Fox Talbot erläuterte in einem Bericht vor der
Royal Society am 31.Januar 1839 eine Reihe von Lichtbildern,
die er bereits 1835 aufgenommen hatte, gab jedoch noch keine
Einzelheiten seines Verfahrens bekannt. Dies holte er erst im
Februar und März 1839 nach. ›The Pencil of Nature‹ – Der Zei-
chenstift der Natur –, der ursprünglich in Fortsetzungen erschien
und dessen Buchveröffentlichung nicht ganz korrekt das Erschei-
nungsdatum der ersten Folge trägt, enthält eine vollständige Beschreibung seines patentierten Verfahrens und vierundzwanzig
der damit aufgenommenen Photographien.

Die Frage der zeitlichen Priorität wird wohl bis ans Ende der
Welt von den Anhängern Niepces, Daguerres und Fox Talbots
diskutiert werden. Unbestreitbar ist jedoch der Engländer als Erfinder des Negativverfahrens anzusehen, das die französische Erfindung schließlich völlig verdrängt hat.

319   Englands ›Zwei Nationen‹

BENJAMIN DISRAELI (1804-81). Sybil, or the Two Nations,
3 Bände. *London, Henry Colburn, 1845*

Das große Reformgesetz (siehe 296) hatte die unmittelbaren Ursachen der Unruhe beseitigt, die sich aus den tiefgreifenden Veränderungen der englischen Gesellschaftsstruktur seit dem Ende
des 18.Jahrhunderts ergeben hatte. Freilich konnte es die Um-

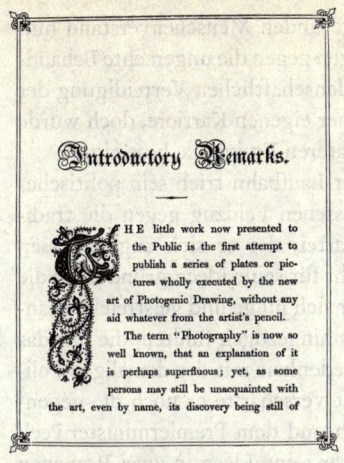

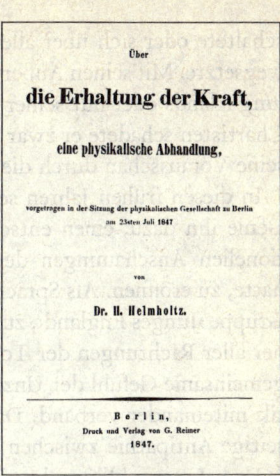

Talbot (318)   Helmholtz (323)

wälzungen selbst nicht aufhalten noch darf es als Allheilmittel für
alle sozialen Ungerechtigkeiten angesehen werden, die diese mit
sich brachten. Die ständig fortschreitende Industrialisierung und
die Besitzgier des neuen Mittelstandes, die die kurzsichtigen Bemühungen des alten Landadels um den Fortbestand seiner Privi-
legien ablöste, beeinträchtigten weiterhin die Harmonie im politischen Leben Großbritanniens.

Disraeli stand durch seine jüdische Abstammung und die ihm
eigene Genialität als einziger Parlamentsabgeordneter vollkommen außerhalb der umstrittenen Interessen. Sein Roman ›Vivian
Grey‹, den er im Alter von zweiundzwanzig Jahren veröffentlichte,
verschaffte ihm Zugang zur Welt der Politik und Gesellschaft;
ausgedehnte Reisen und weitere Publikationen (vor allem die
›Rechtfertigung der Britischen Verfassung‹) befähigten ihn
schließlich zu der Aufgabe, die er sich 1837 mit seinem Einzug
ins Parlament stellte. Seine Begabung wurde bald offenkundig.
Weite des Blickfelds, Einsicht und Vorausschau sind für einen
Staatsmann notwendige Voraussetzungen; doch Disraelis mäch-
tigste Triebfeder war seine Phantasie – eine romantische, scharf-
blickende, Zusammenhänge erkennende, kritisch wertende, oft
fast seherische Kraft, die manchmal alle anderen Fähigkeiten aus-

583

schaltete oder sich über allen gesunden Menschenverstand hinwegsetzte. Mit seinen Äußerungen gegen die ungerechte Behandlung Irlands oder mit seiner leidenschaftlichen Verteidigung der Chartisten schadete er zwar seiner eigenen Karriere, doch wurde seine Vorausschau durch die späteren Ereignisse bestätigt.

In diesen frühen Jahren seiner Laufbahn trieb sein politisches Genie ihn dazu, einen entschlossenen Feldzug gegen die traditionellen Anschauungen der Partei, der er sich angeschlossen hatte, zu eröffnen. Als Sprachrohr für seine Ideen gründete er die Gruppe ›Junges England‹, zu der sich junge und geistreiche Männer aller Richtungen der Tories hingezogen fühlten, die nur das gemeinsame Gefühl der Unzufriedenheit mit der damaligen Politik miteinander verband. Damit verschärfte er noch die gegenseitige Antipathie zwischen sich und dem Premierminister Peel.

Dem Leserpublikum brachte er seine Ideen in zwei Romanen nahe. Der erste ›Coningsby oder die neue Generation‹, 1844, warf die politische Frage auf. In Übereinstimmung mit seiner Schrift über die Verfassung zeigte er, daß vor Verabschiedung des Reformgesetzes die Autorität der Krone und die Freiheitsrechte des Volkes generationenlang von einer Oligarchie beschnitten wurden, die selber verkalkt und träge geworden war. Dieser Ansicht hätte auch Cobbett (294) beigepflichtet, der ansonsten Disraeli kaum unähnlicher hätte sein können; noch entschiedener aber würde dieser dem Grundgedanken von ›Sybil‹ zugestimmt haben. Mit den anderen ›Jungen Engländern‹ hatte Disraeli die Fabriken besucht und mit eigenen Augen die schrecklichen Lebens- und Arbeitsbedingungen dort gesehen. Der Roman war eine vernichtende Anklage, die sich gegen die sozialen Beziehungen zwischen Arm und Reich richtete: im Stich gelassen von den nachlässigen Grundbesitzern und von den Facharbeitern in den Fabriken, sahen sich die Landarbeiter – als Ungelernte ein Opfer der blinden Besitzgier der neuen Industriellen – gezwungen, in unvorstellbarem Elend zu leben.

So wurde der sozialen und ökonomischen Politik der Gruppe Junges England sowie der Vorstellung von einem in ›zwei Nationen‹, in Arm und Reich, gespaltenen Volk durch die aufrüttelnde, lebendige Schilderung industrieller Verelendung, wie sie Disraeli selbst beobachtet hatte, Nachdruck verliehen. Seine prophetische Kritik weckte das Gewissen des Landes und setzte die Bewegung sozialer Reformen in Gang, die seither zur Hauptstütze der ›Tory-Demokratie‹ geworden ist.

Beschreibung des Universums 320

ALEXANDER VON HUMBOLDT (1769-1859). Kosmos, Entwurf einer Physischen Weltbeschreibung, 4 Bände, Text und Atlas. *Stuttgart und Tübingen, Cotta, 1845-62*

Alexander von Humboldt war wohl der letzte Gelehrte, »der es wagen konnte, das Gesamtergebnis der Naturforschung seiner Zeit in einem großen geschlossenen Bilde zur Anschauung zu bringen«, meinte mit Recht sein Verleger und Freund Cotta.

Als Sohn eines Kammerherrn des Königs von Preußen war auch er zum Staatsdienst bestimmt, doch als Student in Frankfurt an der Oder und in Göttingen entdeckte er seine Neigung für die Naturwissenschaften. Er unternahm verschiedene wissenschaftliche Reisen, darunter eine nach Frankreich und den Niederlanden in Begleitung von Georg Forster, dem Fahrtgenossen James Cooks, den er 1790 in London aufgesucht hatte und der ihn zu seinen eigenen späteren Weltreisen ermutigte. Nach einigen Jahren Studiums an der Freiberger Bergakademie, wo er mit Leopold von Buch (247) lebenslange Freundschaft schloß, sowie einer Verwaltungstätigkeit als ›Oberbergmeister‹ in Bayreuth ging er zu weiterem Studium nach Jena, wo er viel mit Goethe, Schiller und seinem Bruder Wilhelm verkehrte, und anschließend nach Salzburg, um dort gemeinsam mit Buch meteorologische Studien zu treiben. Um sich zur Teilnahme an einer britischen Forschungsfahrt nach Oberägypten vorzubereiten, ging er 1798 nach Paris und machte dort die Bekanntschaft des französischen Naturforschers Aimé Bonpland. Als Napoleons Zug nach Ägypten die geplante Forschungsreise vereitelte, brach Humboldt zusammen mit Bonpland 1799 zur Erforschung des spanischen Südamerika auf. Er besuchte Venezuela, Ecuador, Peru und Mexico und kehrte 1804 nach Europa zurück. Hier, in Paris, verarbeitete er in den nächsten Jahren die Ergebnisse seiner Reise.

1827 kehrte Humboldt nach Berlin zurück. 1829 unternahm er auf Wunsch des russischen Finanzministers, der ein Gutachten darüber haben wollte, ob sich das jüngst im Ural entdeckte Platin auch als Münzsilber verwenden ließe, eine Forschungsreise in den Ural, in das Altaigebirge und zum Kaspischen Meer. Im Ural entdeckte er Diamanten und brachte von der Reise viel botanisches, zoologisches, geologisches und astronomisches Studienmaterial nach Hause. Seine letzten dreißig Jahre lebte er in Berlin, eng verbunden mit dem Berliner Hof und verschiedentlich betraut mit diplomatischen Missionen.

Die zwanzig Jahre in Paris war Humboldt damit beschäftigt, in Zusammenarbeit mit Cuvier (276), Latreille, Gay-Lussac und anderen Gelehrten seinen monumentalen Bericht über Südamerika zu verfassen. Dem ersten Teil gab er den Titel ›Voyages aux Régions Équinoxiales du Nouveau Continent fait en 1799-1804‹. Er gilt gewöhnlich auch für das Gesamtwerk: dreißig starke Bände mit tausendvierhundertfünfundzwanzig Kupferstichtafeln. Sie erschienen in Paris 1805 bis 1834, doch war das Werk selbst dann noch nicht abgeschlossen.

Als sein eigentliches Lebenswerk betrachtete Humboldt jedoch den ›Kosmos‹. 1828-29 hatte er in der Berliner Singakademie Vorlesungen darüber gehalten. Der letzte, fünfte, Band erschien posthum nach Humboldts Notizen. Er selber sprach aus, daß sein Werk die physische Welt – alles, was wir von ihr wissen – beschreiben sollte, »von den fernsten Nebelflecken und kreisenden Doppelsternen bis zu den kleinsten Organismen der tierischen Schöpfung im Meer und Land und zu den zarten Pflanzenkeimen, welche die nackte Felsklippe am Abhang eisiger Berggipfel bekleiden...«. Dies physische Naturgemälde fände dort seine Begrenzung, »wo die Sphäre der Intelligenz beginnt und der ferne Blick sich senkt in eine andere Welt«. Sein Werk bezeichne diese Grenze und überschreite sie nicht.

Der Kosmos enthält eine vollständige Übersicht über die einzelnen naturwissenschaftlichen Disziplinen und ihre Beziehungen untereinander. Obwohl Humboldt überzeugt war, daß technologische Kenntnisse für den Fortschritt der Menschheit unentbehrlich seien und daß naturwissenschaftliche Bildung für das

Wachstum sowohl der Stärke wie der Wohlfahrt einer Nation unerläßlich wäre, hielt er die humanistische Bildung für ebenso
wichtig und ein Gleichgewicht zwischen ihnen beiden für notwendig. Der zweite Band erörtert eingehend die Entwicklung der
Naturdichtung und der künstlerischen Abbildung der Natur und
leitet dann hinüber zur Geschichte der geographischen und der
naturwissenschaftlichen Entdeckungen, bemüht, eine Brücke zu
schlagen zwischen Poesie und Wissenschaft.

Humboldts wissenschaftliche und sonstige Leistungen erstrek-
ken sich über ein enormes Feld. Er begründete die moderne physikalische Geographie, Meteorologie und Pflanzengeographie. Er
erforschte die Zusammenhänge zwischen Geographie, Klima, Verbreitung von Pflanzen, Tieren und Vorkommen von Mineralien
mit der Wirtschaft der Länder. Er studierte das Leben der Pflanzen
und ihre Umwelt und sammelte nicht weniger als sechzigtausend
Exemplare. Seine Beobachtung der Übereinstimmung zwischen
der Verbreitung der Pflanzenfamilien mit dem Mittel der Jahres-
temperatur in den betreffenden Gegenden führte ihn zur Idee der
Isothermen.

In der Geologie stellte er fest, daß Vulkanreihen gewissen Linien
entlang den Sprüngen im Erdgefüge entsprachen – damals ein
völlig neuer Gedanke! In Südamerika nahm er Messungen der
Intensität des Erdmagnetfeldes vor mit dem Ergebnis der Entdeckung seiner Schwächung vom Pol zum Äquator. Humboldt
betrachtete diese Feststellung als wichtigstes Ergebnis seiner
Reise. Sie ermöglichte die Forschung von Gauß (237) auf diesem
Gebiete. Seine Initiative, Guano in Europa auf seine Verwendbarkeit als Düngemittel chemisch untersuchen zu lassen, hatte dessen Ausfuhr in großem Umfange zur Folge. Er fand heraus, daß
die Indianer Curare – heute ein wertvolles Heilmittel – als Pfeil-
gift verwendeten. Humboldt setzte sich für internationale Zusammenarbeit in der Wissenschaft ein, und sein Vorschlag, eine
Kette meteorologischer Stationen quer durch Nordasien zu errichten, war ein großer Schritt hin zur modernen Methode der
Wettervoraussage. Das ›Geophysikalische Jahr‹ geht auf ihn zurück. Er beschrieb zum ersten Male Sprachen und Kulturen der
südamerikanischen Volksstämme wissenschaftlich und erforschte

die Verbreitung und Dichte der Bevölkerungen und den Einfluß der naturgegebenen und wirtschaftlichen Verhältnisse auf das soziale und das politische Leben.

Humboldts Ruhm war international. Die gewaltige Meeresströmung mit antarktischem Wasser längs der Küste von Peru sowie Flüsse, Berge und Meeresbuchten in Süd- und Nordamerika wurden nach ihm benannt.

Obwohl der Kosmos keineswegs ein Werk der Populärwissenschaft ist, hatte er einen großen Erfolg. Die erste Auflage wurde innerhalb zweier Monate verkauft. Er wurde sofort in die meisten europäischen Sprachen übersetzt. 1852 waren achtzigtausend Exemplare verkauft.

321 Ruhmgekröntes Griechenland

GEORGE GROTE (1794-1871). A History of Greece, 12 Bände. *London, John Murray, 1846-56*

Obwohl ebenso parteiisch wie Macaulays ›History of England‹ (328) und weniger gelehrt als Mommsens ›Römische Geschichte‹ (337), kann Grotes ›Griechische Geschichte‹ doch mit diesen beiden Werken auf eine Stufe gestellt werden: auch dieses Werk wurde begeistert aufgenommen, ins Französische und Deutsche übersetzt, prägte während des ganzen 19. Jahrhunderts Europas Einstellung zu seinem Gegenstand und verdient heute noch als Denkmal viktorianischen Gelehrtenfleißes unsere Achtung.

Grotes Lebensumstände erklären ebenso den anfänglichen Erfolg des Buches wie auch die Tatsache, daß es schließlich in Vergessenheit geriet. Als Sproß einer ursprünglich aus Bremen stammenden Familie wohlhabender Bankiers trat Grote in die Firma des Vaters ein; er verkehrte im Kreis radikaler Reformer wie David Ricardo (277), James Mill und Jeremy Bentham (237), vertrat die City of London im Parlament (1832-41), trug zur Gründung der Londoner Universität bei (deren Vizekanzler er später im Jahre 1862 wurde) und war in der Lage, sich 1843 aus dem Berufsleben zurückzuziehen, um ungestört an seiner Griechischen Geschichte arbeiten zu können. Zu seiner Aufgabe brachte er das Selbstbewußtsein eines viktorianischen Geschäftsmannes mit, der nicht die geringsten Zweifel an dem unbedingten Wert von Demokratie und Fortschritt hegte und ganz naiv die Ideale des Bürgertums seiner Zeit zum Maßstab nahm, um die Zivilisation des alten Griechenland daran zu messen. Tatsächlich ist diese Geschichte eine Lobeshymne auf die politische Freiheit: Grote glorifizierte die Demokratie Athens ebenso leidenschaftlich, wie er den Despotismus des ›Barbaren‹ Alexander entstellte. Zwar gab er einen ausgezeichneten Abriß des griechischen Geisteslebens, und seine Begeisterung für das ›Edle, Gute und Schöne‹ hat das politische und pädagogische Denken seiner Zeit tief beeinflußt. Doch hat er die sozialen und ökonomischen Faktoren völlig vernachlässigt. Dieser Mangel, Geschichte als Ganzheit zu fassen, ließ sein Werk nach einer letzten Neuauflage im Jahre 1888 in Vergessenheit geraten.

Moderne Bibelkritik 322

FERDINAND CHRISTIAN BAUR (1792-1860). Kritische Untersuchungen über die Kanonischen Evangelien. *Tübingen, L.F.Fues, 1847*

Die Tübinger Schule theologischer und biblischer Kritik hat im 19.Jahrhundert alle wissenschaftliche Beschäftigung mit dem Neuen Testament entscheidend geprägt. Entsprechen auch ihre Erkenntnisse nicht mehr dem neuesten Forschungsstand, so hat doch ihre Methode bis heute entscheidenden Einfluß auf das ganze moderne theologische Schrifttum ausgeübt.

Begründer und vierunddreißig Jahre lang führende Persönlichkeit dieser Schule war Ferdinand Christian Baur. Er wurde im Seminar von Blaubeuren erzogen, von wo er 1809 an die Tübinger Universität ging, die stets ein Zentrum neutestamentlicher Forschung war. Baurs frühe Arbeiten hielten sich an herkömmliche Anschauungen, doch als er 1817 nach Blaubeuren zurückkehrte, entfaltete sich die Originalität seiner Gedanken freier, und sein erstes wichtiges Buch über ›Symbolik und Mythologie, oder die Naturreligion des Altertums‹ (1824-25) offenbarte bereits die Tiefe seiner philosophischen Studien. Die wissenschaftliche Gründlichkeit dieses Buches fand weithin Anerkennung. 1826 kehrte er als Professor der Theologie nach Tübingen zurück, wo er bis zu seinem Lebensende blieb.

Baurs erste Veröffentlichungen nach seiner Rückkehr waren richtungweisend für seine künftige Bibelkritik. Seine Arbeiten zwischen 1831 und 1837 umfassen Abhandlungen über den Manichäismus, über Apollonius von Tyana und die christliche Gnosis und ›Über das Christliche im Platonismus‹ (1837). Inzwischen war Baur unter den Einfluß von Hegels (283) umfassender Geschichtsphilosophie geraten, und der Wandel seines Denkens tritt bereits in einem Aufsatz von 1831 zutage, dessen Gegenstand eng mit seinen übrigen Studien verbunden ist: die von ihm entdeckte Kontroverse zwischen dem universalistischen Heidenchristentum des Paulus und dem petrinischen Judenchristentum in der frühen korinthischen Kirche. Von 1835 an wandte dann Baur Hegels geschichtsphilosophische Kriterien auf verschiedene Teile des Neuen Testaments an und gab so der Forschung zum Neuen Testament eine neue Richtung.

1847 bekräftigte sein obengenanntes größtes und einflußreichstes Werk diese Neuorientierung. Baur behauptete, daß das Christentum sich aus dem Judaismus entwickelt habe und daß das Evangelium nach Matthäus einem verlorenen, zeitgenössischen ›petrinischen‹ Evangelium am nächsten käme. Seiner Meinung nach war Paulus für die Revolution im Denken verantwortlich, die einige Christen dem früheren Judaismus entfremdete, und somit auch für die Kontroverse, die bis zur Vereinigung der beiden Parteien in *einer* Katholischen Kirche im zweiten Jahrhundert andauerte.

Baurs Trugschluß lag in der falschen Voraussetzung, daß diese Kontroverse so tiefgreifend gewesen sei und so lange gedauert habe. In Wirklichkeit bereitete schon die radikale Umwälzung durch die Zerstörung Jerusalems im Jahre 70 diesem Streit ein Ende, der nie mit solcher Erbitterung ausgetragen worden war, wie Baur annahm. Aber die Idee der Anwendung neuer, theologisch nicht belasteter Kriterien, selbst solcher der Hegelschen Schule, auf die Bibelkritik war durchaus fruchtbar. Wenn im letzten Jahrhundert eine Revolution in der Bibelkritik stattgefunden hat, so war Baur ihr Initiator.

HERMANN HELMHOLTZ (1821-94). Über die Erhaltung der Kraft.
Berlin, G.Reimer, 1847

Dieser kurze Artikel von achtundzwanzig Seiten ist die erste umfassende Behandlung des ersten Hauptsatzes der Thermodynamik: alle Arten von Energie, wie Wärme, Licht, Elektrizität und alle chemischen Phänomene kann man ineinander umwandeln, doch weder vernichten noch neu schaffen. Der Naturforscher Benjamin Thompson (Graf Rumford), gebürtiger Amerikaner, dem zum großen Teil die Gründung der Royal Institution zu verdanken ist und der auch der Stifter der Rumford-Medaille der Royal Society war, stellte als erster die damals gültige Theorie, daß Wärme durch ein unwägbares Fluidum, den ›Wärmestoff‹, bedingt werde, erfolgreich in Frage. Er erklärte – und bewies es experimentell vor der Royal Society 1798 –, daß Wärme eine Form von Bewegung sei. Rumford fiel mit seiner Theorie in jenen Tagen als recht altmodisch auf, denn er griff damit auf die Ansichten von Bacon, Locke und Newton im 17.Jahrhundert zurück, die ganz im Gegensatz zur Wärmestofftheorie seiner Zeit standen, die freilich sehr gut – vor allem in der Chemie – funktionierte.

Sadi Carnot (285) kam 1824 dem Prinzip der Energieerhaltung schon sehr nahe, und sein Bruder fand unter seinen Aufsätzen eine ziemlich klare Darstellung darüber, obwohl Carnot bei seinen Untersuchungen noch die Wärmestofftheorie angewandt hatte. J.R.Mayer zeigte 1842 in Liebigs ›Annalen‹ die Anwendung des Prinzips auf physiologische Prozesse an, doch zeitigte sein Artikel bis zum Neudruck als Streitschrift 1867 wenig Wirkung. J.P.Joule übersetzte handschriftlich Mayers These zum Privatgebrauch und brachte in den Jahren 1840-43 in einer Reihe von Artikeln im Philosophical Magazine die experimentelle Bestimmung des mechanischen Wärmeäquivalents für physikalische Erscheinungen zur Sprache. Joule war 1843 vierundzwanzig Jahre alt. Die Maßeinheit der elektrischen Energie wurde nach ihm benannt.

Helmholtz war sechsundzwanzig Jahre alt, als er 1847 seinen

historischen Artikel veröffentlichte. Er war damals Militärarzt in Potsdam. Er kannte Joules Artikel, doch nicht den von Mayer, was in späteren Jahren zu einer heftigen Kontroverse führte. Helmholtz' Experimente reichten über die ganze Skala physikalischer Energieformen, ohne eine einzige Ausnahme von der Regel zu finden, und so äußerte er die Überzeugung, daß der Satz von der Erhaltung der Energie universal gültig sei. Einsteins Forschungen (408) haben seine Schlüsse etwas eingeschränkt. Der zweite Hauptsatz der Thermodynamik, der vom letztlichen Verschwinden allen Energiegefälles handelt, wurde 1850-52 von Rudolf Clausius und William Thomson aufgestellt. Sie brachten den ersten mit dem zweiten Hauptsatz in Einklang. Einstein zeigte, daß Masse und Energie zusammen im Weltall erhalten werden, doch daß der eine Teil in den anderen umgewandelt werden kann, wie es bei der Kernspaltung auch geschieht (siehe 422). Das hat jedoch die Gültigkeit des zweiten Hauptsatzes nicht berührt, der einfach aussagt, daß in einem abgeschlossenen System das Energiegefälle im Laufe der Zeit abflacht, was schließlich auch das Ende des Sonnensystems zur Folge haben muß.

Die praktische Bedeutung der zwei Gesetze wurde innerhalb weniger Jahre deutlich. Sie versahen nicht nur den Ingenieur mit einem allgemein gültigen Prinzip zum Bau von Wärmekraftmaschinen, sondern William Thomsons Theorie einer absoluten Temperaturskala führte, gemeinsam mit Joule, zu den Drosselversuchen, die schließlich zur Verflüssigung aller bekannten Gase führten. Ein Nebenprodukt war Dewars Vakuumgefäß.

Helmholtz erfand 1851 den Augenspiegel und leistete weiterhin wichtige Beiträge zur Physiologie, Elektrizität und zur Akustik.

324   Die idealisierte Revolution

JULES MICHELET (1798-1874). Histoire de la Révolution Française, 7 Bände. *Paris, Chamerot, 1847-53*

In denselben Jahren, in denen Macaulay (328) das Bild von der Glorreichen Revolution aus der Sicht der Whigs dem Bewußtsein der englischen Öffentlichkeit einprägte, schrieb Michelet für die französischen Linken die eindringlichste und leidenschaftlichste Rechtfertigung der Französischen Revolution. Zehn Jahre nachdem Carlyle (304) sie in den gespenstischen Farben einer Götterdämmerung beschrieben hatte, wurde sie nun von Michelet als Geburt eines neuen Zeitalters begrüßt. Michelet war ein soliderer Historiker als der Schotte – er legte seiner ›Histoire Romaine‹ (1831) die Arbeiten Niebuhrs (267) zugrunde, und die Darstellung des Mittelalters in seiner ›Histoire de France‹ (1833-67) ist ein Musterbeispiel romantischer Geschichtsschreibung. Seit 1840, wenn nicht schon vordem, entwickelte sich Michelet zu einem ausgesprochenen Antiklerikalen; seine wütenden Angriffe auf die Jesuiten, die Römische Kirche und das Christentum selbst kosteten ihn seine Professuren unter Guizot und Napoleon III., der ihn auch aus den Staatsarchiven verwies.

In all seinen Schriften kam Michelet der Erfüllung seines Ideals einer Geschichtsschreibung als »résurrection de la vie intégrale« sehr nahe. Seine ›Geschichte der Französischen Revolution‹ ist eine ununterbrochene Hymne auf die radikale Demokratie; »von der ersten bis zur letzten Seite«, so meinte er, »gibt es nur einen Helden – das Volk.« Weder seine offen zur Schau getragene antiklerikale und antiroyalistische Einstellung noch seine zahlreichen Ungenauigkeiten können die großartige erzählerische Leistung schmälern, die diesem Werk einen dauernden, unangefochtenen Platz in der französischen Literatur sicherte, was keinem seiner Nachfolger gelungen ist.

Die Steinzeit 325

JACQUES BOUCHER DE CRÈVECŒUR DE PERTHES (1788-1868). Antiquités Celtiques et Antédiluviennes, 3 Bände. *Paris, Treuttel und Würtz (und andere), 1847-64*

Angesichts eines ständig wachsenden geologischen Beweismaterials mußte man sich im frühen 19.Jahrhundert dazu entschließen, von Erzbischof Usshers biblischer Chronologie abzugehen, welche die Erschaffung der Welt auf das Jahr 4004 vor Christus festgelegt hatte. Man erkannte, daß zahlreiche fossilienhaltige Ablagerungen – darunter auch der Kies des Pariser Beckens, in dem man

Knochen von längst ausgestorbenen Säugetieren entdeckte – wesentlich älter sein mußten. Man zögerte jedoch noch allgemein, auch dem Menschen ein höheres Alter zuzuschreiben. Cuvier (276) blieb bis zu seinem Tod davon überzeugt, daß der Mensch vor etwa sechstausend Jahren erschaffen worden war.

Sowohl in England als auch auf dem Festland waren schon mehrfach Funde von menschlichem Gerät in der Nähe von Knochen großer ausgestorbener Säugetiere gemeldet worden; man beachtete sie jedoch kaum, bis schließlich Boucher de Perthes, ein französischer Zollbeamter und nicht sehr bedeutender Schriftsteller, im Jahre 1847 begann, die Einzelheiten seiner Entdeckungen in den fossilienhaltigen Ablagerungen bei Abbeville in Nordfrankreich zu veröffentlichen. In seinen ›Keltischen und vorsintflutlichen Altertümern‹ behauptete er, Gerät aus Feuerstein in Ablagerungen gefunden zu haben, die in unmittelbarer Nachbarschaft auch Mammutknochen und Fossilien anderer Säugetiere bargen. Diese Funde waren ihm Beweis dafür, daß der Mensch Zeitgenosse des Mammuts war und daß er deshalb wesentlich älter sein müsse als bisher angenommen worden war. Eine solche Anschauung wurde von den Rechtgläubigen als lächerlich oder gottlos verworfen. Sie stellte Cuviers Theorie einer Zerstörung der ausgestorbenen europäischen Fauna durch eine Naturkatastrophe vor der Erschaffung des Menschen ernsthaft in Frage. So hielt man sich nun zur Erklärung dieser Funde an Bucklands ›Weltflut‹, die zwei verschiedene Ablagerungsschichten vermischt habe. Selbst Darwin (344) und auch Lyell haben sich anfangs nachweislich über Bouchers Behauptungen lustig gemacht.

Das Beweismaterial verdichtete sich jedoch, und 1854 bestätigte ein gewisser Dr. Rigollet in Amiens die Funde Bouchers, obwohl er diesen zuvor heftig bekämpft hatte. Wichtiger noch war, daß auch in England ähnliche Entdeckungen gemacht wurden, welche die gleichen Schlußfolgerungen nahelegten. Im Jahre 1859, diesem Annus mirabilis, besuchte eine Gruppe von Paläontologen, Archäologen und Anatomen, die von den Geologen Lyell und Prestwich geleitet wurde, Abbeville. Sie schlossen sich ohne Zögern Bouchers Ansichten an.

Leider brachte sein Enthusiasmus Boucher dazu, in sein Werk

Beschreibungen und Bilder von zahlreichen Feuersteinen aufzunehmen, die sicherlich von der Natur und nicht von Menschenhand geformt worden waren. Noch schlimmer war, daß er von 1861 an das Opfer eines Betrugs wurde: die Arbeiter begannen, die Ausgrabungsstätten mit Steinäxten und sogar mit Menschenknochen ›anzureichern‹. Trotz alledem hatte Boucher de Perthes unwiderlegbar nachgewiesen, daß der Mensch Zeitgenosse des Mammuts war; »er hatte«, wie Darwin an Lyell schrieb, »für den Menschen etwas Ähnliches geleistet wie Agassiz (309) für die Gletscher«.

Proletarier aller Länder vereinigt Euch!   326

KARL MARX (1818-83) und FRIEDRICH ENGELS (1820-95). Manifest der Kommunistischen Partei. *London, J. E. Burghard, 1848*

Der verstorbene Harold Laski bezeichnete das ›Manifest der Kommunistischen Partei‹ als »eines der hervorragendsten politischen Dokumente aller Zeiten, wie jeder zugeben müsse, der sich ernsthaft mit gesellschaftlichen Problemen auseinandersetzt«. Es umreißt die wichtigsten Standpunkte des Marxismus als einer Theorie der Geschichte, einer Kritik der sozialistischen Lehre und eines Programms revolutionären Handelns.

Es war vom zweiten Kongreß des ›Bundes der Kommunisten‹ in Auftrag gegeben worden, einer Vereinigung vorwiegend deutscher Exilrevolutionäre, die im November und Dezember 1847 in London zusammentrat. Ihr Versammlungsort befand sich in einem Oberstock der jetzigen Red Lion Bar in der Great Windmill Street. Engels hatte bereits die ›Prinzipien des Kommunismus‹ in Frage-und-Antwort-Form entworfen, aber nun schrieb er an Marx: »Ich glaube, wir sollten die Katechismus-Form aufgeben und das Ganze ›Kommunistisches Manifest‹ nennen.« Die beiden Freunde trafen sich in Brüssel zur gemeinsamen Arbeit am Text des Manifests. Das Manuskript erreichte London Anfang Februar 1848 und wurde sofort von einem deutschen Drucker in Bishopsgate als Broschüre verlegt. So erreichten größere Lieferungen gerade zu der Zeit das Festland, als die erste Welle der Revolutionen von 1848 über Frankreich und Deutschland hereinbrach.

Die revolutionären Erhebungen in Europa standen in keinem ursächlichen Zusammenhang mit dem Manifest. Aber die von Panik ergriffene Obrigkeit nahm seine umstürzlerischen Ideen zum willkommenen Anlaß, gegen die Verfasser vorzugehen. Marx und seine Frau wurden festgenommen und aus Belgien ausgewiesen. Später mußte in Köln die ›Neue Rheinische Zeitung‹, Marx' wichtigstes Sprachrohr, ihr Erscheinen einstellen (die letzte Nummer wurde in herausfordernd roter Farbe gedruckt); Marx selbst wurde aus Deutschland und dann aus Frankreich ausgewiesen. Er emigrierte nach England (»der wichtigste Markstein in seiner Karriere«, wie E. H. Carr sagte), wo er den Rest seines Lebens verbrachte – häufig im Lesesaal des Britischen Museums. Sein Grab befindet sich im Londoner Highgate-Friedhof.

Engels selbst erläuterte später die Grundthese des Manifests: »In jeder Epoche der Geschichte bildet die vorherrschende Weise der Produktion und des Güteraustausches und die sich daraus notwendig ergebende Organisation der Gesellschaft die Grundlage, auf der sich die politische und geistige Geschichte der jeweiligen Epoche aufbaut und die sie allein erklärt.« Die Geschichte der Menschheit ist also eine Geschichte des Klassenkampfes, der bis zu dem Punkt führt, an dem die unterdrückte Klasse (das Proletariat) die Herrschaft der ausbeutenden Klasse (der Bourgeoisie) nur noch durch die »endgültige Befreiung der Gesellschaft als Ganzes« abschütteln kann. Die klassische Formulierung dafür lautet: »Die Proletarier haben nichts ... zu verlieren als ihre Ketten. Sie haben eine Welt zu gewinnen. Proletarier aller Länder, vereinigt Euch!«

Sehr bald folgten der deutschen Ausgabe französische und polnische Übersetzungen. 1850 erschien die erste, noch recht gespreizte englische Übertragung des Chartisten George Julian Harney im ›Red Republican‹; sie enthüllte zum ersten Mal die »Genossen Karl Marx und Friedrich Engels« als Verfasser. Die erste russische Übersetzung von Bakunin wurde 1869 von Herzens Kolokol-Verlag in Genf herausgebracht; eine zweite Übersetzung von Plechanow erschien 1882 mit einem Vorwort der beiden Verfasser. Von außerordentlicher Bedeutung war die autorisierte englische Übersetzung von 1888, die von Samuel Moore, dem Übersetzer von Marx' ›Kapital‹, stammte. Wenn man von einem deutschen Text absieht, den Engels 1890 in London mit einem eigenen Vorwort herausgab, ist sie die einzige Übersetzung, die von ihm selbst ediert und mit Anmerkungen versehen wurde.

Leben im Wilden Westen

FRANCIS PARKMAN (1823–93). The California and Oregon Trail: being Sketches of Praerie and Rocky Mountain Life. *New York und London, George P. Putnam, 1849*

Das bestimmende Interesse Francis Parkmans war keineswegs der Westen, und ebensowenig hat sein Buch ›Der Kalifornien- und Oregon-Treckpfad‹ wirklich Kalifornien oder Oregon zum Gegenstand. In der Tat berichtet es nur beiläufig über den Oregon-Treckpfad. Der zweiundzwanzigjährige Parkman machte sich nach dem Abschluß seiner Studien in Harvard zu einer Reise in den Westen auf, teils um seine angegriffene Gesundheit wiederherzustellen, teils um mehr über das Leben der Indianer in ihrem Naturzustande zu erfahren. Er hoffte, diese Kenntnisse in der Geschichte des Konflikts zwischen Franzosen und Engländern in Nordamerika, die er schreiben wollte, verwerten zu können. Beide Rechnungen gingen nicht auf: gesundheitlich gebrochen, kehrte er praktisch als Invalide zurück, und sein Wissen über die Indianer der großen Ebenen des Westens kann ihm nur wenig bei seinen Arbeiten über die Irokesen, die Algonkins und die Huronen des Nordostens genützt haben. Das unvorhergesehene Ergebnis dieser Reise wurde jedoch die Geschichte, die Parkman nie zu schreiben beabsichtigt hatte. Freilich ist es etwas irreführend, sein Werk ein Geschichtsbuch zu nennen, ist es doch nur zu einem Drittel geschichtliche Darstellung, während den Rest Reisebeschreibungen und Abenteuergeschichten ausmachen.

Die Reiseroute führte Parkman und seinen Gefährten Quincy Adams Shaw von New York nach Saint Louis, dann nordwärts den Missouri entlang nach Independence Landing; von hier aus durchquerten sie über Land die Gebiete der heutigen Staaten Kansas und Nebraska bis zum North Platte River, dem sie bis Fort Laramie folgten. Hier schloß sich Parkman einem Sioux-

Stamm an – er nennt sie Dakotas –, mit dem er in den Black Hills (nämlich den Laramie-Bergen) lebte und herumzog. Diese Kapitel seines Buches sind nicht nur der lebendigste, sondern auch der historisch wertvollste Teil des ganzen Werkes. Zwar gibt es zahlreiche und auch bessere Schilderungen des Siedlerlebens im Westen, doch nur Parkman bietet ein Bild des Lebens in einem Siouxdorf noch vor der verändernden und schließlich zerstörenden Berührung mit den Weißen. Die Rückreise führte die beiden Forscher entlang der Osthänge der Rocky Mountains nach Süden bis zum Arkansas River und endlich den Santa-Fé-Treckpfad ostwärts zum heutigen Kansas City. Sie hatten weniger als ein Drittel des Oregon-Treckpfades bereist und waren nie bis zu dem Punkt vorgestoßen, von dem aus diese Route nordwärts nach Oregon abbiegt.

Da Parkman nach seiner Rückkehr zu krank war, um seinen Reisebericht selber niederzuschreiben, diktierte er ihn seinem Freund Shaw. Die Erstveröffentlichung erschien vom Februar 1847 an in unregelmäßigen monatlichen Fortsetzungen im ›Knikkerbocker Magazine‹ unter dem Titel ›Der Oregon-Treckpfad, oder eine Sommerreise in der Wildnis‹. Aufgrund eines »gerissenen Schachzugs«, wie Parkman es nannte, veröffentlichte sein Verleger die erste Buchausgabe unter dem veränderten Titel ›Der Kalifornien- und Oregon-Treckpfad – Skizzen vom Leben in der Prärie und in den Rocky Mountains‹. Damit hoffte er, sich das große Interesse der Öffentlichkeit am kalifornischen Goldfieber zunutze zu machen. Die Täuschung hatte Erfolg, und die erste Ausgabe von tausend Exemplaren mit den Stichen von F.O.C. Darley, dem Illustrator der Werke Coopers und Irvings, war bereits nach einem Monat vergriffen.

Konkurrenz durch die fast schlagartig einsetzende Flut von Berichten über die kalifornischen Goldfelder ließ den Verkauf der zweiten Auflage nur stockend vorankommen. Um den Absatz wieder in die Höhe zu treiben, vertauschten 1852 die Verleger bei der dritten Auflage Titel und Untertitel, so daß diese nun als ›Prärie- und Rocky Moutain-Leben, oder der Kalifornien- und Oregon-Treckpfad‹ erschien. Als sich schließlich 1872 der Bostoner Verlag Little Brown, in dem Parkmans Geschichtswerke er-

schienen, zu einer Neuauflage mit einem neuen Vorwort des
Autors entschloß, bestand Parkman auf der Rückkehr zum Ori-
ginaltitel ›The Oregon Trail‹, unter dem dieses klassische Buch
der Literatur über den Westen Amerikas seither bekannt ist.

Geschichte aus der Sicht der Whigs 328

THOMAS BABINGTON MACAULAY (1800-59). History of England from the Accession of James II, 5 Bände. *London, Longman,
1849-61*

Macaulays Buch, das erste Geschichtswerk, das bewußt daraufhin
angelegt war, die Verkaufsziffern der zeitgenössischen Roman-
bestseller zu übertreffen, erfüllte sofort die ehrgeizigen Pläne seines
Autors. Sein plastisch-farbiger Stil und sein mitreißendes Erzähl-
talent sicherten seiner ›History‹ einen Erfolg, der in der englischen
Geschichtsschreibung seit Gibbon (222) ohne Beispiel war. Von
jedem der Bände wurden schon im ersten Monat nach dem Erscheinen jeweils einhundertfünfzigtausend Exemplare verkauft,
und die zahlreichen Neuauflagen und Übersetzungen in beinahe
alle wichtigen Sprachen haben Macaulays Ideen fast bis in unsere
Tage lebendig erhalten.

Macaulay (seit 1857 Lord) war zu seinem großen Werk berufen
wie kaum ein anderer Geschichtsschreiber. Er begründete seinen
Ruf mit einem geistreichen Aufsatz über Milton, der 1825 in der
›Edinburgh Review‹ erschien; für diese Zeitschrift schrieb er in
den folgenden zwei Jahrzehnten weitere ›Critical and Historical
Essays‹ (1843 in einer dreibändigen Ausgabe gesammelt). 1826
erhielt er seine Zulassung als Anwalt. 1830 wurde er Parlamentsabgeordneter der Whigs, zwischen 1834 und 1838 gehörte er dem
Supreme Council of India an und machte sich dabei um die Vereinheitlichung des höheren Bildungswesens und des Strafrechts
verdient. 1839-47 und 1852-56 war er erneut Mitglied des Parlaments und zweimal gehörte er einer Whig-Regierung an – 1839
bis 1841 als Kriegsminister und 1846-47 als Armeeschatzmeister.
Er setzte das Copyright-Gesetz von 1842 durch – ein Gesetz, das
bis 1911 in Kraft blieb! – und fand darüber hinaus noch Zeit, Gedichte wie die ›Lays of Ancient Rome‹ (1842) zu schreiben.

1839 wandte sich Macaulay der Arbeit an der Geschichte Englands zu, in die er sowohl seine umfassende Erfahrung im Verwaltungsdienst als auch seine politischen Vorurteile einfließen ließ. Der Held des Buches ist William III. und sein Ziel die Rechtfertigung der Glorreichen Revolution, die, so meint Macaulay, gegen Mitte des 19. Jahrhunderts schließlich die »aufgeklärteste Generation des aufgeklärtesten Volkes, das jemals existierte« hervorgebracht habe. Die Fortsetzung der History, die ja nur bis zum Jahre 1702 führte, stammt von Macaulays Neffen George Macaulay Trevelyan (1876-1962); sie ist frei von den Irrtümern und Vorurteilen in Macaulays Buch, das heute nur noch zusammen mit dem ›Kommentar‹ von Sir Charles Firth (1938) gelesen werden sollte.

329   Ein Markstein in der Geschichte der Textkritik

KARL LACHMANN (1793-1851). In T. Lucretii Cari De Rerum Natura Libros Commentarius. *Berlin, Georg Reimer, 1850*

Lukrez hat immer Glück mit seinen Herausgebern gehabt: Im 16. Jahrhundert widmete Denys Lambin viele Jahre geduldiger und liebevoller Arbeit der Vorbereitung seiner ›Editio major‹ (87), einer der größten Leistungen der Renaissance auf dem Gebiet der humanistischen Gelehrsamkeit. Lachmanns Ausgabe gebührt der gleiche Rang innerhalb der Philologie des 19. Jahrhunderts; sie ist das Meisterwerk der von Wolf (248) begründeten deutschen philologischen Schule und Lachmanns letztes und wohl schönstes Werk.

Karl Lachmann wurde in Braunschweig geboren, studierte an den Universitäten von Leipzig und Göttingen, übernahm 1816 eine Dozentur an der Universität Königsberg und wurde 1818 Professor der Klassischen Philologie. In Königsberg schuf er die Grundlagen für seine strenge textkritische Methode und für seinen Ruf als Gelehrter. Neue Mitglieder des Lehrkörpers der Universität mußten zur Habilitation eine wissenschaftliche Veröffentlichung vorlegen. Lachmann unterbreitete zwei Arbeiten: eine Ausgabe des Properz und eine Abhandlung ›Über die ursprüng-

liche Gestalt des Gedichts von der Nibelunge Noth‹; hier zeichnete sich bereits seine zukünftige Forschungsrichtung ab. In diesen Arbeiten, in Zeitschriftenaufsätzen und vor allem in seiner
›Auswahl aus den hochdeutschen Dichtern des 13.Jahrhunderts‹
(1820) hat er die Normen der Textkritik und die metrischen und
phonetischen Eigenheiten des Mittelhochdeutschen entwickelt,
die den wissenschaftlichen Methoden seiner Zeitgenossen weit
voraus waren.

1825 zog Lachmann nach Berlin, wo er 1827 ordentlicher Professor wurde. Hier setzte er seine Arbeit an deutschen Texten mit
Ausgaben Walthers von der Vogelweide und Wolframs von
Eschenbach fort; er vernachlässigte darüber keineswegs die klassischen Autoren, sondern gab Catull und andere lateinische Dichter sowie Gaius' ›Institutionen‹ und die ›Agrimensores‹ heraus. Er
wandte seine kritischen Erfahrungen, die Frucht seines Studiums
der mittelalterlichen deutschen Dichtung, auch auf die Ilias an, die
er für eine nachträgliche Zusammenfügung und Verquickung von
sechzehn ursprünglich selbständigen Liedern hielt. Obwohl diese
Ansicht inzwischen aufgegeben wurde, hat sie doch die Homer-
forschung stark beeinflußt. Zwischen 1831 und 1842 vollendete
er ein Werk der Bibelkritik, das schon von Bentley (siehe 178)
geplant worden war: einen Text des Neuen Testaments, der sich
auf die ältesten Handschriften des Ostens stützt und nur dort auf
die einheitliche Lesart der ältesten westlichen Quellen zurück-
greift, wo die orientalischen Quellen voneinander abweichen. Als
Meisterwerk der Editionskunst löste diese Ausgabe schließlich
den von Erasmus besorgten ›Textus receptus‹ (46) ab. Lachmanns
Lessingausgabe (213) von 1838-40 versieht zum ersten Mal in der
Geschichte der Philologie die Werke eines modernen Autors mit
einem textkritischen Apparat, wie er bisher nur antiken und mittelalterlichen Autoren vorbehalten war.

Sein Nachruhm stützt sich jedoch hauptsächlich auf seine Ausgabe der Werke des Lukrez, die ihn die letzten sechs Jahre seines
Lebens beschäftigte. Seine scharfsinnige Beurteilung des jeweiligen Gewichts der einzelnen überlieferten Handschriften und seine
Methode, Textkonjekturen eng an die vorliegenden Lesarten anzuschließen, schufen einen neuen Maßstab für die Analyse verderb-

ter und schwieriger Texte. Lachmann war nicht einfach ein mechanischer Herausgeber, der sich damit begnügte, unter den Lesarten
nach einem vorgefaßten Schema seine Wahl zu treffen; er hatte
ein ebenso tiefes Verständnis für seinen Autor wie vier Jahrhunderte vor ihm Lambin. Gerade diese Verbindung von Kunstver-
ständnis und textkritischer Akribie hat seine Ausgabe berühmt
gemacht. Munro, der nächste bedeutende Herausgeber, hatte
recht, als er sie allen zukünftigen Gelehrten als »Orientierungs-
punkt« empfahl, »der Gültigkeit behalten werde, solange die lateinische Sprache überhaupt noch studiert wird«.

330 Der experimentelle Beweis für die
Drehung der Erde

JEAN BERNARD LÉON FOUCAULT (1819-68). Sur Divers Signes
sensibles du Mouvement Diurne de la Terre. *In*: Comptes rendus
des Séances de l'Académie des Sciences. *Paris, 1851*

Obwohl man seit Kopernikus (70) von der Drehung der Erde
überzeugt war, lieferte erst Foucault einen experimentellen Beweis dafür. Zunächst waren seine Experimente privat, doch sie
weckten in Louis Napoleon (später Napoleon III.) so viel Interesse, daß er eine öffentliche Wiederholung anordnete. Sie fand als
glanzvolles Ereignis 1851 im Pantheon vor einer exklusiven Zu-
hörerschaft statt: Eine schwere Metallkugel wurde in der Kuppel
an einem 67 Meter langen Drahtseil aufgehängt; unter der Kugel
stand ein Tisch von ungefähr dreieinhalb Metern Durchmesser,
der mit Sand bedeckt war, damit die Kugel ihre Bewegung auf-
zeichnen konnte. Diese Anordnung ist als ›Foucaultsches Pendel‹
bekannt. Man beobachtete rasch, daß sich die Schwingungsebene
des Pendels im Uhrzeigersinn drehte und in ungefähr zweiunddreißig Stunden einen vollen Kreis beschrieben hatte. Mathematische Berechnungen ermöglichten es, die Ergebnisse dieses Experiments zur Bestimmung der Geschwindigkeit der Erddrehung
zu verwenden. Die Versammlung im Pantheon war äußerst beeindruckt: einige Damen fielen vor Aufregung in Ohnmacht,
während andere Zuschauer behaupteten, unter sich die Bewegung
der Erde zu spüren.

In seinen optischen Studien lieferte Foucault, in Zusammenarbeit mit Hippolyte Louis Fizeau, einen überzeugenden Beweis für die Wellentheorie des Lichtes, die um die Mitte des 19.Jahrhunderts schon weithin anerkannt war. Mit Hilfe rotierender Spiegel bewies er, daß das Licht in der Luft schneller war als im Wasser. Das widerlegte die entgegengesetzte Auffassung, die von Descartes (129) zur Stützung seiner Korpuskulartheorie vorgebracht worden war. Foucault ist ebenfalls bekannt durch seine Methode, den Spiegeln in optischen Instrumenten sphärische oder parabolische Form zu geben. Auch ist sein Name mit verschiedenen elektrischen Erfindungen verknüpft. Er erfand das Gyroskop, das in der modernen Navigation als Stabilisator Verwendung fand und in der Luftfahrt den ›Automatischen Piloten‹ (automatische Steuerung) ermöglichte.

Die erste Weltausstellung

GREAT EXHIBITION OF THE WORKS OF INDUSTRY OF ALL NATIONS OF 1851. Report by the Juries. *London, in königlichem Auftrag gedruckt von William Clowes & Sons, 1852*

Am 30.Juni 1849 schlug Prinz Albert der ›Society of Arts‹ als ihr Präsident vor, einen Ausschuß zu bestimmen, der die Möglichkeit einer internationalen Industrieausstellung in London prüfen solle. Diese Idee wurde sehr lange von vielen einflußreichen Kreisen bekämpft; doch schließlich setzte 1851 der Prinzgemahl sein zielstrebig und unermüdlich verfolgtes Vorhaben durch.

Das Gebäude selbst bildete mit seiner Konstruktion aus vorgefertigten Teilen einen der stärksten Anziehungspunkte der Ausstellung. Joseph Paxton, der Gartenarchitekt des Herzogs von Devonshire, entwickelte den Entwurf dazu aus den Plänen für ein gläsernes Gewächshaus, das er im Park des herzoglichen Schlosses Chatsworth allein zum Zweck der Aufzucht einer bestimmten tropischen Wasserlilie errichtet hatte. Obwohl während einer Sitzung nur flüchtig auf ein Blatt Löschpapier skizziert, wurde sein Entwurf mehr als zweihundert anderen vorgezogen.

Trotz des Pessimismus, der der Ausstellung in fast jeder Hinsicht entgegengebracht wurde – von der Unsicherheit der riesigen

Glaskonstruktion bis zur Gewißheit einer finanziellen Katastrophe –, hatte sie einen beispiellosen Erfolg. Sie zog siebzehntausend Aussteller an, davon sechstausendfünfhundert aus dem Ausland und über fünfhundert aus den Kolonien. Die Besucherzahl überstieg sechs Millionen; die Einnahmen beliefen sich auf 423792 Pfund bei einem Reingewinn von 170 000 Pfund.

Die Wirkung der Great Exhibition war beträchtlich. R. H. Mottram faßt sie in seinem ›Frühviktorianisches England‹ recht gut zusammen: »Die Ausstellung war das Symbol der handfesten Errungenschaften frühviktorianischen Unternehmertums – billiger Produktion und erleichterter Kommunikation. Ein Zuschauer, der an die Unruhen von 1848, das Elend der frühen vierziger Jahre, die Plünderung Bristols im Jahre 1831 und die schrecklichen Katastrophen von 1825 zurückdachte, konnte in ihr die Erfüllung von Hoffnungen sehen, die vor wenigen Jahren noch zu utopisch erschienen wären, um im Ernst erwogen zu werden. Sie war die erste internationale Ausstellung und fand viele Nachahmungen in allen Teilen der Welt.«

Paxtons Bauwerk wurde zerlegt und in Sydenham als ›Crystal Palace‹ wiederaufgebaut; 1936 fiel es einem Brand zum Opfer.

332   Der Roman als Propaganda

HARRIET BEECHER STOWE (1811-96). Uncle Tom's Cabin, 2 Bände. *Boston, John P. Jewett; Cleveland, Jewett, Proctor und Worthington, 1852*

Wie für viele andere, die sich der Aufhebung der Sklaverei verschrieben hatten, so war auch für Harriet Beecher Stowe der Kampf gegen die Sklaverei ein von Gott befohlener Kreuzzug, der die Vereinigten Staaten von dieser Versündigung gegen die Menschlichkeit und gegen die christliche Religion reinigen sollte. Als Tochter, Schwester, Ehefrau und Mutter von Neuengland-Geistlichen (ihr Bruder, Henry Ward Beecher, war ein berühmter ›moralischer Kreuzzügler‹) verbrachte sie ihr Leben in einer Atmosphäre kalvinistischer Rechtschaffenheit, die im Amerika der Mitte des neunzehnten Jahrhunderts mit Opposition gegen die Sklaverei durchtränkt war.

Als junge einundzwanzigjährige Frau zog Harriet Beecher mit der Familie ihres Vaters nach Cincinnati, wo sie während der nächsten achtzehn Jahre jenseits des Ohioflusses, gegenüber dem Sklavenstaat Kentucky, lebte. Hier gewann sie persönlich Eindrücke von der Sklaverei, und als sie mit ihrem Mann Calvin Stowe in ihre Heimat Neuengland zurückkehrte, waren ihre Sympathien entschieden auf der Seite der Gegner der Sklaverei.

Kurz nachdem sich die Stowes in Brunswick (Maine) niedergelassen hatten, verabschiedete der Kongreß der Vereinigten Staaten die ›Fugitive Slave Act‹ (1850), durch welche die Bundesstaaten ermächtigt wurden, entflohene Sklaven festzunehmen und den Beamten schwere Strafen aufzuerlegen, die dieser Pflicht nicht nachkamen. Ein Sturm der Entrüstung und des Zorns ging über Neuengland hinweg. Harriets Bruder predigte von der Kanzel gegen das neue Gesetz. Während Harriet ihn in New York besuchte, drängte er sie, für die Sache der Sklavengegner zur Feder zu greifen. Um diese Zeit hatte sie bereits Erfolg als Autorin für Unterhaltungsmagazine und Jahrbücher. Eine Reihe ihrer Arbeiten war in einem Bändchen unter dem Titel ›The Mayflower‹ (1843) erschienen.

Am 9. März 1851 schrieb sie an Gamaliel Bailey, den Herausgeber der Zeitschrift der Sklavereibekämpfer ›The National Era‹, und schlug ihm eine Art von Fortsetzungsroman in Form von kurzen Geschichten vor, die das unglückliche Leben in der Sklaverei schildern sollten. Bailey stimmte zu, und im April schickte ihm Harriet den Anfang von ›Uncle Tom's Cabin or Life Among the Lowly‹ (Onkel Toms Hütte oder Leben unter den Erniedrigten). Diese Reihe, die am 5. Juni begann, sollte eigentlich nur drei Monate lang laufen, doch wurde bald offenbar, daß sie wesentlich umfangreicher sein würde. Getrieben von ihrem Glaubenseifer, verfaßte ihre Autorin jede Woche eine Fortsetzung. In der Ausgabe vom 1. April 1852 erschien schließlich die letzte Folge. Bailey honorierte die Verfasserin mit dreihundert Dollar.

Bereits vor Abschluß dieses ›Romans‹ hatte sich der Verleger John P. Jewett aus Boston für die Buchrechte von Onkel Toms Hütte interessiert. Das zweibändige Werk kam am 20. März 1852 heraus – noch vor den beiden letzten Fortsetzungen in der ›Nat-

ional Era‹. Die erste Auflage von fünftausend Exemplaren war
innerhalb weniger Tage vergriffen, und eine zweite Auflage mit
dem Hinweis ›Zehntes Tausend‹ auf dem Einband war noch vor
Ende März ausverkauft. Der Absatz dieses Buches war phäno-
menal. Im August hatte Harriet bereits 10000 Dollar Tantiemen
erhalten. Die Verleger, die mit der Nachfrage Schritt zu halten
versuchten, brachten eine Auflage nach der anderen auf den
Markt. Noch vor Sommerende hatte die Auflagenziffer die Hunderttausend überschritten, innerhalb eines Jahres die Dreihun-
derttausend – und das nur in Amerika. In England hatte das Buch
kaum weniger Erfolg. Außer der autorisierten Auflage, die Thomas Bosworth besorgte, erschienen im Jahre 1852 in London mehr
als zwanzig unerlaubte Nachdrucke, einer von ihnen in dreizehn
wöchentlichen Fortsetzungen mit Illustrationen von George
Cruikshank. Der Roman wurde in mehr als zwei Dutzend Sprachen übersetzt: am Anfang einer alphabetischen Aufzählung stehen das Armenische und Bengalische, am Ende das Walachische
und Walisische.

   In der gefühlsgeladenen amerikanischen Atmosphäre Mitte des

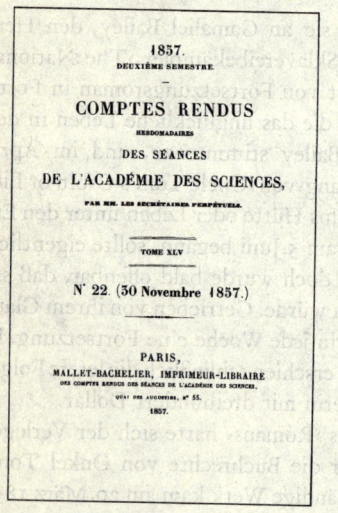

Pasteur (336)

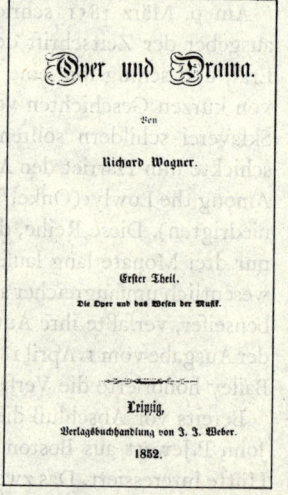

Wagner (333)

neunzehnten Jahrhunderts schlug ›Onkel Toms Hütte‹ wie eine Bombe ein. Den Gegnern der Sklaverei bedeutete dieses Buch die Verdammung all der Übel, die zu dem System, dem sie sich widersetzten, gehörten, während die Befürworter der Sklaverei in ihm einen verlogenen Angriff gegen die ›Lebensart des Südens‹ sahen. Dramatische Bearbeitungen mit Übersteigerungen der im Buch beschriebenen Grausamkeiten wurden so schnell wie möglich auf die Bühne gebracht, wodurch sich die Empörung im ganzen Lande noch steigerte, gleichgültig, ob sie sich nun gegen die Sklaverei oder die Autorin des Buches richtete. Wie groß auch die literarischen Schwächen von Onkel Toms Hütte sein mögen – unter ihnen ein allzu lockerer Aufbau und ein Übermaß an Gefühlen – hatte dieses Werk auf die Vereinigten Staaten einen gesellschaftlichen und sozialen Einfluß wie nie ein Buch vor oder nach ihm.

Das Musikdrama 333

RICHARD WAGNER (1813-83). *(a)* Oper und Drama, 3 Bände. *Leipzig, J. J. Weber, 1852; (b)* Drei Operndichtungen [Der Fliegende Holländer, Tannhäuser, Lohengrin] nebst einer Mittheilung an seine Freunde als Vorwort. *Leipzig, Breitkopf und Härtel, 1852*

Wagners Philosophie ist pompös, sein literarischer Stil schrecklich und seine ›Dichtung‹ oft unfreiwillig komisch. Daß er sozusagen postum zu einem Mitglied der Nazipartei erklärt wurde, läßt auch auf seine politische Einstellung schließen. Als Musiker jedoch gehört er zu den großen Meistern. Sein umfangreiches musikalisches Wissen bildete die Grundlage für eine revolutionäre Umgestaltung der Oper, in der Musik und Wort verschmolzen, wie es nie zuvor versucht worden war. Die beiden oben zitierten Werke bilden eine Art Ergänzung zu seinem musikalischen Oeuvre. Das erste ist das wichtigere und umfangreichere. In ihm beschäftigt sich Wagner mit der Geschichte der Oper und ihrer Beziehung zur zukünftigen Musik. Der erste der drei Teile gibt einen historischen Überblick über die Beziehung zwischen Musik und Drama sowie bemerkenswerte Hinweise auf Mozarts einsame Größe. Dem folgt eine Abhandlung über die Natur der dramatischen Kunst und über die Kunst der Darbietung auf der Bühne. Der dritte Teil befaßt sich mit der ›Dichtung und Musik im zukünftigen Drama‹. Hier spricht er mit profundem Wissen und großer Klugheit von der Notwendigkeit einer organischen Verbindung von Drama und Musik. Den Vorrang in diesem Gesamtkunstwerk sollte dabei das Drama haben, während alles andere: Sprache, Gestik, Kostüme, Bühnenbild und sogar die Musik ihm unterzuordnen seien.

In der zweiten Arbeit verbindet er die Theorien aus ›Oper und Drama‹ mit seinem eigenen Werk. Merkwürdig ist, daß er sich entschloß, dieses Vorwort den Textbüchern von drei Opern voranzusetzen, von denen keine erkennbar ein Beispiel für seine Theorien bietet. Dies geschieht erst in seinem ›Ring‹, den Wagner im Jahre 1853 begann und 1874 vollendete.

334 Quaternionen

SIR WILLIAM ROWAN HAMILTON (1805-65). Lectures on Quaternions. *Dublin, Hodges and Smith; London, Whittaker; Cambridge, Macmillan, 1853*

Sir William Rowan Hamilton, der irische Mathematiker, war ein Wunderkind. Was seine Jugend versprach, wurde durch seine wissenschaftlichen Leistungen im späteren Leben voll bestätigt. Mit dreizehn Jahren konnte er ebensoviele Sprachen, darunter Sanskrit und Syrisch, und das Studium von Newtons ›Arithmetica Universalis‹ weckte in ihm frühes Interesse für die Mathematik. Obwohl er noch nicht promoviert hatte, berief man ihn schon zum Professor der Astronomie in Dublin; später wurde er Königlicher Astronom für Irland und Präsident der Königlichen Irischen Akademie.

Die Leistung auf dem Gebiet der reinen Mathematik, für die er noch heute weithin bekannt ist, ist die Erfindung der Quaternionen, eine lineare Algebra von Drehungen im dreidimensionalen Raum. Die Quaternionen waren das erste nichtkommutative Zahlensystem, das detailliert untersucht wurde, und Hamiltons Entdeckung, daß ein widerspruchsfreies und fruchtbares System der

Algebra konstruiert werden konnte, das dem Kommutativgesetz der Multiplikation nicht gehorchte, war in seiner Bedeutung mit der Erfindung der nichteuklidischen Geometrie (siehe 293) vergleichbar. Die Quaternionen führten zur Vektoranalysis und wurden schließlich durch diese ersetzt. Sie wurde von größter Wichtigkeit in der mathematischen Physik und von G.F.B.Riemann und E.B.Christoffel zur Tensoranalysis weiterentwickelt. Dies ermöglichte die Aufstellung der allgemeinen Relativitäts-Theorie (siehe 408).

Hamilton leistete auch viel für die wissenschaftliche Optik – er sagte die konische Refraktion voraus, die später experimentell bewiesen wurde – und vor allem für die Dynamik. Auf diesem Gebiet blieben seine Entdeckungen zunächst ohne Beachtung, doch ist seitdem ihre große Bedeutung für die Theorie der Wellenmechanik und Partikel erkannt worden. Er hinterließ eine ungeheure Sammlung von Manuskripten, heute im Trinity College zu Dublin, die reich an originellen mathematischen Entdeckungen ist.

Hitlers französischer Mentor 335

JOSEPH-ARTHUR COMTE DE GOBINEAU (1816-82). Essai sur l'Inégalité des Races Humaines, 4 Bände. *Paris, Firmin Didot; Hannover, Rumpler, 1853-55*

Der französische Diplomat und Schriftsteller Gobineau übte durch seinen ›Versuch über die Ungleichheit der Menschenrassen‹ – übrigens sein einziger Ausflug in die Anthropologie und Soziologie – einen Einfluß auf das europäische Denken und Handeln aus, der in keinem Verhältnis steht zur wissenschaftlichen Bedeutungslosigkeit und widersprüchlichen Argumentation dieses Werkes.

Die Männer der Action Française, Lenin (392), Mussolini und Hitler (415) waren alle miteinander Schüler und Propagandisten von Gobineaus allerwildesten Ansichten. Seine rassischen Theorien bezog er aus dem von ihm völlig mißverstandenen Positivismus Comtes (295) und den ebenso falsch aufgefaßten Untersuchungen Prichards (303) über die physiologischen Unterschiede zwischen den verschiedenen Menschenrassen. Bestärkt durch die ihm eingeborene Arroganz als Sprößling einer Ancien régime-Familie sowie durch seine Beobachtungen, die er als Gesandter im Nahen und Mittleren Osten anstellte, vertrat er die heute gänzlich widerlegte Theorie, daß eine ›Rasse‹ als solche unveränderlich und beständig sei. Er verkündete die fraglose Überlegenheit der weißen Rasse. Was nun diese Rasse selbst anging, so räumte Gobineau der ›nordischen‹ – er nannte sie vollkommen sinnlos die ›arische‹ – den höchsten Rang ein und meinte damit Völker, die dank ihrer bewundernswerten Kühnheit und ihrem Machttrieb dazu vorherbestimmt seien, den Rest der Menschheit zu beherrschen.

Dieser Mischmasch aus biologischem Widersinn, romantischem Wunschdenken und imperialistischen Träumereien wurde von deutschen und französischen Intellektuellen gierig verschlungen. Die deutsche Gobineau-Begeisterung – eine deutsche Übersetzung des ›Essai‹ mußte mehrmals neu aufgelegt werden – bleibt um so unverständlicher, als der Franzose von der ›deutschen Rasse‹ überhaupt nicht viel hielt: er war der Meinung, daß es sich bei ihr um eine Mischung aus Kelten und Slawen mit kaum reinem ›nordischen‹ Blut handelte. Doch Gobineaus Buch bot genügend Stoff, um einen Pan-Germanismus und nationale Selbstvergötterung zu nähren und antisemitische und antislawische Exzesse scheinbar zu rechtfertigen. Aus seinem Werk bezog Nietzsche (370) seinen ›Übermenschen‹ und seine glorreiche ›blonde Bestie‹, bezog Wagner (333) seine Germanomanie und seinen Antisemitismus, die ihren übelsten Ausdruck in den ›Grundlagen des 19.Jahrhunderts‹ (1899) fanden, verfaßt von Wagners englischgebürtigem Schwiegersohn Houston Stewart Chamberlain. Dieser wiederum inspirierte Alfred Rosenberg zu seinem ›Mythos des 20.Jahrhunderts‹ (1930), aus dem Hitler und seine Handlanger die ›wissenschaftlichen‹ Argumente für ihr rassistisches Programm bezogen.

In Frankreich wurden der Soziologe Georges Sorel und der Publizist Maurice Barrès zu Aposteln Gobineaus. Sorels ›Réflexions sur la Violence‹ (1908) weisen schon durch ihren Titel auf jenen Aspekt in Gobineaus Werk hin, der einem Teil seiner Landsleute am meisten zusagte. Chauvinismus, Antisemitismus und Faschismus der Action Française gehen zum großen Teil zurück auf Gobineaus Ideen, bezogen auf französische Verhältnisse. Sorel aber wurde zum einflußreichsten Lehrmeister Mussolinis und Lenins.

Louis Pasteur

LOUIS PASTEUR (1822-95). (*a*) Recherches sur la Dissymétrie Moléculaire des Produits Organiques Naturels. *In:* Comptes rendus de l'Académie des Sciences. *Paris, 1853;* (*b*) Expériences relatives aux Générations dites Spontanées. *Ebenda, Paris, 1860* (vier Artikel); (*c*) Mémoire sur les Corpuscules Organisés qui existent dans l'Atmosphère. *In:* Annales des Sciences Naturelles (Partie Zoologique). *Paris, 1861;* (*d*) Recherches sur la Putréfaction. *In:* Comptes rendus de l'Académie des Sciences. *Paris, 1863;* (*e*) Sur les Maladies Virulentes, et en particulier sur la Maladie appelée vulgairement Choléra des Poules. *Ebenda, Paris, 1880* (zwei Artikel)

Es ist unmöglich, einen einzelnen wissenschaftlichen Artikel oder ein Buch anzuführen, die eine zureichende Vorstellung von Pasteur gäben. Daran ist das etwas verworrene Wesen seiner Entdeckungen weniger schuld als ihre Mannigfaltigkeit und Verzweigtheit. Trotzdem sind sie alle miteinander verbunden.

Sein erster Artikel gibt die erste wissenschaftliche Erklärung für die Isometrie, ein Begriff, den Berzelius prägte, um die Entdeckung zu beschreiben, daß zwei oder mehr chemische Verbindungen von gleicher Zusammensetzung völlig verschiedene Eigenschaften zeigen können. Pasteurs Entdeckungen zur Isometrie zeitigten weitreichende Folgen in der Chemie, sowohl auf theoretischem wie auf praktischem Gebiet, besonders in den Arbeiten von van't Hoff und Lebel über Stereochemie. Sie wurden im Bericht (a): ›Untersuchungen über die molekulare Asymmetrie in natürlichen organischen Substanzen‹ mitgeteilt. Pasteur hatte tatsächlich die Existenz asymmetrischer Moleküle entdeckt.

Bei der Beschäftigung mit diesen Experimenten fand Pasteur, daß, wenn Moleküle mit einer bestimmten Schimmelsorte zusammengebracht wurden, nur diejenigen mit Rechtssymmetrie zerstört wurden. Das brachte ihn auf die Untersuchung des Gärungsvorgangs. 1860 hatte er eine Anzahl von sorgfältigen, doch einfachen ›Experimenten über die sogenannte Urzeugung‹ vollendet, die er als Mythos nachwies (b).

Als seine Schlußfolgerungen von Pouchet in Frage gestellt wurden, der den Anspruch erhob, Pasteurs Experimente mit völlig anderen Ergebnissen wiederholt zu haben, antwortete dieser 1861 in (c): ›Bemerkungen über die Mikroorganismen, die in der Atmosphäre existieren‹ mit weiteren Experimenten, die keinen Zweifel daran ließen, daß die Gärung durch die Wirksamkeit winziger lebender Organismen verursacht wird und nicht eintritt, sobald diese ausgeschlossen oder abgetötet werden. So konnte er die Brauer und die Winzer über die Ursache und die Vermeidung der Bitterkeit in ihren Erzeugnissen aufklären. Der Hitzeprozeß, den er dafür empfahl, war die früheste Form der ›Pasteurisierung‹. Er ging noch weiter und schloß (d), daß auch die Fäulnis von lebenden Organismen erzeugt wird: eine Beobachtung, die die Experimente von Lister anregte und zur modernen aseptischen Krankenbehandlung überleitete (siehe 316).

1865 verknüpfte Davaine als erster eine Krankheit, den Milzbrand, mit einem spezifischen Erreger, und 1876 stellte Koch (366) Reinkulturen des Milzbrandbazillus dar, klärte ihre Lebensgeschichte auf und legte die Grundlagen zur modernen Bakteriologie.

1880 präparierte Pasteur – (e): ›Über bösartige Krankheiten, insbesondere über die Krankheit, die im Volksmund Hühnercholera genannt wird‹ – eine Bakterienkultur aus dem Kopf eines Hahnes, der an dieser Krankheit gestorben war. Er entdeckte, daß die Einimpfung einer verdünnten Mikrobenmenge Schutz gegen die Krankheit bewirkte und führte noch im gleichen Jahr für den Milzbrand ein ähnlich erfolgreiches Experiment durch. Wohl am besten bekannt ist seine Anwendung dieser Methode auf die Heilung der Tollwut im Jahre 1885.

Pasteur empfing zahllose Ehrungen. Sein schönstes Denkmal ist das Pasteur-Institut in Paris.

THEODOR MOMMSEN (1817-1903). Römische Geschichte, 3 Bände, 1854-1856; endgültige Ausgabe: 1856-57; Band 5: 1885. *Berlin, Weidmann*

Mommsen und Grote (321) waren es, die während der zweiten Hälfte des 19. Jahrhunderts hauptsächlich das geistige Bild der antiken Geschichte prägten. Grotes Werk ist heute überholt, doch Mommsens ›Römische Geschichte‹ ist immer noch nicht nur das genialste Werk deutscher Geschichtsschreibung, sondern auch als wissenschaftliche Leistung in vielen Punkten nicht übertroffen. Nach dem Tode Niebuhrs (267) verband sich die römische Geschichte im wesentlichen mit Mommsens Namen. Ranke (286) und er waren es, die den Höhepunkt des deutschen Einflusses auf die internationale wissenschaftliche Geschichtsschreibung bezeichnen.

Mit seiner Römischen Geschichte wollte Mommsen »die Alten herabsteigen machen von dem phantastischen Kothurn in die reale Welt«. Dies gelang ihm auch, und wer sich daran erfreute, war ein zahlreiches internationales Publikum, für das dieses Buch bald in alle Hauptsprachen übersetzt wurde. Bestürzt und überrascht waren allerdings seine deutschen Kollegen, die ihn als journalistischen Vielschreiber beschimpften. Die Römische Geschichte entstand auf den Vorschlag eines Verlegers hin, den in Leipzig eine öffentliche Vorlesung Mommsens fasziniert hatte. Da Mommsen sein Leben lang entschiedener Fortschrittsmann war, verfocht er leidenschaftlich die Lehre einer starken zentralistischen Regierung, die sich der Bauern und Arbeiter annahm und die er zu seiner Zeit im zweiten Kaiserreich Napoleons III. zu finden glaubte: daher auch seine Bewunderung für Cäsar und seine Verunglimpfung des »Wachtmeister« Pompeius und des »Winkeladvokaten« Cicero. Solch beißende Bemerkungen und Seitenhiebe erhöhten natürlich die Anziehungskraft des Buches, doch sein bleibender Wert besteht in der unvergleichlichen Meisterschaft Mommsens, wirklich jeden Aspekt einer alten Zivilisation aufzuzeigen.

Mommsen begründete die wissenschaftliche Erforschung der römischen Epigraphik (›Corpus Inscriptionum Latinarum‹, 1863 ff.)

und Münzkunde, und er war einer der ersten, die die Wichtigkeit der neu entdeckten Papyri erkannten. Er begründete den ›Thesaurus Linguae Latinae‹ (1894ff.), der den von Robert Estienne (62) aus dem Feld schlagen sollte. Als Herausgeber der ›Auctores Antiquissimi‹ (1882-98) in den ›Monumenta Germaniae Historica‹ (287) zeigte er sich als hervorragender Textkritiker. Sein ›Römisches Staatsrecht‹ (3 Bände, 1871-88) und sein ›Römisches Strafrecht‹ (1899) erwiesen, daß der politische Historiker genauso im Straf- und Staatsrecht zu Hause war – vielleicht ist sein Staatsrecht sogar sein größtes Werk. Im Jahre 1902 wurde ihm der Nobelpreis für Literatur verliehen.

Abgesehen von seinem überaus umfangreichen schriftstellerischen Werk und seinen Pflichten als Professor in Leipzig (1848), dann in Zürich (1852), später in Breslau (1854) und Berlin (1858) nahm Mommsen auch am politischen Leben Deutschlands aktiv teil: als Revolutionär im Jahre 1848, als Abgeordneter der Fortschrittspartei im Preußischen Landtag (1863-66 und 1873-79) und im Deutschen Reichstag (1881-84) sowie als bissiger Kolumnist linksgerichteter Zeitungen. Er war ein Gegner Bismarcks und bekämpfte unermüdlich Antisemitismus, Kolonialismus und Protektionismus, wobei er seine Argumente oft durch treffende Beispiele aus seinem unvergleichlichen Wissensschatz der römischen Geschichte bekräftigte.

338   Die Bibel des Materialismus

FRIEDRICH KARL CHRISTIAN LUDWIG BÜCHNER (1824-99). Kraft und Stoff. *Frankfurt am Main, Meidinger, 1855*

Berkeley (176) verneinte die Existenz der Materie, während Büchner nur sie allein anerkannte.

Die materialistische Schule wandte sich jedoch nicht so sehr gegen die idealistische Philosophie Berkeleys als gegen die Anwendung des Vitalismus auf wissenschaftliche Probleme. Die Vitalisten – unter ihnen vor allem Paracelsus (110) und Helmont (135) – glaubten, daß alle organischen oder anorganischen Stoffe unter dem Einfluß einer Lebenskraft stehen, die ihre Entwicklung und ihre Erscheinungsform bestimmt. Diese Anschauung wird in

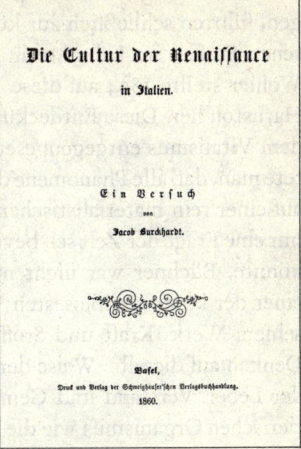

RÖMISCHE

GESCHICHTE

VON

THEODOR MOMMSEN.

ERSTER BAND.
BIS ZUR SCHLACHT VON PYDNA.

LEIPZIG,
WEIDMANNSCHE BUCHHANDLUNG.
1854.

Die Cultur der Renaissance
in Italien.

Ein Versuch
von
Jacob Burckhardt.

Basel,
Druck und Verlag der Schweighauser'schen Verlagsbuchhandlung.
1860.

Mommsen (337)   Burckhardt (347)

der Monadologie Leibniz' (177) offenkundig und beeinflußte
Schelling, Kant (226) und Goethe (298). Der entgegengesetzte
Standpunkt, daß alle natürlichen Phänomene durch rein mechanische Kräfte erklärt werden können, wurde von Newton (161)
und Descartes (129) vertreten. In einem seiner Aufsätze schrieb
Helmholtz, daß »für den vitalistischen Arzt der wesentliche Teil
der Lebensprozesse nicht durch Naturkräfte bedingt wird, die
bestimmten Gesetzen gemäß wirken … er glaubt, sich einer Art
von Seele gegenüber zu finden, die einen Denker, einen Philosophen, einen Mann des Geistes verlangt …«

Dies führte direkt zu einer Kluft zwischen organischer und anorganischer Welt, wobei der Mensch ein außerordentliches Wesen
darstellt, begabt mit Geist und Seele, deren Existenz man nicht
auf einer rein materialistischen Basis erklären kann. Lavoisier (238)
versetzte dieser ›Philosophie der Spaltung‹ (wie man sie nannte)
einen schweren Schlag, als er erklärte, daß die Atmungs- und Er-
nährungsvorgänge sowie die Erzeugung von Körperwärme Teil
eines Verbrennungsprozesses sind.

Die Analyse organischer Verbindungen im menschlichen Körper und ihre Zerlegung in chemische Bestandteile, verbunden mit

der Erforschung des Stoffwechsels und seiner Begleiterscheinungen, führten schließlich zur künstlichen Verbindung von organischen Stoffen im Laboratorium. Liebigs (310) Kollege Friedrich Wöhler stellte 1824 auf diese Weise die Oxalsäure und 1828 den Harnstoff her. Diese Entdeckungen förderten eine Bewegung, die dem Vitalismus entgegengesetzte Ansichten vertrat. So behauptete man, daß alle Phänomene der menschlichen Körperfunktionen auf einer rein materialistischen Ebene erklärbar sind und daß es nur eine Frage der Zeit sei, bevor man dies experimentell beweisen könnte. Büchner war nicht nur einer der ersten, sondern auch einer der kompromißlosesten Vertreter dieser Bewegung. Die in seinem Werk ›Kraft und Stoff‹ verfolgte These besagt, daß das Denken auf dieselbe Weise dem Gehirn entstamme wie die Galle der Leber. Verstand und Gemüt sind ebenso die Produkte eines tierischen Organismus wie die Bewegung das der Dampfmaschine ist.

Die Entrüstung gegen sein Werk zwang Büchner, seine Dozentenstelle in Tübingen aufzugeben. Doch hatte er viele Schüler, unter ihnen Dühring und Haeckel, und bei den Freidenkern nimmt er immer noch einen Ehrenplatz ein.

339   ## Der Suezkanal

FERDINAND MARIE DE LESSEPS (1805-94). Percement de l'Isthme de Suez. *Paris, Henri Plon, 1855*

Der Diplomat Ferdinand de Lesseps stammte aus einer alten französischen Familie. Als er sich 1832 auf einer Reise nach Alexandria befand, wo er das Amt eines Vizekonsuls antreten sollte, wurde sein Schiff unter Quarantäne gestellt. Der französische Generalkonsul schickte ihm gegen die Langeweile einige Bücher, darunter auch einen von J.-B. Lepère für Napoleon verfaßten Bericht über die Möglichkeit, den Kanal, der einst das Rote Meer über den Nil mit dem Mittelmeer verband, neu zu erschließen. Lesseps Vater hatte als Generalkonsul die Gunst Mehemet Alis, des Vizekönigs des Sultans, genossen. Als Ferdinand 1849 als französischer Gesandter in Rom von der neuen ›revolutionären‹ Regierung schlecht behandelt wurde, quittierte er den Staatsdienst.

Im Jahre 1854 erbat und erhielt er von Said Pascha, dem Sohn und Nachfolger Mehemet Alis, eine Konzession, die seinen Entwurf eines Kanals durch den Isthmus von Suez legalisierte. De Lesseps ließ sich weder durch politische noch praktische Einwände von seinem Projekt abbringen. Doch mußte zu seiner Finanzierung Kapital aufgebracht werden. In einer fast dreihundert Seiten langen und mit Karten versehenen Abhandlung ›Der Durchstich der Landenge von Suez‹ erläuterte er die Probleme des Kanals und seinen Bauplan. Napoleon III. sicherte ihm seine Unterstützung zu, und Lesseps beschaffte sich ein Kapital von zweihundert Millionen Francs. Mit dem Bau begann man 1859, vollendet wurde er zehn Jahre später. Palmerston hatte sich dem ganzen Plan als den britischen Interessen abträglich widersetzt, so daß kein Engländer darin sein Geld investierte. Doch im Jahre 1875 brachte Disraeli mit Hilfe der Rothschilds durch einen blendenden Coup alle Aktien des Khediven Ismail in den Besitz Englands.

Mit vierundsiebzig Jahren unternahm Lesseps einen Kanalbau in Panama, doch vermochte er dieses riesige Unternehmen nicht mehr zu bewältigen. Durch seinen Mißerfolg verlor er nicht nur sein Vermögen, er büßte auch das große Ansehen ein, das er bei seinen Landsleuten genossen hatte. Arm und enttäuscht starb er.

Der Sänger der Demokratie 340

WALT WHITMAN (1819-92). Leaves of Grass. *Brooklyn, New York, [gedruckt bei den Rome Brothers], 1855*

Es hätte Walt Whitman nicht überrascht, wenn er seine ›Grashalme‹ in einem Katalog der großen gedruckten Werke der Menschheit entdeckt hätte, denn von der ersten Veröffentlichung im Jahre 1855 an setzte er ein unbedingtes Vertrauen in die Größe des Buches und seines Autors. Dieses überwältigende Ich-Bewußtsein, das einem aus jeder Seite von Whitmans Werken entgegenschlägt, hat manche Leser verärgert, eine Reihe von Kritikern in Wut versetzt, erwies sich für andere jedoch auch als mächtiger Magnet, als sie entdeckten, daß dieser Dichter nicht nur sich selber, sondern auch sie, ja die ganze Menschheit besang.

Er schreibt:

Du bist es, aber sprichst genau wie ich selber –
ich bin deine Zunge.
In deinem Munde war sie gefesselt –
nun beginnt sie sich zu lösen.

Whitman, seit je ein Vorkämpfer des einfachen Mannes, ist der
Dichter und der Prophet der Demokratie. Die ›Grashalme‹ sind
von Anfang bis Ende erfüllt von dem Geist der Bruderschaft und
dem Stolz auf die Demokratie der jungen amerikanischen Nation.
In einem gewissen Sinne sind sie Amerikas zweite Unabhängigkeitserklärung: die erste aus dem Jahre 1776 war politischer und
die Whitmans aus dem Jahre 1855 geistiger Art. In diesem Sinne
heißt es in der Vorrede zur ersten Auflage: diese Gedichte sind
durchtränkt »von einem Ungestüm und einer kühnen Freiheit,
die notwendig sind, damit sich der Geist des noch ungeformten
Amerikas aus den Fesseln, dem Aberglauben und aus der langen,
hartnäckigen und lähmend antidemokratischen Vormundschaft
europäischer und asiatischer Vergangenheit zu lösen vermag«.
Für dieses junge Volk, das eben dabei war, auf literarischem Gebiet seine eigene, von europäischen Ursprüngen unabhängige
Persönlichkeit zu entwickeln, kamen Whitmans Botschaft und
sein unbedingtes Selbstvertrauen gerade im rechten Augenblick.

Obgleich sie nur ein Teil von Whitmans Gesamtwerk sind,
waren die ›Grashalme‹ doch sein liebstes Kind. Von ihrer Erstveröffentlichung an – sie erschienen in einem schmalen Quart-
bändchen mit zwölf Gesängen und einer langen Prosavorrede –
bis zu seinem Tode verbesserte und erweiterte er sie unablässig.
Die zweite Auflage, erschienen 1856 in Brooklyn, enthält fünfunddreißig Gesänge und trägt auf dem Buchrücken ein in Gold geprägtes Zitat aus einem Brief Emersons an den Autor: »Ich be-
grüße Sie zum Beginn einer großen Laufbahn.« Die dritte Auflage
mit dem Impressum ›Boston, Thayer and Eldridge, Year 85 of the
States, 1860-61‹ umfaßt hundertundsiebenundfünfzig Gesänge,
davon hundertundzweiundzwanzig neue. Die sogenannte ›Sterbe-
bett-Ausgabe‹ (Philadelphia, 1891-92), die letzte, die von Whitman durchgesehen wurde, war insgesamt auf zweihundertund-
fünfundneunzig Gesänge angewachsen.

Wenn Whitmans Ansehen über die Jahre hin auch immer wieder

schwankte und sich seine Stellung, wenn nicht an der Spitze, so doch in der ersten Reihe der großen amerikanischen Dichter, erst einige Jahre nach seinem Tod festigte, so hegte er selber in dieser Hinsicht nie den geringsten Zweifel. »Ich weiß, ich bin unsterblich«, so schrieb er. »Ob man mich nun heute oder erst in zehntausend oder zehn Millionen Jahren anerkennt, ich würde das heute freudig aufnehmen, aber ebenso freudig kann ich warten.« Die Zeit hat seinem Glauben recht gegeben.

Afrika: Christentum und Erforschung 341

(*a*) DAVID LIVINGSTONE (1813-73). Missionary Travels and Researches in South Africa. *London, John Murray, 1857*

(*b*) HEINRICH BARTH (1827-65). Reisen und Entdeckungen in Nord- und Centralafrika, 5 Bände. *Gotha, Justus Perthes, 1857-59*

David Livingstone, vielleicht der bedeutendste unter den Erforschern Afrikas, war von Geburt Schotte und promovierte an der Universität Glasgow als Mediziner. Er wurde Missionar, und die Londoner Missionsgesellschaft schickte ihn 1840 nach Afrika. Von da an widmete er sein Leben der Erforschung von Zentralafrika. Obwohl er Missionar war – auch als er später die Verbindung mit der Missionsgesellschaft löste und in den Dienst der britischen Regierung trat, blieb der Gedanke einer christlichen Mission in ihm lebendig –, betrachtete er seine Aufgabe mehr als die eines Forschers, der anderen Menschen den Zugang zu dem von ihm entdeckten Lande erschloß.

Livingstones Verdienste um die Geographie Afrikas, erworben im Laufe von dreißig Jahren, haben nicht ihresgleichen. Er durchzog nahezu ein Drittel des Erdteiles vom Kap bis zum Äquator, vom Atlantischen bis zum Indischen Ozean. Er unternahm drei große Forschungsreisen: 1853-56, beschrieben in obigem Buch, 1858-64 und 1865-73. Die erste und die dritte sind die wichtigsten. In diesen Jahren erforschte er gewaltige Gebiete von Zentralafrika. Viele von ihnen hatte noch nie eines Weißen Fuß betreten.

Er entdeckte als erster den Sambesi bei Secheke und folgte diesem Fluß nordwärts, erreichte bei Luanda in Angola die Westküste, bei Quelimane in Mozambique die Ostküste. 1855 entdeckte er die großen Wasserfälle des Sambesi und nannte sie Victoriafälle. Er erforschte den Sambesi und die Flüsse Shire und Ruyuma und fand den Salzsee Chilwa und den Nyassasee.

Seine letzte Reise unternahm Livingstone, um die Wasserscheide von Zentralafrika zu erforschen und um die wahre Quelle des Nils zu finden. Er glaubte, sie müßte weit südlicher liegen als Baker (357) und Speke angenommen hatten. Er erforschte den Tanganjikasee und wies nach, daß der Rusizi-Fluß in ihn mündet und nicht ihm entströmt. Die Härten und Mühseligkeiten dieser Reisen waren sehr groß, und Livingstone litt seit je unter Fieberanfällen. Auf seiner letzten Reise erkrankte er bei Ilala am Südufer des Bangweolo-Sees von neuem und starb.

Auf seinen Reisen entsetzten Livingstone die schrecklichen Folgen des hauptsächlich von den Arabern betriebenen Sklavenhandels für das Leben der Eingeborenen. Er wurde ein Anhänger der Ideen von Wilberforce (232 b) und ein Vorkämpfer für die Abschaffung der Sklaverei. Die geographischen Ergebnisse seiner Reisen waren von höchster Bedeutung. Sie ermöglichten, die weißen Flecken der bisherigen Karten von Zentralafrika weitgehend zu tilgen.

Livingstone verkörperte als einer der großen Männer des neunzehnten Jahrhunderts die Tugenden des viktorianischen Zeitalters. Man hat das oft zum Ausdruck gebracht und dabei mehr an den Menschen gedacht als an seine Leistungen als Forscher. Seine Stellung im Leben hatte er sich selber schaffen müssen. Was ihm in den Mühen und Härten eines großen Zielen gewidmeten Lebens half, war sein Mut, war die Kühnheit seiner Gedanken, war sein tiefes religiöses Gefühl und seine zähe Kraft, durchzuhalten. Der wohlverdiente Lohn war die Ehre eines Begräbnisses in der Westminster Abtei.

Im gleichen Jahr wie Livingstones Reisebericht – 1857 – erschien, ebenfalls in London, der erste der fünf Bände des Reiseberichtes von Heinrich Barth. Die deutsche Übersetzung erschien kurz danach. Der letzte Band kam 1859 heraus, ein zweibändiger Auszug 1859-60. Barth war Hamburger, Sohn eines wohlhabenden Kaufmannes. 1845-47 machte er seine erste größere Reise durch Nordafrika. Sein Hauptwerk war der obengenannte Bericht über die 1849 angetretene und erst nach mehr als fünf Jahren abgeschlossene Reise. Alexander von Humboldt, sein Gönner, der als uralter Mann die ersten Bände noch kennenlernte, sagte von ihnen, sie hätten Europa eine neue Welt erschlossen. Die Reise begann Barth als wissenschaftlicher Mitarbeiter einer englischen Handelsmission, in deren Auftrag er nach dem Tode des Leiters und weiterer Mitglieder 1852 mit dem Souverän des Reiches Bornu am Tschadsee einen Staatsvertrag abschloß. Von 1852 an durchzog Barth die riesigen Landstrecken zwischen Tripolis, dem Tschadsee und Timbuktu, fast zwanzigtausend Kilometer Weges. Barth starb schon früh, vierundvierzig Jahre alt, und das mag dazu beigetragen haben, daß die Erinnerung an seine Forscherleistung in Deutschland in Vergessenheit geriet. Seine Überzeugung war, daß Europa es den Afrikanern überlassen sollte, ihre eigenen Wege zu gehen, was damals den Kolonialinteressen der europäischen Staaten entgegenstand. Erst die moderne Afrikaforschung in Europa und in Afrika erkannte, welche Fundgrube Barths Werk für ihre Arbeit darstellt.

PERCEMENT

DE

L'ISTHME DE SUEZ

EXPOSÉ ET DOCUMENTS OFFICIELS

PAR

M. FERDINAND DE LESSEPS

MINISTRE PLÉNIPOTENTIAIRE.

Aperire terram gentibus.

PARIS

HENRI PLON, ÉDITEUR,

RUE GARANCIÈRE, 8.

1855

TROJANISCHE ALTERTHÜMER.

BERICHT

ÜBER

DIE AUSGRABUNGEN IN TROJA.

VON

Dr. HEINRICH SCHLIEMANN.

LEIPZIG:

IN COMMISSION BEI F. A. BROCKHAUS.

1874.

Lesseps (339)   Schliemann (362)

621

JOHANN CARL FUHLROTT (1804-77) und H. SCHAAFFHAUSEN
(1816-1893). Menschliche Überreste aus einer Felsengrotte des
Düsselthals. *In:* Verhandlungen des Naturhist. Vereins der Preußischen Rheinlande und Westfalens, zwei Teile. *Bonn, 1857 und 1859*

Einige Arbeiter in einem Steinbruch förderten 1856 aus einer
Kalksteingrotte im Neandertal zwischen Düsseldorf und Elberfeld einige Knochen zutage. Der Teil eines Schädels und einige
lange Knochen gelangten schließlich in die Hände des Lehrers
Johann Carl Fuhlrott in Elberfeld. Dieser erkannte sofort die
Wichtigkeit des Fundes, doch war es ihm nicht möglich, noch
mehr Knochen von dem sicherzustellen, was aller Wahrscheinlichkeit nach ein ganzes Skelett war. Einen Abguß der Hirnschale
schickte er an Professor Schaaffhausen an der Bonner Universität,
der sofort überzeugt war, daß es sich hier um einen Menschen
handelte und daß dieser ungewöhnliche Schädel kein pathologi-
sches Exemplar war, sondern von einem gesunden Menschen
einer alten Rasse stammte, die sich allerdings erheblich von allen
neueren Rassen unterschied. Diese Ansicht unterbreitete Fuhlrott Anfang 1857 der Naturgeschichtlichen Gesellschaft in Bonn,
und im selben Jahr noch stellte er zusammen mit Schaaffhausen
einen eingehenderen Bericht über den Fund zusammen.

Lange Zeit glaubte man nicht recht an das Alter der Knochen.
Virchow (307c) und andere waren davon überzeugt, daß diese
seltsame Hirnschale die eines Idioten war; andererseits erkannten
jedoch manche (vor allem in England) den Fund als tatsächliches
Beweismittel für die Entwicklung des Menschen an. So wurde
eine Abhandlung Schaaffhausens zu diesem Thema (sie stammte
aus Müllers Archiv, 1858) von Busk unter dem Titel ›On the
Crania of the Most Ancient Races of Man‹ (Natural History Review 1861) ins Englische übersetzt – ein Werk, das auch in Huxleys ›Man's Place in Nature‹ (1863) zur Geltung kommt. Doch
nur langsam fand dieser Fund seine Anerkennung, obwohl man
1864 in Gibraltar und 1866 in La Naulette noch weitere entdeckte,
die ebenfalls für die Existenz einer Rasse mit fliehender Stirnform
sprechen. Erst im Jahre 1886 wurden Funde des Neandertal-Typus

mit äußerster wissenschaftlicher Präzision untersucht, wonach es keinen Zweifel mehr geben konnte, daß es sich beim Neandertaler um ein sehr altes und durchaus normales Lebewesen handelt.

Der Engel der Lazarette

FLORENCE NIGHTINGALE (1820-1910). Notes on Matters affecting the Health, Efficiency, and Hospital Administration of the British Army. *London, Harrison, 1858*

Am 16.November 1856 wurde Miß Nightingale vom Kriegsminister Lord Panmure aufgesucht. Als sich dieser von ihr verabschiedete, hatte er ihr das Versprechen gegeben, einen königlichen Untersuchungsausschuß für die Armee zu ernennen; außerdem hatte sie durchgesetzt, daß diesem Ausschuß die von ihr vorgeschlagenen Leute angehören sollten: Sidney Herbert als Vorsitzender und Dr. T.Graham Balfour als Sekretär. Die königliche Bestätigungsurkunde wurde jedoch erst am 5.Mai 1857 ausgefertigt.

Miß Nightingale und Lord Panmure waren übereingekommen, daß sie einen Bericht über ihre Erfahrungen im Lazarettdienst verfassen sollte. Dieser Bericht sollte dem Ausschuß unterbreitet, für die Öffentlichkeit jedoch nicht zugänglich gemacht werden, falls die medizinischen und sanitären Verhältnisse in der Armee diesem Bericht entsprechend verbessert würden.

Dieses hier behandelte bemerkenswerte Dokument umfaßt mehr als achthundert Seiten und wurde im Zeitraum von neun Monaten nach Florence Nightingales erster Besprechung mit Panmure zusammengestellt und schließlich gedruckt.

Nichts wurde in diesem Bericht übersehen – kein Mißstand, kein Fehler, kein Mangel an System, kein Heilmittel. Die Einleitung befaßt sich mit dem Gesundheitszustand von Armeen in früheren Kriegen. Die ersten sechs Kapitel behandeln die verheerenden medizinischen Verhältnisse im Krimkriege. Ihnen folgen umfangreiche und ausführliche Verbesserungsvorschläge zur Organisation der Krankenpflege. Der Rest des Buches befaßt sich mit allen möglichen Dingen des militärischen Lebens, angefangen bei den Erfordernissen des Sanitätswesens bis zur Besoldung des Musketiers.

Da der Ausschuß Erfolg hatte, wurde dieser massive Bericht nicht veröffentlicht, sondern zirkulierte lediglich unter einigen Freunden und einflußreichen Persönlichkeiten. Doch seinem Vorhandensein war nicht nur die Einsetzung jenes königlichen Ausschusses zu verdanken, sondern auch die Art und Weise der meisten seiner Verbesserungsvorschläge. Die auf diese Weise eingeführten Neuerungen blieben jedoch nicht auf die britische Armee beschränkt, sondern haben die Lazarettpraxis in der ganzen Welt reformiert.

344 Abstammungslehre

(*a*) CHARLES DARWIN (1809-82) und ALFRED RUSSEL WALLACE (1823-1913). On the Tendency of Species to Form Varieties; and on the Perpetuation of Varieties and Species by Natural Selection. *In:* Journal of the Proceedings of the Linnean Society. *London, 1858*

(*b*) CHARLES DARWIN. On the Origin of Species by Means of Natural Selection. *London, John Murray, 1859*

Der dritten Ausgabe seiner ›Entstehung der Arten‹, 1861, fügte Darwin eine kurze Geschichte seiner Lehre an. Er beginnt mit Lamarck, 1809 (262), und erwähnt Saint Hilaire, Dean Herbert, Patrick Matthew, Herbert Spencer und Thomas Huxley als Forscher, die schon eine Entwicklungsgeschichte der Schöpfung erahnt und über sie tiefer nachgedacht hätten. Man könnte diesen Namen die von Hutton (247), Erasmus Darwin – Charles' Großvater –, von Playfair, Lyell und manch anderen noch zufügen. Lyell ist ein ganz besonderer Fall, denn obwohl er außerordentlich skeptisch hinsichtlich der Veränderlichkeit der Arten und für seine entschiedene Gegnerschaft gegen Lamarck bekannt war, und obwohl er sich 1851 noch argwöhnisch vor den Beweisen organischer Fortentwicklung verhielt, ist sein Einfluß auf Darwin entscheidend gewesen.

Als 1831 die Beagle-Expedition startete, schenkte Henslow Darwin den ersten Band von Lyells ›Grundlagen der Geologie‹,

Aug. 20.   *Price 2s.*

JOURNAL OF THE PROCEEDINGS

OF THE

LINNEAN SOCIETY.

Vol. III.   ZOOLOGY.   No. 9.

CONTENTS.

LONDON:

LONGMAN, BROWN, GREEN, LONGMANS & ROBERTS,

AND

WILLIAMS AND NORGATE.

Darwin (344)

der 1830 erschienen war, und schärfte ihm dabei nachdrücklich ein, er sollte »auf keinen Fall die dort vertretenen Ansichten übernehmen«. Lyell hatte ein für allemal die geologische Entwicklungslehre (247, 274) gesichert, die jede Art übernatürlicher Einwirkungen ablehnte. Der zweite Band von Lyells Werk erreichte Darwin in Montevideo. Seine ständigen Hinweise auf den außerordentlichen Einfluß, den dies bedeutende Werk auf sein Denken ausübte, kennzeichnet beispielhaft ein Satz in einem Brief an Leonard Horner: »Ich habe immer das Gefühl, als stamme die Hälfte meiner Bücher aus Lyells Kopf.« Sowohl Haeckel als auch Huxley betrachteten Darwins ›Ursprung der Arten‹ als eine notwendige Folge von Lyells ›Grundlagen der Geologie‹.

In der Tat war es Darwins Streben, Lyells Nachweis der Einheitlichkeit natürlicher Wirkkräfte auf die organische Welt zu übertragen. Die Hauptschwierigkeit dabei war, herauszufinden, welche Ursachen die unendliche Vielfalt der lebendigen Organismen innerhalb der geologischen Zeiten hervorbringen konnten. Darwin überwand sie und revolutionierte unsere Denkformen und Ansichten von der natürlichen Ordnung der Dinge. Die Erkenntnis, daß der ständige Wechsel das Gesetz des Universums ist, wurde endgültig gesichert, und damit war ein gewaltiger Schritt vorwärts getan in der Erkenntnis der Einheitlichkeit der Natur.

Das wissenschaftlich-theologische Dogma von der Unveränderlichkeit der Arten hatte sich gegen seine Bezweifler von Lucretius (87) bis Lamarck (262) behauptet, die ahnten, was Darwin zum erstenmal bewies. Die Vorwegnahme der Entwicklungstheorie als eine ›a priori‹-These wurde durch Darwin eine Erklärung der Natur und zuletzt eine wissenschaftlich begründete Theorie, die jedes Glied wissenschaftlicher Forschung betraf. Das ist der Wesenskern von Darwins Leistung. Die Modifikationen, die Bateson und Weißmann, auf der Wiederentdeckung von Mendels Forschungsergebnissen (356) fußend, durch ihre Theorie des Erbkeim-Protoplasmas beitrugen, sowie die veränderte Auffassung von der ›natürlichen Auslese‹ als Hauptursache der Entwicklungsstufen mindern nicht Darwins Bedeutung als Pionier der Wissenschaft.

Im Juni 1858 erhielt Darwin von dem englischen Biologen A.R.Wallace (1823-1913), der sich damals auf einer Forschungsreise im malayischen Archipel befand, einen Brief, der die gleichen Grundgedanken vertrat wie er selber. »Hätte Wallace«, meinte Darwin, »mein Manuskript von 1842 zur Hand gehabt, er hätte keinen besseren Auszug daraus machen können ... Selbst seine Begriffsformulierungen stehen als Überschriften über meinen Kapiteln.« Es war unverkennbar, daß Wallaces Gedanken in der Spur Darwins liefen, wenn auch ohne dessen Reichtum wirklich beobachteter Beweise.

Lyell und Hooker regten an, man sollte Wallaces Abhandlung und Stücke von Darwins noch nicht veröffentlichter Monographie gleichzeitig herausbringen zusammen mit einem Brief an Asa Gray, geschrieben 1857, in dem Darwin seine Grunderkenntnisse skizzierte. Alles zusammen bildet die obige Veröffentlichung in den Berichten der Linné-Gesellschaft.

Freiheit und Individuum   345

JOHN STUART MILL (1806-73). On Liberty. *London, John W. Parker, 1859*

Worauf die Ostindische Handelskompanie in den letzten Jahren ihres Bestehens besonders stolz sein durfte, war die Tatsache, daß James Mill (1773-1836), Historiker und politischer Philosoph, und sein noch berühmterer Sohn, John Stuart Mill, ihr vierzig Jahre lang loyal gedient hatten.

Als James 1819 in den Dienst der Gesellschaft trat, genoß er als Schriftsteller bereits großes Ansehen. Bentham (237) und auch Ricardo (277) war er ein zuverlässiger Freund und Bundesgenosse. Vor allem in seinen Aufsätzen für die fünfte Auflage der ›Encyclopaedia Britannica‹ (218) erwies er sich als einer der Verfechter des Utilitarismus, und mit seinem philosophischen Hauptwerk ›Elements of Political Economy‹, worin er die Anschauungen Ricardos ausbaute, schuf er das Fundament für jenen ›philosophischen Radikalismus‹, der den liberalen Politikern gegen Mitte des 19.Jahrhunderts zum Evangelium werden sollte. Seinen Sohn erzog er selbst, und diese Erziehung erregte – so John Stuart Mill in seiner Autobiographie – allgemeines Aufsehen. Schon mit drei Jahren konnte das Kind Griechisch lesen; mit acht befaßte es sich mit Plato und Herodot und einer unglaublichen Menge historischer Arbeiten; mit zwölf machte es sich an Aristoteles' Werke über die Logik, an Adam Smith und Ricardo. Über welches Ausmaß an Robustheit des Intellekts er verfügte, mag man daraus ersehen, daß er diese ungeheure Zerreißprobe bestand und er nach seinem Eintritt ins India Office 1822 von seinem Vater dort keineswegs in den Schatten gestellt wurde.

Daß es dann im Jahre 1826 bei ihm zu einer Nervenkrise kam, überrascht nicht. Es war die unvermeidliche Reaktion auf den weltfremden, kühlen Idealismus, auf die nahezu unmenschliche Philanthropie seines Vaters. Er sah, wie er zu einer ›intellektuellen Maschine‹ wurde, und erkannte, daß es hieße, einen Großteil menschlicher Kräfte brachzulegen, wenn man dem Allgemeinwohl diente und dabei das Individuum außer acht ließe, wenn man für und nicht mit den Menschen arbeitete. Die französische Revolution von 1830 und die Verabschiedung der ›Reform Bill‹ (siehe 296) erfüllten ihn mit Begeisterung: die Krise war überwunden, und mit frischer Energie machte er sich wieder an seine Arbeit. Das schriftstellerische Werk der nächsten fünfzehn Jahre spiegelt seine neuen Überzeugungen wider, die auch seinem wohl bekanntesten Werke ›Principles of Political Economy‹ (1848) zugrunde liegen. Im Jahre 1851 heiratete er, und von seiner höchst ungewöhnlichen Frau sollte er zu seinem Essay ›On Liberty‹ (Über die Freiheit) angeregt werden.

Bevor dieses Werk jedoch veröffentlicht wurde, hatte er eine weitere Krise zu überwinden. Als die Ostindische Handelskompanie die Führung der Regierungsgeschäfte von Indien abtreten sollte, fiel ihm die Aufgabe zu, seine Gesellschaft zu verteidigen. Als er trotz seiner eindrucksvollen Darstellung der Fakten (und der eigenen Überzeugungen) darin scheiterte, quittierte er den Dienst. Fast unmittelbar darauf starb seine Frau, und als sein Werk ›On Liberty‹ erschien, setzte er eine ergreifende Widmung an sie voran. Seine aktive politische Tätigkeit lenkte ihn ein wenig von seinem Schmerz ab. Er veröffentlichte ein Buch über die Parlamentsreform und unterstützte während des amerikanischen Bürgerkriegs energisch die Sache des Nordens, da er überzeugt war und andere davon überzeugen wollte, daß diese Chance, die Sklaverei abzuschaffen, nicht verpaßt werden dürfe. 1865 wurde er Mitglied des Parlaments für Westminster, und da er mehr als nur Parteipolitiker war, fanden seine Reden vor dem Parlament besondere Beachtung. Nicht ohne Erleichterung trat er 1868 in den Ruhestand und verbrachte den Rest seines Lebens in seinem Landhaus in Avignon, das seine Frau und er sich einst gekauft hatten.

Sein Werk ›Über die Freiheit‹ bleibt sein meistgelesenes Buch. Es behandelt die letzte Entwicklungsphase der utilitarischen Lehre. Weder Mills Vater noch Bentham sind je zu der Erkenntnis gelangt, die den Grundgedanken dieses Werkes bildet: Mill entdeckte, daß das ›Höchste Gut‹ der Gemeinschaft untrennbar mit der Freiheit des Individuums verbunden ist. Von Freiheit hatte man bisher nur in Beziehung zu Tyrannei und Unterdrückung gesprochen. Mill erweiterte den Begriff der Tyrannei auf die Unterdrückung der unter dem Zwang von Sitten und Gebräuchen stehenden Mehrheit der Menschen. Er erklärte, daß »die Menschheit nur dann das Recht hätte, die Handlungsfreiheit einzuengen, wenn dies zum Selbstschutz geschähe«. Bezeichnend war, daß er diesen Gedanken auch in die Praxis umsetzte: seine Wahlniederlage war zum größten Teil auf seine Unterstützung Bradlaughs zurückzuführen. Viele der Ideen Mills bilden heute einen festen Bestand demokratischen Gedankenguts, und seine Argumente für jegliche Rede- oder Denkfreiheit sind unübertroffen. Er war der erste, der jene Tendenz einer demokratisch gewählten Mehrheit erkannte, die eine Minderheit unterdrückt, und es klingt höchst aktuell, wenn er warnt: »Wir können niemals sicher sein, daß die Meinung, die zu unterdrücken wir uns gerade bemühen, eine falsche Meinung ist; und wären wir darin auch ganz sicher, so begingen wir mit dieser Unterdrückung dennoch ein Unrecht.«

SAMUEL SMILES (1812-1904). Self-Help, with Illustrations of Character and Conduct. *London, John Murray, 1859*

Samuel Smiles, Schriftsteller, Geschäftsmann, Journalist und Sozialreformer, verkörpert jene tatkräftige Rechtschaffenheit, die eine der besten Eigenschaften der viktorianischen Gesellschaft war. Er war das älteste von fünf Kindern, und die unermüdliche Fürsorge und Zuversicht, die seine Mutter für die Familie aufbrachte – der Vater war 1832 gestorben –, zählen zu jenen Eigenschaften, wie sie ihr Ältester in seinen umfangreichen Schriften später noch preisen sollte.

Nach Abschluß seines Medizinstudiums an der Universität Edinburgh im Jahre 1832 eröffnete Smiles eine Arztpraxis in seinem Geburtsort Haddington. Unzufrieden mit seinem nur mäßigen Erfolg als Arzt, verkaufte er seine Praxis und bewarb sich nach einer kurzen Auslandsreise auf eine Anzeige hin um einen Posten bei der ›Leeds Times‹. 1838 wurde er Redakteur und unterstützte die radikale Politik der vierziger Jahre. Er interessierte sich für das Eisenbahnwesen und bei der Eröffnung der North Midland Linie im Jahre 1840 lernte er George Stephenson kennen. Zwei Entschlüsse waren das Ergebnis dieser Begegnung: 1842 gab er seinen Posten als Redakteur auf und arbeitete, nachdem er sich kurze Zeit als freier Schriftsteller betätigt hatte, als Sekretär für zwei Eisenbahngesellschaften. 1857 verfaßte er dann die außerordentlich erfolgreiche Biographie über George Stephenson. Auf diese seine erste Biographie sollte noch eine ganze Reihe weiterer Biographien, zumeist über Erfinder und Techniker, folgen; Leitmotive waren Tugenden wie Fleiß und männliche Redlichkeit.

Von nun an hielt er Vorträge über derartige Themen vor Facharbeiter-Verbänden und Fortbildungsvereinen. 1859 erschien bei seinem Verleger John Murray die erste der zahllosen Auflagen der ›Selbsthilfe‹. Das Werk hatte sofort einen beispiellosen Erfolg: Im ersten Jahr nach seinem Erscheinen wurden zwanzigtausend, bis 1864 fünfundfünfzigtausend und bis 1900 zweihundertsiebzigtausend Exemplare verkauft. Das Buch wurde in fast alle Sprachen übersetzt; Handwerker aus aller Welt bestätigten Smiles in unzähligen Briefen die Nützlichkeit seines Werkes, und dies bedeutete für ihn den eigentlichen Erfolg, denn für sie hatte er es verfaßt. 1871 trat er in den Ruhestand: er wollte reisen, wollte sich ganz der Schriftstellerei widmen. Er veröffentlichte eine Reihe von Arbeiten über die Hugenotten und noch weitere Biographien über erfolgreiche Autodidakten. Seine letzte Biographie schrieb er über Josiah Wedgwood. Nach seinem Tode – er starb mit zweiundneunzig Jahren – wurde seine Autobiographie veröffentlicht. Doch vielleicht war sein Leben selbst der beste Beweis für die Gültigkeit seiner Anschauungen, die er so lange gelehrt hatte.

Die Kultur der Renaissance   347

JACOB BURCKHARDT (1818-97). Die Cultur der Renaissance in Italien. *Basel, Schweighauser, 1860*

»Das durchdringendste und klügste Werk der Kulturgeschichte«, so nannte es Lord Acton, während Burckhardt selbst sein Werk als »einen bloßen Versuch« bezeichnete. ›Die Kultur der Renaissance in Italien‹ hat für mehr als ein Jahrhundert die allgemeinen Vorstellungen vom Italien des 13., 14. und 15.Jahrhunderts bestimmt.

Burckhardt, in Basel geboren, wo er fast sein ganzes Leben verbrachte, erhielt seine wissenschaftliche Ausbildung im Seminar Rankes (286) in Berlin, wo ihn eine Randbemerkung seines Meisters tief beeindruckte: »Entwickeln Sie das Gefühl für das Interessante in der Geschichte.« Nachdem er durch eine Geschichtsprofessur an der Universität von Zürich (1855), später an der von Basel (1858-93) sein bescheidenes Auskommen gefunden hatte, lehnte er es 1871 ab, in Berlin Rankes Nachfolger zu werden. Abgesehen von seinen Werken über italienische Kunst und Kultur sind seine hervorragendsten Arbeiten ›Das Zeitalter Konstantins des Großen‹ (1853), in dem er das Gedankengut Gibbons (222) verwendete, und seine beiden postum veröffentlichten Bücher ›Griechische Kulturgeschichte‹ (1892-1902), mit der er die idealistische Darstellung Grotes (321) zerstörte, und die ›Weltgeschichtlichen Betrachtungen‹ (1905), die zu den eindringlichsten, tief pessimistischen Untersuchungen der dem menschlichen Verhalten unterliegenden Beweggründe gehören.

Die Begriffe ›restauratio‹ oder ›restitutio‹ waren von italienischen Humanisten des 14.Jahrhunderts auf das Wiederaufleben der klassischen Sprachen und Literatur, der Begriff ›rinascita‹ von Ghiberti und Vasari (88) auf das Wiedererblühen von Kunst und Architektur angewandt worden. Im 18.Jahrhundert begriffen Voltaire (202) und Gibbon als erste die italienische Kultur vom 14. bis zum 16.Jahrhundert als eine Einheit und als einen entscheidenden Faktor der gesamten europäischen Geschichte. Michelet (324) prägte 1855 für diesen Zeitabschnitt als historische Epoche den Begriff ›Renaissance‹. Burckhardt, ein Bewunderer Voltaires und Gibbons, lieferte eine abschließende Synthese.

Aus den Kapitelüberschriften ersieht man sowohl die Hauptrichtung von Burckhardts Beweisführung als auch den Umfang des von ihm behandelten Gegenstandes. ›Der Staat als Kunstwerk‹ stellt die Monarchien von Tyrannen und Dynasten den Republiken Venedig und Florenz gegenüber; ›Entwicklung des Individuums‹ und ›Die Entdeckung der Welt und des Menschen‹ unterstreichen den Optimismus und den Immoralismus des Zeitalters; ›Die Wiedererweckung des Altertums‹ umreißt die Bedeutung der Humanisten auf dem Gebiet der Bildung und der Kultur; ›Die Geselligkeit und die Feste‹ und ›Sitte und Religion‹ befassen sich mit den äußeren und geistigen Manifestationen des öffentlichen und privaten Lebens, wie sie zum Beispiel in Castigliones ›Cortegiano‹(59) verkörpert werden. Burckhardt überging bewußt die Architektur und die Künste, mit denen er sich bereits in seinem ›Cicerone‹ (1855) befaßt hatte und die er später in seiner ›Geschichte der Renaissance‹ (1868) behandeln sollte, ein merkwürdig verfehlter Titel für eine Geschichte der Renaissancearchitektur.

Die moderne historische Forschung hat die Schwächen an Burckhardts Darstellungen aufgedeckt: seine Vernachlässigung der mittelalterlichen Wurzeln der Renaissance, insbesondere der karolingischen und anglo-französischen ›Renaissance‹ im 9. beziehungsweise 12.Jahrhundert; seine Identifizierung der Renaissance mit der ›modernen Welt‹; seine allzu scharfe Antithese von despotischen und volksnahen Regierungsformen; und natürlich auch seine Abhängigkeit vom damaligen Stand des historischen Wissens. Tatsächlich ist jetzt die ganze Auffassung Burckhardts von der Renaissance in Zweifel gezogen – obgleich es zumindest bei den Italienern unwahrscheinlich ist, daß sie sie aufgeben werden. Doch ebenso wie bei anderen großen Historikern wie Gibbon, Ranke (286), Macaulay (328) kann auch bei Burckhardt die Kritik an Einzelheiten nicht die große Anziehungskraft schmälern, die sein Buch auf so ganz verschiedene Schriftsteller wie Ruskin (315), Nietzsche (370) und Gobineau (335) und auf zahllose Bewunderer der glanzvollsten Epoche europäischer Geschichte ausübte.

»Sieben gegen Christus«   348

FREDERICK TEMPLE, ROWLAND WILLIAMS, BADEN POWELL, HENRY BRISTOW WILSON, CHARLES WYCLIFFE GOODWIN, MARK PATTISON und BENJAMIN JOWETT. Essays and Reviews. *London, John W. Parker, 1860*

Die Unruhe über die buchstäbliche Wahrheit der Bibel ging nicht allein auf dieses Buch zurück, das die unmittelbare Ursache ihres Ausbruchs vom Jahre 1860 war.

Zu den tieferen Gründen gehörte die Reihe wissenschaftlicher Entdeckungen, die mit der Veröffentlichung von Lyells ›Principles of Geology‹ im Jahre 1830 begann und ihren Höhepunkt in Darwins ›Entstehung der Arten‹ (344) aus dem Jahre 1859 fand. Dieses Buch war es, das das Vertrauen der Geistlichkeit und der Laien in die Unfehlbarkeit der Heiligen Schrift erschütterte. Eigentlich war es nicht so sehr diese ›neue‹ Wissenschaft, sondern vielmehr die verbreitete Unwissenheit darüber, was soviel Unruhe und Mißverständnisse auslöste. Der Utilitarismus war ein Feind, dem man beikommen konnte, der Entwicklungsgedanke nicht.

Eine zweite Ursache löste noch mehr Verwirrung aus. Die neue kritische Einstellung gegenüber dem Text der Heiligen Schrift, die sich mit der Tübinger Universität und mit Namen wie Baur (322) und Strauß (300) verband, wurde als ein Angriff aus dem Hinterhalt empfunden, da er nicht von wissenschaftlichen Agnostikern, sondern von protestantisch-christlichen Theologen geführt wurde. »Ich glaube«, so schrieb Bischof Blomfield unter dem Eindruck der ›Tractarian Bewegung‹ (siehe 312), »daß wir mehr von der deutschen Theologie als der Roms zu fürchten haben.« Doch jetzt beunruhigten plötzlich nicht so sehr die Werke Strauß' und Renans (352), die das Menschentum Christi betonten und das Göttliche und Wunderbare schmälerten, als vielmehr die neue wissenschaftliche Textkritik, die sich mit der Urheberschaft des Pentateuch und der Briefe des Paulus befaßte. Dem durchschnittlichen Klerus mangelte es am geistigen Rüstzeug, um mit solchen Gegnern fertig zu werden.

Doch gehörten diese Kritiker nicht der anglikanischen Kirche an, weshalb jetzt die Veröffentlichung der ›Essays and Reviews‹ Geistlichkeit und Laien doppelt bestürzte. Denn nicht allein, daß dieses Buch die freie Auslegung der Bibel bejahte – viel schlimmer war, daß es, mit einer Ausnahme, von Geistlichen mit guten Pfründen verfaßt worden war, von denen ein Großteil aus den geheiligten Gefilden Oxfords kam. An und für sich schien es unwahrscheinlich, daß dieses Werk derartiges Aufsehen erregen würde. Doch obgleich seine Verfasser ein gemeinsames Ziel verfolgten, unterließen sie es unvorsichtigerweise, die jeweiligen Beiträge der anderen zu lesen, wodurch ihnen die verheerende Wirkung des Ganzen überhaupt nicht bewußt wurde. Ihr bescheidener Ehrgeiz bestand darin, daß sie etwas gegen die unangebrachte Zurückhaltung in der Bibelkritik unternehmen wollten. Jowett vor allem, der Fragen der Schriftauslegung behandelte, umriß klar ihre Einstellung. Seine These war, daß der Text der Heiligen Schrift immer nur eine Bedeutung habe – nämlich die, die der Prophet oder Evangelist im Sinn hatte, als er seine Worte äußerte oder niederschrieb. Seine Devise: »Lege die Bibel aus wie jedes andere Buch!« wurde zum Schlachtruf der Kritiker.

Ohne den Artikel Frederic Harrisons in der ›Westminster Review‹, der – von einem positivistischen Standpunkt aus – diese ›tolerante‹ Sammlung begrüßte, wären die ›Essays and Reviews‹ wahrscheinlich von einem breiten Publikum niemals bemerkt worden. Bischof Wilberforce, der ein Jahr zuvor Darwins ›Entstehung der Arten‹ rezensiert hatte, veröffentlichte in der Zeitschrift ›Quarterly Review‹ eine Erwiderung; etwas später im selben Jahr kam es auf einer Versammlung der British Association in Oxford zu einer äußerst hitzigen Auseinandersetzung zwischen ihm und Huxley. Jetzt war der Teufel los. Im Februar 1861 versammelten sich die Bischöfe in Fulham und verdammten das Buch. Ergebnis war, daß beim Kirchlichen Gerichtshof gegen die beiden Verfasser Williams und Wilson Anklage erhoben wurde. Sie wurden für schuldig erklärt, doch der Justizausschuß des Staatsrates unter Lord Westbury hob das Urteil auf. Dies erbitterte die kirchliche Opposition noch mehr, so daß die ›Essays and Reviews‹ schließlich durch eine Provinzialsynode verdammt wurden.

Unmittelbare Folge war die Erkenntnis, daß die anglikanische Kirche theologische Vergehen nicht auf dem Rechtsweg verfolgen konnte; auf lange Sicht blieb der Kirche freilich nicht erspart, vieles von dem anzuerkennen, was die Verfasser der Essays verfochten hatten.

Mutterrechtliche Gesellschaftsformen   349

JOHANN JAKOB BACHOFEN (1815-87). Das Mutterrecht. Eine Untersuchung über die Gynaikokratie der alten Welt nach ihrer religiösen und rechtlichen Natur. *Stuttgart, Krais und Hoffmann, 1861*

Auf ethnologischem Gebiet hatte Boucher de Perthes (325) neue Perspektiven eröffnet. Bachofen nun, ein Schweizer Professor für Römisches Recht und später Richter in Basel, schlug mit seinem Buch ebenfalls einen neuen Weg ein, indem er bei der Erforschung des frühen Menschen von einem soziologischen und rechtsgeschichtlichen Standpunkt ausging. Bachofen war Rechtsgelehrter und Sprachforscher und betrieb mythologische Studien.

Bei gewissen Menschengruppen des klassischen Altertums entdeckte er durch die Frauen bestimmte matrilineare Geschlechterfolgen, und dies sogar in Fällen, wo der soziale Vorrang den Männern zukam (Patriarchat). Herodot beschrieb ein solches System bei den Lykiern, wo die Mutter-Ehefrau das herrschende

Element des Familienhaushalts war und sich ihr nur von Zeit zu Zeit einer oder mehrere Männer in mehr oder minder beständigen Verbindungen zugesellten. Eine ähnliche Gesellschaftsordnung trifft man später in Sparta an. Und als Bachofen entdeckte, daß es sie sogar zu seiner Zeit bei einigen primitiven Völkern Indiens, Afrikas und Amerikas gab, schloß er daraus, daß die matriarchale Phase in der sozialen Entwicklung aller Völker der patriarchalen vorausgeht.

Aus dieser Prämisse entwickelte Bachofen ein ganzes Evolutionssystem. Er behauptete, daß das Matriarchat nicht das früheste Stadium einer sozialen Organisation sei, sondern daß es eine noch frühere Phase des Hetärismus überwand und ablöste. Diese Entwicklung schloß er aus der Verehrung weiblicher Gottheiten und führte sie auf die tiefe Religiosität der Frau zurück, da er glaubte, daß in diesen früheren Phasen vor allem religiöse Einstellungen die Entstehung von sozialen Strukturen bewirkten.

Dieser Entwicklungsablauf – Hetärismus, Matriarchat, Patriarchat – wird heute ebensowenig anerkannt wie Bachofens Theorie, daß der Nachweis einer matrilinearen Abstammung ein Matriarchat bedingen müsse, das heißt eine Gesellschaft, die von Frauen beherrscht wird. Einiges von seinem Gedankengut birgt Spuren eines germanischen Mystizismus. Trotzdem ist Bachofen insofern eine wichtige Erscheinung in der Geschichte der Ethnologie, als er der erste war, der auf das Problem der matrilinearen Abstammung aufmerksam machte. Ferner entwickelte er dadurch, daß er soziale Struktur und religiöse Praxis miteinander in Beziehung setzte, daß er die griechisch-römische Kultur als Ganzes erforschte – wobei er auch ihre rohen Züge einbeschloß, die von der klassischen Philologie seiner Zeit nur zu gern außer acht gelassen wurden – Grundlehren, die auch heute noch für die Erforschung früher Kulturen gültig sind. Seine Beobachtungen über die soziale Stellung der Frau beeinflußten die marxistische Doktrin und verhalfen der Forschung zu völlig veränderten Anschauungen auf den Gebieten der Rechtsgeschichte und der Soziologie.

Bachofen veröffentlichte zwei weitere Arbeiten, die sich teilweise ebenfalls mit diesen Problemen befassen: den ›Versuch über Gräbersymbolik der Alten‹ (1859) und die ›Antiquarischen Briefe vornehmlich zur Kenntnis der älteren Verwandtschaftsbegriffe‹ (1881-86).

Das Rote Kreuz 350

JEAN HENRI DUNANT (1828-1910). Un Souvenir de Solférino. *Unverkäuflich; Genf, Druckerei Jules-Guillaume Fick, 1862*

Der Schweizer Dunant, ein Philanthrop, wußte um Florence Nightingales (343) Werk auf der Krim, und das, was er über die Behandlung der Kranken und Verwundeten im Krimkrieg gelesen hatte, ließ ihn den italienischen Schauplatz des Krieges zwischen Frankreich und Österreich (1859) aufsuchen. Er wohnte der Schlacht von Solferino bei, in der die Verluste verheerend waren – auf beiden Seiten beliefen sie sich insgesamt fast auf 40000 Mann. Die Betreuung der Verwundeten lag sehr im argen; sie war schlimmer als schlimm.

Dunants Bericht über diese Verhältnisse – er gab ihm den entwaffnenden Titel ›Eine Erinnerung an Solferino‹ – hatte raschen Erfolg. Im Oktober 1863 fand in Genf eine inoffizielle internationale Konferenz statt, der im Jahr darauf eine durch die Schweizer Regierung einberufene offizielle Konferenz folgte, auf der die ›Genfer Konvention‹ entworfen und am 22. August 1864 unterzeichnet wurde.

Dieses Abkommen sorgte für eine menschenwürdige Pflege von Kranken und Verwundeten und für die korrekte Behandlung der Kriegsgefangenen wie der Zivilbevölkerung. Nach anfänglichem Zögern mancher Regierungen und als Ergebnis späterer Konferenzen wurde die heute gültige Konvention 1906 von den Regierungen aller zivilisierten Länder der Welt unterzeichnet.

Dunant erhielt als erster im Jahre 1901 den Friedensnobelpreis.

ABRAHAM LINCOLN (1809-65). The Gettysburg Solemnities. Dedication of The National Cemetery at Gettysburg, Pennsylvania, November 19, 1863, with the Oration of Hon. Edward Everett, Speech of President Lincoln, etc. etc. etc. *Veröffentlicht im Washington [D.C.] Chronicle Office, 1863*

Der ›Washington Chronicle‹ vom 18. bis zum 21. November 1863 gab einen ausführlichen Bericht über diese Feierlichkeit, dem er den wortgetreuen Text von »Edward Everetts großartiger Rede« beifügte. Everett, Gouverneur und später Senator von Massachusets, war der berühmteste amerikanische Redner seiner Zeit. Am vierten Tag seiner Berichterstattung vermerkte das Blatt beiläufig und ohne genauere Einzelheiten, daß auch der Präsident eine Ansprache gehalten hatte.

Als am 22. November ein Sonderdruck herauskam, verwandte man für Everetts »großartige Rede« den bereits vorhandenen Satz, während Lincolns Rede erst gesetzt werden mußte. Sie wurde in dem Blättchen einfach an den Schluß angehängt, wo sie auf Seite 16 als letzter Absatz erschien. Ähnlich wurde sie behandelt, als das armselige Druckwerk durch eine achtundvierzigseitige Broschüre ersetzt wurde, die im selben Jahr von Baker und Goodwin in New York veröffentlicht wurde. Noch bis vor kurzem nahm man an, daß es sich dabei um den Erstdruck der Gettysburg-Rede handelte.

Everetts Rede, die heute gänzlich vergessen ist, dauerte zwei Stunden. Lincolns Rede, die dieser im Zug auf seiner Reise zur Feier des entscheidenden Sieges der Nordstaaten über die konföderierte Armee entworfen und, wie es bei ihm üblich war, auf Schmierpapier und gebrauchten Briefumschlägen niedergeschrieben hatte, umfaßte zehn Sätze und dauerte nur ein paar Minuten. Vom ersten bis zum letzten Wort – sie fängt an mit »Four score and seven years ago« und endet mit den Worten »that government of the people, by the people, and for the people, shall not perish from the earth« – ist sie unsterblich, eine der großartigsten Formulierungen der Leitsätze demokratischer Freiheit.

ERNEST RENAN (1823-92). La Vie de Jésus. *Paris, Michel Lévy, 1863*

Renan sollte auf Wunsch seiner Mutter Priester werden und sein Studium hatte zunächst auch dieses Ziel. Die ersten Weihegrade empfing er im Jahre 1844. Doch mehr wurde daraus nicht, denn sein Studium hatte in ihm allzu schwerwiegende Zweifel an der historischen Wahrheit der Heiligen Schrift aufkommen lassen.

Er beschäftigte sich auf das intensivste mit den Bibelsprachen und bekleidete eine Anzahl unbedeutender akademischer Ämter, wobei er durch seine ketzerischen und unverhohlen geäußerten religiösen Anschauungen oft in Schwierigkeiten geriet. Seine Abhandlungen über die semitischen Sprachen und über das Griechische im Mittelalter wurden 1848 und 1849 von der Académie ausgezeichnet, anscheinend jedoch ohne veröffentlicht zu werden. Renans erstes 1852 erschienene Werk war ›Averroes et l'Averroïsme‹ (siehe 24), das ihm einen Doktortitel eintrug. 1862 erhielt er am Collège de France seine erste bedeutende Professur für Hebräisch und Chaldäisch. Aufgrund seiner ersten ketzerischen

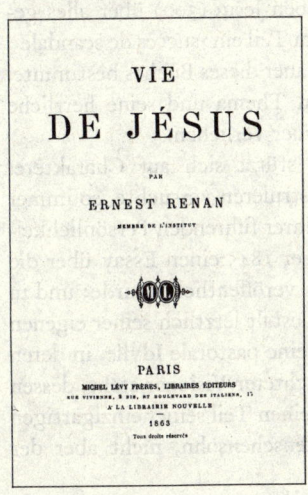

Renan (352)

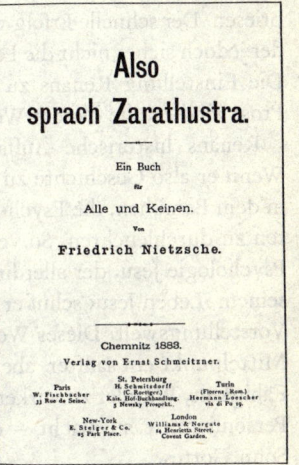

Nietzsche (370)

Vorlesung am 21.Februar wurde er fünf Tage später suspendiert. Im Jahre 1864 schaffte man seinen Lehrstuhl ab und als ›Ersatz‹ bot man ihm die Stelle eines Direktionsassistenten in der Handschriftenabteilung der Nationalbibliothek an. Entrüstet lehnte Renan ab und betätigte sich von da an freiberuflich.

Mittlerweile hatte er sein ›Leben Jesu‹ veröffentlicht, das in Frankreich und im Ausland zu einem großen Erfolg wurde. Bereits nach sechs Monaten waren von der französischen Auflage sechzigtausend Exemplare verkauft und eine Auflage folgte der anderen. Dieses Werk war das erste von Renans Büchern über die Ursprünge des Christentums. Ihm folgten: Die Apostel (1866), Der heilige Paulus (1869), Der Antichrist (1873), Das Evangelium (1877), Die Christliche Kirche (1879) und Mark Aurel (1881), doch hatte keine dieser Arbeiten einen solchen Erfolg wie ›Das Leben Jesu‹. Es ist nicht das umfassende Wissen, das diesem Buch zu seinem raschen und anhaltenden Erfolg verhalf – im Gegenteil, dieses Wissen wurde ihm oft abgesprochen. Das allerdings zu Unrecht, denn Renan war ein hervorragender Wissenschaftler, der, abgesehen von seinen eigenen Sprachforschungen, auch mit dem Gedankengut der Tübinger Schule (siehe 322) vertraut war. So hatte er zum Beispiel Strauß' ›Leben Jesu‹ (300) über alles gepriesen. Der schnelle Erfolg war zum Teil ein ›succès de scandale‹, der jedoch sicher nicht die Lebensdauer dieses Buches bestimmte. Die Einstellung Renans zu seinem Thema und seine herrliche Prosa sind es, die diesem Werk Dauer verliehen.

Renans historische Auffassung stützt sich auf Charaktere. Wenn er also Geschichte zu rekonstruieren versuchte, so immer in dem Bemühen, die Psychologie ihrer führenden Persönlichkeiten zu durchleuchten. So verfaßte er 1845 einen Essay über die Psychologie Jesu, der allerdings nie veröffentlicht wurde; und in seinem ›Leben Jesu‹ schuf er eine Gestalt letztlich seiner eigenen Vorstellungswelt. Dieses Werk ist eine pastorale Idylle, in deren Mittelpunkt ein sanfter, aber erleuchteter Visionär steht, dessen Fähigkeit, Wunder zu wirken, nur einen Teil seiner einzigartigen Persönlichkeit ausmacht – der Menschensohn, nicht aber der Sohn Gottes.

Für Renan war die christliche Religion mit ihrer besonderen

Mythologie eine Religion wie jede andere auch. Mit Baur stimmte er darin überein, daß sie ursprünglich eine Form des Judaismus war, daß es sich bei Jesus um einen jüdischen Messias handelte und daß es hauptsächlich der Fanatiker und Missionar Paulus war, der das christliche Dogma schuf.

Renan hätte das ›Leben Jesu‹ wahrscheinlich nicht als sein Meisterwerk bezeichnet, und man wird seinem Genie in der Tat nicht ganz gerecht, wenn man es aus dem Zusammenhang der ›Histoire des Origines du Christianisme‹ herauslöst. In diesem großen Werk tritt zutage, daß er die Leserschaft fand, die er suchte: ein breites Publikum eher als einen Gelehrtenklüngel; und an der Tatsache und am Ausmaß seines Erfolges besteht kein Zweifel.

Experimental-Medizin   353

CLAUDE BERNARD (1813-78). Introduction à l'Étude de la Médecine Expérimentale. *Paris, J. B. Baillière, 1865*

In der Mitte des 19. Jahrhunderts errang das Collège de France durch seine Professoren François Magendie (1783-1855) und Claude Bernard ein sehr hohes Ansehen auf dem Gebiete medizinischer Forschung. Durch sorgfältige, kluge und systematische Experimente an Tierkörpern gelangen Magendie und mehr noch Bernard wichtige Entdeckungen zur Physiologie der Nerven, zum Mechanismus der Vergiftung und zur Physiologie der Verdauung.

Die ›Einführung zum Studium der Experimentalmedizin‹ war gedacht als Rechtfertigung solchen Studiums und zugleich als Ermunterung dazu. Bernard erläuterte hier seine persönliche Forschungsmethode in einer Art und Weise, die ihm die Zustimmung der kritischen Naturwissenschaftler einbrachte: Er war ein begeisterter, aber keineswegs unkritischer Verfechter des Experimentes und blieb sich der Rolle der Hypothese bei seinen Erkenntnissen durchaus bewußt. Die Erörterung seiner Schlußfolgerungen wird mit Beispielen aus seinen eigenen Untersuchungen belegt wie etwa denen, die zur Entdeckung der Funktion der Pankreasdrüse bei der Verdauung führten oder jenen über die Funktion der Leber als Erzeugers der Glykose, über den Mechanismus der Vergiftung durch den Curaresaft und durch Kohlenstoffdioxyd, über die Erzeugung künstlicher Diabetes und so weiter. Ein Satz mag Bernards eigene wissenschaftliche Grunderkenntnis zusammenfassen: »In lebenden Körpern wie im unorganischen Stoff sind die wirkenden Gesetze unwandelbar, und die Phänomene, die diesen Gesetzen unterliegen, sind an die Bedingungen ihrer Existenz völlig zwingend und ausnahmslos gebunden.«

Bernards Untersuchungen wurden zuerst in Fachaufsätzen und in Sammlungen seiner Vorlesungen veröffentlicht, aber die ›Introduction‹ war ein wichtiges Lehrbuch, das Biologen der letzten hundert Jahre sehr beachteten und hochschätzten. Sie ist in vielen französischen Auflagen erschienen und kam 1927 auf Anregung eines führenden amerikanischen Physiologen und Biochemikers, L. J. Henderson, in einer englischen Übersetzung heraus. Diese Übersetzung wurde mehrmals aufgelegt.

354   Alice im Wunderland

LEWIS CARROLL (alias CHARLES LUTWIDGE DODGSON, 1832-98). Alice's Adventures in Wonderland. With forty-two illustrations by John Tenniel. *London, Macmillan, 1865*

›Alice im Wunderland‹ und die kaum weniger berühmte Fortsetzung ›Im Spiegelreich‹ (1872) wurden zwar für Kinder verfaßt – insbesondere für ein Kind: Alice Liddell –, doch sind sie als Kinderbücher einzigartig, weil sie Erwachsene genauso, wenn nicht sogar stärker ansprechen. Ihr Verfasser war Geistlicher und Mathematikdozent in Oxford. Wir stoßen in diesen Büchern auf eine Überfülle von Charakteren – der Weiße Ritter, die Rote Königin, der Verrückte Hutmacher und Humpty Dumpty –, die sich der Phantasie eines jeden Lesers eingeprägt haben. Und der Tiefsinn der zahllosen treffenden Bemerkungen dieser Vielzahl von Gestalten, geflügelte Worte überall auf der Welt, wo man englisch spricht, sie gewinnen noch an Reiz durch ihre köstlich phantastische Umwelt.

Die erste Ausgabe, Bibliophilen als die ›1865-Alice‹ bekannt, wurde auf Kosten des Verfassers von der Oxford University Press gedruckt. Im letzten Augenblick wurde jedoch vom Autor wegen der schlechten Reproduktion der fast ebenso berühmt gewordenen Illustrationen John Tenniels die Auflage für ungültig erklärt. Die wenigen bereits versandten Exemplare wurden zurückgefordert, anscheinend mit gutem Erfolg, da es von ihnen heute nur mehr rund zwanzig gibt. Mit einer auf 1866 datierten Titelseite wurde das Buch von Clay noch einmal gedruckt, und diese Ausgabe ist die erste regulär veröffentlichte.

Der sparsame Dodgson alias Lewis Carroll verkaufte 1866 fünfhundert Exemplare der stornierten Auflage von 1865 mit abgeändertem Titelblatt über Appleton's in New York.

Licht als eine Art Elektrizität 355

JAMES CLERK MAXWELL (1831-79). A Dynamical Theory of the Electromagnetic Field. *In:* Philosophical Transactions of the Royal Society. *London, 1865*

Faraday (308) hatte durch Induktion Elektrizität aus Magnetismus erzeugt wie auch von neuem magnetische Wirkungen der Elektrizität nachgewiesen; 1845 sprach er aus, daß Elektrizität und Licht gleicher Natur seien. Und immer dachte er eingehend über den Wirkungsmechanismus dieser neuen Erscheinungen nach sowie über die Gesetze, von denen sie bestimmt wurden. Insbesondere hatte Faraday die Vorstellung der ›Fernwirkung‹ fallengelassen und dafür die von ›Kraftfeldern‹ aufgegriffen, die die Körper umgeben und mit denen sie elektromagnetisch aufeinander wirken. Doch dachte Faraday anschaulich und nicht mathematisch.

Clerk Maxwell, der wohl als der größte theoretische Physiker des 19. Jahrhunderts angesehen werden kann, gestand gerne seine Abhängigkeit von Faraday ein; denn was er tat, war, die Theorie des elektromagnetischen Feldes mathematisch zu entwickeln. Um 1855 hatte Maxwell, der damals Mitglied des Trinity College in Cambridge war, einen Vortrag über ›Faradays Kraftlinien‹ vor der Cambridge Philosophical Society gehalten. Das Problem blieb eine seiner Hauptbeschäftigungen bis 1864, als er obigen Artikel, der seine dynamische Feldtheorie enthält, der Royal Society vorlegte. Darin wurde die Ansicht von ›mechanischen Modellen‹, um die Wechselwirkung und das Fortschreiten elektromagnetischer Kräfte im Feld darzustellen, wie sie Maxwell in früheren Aufsätzen vertreten hatte, aufgegeben. Die nun entwickelte Feldtheorie, ausgedrückt in zwanzig Gleichungen, war ausschließlich und elegant mathematisch.

Eine ihrer Folgerungen war, daß eine elektromagnetische Erregung oder Welle sich mit Lichtgeschwindigkeit durch den Raum bewegen müsse, ein Umstand, der Maxwell Anlaß gab, das Licht als ein elektromagnetisches Phänomen zu erklären. (Das Werk ›A Treatise on Electricity and Magnetism‹ wurde 1873 veröffentlicht.) Als Heinrich Hertz (377) zum ersten Mal elektromagnetische Wellen experimentell untersuchte, fand er in der Tat, daß sie optische Eigenschaften wie Reflexion, Beugung und Interferenz zeigten.

Eine Generation später gründete Einstein sein Werk über die Relativität (408) direkt auf Maxwells elektromagnetische Theorie; sie brachte ihn dazu, Faraday mit Galilei (113, 128, 130) zu vergleichen und Maxwell mit Newton (161). Wie Newton leistete auch Maxwell wichtige Beiträge zur Optik und zu anderen Zweigen der Physik, am bemerkenswertesten die zur kinetischen Gastheorie, wobei er geniales Experimentieren mit großem mathematischen Scharfsinn verband.

356 Genetik

(a) GREGOR JOHANN MENDEL (1822-84). Versuche über Pflanzen-Hybriden. In: Verhandlungen des Naturforschenden Vereins zu Brünn, IV. Band, 1865. *Brünn, 1866*

(b) WILLIAM BATESON (1861-1926). Mendel's Principles of Heredity. *Cambridge University Press, 1909*

In der Geschichte dessen, was jetzt ›Genetik‹ genannt wird, gibt es eine merkwürdige Kluft zwischen den im Garten und den im Labor vorgenommenen Experimenten.

In Richard Bradleys ›Neuen Verbesserungen der Pflanzenkultur…‹ aus dem Jahre 1717 findet sich die erste bekannt gewordene Erwähnung von künstlicher Kreuzbefruchtung. Es handelte sich da um einen Bastard, den ein Zuchtgärtner aus Chelsea aus einer Kreuzung von Nelken mit Bartnelken gezogen hatte. 1819 und 1822 setzte die Königlich Preußische Akademie der Wissenschaften vergeblich einen Preis für eine befriedigende Antwort auf die Frage aus, ob Bastardbefruchtungen in der Natur vorkommen. 1830 schrieb die Holländische Akademie in Haarlem einen ähnlichen Preis aus, den 1837 K.F. Gärtner (1772-1850), ein Arzt zu Calw in Württemberg, gewann. Er veröffentlichte 1849 in seiner Schrift ›Versuche und Beobachtungen über die Bastardenzeugung‹ die Ergebnisse einer Unzahl von Versuchen. Dies bedeutende Werk stellte ein für allemal die Geschlechtlichkeit der Pflanzen fest, die bis dahin durchaus bestritten worden war (siehe 165). Er hatte auch fraglos eine Ahnung von den Gesetzen, die die Varianten bei den Abkömmlingen der Bastardzeugung bestimmen. Charles Naudin kam in einem Bericht vor der Pariser Akademie der Wissenschaften 1864 in der Tat der Formulierung dieser Gesetze sehr nahe.

Im März des Jahres 1900 erschien in den Berichten der Deutschen Botanischen Gesellschaft ein Aufsatz von Hugo de Vries, Professor der Botanik in Amsterdam, in dem er gewisse Experimente anführte, die er mit der Bastardierung von Pflanzen vornahm, und die unerwarteten Ergebnisse, die er dabei gewonnen hatte. Im April berichtete Carl Correns, Direktor des Kaiserlichen Biologischen Institutes in Berlin, von ähnlichen eigenen Versuchen und bezog sich dabei, wie der Titel seiner Arbeit schon besagt, auf ›Gregor Mendels Regel über das Verhalten der Nachkommenschaft der Bastarde‹. Johann Mendel, Sohn eines böhmischen Bauern, trat 1843 in das Augustinerstift zu Brünn ein und erhielt als Pater Gregor 1847 die Priesterweihe. Es wurde ihm gestattet, 1851-1853 in Wien Mathematik und Naturwissenschaften zu studieren. Danach kehrte er in sein Kloster nach Brünn zurück und unterrichtete an dem dortigen Gymnasium Naturwissenschaft. Seiner Lieblingsbeschäftigung, der Pflanzenzüchtung, ging er im Stiftsgarten nach und stellte sich selber die Aufgabe, die Auswirkung der Kreuzbefruchtung zu ergründen. Mit gleichermaßen genialem wie glücklichem Griff wählte er für seine Versuche Pflanzen mit konstant differenzierenden Merkmalen. So kreuzte er normalwüchsige mit zwergwüchsigen Erbsensorten.

Dabei kam nun nicht, wie man eigentlich hätte vermuten können, eine Pflanze mittlerer Höhe heraus, sondern die Sprößlinge waren sämtlich mindestens so lang wie der normalwüchsige Elternteil. Aus Samen dieser Bastarde dagegen entstand eine überraschend unterschiedliche Generation, von der drei Viertel normal- und ein Viertel zwergwüchsig waren. Alle zwergwüchsigen und ein Drittel der normalwüchsigen erwiesen sich als reinerbig; zwei Drittel der normalwüchsigen dagegen verhielten sich genau wie die erste Tochtergeneration.

Aus diesen und anderen verfeinerten und ausgedehnteren Versuchen schloß Mendel, daß für die Merkmale Normal- und Zwergwüchsigkeit Anlagen in den Geschlechtszellen vorhanden sein müßten und daß Normalwüchsigkeit dominant gegenüber Zwergwüchsigkeit sei. Bei einer Kreuzung steuerte die Geschlechtszelle jedes Elternteils entweder die Anlage für Normalwüchsigkeit (N) oder für Zwergwüchsigkeit (z) bei. Das Kreuzen reinerbiger normalwüchsiger Pflanzen mit reinerbigen zwergwüchsigen Pflanzen ergab stets die Kombination Nz, also mischerbige normalwüchsige Pflanzen, weil die Anlage für Normalwüchsigkeit stets dominant ist. In der zweiten Tochtergeneration sind die möglichen Kombinationen NN, Nz, zN und zz. Davon ist die erste reinerbig normalwüchsig und die vierte reinerbig zwergwüchsig. Die zweite und dritte sind mischerbig normalwüchsig, weil die Anlage für Normalwüchsigkeit dominant über die für Zwergwüchsigkeit ist. Werden diese beiden untereinander gekreuzt, wiederholt sich an ihnen der gleiche Differenzierungsprozeß. Mendel fand diesen Vererbungsvorgang bei einer ganzen Anzahl weiterer Merkmale wie Farbe und Form der Samen gleichartig vor.

Verschiedene Umstände wirkten zusammen, um Verbreitung und Würdigung dieser Entdeckung, welche die wissenschaftliche Biologie revolutionieren sollte, zunächst zu verhindern. In erster Linie trug daran das wenig verbreitete Organ Schuld, die ›Verhandlungen des naturforschenden Vereins zu Brünn‹, in dem Mendel seine ›Versuche über Pflanzen-Hybriden‹ veröffentlichte. Er hatte seinen Bericht zuerst an den bedeutenden Schweizer Naturforscher Nägeli gesandt, der von weiteren Versuchen abriet und die schon durchgeführten in Zweifel zog, weil sie seinen eigenen Vorstellungen widersprachen. Dazu kam, daß Mendel selber bei Versuchen mit dem Habichtskraut Ergebnisse erhielt, die seinen früheren zu widersprechen schienen. Und nicht zuletzt wurde er Prior seines Klosters und gab seine botanischen Versuche zugunsten einer Fehde gegen die staatliche Steuerpolitik auf.

Seltsamerweise hatte W.O.Focke in seiner Schrift über ›Pflanzenmischlinge‹ im Jahre 1881 auf Mendels Überzeugung hingewiesen, daß er die Gesetze der Bastardbildung entdeckt hätte. Diese Notiz machte Correns darauf aufmerksam, daß Mendel seine Entdeckung vorweggenommen hatte. William Bateson las den neu entdeckten Bericht Mendels und erkannte sofort seine Bedeutung für das ungelöste Problem, das er in seinen ›Materialien zum Studium der Variation‹, 1894, eingehend erörtert hatte: Varianten seien die Voraussetzungen der Entwicklung von Arten, aber welches ist die Ursache von Varianten und wie gehen diese vor sich?

Doch selbst noch im Jahre 1900 wurden die von Mendel entwickelten Ideen heftig bestritten. Bateson gehörte zu ihren stärksten Vorkämpfern. 1902 veröffentlichte er ›Mendels Grundsätze der Vererbung – eine Verteidigung‹, und in der Auflage von 1909 nahm er eine Übersetzung des originalen Berichtes auf. Zu gleicher Zeit wie L.Cuénot in Frankreich wandte er Mendels Grundsätze auch auf die Vererbung bei Tieren an. Er wurde der eigentliche Begründer der modernen Wissenschaft der Vererbung und der Variation, für die er den Begriff ›Genetik‹ einführte. Die weitere Entwicklung der Mendelschen Grundsätze hat sich weit über den Bereich der reinen Wissenschaft hinweg ausgebreitet.

Wo entspringt der Nil? 357

SAMUEL WHITE BAKER (1821-93). The Albert N'yanza, Great Basin of the Nile, and Exploration of the Nile Sources, 2 Bände. *London, Macmillan, 1866*

Die Alten wußten wenig über die Entstehung des Nils. Ptolemäus (18), der im 2.Jahrhundert in Alexandria lebte, glaubte, daß der

Weiße Nil aus den schneebedeckten Bergen Zentralafrikas – man nannte sie das Mondgebirge – käme und durch zwei Seen fließe. Dieses Wissen wurde im 15. und 16.Jahrhundert ein wenig angereichert durch zwei portugiesische Erforscher Äthiopiens, doch erst 1770 wurden durch die Reisen James Bruces wesentliche Fortschritte erzielt. In der ersten Hälfte des 19.Jahrhunderts bereisten auch Türken und Deutsche das Land, doch wurde die Frage nach dem Ursprung des Nils erst durch die Forschungsreisen von Richard Burton, J.A.Grant, J.H.Speke, David Livingstone (341) und Sir Samuel Baker beantwortet.

Zwischen 1856 und 1860 hatte Baker im Nahen Osten ausgedehnte Reisen unternommen, und im Jahre 1861 ging er mit seiner ungarischen Frau nach Afrika, um die Quellen des Weißen Nils zu suchen. Einige Zeit verbrachte er im Sudan, und im Februar 1863 begegnete er in Gondokro Speke und Grant, die zum selben Zweck eine Expedition unternommen hatten, auf der sie bis zum Viktoriasee gelangt waren. Sie berichteten Baker von dem Gerücht über einen weiteren großen, noch westlicher gelegenen See. Baker setzte seine Reise fort und nach vielen Abenteuern stand er am 14.März 1864 als erster vor jenem großen See, den er Albert N'yanza (Albertsee) taufte. Er entdeckte auch die Murchison-Fälle, war jedoch nicht mehr in der Lage, den ganzen See zu erforschen, den er wesentlich größer einschätzte, als er tatsächlich ist.

Mit dieser Entdeckung war endlich eine Antwort gefunden auf die uralte Frage nach dem Ursprung des Nils, obgleich noch weitere Probleme bestehen blieben, die später durch die Forschungsreisen General George Gordons, des Obersten Charles Chaille-Long und H.M.Stanleys gelöst wurden, so daß man im Jahre 1890 über die Hauptzüge des Nilbeckens Bescheid wußte.

Bei seiner Rückkehr wurden Baker viele Ehrungen zuteil. Im Jahre 1869 kehrte er auf die Bitte des Khediven Ismail nach Afrika zurück, um dort die Leitung einer Expedition zu übernehmen, die die äquatorialen Nilregionen vom Sklavenhandel befreien und sie dem Handel erschließen sollte. Er wurde zum General-Gouverneur dieser Gebiete ernannt, ein Amt, in dem ihm 1873 General Gordon folgte. Danach unternahm er weitere Reisen in Indien,

Japan, den Rocky Mountains usw. Baker gehörte der großen im-
perialen Tradition der Viktorianischen Zeit an. Über seine verschiedenen Reisen und Großwildsafaris veröffentlichte er viele
Bücher, die zu den ersten gehörten, die den Europäern eine un-
verfälschte Vorstellung von Afrika gaben.

»Wir haben keine Verfassung,   358
aber wir haben Bagehot«

WALTER BAGEHOT (1826-77). The English Constitution. *London, Chapman and Hall, 1867*

Man könnte fast sagen, daß seit etwas über hundert Jahren Bage-
hots Buch über die englische Verfassung an die Stelle der unge-
schriebenen und beinahe unkodifizierbaren englischen Verfassung
selbst getreten ist. Da die nicht vorhandene Verfassung nicht
zitiert werden kann, zitiert man Bagehot, wenn man schwierige
Fragen, etwa des Verhältnisses zwischen Exekutive und Legislative – Regierung und Parlament – oder die Stellung des Kabinetts
innerhalb der Regierung und die des Premierministers innerhalb
des Kabinetts klären will.

Zahlreiche Übersetzungen des Buches zeigen, daß seine Bedeutung keineswegs auf England beschränkt ist. Die Frage, wie die
Verfassung eines Staates sich praktisch auswirkt, ist von Bagehot
an dem englischen Beispiel befriedigend beantwortet worden, vor
allem dank der nüchtern-empirischen Einstellung des Verfassers,
der nichts für politische Theorien übrig hatte.

Bagehot war der Typ des hochgebildeten Großbürgers der Viktorianischen Epoche: Erbe einer gutgehenden Provinzbank, unbekümmert um Geldverdienen, ohne politischen Ehrgeiz, war er
sein Leben lang ein sorgfältiger und aufmerksamer Betrachter des
Wirtschaftslebens und der politischen Bewegungen seiner Zeit.
Seine Verbindung mit der führenden Wirtschaftszeitschrift ›The
Economist‹, als Schwiegersohn des ersten Herausgebers und selbst
als Herausgeber von 1860 bis zu seinem Tode, gab Bagehot einzigartige Möglichkeiten, Einsicht in die Quellen der politischen
Macht und die Wirklichkeit der politischen Maschinerie zu gewinnen, wie er sie in seiner ›Englischen Verfassung‹ gedeutet hat.

KARL MARX (1818-83). Das Kapital. Kritik der Politischen Ökonomie, Band 1. *Hamburg, Otto Meißner, 1867*

Von Marx' opus magnum erschien zu Lebzeiten lediglich dieser erste Band, obgleich er im Herbst 1866 – er war gerade dabei, das Manuskript noch einmal zu überarbeiten – in einem Brief an seinen Freund Dr. Kugelmann den Abriß eines Werkes von vier Büchern in drei Bänden skizzierte. Friedrich Engels (326) war es, der nach Marx' Tode die Herausgabe dieses Werkes besorgte und sich dabei an jene von Marx gegebenen Richtlinien hielt. Das erste Buch behandelt den ›Produktionsprozeß des Kapitals‹ mit dem Begriff des ›Mehrwertes‹ als Mittelpunkt; das zweite Buch (1885) stellt den Zirkulationsprozeß des Kapitals zur Debatte; das dritte Buch (1894) schließlich befaßt sich mit dem Gesamtprozeß der kapitalistischen Produktion. Das vierte Buch über die Geschichte der ökonomischen Theorie wurde von Karl Kautsky aus Marx' umfangreichen Notizen zusammengestellt und erhielt den Titel ›Theorien über den Mehrwert‹ (1905-10, 3 Bände).

Marx nannte ›Das Kapital‹ bescheiden eine Fortsetzung seines Werkes ›Zur Kritik der Politischen Ökonomie‹ (1859). In Wirklichkeit aber war es die Summe seiner ökonomischen Erkenntnisse, die er, vor allem im Lesesaal des British Museum in London, durch fünfundzwanzigjährige Forschungsarbeit erworben hatte. Der Rezensent der Zeitschrift ›Athenaeum‹ schrieb später über die erste englische Übersetzung (1887): »Unter dem Deckmantel einer kritischen Analyse des Produktionsprozesses des Kapitals entpuppt sich Marx' Werk vor allem als eine Polemik gegen Kapitalisten und kapitalistische Produktionsmethoden, und gerade dieser polemische Ton ist es, der bestrickt.« Die historisch-polemischen Passagen, großartig dokumentiert aus englischen offiziellen Quellen, sind unvergessen, und in diesem Sinne schrieb der chronisch an Furunkeln leidende Marx noch vor Erscheinen des Buches an Engels: »Ich hoffe, daß sich die Bourgeoisie meiner Karbunkel zeit ihres Lebens erinnern wird.«

Karbunkel, finanzielle Sorgen und eine vielfältige politische Tätigkeit waren es, die Marx die Arbeit an seinem ›Kapital‹ erschwerten, das er nie vollendet haben würde, wenn ihn Engels nicht materiell und moralisch unterstützt hätte. Am 16. August 1867 um zwei Uhr früh, als Marx den letzten Umbruch korrigiert hatte, schrieb er an seinen »lieben Fred«, daß das erste Buch »dank Dir allein« fertiggestellt sei. »Und ohne Deine Selbstaufopferung«, so fährt er fort, »hätte ich wahrscheinlich diese unglaubliche Arbeit nie geschafft... Für die fünfzehn Pfund vielen Dank.«

Ein seltsamer Witz der Geschichte ist wohl der, daß die erste Übersetzung des ›Kapitals‹ in Rußland erschien: Anfang April 1872 fanden sie die Einwohner von Petersburg in ihren Buchläden. Der Zensor, ein gewisser Skuratow, hatte die Druckerlaubnis gegeben und dazu geäußert, »daß es nur wenige Leute in Rußland lesen, und noch weniger verstehen werden«. Darin irrte er: die erste Auflage von dreitausend Exemplaren war schnell vergriffen, und 1880 schrieb Marx an seinen Freund F. A. Sorge: »Noch größer ist unser Erfolg in Rußland, wo Das Kapital mehr gelesen und geschätzt wird als irgendwoanders.«

Die erste französische Übersetzung – von 1872 bis 1875 erschien sie in zehn Teilen zu jeweils zehn Centimes – wurde von Marx noch einmal eingehend durchgesehen. Als im Jahre 1887 – also vier Jahre nach Marx' Tod – in London von Engels die erste englische Übersetzung Samuel Moores und Edward Avelings herausgegeben wurde, hielt man sich genau an die von Marx angebrachten Korrekturen.

Naturrecht 360

OTTO VON GIERKE (1841-1921). Das Deutsche Genossenschaftsrecht, 4 Bände. *Berlin, Weidmann, 1868-1913*

Otto von Gierke wurde in Stettin als Sohn eines Stadtverordneten und späteren Landwirtschaftsministers von Preußen geboren. In Heidelberg und Berlin studierte der junge Gierke Jura. Im Jahre 1867 habilitierte er sich an der Berliner Universität, und nachdem er am Krieg 1870/71 teilgenommen hatte, wurde er Professor an der Berliner Universität. 1872 zog er nach Breslau, 1884 nach Heidelberg, kehrte 1887 nach Berlin zurück, war von 1902–03 Rektor der Universität und blieb in Berlin bis zu seinem Tode.

Dieses Buch, das Gierke bereits als Student zu schreiben begann, war sein Lebenswerk. Der erste Band erschien weniger als ein Jahr nach seiner Habilitation. Sein Thema war der Aufbau und die Entwicklung sozialer Gruppen und Genossenschaften in Beziehung zu rechtlichen und ethischen Prinzipien – eine Untersuchung, für die die verwickelte Geschichte Deutschlands ausgezeichnetes Material lieferte. Die beiden ersten Bände behandeln eingehend das Wachstum von Genossenschaften und Körperschaften in Deutschland, doch erweitert Gierke sein Thema in den letzten beiden Bänden, so daß wir es schließlich mit einer vom Altertum bis in die Moderne reichenden Geschichte der Lehren vom Staate und von den Körperschaften zu tun haben. Dieser Teil von Gierkes Werk liefert die einzige zusammenhängende und kritische Untersuchung der von den Anhängern des Naturrechtes entwickelten umfassenden Lehre von der menschlichen Gesellschaft – Politik, Verfassungsrecht und Genossenschaftsrecht. Dabei handelt es sich um das positive, das gesetzliche Recht oder das Naturrecht der menschlichen Gesellschaft und um die positiven Rechte oder Naturrechte des Menschen. Diese Rechtslehren kann man von Hooker und Althusius (s. 109, Gierkes Abhandlung ›Johannes Althusius und die Entwicklung der naturrechtlichen Staatstheorien‹) über Grotius zu Milton, Hobbes, Locke und Rousseau verfolgen; von Leibniz und Spinoza zu Vico, Beccaria, Fichte und Kant.

Die naturrechtliche Theorie liegt sowohl der amerikanischen Unabhängigkeitserklärung (220) wie der Rechtfertigung der Französischen Revolution zugrunde. Gierke zieht in seinem riesigen Werk die Summe aus all dem. Dazu brachte er ein umfangreiches Wissen und eine ganz selbständige Behandlung seines Stoffes mit, die sich auf seine Anschauung von einer organischen Gruppe – Stamm, Stadt oder Volk – stützten. Dem von ihm behandelten Thema wurden dadurch neue Perspektiven gegeben.

ROBERT G. INGERSOLL (1833-99). An Oration on the Gods. *Peoria, Illinois, Transcript Book and Job Printers, 1872*

Präsident Garfield gab ihm den Spitznamen »Königlicher Bob«, während die gegnerische Presse Bezeichnungen wie »Gerissener Bob« oder »Heiden-Bob« vorzog, aber wie man Robert G. Ingersoll auch nannte, feststeht jedenfalls, daß er eine Berühmtheit im Amerika seiner Zeit war.

Durch seine außerordentliche Rednergabe war er von seinen bescheidenen Anfängen als Anwalt am Gericht in Peoria (Illinois) zum Obersten Justizbeamten von Illinois (1867-69) aufgestiegen. Seine Freunde behaupteten, daß er in seiner Laufbahn noch mehr hätte erreichen, es sicher zum Gouverneur hätte bringen können, wenn er in religiösen Dingen nicht so unorthodox gewesen wäre. So bekleidete Ingersoll zwar nie selber ein hohes politisches Amt, wurde jedoch von der ganzen Nation als die Stimme der Republikanischen Partei betrachtet. Auf dem Republikanischen Nationalkonvent im Jahre 1876 in Cincinnati war er es, der für den Präsidentschaftskandidaten der Partei James G. Blaine die Nominationsrede hielt, und obgleich Blaines Kandidatur scheiterte, bildete Ingersolls Rede den Höhepunkt des Konvents.

Sein Erfolg als Strafverteidiger machte ihn ebenfalls berühmt, in manchen Fällen auch berüchtigt, und brachte ihm jedenfalls viel Geld ein. Außerhalb seiner juristischen und politischen Tätigkeit nutzte er seine Rednergabe zu Vorträgen über weltanschauliche Themen. In einer Zeit der Kontroversen um Darwin war Ingersoll Rationalist und Freidenker, überzeugt, daß das Heil der Menschheit in der Wissenschaft und nicht in der Religion zu suchen sei. Sich selbst bezeichnete er als Agnostiker – und zwar sofort, nachdem dieser Begriff von Huxley geprägt wurde – und als solcher stand er auf der Rednerbühne und propagierte seine Anschauungen. Wo immer er auftauchte, zog er große Menschenmengen an. Sogar die Leute, die an seinen Ideen Anstoß nahmen, kamen, um den »großen Agnostiker« zu hören und über ihn zu staunen.

Seine erste veröffentlichte Rede ›Über die Götter‹ erschien 1872, und ihr folgten in den nächsten Jahren andere, in denen er seine Angriffe auf die Wurzeln der christlichen Orthodoxie fortsetzte. Unter ihnen befinden sich ›Einige Fehler Moses'‹ 1789, ›Was müssen wir tun, um erlöst zu werden‹ 1880, ›Über die Heilige Schrift‹ 1894, ›Warum ich Agnostiker bin‹ 1896, ›Aberglaube‹ 1898 und ›Der Teufel‹ 1899, dazu noch eine Reihe von Vorlesungen über Persönlichkeiten der Literatur, Geschichte und Wissenschaft.

Ingersoll prägte sein Zeitalter nicht durch diese Veröffentlichungen allein, sondern viel mehr durch eine Verbindung von gesprochenem und geschriebenem Wort. Er war ein großer Propagandist der rationalistischen und wissenschaftlichen Sicht der Beziehung des Menschen zum Universum und trug zum Ansehen und zur Popularität von Ideen bei, die außerhalb von intellektuellen Kreisen vor ihm kaum beachtet worden waren.

362   Homers Troja

HEINRICH SCHLIEMANN (1822-90). Trojanische Alterthümer. *Leipzig, F. A. Brockhaus, 1874*

Schliemanns Lebenslauf ist in der Geschichte der Archäologie ganz außergewöhnlich, und nicht minder merkwürdig ist die Tatsache, daß ihm, der so unsystematisch an seine Ausgrabungen ging wie kaum ein anderer, ein unwahrscheinliches Glück half, die moderne systematische Archäologie zu begründen.

Heinrich Schliemann war der Sohn eines mecklenburgischen Pastors. Nacheinander wurde er Kaufmannslehrling, Schiffsjunge, Buchhalter und gründete schließlich ein großes Import–Exportgeschäft in Rußland, das ihm von 1863 an gestattete, sich ganz seiner großen Idee zu widmen, die geschichtliche Realität der Homerischen Ilias nachzuweisen. Nach einer Reihe von Reisen in Amerika, China, Japan und Indien führte ihn ein gutes Geschick nach Griechenland. Das erste Ergebnis seines Besuches der Homerischen Stätten war ein Buch, ›Ithaka, der Peloponnes und Troja‹ (1869), worin er zwei Thesen vertrat: einmal, daß Hissarlik die wahre Stätte Trojas war, und zweitens, daß die Atridengräber, die Pausanias noch gesehen hatte, in Mykene innerhalb der Festung lagen. Beide Thesen konnte er in der Folge als zutreffend beweisen.

1870 begann Schliemann seine Arbeit in Hissarlik, und 1873 legte er in der tiefsten Schicht durch Feuer zerstörte Befestigungen bloß und entdeckte einen Schatz goldener Schmucksachen. Er war überzeugt, daß dies Homers Troja war, und veröffentlichte seine Entdeckungen zuerst in Berichten an die Londoner Times und darauf in ›Trojanische Alterthümer‹, die beim Publikum einen Erfolg hatten wie vordem noch nie ein archäologisches Werk. Was Schliemann tatsächlich entdeckt hatte, war, wie man heute weiß, eine vor-achäische Stadt, viel älter als Homers Troja. Aber seine Ausgangsthese hatte er bewiesen: Hier lag es wirklich!

1874 begann er seine Arbeit in Mykene, und auch hier hatten seine Grabungen, wiederum vom Glück begünstigt, über alle Erwartungen hinaus Erfolg. Nachdem er unmittelbar hinter dem Löwentor einen Schacht hatte graben lassen, fand er auf dessen Grund fünf Grabsteine mit hochaltertümlichen Reliefs. Während Schliemann abberufen wurde, um in Troja den Kaiser von Brasilien zu führen, beseitigte die Griechische Archäologische Gesellschaft die Steine, und es zeigte sich, daß sie auf Erde und nicht wie erwartet auf dem gewachsenen Fels auflagen. Die Erde füllte fünf tiefe Schächte. Auf deren Grund fand Schliemann fünfzehn Skelette und einen außergewöhnlichen Schatz von Gold, Silber, Bronze, Elfenbein. Im Vergleich zu diesen Objekten von höchstem ausgereiften künstlerischen Können war der Schatz des Priamus, wie der Fund von 1873 volkstümlich genannt wurde, kunstloser, schlichter. Noch immer ist der Mykenische Schatz der bedeutendste archäologische Fund, der je gemacht wurde. Schliemann überließ ihn 1876 König Georg von Griechenland als Besitz der griechischen Nation.

Nun war Schliemann weltberühmt. Er hatte eine Griechin geheiratet, die bei seinen Grabungen seine erste und beste Mitarbeiterin war, und sein Heim wurde der gesellschaftliche Mittelpunkt Athens. Seine späteren Grabungen waren – wie konnte es anders sein – nicht so erfolgreich. Aber in Verbindung mit einem geschulten Archäologen – Wilhelm Dörpfeld – legte er die Zitadelle von Tiryns, einen vollständigen mykenischen Palast, bloß;

und die Griechische Archäologische Gesellschaft setzte sein Werk in Mykene fort – mit bemerkenswerten Ergebnissen. Er plante weitere Arbeiten in Hissarlik, als er, nach einer Ohrenoperation scheinbar genesen, wieder erkrankte und am 26. Dezember 1890 in Paris starb.

Er vermachte Dörpfeld genug Mittel, sein Werk in Troja weiterzuführen. Beim Forträumen des Schuttes der früheren Ausgrabungen entdeckte Dörpfeld die mächtigen Mauern der sechsten Schicht. Schliemann hatte sie für lydisch gehalten, doch Dörpfeld konnte beweisen, daß sie zur selben Epoche gehörten wie Mykene. Dies war Homers Troja, wenn es je existierte: ein großartiger Abschluß von Schliemanns Lebenswerk.

Den Schatz des Priamus, den Schliemann der türkischen Regierung abgekauft hatte, schenkte er 1881 seinem Vaterlande. Das Berliner Völkerkunde-Museum verwahrte ihn als einen seiner größten Schätze. Seit 1945 ist er verschollen.

363   Christian Science

MARY BAKER GLOVER (EDDY) (1821-1910). Science and Health. *Boston (Mass.), Christian Scientist Publishing Company*, 1875

Fast ausnahmslos gehören Mary Baker Eddys Kommentatoren entweder zu ihren Bewunderern oder zu ihren entschiedenen Gegnern. Die zahlreichen Arbeiten über ihr Leben, ihre Schriften und die von ihr gegründete Bewegung beweisen, daß es recht schwer fällt, dieser Persönlichkeit gerecht zu werden, so daß sie wohl zu den umstrittensten Gestalten in diesem Buch gehört.

Sie entstammt einem alten Freibauerngeschlecht Neuenglands und verbrachte ihre Jugend in der Atmosphäre eines frommen Protestantismus, der jedoch von den mystischen Ideen der Transzendentalisten, des Spiritualismus und Mesmerismus durchtränkt war. Schon von Kindheit an kränkelte sie und litt an hysterischen Anfällen; man gab sie in mesmerische Behandlung, von der man sich eine Besserung erhoffte. Sicher hatte sie in ihrem Leben bis dahin mehr Unglück und Ungesichertheit zu ertragen gehabt als die meisten anderen Menschen. Ihr erster Mann, George Washington Glover, der sie im Dezember des

Jahres 1843 heiratete, starb im Juli des Jahres darauf. Fortwährend krank und völlig mittellos war sie auf die Großmut ihrer Familie angewiesen; abwechselnd lebte sie bei ihrem Vater und bei ihrer verheirateten Schwester Abigail. Ihre zweite Ehe (1853) mit Dr. Daniel Patterson verlief unglücklich, häufig kam es zu langen Trennungen und schließlich zur Scheidung. Von da an trug sie wieder den Namen Glover.

1862 begab sie sich in die Behandlung eines Gesundbeters, Dr. Phineas Parkhurst Quimby aus Portland (Maine). Nach dreiwöchiger Behandlung schrieb sie in einem am 7. November 1862 im Portland Courier abgedruckten Brief, daß er spreche und heile wie noch nie ein Mensch seit Jesus Christus. Sie wurde eine Anhängerin von Quimbys Methoden, und mit Hilfe eines seiner Manuskripte begann sie sein Heilverfahren zu lehren.

Ihr Unternehmen florierte – trotz der hohen von ihr geforderten Honorare, die sie mit der göttlichen Vorsehung rechtfertigte: ihre ersten Schüler bezahlten für zwölf Vorlesungen einhundert Dollar; später wurde diese Summe auf dreihundert Dollar erhöht, die Anzahl der Vorlesungen jedoch von zwölf auf sieben herabgesetzt. Allmählich hatte sie mit ihren Methoden mehr Erfolg als Quimby, so daß sein Name aus ihren Vorlesungen verschwand. Während dieser Zeit arbeitete sie auch an dem Werk ›Science and Health‹ (Wissenschaft und Gesundheit). Mehrere Versuche, einen Verleger zu finden, schlugen fehl. Doch schließlich finanzierten zwei ihrer Schüler eine Auflage von tausend Exemplaren. Den Titel behauptete sie durch göttliche Eingebung erhalten zu haben. Wahrscheinlicher jedoch dürfte sein, daß er dem Werk ›The Science of Health‹ entstammt – so hatte nämlich Quimby seine Heilmethode genannt.

Der Wesenskern von Mary Baker Eddys Philosophie liegt in dem Glauben, daß der Ewige Geist (Eternal Mind) Ursprung allen Seins ist, und daß es falsch ist, an der Trennung von Geist und Materie festzuhalten. Es gibt keine Materie, und daher »verursacht allein der Geist die Krankheiten«. Die Weisheit des Ewigen Geistes ist die Wissenschaft, wie sie durch Jesus Christus offenbart wurde: daher die Bezeichnung ›Christian Science‹. Damit hatte sie also ihre Methoden zu einer Religionsphilosophie entwickelt. Mary Baker Eddy war eine ungebildete Frau, der die genaue Bedeutung philosophischer Begriffe unbekannt war, die sie dessenungeachtet aber ebenso häufig wie logisch und grammatisch falsch verwandte. Hinzu kommt noch der Dschungel an Druckfehlern in der ersten Ausgabe von ›Science and Health‹, von denen nur die gravierendsten in einem Druckfehlerverzeichnis berichtigt wurden, das aber offensichtlich erst beigegeben wurde, als sich bereits Exemplare im Umlauf befanden. Seltener als die erste ist die zweite, die sogenannte ›Noah's Ark‹-Ausgabe, von der man 1878 in aller Eile zweihundert Exemplare drucken ließ. Sie enthält zwei Kapitel der Erstausgabe und drei neue, von denen das interessanteste das über den Mesmerismus ist. Der dritten Ausgabe (1881) hat die Verfasserin ein Kapitel über Dämonologie beigefügt. Die Textänderungen in diesen und späteren Ausgaben würden dem Herausgeber einer definitiven Ausgabe gewaltige Aufgaben stellen.

Trotz aller verlegerischen Mängel und der widersprüchlichen Natur vieler ihrer Grundsätze war Mary Baker Eddy in ihrem Nachdruck, den sie auf ein selbstsicheres Denken (positive thinking) legte, ihrer Zeit weit voraus – diese Kraft sollte die moderne Psychologie um einiges später erkennen. Die Bewegung, die aus ihren Lehren entstand, hat einen Einfluß gewonnen, der weit über die Zahl ihrer Anhänger hinausgeht.

364 Die Pathologie des Verbrechens

CESARE LOMBROSO (1836-1909). L'Uomo Delinquente. *Mailand, Ulrico Hoepli, 1876*

Lombroso war einer der ersten professionell-akademischen Kriminologen. In Verona als Kind jüdischer Eltern geboren, studierte er in Padua, Wien und Paris Biologie und Chemie. 1862 wurde er zum Professor für Psychiatrie in Pavia ernannt – ein Amt, das er bald wieder aufgab, um als Direktor der Irrenanstalt in Pesaro praktische Erfahrungen zu sammeln. Später wurde er Professor für gerichtliche Medizin und Psychiatrie in Turin, wo er den Rest seines Lebens verbrachte. Dort erhielt er schließlich den eigens für ihn eingerichteten Lehrstuhl für kriminelle Anthropologie.

Carissima mamma

Mandami subito centomila bon
bons se no faccio la cattiva
                    Eugenia

        Mandatemi

immediatamente centomila
lire
~~~~~~~~~~~~~~~~~~~~~~~~~~~~~
se no vi faccio ~~~~~~~~~~~~
            ammazzare
~~~~~~

            Eugenia
~~~~~~~~~~~~
            Lagalo

    Io sono Chialoni Clementino

Lombroso war der Führer einer einflußreichen Schule der Kriminologie, die ihre Grundideen von Comte (295) bezog. Sie vertrat die Ansicht, daß Kriminelle öfter als Nicht-Kriminelle an körperlichen, nervlichen oder geistigen Anomalien leiden und daß diese entweder erbbedingt oder Ergebnis körperlicher Degeneration sind. Diese Rückbeziehung geisteskranker Phänomene auf rein körperliche und biologische Ursachen folgt der Comte'schen Lehre und erzwingt genauso wie diese eine Überbetonung des Beweismaterials. Die dadurch entstandenen Trugschlüsse offenbarten sich in Lombrosos späterem Werk ›Genio e Follia‹ (›Genie und Irrsinn‹, 1864), in dem er erfolglos zu beweisen versuchte, daß auch Genie eine dem Wahnsinn ähnliche Degenerationserscheinung sei.

Trotzdem war ›Der kriminelle Mensch‹ ein revolutionäres Werk, das bei seinem ersten Erscheinen nicht nur erhebliches Aufsehen erregte, sondern auch praktische und höchst positive Folgen hatte. Die hier bereits angedeutete Einteilung in den Gelegenheits- und den Gewohnheitsverbrecher sollte das Strafrecht anhaltend beeinflussen. Auch dadurch, daß Lombroso zwischen der Behandlung von Verbrechen und der von Geisteskrankheiten eine Beziehung herstellte, erschloß er einen neuen Zweig der psychiatrischen Forschung, der Probleme, wie zum Beispiel die kriminelle Verantwortlichkeit, die an die Wurzel der menschlichen Gesellschaft rühren, in einem neuen Licht erscheinen ließ. Im Jahre 1899 veröffentlichte Lombroso in Französisch eine Zusammenfassung seiner früheren Arbeiten unter dem Titel ›Le Crime, causes et remèdes‹, die diese Gesichtspunkte noch unterstrich und ihn als Pionier auf dem Gebiet der medizinischen Behandlung von Verbrechern bestätigte.

365 Das Telephon

ALEXANDER GRAHAM BELL (1847-1922). Researches in Telephony. *In:* Proceedings of the American Academy of Arts and Sciences. *Boston [Mass.], 1877*

Bell wurde in Edinburgh geboren. 1870 wanderten er und seine Familie nach Kanada aus, und 1874 wurde er amerikanischer Bürger. Sein Großvater wie sein Vater unterrichteten in Redekunst und Stimmbildung. Bell selber widmete sich ganz den von Geburt an taub Gebliebenen. Im Zusammenhang damit probierte er verschiedene Methoden, um den tauben Menschen Laute zu übermitteln. Während er sich 1874 mit der Abstimmung elektrischer Telegraphen beschäftigte und gleichzeitig dem Weg der Schallwellen im menschlichen Ohr nachspürte, verknüpfte er die beiden Forschungen und arbeitete seine Konstruktionsidee des Telephons aus.

Das Telephon gab es damals schon. Philipp Reis hatte das erste 1861 in Frankfurt vorgeführt, aber es blieb nicht viel mehr als ein Spielzeug. Es gelang Reis nicht, am Ende der Leitung wirklich verständliche Sprache zu erzeugen, was doch das Entscheidende war. Offensichtlich erwies sich Reis' Idee, die Umwandlung der Schallwellen zum Transport durch den Strom mit Hilfe von kurzen, den Tonschwingungen entsprechenden Stromunterbrechungen bewirken zu können, als unzulänglich.

Bell überwand dies Hindernis, indem er einen ›schwingenden‹, nicht unterbrochenen Strom verwendete. Doch auch so hatte er erst nach langen und entmutigenden Experimenten Erfolg. Er stellte drei Telephone her, bevor er im Jahre 1876 eine öffentliche Vorführung riskierte. Die ersten verständlichen Sätze, die das Telephon übermittelte, wurden zwischen Bell und seinem Assistenten von Zimmer zu Zimmer im selben Hause ausgetauscht. Sie lauteten: »Do you understand what I say?« – »Yes; I understand you perfectly.« Im selben Monat noch, im März 1876, erhielt Bell sein erstes Patent. Obwohl es oft und bitter bestritten wurde, ist es vor den Gerichten stets mit Erfolg verteidigt worden. Im April 1877 wurde der erste öffentliche Fernsprechdienst mit Bells System eröffnet. Die Erinnerung an ihn wird bewahrt im Namen, den die Gesellschaft trägt, deren Telephonnetz heute die Vereinigten Staaten von Amerika überspannt.

Trotz allem bedeuteten Bells Telephon wie auch die seiner Rivalen – unter ihnen waren Elisha Gray und Thomas Edison – geschäftlich kein Erfolg. Die Übertragung ließ viel zu wünschen übrig. Erst als David Edward Hughes – auch ein Angloamerikaner, der 1854 seinen elektrischen Drucktelegraphen erfunden hatte – anregte, den von ihm entdeckten mikrophonischen Effekt zur Verbesserung des Telephones zu nutzen, wurde es zum allgemeinen Gebrauch geeignet. Hughes trug seine Idee am 9. Mai 1878 der Londoner Royal Society vor. Einem deutschen Erfinder namens Lüdtge war eine ähnliche Erfindung im März des Jahres patentiert worden. Hughes nahm kein Patent.

Ein Mikrophon ist ein Apparat, der im Sendegerät die Tonschwingungen mittels eines spezifischen Widerstandes – einer mit Kohlegrieß gefüllten Kammer – auf den Batteriestrom, der vom Sender zum Empfänger fließt, überträgt und wesentlich verstärkt. Auf der Empfangsseite setzt dann der Strom über einen von ihm erregten Magneten und eine Eisenmembran seine elektrischen Schwingungen wieder in Tonschwingungen gleicher Höhe und Lautstärke wie zuvor um.

Die Vorsicht des britischen Generalpostmeisters sowie die vielfach noch strittigen Patentfragen verschuldeten, daß in England erst im Jahre 1881 ein Telephondienst eingerichtet wurde, und auch dann erst in einem Umkreis von acht Kilometern um das Zentrum Londons; Fernleitungen wurden 1884 gelegt. Auch in Deutschland wurde 1881 vom Reichstelegraphenamt die erste öffentliche Fernsprechanlage – in Berlin – eröffnet.

366 Lebensgeschichte der Bakterien

ROBERT KOCH (1843-1910). *(a)* Untersuchungen über Bakterien: v. Die Aetiologie der Milzbrand-Krankheit; vi. Verfahren zur Untersuchung, zum Konservieren und Photographieren der Bakterien. *In:* Cohn, Beiträge zur Biologie der Pflanzen. *Breslau, 1877; (b)* Untersuchungen über die Aetiologie der Wundinfektionskrankheiten. *Leipzig, F.C.W. Vogel, 1878; (c)* Die Aetiologie der Tuberkulose. *In:* Berliner Klinische Wochenschrift. *Berlin, 1882*

Die Beiträge Kochs zur Theorie der Infektionskrankheiten sind von größter Bedeutung und laufen denen Pasteurs (336) parallel.

C.J.Davaine, ein Arzt in Paris, berichtete 1865 in den ›Comptes rendus‹ über die erste Identifizierung eines spezifischen Mikroorganismus als Krankheitsursache. Es war der Milzbrandbazillus. Koch, ein Landarzt in Posen, verfolgte die Entdeckung Davaines weiter und beschrieb in der oben zitierten Abhandlung (a, v.) als erster die vollständige Lebensgeschichte eines Mikroorganismus. In der folgenden Arbeit (oben a, VI.) beschrieb er eingehend seine Methoden der Züchtung von Bakterienkulturen in Gelatinelösungen und ihrer unterschiedlichen Färbung mit den Anilinfarben, die Perkin 1856 entdeckt hatte. Diese zwei Abhandlungen bilden die Grundlage moderner bakteriologischer Verfahrenstechnik, sogar der ganzen bakteriologischen Wissenschaft.

1878 (siehe b) brachte er den Nachweis, daß Bakterien die Ursache von Krankheiten sind, ein bemerkenswertes Stück voran, als er den Verlauf von sechs verschiedenen Krankheiten als Folge von Wundinfektionen aufdeckte und Kulturen der erregenden Organismen durch mehrere Generationen hindurch züchtete. 1882 isolierte er den Tuberkelbazillus (c). Im Jahre 1905 erhielt er den Nobelpreis für Medizin.

Angewandte Kunst 367

WILLIAM MORRIS (1834-96). (a) The Decorative Arts, their Relation to Modern Life and Progress. *London, Ellis and White [1878]; (b)* Some Hints on Pattern-Designing. *London, Longmans, 1899*

»Dichter, Künstler, Fabrikant, Sozialist und Autor des Werkes ›Earthly Paradise‹: diese knappe, sachliche Eintragung in die ›Fasti Britannici‹ (Annalen Britanniens) faßt Leben und Werk eines sehr bemerkenswerten Mannes kurz zusammen.« Dies sind die einleitenden Worte zu der von J. W. Mackail verfaßten Biographie über William Morris.

Selten gab es einen Menschen, dessen Leben so sehr in seinem Werk aufging wie Morris. Die Spielzeugrüstung, in der Morris als Kind auf seinem Shetland-Pony herumritt, die Tatsache, daß er mit sieben Jahren bereits Scotts sämtliche historischen Romane gelesen hatte, und sein unersättliches Interesse für das Innere von alten Kirchen lassen auf eine frühe Neigung zu den Interessen schließen, die sein späteres Leben beherrschen sollten. In Marlborough, so wird erzählt, zeigte er sich leidenschaftlich interessiert für die alten Bauwerke dieser Gegend, und er selbst pflegte zu

Morris (367)

Das Kapital.

Kritik der politischen Oekonomie.

Von

Karl Marx.

Erster Band.
Buch I. Der Produktionsprocess des Kapitals.

Das Recht der Uebersetzung wird vorbehalten.

Hamburg
Verlag von Otto Meissner.
1867.
New-York: L. W. Schmidt, 24 Barclay-Street.

Marx (359)

behaupten, daß er, bevor er nach Oxford ging, alles Wesentliche über die englische Gotik wußte.

In Oxford begann seine lebenslange Freundschaft mit Burne-Jones. Im Jahre 1856 trat er als Architekturschüler in das Büro von G.E.Street ein, und er gab die erste Nummer des ›Oxford and Cambridge Magazine‹ heraus. Rossetti wurde einer seiner Mitarbeiter und brachte Morris zum Malen.

1859 heiratete Morris Jane Burden; er beauftragte einen früheren Mitschüler aus Streets Architekturbüro, ihm auf der Bexleyheide ein Haus zu bauen. Sie kamen überein, daß die Arbeit des Architekten sich nicht auf den Rohbau beschränken, sondern auch die Gestaltung der Innenräume einbeziehen sollte. Die Schwierigkeit, das Material zu finden, das ihren hohen Ansprüchen genügte, ließ sie im Jahre 1861 die Firma Morris und Co. gründen, zu deren Teilhaber Webb, Burne-Jones und Rossetti gehörten. Nach einigem Auf und Ab begann die Firma zu gedeihen; nun nahmen sie noch die Herstellung von Tapeten hinzu, für die Morris in Merton eine Werkstatt einrichtete. Zur selben Zeit verfaßte Morris Dichtungen in der Art von Heldenliedern, unter denen sein ›Earthly Paradise‹ (Das irdische Paradies) (1868-70) wohl das bekannteste sein mag. In den siebziger und achtziger Jahren wurde er zum Vorkämpfer der sozialistischen Bewegung, und sein meistgelesenes Prosawerk ›News from Nowhere‹ (Neues von Nirgendwo) wurde zuerst in der sozialistischen Zeitschrift ›Commonweal‹ veröffentlicht. Doch schließlich kam es zum Zusammenstoß zwischen Morris' Idealismus und den politischen Anschauungen der anderen Mitglieder, so daß er sich 1889 von der Bewegung trennte.

Die letzten Jahre Morris' zeichnen sich durch sein letztes und in vieler Hinsicht fruchtbarstes Experiment aus: die Kelmscott Press. Mit unverminderter Energie forderte und bekam er die beste Druckerschwärze, das beste Papier, ließ er nach seinen Entwürfen besondere Drucktypen gießen, beauftragte er Burne-Jones und andere mit den Illustrationen und brachte so eine Reihe von Büchern heraus, die sowohl in ihrer Ausstattung als auch in der Qualität des Druckes als vollkommen bezeichnet werden dürfen. Das letzte und großartigste Werk der Kelmscott Press, der Chaucer, kam wenige Wochen vor seinem Tod heraus.

Seine ›Hints on Pattern-Designing‹ (Winke fürs Entwerfen von Mustern) geben in aller Kürze eine Zusammenfassung von Ansichten, die sich genausogut auf jeden anderen Zweig angewandter Kunst übertragen ließen: die ihnen unterliegenden Prinzipien finden sich in voller Länge in ›The Decorative Arts‹, einer Rede, die er ursprünglich 1877 vor der Gewerblichen Bildungsgilde gehalten hatte.

Der Schriftsteller Walter Crane erkannte kurz nach Morris' Tod ganz klar dessen Bedeutung. Er schrieb: »Das Geheimnis von Morris' Einfluß auf die Wiederbelebung des Kunsthandwerks liegt zweifellos in seiner Fähigkeit, die einzelnen anfallenden Arbeiten allein zu meistern und jedes Handwerk zu beherrschen, mit dem er sich befaßte, wie auch in seinem ausgeprägten Vermögen, seine Gehilfen und Anhänger zu inspirieren. Die Forderung nach Anerkennung der Persönlichkeit eines jeden verantwortungsvollen Handwerkers in einem Gemeinschaftswerk war neu und zeitigte einen unmittelbaren Einfluß auf die soziale und ökonomische Lage künstlerischer Produktion. Auch der Grundsatz, Material, Gebrauchszweck und Technik einer Arbeit als wesentliche Vorbedingungen für ihren künstlerischen Ausdruck zu betrachten, dessen Form und Inhalt immer diesen Vorbedingungen unterstellt sein muß – auch dieser Grundsatz war noch nie so nachdrücklich vertreten worden ... und wenn er aus den englischen Handwerkern auch nicht durchweg Künstler und aus den Künstlern nicht durchweg Handwerker gemacht hat, so hat er doch nicht wenig dazu beigetragen, daß die Idee von der Kunst erweitert und sozialisiert wurde und daß das geschmackvolle englische Heim mit seinem Mobiliar und seiner sonstigen Ausstattung zu einem Musterbeispiel der Wohnkultur wurde.«

368   Preußischer Chauvinismus

HEINRICH VON TREITSCHKE (1834-96). Deutsche Geschichte im 19. Jahrhundert, 5 Bände. *Leipzig, Hirzel, 1879-94*

Der geistige Niedergang der deutschen Mittelklassen unter Bismarck – er wurde von scharfsichtigen Beobachtern wie Burckhardt (347) und Nietzsche (370) bald nach dem deutsch-französischen Krieg von 1870/71 bemerkt – zeigte sich in der Tatsache, daß im Jahre 1886 der engstirnige Treitschke den weltbürgerlichen Ranke (286) in seinem Amt als Historiograph des preußischen Staates ablöste.

Treitschke war der Sohn eines sächsischen Generalleutnants, die Familie war tschechischen Ursprungs. Der junge Treitschke verschrieb sich früh der preußischen Sache, und Preußen verkörperte für ihn das Land, das Deutschland zur Einheit führen würde; in Bismarck bewunderte er blindlings den starken Mann von Blut und Eisen. Er brach daher mit seiner Familie, gab seine Professur in dem badischen Heidelberg auf und widmete von nun an sein Leben der journalistischen, dichterischen und akademischen Verherrlichung von ›Preußens Größe‹, wofür Bismarck den ›Herold des Reiches‹ entsprechend belohnte.

Treitschkes ›Deutsche Geschichte im 19. Jahrhundert‹, die allerdings noch vor dem Ausbruch der Revolution von 1848 endet, bildet den Höhepunkt preußischer Geschichtsinterpretation. Nie zuvor und nie wieder danach hat die preußische Geringschätzung für alle nicht-preußischen Deutschen – das bezog sich vor allem auf die verachteten Österreicher –, der Haß gegen den ›Erbfeind‹ Frankreich und gegen das ›Krämervolk‹ England, hat der Zorn auf Demokratie, Sozialismus, Pazifismus und Parlamentarismus und das Gift des Antisemitismus eine derart brillante Darstellung gefunden wie in Treitschkes Büchern, Broschüren und Vorlesungen. Denn er beherrschte auf unvergleichliche Weise das geschriebene und gesprochene Wort, und sein Weitblick umfaßte jeden Aspekt des politischen, kulturellen und wirtschaftlichen Lebens. Obgleich von seinen akademischen Kollegen nie ernst genommen, übte Treitschke einen unglaublichen Einfluß auf das deutsche Bürgertum der wilhelminischen Ära aus, das kritiklos seiner Verherrlichung von Militarismus und Machtpolitik applaudierte. Wissenschaftlich ist Treitschkes ›Deutsche Geschichte‹ jetzt durch das gleichnamige Werk von Franz Schnabel überholt (4 Bände, Freiburg im Breisgau, 1929-36 und spätere Auflagen).

Liberaler Imperialismus 369

JOHN ROBERT SEELEY (1834-95). The Expansion of England. *London, Macmillan, 1883*

Seeley, von 1869 an Professor für Geschichte in Cambridge, hielt diese sechzehn Vorlesungen als Antwort auf »die Frage, wie Geschichte gelehrt werden soll«. Seine wesentlichen zu diesem Thema vorgebrachten Argumente sind auch heute – fast ein Jahrhundert später – noch gültig, und seine wichtigsten Vorhersagen haben sich als richtig erwiesen. Nur seine viktorianische Ausdrucksweise ist veraltet.

Seeley zog die Einteilung der englischen Geschichte mit ihren Regierungen von »dummen« Monarchen ins Lächerliche; er brandmarkte »den Fehler, daß Englands Geschichte mit der Geschichte des Parlaments verwechselt würde«, ein Gedanke, der durch Lewis Namier einen neuen Impuls erfuhr; er forderte eine »einheitliche Auffassung« von der englischen Geschichte, die besagt, »daß die europäische Politik und die Kolonialpolitik nur verschiedene Aspekte derselben großartigen nationalen Entwicklung sind«; er vertrat die Ansicht, daß Nordamerika und Indien wesentliche Bestandteile englischer Geschichte sind und daß Frankreich diese beiden Kontinente durch seine »europäischen Verwicklungen« verlor. Er sagte voraus, daß die Vereinigten Staaten, Rußland und eine »föderative Union« mit Großbritannien als Mittelpunkt die beherrschenden Mächte der Zukunft sein würden, neben denen Frankreich und Deutschland zu »zweitrangigen« Staaten herabsinken würden. Bedenkenlos nannte er die englische Herrschaft in Indien »ein gutes Beispiel für ein schlechtes politisches System«, und obgleich er Indien völlig richtig »als ein Gebiet mit vielen Völkern und vielen Sprachen« beschrieb, sah er doch klar voraus, daß sich England »sofort« zurückziehen müßte, »wenn es in Indien zu einer nationalen Bewegung käme«, und daß »eine nationale Regierung vorteilhafter sein könnte, weil sie geistesverwandt sei«.

Seeleys gründliche Reflexionen über die Bedeutung, die Verantwortung und Verpflichtungen, die der Bau eines Weltreiches mit sich bringt, verhinderten natürlich nicht, daß sein Buch gerade von jenen »bombastischen« Imperialisten entstellt und zu ihrer Bibel gemacht wurde, die Seeley am schärfsten kritisiert hatte. Weiteres Unrecht tat man ihm damit an, daß man seine Bemerkung: »Es scheint, als hätten wir die halbe Welt gleichsam in einem Anfall von Zerstreutheit erobert«, aus dem Zusammenhang riß. In Wirklichkeit leitete Seeley mit diesen Worten seinen Angriff gegen die »Gleichgültigkeit« der ›Little Englanders‹ gegenüber Weltfragen ein, gegen ihre Weigerung, Geschichte als Schule der Staatskunst zu betrachten, und gegen ihr Widerstreben, das wichtigste Problem ins Auge zu fassen, dem England sich konfrontiert sah: wie man dem riesigen Weltreich – heute würde man besser sagen: dem Commonwealth of Nations – »eine moralische Einheit verleihen könnte«.

FRIEDRICH WILHELM NIETZSCHE (1844-1900). *Also sprach Zarathustra. Ein Buch für Alle und Keinen. Teil 1-3, Chemnitz, E.
Schmeitzner, 1883-84; Teil 4, Leipzig, Naumann, 1891*

Friedrich Wilhelm Nietzsche, der Sohn eines sächsischen Pastors,
studierte klassische Philologie und wurde noch vor seiner Promotion als Professor nach Basel berufen (1869). 1879 trat er aus ge-
sundheitlichen Gründen zurück und wurde 1889 unheilbar gei-
steskrank.

In seiner Jugend war er ein Anhänger Schopenhauers (279),
aber erst seine enge Freundschaft mit Wagner (333) wurde zum
entscheidenden Faktor in Nietzsches Entwicklung. Der bittere
Haß jedoch, in den sich diese Freundschaft später verkehrte, »ver-
giftete seine Feder, wie er zuerst seine Seele vergiftet hatte«
(Ernest Newman). Das Hauptwerk der Wagner-Periode (1868 bis
1878) war ›Die Geburt der Tragödie aus dem Geiste der Musik‹
(1872). Er bekennt sich darin zu einer tragisch-pessimistischen
Sicht der griechischen Zivilisation, die an Burckhardt (347) erinnert und der Auffassung Grotes (321) völlig widerspricht. Das
war der Anfang seiner Laufbahn als Kritiker moderner Zivilisation, hinter dessen Polemik Verachtung für das deutsche Kaiserreich, das Christentum, die bürgerliche Moral usw. stand.

Nietzsche war auch Dichter – vielleicht ebensosehr Dichter
wie Philosoph und Kritiker. Jedoch das Kritische und Zerstöreri-
sche seiner Philosophie hat im Bewußtsein der Intellektuellen den
tiefsten Eindruck hinterlassen. Er betonte die wichtige Rolle, die
Selbstbetrug, Illusionen und Vorurteile in allen Bereichen menschlichen Denkens und Handelns spielen, und die Hartnäckigkeit,
mit der er die Aufdeckung und unbarmherzige Ausrottung dieser
unheilvollen und doch so eifervoll gehegten Selbsttäuschungen
forderte, ließ ihn oft mitleidlos erscheinen. Dieser wichtigste Zug
seines Denkens und die Reaktionen, die Nietzsche damit bei den
Lesern hervorrief, zeigen unübersehbare Parallelen mit Freud
(389). Mitleidlos war auch sein Nachdruck auf das Hier und
Heute gegenüber einem Leben nach dem Tode, seine Verherrlichung von Heroismus und Macht und seine Ablehnung der all-

gemein anerkannten christlichen Tugenden der Selbstlosigkeit, des Leidens und der Nächstenliebe.

›Also sprach Zarathustra‹ verherrlicht den Übermenschen. Dieses lange philosphische Prosagedicht wurde zum bekanntesten seiner Werke. Sein eigentliches Hauptwerk, ›Der Wille zur Macht‹, dessen erster Plan 1883 entstand, blieb Fragment.

Noch immer liegt ein großer Teil von Nietzsches Werk nur in wissenschaftlich unbefriedigenden Ausgaben vor; vieles wurde von seiner Schwester unterschlagen und teilweise vernichtet. Elisabeth Förster-Nietzsche (1846-1935) erwies sich auch als Verwalterin des Nietzsche-Archivs in Weimar als der böse Geist ihres Bruders. Ihr fanatischer Nationalismus und Antisemitismus machten ihre zahlreichen Veröffentlichungen über ihren Bruder zu einem der Haupthindernisse für eine gerechte Würdigung der Philosophie Nietzsches. In ihrer völligen Verständnislosigkeit für seine antichristliche und antinationalistische Haltung war sie eine gefährlich ungeeignete Herausgeberin der Schriften des Mannes, dem wir das Wort vom »guten Europäer« verdanken.

In Deutschland, wo Nietzsches Ideen nicht nur von seiner Schwester mehr und mehr verzerrt und vulgarisiert worden sind, hatten seine Schriften unheilvolle Folgen. In England erfreute er sich nur eines vorübergehenden Einflusses auf den Kreis um G.B. Shaw, in dem die frühesten englischen Übersetzungen entstanden. Seine breiteste Wirkung hatte er in Frankreich, wo Charles Andler die Standardbiographie verfaßte (6 Bände, 1920-31).

371   Das englische Wörterbuch

JAMES MURRAY (1837-1915), HENRY BRADLEY (1845-1923), WILLIAM A. CRAIGIE (1867-1957), C. T. ONIONS (1873-1963) (Herausgeber). A New [seit 1895: The Oxford] English Dictionary on Historical Principles, 11 Bände. *Oxford, in der Clarendon Press, 1884 bis 1928; Ergänzungsband 1933*

Das ›New English Dictionary‹ (N.E.D.), heute als ›Oxford English Dictionary‹ (O.E.D.) bezeichnet, ist die größte Schatzkammer, die je für irgendeine Sprache der Welt angelegt wurde. Was Umfang, Zugänglichkeit und wissenschaftliche Verläßlichkeit betrifft, so kommt ihm kein anderes Wörterbuch gleich; was die Zugänglichkeit betrifft, auch sein großes Vorbild, das Grimmsche ›Deutsche Wörterbuch‹ (281) nicht.

Das Oxford Dictionary wurde 1857 von der 1842 gegründeten Philologischen Gesellschaft in Angriff genommen, die unter der Leitung des Cambridger Gelehrten Dr. Richard Chenevix Trench (1807-86; 1856-63 Dekan von Westminster, dann Erzbischof von Dublin) einen detaillierten Plan ausarbeitete und als ersten Herausgeber den brillanten jungen Philologen Herbert Coleridge (1830-61) bestimmte, den Neffen des Dichters S. T. Coleridge.

Nach dessen frühem Tod führte Frederick James Furnivall (1825-1910), der Sekretär der Gesellschaft, das Werk fort. Um die »historischen Prinzipien« des Wörterbuchs zu gewährleisten, gründete er die Gesellschaft zur Herausgabe frühenglischer Texte (1864), die Chaucer-Gesellschaft (1868), die Gesellschaft zur Erforschung der Volksballade, die Neue Shakespeare-Gesellschaft (1873) und die Wiclif-Gesellschaft (1881). Bis zu seinem Tod blieb er der Arbeit am Wörterbuch treu – aber auch seinem Interesse am Werk Robert Brownings und am Rudersport.

Nachdem sich die Verhandlungen mit dem Verlagshaus Macmillan 1876 zerschlagen hatten, bemühte sich die Oxford University Press um den Auftrag, so daß schließlich 1879 der Druckvertrag von den Delegierten der beiden Parteien unterzeichnet werden konnte. Murray gab dem Wörterbuch seine endgültige Gestalt und brachte 1884 die erste Folge heraus. Er ist für annähernd die Hälfte des ganzen Werkes (7207 von 15487 Seiten) verantwortlich. Nach der Verlegung des Redaktionsbüros nach Oxford (1885) unterstützten ihn dann der Reihe nach Bradley (ab 1885), Craigie (ab 1897) und Onions (ab 1914) als ständige Mitarbeiter und Hilfsredakteure.

Die ›korrigierte Neuauflage‹ des Hauptwerks ist inzwischen durch eine Reihe kleinerer Ableger ergänzt worden: The Shorter Oxford Dictionary, The Concise Oxford Dictionary of Current English, The Oxford Illustrated Dictionary und die Taschen-, Klein- und Schulwörterbücher. Jedes dieser Werke ist für ein bestimmtes Publikum gedacht, aber alle machen sie ihrem Stammvater Ehre.

THE DICTIONARY OF NATIONAL BIOGRAPHY, 63 Bände. *London, Smith, Elder und Co., 1885-1900*

Bei der Vollendung des ›Dictionary of National Biography‹ (D.N.B.), des englischen biographischen Lexikons, nannten es seine Herausgeber stolz »die Frucht privaten Unternehmergeistes, die Leistung von Privatleuten und Bürgern«, während die entsprechenden Nachschlagewerke anderer Länder von gelehrten Institutionen getragen und aus staatlichen Mitteln finanziert worden seien. Und wirklich verdankt das D.N.B. seine Entstehung der waghalsigen Initiative des Verlegers George Smith (1824-1901), der 1882 ein englisches Gegenstück zur ›Biographie Universelle‹ vorschlug, deren neueste Auflage in vierzig Bänden 1843-63 in Paris erschienen war. Auf den Rat seines Freundes Leslie Stephen hin (1832-1904) gab er diesen Plan zugunsten einer national begrenzten Sammlung von Biographien großer britischer Persönlichkeiten auf. Stephen wurde zum ersten Herausgeber ernannt (bis 1891); ihm folgte Sidney Lee (1859-1926), der 1900 dieses Lexikon von dreißigtausend Lebensbeschreibungen vollendete.

Es wurde bald durch zwei Nachträge ergänzt (1902 und 1912, jeweils 3 Bände) und, nachdem das Haus Smith es 1917 der Universität Oxford überantwortet hatte, schließlich als ›The Twentieth Century D.N.B.‹ fortgeführt. Ergänzungsbände erscheinen jeweils in Abständen von etwa zehn Jahren; außerdem wurde eine zweibändige Kurzfassung, ›The Concise D.N.B.‹, veröffentlicht: der 1. Band enthält die Biographien bis 1900, der 2. die von Personen, die 1901 oder später starben. Das Institut für Geschichtsforschung der Universität London bringt fortlaufend Zusätze und Korrekturen zum D.N.B. heraus, das – wie das andere große Gemeinschaftswerk englischer Gelehrter, das ›Oxford English Dictionary‹ (371) – ein unentbehrliches Nachschlagwerk in allen Bibliotheken der Welt darstellt. Wichtige europäische Parallelen des D.N.B. sind die Allgemeine Deutsche Biographie, die 1875-1912 in 56 Bänden erschien und jetzt neu herausgegeben wird, die Neue Österreichische Biographie (1815-1935), das Historisch-Biographische Lexikon der Schweiz (1921-34).

GENERAL BOOTH (1829-1912). In Darkest England and the Way Out. *London, International Headquarters of the Salvation Army, [1890]*

Booth arbeitete zuerst bei einem Pfandleiher in Nottingham. Nachdem er 1849 nach London kam, begann er als Erweckungsprediger herumzureisen. 1865 gründete er eine ›Christliche Mission‹ in Whitechapel. 1878 rief er fast durch einen Zufall die Heilsarmee ins Leben, deren hundertjähriges Jubiläum von der englischen Post fälschlicherweise im Jahre 1965 gefeiert wurde.

In seiner leidenschaftlichen Hingabe an die Ärmsten der Armen beschränkte er sich nicht auf ihr geistliches Wohl; ebenso entschlossen war er, auch ihr materielles Elend zu lindern. 1890, dasselbe Jahr, in dem Stanley sein Werk ›In Darkest Africa‹ (Im dunkelsten Afrika) veröffentlichte, brachte Booth sein Buch ›Im dunkelsten England‹ heraus. In diesem Buch analysierte er die Ursachen der Massenarmut und der Verderbtheit seiner Zeit und schlug ein Heilverfahren in zehn Punkten vor. Zu ihnen gehörten: Landbesiedlung, Auswanderung, Seelsorgearbeit unter Prostituierten und an der Gefängnispforte, die Bank des armen Mannes und der Rechtsanwalt des armen Mannes. Es wurde großzügig gespendet, und ein großer Teil des Plans konnte durchgeführt werden.

›Ghostwriter‹ dieses Buches war sehr stark W.T.Stead, der sich mit Booths Sohn zu einem aufsehenerregenden Frontalangriff gegen die Anwerbung Jugendlicher für Bordelle zusammengeschlossen hatte. Booths Biograph Harold Begbie betont seine Unbildung und sagt, daß »er in allen intellektuellen Angelegenheiten ein ausgesprochener Bildungsfeind« war. Begbie verheimlichte auch nicht Booths Kompromisse mit dem »ungerechten Mammon«: »Er trat vor diesen Leuten stets wie ein Prophet Gottes auf«, so schreibt er, »aber da er für seinen Auswanderungsplan, seine Farmkolonien, seine Obdachlosenasyle, seine Säle unbedingt ihr Geld benötigte, sank diese donnernde Stimme vom Berge Sinai zum ›piano‹ einer ein bißchen sticheln-den, im Grunde gutherzigen Ermahnung herab.«

Doch der Leistung ›General‹ Booths, aus einem obskuren Missionsraum im East End Londons eine weltweite Organisation mit militärischen Rängen und Uniformen zu schaffen, soll kein Abbruch getan werden, denn diese Organisation hat in aller Welt Achtung und Sympathie geerntet. Booths unglaubliches Selbstvertrauen, sein brennendes Gerechtigkeitsgefühl, verbunden mit seiner unablässigen Hingabe an seine Aufgabe und seinem tiefen Mitgefühl für alle Unglücklichen machten aus ihm einen Evangelisten und einen Organisator ersten Ranges.

374   Der Goldene Zweig

JAMES GEORGE FRAZER (1854-1941). The Golden Bough: a Study in Comparative Religion, 2 Bände. *London, Macmillan, 1890*

Es ist merkwürdig, daß sich Laien gewöhnlich nur sehr wenig für Anthropologie – die Wissenschaft vom Menschen – interessieren. E.B.Tylor, Verfasser des Werkes ›Primitive Culture‹ (1871), der herausfordernden Untersuchung eines Aspekts dieses Themas, beklagte, daß die Anthropologie nicht viel mehr sei als ein »bespötelter Feldweg«. Durch die Lektüre von Tylors Buch begann Frazer sich für dieses Gebiet zu interessieren. Im Jahre 1888 regte William Robertson Smith, der Herausgeber der neunten Ausgabe der ›Encyclopaedia Britannica‹ (218), Frazer zu seinen Artikelbeiträgen über ›Totemismus‹ und ›Tabu‹ an. Frazer betrachtete beide als halb religiöse, halb soziale Lebensformen primitiver Stämme – die Auffassung vom ›Reinen‹ und ›Unreinen‹, die zu Opferhandlungen führt. Besonders beschäftigte ihn die Erhellung der Beziehung, die zwischen diesen Ideen und den Mysterien des der Diana von Aricia geweihten heiligen Haines von Nemi und dem geheimnisvollen Virbius bestanden, in dem er ein totemistisches Wesen erblickte. Die Untersuchung dieser Mysterien führte ihn zur Erforschung ihrer Ursprünge und zu Vergleichen und Parallelen in anderen primitiveren religiösen Systemen.

Das Ergebnis dieser umfangreichen Studien war ›Der Goldene Zweig‹. Zweibändig erschien das Buch zuerst im Jahre 1890, doch eine Auflage folgte der anderen, und jede war umfangreicher – eine zweite Auflage mit drei Bänden im Jahre 1900 und eine dritte,

die mit dem Jahr 1911 begann und 1936 auf dreizehn Bände angewachsen war.

Die konstanten Neuauflagen des großen Werkes und die große
Popularität einer gekürzten einbändigen Ausgabe – jetzt erhältlich auch als Paperback – hat Tylors Hoffnung auf die Zeit, wo
sich die Anthropologie durchgesetzt haben würde, wohl erfüllt.

Revolution auf der Bühne 375

HENRIK IBSEN (1828-1906). Hedda Gabler. *Kopenhagen, Gyldendal,*
1890

Ibsen war der Sohn eines norwegischen Kaufmanns, dessen Ahnen
Dänen, Deutsche und Schotten, jedoch keine Norweger gewesen
waren. Als der Junge acht Jahre alt war, machte sein Vater bank-
rott, so daß sich seine Jugend in bedrückender Armut abspielte.
Er wurde als Lehrling zu einem Apotheker gegeben, und in einer
Reihe düsterer Gedichte brachte er seine innere Qual zum Ausdruck. Die Großzügigkeit eines Freundes ermöglichte es ihm
1850, unter einem Pseudonym die Blankverstragödie ›Catilina‹
zu veröffentlichen, die jedoch keine Aufmerksamkeit erregte.
Danach begann er sich als freiberuflicher Journalist durchzuschla-
gen. Im Jahre 1851 wurde er zum ›Bühnendichter‹ ernannt, das
heißt eigentlich zum Direktor eines kleinen Theaters in Bergen,
und 1857 machte man ihn zum Leiter des ›Nationalen Theaters‹
in Oslo.

Nun versuchte sich Ibsen am romantischen Drama. Er verfaßte
sieben weitere Theaterstücke, bevor er schließlich mit seiner
›Komödie der Liebe‹ (1862) seinen eigentlichen Stil entdeckte.
Doch weder dieses noch irgendein anderes seiner frühen Stücke
fand irgendwelchen Anklang. 1864 bekam er ein Reisestipendium
und ging nach Rom, wo er 1866 ›Brand‹ und 1867 ›Peer Gynt‹
schrieb. Dadurch kam er in den Genuß einer staatlichen ›Dichter-
rente‹, und seine Stücke – unter ihnen vor allem ›Brand‹ – begann-
nen beim Publikum großen Anklang zu finden. Abgesehen von
kurzen Besuchen in Norwegen in den Jahren 1874 und 1885, lebte
er bis 1891 in Dresden und München. Dann kehrte er endgültig
nach Norwegen zurück.

Eigentlich ist es unmöglich, ein für Ibsen typisches Werk zu nennen. Bei seinem Lieblingsstück ›Kaiser und Galiläer‹ (1873) handelt es sich gewiß nicht um ein solches; doch eine Wahl zu treffen zwischen seinen Werken gegen die korrupte Gesellschaft – ›Die Stützen der Gesellschaft‹ (1877) oder ›Der Volksfeind‹ (1882) – und seinen kritischen Studien über die Abhängigkeit der Frau – ›Ein Puppenheim‹ (1879) oder ›Die Wildente‹ (1884) – ist nicht einfach. Wir haben hier ›Hedda Gabler‹ (1890) ausgewählt, weil es wahrscheinlich sein meistgespieltes Stück ist.

Ibsens Einfluß auf die Entwicklung des modernen Dramas kann man daraus ersehen, daß seine Stücke sich auf dem Spielplan eines jeden avantgardistischen Theaters seiner Zeit fanden – so auf dem des Théâtre Libre in Paris (1887), der Freien Bühne in Berlin (1887) und des Independent Theatre in London (1891). Und obgleich das Publikum auf jede Aufführung zumeist mit gemischten Gefühlen – nämlich Protest und Bestürzung – reagierte, hat sich heute Ibsens revolutionäre Technik völlig durchgesetzt, ja eigentlich ist sie bereits etwas altmodisch geworden. Was nun Sinn und Zweck seiner Stücke betrifft, so sollte man nicht vergessen, daß er eher ein analytisches denn ein didaktisches Ziel im Auge hatte. Nicht so sehr das Predigen einer Moral als vielmehr das Durchleuchten sozialer Probleme beschäftigte ihn.

376 Fingerabdrücke und Kriminologie

FRANCIS GALTON (1822-1911). Finger Prints. *London, Macmillan, 1892*

Der Holzschneider Thomas Bewick benutzte als erster Fingerabdrücke zur Identifizierung. Sein Daumenabdruck taucht auf Empfangsbescheinigungen für die erste Auflage seines ›Aesop‹ aus dem Jahre 1818 auf.

Im Jahre 1823 unterbreitete J.E.Purkinje der Universität Breslau eine Abhandlung, in der er auf die Wichtigkeit von Fingerabdrücken und deren Muster hinwies; doch die Anmerkung, die zum Beispiel in Garrison-Mortons ›Medical Bibliography‹ auftaucht, daß er sie als Identifizierungsmittel vorgeschlagen hätte, ist ein Irrtum. Erst Sir Henry Faulds machte in einer Abhandlung

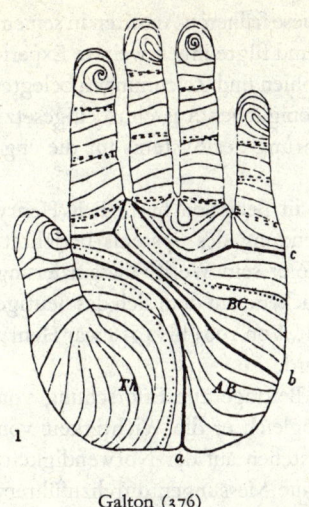

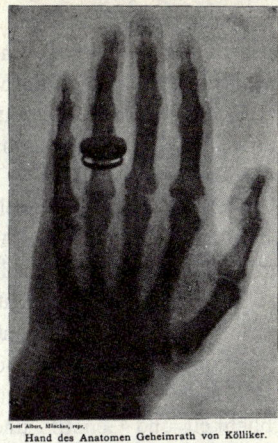

Josef Albert, München, repr.

Hand des Anatomen Geheimrath von Kölliker.
Im Physikal. Institut der Universität Würzburg
mit X-Strahlen aufgenommen
von Professor Dr. W. C. Röntgen.

Galton (376)   Röntgen (380)

›Über die Hautrillen der Hand‹, die er am 28. Oktober 1880 an die Zeitschrift ›Nature‹ sandte, zum ersten Mal einen solchen Vorschlag. Am 25. November berichtete W. J. Herschel in derselben Zeitschrift, daß er seit 1858 die Hindueingeborenen ihre Verträge mit Handabdrücken ›unterzeichnen‹ ließ. Bevor er 1878 Indien verließ, hatte er ein primitives System der Identifizierung von Kriminellen geschaffen. Auch wußte er, daß die Muster unveränderlich sind.

Galton, ein Vetter Darwins (344) und Begründer der Eugenik, interessierte sich sehr für Herschels Brief, der auf eine mögliche Form anthropometrischer Klassifizierung hindeutete. Am 27. November 1890 verlas er vor der Royal Society eine Arbeit über ›Die Muster von Daumen- und Fingerabdrücken‹, die in den ›Transactions‹ der Gesellschaft veröffentlicht wurde. Zu diesem Vortrag hatte er als Beweisstück einen der Verträge Herschels entliehen. Im Mai 1891 verfaßte er für die ›Proceedings‹ der Royal Society den Artikel ›Eine Methode, um Fingerabdrücke festzuhalten‹, und im August desselben Jahres schrieb er für das ›Nineteenth Century‹ einen leichtfaßlichen Bericht über ›Identifizierung durch Fingerspitzen‹.

677

Im Jahre 1892 faßte Galton all diese früheren Arbeiten in seinem Buch ›Finger Prints‹ zusammen und fügte ihnen weitere Experimente hinzu, die er mit Photographien und Zeichnungen belegte. Der Erfolg war, daß 1899 ein Königlicher Ausschuß eingesetzt wurde, der zugunsten der Einführung des Systems für die englische Polizei entschied.

Als Oberinspektor der Polizei in Bengalen hatte E. R. Henry dem Ausschuß von seiner Anwendung des Systems berichtet, und im Jahre 1900 veröffentlichte er sein Werk ›Klassifizierung und Anwendung von Fingerabdrücken‹, auf dem sich das heutige System in der ganzen Welt aufbaut. Von 1903 bis 1918 war Henry Polizeikommissar bei Scotland Yard.

Galton lieferte auch wichtige Beiträge zur Erforschung von Erblichkeit und Genetik, und obgleich er die Wichtigkeit von Statistiken übertrieb, ist sein Bestehen auf der Notwendigkeit, auf dem Gebiet der Biologie genaue Messungen durchzuführen, von großer Bedeutung.

377 Die Theorie der drahtlosen Telegraphie

HEINRICH RUDOLF HERTZ (1857-94). Untersuchungen über die Ausbreitung der Elektrischen Kraft. *Leipzig, Johann Ambrosius Barth, 1892*

1887, acht Jahre nach Maxwells Tod, wurde von Hertz der experimentelle Nachweis für die Faraday-Maxwellsche Hypothese (308, 355), daß elektrische Wellen durch den Raum gesendet werden können, in Angriff genommen. Die zwei Haupterfordernisse hierfür waren (a) unter der Annahme, daß solche Wellen existierten, eine Methode, mit der sie erzeugt werden konnten, und (b) eine Methode, sie festzustellen, wenn sie einmal erzeugt waren. Das erste Problem konnte Hertz leicht lösen. Er benutzte dazu die oszillatorische Entladung eines Kondensators. Das Empfangsproblem war viel schwieriger, weil man damals Ströme, deren Stärke sich mit solch hoher Geschwindigkeit änderte wie bei diesen Wellen, nicht registrieren konnte. Hertz benutzte dazu eine Erscheinung, die so alt war wie die Elektrizität selbst: den elektrischen Funken.

Indem er die elektrischen Wellen einen Funken in einer Entfernung erzeugen ließ, die zwischen Oszillator und Funkensprung jede Verbindung ausschloß, und indem er den funkenerzeugenden Apparat (Oszillator) so bewegte, daß sich die Länge des Funkens veränderte, bewies er eindeutig den Durchgang von elektrischen Wellen durch den Raum. Die Entfernung war nie größer als die Länge des Labors von Hertz in Kiel, doch die Tatsache der Ausbreitung war wissenschaftlich festgestellt. J.J.Thomson (386) hielt die Ergebnisse für »einen der wunderbarsten Triumphe experimenteller Geschicklichkeit«. Die Experimente wurden von 1887 an in periodischen Abständen in den ›Annalen der Physik und Chemie‹ mitgeteilt und sind im obigen Band zusammengefaßt. Der Titel der englischen Übersetzung von 1893, mit einem Vorwort von Lord Kelvin, drückt schon den Inhalt aus: ›Elektrische Wellen oder Forschungen über die Ausbreitung der elektrischen Kraft mit endlicher Geschwindigkeit durch den Raum.‹ G.F.Fitzgerald hatte die ersten Ergebnisse von Hertz schon in einem Vortrag vor der British Association 1888 angezeigt.

David Hughes (siehe 365) war während der Arbeit an der Verbesserung seines Mikrophons zu ähnlichen Schlüssen gekommen. 1880 führte er dem Präsidenten der Royal Society, Spottiswood, und den Ehrensekretären Huxley und Stokes eine dreistündige Demonstration vor; doch sie konnten seiner Überzeugung, daß den Ergebnissen die Wirkung von elektrischen Wellen zugrunde lag, nicht beipflichten und nahmen ihm den Mut, einen Artikel an die Royal Society zu schicken.

Hertz war zuerst durch Helmholtz (323), seinen Lehrer in Berlin, zur Untersuchung der Maxwellschen Hypothese ermuntert worden. Im Laufe seiner Arbeit schickte er auch Kathodenstrahlen durch Metalle hindurch. Sein Kollege Philipp Lenard schloß eine Vakuumröhre mit einer Metallplatte ab und fand, daß sie als ›Fenster‹ wirkte, durch das die Strahlen aus der Röhre heraus konnten. Mit solch einer Röhre, die er von Lenard erhalten hatte, soll Röntgen (380) die nach ihm benannten Strahlen entdeckt haben.

HENDRIK ANTOON LORENTZ (1853-1928). (*a*) La Théorie Electromagnétique de Maxwell, et son Application aux Corps Mouvants. *Leiden, E. J. Brill, 1893;* (*b*) Versuch einer Theorie der Electrischen und Optischen Erscheinungen in Bewegten Körpern. *Leiden, E. J. Brill, 1895*

Im Jahre 1729 berichtete James Bradley, später Astronom in den Diensten des Königs, der Royal Society, daß es bei der Beobachtung eines Fixsterns notwendig sei, das Fernrohr nicht direkt auf den Stern zu richten, sondern es etwas zu verschieben. Dies nannte er den Aberrationswinkel. Der von Bradley beschriebene Sachverhalt wurde wiederholt bestätigt, und man erklärte den Aberrationswinkel aus der Bewegung der Erde durch den Äther – das Medium, durch das Lichtwellen übertragen würden. Wenn der Lichtäther ein Medium darstellt, durch das sich die Erde unbehindert zu bewegen vermag, so mußte man daraus folgern, daß ein Lichtstrahl die Erde schneller erreicht, wenn er aus der Richtung kommt, in die sie sich bewegt und nicht aus der ihr entgegengesetzten.

Im August 1881 beschrieb Albert Abraham Michelson (siehe 408) im ›American Journal of Science‹ ein neues Interferometer, das er allein zu dem Zweck konstruiert hatte, um diese relativen Geschwindigkeiten mit minuziöser Genauigkeit zu messen. Jede bis dahin erfundene Uhr hätte – und wäre sie noch so genau gegangen – eine Fehlerquote aufgewiesen, die größer gewesen wäre als die fragliche Zeitdifferenz. Michelsons Instrument sollte die relativen Geschwindigkeiten von Lichtwellen registrieren, die sich senkrecht zueinander fortpflanzen. Im August 1887 berichtete er zusammen mit seinem Kollegen Williams Morley in derselben Zeitschrift über ihre fast völlig gescheiterten Experimente.

Das Dilemma schien unüberbrückbar, bis Lorentz schließlich die Lösung fand. Er beschrieb sie in zwei Abhandlungen: (*a*) ›Die elektromagnetische Theorie Maxwells und ihre Anwendung auf bewegte Körper‹ und in der (*b*) zitierten Schrift. In diesen Untersuchungen setzte Lorentz die elektrische Natur der Materie voraus und behauptete, daß alle elektrischen Teilchen sich verkürzen, wenn sie sich in Richtung der Ätherdrift bewegen. Demgemäß wurde der eine Arm von Michelsons Interferometer um so viel verkürzt, wie es nötig ist, damit die Laufzeiten beider Lichtstrahlen sich entsprechen. Im Jahre 1905 stellte Einstein seine spezielle Relativitätstheorie auf, mit der er das Aberrationsproblem zu klären versuchte. Zu diesem Zweck übernahm er Lorentz' Theorie.

Die Abhandlung Lorentz' ist noch insofern wichtig, als er mit ihr zur selben Zeit wie J.J.Thomson (386) auf die Elektronentheorie der Materie stieß. Whetham (›A History of Science‹, 3.Auflage, 1942, Seite 389) hat ihren jeweiligen Beitrag in einem einzigen Satz treffend umrissen: »Während Thomson Elektrizität mit Begriffen der Materie erklärte, erklärte Lorentz Materie in Begriffen der Elektrizität.« Ein Beispiel dafür gibt es bereits im Jahre 1907, als Thomson den Terminus ›Korpuskel‹ dem des ›Elektron‹ vorzog, während Lorentz wiederum den Begriff ›Elektron‹ von dem Physiker Johnstone Stoney übernahm, der ihn 1891 im Zusammenhang mit Maxwells Lichttheorie (355) geprägt hatte. Im Jahre 1902 erhielt Lorentz den Nobelpreis.

Amerikas Grenze und Grenzer

FREDRICK JACKSON TURNER (1861-1932). The Significance of the Frontier in American History. *In:* Proceedings of the State Historical Society of Wisconsin. *Madison, Wis.,* 1894

F.J.Turner war Geschichtsprofessor an der Universität von Wisconsin. Er hielt diese kurze Rede während der Weltausstellung in Chicago am 12.Juli 1893. Sie sollte eine neue Interpretation der amerikanischen Geschichte einleiten. Turner, der aus dem jungen Staate Wisconsin stammte, lehnte die einfache, von nationalistisch gesinnten Amerikanern vertretene Anschauung ab, daß die Vereinigten Staaten ihr Wachstum dem Kampf um religiöse Freiheit und gegen die britische Tyrannei verdanken. Statt dessen stellte er die Theorie auf, daß die unablässige Suche nach »freiem Land« mit ihren Folgen und die sich ständig vorschiebende »Grenze mit ihren neuen Möglichkeiten, ihrer fortwährenden

Berührung mit unkomplizierten, primitiven Gesellschaften die Kräfte sind, die den amerikanischen Charakter prägten«. Der Händler, der Rancher, der Farmer, der Missionar, der Soldat – sie alle trugen zu »dieser unaufhörlichen Neugeburt, zu diesem fließenden Zustand des amerikanischen Lebens bei«. Die Notwendigkeit, immer wieder neue Administrations-, Rechts- und Regierungsinstitutionen zu schaffen, machte die ›Grenze‹ zu einer Art politischem Laboratorium der Demokratie. Kurz gesagt – folgendes Zitat entstammt dem ›Dictionary of American Biography‹ – betrachtete Turner »die Grenze weniger als einen Raum, sondern als einen unablässigen, sich über den ganzen Kontinent erstreckenden Prozeß«.

Was für Turner eine kühne Hypothese war, die er später mit einer Menge detaillierter Untersuchungen zu untermauern versuchte – sie finden sich in dem Werk ›The Frontier in American History‹ (1920) –, wurde für weniger bedeutende Männer zu einem starren Dogma. So kam es, daß man aus Turner einen jener ›simplificateurs terribles‹ machte, als der Begriff Grenze mit ernsthafter akademischer Diskussion nichts mehr zu tun hatte und, mit Gefühl beladen, in den amerikanischen Volksmund und die journalistische Mythologie einging. Zuletzt manifestierte sich dieser Begriff 1961 in der ›new frontier‹ des Kennedy-Teams.

380   Röntgenstrahlen

WILHELM CONRAD RÖNTGEN (1845-1923). Über eine neue Art von Strahlen. *In:* Sitzungsberichte der Physikalisch-Medizinischen Gesellschaft zu Würzburg. Zwei Teile. *Würzburg, 1895-96*

Die Geschichte der Entdeckung der Röntgenstrahlen beginnt im 17. Jahrhundert mit Otto von Guerickes Luftpumpe. Heinrich Geißler, ein Glasbläser an der Bonner Universität in der Mitte des 19. Jahrhunderts, vervollkommnete eine Art Vakuumröhre mit in den Enden eingelassenen Platinelektroden, so daß man einen elektrischen Strom durch das verdünnte Gas der Röhre schicken konnte.

Während er mit Formen der Geißlerröhre experimentierte, wie sie Philipp Lenard und William Crookes entwickelt hatten, bemerkte Röntgen, damals Professor an der Universität Würzburg, daß ein Pappschirm, der mit Bariumplatincyanid bestrichen auf einem Tisch lag, angefangen hatte zu fluoreszieren. Er fand die Ursache davon in der Röhre, obwohl diese in einer lichtundurchlässigen schwarzen Kartonschachtel eingeschlossen war.

Röntgen erklärte in den obigen zwei Artikeln seine Experimente mit dieser relativ stark durchdringenden Strahlungsart. Er fand heraus, daß zwar menschliche Gewebe für sie durchsichtig sind, Knochen aber nicht. Auch werden photographische Platten durch sie geschwärzt. In der zweiten der beiden Sitzungen, in denen er seine Entdeckung vortrug, überredete er nun ein Mitglied des Hörerkreises, seinen Kollegen Professor Albert von Kölliker, den berühmten Anatomen, seine Hand durch diese Strahlung photographieren zu lassen. Unter großer Begeisterung wurde das Ergebnis vorgezeigt und ging von Hand zu Hand.

Röntgen selber scheint mehr rein wissenschaftlich am Wesen der Strahlen interessiert gewesen zu sein. Weil sie anderen und schon besser bekannten Strahlen, die vom Kathodenende der Röhre ausgingen, nicht glichen, und weil er nicht feststellen konnte, wie sie entstehen, nannte er sie ›X-Strahlen‹. Dieser Name ist noch heute in den angelsächsischen Ländern üblich.

Ihre Bedeutung für die Chirurgie, die innere Medizin und die Metallurgie ist bekannt. Darüber hinaus haben Röntgens Experimente das Studium von Chemie und Physik revolutioniert. Laue und Braggs (406) haben die Röntgenstrahlen zur Aufdeckung der atomaren Struktur der Kristalle benutzt. Moseley (407) hat das periodische System der Elemente neu aufgestellt. Becquerel (393) wurde von Röntgens Ergebnissen direkt zu der Untersuchung angeregt, die zur Entdeckung der Radioaktivität führte. Schließlich stellte J.J.Thomson (386) die Elektronentheorie als ein Ergebnis von Forschungen über die Natur der Röntgenstrahlen auf. Röntgen war nicht der erste, der die Schwärzung von photographischen Platten in der Nähe von elektrischen Entladungen bemerkte. Doch war er der erste, der ihre Ursache untersuchte und eine Erklärung für sie wußte. Dafür erhielt er den ersten Nobelpreis für Physik im Jahre 1901 und wurde weltberühmt.

THEODOR HERZL (1860-1904). Der Judenstaat, Versuch einer Modernen Lösung der Judenfrage. *Leipzig und Wien, M. Breitenstein, 1896*

Seitdem der jüdische Staat im Jahre 70 von den Römern vernichtet worden war, beteten die in alle Welt zerstreuten Juden um die Rückkehr in ihre Heimat. Viele von ihnen waren zwar in Palästina geblieben, doch wurden sie durch die arabischen Invasionen und während der Kreuzzüge fast gänzlich ausgerottet. Seit dem Mittelalter machten viele fromme Juden Pilgerfahrten dorthin.

Den ersten wirklichen Anstoß, ihr Land zurückzugewinnen und ihren Staat neu zu gründen, gaben jedoch erst Mitte des 19. Jahrhunderts einige Politiker und Denker, Juden und Nichtjuden, die eine neue politische Lösung befürworteten. In Herzls Buch kristallisierte sich zum ersten Mal die Idee einer nationalen Heimat für die Juden. Bis dahin hatten zwei Ansichten vorgeherrscht: entweder man befürwortete das Getto, weil man an eine unüberbrückbare Kluft zwischen Juden und Nichtjuden glaubte, oder man forderte eine Assimilation, das heißt, daß die Juden ihre Umwelt völlig anerkennen sollten, wodurch sie schließlich in dem Volk aufgehen würden, in dem sie lebten. Herzl vertrat einen anderen Standpunkt. Durch sein Werk verwandelte er das jüdische Volk von einer passiven Gemeinschaft in eine selbstsichere politische Kraft.

Theodor Herzl wurde in Budapest geboren, doch war sein Weltbild wie das aller mitteleuropäischen Juden im wesentlichen deutsch geprägt. Er war Pariser Korrespondent für die Neue Freie Presse in Wien, die führende liberale Zeitung Österreichs. Während seiner Pariser Zeit wurde er tief beeinflußt von der Dreyfus-Affäre und den Auswirkungen der Pogrome in Rußland in den achtziger Jahren. Er gelangte zu dem Schluß, daß eine neue Beziehung zwischen Juden und anderen Völkern nur dann hergestellt werden könne, wenn die Juden sich organisierten und als Volk handelten. Sein Buch verteidigte die Gründung eines jüdischen Staates. Ursprünglich hatte er ihn lediglich als einen fortschrittlichen modernen Staat gedacht, der nicht unbedingt in Palästina liegen und dessen Landessprache nicht einmal Hebräisch sein mußte; nach und nach akzeptierte er jedoch die Idee, daß Palästina die natürliche und wahre Heimat der Juden sei.

Die Veröffentlichung seines Buches hatte zur Folge, daß 1897 in Basel ein Kongreß mit zweihundertundsechs Delegierten aus aller Welt abgehalten und die zionistische Organisation gegründet wurde – eine Bewegung, die weltweite Formen annehmen sollte.

Während des Ersten Weltkrieges brachten zwei Juden polnischer Abstammung – Dr. Chaim Weizmann und Nahum Sokoloff – das jüdische Problem englischen Politikern nahe. Daraus ergab sich die historisch gewordene ›Balfour Declaration‹ vom 2. November 1917, in der der damalige Premierminister Lord Balfour versprach, die Gründung einer nationalen jüdischen Heimat in Palästina zu unterstützen. Dem stimmten später im Prinzip alle verbündeten Nationen zu; doch die politischen Komplikationen waren beträchtlich und die arabischen Einwände hartnäckig, so daß der Staat Israel schließlich erst am 14. Mai 1948 gegründet wurde.

Daß ein jüdischer Staat in Palästina weniger als fünfzig Jahre nach Herzls Tod errichtet wurde, war seinem Weitblick und seinem taktischen Geschick zuzuschreiben, die er in seinem Manifest von 1896 zum Ausdruck brachte.

Die Verwirklichung der drahtlosen Telegraphie 382

GUGLIELMO MARCONI (1874-1937). Provisional Specification. Improvements in Transmitting Electrical Impulses and Signals. [Patentschrift]. *London, 2. Juni 1896*

Die Experimente von Heinrich Hertz (377) waren auf das Labor beschränkt. Außerdem scheint er nie Wellen benutzt zu haben, deren Wellenlänge kleiner als dreißig Zentimeter war. Für die Wirtschaftlichkeit der drahtlosen Telegraphie war es jedoch nötig, kürzere Wellenlängen zu verwenden und die Sende- und Empfangsapparate zu verbessern.

Oliver Lodge führte 1894 der Royal Society einen Apparat vor, der Signale über eine Entfernung von hundertfünfunddreißig Metern senden und empfangen konnte. Hughes beansprucht jedoch, diese Distanz schon zu einem früheren Zeitpunkt mehr als verdreifacht zu haben (siehe 377). Im Jahre 1895 baute A.Popoff in Kronstadt Antennen in seinen Empfangskreis ein und führte im gleichen Jahr in St.Petersburg einen Apparat vor, der dem von Marconi erfundenen mit einer wichtigen Ausnahme sehr ähnlich war.

Popoff sah nun als wichtigsten Faktor für eine Verbesserung des Empfangs einen stärkeren Wellengenerator an. Marconi dagegen, der, soweit bekannt, seine Fortschritte ohne Kenntnis von Popoffs Arbeiten erzielte, konzentrierte seine Bemühungen auf den Empfangsteil und darunter auf die Verbesserung des Empfängers oder ›Kohärers‹. Darin folgte er dem Vorgang von Lodge, der eine verbesserte Form des Instruments gebaut hatte, das von E.Branly 1891 entwickelt worden war. Es war unentbehrlich für die erfolgreiche Nutzung der Hertzschen Experimente. Sein Wirkungsprinzip, das elektrische Verhalten eines unvollkommenen Kontaktes, wurde von Hughes entdeckt und in dem Mikrophon angewendet, das er in einem Bericht an die Royal Society 1878 (siehe 365) beschrieb. Branly entdeckte es neu, Lodge verbesserte es und Marconi machte es wirtschaftlich brauchbar. Marconis erste erfolgreiche Experimente wurden in Bologna gemacht. Er kam nach London und im Juli 1898 wurde jenes Patent verliehen, dem die obige Patentschrift zugrunde lag. Im gleichen Monat wurde die ›Wireless Telegraph Company‹ nach eingehenden Testversuchen durch die Britische Postbehörde gegründet. Sie gipfelten in der ersten erfolgreichen Transatlantikverbindung von 1901.

383   Der Kinematograph

AUGUSTE (1862-1954) und LOUIS LUMIÈRE (1864-1948). Notice sur le Cinématographe. *Lyon, Decléris für Lumière, 1897*

Was der Kinematographie zugrunde liegt, ist das ›stehende Bild‹ – ein Phänomen, das bereits Lukrez (87) bekannt war. Fox Talbot

(318), Erfinder der ersten brauchbaren Methode der Photographie, sah die Möglichkeit ›lebender Bilder‹ schon 1851 voraus, doch an eine kommerzielle Entwicklung war erst zu denken, als Eastman 1889 den photographischen Film vervollkommnete.

Friese-Greene, Evans und Paul in England und Edison in den Vereinigten Staaten waren es neben anderen, die mit ihren frühen Versuchen etwas Erfolg hatten; doch waren wohl die Brüder Lumière die ersten, die eine kinematographische Maschine mit kommerziellen Entwicklungsmöglichkeiten konstruierten. ›Maschine‹ scheint die beste Bezeichnung für diesen Apparat zu sein, der Kamera und Projektor in einem war. Dadurch wurde jenes Flimmern verhindert, das anderen frühen Apparaten eigen war. Sie ließen ihre Maschine patentieren und führten sie 1895 zum ersten Mal in der Öffentlichkeit vor. Der Handelskatalog mit dem Titel ›Ein Bericht über den Kinematographen‹ (1897) scheint die erste öffentliche Ankündigung ihrer Erfindung gewesen zu sein. Einige der darin verzeichneten Filme wurden im Jahre 1937 auf der Gedächtnisausstellung in Paris gezeigt, und ihr Zustand erwies sich als immer noch ausgezeichnet.

Die beiden Lumière waren Berufsphotographen in Lyon. 1893 stellten sie auf der Internationalen Photoausstellung in Genf das erste farbige Photoporträt aus.

›In Nacht und Eis‹ 384

FRIDTJOF NANSEN (1861-1930). Fram øver Polhavet. *Christiania, H. Aschehoug, 1897*

Dieses Buch ist Nansens eigener Bericht über eine bemerkenswerte Leistung auf dem Gebiet der Polarforschung. Die hier beschriebene Expedition wurde von Nansen selbst bis in die letzten Einzelheiten vorbereitet und war ein voller Erfolg.

Seine frühen Erfahrungen beim Walfang und die Durchquerung von Grönland auf Schneeschuhen und mit Schlitten (1888-89) gaben ihm den Gedanken einer völlig neuartigen Erforschung der Arktis ein. Entgegen der allgemein anerkannten Meinung überzeugte er sich, daß es von Alaska nach Grönland eine richtige Eisdrift gäbe. Er machte sich an den Entwurf eines

Nansen (384)   Freud (389)

Schiffes, dessen Konstruktion dem ungeheuren Druck des Eises widerstehen sollte. Sein Plan war, das Schiff absichtlich im Packeis festfrieren zu lassen, um sich dann mit ihm durch die Arktis treiben zu lassen.

Die unglaublich stabile ›Fram‹ mit ihren vierhundert Tonnen wurde auf einer schottischen Werft nach Nansens Entwurf gebaut. Sie verließ Norwegen im Juni 1893, und im September legte sie auf dem Eis ihre erfolgreiche Reise zurück. Im August 1896 lief sie wieder Norwegen an.

Mit einem Begleiter und drei von Eskimohunden gezogenen Schlitten hatte Nansen das Schiff im März 1895 verlassen, und nach wenigen Wochen kam er an den nördlichsten von Menschen je erreichten Breitengrad (86° 14'). Nansen hatte sehr gehofft, bis zum Nordpol zu gelangen, doch der Zustand seiner Hunde hielt ihn davon ab und ließ ihn die Rückreise antreten. Vom August 1895 bis zum Mai 1896 überwinterte er im Franz-Joseph-Land, und im Juni trafen sie mit einer Expedition unter Frederick Jackson – nach ihm hatte Nansen sein Winterquartier getauft – zusammen, mit der sie nach Norwegen zurückkehrten.

Seine großartige Reise wurde in aller Welt gefeiert, und Nansen wurde international geehrt. In seinem Heimatland ernannte man ihn zum Professor für Ozeanographie in Christiania, wo er sich vor allem mit seinem Lieblingsgebiet, der Erforschung ozeanischer Strömungen, befaßte. Er war auch im politischen Leben seines Landes tätig und spielte eine äußerst aktive Rolle in der norwegischen Unabhängigkeitsbewegung, die sich gegen die schwedische Herrschaft richtete. Später wurde er der erste Gesandte Norwegens in London.

Nach dem Ersten Weltkrieg betätigte er sich in der internationalen Politik, und im Auftrag des Völkerbundes befaßte er sich mit dem schwierigen Problem der vielen russischen Flüchtlinge; für jene, die ihre russische Nationalität aufgegeben hatten, ohne eine andere anzunehmen, schuf er den ›Nansen Paß‹. Außerdem trug er auch dazu bei, daß Deutschland in den Völkerbund aufgenommen wurde. Im Jahre 1922 wurde ihm der Friedens-Nobelpreis verliehen.

Die Pawlow-Reflexe

IWAN PETROWITSCH PAWLOW (1849-1936). Лекции о Работе Главных Пищеварительных Желез. *St. Petersburg, [Kuschnerew, 1897]*

Speichelbildung ist eine geläufige Erfahrung; sie kann auch ohne den Anblick oder Geruch von Speisen erzeugt werden. Bei einem Menschen kann sich diese Reaktion zum Beispiel dann einstellen, wenn er hört, wie im Nebenraum der Tisch zum Essen gedeckt wird, und beim Hund ist dieselbe Erscheinung zu verzeichnen, wenn er beispielsweise das Klappern seines Freßgeschirrs hört.

In einer Reihe von Vorlesungen, die Pawlow in Petersburg hielt und die im Jahr darauf veröffentlicht wurden, befaßte er sich eingehend mit der Erforschung dieser Vorgänge und lieferte damit einen bedeutenden Beitrag zu unserem Wissen über die Physiologie der Verdauung. Im Verlauf dieser Vorlesungen beschrieb er den künstlichen Magen für Hunde, mit dem es ihm gelang, zum ersten Mal Magensäfte ohne Nahrungszufuhr zu erzeugen. Weitere Versuche führten ihn zu dem Schluß, daß die Bildung von Speichel oder von Magensäften beim Anblick oder Geruch von Nahrung auf ein Reflexgeschehen zurückzuführen sei. Diese einfache Reaktionsform nannte er zuerst einen »psychischen«, später einen »unbedingten« Reflex. Reflexhandlungen waren den Physiologen bereits vertraut, doch hatte man sie nie dazu verwandt, einen derart komplizierten Vorgang zu erklären.

Nun machte sich Pawlow daran, den wesentlich komplizierteren Prozeß zu durchleuchten, bei dem der Magen auch auf andere Stimuli als Nahrung reagiert – zum Beispiel auf das wohlvertraute Klappern von Eßgeschirr. Hier handelte es sich um einen angelernten Stimulus, und da ein besonderer Umstand oder eine Reihe von besonderen Umständen die Reflexhandlung bewirkten, nannte er sie einen »bedingten« Reflex. Durch eine Reihe immer eingehenderer Experimente und eine immer genauere tabellarische Darstellung der Ergebnisse fand er, daß man eigentlich in jedem natürlichen Phänomen einen bedingten Stimulus entdecken könne, der dann die gesuchte Reaktion auslöste. Der Titel seines 1897 erschienenen Buches lautet übersetzt ›Vorlesungen über die Tätigkeit der Hauptverdauungsdrüsen‹. Es wies nach, daß dazu lediglich notwendig war, das Tier zur Fressenszeit einem gewissen Stimulus auszusetzen, der schließlich auch allein eine Speichelbildung bewirkte.

Durch Erweiterung dieser Experimente und die Anwendung auch auf Kinder erhielt man den Beweis, daß ein Großteil menschlichen Verhaltens als eine Reihe bedingter Reflexe erklärt werden kann. Einige Psychologen scheinen heute sogar zu glauben, daß solch Reflex-Verhalten alles erkläre. Pawlows Ergebnisse bilden eine Ergänzung zu denen Freuds (389), und viele schreiben ihnen eine wesentlichere Bedeutung zu. Wie bei Freud, so haben wir es auch hier mit dem Werk eines einzigen Mannes und mit einem völlig neuen Weg zu tun. Pawlow erhielt den Nobelpreis für Medizin im Jahre 1904.

JOSEPH JOHN THOMSON (1856-1940). *(a)* Cathode Rays. *In:* Philosophical Magazine. *London, 1897; (b)* The Discharge of Electricity through Gases. *New York, Scribner, 1898; (c)* On the Charge of Electricity carried by the Ions produced by Röntgen Rays. *In:* Philosophical Magazine. *London, 1898; (d)* Conduction of Electricity through Gases. *Cambridge University Press, 1903*

Zum ersten Mal wurden Kathodenstrahlen 1859 von Julius Plücker beobachtet (Poggendorffs Annalen der Physik und Chemie, Band 107). Man findet sie in der Nachbarschaft des Austrittspunktes des elektrischen Stromes, der durch eine Geißlerröhre fließt (380). Diese Strahlen erweckten das lebhafteste Interesse und regten eine Flut von Experimenten an. Sir William Crookes verbesserte Plückers Entladungsröhren erheblich und erhöhte in ihnen das Vakuum. In dieser Form kennt man die Röhre als ›Crookes-Röhre‹. 1879 erklärte Crookes in den ›Philosophical Transactions‹, Band 170, er sei überzeugt, daß die Kathodenstrahlen Materie in einem vierten, bisher unbekannten Zustand darstellten. Unglücklicherweise machte er seine Vermutung selber unannehmbar, indem er Teilchen von molekularer Größe beschrieb, aus denen die Kathodenstrahlen bestehen sollten.

J.J. Thomson blieb es vorbehalten, die wahre Natur der Kathodenstrahlen zu entdecken. Im April 1897 hielt er auf einem der berühmten Freitag-Abende der Royal Institution eine öffentliche Demonstrationsvorlesung, in der er darlegte, daß Kathodenstrahlen aus Teilchen bestünden, die kleiner als Atome wären. Zu diesem Zeitpunkt war es unmöglich für ihn, das Gewicht der Teilchen zu bestimmen, doch hatte er das Verhältnis von Ladung zu Masse gemessen. Es war vergleichsweise groß, folglich mußte entweder die Ladung größer oder die Masse kleiner als das Wasserstoffatom sein. Thomson gab Gründe für die letztere Annahme, beruhend auf Experimenten, die insbesondere Lenard ausgeführt hatte.

Wenn die Ladung bestimmt werden konnte, dann hatte man auch die Masse, da ja das Verhältnis zwischen beiden Größen bekannt war. Thomson gelang es schließlich, sie zu bestimmen durch eine geniale Abänderung der ›Nebelkammer‹ von C.T.R. Wilson (Phil. Trans. Band 189A, 265). Er ersetzte die von Wilson gezählten Staubteilchen durch Kathodenstrahlteilchen und beobachtete ihren unterschiedlichen Fall in verschieden starken elektrischen Feldern. Daraus konnte er die elektrische Ladung der Teilchen ableiten. Diese Experimente, die später von Millikan vervollkommnet wurden, ergaben, daß die Masse des Elektrons 1800mal kleiner war als die des Wasserstoffatoms: das Leichteste, was man bisher kannte. Mehr noch – die Masse dieser ›Korpuskeln‹, wie Thomson sie nannte, war immer die gleiche, unabhängig von ihrer Herkunft. Das hieß, alle Arten der Materie, wie verschieden auch ihre chemische Zusammensetzung war, erzeugten Kathodenstrahlen von gleicher Art. Der Hinweis auf ›Röntgenstrahlen‹ (siehe oben c) besagt, daß auch Röntgenstrahlen Kathodenstrahlen erzeugen können.

Obwohl Thomson noch bis 1907 vorzog, dieses kleinste Teilchen ›Korpuskel‹ statt ›Elektron‹ zu nennen, hatte er für experimentelle Beweise für die theoretische Vermutung von Lorentz (378) gesorgt. Damit hatte er die Physik revolutioniert. Es gab kein ›unzerstörbares‹ Atom mehr und es fing an, wahrscheinlich zu werden, daß der allgemeine Baustoff aller Materie eine Form von Energie war. Thomsons Entdeckung stellte fast jedem Zweig der Physik neue Aufgaben und öffnete neue Forschungsgebiete wie die Thermionik und die Photoelektrizität. Die vier oben zitierten Titel zeigen Thomsons tiefes und wachsendes Interesse daran.

Er arbeitete bei der Entdeckung von Isotopen nichtradioaktiver Elemente eng mit Aston (412), seinem Forschungsassistenten, zusammen; 1913 brachte er eine umfangreiche Arbeit über ›Positive Strahlen von Elektrizität‹ heraus, die wichtige Beiträge von Aston selber wie von anderen über die chemische Analyse veranlaßte.

Thomson war von 1915 bis 1920 Präsident der Royal Society und erhielt 1906 den Nobelpreis für Physik. Er machte aus dem Cavendish-Laboratorium in Cambridge die bedeutendste Schule seiner Zeit für Experimentalphysik. Sein Nachfolger in diesem Laboratorium wurde sein Schüler Rutherford (411).

EBENEZER HOWARD (1850-1928). To-Morrow: a Peaceful Path
to Real Reform. *London, Swan, Sonnenschein, 1898*

Ebenezer Howard war es, der die ersten Parkstädte schuf. Städteplanung ist so alt wie Babylon. Kleinere Gartenstädte, geplant,
um Fabrikarbeiter anständig und in der Nähe ihres Arbeits-
platzes unterzubringen, wurden von Titus Salt (Saltaire, in der
Nähe von Bradford, 1856), von George Cadbury (Bournville, in
der Nähe von Birmingham, 1879) und von W. H. Lever (Port Sun-
light, in der Nähe von Birkenhead, 1888) erbaut. Alle wurden
von Fabrikanten ausschließlich für ihre Arbeitskräfte geschaffen.
Außerdem bilden sie keine selbständigen Einheiten und kennen
keinen schützenden Grüngürtel.

Howard war Gerichtsstenograph in London und Nonkonfor-
mist. Durch einen Aufenthalt in den Vereinigten Staaten stand
er unter dem Einfluß von Emerson, Lincoln, Lowell und Whitman, und es ist erwiesen, daß seine Parkstadtpläne 1888 durch
das Buch des amerikanischen Schriftstellers Bellamy ›Rückblick
aus dem Jahre 2000‹ angeregt wurden. Howard kam zu dem
Schluß, daß der praktischste Weg zur Verwirklichung von Bella-
mys Gedanken wäre, »durch ein vom Gemeinsinn durchdrunge-
nes Privatunternehmen eine in industrieller, wohnungsbaulicher
und landwirtschaftlicher Hinsicht völlig neue Stadt zu schaffen«.
Dies war der Grundgedanke, den er in seinem 1898 veröffentlichten Buch ausspann und den er neun Monate später in der Gründung einer Parkstadt-Vereinigung weiterführte. Zweifellos wurde
dieses Projekt durch die Verschrobenheit einiger seiner Gönner
sowohl unterstützt als auch behindert. Howard selbst war ein
Esperantoanhänger, ein Abstinenzler und Nichtraucher mit einer
starken Neigung zu vegetarischer Kost. Er erfand eine Art Vorläufer der heutigen Schreibmaschine, und als 1903 in Letchworth
(Hertfordshire) fast viertausend Morgen Land zum Verkauf angeboten wurden, erreichte es Howard, der selber kein Vermögen
besaß, daß 155000 Pfund und mehr gezeichnet wurden, um dieses
Land, wo er die erste Parkstadt errichten wollte, zu erwerben.

1919 kaufte er Land in Welwyn (Hertfordshire), um dort eine

zweite Stadt zu bauen. Er sollte nicht nur erleben, wie die Bewegung, deren alleiniger Urheber er war, sich über die ganze Welt verbreitete, sondern auch, wie Land- und Städteplanung überall in der zivilisierten Welt als Verpflichtung der Regierungen erachtet wurden. Auch an Satellitenstädte und ›Bienenkorb‹-Städte hatte Howard bereits gedacht.

388 Der Vater der Tropenmedizin

PATRICK MANSON (1844-1922). Tropical Diseases. *London, Cassell,* 1898

Im Jahre 1866 trat der in Aberdeenshire geborene und ausgebildete Manson eine Arztstelle in Formosa an. Kurz danach ging er nach Amoy in China, wo er mit der Erforschung von Tropenkrankheiten begann, eine Aufgabe, die sein ganzes Leben bestimmen sollte. Auf diesem Gebiet der Tropenmedizin stieß er ärztlicherseits fast nur auf Unkenntnis und Desinteresse. Eine Ausnahme bildete der ausführliche Bericht eines Amtsarztes namens Timothy Lewis über einen fadenförmigen Wurm, dem er den Namen ›Filaria sanguinis hominis‹ gab, weil er ihn im Blut des Menschen entdeckt hatte.

1876 suchte und entdeckte Manson diesen Wurm im Blut seiner chinesischen Patienten, die an elephantoiden Krankheiten litten. Durch sorgfältig überwachte und ausführliche Experimente und Beobachtungen an den ihm ergebenen Dienern erkannte er, daß die Parasiten im Blut wesentlich seltener bei Tageslicht als zur Nacht auftauchten – die Nachtstunden aber dienten dem Hausmoskito (heute nennt man ihn Culex fatigans) zur Nahrungsaufnahme. Manson glaubte, daß Filariosen nur dort auftreten, wo auch dieses Insekt auftritt. Obgleich sich diese Ansicht später als falsch erwies, war dieser Irrtum insofern ein Glücksfall, als er die Vermutung zu bestätigen schien, daß die Filarien einen Teil ihres Lebens im Körper des Moskitos verbringen; damit aber war die Ausbreitung von Infektionen erklärt. Dies gelang ihm zu beweisen, und damit hatte er zum ersten Mal nachgewiesen, daß Insekten Krankheitsüberträger sein können.

Als der in Indien tätige Stabsarzt Ronald Ross (1857-1932) auf einem Urlaub im Jahre 1894 mit Manson zusammentraf, arbeitete dieser in London als Spezialarzt. Ross war Dichter, Romancier und Bühnenschriftsteller und nahm seinen ärztlichen Beruf nicht ernst. Manson war um diese Zeit zu dem Schluß gekommen, daß es sich beim Moskito um den Malariaüberträger handeln müsse. Im British Medical Journal vom Dezember 1894 vertrat er diese Ansicht, außerdem gelang es ihm, den dilettantischen Stabsarzt für seine Sache so sehr zu begeistern, daß er sich näher damit zu befassen begann. 1897 lieferte Ross dem British Medical Journal zwei Artikel, in denen er seine Beobachtungen des Malariaschmarotzers im Bauch der Fiebermücke, jetzt Anopheles genannt, beschrieb, und 1898 wies er in der Zeitschrift Lancet eindeutig nach, daß bei der ›Vogel‹-Malaria die Infektion durch die Fiebermücke übertragen wurde. Im Jahre 1901 veröffentlichte G. B. Grassi eine ausführliche Monographie, in der er den Übertragungsprozeß der Malaria beim Menschen genau erläuterte.

Unermüdlich propagierte Manson eine bessere Unterrichtung über Tropenkrankheiten – und das trotz mannigfacher Opposition und Verspottung. Später wurde er sogar selbst von Ross verunglimpft. 1898 veröffentlichte er sein Werk ›Tropenkrankheiten‹, und 1899 brachte er Joseph Chamberlain, damals Staatssekretär für die Kolonien, dazu, die ›London School of Tropical Medicine‹ zu errichten.

Der Sieg über das Gelbfieber, die Schlafkrankheit und all die anderen zahlreichen Krankheiten, von denen man heute weiß, daß sie von Fliegen, Wanzen, Läusen, Milben und anderen Insekten übertragen werden, begann mit Mansons Abhandlung über die ›Filaria‹ (1877). Genauso wichtig war sein lebenslanger Kampf um die fachgerechte Einrichtung tropenmedizinischer Stationen, was ihm zu Recht den Namen eines ›Begründers der Tropenmedizin‹ eintrug.

SIGMUND FREUD (1856-1939). Die Traumdeutung. *Leipzig und Wien, Deuticke, 1900*

1881 wurde Freud als Arzt zugelassen. 1883 folgte er dem Rat des Familienfreundes Joseph Breuer, eines praktischen Arztes, und begann sich auf Neurologie zu spezialisieren. 1885 ging er nach Paris, um dort bei J.M.Charcot, dem größten Neurologen seiner Zeit, zu studieren. Eine von Charcots eindrucksvollsten Demonstrationen war, unter Hypnose die Symptome von Hysterie in geistig normalen Patienten zu erregen. Das war ein klarer Beweis dafür, daß Hysterie als eine Geistesstörung und nicht unbedingt als Symptom einer organischen Krankheit angesehen werden muß. Nach seiner Rückkehr nach Wien hielt Freud vor der ›Gesellschaft der Ärzte‹ ein Referat über dieses Thema, das jedoch nicht ernst genommen wurde.

1889 ging Freud nach Nancy, um Hippolyte Bernheims Hypnoseexperimente zu studieren, dessen Arbeiten er wie die Charcots ins Deutsche übersetzte. Es handelte sich um Versuche mit nach-hypnotischer Suggestion, und was Freud dabei am tiefsten beeindruckte, war der Widerwille der Versuchspersonen, die wahren Motive ihres Handelns zu enthüllen. Nur nach hartnäckigem Befragen rückten sie von Scheingründen ab und sagten die Wahrheit. Freud schlug Breuer eine gemeinsame Studie über dieses Thema vor, die Breuers Wissen mit dem bei Charcot und Bernheim Gelernten verbinden sollte. Breuer war zwar wesentlich älter als Freud, gab aber schließlich dem Drängen seines Freundes nach und wandte sich wieder diesem Forschungsgebiet zu. Im Januar 1893 veröffentlichten sie im Neurologischen Centralblatt eine gemeinsame Arbeit über die Behandlung von Hysterie, der 1895 ihre ›Studien über Hysterie‹ folgten.

Sie hatten, um es kurz zu sagen, Charcots Experimente umgekehrt. Hatte er in normalen Versuchspersonen unter Hypnose Hysterie erregt, so benützten sie Hypnose dazu, hysterische Patienten von ihrer Krankheit zu befreien. Sie fanden heraus, daß sich Patienten, die dazu gebracht werden konnten, sich an die Begleitumstände beim Ausbruch der Hysterie zu erinnern, damit von ihrer Geistesstörung befreien konnten. Daher nannten sie ihre Methode ›kathartisch‹.

Freud hatte jedoch von Bernheim gelernt, daß man nicht erwarten könne, vom Patienten selber die Gründe seines Handelns zu erfahren, denn diese lagen tief im ›Unbewußten‹ begraben, wie Freud es nannte. Nur wenn man ihm Gelegenheit gibt, sich völlig ungezwungen und ohne Scheu auszusprechen, könne man die wahre Ursache seines Leidens ans Licht bringen. Dieses Vorgehen wurde ›freie Assoziation‹ genannt. Es sollte sich zeigen, daß damit schon 1895 die Grundzüge der zukünftigen Psychoanalyse geschaffen waren, und daß sich bereits eine Revolution in der Psychotherapie abzeichnete.

Die ›Studien über Hysterie‹ hatten nur insofern Einfluß, als ihre Folgerungen von der offiziellen Medizin heftig bekämpft wurden: Krafft-Ebing urteilte 1896 als Vorsitzender der Ärzte-Versammlung über einen Vortrag Freuds, das sei »ein wissenschaftliches Märchen«. Aber auch bittere Enttäuschungen konnten Freuds Enthusiasmus nicht mindern. 1894-95 entwickelte er bereits seine Theorie über fixe Neurosen, die die seltsamen Wege der Verdrängung als einen Versuch erklärten, peinlich-schmerzliche Erlebnisse zu verdecken, und auch die umstrittenste von allen seinen Theorien stand schon fest – daß diese Erlebnisse meistens sexueller Natur seien.

Obwohl die ›Traumdeutung‹ erst 1900 veröffentlicht wurde, war sie eigentlich schon Anfang 1896 in ihren Grundzügen vollendet. Freud dehnte den Charakter der Wunscherfüllung in den Tagträumen auch auf die Nachtträume aus und unterschied zweierlei Wunschvorstellungen: die der Tagträume seien offen und bewußt, während die unangenehmeren Vorstellungen unterdrückt und nur im Schlaf, wenn das Bewußtsein kaum noch seine Kontrollfunktion ausübt, vom Unterbewußtsein freigegeben würden.

Dies ist zweifellos Freuds größtes Einzelwerk. Es enthält alle Grundzüge der psychoanalytischen Theorie und Praxis: den erotischen Charakter der Träume, den ›Ödipus-Komplex‹, die Libido usw.; dies alles wird ständig auf das ›Unbewußte‹, oder, wie Freud später sagte, das ›Unterbewußte‹ als Hintergrund bezogen.

ADOLF HARNACK (1851-1930). Das Wesen des Christentums. *Leipzig, J. C. Hinrichs, 1900*

Dieses Werk des damaligen Professors der Kirchengeschichte an der Universität Berlin wurde mit einer Begeisterung aufgenommen, wie sie seit Jahrhunderten keine andere religiöse Flugschrift hervorgerufen hatte. Es verkündete die grundsätzliche Übereinstimmung der Lehre des Urchristentums, wie sie in den nicht-römisch-katholischen Kirchen bewahrt werde, mit den religiösen Bestrebungen, dem geistigen Klima und der Gesellschafts- und Wirtschaftsmoral des 20. Jahrhunderts. Zahllose Neuauflagen und Übersetzungen verbreiteten diese Botschaft des liberalen Protestantismus über die ganze Welt.

Harnack (1914 geadelt) wurde mit seinem monumentalen und immer noch unentbehrlichen ›Lehrbuch der Dogmengeschichte‹ (3 Bände, 1886-89) als die führende Autorität auf dem Gebiet der frühen Kirche international berühmt. Seine unübertroffene ›Geschichte der altchristlichen Literatur bis Eusebius‹ (3 Bände, 1893 bis 1904), seine ›Mission und Ausbreitung des Christentums in den ersten drei Jahrhunderten‹ (1902; 4. Auflage in 2 Bänden, 1923) und seine Monographie über Marcion (1921; 2. Auflage 1924), die Leben und Lehre dieses gnostischen Erzhäretikers beleuchtet, haben Harnacks Ruf weiter bestätigt.

Sein Einfluß auf das geistige Leben Deutschlands war gewaltig. Er war Mitbegründer und viele Jahre lang Präsident des Evangelisch-sozialen Kongresses (1890), in dem sich Theologen, Politiker und Volkswirtschaftler trafen, die ihr Interesse an Fragen der allgemeinen Wohlfahrt zusammenführte. Als aktives Mitglied der Preußischen Akademie der Wissenschaften – er schrieb die ›Geschichte der kgl. Preußischen Akademie‹ (3 Bände, 1900) – übte er großen Einfluß auf die Universitäten aus, und als Generaldirektor der Preußischen Staatsbibliothek (1905-21) regte er die Arbeit am Zentralkatalog der deutschen Bibliotheken und am internationalen ›Gesamtkatalog der Wiegendrucke‹ an. Durch seine Freundschaft mit Kaiser Wilhelm II. konnte er die Kaiser-Wilhelm-Gesellschaft gründen, deren erster Präsident er wurde.

Diese Organisation aller deutschen Forschungsinstitute wurde 1948 als Max-Planck-Gesellschaft neu begründet.

Die Quantentheorie

391

MAX PLANCK (1858-1947). *(a)* Zur Theorie des Gesetzes der Energieverteilung im Normalspektrum. *In:* Verhandlungen der Deutschen Physikalischen Gesellschaft. *Leipzig, 1900; (b)* Über das Gesetz der Energieverteilung im Normalspektrum. *In:* Annalen der Physik. *Leipzig, 1901*

Planck gibt in seiner Nobelpreis-Ansprache von 1920 ein bemerkenswertes Beispiel des Zusammenhangs zwischen Forschungen, die oberflächlich betrachtet nichts miteinander zu tun haben. Er erhielt den Nobelpreis für seine Theorie, daß Energie nicht kontinuierlich, sondern in kleinen, diskreten, unteilbaren Einheiten frei wird, die er Quanten nannte. In seinem historischen Überblick wies Planck darauf hin, daß ihn ein Aufsatz von G. R. Kirchhoff (278 b), dessen Nachfolger an der Berliner Universität er 1889 geworden war, über ›Die spektrale Verteilung von Strahlungswärme‹ zuerst auf dieses Problem hingewiesen hätte. Zu Beginn seiner Untersuchungen benutzte Planck eine Anzahl Resonatoren, das sind in Resonanz mit der Energiestrahlung stehende Oszillatoren, wie Hertz (377) sie entwickelt hatte. Er würde wohl viel eher zu seiner Schlußfolgerung gelangt sein, wenn er den von Lorentz (378) vorgetragenen Gedanken gegenüber weniger skeptisch gewesen wäre.

Jeder weiß, daß ein bestimmtes Kraftminimum nötig ist, um eine Maschine in Gang zu halten, und man hatte angenommen, daß mit allmählich anwachsender Kraft die Leistung der Maschine kontinuierlich zunähme. Planck stellte fest, daß dieses Vorurteil vom kontinuierlichen Anwachsen nicht den Tatsachen entsprach. In den beiden Aufsätzen legte er dar, daß seine Resonatoren erst angesprochen wurden, wenn eine bestimmte Energieeinheit vorhanden war und daß ihre Schwingungsfrequenz im genauen Vielfachen dieser Einheit zunahm: nicht kontinuierlich, sondern in einer Reihe von unmerklichen Sprüngen. Diese Einheit nannte er ein Energie-›quant‹.

Das war eine revolutionäre Theorie. Sie widersprach der Newtonschen Mechanik (161) und der Elektrodynamik von Faraday (308) und Maxwell (355). Mehr noch, sie sagte der Vorstellung von der Kontinuität der Natur den Kampf an.

Das Energiequant ist nun bei unterschiedlichen Energiequellen verschieden groß. Wenn verschiedene Stoffe auf Grund der Spektralanalyse klassifiziert werden, so heißt das, sie entsprechend der Wellenlänge des Lichtes, das sie emittieren, anzuordnen. Das Energiequantum, das zur Erzeugung dieses Spektrums nötig ist, verändert sich entsprechend: es ist am kleinsten an seinem infraroten Ende und wächst zum ultravioletten Ende hin an.

Die Quantentheorie hat praktisch auf jeden Zweig der Physik eingewirkt. Ihre früheste Fortbildung, die gleichzeitig eine ihrer bedeutendsten war, zeigte sich in Einsteins (408) Anwendung der Theorie auf den sogenannten photoelektrischen Effekt. Wenn ultraviolettes Licht oder Röntgenstrahlen durch ein Gas geschickt werden, werden manche seiner Atome › aufgebrochen ‹ und Elektronen aus ihnen herausgeschlagen. Ein verwirrendes Merkmal dieser Erscheinung ist es, daß die Geschwindigkeit der ausgestoßenen Elektronen keine direkte Beziehung zur Intensität der Strahlung hat. Schwache Strahlung von hoher Frequenz kann viel wirksamer sein als intensive Strahlung von niedriger Frequenz; doch wenn die Frequenz unter einen gegebenen Wert sinkt, werden keine Elektronen mehr herausgeschlagen, wie groß auch die Intensität der Strahlung sein mag. Über diesem Wert hängt die Energie der Elektronen von der Frequenz ab und ihre Anzahl von der Intensität.

Einstein erklärte dies, indem er annahm, daß die klassische Vorstellung von der Lichtemission in Form kontinuierlicher Wellen aufgegeben werden müsse. Den Photoeffekt könne man nur erklären, wenn man ihn als Quantenwirkung auffasse, bei der die Licht- und Röntgenwellen als winzige Teilchen gleich Geschossen ausgestoßen würden. Die Geschoßgröße (die der Wellenlänge der Strahlung entspricht) bestimme die Anzahl der herausgeschlagenen Elektronen. Dafür bekam Einstein 1921 den Nobelpreis (und nicht für die Relativitätstheorie). Die zwei grundlegenden Aufsätze Einsteins zu diesem Gegenstand lauten: ›Über einen die Erzeugung und Verwandlung des Lichtes betreffenden heuristischen Gesichtspunkt‹ (in den Annalen der Physik, Leipzig, 1905) und ›Zur Theorie der Lichterzeugung und Lichtabsorption‹ (ebenda, 1906).

Planck war von 1930-1937 Präsident der Kaiser-Wilhelm-Gesellschaft. Er wurde von den Nazis abgesetzt. Nach dem Zweiten Weltkrieg wurde die Gesellschaft unter seinem Namen als Max-Planck-Gesellschaft neu ins Leben gerufen.

Bolschewismus

392

WLADIMIR ILJITSCH (ULJANOW) LENIN (1870-1924). Что делать? Наболевшие вопросы нашего движения. - - *Stuttgart, J. H. W. Dietz, 1902*

›Was tun?‹ ist das ideologische Manifest der bolschewistischen Partei. Es entstand zwischen Herbst 1901 und Februar 1902, als Lenin und seine Frau N. K. Krupskaya in München im Exil lebten. Das eigentliche Zentrum der russischen revolutionären Emigranten war damals Zürich.

Es erschien mit dem Untertitel ›Brennende Fragen unserer Bewegung‹ bei Dietz in Stuttgart, dem Verlag der Deutschen Sozialdemokratischen Partei. Die Titelseite trug ein bezeichnendes Zitat von Lassalle: »Parteikämpfe geben einer Partei Kraft und Leben... Eine Partei wird dadurch stärker, daß sie sich reinigt.« N. K. Krupskaya schrieb über das erste Erscheinen dieses Buches: »Die Menschewiki griffen zwar später ›Was tun?‹ heftig an, aber in diesem kritischen Moment nahm es alle für sich ein, besonders die, die mit der russischen Revolutionstätigkeit in engerem Kontakt standen.« Der Grund dafür war, »daß es einen Plan für umfangreiche revolutionäre Betätigung bot. Es wies auf bestimmte Dinge hin, die getan werden mußten«.

Obwohl die Forderung des Buches nach einer besseren organisatorischen Basis der Partei von größter Bedeutung war – vor allem angesichts der Planlosigkeit der damaligen russischen Bewegung – wurde sie in engem Zusammenhang mit der politischen Notwendigkeit gesehen, eine starke zentralisierte Partei (eine ›Partei neuen Typs‹) aufzubauen, die fortgesetzt um die Unverfälschtheit ihrer Lehre kämpft und von Berufsrevolutionären geführt wird, »die nicht nur ihre Feierabende, sondern ihr ganzes Leben der Revolution weihen sollen«.

Lenin sprach sich für bewußtes Führertum im Gegensatz zu passivem Vertrauen auf ›spontane‹ Reaktionen des Volkes aus und unterstrich den großen Wert eines Parteiblattes als kollektiven Organisators. Dabei stützte er sich auf seine Erfahrungen mit dem kurz vorher gegründeten ›Iskra‹. Dort war in der vierten Nummer (Mai 1901) Lenins Artikel ›Wo anfangen?‹ erschienen, der bereits die Gedankengänge umriß, die dann in ›Was tun?‹ voll entwickelt wurden.

Das Buch enthält Lenins eingehendste Kritik des ›Ökonomismus‹, der Tendenz, die den rein ökonomischen, gewerkschaftlichen Kampf als das einzige Anliegen der Arbeiter betrachtete. Er dagegen meinte, »die Arbeiter können nur von außen her, nur außerhalb des ökonomischen Kampfes politisches Klassenbewußtsein erlangen«. Das Idealbild eines revolutionären Sozialisten sei »nicht der Gewerkschaftsfunktionär, sondern der Volkstribun«.

393 Radioaktivität

HENRI BECQUEREL (1852-1908). Recherches sur une Propriété Nouvelle de la Matière... ou Radioactivité de la Matière. *Paris, Firmin-Didot, 1903*

Becquerel wohnte am 20. Januar 1896 einer Sitzung der Académie des Sciences in Paris bei, auf der Jules Henri Poincaré eine Anzahl von Röntgenbildern vorzeigte, die ihm von Röntgen (380) geschickt worden waren. Er bemerkte, wie auch andere, daß die Emission von Röntgenstrahlen aus der Kathodenstrahlröhre von starker Phosphoreszenz des Glases begleitet war. Er nahm deshalb an, daß andere Arten angeregter Phosphoreszenz von anderen und bisher unbekannten Strahlen begleitet sein könnten.

Im Februar 1896 berichtete Charles Henry der Académie von seiner Entdeckung, in bestimmten Substanzen Phosphoreszenz anregen zu können, wenn sie dem Sonnenlicht ausgesetzt würden. Im gleichen Monat berichtete Becquerel, daß Uran dazu gehöre. Wie all seine anderen frühen Artikel über dieses Gebiet, erschien

auch dieser in den › Comptes rendus‹ und trug den Titel: › Sur les
Radiations invisibles émises par les Corps Phosphorescents‹. In
einem zweiten Artikel › Sur quelques Propriétés Nouvelles des
Radiations Invisibles‹ meldete er die erstaunliche Tatsache, daß
Uran sogar imstande war, photographische Platten zu schwärzen,
ohne vorher dem Sonnenlicht ausgesetzt zu werden. Die Platten
selbst waren dabei vollständig gegen gewöhnliches Licht abge-
schirmt. In einem dritten Artikel im März 1896 › Sur les Radiations invisibles émises par les sels d'Uranium‹ ließ Becquerel die
Phosphoreszenz ganz beiseite und beschrieb die Uranstrahlung
als eine völlig neue und unerwartete Eigenschaft von Materie, der
er in seinem siebenten Artikel den Namen › Radioaktivität‹ gab. Er
stellte auch fest, daß die Uranstrahlen ein Goldblattelektroskop
entluden, ein Phänomen, das noch heute – unter anderen Methoden – zur Anzeige von Radioaktivität benutzt wird.

Becquerel entdeckte auch, daß die Restsubstanz von Pechblende, einem in der Natur vorkommenden Uranoxyd, die man
nach der Abtrennung des Urans erhielt, ungefähr viermal so
radioaktiv war wie das Uran selbst. Er wies deshalb die Curies
(394) darauf hin, wie wichtig die weitere Untersuchung dieses

Erzes war, worauf diese das Radium entdeckten. Becquerel setzte seine Arbeit auf diesem Gebiet bis 1903 fort. In diesem Jahr arbeitete er zusammen mit Pierre Curie einen Aufsatz aus: ›Action Physiologique des Rayons du Radium‹, der die Entwicklung der Krankenbehandlung mit radioaktiven Substanzen einleitete. Im gleichen Jahr veröffentlichte er das obige umfangreiche Werk von ca. 360 Seiten ›Untersuchungen über eine neue Eigenschaft der Materie... oder Radioaktivität der Materie‹ als abschließende Arbeit, die aus einer chronologischen Beschreibung seiner Untersuchungen, seinen ausgereiften Schlußfolgerungen sowie einer Bibliographie bestand, die zweihundertvierzehn Abhandlungen über Radioaktivität enthielt, beginnend mit seiner eigenen ersten von 1896.

Ihm zu Ehren wurden die Uranstrahlen Becquerel-Strahlen genannt. Später stellte man fest, daß sie aus drei Strahlungsarten bestanden, die Rutherford (411) als Alpha-, Beta- und Gammastrahlen unterschied und folgendermaßen identifizierte: die Alphastrahlen sind Heliumkerne, die Betastrahlen Elektronen und die Gammastrahlen besonders kräftige Röntgenstrahlen. Becquerel erhielt im Jahre 1903 zusammen mit Madame Curie und ihrem Gatten Pierre den Nobelpreis für Physik.

394   Die Entdeckung des Radiums

(a) MARIE SKLODOWSKA CURIE (1867-1934). Thèses présentées à la Faculté des Sciences de Paris pour obtenir le grade de Docteur des Sciences Physiques. 1re. Thèse: Recherches sur les Substances Radio-actives. 2e. Thèse: Propositions données par la Faculté. *Paris, Gauthier-Villars, 1903*
(b) PIERRE CURIE (1859-1906). Œuvres. *Paris, Gauthier-Villars, 1908*

1896 hatte Becquerel (393) gegenüber den Curies die Vermutung geäußert, daß die seltsam starken radioaktiven Eigenschaften von Pechblende einer Untersuchung wert seien. Die elende Armut, in der sie lebten, vereitelte das jedoch, bis das großzügige Geschenk von einer Tonne Joachimsthaler Pechblende durch die österreichische Regierung die notwendigen Experimente ermöglichte.

In einer Reihe von Artikeln, die 1897 in den ›Comptes rendus‹ begannen, berichteten sie vom Fortschritt ihrer Forschungen. Zunächst isolierten sie eine Substanz, die ungefähr dreihundert mal aktiver als Uran war, und nannten sie zu Ehren von Maries Geburtsland Polen Polonium. Eine weitere Untersuchung der Restsubstanz der Pechblende nach dem Abtrennen von Uran und Polonium ergab, daß in ihr eine Radioaktivität verblieb, die weit größer war als die der beiden anderen Substanzen. Diesem Material gaben sie den Namen Radium. Das war 1898 und Marie Curie konnte schon das Atomgewicht mit 226,2 schätzen. Obwohl das Radium noch nicht rein dargestellt war, fand man, daß es ungefähr zweimillionenmal so radioaktiv war wie Uran. Um 1902 hatten die Curies aus mehreren Tonnen Pechblende erst ein Zehntel Gramm Radiumchlorid gewonnen.

Ein wichtiges Ereignis im Leben dieses so eng miteinander verbundenen Paares war Marie Curies Anstellung als Lehrerin für Physik an einer Mädchenschule in Sèvres. Ihre Aufstiegschancen hingen hier vom Erwerb eines naturwissenschaftlichen Doktordiploms ab, wofür sie die obigen beiden Arbeiten schrieb: ›Untersuchungen über radioaktive Substanzen‹ und ›Von der Fakultät vorgeschlagene Themen‹.

Pierre Curies ›Œuvres‹ sind eine Zusammenstellung seiner sämtlichen Artikel über Radioaktivität.

Die Curies erhielten den Nobelpreis für Physik zusammen mit Becquerel 1903, und Marie Curie bekam ihn 1911 allein für Chemie. Die Tochter der beiden, Irène Curie, erhielt den Preis im Jahre 1935 zusammen mit ihrem Gatten Frédéric Joliot.

Der erste Motorflug 395

WILBUR (1867-1912) and ORVILLE WRIGHT (1871-1948). The Experiments of the Brothers Wright. *In:* Journal of the Aeronautical Society of Great Britain. *London, 1904*

Die Brüder Wright führten als erste gelenkte Motorflüge über eine größere Distanz aus (1903), und sie bauten und flogen auch das erste wirklich brauchbare Flugzeug (1905).

1899 begannen sie ihre ernsthaften aeronautischen Versuche

mit dem Bau eines Doppeldecker-Drachens, dessen Flügel verwunden werden konnten, um so durch Änderung des Einstellwinkels eine Seitensteuerung zu ermöglichen. 1900 zogen sie mit ihrem ersten richtigen Gleitflugzeug nach Kitty Hawk (North Carolina), wo sie im Lauf von drei Jahren die Kunst des gesteuerten Gleitflugs zu beherrschen lernten. Mit ihrem verbesserten Segelflugzeug Nr. 3 vermochten sie 1902 den störenden Widerstand auszuschalten, der sich durch das Verwinden der Flügel ergab, indem sie vertikale Seitenruder am Leitwerk anbrachten, womit sie die Steuerung einführten, die auch jetzt noch allgemein benützt wird. Am 17. Dezember 1903 gelangen ihnen bei den Kill Devil Bergen südlich von Kitty Hawk mit einem selbsterbauten Motorflugzeug, dem ›Flyer‹, die ersten wirklichen Motorflüge der Geschichte. Der beste der vier ›Flüge‹ dauerte neunundfünfzig Sekunden, wobei ihre Maschine eine Entfernung von zweihundertsechzig Metern zurücklegte.

Die Brüder verfaßten mehrere Berichte über diese Flüge; als erster wurde der von Orville gedruckt, der zur Veröffentlichung in den Zeitungen bestimmt war. Orville sandte ihn an Major Baden-Powell, den Präsidenten der Englischen Aeronautischen Gesellschaft, der ihn im ›Journal‹ veröffentlichte. Orville hatte Baden-Powell seinen Bericht geschickt, um die völlig irreführenden Darstellungen zu berichtigen, die in den Zeitungen kursierten: »Am Morgen des 17. Dezember zwischen halb elf und Mittag wurden vier Flüge durchgeführt, zwei von Herrn Orville Wright und zwei von Herrn Wilbur Wright. Es wurde immer etwa 60 Meter westlich unseres Lagers von ebener Erde aus gestartet. Die Windgeschwindigkeit betrug nach den Angaben des Wetteramtes Kitty Hawk um zehn Uhr über vierzig und mittags fast vierzig Stundenkilometer... Die Maschine flog gegen den Wind und startete – ohne Hilfe durch Schwerkraft oder irgendeine andere Kraftquelle – aus eigener Kraft... Nur wer mit den Problemen praktischer Aeronautik vertraut ist, kann die Schwierigkeiten ermessen, die ersten Flugversuchen bei einem Sturm von vierzig Stundenkilometern entgegenstehen. Da der Winter schon eingesetzt hatte, hätten wir unsere Versuche auf eine günstigere Jahreszeit verschieben sollen; doch wir waren entschlossen, noch vor unserer Heimkehr herauszufinden, ob die Maschine genügend Kraft besaß, sich in die Luft zu erheben, ob sie stabil genug gebaut war, den Landungsaufprall auszuhalten, und ob ihre Steuerungseinrichtungen wirksam genug waren, sichere Flüge nicht nur bei ruhiger Luft, sondern auch bei rauhem Wind zu gewährleisten. Nachdem sich dies alles eindeutig gezeigt hatte, packten wir sofort unsere Geräte und kehrten mit der Gewißheit nach Hause zurück, daß das Zeitalter der Flugmaschine endlich begonnen habe.«

Die Brüder verließen die Küste von North Carolina endgültig und verbesserten 1904 und 1905 ihre Maschinen (Flyer II und III) und deren Steuerungseinrichtungen auf der Huffman Prairie nahe ihrer Heimatstadt Dayton (Ohio). Mit Flyer III konnten sie bereits Kurven fliegen, wenden und kreisen und länger als eine halbe Stunde in der Luft bleiben.

Nach vielen Fehlschlägen fanden 1908 ihre ersten öffentlichen Flüge statt, wobei Wilbur in Frankreich und Orville bei Fort Myer (Washington) die Maschine flog. Diese Flüge revolutionierten die europäische Luftfahrt und führten zur völligen Eroberung des Luftraums.

Die Originalmaschine von 1903 wurde von Orville Wright 1928 dem Science Museum in London als Leihgabe überlassen; vor kurzem übergab sie das Museum dem Smithsonian Institute in Washington, so daß jetzt der beiden Brüder in der Hauptstadt ihres eigenen Landes gebührend gedacht wird. Im Londoner Science Museum hat eine Kopie das Original ersetzt.

Wegbereiter des Rundfunks 396

JAMES AMBROSE FLEMING (1849-1945). On the Conversion of Electric Oscillations into Continuous Currents by means of a Vacuum Valve. *In:* Proceedings of the Royal Society. *London, 1905*

1884 wurde einem Beamten des Britischen Generalpostamtes, William Henry Preece, ein Experiment von Thomas Edison vorgeführt. Von diesem Experiment berichtete Preece in einem Aufsatz – offenbar der erste gedruckte Bericht darüber – unter dem Titel ›Über eine seltsame Eigenschaft von Glühlampen bei hoher

Weißglut‹ (Proceedings of the Royal Society, 1885, XXXVIII, S. 219 bis 230). Was Edison gezeigt hatte, war die Entstehung eines beträchtlichen Stromes, wenn eine in einem Glühlampenkolben eingeschmolzene Metallplatte mit dem positiven Pol der Stromquelle verbunden wurde. Bei Kontakt mit dem negativen Pol geschah jedoch nichts.

Diese Erscheinung wurde als ›Edisoneffekt‹ bekannt, und 1890 begann Fleming, ehemals Elektroingenieur bei der Edison-Gesellschaft in London und jetzt Professor am University College, mit sorgfältigen Untersuchungen dieses Phänomens. 1904 konnte er zeigen, daß der Edisoneffekt nicht nur bei Anlegen einer positiven Spannung an die Metallplatte entstand, sondern auch bei Einwirkung von drahtlosen Wellen auf sie; er schuf dadurch die Grundlage für die Entwicklung der Gleichrichterröhre des Rundfunks.

Die elektrischen Wellen induzieren in der Antenne einen schwachen Wechselstrom. Fleming erfand die Elektronenröhre, die den Strom gleichrichtete und als Detektor wirkte. Das war, wie er es in seinem Berichte von 1905 mitteilte, der wichtige erste Schritt, doch erst die Vervollkommnung des ›Steuergitters‹ durch Lee de Forest in den USA, 1907, ermöglichte die Verstärkung drahtloser Signale in dem Ausmaß, das für die drahtlose Telephonie und den Rundfunk nötig war. De Forest veröffentlichte seine Ergebnisse erst 1913, so daß inzwischen schon andere Forscher sein System benutzt hatten.

397   Ein Altmeister der Nervenkunde

CHARLES SCOTT SHERRINGTON (1857-1952). The Integrative Action of the Nervous System. *New Haven, Yale University Press, 1906*

Sir Charles Sherrington hat viele wissenschaftliche Versuche über jederlei Art von Nervenreflexen und Funktionen des Nervensystems durchgeführt. Er wies nach, daß die meisten Reflexe mit- und aufeinander wirkten; daß das Nervensystem als Ganzes arbeitet, so daß ein Nervenreflex kein isolierter Vorgang ist; und daß es die wahre Leistung des Nervensystems ist, den Organismus zu integrieren, das heißt, aus ihm ein individuelles Ganzes zu machen, nicht einfach eine Sammlung von Organen und Zellen.

Sherrington legte ferner den Mechanismus der Wechselwirkung der Nervenzellen bloß und dessen Auswirkung auf das Verhalten des Menschen. Er klärte, wie je nachdem hemmende oder erregende Wirkungen die individuellen Nervenzellen beeinflussen und daß zwei unterschiedliche physisch-chemische Prozesse für diese Wirkungen verantwortlich sind. Die Kontaktstellen zwischen den Nerven, wo die ›Wechselwirkung der Neuronen‹ stattfindet, nannte er ›Synapsen‹. Er wies auch das Vorhandensein von Sinnesorganen in den Hauptmuskeln des Knochengerüstes nach, was Reaktionen erklärte, die nicht von außen angeregt wurden, sondern innerhalb des Körpers entstanden; und er untersuchte die Stoffabsonderungen der motorischen Zentren. Diese und andere höchst verwickelten Probleme wurden von Sherrington in einer Reihe von Aufsätzen geklärt und in obigem Buch zusammengefaßt, das als klassisches Werk der modernen Neurologie gilt. Die von Pawlow (385) und von Sherrington durchgeführten Versuche über Nervenreflexe erwiesen sich als Grundlegung einer sachlichen Behandlung psychologischer Probleme, insbesondere der Erkenntnis menschlicher Verhaltensweisen.

Sherrington war Professor der Physiologie in Oxford von 1913 bis 1933 und Präsident der Royal Society; er erhielt den ›Order of Merit‹ und 1932 den Nobelpreis für Medizin. Er war ein Mann von bemerkenswert weit gespannten Interessen. Sein ›Man on his Nature‹, 1940, enthält eine wissenschaftliche Abhandlung über Körper und Geist; er schrieb ein vorzügliches Buch über den Naturwissenschaftler Goethe (zweite Auflage 1949), veröffentlichte einen Band Gedichte und eine Arbeit über Fernel (68), die eine wissenschaftliche Darstellung der Medizin des 16. Jahrhunderts enthält, und er fand auch die Zeit, eine hervorragende Sammlung von Büchern aus der Frühzeit der Druckkunst zu schaffen.

FREDERICK WILLIAM (1871-1961) und EMMELINE (1867-1954)
PETHICK LAWRENCE (Herausgeber). Votes for Women. *London,
The Reformer's Press, 1907-17*

Trotz solch mutiger Vorkämpfer wie Mary Wollstonecraft (242)
beschränkte sich der Kampf um die Emanzipation der Frau in
Großbritannien eigentlich auf das 19.Jahrhundert. Das Reformgesetz von 1832 enthielt neue Stimmrechtsbestimmungen, in
denen zum ersten Mal der Begriff ›Mann‹ in einem ganz spezifischen Sinn auftaucht. Bis dahin war man der stillschweigenden
Überzeugung gewesen, daß Frauen in der Politik des Landes
nichts zu suchen hätten – ungeachtet der ›Lysistrata‹ des Aristophanes.

John Stuart Mill (345) setzte sich 1885 in seiner Wahlrede in
Westminster für das Frauenstimmrecht ein. Von da an wurde
dem Parlament alle paar Jahre ein Gesetzesantrag vorgelegt, der
dieses Recht unterstützte. Obgleich von diesen Vorlagen einige
auch die zweite Lesung überstanden, waren sie doch zum Schei-
tern verurteilt, weil die jeweiligen Regierungen zu weiteren Zu-
geständnissen nicht bereit waren.

Im Jahre 1896 gelang es Mrs. Henry Fawcett, verschiedene Gesellschaften zur ›Nationalen Union der Frauenstimmrechts-Ver-
einigungen‹ zusammenzuschließen; ein tatsächlicher Fortschritt
begann sich jedoch erst 1906 mit der Gründung der ›Nationalen
Sozialpolitischen Frauen-Union‹ durch Mrs. Pankhurst und ihre
Tochter Christabel abzuzeichnen. Sofort begann man eine hefti-
gere Kampagne, so daß bereits 1906 zwei Mitglieder der neuen
Organisation zu Gefängnisstrafen verurteilt wurden: sie hatten
sich geweigert, Geldstrafen zu bezahlen, die ihnen auf Grund
ihrer Störung von öffentlichen Versammlungen auferlegt worden
waren. Die Bewegung wurde von der Öffentlichkeit und auch in
finanzieller Hinsicht stark unterstützt – das jedoch nicht nur von
Frauen, sondern auch von Männern: Im Jahre 1907 wurde der
›Männerbund für Frauenstimmrecht‹ gegründet. Im selben Jahr
erschien zum ersten Mal die Zeitschrift ›Votes for Women‹, die
zum Sprachrohr der ›Militanten‹ wurde.

In Mr. Roy Jenkins ›Asquith‹ heißt es, daß sich der »militante Geist« zum ersten Mal im Oktober 1905 bemerkbar machte, als Christabel Pankhurst und Annie Kenney eine vom Minister Edward Grey einberufene Versammlung in Manchester sprengten. Von 1908 an scheint man dieses Mittel ganz bewußt angewandt zu haben, wobei man auch vor Rechtsverletzungen und Ruhestörungen nicht zurückscheute. Die Verhafteten traten in Hungerstreiks, und in den Jahren vor dem Ausbruch des Ersten Weltkrieges bereiteten die Suffragetten, wie man sie jetzt nannte, der Regierung manches Kopfzerbrechen. In dieser Zeit wurden noch mehr Gesetzesanträge vorgelegt und – abgewiesen; daß auch der vielversprechendste unter ihnen scheiterte, schrieb man dem Widerwillen gegen die Militanten zu.

Während des Krieges, als keine Wahlen abgehalten wurden, ließ man von dem Streit ab, obgleich sich im Jahre 1916 ein Parlamentsausschuß eindeutig für das Frauenstimmrecht aussprach. Die Tatsache aber, daß die Frauen im Krieg in der Krankenpflege, in den Munitionsfabriken, ja sogar als Taxifahrerinnen ihren ›Mann standen‹, trug mehr dazu bei, daß ihnen im politischen Bereich Rechte zuerkannt wurden, als die ganze Agitation zuvor. Allen verheirateten Frauen, allen Frauen, die ihre Familien erhielten, die an einer Universität promoviert hatten und dreißig oder älter waren, wurde durch eine Regierungsvorlage im Jahre 1918 das Stimmrecht zuerkannt; sie wurde mit überwältigender Mehrheit angenommen, so daß sich an der ersten Wahl nach dem Krieg auch Frauen beteiligten. Im Jahre 1928 schließlich erhielten alle Frauen über einundzwanzig das Stimmrecht und waren nun den männlichen Wählern völlig gleichgestellt.

Das Urbild der Pfadfinder 399

ROBERT STEPHENSON SMYTH BADEN-POWELL (1857-1941). Scouting for Boys. Sechs Teile. *London, Horace Cox, 1908*

Baden-Powell war der Sohn eines Oxfordprofessors. Seine Mutter entstammte einer Seitenlinie von John Smith von Virginia und war eine Großnichte Nelsons. Seine Vornamen erhielt er nach seinem Taufpaten, dem Eisenbahnpionier Robert Stephenson.

Als Leutnant bei den Dreizehnten Husaren zeigte Baden-Powell schon sehr früh Interesse für die Feindaufklärung und schrieb 1884 ein Buch darüber. 1889, als er die Fünfte Dragonergarde befehligte, veröffentlichte er ›Aids to Scouting‹ (Spähhilfen).

Als er 1904 eine nationale Parade der Jugendbrigade abnahm, war er tief beeindruckt von ihrer Haltung und Leistung und bedauerte nur ihre geringe Zahl. Sir William Smith, dessen Kommando sie unterstand, meinte, daß vielleicht eine eigens für Jungen geschriebene Ausgabe der ›Spähhilfen‹ diesem Mangel abhelfen könnte. Baden-Powell war ein Mann der praktischen Experimente. All seine früheren Bücher hatte er aus persönlicher Erfahrung geschrieben, so daß er 1907, noch bevor er Smiths Ratschlag folgte, auf der Brownsea-Insel eine Art von Versuchslager mit Jungen aus allen Gesellschaftsschichten veranstaltete. Der Erfolg war unverkennbar, und sofort machte er sich an sein Werk ›Scouting for Boys‹. Noch bevor er diese vierzehntägig erscheinende Reihe zur Hälfte fertiggestellt hatte, begannen sich bereits im ganzen Land Gruppen zu bilden. Doch Baden-Powell schuf keine Jugendbrigade, sondern etwas völlig Neues.

1910 hatte die Bewegung ein solches Ausmaß angenommen – sie zählte bereits über hunderttausend Anhänger – daß Baden-Powell seinen Dienst in der Armee quittierte und sich nun ausschließlich den ›Boy Scouts‹ oder Pfadfindern widmete; im Jahre 1929 wurde Baden-Powell anläßlich seines dritten internationalen ›Jamboree‹, wie er seine Pfadfindertreffen nannte, die Pairswürde verliehen. Die Organisation begann sich über die ganze Welt auszubreiten und ist seither immer wieder imitiert oder in Polizeistaaten pervertiert worden. So bekannten sich auch die Komsomolzen und die Hitlerjugend zu dem Leitsatz, »echten Bürgersinn in der heranwachsenden Generation fördern zu wollen«, so sehr sie auch dem Gründer der Bewegung zuwider gewesen sein mochten.

FILIPPO TOMMASO MARINETTI (1876-1944). Manifesto Futurista.
In: Figaro (20. Februar). *Paris, 1909*

Wahrscheinlich hat der junge Künstler die Werke der alten Meister immer schon mit gemischten Gefühlen betrachtet, denn
wenn er sie einerseits als großartige Leistung anerkannte, so erfaßte ihn andererseits oft die Verzweiflung darüber, daß alles
schon gesagt sein könnte. Doch dem wahren schöpferischen
Drang gilt Nachahmung nichts, und neue Generationen müssen
neue Sprachen finden. Das war manchmal der Entdeckung neuer
Medien – Tempera und Öl – zu danken, manchmal einer frischen
Art, die Sache anzupacken – Impressionismus, Pointillismus und
Fauvismus. Wahrscheinlich stößt man aber nur in der Moderne
auf die erstaunliche Tatsache, daß die Entwicklung einer neuen
Kunstbewegung vom gedruckten Wort eines Mannes ausging,
der selber kein Künstler war.

Marinetti, in Alexandria geboren, studierte an der Sorbonne,
und obgleich er als Jurist an der Universität Genua promovierte,
faßte er seine ersten Arbeiten durchwegs in Französisch ab. Seine
literarische Laufbahn begann er als Verfechter der französischen
›décadence‹. Daher überrascht es wohl kaum, daß er in der modernen Kunst immer mehr den Ausdruck der Ratlosigkeit und Unsicherheit unserer Zeit suchte. Darin stand er nicht allein, denn
auch die Surrealisten erkannten zum Beispiel den starken Einfluß
von Lautréamonts ›Gesängen des Maldoror‹ (1868-1874) an.

Obwohl Marinettis ›Futurismus‹ lange als ärgerlicher, dreister,
verbotener Einbruch in die ästhetische Sphäre betrachtet wurde,
ist seine Spur, deren frühestes Auftreten das ›Manifesto‹ im Figaro und deren wohl kennzeichnendstes sein 'Roman' ›Matarka
le futuriste‹ ist (1910 in französischer Sprache erschienen), unverkennbar. Dadaismus, Surrealismus, abstrakte Malerei, konkrete
Musik, die neue Eisenskulptur sind einige der Gebiete, wo sein
Einfluß unleugbar ist. Natürlich wurde durch die Unfähigkeit,
diese neuen Kriterien sachverständig anzuwenden, auch viel Mit-
telmäßiges und Kurzlebiges gefördert. Salbaderei hat zweifellos
auch in diesem Fall manchen Unsinn unterstützt, und wahr-

scheinlich wurde dem Futurismus in einigen Lagern eine unge-
rechtfertigte Bedeutung zugestanden. Aber eine neue Generation
wird ihm nun den Platz zuweisen, der ihm zukommt.

Das 1919 in Mailand erschienene Buch ›Les mots en liberté
futuriste‹ enthält wichtige theoretische Texte zur futuristischen
Dichtung und zur typographischen Revolution des Futurismus.

401   Die Vierte Dimension

HERMANN MINKOWSKI (1864-1909). Raum und Zeit. *In:* Jahres-
berichte der Deutschen Mathematikervereinigung. *Leipzig, 1909*

In diesem Bericht, den Minkowski in Köln nur wenige Monate
vor seinem Tode vorlegte, führte er die Vorstellung ein, die die
Erweiterung der Relativitätstheorie Einsteins (408) von ihrer
speziellen Form (1905) auf ihre allgemeine (1916) ermöglichte.

Der fachliche Ausdruck für Minkowskis Hypothese ist: das
vierdimensionale Raum-Zeit-Kontinuum.

Vom Michelson-Morley'schen Experiment, wie es kurz unter
Lorentz erwähnt wurde (378), erhoffte man, die Größe der Erdgeschwindigkeit gegenüber dem Äther zu ermitteln. Der Mißerfolg dieses Experiments war ein ernster Schlag für klassische
wissenschaftliche Theorien, da er Zweifel an der Existenz des universalen Äthers aufwarf, der zum Beispiel ein Grundprinzip von
Newtons Theorien über das Universum gewesen war.

1905 stellte Einstein, der damals als Sekretär im Patentamt in
Bern arbeitete, seine spezielle Relativitätstheorie in einem Artikel
in den ›Annalen der Physik‹ (Weil 9) vor. Er trug den Titel ›Über
die Elektrodynamik bewegter Körper‹. Darin führte er aus, daß
das Michelson-Morley'sche Experiment fehlschlagen mußte, weil
es die Existenz eines bevorrechteten Beobachters ohne jede Beziehung zum Universum voraussetzte. Jeder denkbare Beobachter
der Naturereignisse muß jedoch selber im Universum in Bewegung sein, das heißt die Geschwindigkeitsmessung wird von der
Lage des Messenden abhängen. So haben zwei Züge, die einander
begegnen, zwei verschiedene Geschwindigkeiten, einerseits die
Geschwindigkeit, mit der sie aneinander vorbeifahren, andererseits jeder seine Geschwindigkeit gegenüber einem ruhenden Ob-

jekt. Deshalb war nicht nur die Messung der Erdgeschwindigkeit durch den Raum undurchführbar; die bloße Formulierung der Untersuchung zeigte eine völlig falsche Vorstellung über die Natur des Universums. Absoluten Raum und absolute Zeit gibt es in der realen Welt nicht, sie sind metaphysische Begriffe des menschlichen Geistes.

Minkowskis Raum-Zeit-Hypothese bedeutete soviel wie eine Neuaufstellung von Einsteins Grundprinzip, doch in einer Form, die es wesentlich plausibler machte und außerdem wichtige neue Entwicklungen einleitete. Bis dahin dachte man sich das Naturgeschehen in einem dreidimensionalen Raum stattfindend und gleichförmig in der Zeit ablaufend. Minkowski behauptete, daß die Trennung von Raum und Zeit falsch sei; daß Zeit selbst eine Dimension sei, vergleichbar mit Länge, Breite und Höhe, und daß deshalb die wahre Vorstellung von der Wirklichkeit in einem Raum-Zeit-Kontinuum mit diesen vier Dimensionen bestehe. Das verstärkte Einsteins Einwände gegenüber absoluten Begriffen außerordentlich und unterstützte seine Vorstellung von der Relativität der Naturereignisse.

Im Minkowski-Einstein'schen Universum ist eine Geometrie

Le Corbusier (413)

Marinetti (400)

wesentlich, die in räumlichen Begriffen, nicht in solchen ebener Flächen entworfen wurde. Diese nichteuklidische Geometrie wurde ursprünglich von Lobatschewskij geschaffen und von Riemann (293) vervollkommnet. In einem Euklidischen Universum bewegt sich kein Teilchen mit solcher Geschwindigkeit, daß keine größere mehr denkbar ist. In Minkowskis Universum gilt das nicht. Es muß ein Grenzwert für eine größtmögliche Geschwindigkeit gefunden werden. Dazu wird nun die Lichtgeschwindigkeit erklärt.

402 Chemotherapie

PAUL EHRLICH (1854-1915) und SAHACHIRO HATA (1873-1938)
Die experimentelle Chemotherapie der Spirillosen. *Berlin, Springer*, 1910

1908 teilte Ehrlich, Direktor des Instituts für Serum-Forschung in Frankfurt am Main, den Nobelpreis für Medizin mit der hervorragenden russischen Biologin Elie Metchnikoff für ihre Immunitätsarbeiten.

Nur vier Jahre danach gehörte Ehrlich wiederum zu dem engsten Kreis derer, die die Kommission für die Verleihung des Nobelpreises in Betracht zog, diesmal für seine Entdeckung eines wirksamen Gegenmittels gegen die Syphilis. Sehr früh schon hatte Ehrlich in seiner wissenschaftlichen Laufbahn Beziehungen zur Farbenindustrie geknüpft, die ihn zu intensiven Versuchen veranlaßten, die Mikroorganismen, um sie unterscheidbar zu machen, mit Anilinfarben zu färben, eine Methode, die Robert Koch (366) zuerst entwickelt hatte. Mit wachsendem Interesse hatte er Art und Weise festgestellt, wie die Bakterien die Farbe annahmen, während der Gewebeteil unbetroffen blieb, und das führte ihn zu der Idee eines ›magischen Geschosses‹ – eines spezifischen Mittels, das die eingedrungenen Organismen aufspürte und zerstörte, ohne das gesunde Gewebe zu verletzen.

Dies war die gedankliche Grundlage für einen großen Fortschritt in der ärztlichen Kunst, der heute mit dem Namen Chemotherapie bezeichnet wird. Die einzige damals bekannte Arznei dieser Sparte war das Chinin, ein spezifisches Mittel gegen den

Malariaparasiten, das 1820 zuerst aus der Chinchonarinde gewonnen wurde. Als Fritz Schaudinn 1905 die ›spirochaeta pallida‹ entdeckte, die wie eine Haarlocke geformt ist und die die Syphilis verschuldet, hatte Ehrlich ein lohnendes Ziel für sein ›magisches Geschoß‹. Er und sein japanischer Laborassistent Hata führten mit Arsenverbindungen sechshundertfünf Versuche durch, bis sie eine Verbindung fanden, die all ihren Anforderungen genügte. Das war das berühmt gewordene ›606‹, das später variiert wurde, um einige noch verbleibende Nebenwirkungen auszuschließen, und umbenannt wurde in ›Neosalvarsan‹. Diese Versuche und die Entdeckung der neuen Verbindung werden in dem oben genannten Buch beschrieben.

Das war das erste Kapitel in der Geschichte der Chemotherapie; spätere Entwicklungsphasen kennzeichnen die Entdeckung des Prontosils und der großartig erfolgreichen Sulfonamide.

Der Taylorismus   403

FREDERICK WINSLOW TAYLOR (1856–1915). The Principles of Scientific Management. *New York und London, Harper*, 1911

F. W. Taylor war als Ingenieur an den Bethlehem Stahlwerken in Philadelphia beschäftigt und schuf, was er »wissenschaftliche Betriebsführung« nannte und was heute unter dem Namen ›Arbeits- und Zeitstudien‹ läuft. Er baute sein System auf dem auf, was er als »normalen« Ertrag eines Arbeitstages ansah, sowie auf den besten Mitteln, die Standardproduktion eines solchen Tages zu halten. Taylor befaßte sich eingehend mit jedem Faktor, der diesem Ziel abträglich war oder ihm zugute kam. Abgesehen davon, daß er industrielle Arbeitsbedingungen und -methoden genau untersuchte, sind ihm auch entscheidende Neuerungen im Werkzeugmaschinenbau zu danken.

Die wichtigsten Punkte einer erhöhten Leistungsfähigkeit waren die Normung von Arbeitsprozessen und Maschinen, die Arbeits- und Zeitstudien und die Bezahlung nach Leistung – Dinge, die in der Sowjetunion begrüßt wurden, wo man den ›Taylorismus‹ in der Form des ›Stachanow Systems‹ einführte. Auch in Deutschland fielen Taylors Ideen auf fruchtbaren Boden:

seine ›Principles‹ wurden übersetzt und erzielten eine hohe Auflage (1922 wurden einunddreißigtausend Exemplare verkauft).
Die Anwendung seiner Methoden trug viel dazu bei, daß sich die
deutsche Produktion nach dem Ersten Weltkrieg sehr schnell
wieder erholte. Fast in allen anderen Ländern standen die Gewerkschaften seinen Methoden feindlich gegenüber.

Taylors bedeutendster Beitrag zum Maschinenbauwesen bestand darin, daß er zusammen mit Maunsel White einen neuen
Härteprozeß für Werkzeugstahl entwickelte, wodurch die Metall-
bearbeitung erheblich beschleunigt wurde.

404 Vitamine

FREDERICK GOWLAND HOPKINS (1861-1947). Feeding Experiments illustrating the Importance of Accessory Factors in Normal
Dietaries. *In:* The Journal of Physiology. *Cambridge, 1912*

Im sechzehnten Jahrhundert führte man auf englischen und holländischen Schiffen gegen Skorbut Fruchtsäfte mit, und 1796
wurden den Seeleuten der Royal Navy das Einnehmen von
Zitronensaft und anderer Mittel gegen Skorbut zur Pflicht gemacht. Im Jahre 1880 zeigte N. Lunin, daß eine synthetische
Milchdiät das Wachstum von Tieren hemmt, doch fand diese
Entdeckung wenig Beachtung. 1886 schickte man einen offiziellen
Ausschuß nach Niederländisch-Indien, der die Beri-Beri-Krank-
heit erforschen sollte. Dieser Gruppe gehörte auch der Bakterio-
loge Christiaan Eijkman an, und als der Ausschuß heimkehrte,
blieb er als Leiter eines neuen Laboratoriums für Pathologie in
Batavia (heute: Djakarta) zurück.

In der Geflügelabteilung seines Laboratoriums wurde das
Federvieh plötzlich von einer Krankheit befallen, deren Symptome auf verblüffende Weise denen der Beri-Beri ähnelten.
Weder beim lebendigen, noch beim toten Geflügel konnte man
irgendwelche krankheitserregenden Bakterien oder Parasiten entdecken. Genauso plötzlich wie die Krankheit aufgetaucht war,
verschwand sie wieder, und einige der kranken Hühner wurden
sogar wieder gesund. Man argwöhnte, daß die Ursache im Futter
läge und entdeckte, daß die Daten von Beginn und Ende der

Krankheit fast mit der Zeit übereinstimmten, in der das Geflügel mit Reis aus der Krankenhausküche gefüttert worden war. Der einzige Unterschied zwischen diesem Krankenhausreis und dem, den die Hühner gewöhnlich erhielten, bestand darin, daß jener geschält war. Durch ein Experiment stellte sich tatsächlich heraus, daß die mit geschältem Reis gefütterten Hühner krank wurden, und daß sie sich wieder erholten, wenn man sie auf normale Kost setzte. Eijkman sah in diesem Phänomen eine Art von Vergiftung, die auf einen Überschuß an Kohlehydraten bei der Reisfütterung zurückzuführen sei, der durch irgendeine Substanz in der Kleie neutralisiert würde. Seine Folgerungen legte er in einer Abhandlung aus dem Jahre 1897 dar, die den Titel ›Eine Beriähnliche Krankheit der Hühner‹ trägt.

Hopkins war es, der die wissenschaftliche Erklärung dieser und anderer bis dahin rein empirischen Beobachtungen lieferte und der den Weg zur Vitamintherapie freilegte.

Hopkins hatte als Versicherungsangestellter angefangen, studierte danach analytische Chemie, wurde Mineraloge und Assistent in Thomas Stephensons gerichtsmedizinischem Labor in Guy's Krankenhaus. Er graduierte als Extraneus an der Londoner Universität und begann 1884, Medizin zu studieren. Im Jahre 1894 machte er sein Examen und wurde 1898 von der Universität Cambridge als Dozent für physiologische Chemie berufen. Schließlich konzentrierte er sich auf die Nahrungsforschung, und 1907 konnte er seine Entdeckung bekanntgeben. daß für kleine Tiere zum Überleben die Ernährung mit Grundnahrungsstoffen nicht ausreiche. Seine weiterführenden Versuche wurden plötzlich durch eine schwere Krankheit unterbrochen.

Hopkins war bereits überzeugt davon, daß zur Erhaltung der Gesundheit und des Wachstums von Tieren gewisse »zusätzliche Faktoren« notwendig seien. Als er seine Arbeit wiederaufnahm, entdeckte er, daß Ratten trotz einer anscheinend richtigen Ernährung krank wurden und starben – wenn man jedoch ihrem Futter kleine Mengen von Milch beifügte, ging es ihnen wieder besser. In der obigen Abhandlung traf er 1912 eine Feststellung, auf der sich seither die ganze Vitaminforschung aufbaut: »zusätzliche Faktoren« sind zur Ernährung wesentlich. 1913 bewiesen

McCollum und Davis, daß der Wachstumsfaktor der Milch eine fett- und eine wasserlösliche Substanz enthielt – die Vitamine A und B. Im Jahre 1914 veröffentlichte Casimir Funk ein Buch mit dem Titel ›Die Vitamine‹ – der Begriff, der allgemein für diese zusätzlichen Nährstoffe übernommen wurde.

1929 teilte sich Hopkins mit Eijkman in den Nobelpreis für Medizin. Er wurde 1925 geadelt, wurde 1931 Präsident der Royal Society und erhielt 1935 den Order of Merit.

405   Christliche Geschichtsphilosophie

ERNST TROELTSCH (1865-1923). Die Soziallehren der Christlichen Kirchen und Gruppen. *Tübingen: J. C. B. Mohr (Paul Siebeck), 1912*

Ernst Troeltsch wurde in der Nähe von Augsburg geboren. Entscheidend für seine Geistesbildung war seine Zeit als Theologiestudent in Göttingen unter dem berühmten, imponierenden protestantischen Theologen Albrecht Ritschl (1822-89), der dort fünfundzwanzig Jahre lang als Professor wirkte. Ritschl hatte unter Baur (322) in Tübingen studiert, wo später auch Harnack (390) zu Ritschls Schülern zählte.

Troeltsch war zwar lebenslang Professor der Theologie und Philosophie, doch folgten sein Lehren und seine Schriften nicht jenem traditionellen Muster, das eine solche Laufbahn erwarten lassen könnte. Seine erste Theologieprofessur bekleidete er seit 1892 in Bonn; zwei Jahre später tauschte er diesen Lehrstuhl gegen einen ähnlichen in Heidelberg. Während dieser Zeit wurde er als philosophischer Theologe bekannt. In dem, was er lehrte, folgte er der Tradition Kants, die Existenz Gottes und der Religion als Notwendigkeit der Vernunft zu begreifen. Von hier aus schlug er jedoch eine Richtung ein, die ganz die seine wurde. Aus seinem Studium der Geschichtsphilosophie schloß er, daß die Prinzipien und Methoden, die der historischen Forschung zugrundeliegen, wesentlich andere sein müßten als die der naturwissenschaftlichen Forschung. Obgleich sich die Arbeit des Historikers auf die Erforschung der ursächlichen Zusammenhänge von Ereignissen stützt, hat sie sich weniger mit deren Ursachen als mit deren Bedeutung zu befassen. Das ›Wesen der Geschichte‹ –

das war das Problem, das Troeltsch für den Rest seines Lebens beschäftigen sollte.

Das magnum opus seiner umfassenden wissenschaftlichen Studien ist obiges Werk. Wie Gierke (360), der aber als Jurist und Verfassungsrechtler dachte, bahnte sich Troeltsch als Theologe und in Begriffen christlichen Denkens seinen Weg durch Jahrhunderte der Geschichte, angefangen beim Frühchristentum, dessen historische Formen des Lebens in kleinen Gruppen und die sie durchwaltenden Ideen er erforschte, über die Zeit des mittelalterlichen Katholizismus hin zum Protestantismus und den verschiedenen protestantischen Sekten. So entdeckte er die Bedeutung der Geschichte im Wachstum wie im Untergang sozialer Gruppen und im Wandel ihrer Denkweisen und ihrer Kultur. Jede dieser Gruppen hat Anspruch darauf, als einmalig und unwiederholbar im Blick auf ihre nur ihnen eigenen Verdienste erforscht und beurteilt zu werden. Diese Einzigartigkeit verhindert einschränkende Rückbeziehungen der Gruppen und ihrer Existenzphilosophie auf Vorausgegangenes. Sie allein sind Geschichte, zu der eine Erforschung der Ursachen nichts beiträgt.

Im Jahre 1915 tauschte Troeltsch seine theologische gegen eine philosophische Professur in Berlin, wo er den Rest seines Lebens verbrachte. 1919 spielte er als Unterstaatssekretär des preußischen Ministeriums für Kultus und Erziehung eine entscheidende Rolle in der Modernisierung der höheren Schulen. Sein letztes unvollendet gebliebenes Werk war eine bemerkenswerte Reihe von Vorlesungen aus den Jahren 1922/23 über ›Das logische Problem der Geschichtsphilosophie‹ und ›Der Historismus und seine Überwindung‹. Wie Fichtes (244) Vorlesungen ein Jahrhundert früher, so trugen auch sie viel dazu bei, das deutsche Selbstbewußtsein wiederherzustellen, obgleich das Ziel natürlich ein anderes war. Im Gegensatz zu Fichte versuchte Troeltsch nicht, ein spezifisch deutsches politisches Denken zu schaffen – vielmehr war ihm daran gelegen, die absolutistische Tendenz, die das deutsche Denken seit der romantischen Bewegung gekennzeichnet hatte, zu der liberaleren naturrechtlichen Denkweise, die im übrigen Europa vorherrschte, in Beziehung zu setzen, um so ein gesamteuropäisches Weltbild zu schaffen.

(*a*) MAX VON LAUE (1879-1960). 1. Interferenz-Erscheinungen bei Röntgenstrahlen; 2. Eine quantitative Prüfung der Theorie für die Interferenz-Erscheinungen bei Röntgenstrahlen. *In:* Sitzungs-berichte der Mathematisch-Physikalischen Klasse der Königlich Bayerischen Akademie der Wissenschaften. *München, 1912.*

(*b*) WILLIAM HENRY BRAGG (1862-1942) und WILLIAM LAW-RENCE BRAGG (geb. 1890). X-rays and Crystal Structure. *London, G. Bell, 1915*

Röntgenstrahlen (380) und ihr Nutzen waren schon aller Welt vertraut geworden, lange bevor die genaue Struktur dieser Wellenstrahlung enträtselt werden konnte. Man nahm an, daß sie irgendwie mit Licht verwandt waren, doch um das zu bewei-sen, brauchte man ihre Wellenlänge. Solche Wellenlängen werden mit einem Verfahren bestimmt, das zu kompliziert ist, um es hier zu beschreiben. Dabei werden Beugungsgitter benutzt. Das sind u. a. Spiegel, in denen in Abständen von ungefähr einem tausend-stel Zentimeter sehr feine Striche eingeritzt sind. Diese Methode konnte nicht auf Röntgenstrahlen angewendet werden, da man feststellte, daß ihre Wellenlänge viel kürzer war als alle ausführ-baren Gitterabstände. Laue wies 1912 (siehe oben) darauf hin, daß die vermutete atomare Ordnung in Kristallen ein Gitter bilden könnte, genügend sein, um Röntgenstrahlen zu beugen und damit ihre Wellenlänge zu liefern. Er arbeitete die kompli-zierte Formel für die Berechnung aus. Bei seinem zweiten Artikel, dem quantitativen Beweis für seine Theorie, halfen ihm zwei Mitarbeiter, W. Friedrich und P. Knipping.

Die Braggs näherten sich der Erscheinung von der anderen Seite, indem sie ihre Untersuchungen darauf konzentrierten, durch die Interferenzerscheinungen bei den Röntgenstrahlen die atomare Struktur von Kristallen zu erschließen. Ihre ersten Ver-suche mit Steinsalz und Diamanten hatten entschiedenen Erfolg.

Später erwies sich, daß diese Experimente in der Tat der wissen-schaftlichen Kristallographie eine neue Grundlage gaben. So fand man, daß die grundverschiedenen Eigenschaften zweier Formen des Kohlenstoffes, Graphit und Diamant, auf unterschiedliche räumliche Anordnung der Atome und ihrer verschiedenen Abstände voneinander zurückgehen. Dadurch wurde es möglich, neue Substanzen und Materien industriell herzustellen, indem man ihnen durch Veränderung der Anordnung der Atome bestimmte erwünschte Eigenschaften verlieh.

In der reinen Chemie war eine der fruchtbarsten Folgen die Erneuerung des periodischen Systems der Elemente durch Moseley (407). Die Entdeckung der chemischen Grundlage des Lebens – DNS – durch Perutz und andere ist die jüngste in der Reihe der sensationellen Folgen der Braggschen Experimente.

Laue wurde der Nobelpreis für Physik 1914 verliehen, die Braggs erhielten ihn im folgenden Jahr.

Das Periodische System der Elemente   407

HENRY GWYN JEFFREYS MOSELEY (1887-1915). The High-Frequency Spectra of the Elements. *In:* The Philosophical Magazine. *London, 1913-14*

Dalton (261) hatte ein Verzeichnis von einundzwanzig Atomgewichten vorgelegt, alle in Relation zum Atomgewicht des Wasserstoffs, dem er die Grundziffer 1 gab. 1815 und 1816 erschienen in den ›Annals of Philosophy‹ zwei unsignierte Beiträge, in denen die Vermutung ausgesprochen wurde, daß die erstaunliche Annäherung dieser Atomgewichte an ganze Zahlen sich damit erklären ließ, daß Wasserstoff die Grundsubstanz sei, aus der sich alle Materie aufbaut – die ›prima materia‹ der Aristotelischen Philosophie.

1825 deckte Thomas Thomson in seinem zweibändigen Werk ›Ein Versuch, die Hauptprinzipien der Chemie anhand von Experimenten festzustellen‹, die Urheberschaft von Prout an den obenerwähnten Artikeln auf und versuchte, auf sie gestützt, eine Atomgewichtstabelle aufzustellen, in der jedes Element durch eine ganze Zahl gekennzeichnet war. Doch zeigte Berzelius, der bedeutende schwedische Chemiker, daß Thomsons Zahlen einer genauen Analyse nicht standhielten.

Von dem ›Oktavengesetz‹, das J. A. R. Newlands, ein tüchtiger Publizist in eigener Sache, am 18.8.1865 in den ›Chemical News‹

kurz beschrieben hatte, wurde viel Aufhebens gemacht, doch kommt in der Tat größeres Verdienst William Odling zu, der im ›Quarterly Journal of Science‹, 1, 642 (1864) eine vorzügliche Tabelle aufstellte, die der von Mendelejew viel ähnlicher war. Dieser setzte 1869 in der Zeitschrift der Russischen Chemischen Gesellschaft nicht nur eine periodische Tabelle zusammen, die sowohl chemische Eigenschaften wie arithmetische Verhältnisse zwischen den Atomgewichten widerspiegelte, sondern wies auch darauf hin, daß die leeren Plätze darin die Existenz noch unentdeckter Elemente anzeigten. 1870 verfeinerte J. L. Meyer (in den ›Annalen der Chemie‹) mit fast gleichen Ausdrücken die Tabelle, die er 1868 in Eberswalde aufgestellt hatte. Die Davy-Medaille der Royal Society wurde beiden gemeinsam verliehen.

1888 sprach Sir William Crookes in seiner Präsidentenrede vor der Chemical Society überraschend die Vermutung aus, daß Atomgewichte nicht notwendig unveränderlich oder gleichförmig seien, da man sie als Durchschnittsgewicht der Atome, die ein Element ausmachen, berechnet habe. 1910 zeigte F. Soddy, daß bestimmte Elemente bei offenbar gleichem chemischem Verhalten unterschiedliche Atomgewichte hätten (›Chemical Society's Annual Reports‹, 1910, 7, S. 285). Solche Elementgruppen nannte er Isotope (siehe 412).

Moseley benutzte bei seiner Arbeit unter Rutherford (411) in Manchester die Methode der Röntgenspektroskopie – von den Braggs (406) entwickelt – um Unterschiede in den Wellenlängen der von jedem Element emittierten Strahlung zu bestimmen. Er konnte die Elemente in einer Folge entsprechend der Kernladung jedes Elements ordnen. So ergab sich für die Kernladung, wenn sie bei Wasserstoff gleich 1 gesetzt wurde, bei Helium 2, bei Lithium 3 usw. bei regelmäßigem Anstieg bis schließlich zu Uran 92. Diese Ziffern nannte Moseley Atomzahlen. Er führte aus, daß sie ebenso ein entsprechendes Anwachsen der Zahl der Elektronen außerhalb des Kerns kennzeichneten und daß die Anzahl und Anordnung dieser Elektronen mehr als das Atomgewicht die Eigenschaften eines Elements bestimmten. Nun war es möglich, das periodische System auf eine feste Grundlage zu stellen und die Anzahl der Elemente bis zum Uran auf 92 zu begrenzen.

Als Moseleys Tabelle vollständig war, fehlten zu sechs Atomzahlen die entsprechenden Elemente; doch Moseley selber konnte
noch die Eigenschaften von vier der fehlenden Elemente vorhersagen. Fünf der sechs Elemente sind seitdem durch andere Forscher entdeckt worden, indem sie Moseleys röntgenspektroskopi-
sche Methode verwendeten. Zwei weitere Elemente – 93 Neptunium und 94 Plutonium – ergaben sich als Nebenprodukte bei
den Kettenreaktion-Experimenten Fermis und seiner Kollegen
(422a).

Moseley fiel 1915 in den Kämpfen bei Gallipoli.

Relativität   408

ALBERT EINSTEIN (1879-1955). Die Grundlage der allgemeinen
Relativitätstheorie. *In:* Annalen der Physik. *Leipzig, 1916*

Auf das Wesen und die Wirkungen der ›speziellen‹ Relativitätstheorie, die von Einstein 1905 veröffentlicht wurde, ist schon in
den Artikeln über Lobatschewskij (293), Lorentz (378) und Minkowski (401) eingegangen worden.

In der Tat sollte diese Theorie Unstimmigkeiten beseitigen,
die in der Newtonschen Mechanik (161) auftauchten. Einstein
selber nannte sie auch nicht Relativitätstheorie: sein Artikel
betraf die ›Elektrodynamik bewegter Körper‹. Die zwei überaus
wichtigen, revolutionären Schlüsse darin lauteten: 1. Es ist durch
kein Experiment möglich, gleichförmige Bewegung gegenüber
dem Äther festzustellen, 2. Energie und Masse sind äquivalent,
was in der heute so berühmten Gleichung $E = m \cdot c^2$ zum Ausdruck kommt.

Dieser Versuch, die Sackgasse zu umgehen, in die die negativen
Ergebnisse des Michelson–Morleyschen Experimentes geführt
hatten, erwuchs einer Denkweise ähnlich der Berkeleys, der ja
annahm, daß das materielle Wesen der realen Dinge sich mit dem
Beobachter veränderte.

So ist die logische Folgerung der Hypothese von Lorentz, daß
mit der Stellung des Beobachters physikalische Objekte ihre
Größe verändern und Prozesse verschieden schnell ablaufen. In
jeder klaren Nacht sieht man zum Beispiel mit dem Licht der

Sterne auch in ihre Vergangenheit zurück und entsprechend ihrer Entfernung von uns, das heißt entsprechend der Zeit, die das Licht bis zur Erde braucht, in ganz verschiedene Vergangenheiten. So ist das, was wir von Alpha Centauri, dem nächsten Stern nach der Sonne, sehen, in ›Wirklichkeit‹ schon $4^1/4$ Jahre alt, und die Geschehnisse im Andromedanebel liegen gar 1,5 Millionen Jahre zurück. Stellen wir uns Astronomen in diesen Gegenden des Alls vor, die ›gleichzeitig‹ mit unserer Beobachtung die Erde anvisieren, so sehen sie die Erde, wie sie vor $4^1/4$ bzw. vor 1,5 Millionen Jahren war, lange vor dem Erscheinen des ersten Menschen. Doch sind das Gedankenexperimente, da der Begriff ›gleichzeitig‹ so problematisch ist. Zwar wird über die zeitliche Reihenfolge von Ereignissen in jeder begrenzten Gegend des Weltalls bei den Beobachtern nie ein Zweifel entstehen. Ereignisse jedoch, die sich in weit voneinander entfernten Teilen des Raumes abspielen – etwa auf zwei Sternen – können in keinen bestimmten zeitlichen Zusammenhang gebracht werden. Beobachtern in einem Teil des Weltalls würde das eine zuerst erscheinen, anderen in einem weit entfernten Teil das andere. So wird die Feststellung, daß weit voneinander entfernte Ereignisse gleichzeitig stattfinden, bedeutungslos, da – wie Einstein sagte – kein Grund vorliegt, das eine Beobachtungsergebnis vor einem möglichen anderen zu bevorzugen. Würde ein Weltraumschiff mit beinahe Lichtgeschwindigkeit zum Arcturus, hundert Lichtjahre entfernt von uns, reisen, so schiene der Besatzung, die Reise dauere zehn Jahre, da sich die Zeit für sie verlangsamt. Kehrt das Schiff nach weiteren hundert Jahren zurück, so schienen es der Besatzung wiederum nur zehn Jahre zu sein. Je näher ein Weltraumfahrer der Lichtgeschwindigkeit käme, um so ›unsterblicher‹ würde er. Und dieser Effekt ist sogar nachprüfbar. Die verlängerte Lebenserwartung ist von Physikern bei bestimmten Elementarteilchen, sogenannten Mesonen, nachgewiesen worden. Und noch etwas: je schneller das Raumschiff von uns forteilt, desto kürzer wird es. Nicht nur die Zeit, auch die geometrischen Dimensionen sind keine den Objekten im Raume anhaftenden Eigenschaften, sondern sind veränderlich bezüglich des Ortes und der Bewegung eines bestimmten Beobachters. Die Annahme, daß es einen be-

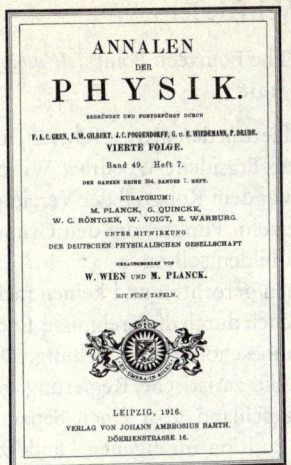

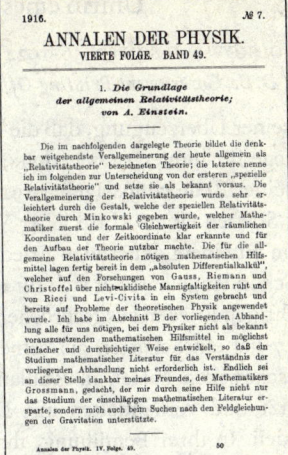

Einstein (408)

vorrechteten Bezugskörper gebe, auf den alle Ereignisse eindeutig bezogen werden könnten, ist eine nicht empirisch zu sichernde Hypothese und führt zu unlöslichen Widersprüchen.

›Die allgemeine Relativitätstheorie‹ ist Einsteins kühner Versuch, diesem Dilemma zu entkommen. Wir müssen die Vorstellung aufgeben, die Welt mit den Augen Gottes betrachten zu können. So war nämlich angenommen worden, daß sich die Erde durch den Lichtäther bewegen müsse, der im absoluten Raum festläge; doch kein Experiment vermochte eine solche Bewegung nachzuweisen. Einstein schrieb: »Nach dieser Theorie gibt es kein besonders bevorrechtetes (einheitliches) Koordinatensystem, das die Einführung einer Äthervorstellung zuläßt, und deshalb kann es keine Ätherdrift noch irgendein Experiment geben, das sie aufweist!« Die Relativitätstheorie hat die Astrophysik umgekrempelt, sogar das ganze wissenschaftliche Weltbild.

1914 wurde Einstein ordentliches Mitglied der Preußischen Akademie der Wissenschaften und Direktor des Kaiser-Wilhelm-Instituts für Physik. 1921 erhielt er den Nobelpreis für die quantentheoretische Deutung des lichtelektrischen Effektes – nicht für die Relativitätstheorie.

WOODROW WILSON (1856-1924). The Fourteen Points. *Washington, D.C., Government Printing Office, 1918*

In seiner Überzeugung, daß die Alliierten den »Krieg führten, um Kriege für immer zu beenden«, gab Präsident Woodrow Wilson in seiner Rede vom 8. Januar 1918 vor dem Kongreß der Vereinigten Staaten einen Abriß jener Vierzehn Punkte, die den Grundstein zu einem dauernden Frieden bilden sollten.

Schon lange hatte er sich für einen gerechten und keinen rachsüchtigen Frieden ausgesprochen, doch durch die Ereignisse Ende 1917 fiel ein Schatten auf seine unbescholtene Einstellung. Die Bolschewiken hatten in Rußland die zaristische Regierung gestürzt und verhandelten mit Deutschland über einen Separatfrieden. In ihrer Bemühung, ihre Position im eigenen Lande zu festigen, hatten sie die Klauseln der Geheimverträge zwischen der zaristischen Regierung und den Alliierten veröffentlicht, wodurch sie diese ganz erheblich in Verlegenheit brachten, weil sie ihre territorialen Expansionsabsichten publik machten. Sowohl Lloyd George als auch Wilson erkannten die Notwendigkeit, sich im Namen ihrer Länder erneut zu einem gerechten Frieden zu bekennen. Lloyd George reagierte als erster, und seine Stellungnahme zu den bolschewistischen Vorwürfen enthielt bereits alle Vierzehn Punkte außer den ersten dreien; Wilsons Erklärung war wesentlich breiter gefaßt, und sein hoher Idealismus ließ die Öffentlichkeit nicht nur in den Vereinigten Staaten, sondern in der ganzen Welt aufhorchen.

Zum ersten Mal im Druck erschienen die Vierzehn Punkte als House Document 765 in den Akten des 65. Kongresses; zusammengefaßt forderten sie folgendes: 1. Abschaffung der Geheimdiplomatie, 2. Freiheit der Meere in Krieg und Frieden, 3. Aufhebung der wirtschaftlichen Schranken zugunsten eines freien Handels, 4. Rüstungsbeschränkung, 5. unparteiischen Ausgleich aller kolonialen Ansprüche unter Beachtung der Belange der jeweiligen Bevölkerung, 6.-13. gewisse besondere territoriale Veränderungen, die vor allem aufgrund des Selbstbestimmungsrechts vorgenommen werden sollten, und 14. die Gründung einer

internationalen Körperschaft: »eines Verbandes der Nationen ...
zu dem Zweck, daß große und kleine Staaten sich wechselseitig
verbürgen für ihre politische Unabhängigkeit und territoriale
Unverletzbarkeit«.

Unmittelbare Auswirkung dieser Grundsatzerklärung war, daß
die Moral der Mittelmächte untergraben wurde und daß sich
Deutschlands Gemäßigte zu Friedensverhandlungen ermutigt
fühlten. Doch sind einseitige Grundsatzerklärungen für andere
Parteien nicht bindend, wie Wilson bei der Aufsetzung des Ver-
sailler Vertrags entdecken mußte. Nationalistische Gelüste und
Rachsucht waren es, die am Verhandlungtisch vorherrschten,
doch vielleicht darf man es den Vierzehn Punkten zurechnen,
daß der Friedensvertrag schließlich weniger rachsüchtig ausfiel,
als es ohne sie zu erwarten war. Wenn sie auch nicht die moralische Höhe dessen herbeiführten, was Wilson »diesen ... endgültig letzten Krieg für die Freiheit der Menschheit« genannt hatte,
so stimmten sie zumindest einen moralischen Ton an.

Wilsons leidenschaftliches Interesse an der Schaffung einer
neuen Welt mit einem sicheren Platz für die Demokratie hatte
ihn seit dem Kriegseintritt der Vereinigten Staaten so sehr beschäftigt, daß er seinen politischen Einfluß zu Hause vernachlässigte. Und als er dann als weltberühmte, aber einsame Gestalt
zu den Verhandlungen nach Versailles abreiste, hatte er sich nicht
um die Unterstützung beider Parteien gekümmert. Die Republi-
kanische Partei hatte der Billigung seiner Politik in der Bevölkerung bereits viel Abbruch getan, und bei der Kongreßwahl von
1918 gewann sie sowohl in der Kammer als auch im Senat die
Mehrheit. Dieser Kongreß war es, der den Beitritt der Vereinigten Staaten zum Völkerbund ablehnte. Der letzte und krönende
von Wilsons Vierzehn Punkten sollte in den Vereinigten Staaten
erst nach einem weiteren Weltkrieg verwirklicht werden.

OSWALD SPENGLER (1880-1936). Der Untergang des Abendlandes. Band 1. *Wien und Leipzig, Wilhelm Braumüller, 1918;* Band 2. *München, C. H. Beck, 1922*

Spengler war Lehrer der Mathematik und Naturwissenschaften, bis er im Jahre 1911 ein kleines Vermögen erbte, so daß er seinen Lehrerberuf aufgeben und sich von da an der Abfassung seines Werkes ›Untergang des Abendlandes‹ widmen konnte.

In dieser Arbeit trug er eine ›Morphologie der Weltgeschichte‹ vor, von der er glaubte, daß sie nicht nur die Geschichte der Vergangenheit erklären, sondern auch die Zukunft vorauszubestimmen vermöchte. Denn er vertrat den Standpunkt, daß alle Zivilisationen gleich jedem anderen lebenden Organismus einen vorbestimmten Lebenszyklus von Entstehung, Blüte und Verfall durchschreiten; und daß einer solchen Entwicklung weder Einhalt geboten noch daß sie rückgängig gemacht werden könne. Spengler unterschied acht voneinander unabhängige Kulturen, die diesen Weg gegangen waren: die Ägyptische, Babylonische, Indische, Chinesische, Römisch-Griechische, Arabische, Mexikanische und Westliche Kultur (die er auch die ›Faustische‹ nannte). Für die westliche Kultur sieht Spengler ziemlich schwarz. Das Ende steht bevor. Die Demokratie, das typische Ergebnis der Kultur des Westens, wird durch eine cäsarische Autokratie ausgelöscht werden.

Den unglaublichen Erfolg, den dieses Buch bei den Halbgebildeten errang – vor allem in Deutschland und Amerika in der Zeit nach dem Ersten Weltkrieg – dieser Erfolg ist ein politisch-soziologisches Phänomen, das nichts zu tun hat mit den eigentlichen Qualitäten oder Mängeln dieses »neuen Ausblicks auf die Geschichte und die Philosophie des Schicksals«, wie der Autor die Absicht seines Buches beschrieb. Diesen großen Erfolg hatte der wichtigste deutsche Verleger philosophischer Literatur, Felix Meiner in Leipzig, sicher nicht vorausgesehen, denn er lehnte das ihm zuerst angebotene Manuskript ab. Ähnliches war bei dem führenden österreichischen Verleger akademischer Werke der Fall, der nach dem ersten Band seine Rechte einem Verleger in

München übertrug. Tatsächlich verwarf jeder verantwortungs-
bewußte Historiker Spenglers Theorie; doch der den Deutschen
eingeborenen Neigung, ein unerbittliches Schicksal für ihre Unzulänglichkeiten und ihre Fehlschläge verantwortlich zu machen,
bot dieses Werk eine plausible pseudowissenschaftliche Bestätigung; und die Amerikaner bestätigte es in ihrem selbstgefälligen
Glauben, daß der Westen (mit dem sie das alte Europa meinten)
›erledigt‹ sei. In Parenthese wäre anzumerken, daß der milde
englische Titel des Spenglerschen Werkes ›The Decline of the
West‹ das gewollt gefühlsbetonte düstere Zwielicht der Wagner-
schen Götterdämmerung, das im deutschen Titel mitschwingt,
nicht hat.

Im Alten Testament, im Buch der Könige, folgte dem großen
Propheten Elias sein kleinerer Schüler Elisa. Mit Spengler war es
umgekehrt: sein Nachfolger Toynbee (421) sollte sich als der
größere Prophet erweisen.

Atomstruktur und Kernumwandlung 411

(a) ERNEST RUTHERFORD (1871-1937). Collision of α Particles
with Light Atoms. In: The Philosophical Magazine. London, 1919
(b) NIELS BOHR (1885-1962). On the Constitution of Atoms and
Molecules. In: The Philosophical Magazine. London, 1913

Röntgens Entdeckung der X-Strahlen (380) und die darauf fol-
gende der Radioaktivität durch Becquerel (393) veränderten das
Gesicht unserer Welt. Die Folgerungen daraus haben sogar ihre
Existenz bedroht.

Geistreiche Experimente von R.J.Strutt, dem späteren Lord
Rayleigh, bewiesen, daß die Strahlung radioaktiver Substanzen
nicht homogen ist, sondern aus zumindest zwei verschiedenen
Arten besteht, von denen die eine Zinnfolie durchdringt, die
andere nicht (Strutt, The Becquerel Rays and the Properties of
Radium, 1902). Schließlich stellte man fest, daß die Strahlung
sich aus drei Arten zusammensetzte – den sogenannten Alpha-,
Beta- und Gammastrahlen. Rutherford, Physiker in Cambridge,
stellte 1902-03 in ›Transactions of the London Chemical Society‹
und in ›Philosophical Magazine‹ zusammen mit seinem Schüler

Frederick Soddy die revolutionäre Theorie auf, daß Radioaktivität ein Nebenprodukt der Verwandlung einer Form von Materie in eine andere sei. Soddy und mit ihm William Ramsay bewiesen dies, indem sie zeigten, daß Radon, eine Ausstrahlung von Radium, in Helium zerfiel (Proceedings of the Royal Society, 1903). Und 1909 zeigte Rutherford in Zusammenarbeit mit Royds, daß Alphateilchen tatsächlich elektrisch geladene Heliumatome sind (Philosophical Magazine).

1911 formulierte Rutherford als Ergebnis seines Beschusses von Goldfolie mit Alphateilchen die Hypothese vom Kernaufbau des Atoms, die die Grundlage für alle weitere Arbeit in der Atomphysik und -chemie wurde. Der größte Teil der Alphateilchen durchdrang die Folie geradlinig, doch einige wurden zurückgeworfen. Rutherford erklärte diese Reflexion im Sinne seiner Theorie. Die durchgelassenen Teilchen flogen einfach durch das Planetensystem der Elektronen, während die zurückgeworfenen mit einem Kern zusammengestoßen oder in Wechselwirkung geraten waren. Acht Jahre später fand er, wie er in dem oben zitierten Artikel berichtet, daß Alphateilchen beim Zusammenstoß mit Stickstoffatomen aus diesen Wasserstoffatome freisetzten. Damit begann die künstliche Elementumwandlung, mit anderen Worten: das Atom war zertrennt worden.

Rutherfords Planetenmodell mit der schweren positiv geladenen Kernmasse als Zentrum und den sehr viel leichteren negativen Elektronen auf Kreisbahnen hatte einen schwerwiegenden Nachteil: es konnte gar nicht existieren – nach Maxwells (355) Elektrodynamik und den Berechnungen von Hertz (377). Die kreisenden Elektronen sind beschleunigte elektrische Ladungen und müssen dauernd Energie abstrahlen, so daß sie in kürzester Zeit auf Spiralbahnen in den Kern stürzen würden. Ein zweites Problem: jede Ansammlung von noch so vielen gleichen Atomen – ein Element also – produziert das gleiche charakteristische Lichtspektrum als Energieausstrahlung. Wie ist dies möglich, wenn in den Atomen ganz verschiedene Elektronen-Kreisbahnen vorkommen können? Die vielen möglichen Kreisbahnen entsprechen dabei ebenso vielen möglichen Energiezuständen der Elektronen.

Niels Bohr, ein dänischer Schüler Rutherfords, begegnete diesen Einwänden gegen Rutherfords Atommodell von 1911 zwei Jahre danach mit einem verbesserten Modell, das er mit Rutherfords Zustimmung im ›Philosophical Magazine‹ veröffentlichte. Bohr ging aus von den spektroskopischen Beobachtungen und nahm, um jene Schwierigkeiten zu beseitigen, unter Zuhilfenahme der Planckschen Quantentheorie (391) an, daß sich die Elektronen nur auf ganz bestimmten Kreisbahnen strahlungsfrei bewegen. Für diese gilt also die klassische Physik nicht. Sie können nur von einer Bahn auf eine andere kernnähere springen, oder umgekehrt, und geben dabei ganz bestimmte Energiebeträge – entsprechend den charakteristischen Spektrallinien – ab beziehungsweise nehmen welche auf. Diese kühnen Behauptungen Bohrs erwiesen sich sofort als äußerst fruchtbar für die Atomphysik, aber auch für die Chemie. Sie erhielten durch die Quantenmechanik (417) von Schrödinger und Heisenberg ihre physikalische Begründung. Allerdings zeigte diese Theorie, daß die Bohrschen Vorstellungen nur ein Modell der Wirklichkeit liefern und auch noch andere Modelle möglich und für manche Fragestellungen nötig sind.

Rutherford wurde der Nobelpreis schon 1908 verliehen. Bohr erhielt ihn 1922. Beiden wurden zahllose andere Ehren und Auszeichnungen zuteil.

Isotope   412

FRANCIS WILLIAM ASTON (1877-1945). Isotopes. *London, Arnold,* 1922

1911 erörterte J.J. Thomson (386) im ›Philosophical Magazine‹ eine neue Methode der Analyse positiver Ionenstrahlen. Er schickte die Strahlen durch eine Kathodenröhre und setzte sie elektrischen und magnetischen Kräften aus, die sie so ablenkten, daß bei ihrem Aufprall auf eine photographische Platte eine Parabel entstand. Die Parabelformen waren bezeichnend für jedes Element. Als Thomson Neon als Quellenmaterial verwendete, stellte er fest, daß zwei verschiedene Parabeln erzeugt wurden. 1923 betraute er seinen Assistenten, F.W. Aston, mit der Aufgabe, den

Unterschied in den Atomgewichten dieser zwei Neonarten zu bestimmen.

Astons Werk wurde durch den Ersten Weltkrieg unterbrochen. Bei seiner Rückkehr nach Cambridge machte er sich daran, Thomsons Parabelapparat zu verbessern. Er erfand den Massenspektrographen, durch den die Gasspuren in eine viel kleinere Fläche fokussiert wurden. Das hieß höhere Intensität, die die Identifizierung erheblich erleichterte. Er entdeckte so die relativen Atomgewichte der zwei Neonarten zu 20 und 22, während das normale Atomgewicht von Neon irgendwo dazwischen lag.

Weitere Experimente mit anderen Substanzen und immer neue Verbesserungen am Massenspektrographen überzeugten Aston, daß Elemente aus Atomen verschiedener Masse zusammengesetzt seien, deren Mittel das Atomgewicht des betreffenden Elements ergibt. Das war ein schlagender Beweis für Crookes Vorhersage von 1888, daß ein Nichtvorhandensein absoluter Homogenität möglicherweise in vielen ›Elementen‹ festgestellt werden könnte mit der Schlußfolgerung, daß jedes ›Element‹ in Wirklichkeit und im Gegensatz zu seinem Namen eine Mischung verschiedener Bestandteile sei. Frühere Forscher hatten ein verborgenes Gesetz der Atomtabelle angenommen, wonach die Atomgewichte der Elemente sich als genaue Vielfache des Wasserstoffatomgewichts zeigen würden; doch Rydberg, der schwedische Chemiker, veranschlagte die Wahrscheinlichkeit, daß zweiundzwanzig Atomgewichte ganzen Zahlen so nahe kämen wie für diese Annahme unerläßlich ist, mit weniger als ein Milliardstel.

Soddy (siehe 407, Moseley) hatte den Begriff ›Isotope‹ für Elemente geprägt, die »in ihrem chemischen Verhalten homogen« sind. So sind zum Beispiel die drei Formen von Uran, bekannt als Ionium 230, Thorium 232 und Radiothor 228, trotz der verschiedenen Atomgewichte in ihren chemischen Eigenschaften identisch. Aston brachte diese Forschung einen bedeutsamen Schritt weiter, indem er zeigte, daß hinsichtlich der Elemente selber das gleiche gilt.

Seitdem Aston gezeigt hatte, daß man das wahre Atomgewicht eines Elements erhält, indem man die Masse seiner Bestandteile mittelt, und daß es sieben Quecksilberisotope gibt sowie neun von Xenon, wurde die Möglichkeit, daß die relativen Atomgewichte der Elemente durchweg ganze Zahlen sind, endgültig fallengelassen. Die Neuzusammenstellung der Atomgewichtstabelle nach der Methode von Aston zeigte, daß die Atomgewichte, betrachtet als Vielfaches des Wasserstoffatomgewichts, nur in Ausnahmefällen ganze Zahlen ergeben. Auch die relativen Atomgewichte der Isotope sind nicht genau ganzzahlig. Die letzten Folgerungen aus diesen Abweichungen sind weitreichend. Das Verhältnis zwischen Wasserstoff und Helium ist nicht $1:4$, wie es sein ›sollte‹, vielmehr größer; das heißt bei der Fusion von vier Wasserstoffatomen zu einem Heliumatom wird etwas Materie vernichtet. In der Tat ist dies ein Beispiel für die Austauschbarkeit von Masse und Energie, wie sie in Einsteins ›spezieller‹ Relativitätstheorie (408) aufgestellt wurde.

Von allgemeinerer Bedeutung in unserem Alltagsleben sind die Experimente von Hahn, Strassmann, Meitner und anderen (422) mit Uranisotopen, die in der Atombombe und in der friedlichen Verwendung der Atomenergie gipfelten. Diese Experimente deuten sehr stark darauf hin, daß die Annahme von der chemischen Identität der Isotope falsch ist. Tatsächlich haben einige Uranisotope voneinander verschiedene Eigenschaften, was einen grundsätzlich neuen Entwurf der Atomtheorie nötig machen kann.

Die neue Architektur 413

LE CORBUSIER [Charles Edouard Jeanneret] (1887-1965). Vers une Architecture. *Paris, G. Crès, [1923]*

Charles Edouard Jeanneret wurde in La-Chaux-de-Fonds in der Schweiz geboren, und nach seinem Besuch der dortigen Kunstakademie arbeitete er kurz unter mehreren der vorausblickenden europäischen Architekten und Designer von damals – unter ihnen Auguste Perret, der neue architektonische Formen des Stahlbetonbaus entwickelte, und der große deutsche Industriearchitekt Peter Behrens. Während und nach dem Ersten Weltkrieg wandte sich Jeanneret – zwar immer noch hauptsächlich als Maler bekannt – mehr und mehr der Architektur zu, entwarf Pläne für Nachkriegsbauten, wobei er außerordentlichen Nachdruck auf Massenfertigung, standardisierte Entwürfe usw. legte. Er lebte in Paris, und zusammen mit Amédée Ozenfant, den er 1917 kennenlernte, entwickelte er einen Zweig des Kubismus, der unter dem Namen ›Purismus‹ bekannt wurde. 1920 begannen er und Ozenfant eine Zeitschrift herauszugeben, die sich in einem sehr weiten Rahmen den Künsten widmete und sich ›L'Esprit Nouveau‹ nannte. 1923 entschloß sich jedoch Jeanneret endgültig, Architekt zu werden. Er nahm das Pseudonym Le Corbusier an und veröffentlichte ›Vers une Architecture‹, ein Werk, das aus Artikeln bestand, die ursprünglich in L'Esprit Nouveau erschienen waren.

Diese Veröffentlichung ist ein Meilenstein in der Entwicklung der modernen Bewegung, und wahrscheinlich war Corbusiers Einfluß auf die Architektur dieses Jahrhunderts größer als der irgendeines anderen. Mit diesem Buch machte er sich einen Namen – wenn auch nur als Verkünder, denn bis dahin hatte er lediglich ein oder zwei unbedeutende Häuser gebaut, und die besten seiner unausgeführten Entwürfe, so zum Beispiel seine Domino-Häuser von 1914 und das Citrohan-Haus und die Ville Contemporaine von 1922, waren kaum bekannt. ›Ausblick auf eine Architektur‹ ist ein leidenschaftliches, mit Gefühl und rhetorischem Schwung geschriebenes Werk, und seine Thesen werden weder konsequent entwickelt noch logisch begründet; doch mit hellsichtiger Leidenschaft entwarf Le Corbusier hier die poetische Vision einer neuen Architektur in einer neuen Gesellschaft. Nachdrücklich betont er den Anreiz neuer Materialien und die Fortschritte in der Technik; doch war er kein Funktionalist – für ihn machten das Bauen und die Probleme des Bauens nicht die Architektur aus: Architektur ist mehr und Höheres – »Kunst tritt hinzu«. Trotz des meist zitierten und oberflächlich einflußreichen Ausspruches dieses Buches: »Das Haus ist eine Maschine, die man bewohnt«, war Le Corbusier in erster Linie Künstler und Romantiker. Sicher ist die Ästhetik seines Buches die Ästhetik der Maschinen-Kunst, doch liegt der Nachdruck hierbei eher auf Kunst als auf Maschine.

›Vers une Architecture‹ ist mehr als eine Verteidigung der neuen Ästhetik; Le Corbusier war den meisten darin voraus, daß er die lebenswichtige Bedeutung der Massenfertigung für die Lösung der Wohnungsprobleme in aller Welt erkannte, und in seinem Buch drängte er um einer leistungsfähigen Produktion willen auf Normung schon im Entwurf. Dies Interesse für die Normung zusammen mit seiner nochmaligen Überprüfung des griechischen Goldenen Schnitts bildet bereits den Kern der Idee, die er später im ›Modulor‹ entwickelte, ein Proportionssystem, das auf die Maße des menschlichen Körpers bezogen ist. Dies Interesse verband sich bei ihm mit einer großen Vision von der Aufgabe, die der Architektur – vor allem aber der städtebaulichen Architektur als einem geplanten und integrierten Ganzen – in der Gesellschaft zukommt; klar erkannte er, daß unser Problem nicht allein darin besteht, eine neue Art von Haus und eine neue Art von Stadt zu bauen, sondern auch darin, daß wir uns selber verändern – daß wir lernen, auf eine neue Weise zu leben.

Atonale Musik 414

ARNOLD SCHÖNBERG (1874-1951). Eine neue Zwölfton-Schrift. *In:* Musikblätter des Anbruch. *Wien, 1925*

Die Auswirkungen von Schönbergs musikalischen Theorien – ihr erster Abriß erschien in der avantgardistischen Zeitschrift ›Anbruch‹ unter dem Titel ›Eine neue Zwölfton-Schrift‹ – ergaben sich erst nach und nach. Sie stellten sich unmerklich ein, und wenn bemerkt, so nahm man sie nicht gerade mit Sympathie auf.

Bewußt verwarf Schönberg zum ersten Mal das Dur-Moll-Tonsystem im Jahre 1908, als er seine ›Drei Klavierstücke‹ (Opus 11) ohne Notenschlüssel veröffentlichte. In der ersten Ausgabe seiner ›Harmonielehre‹ (1910) findet sich ein kurzer Hinweis auf die mögliche Entwicklung einer chromatischen Notenschrift aufgrund des Zwölftonsystems. Alban Berg und Anton Webern gehören zu seinen frühesten Schülern, und Bergs Oper ›Wozzeck‹ (begonnen 1917 und vollendet 1925) war das erste bemerkenswerte Werk dieses Systems. Ernst Kreneks Oper ›Karl v.‹ (1932) ist ein späteres Beispiel.

Doch trotz der theoretischen Schriften Schönbergs und anderer über dieses Thema, trotz des großen Umfanges seiner eigenen

Kompositionen und seiner Ernennung zu Lehrämtern in den Vereinigten Staaten, nachdem er von den Nazis 1933 entlassen worden war – trotz all dieser Dinge machte sich sein Einfluß erst während der letzten beiden Jahrzehnte weithin bemerkbar. Es dürfte schwierig sein, einen besseren Abriß der heutigen Einstellung gegenüber Schönberg zu geben als den von Humphrey Searle in Grove's Dictionary of Music (5. Auflage, 1954): »Wie auch das Urteil der Geschichte über Schönbergs Werke ausfallen mag«, so schreibt er, »fest steht auf alle Fälle, daß sie die ganze Musik des 20. Jahrhunderts revolutionierten. Ohne sie wäre die ungezwungene Verwendung aller Noten der chromatischen Tonleiter, die heute jeder Komponist als selbstverständlich anerkennt, unmöglich gewesen oder hätte sich zumindest sehr verspätet durchgesetzt. Man braucht dem nur noch Schönbergs Neuerungen in der musikalischen Form und Instrumentation hinzuzufügen, um zu begreifen, daß man seine historische Bedeutung nicht hoch genug veranschlagen kann.«

415   Das Dritte Reich

ADOLF HITLER (1889-1945). Mein Kampf, 2 Bände. *München, Franz Eher, 1925-27*

Als Grundlage für neue Religionen haben sich politische Glaubensbekenntnisse für die Menschheit zumeist als gefährlich ausgewirkt. Doch wenn sie sich gar noch aus den Vorurteilen des reaktionär eingestellten Teils eines Volkes entwickeln, dessen Sache eine politische Aufklärung nie sonderlich gewesen ist – dann führen sie zur Katastrophe.

Dies war nicht nur der Ursprung, sondern auch die Stärke des nationalsozialistischen Programms, das Adolf Hitler mit den Grundsätzen entwickelte, die von Anton Drexler und Karl Haner für eine kleine Splitterpartei mit dem Namen ›Deutsche Arbeiterpartei‹ aufgestellt worden waren. Offizielle Darstellungen behaupten, daß Hitler dieser Partei irgendwann im Jahre 1919 als ihr siebtes Mitglied beigetreten sei. Sein Parteiausweis mit falsch geschriebenem Namen trägt jedoch den 1. Januar 1920 als Datum, und seine Parteinummer war 555.

Obgleich die Partei im August 1920 ihren Namen in National-sozialistische änderte, fühlte sich Hitler erst im Juli 1921 stark genug, um Drexler zu verdrängen und selber die Führung zu übernehmen, was möglicherweise mit seiner Tätigkeit als poli-tischer Agent der Reichswehr zusammenhängt. Im November 1923 kam es zum Nazi-Putsch in München. Obgleich er mißlang, trug er in der Folge doch viel zu Hitlers Aufstieg zum Helden der Nation bei. Die schlecht beratene Bedeutung, die man seinem Gerichtsverfahren einräumte, der fruchtlose Prozeßverlauf und seine ehrenvolle Haft im Gefängnis von Landsberg machten aus einem zweideutigen lokalen Agitator einen möglichen Retter der Nation.

Zudem gestattete ihm die Haft, seinem Gehilfen Rudolf Heß den ersten Band des Programms und Vermächtnisses eines poli-tischen Gangsters zu diktieren, was er ›Mein Kampf‹ nannte. Obgleich dieses Werk vieles enthielt, was viele Deutsche schok-kierte, wurden die in ihm enthaltenen Meinungen in Mittel-europa weitgehend geteilt, wo eine pseudo-mystische, völlig wirklichkeitsfremde Rassenlehre dazu diente, Pan-Germanen-tum, Antisemitismus, Militarismus und Ultranationalismus zu rechtfertigen, deren trübe Mischung sich dann vollzog unter rücksichtsloser Anwendung der Macht, wie sie von der Mentali-tät eines abergläubischen Raufboldes aufgefaßt wurde.

So enthalten die beiden Bände von ›Mein Kampf‹ ein freimüti-ges Bekenntnis zu diesem Programm, dazu eine genaue Darstel-lung seiner nationalen wie internationalen Folgen. Die Unver-schämtheit dieses Manifests zeugt von Naivität und Unreife. Unglücklicherweise wurde Europa damals von unbedeutenden Männern regiert, und als Hitler 1933 die Macht ergriff, entdeckte er, daß seine phantastischen Forderungen und seine maßlosesten Unternehmen nur auf milden und wirkungslosen Tadel stießen. Seine Feinde nahmen die Besetzung des Rheinlandes hin, den Bruch der Verträge von Versailles und Locarno, den Austritt aus dem Völkerbund, die Besitzergreifung von Österreich und der Tschechoslowakei. Hitler war zu Recht überrascht über ihre heftige Reaktion auf seinen Einmarsch in Polen, denn es hatte alles in ›Mein Kampf‹ gestanden, aber sie wollten es nicht glauben.

ALBERT EINSTEIN (1879-1955). Einheitliche Feldtheorie von Gravitation und Elektrizität. *In:* Sitzungsberichte der Preußischen Akademie der Wissenschaften. *Berlin, 1925* (und vier weitere Berichte)

Eine treffende Stelle in einem Essay von James Jeans über Clerk Maxwell sagt: »Die meisten Symbole, die der mathematische Physiker heutzutage benutzt, haben, wie er sie versteht, keine physikalische Bedeutung: er kann die ganze Ordnung der atomaren Welt in Aussagen über das Verhalten eines Symbols erklären und vorhersagen, doch er kann uns nicht sagen, was das Symbol selbst physikalisch bedeutet; und ich zumindest bezweifle, ob ihm das je gelingt.« Einstein ist das Hauptbeispiel für diese Art Denken, und er hat selbst mehr als einmal die Geschichte der modernen Physik gerafft in einen Satz wie: »Die Gleichungen müssen stimmen!«

Newtons große Tat war nach Einsteins Worten, den Differentialquotienten entdeckt und die Bewegungsgesetze in Form totaler Differentialgleichungen aufgestellt zu haben: »Vielleicht der größte gedankliche Schritt, den zu tun einem Menschen je vergönnt war.« Das ließ eine rein mechanische Deutung der physikalischen Welt zu, nämlich jede Veränderung als Bewegung träger Massen zu interpretieren. Maxwells Gleichungen (355) änderten das alles und führten die Vorstellung von Kraftfeldern ein, um die früheren Theorien der Fernwirkung zu ersetzen. Dazu noch ein Zitat von Einstein: »Nach Maxwell dachte man sich das physikalisch Reale durch nicht mechanisch deutbare, kontinuierliche Felder dargestellt, die durch partielle Differentialgleichungen beherrscht werden.« Maxwell verknüpfte die Phänomene Licht und Elektrizität miteinander, doch die Gravitation konnte noch immer nicht in eine allgemeine Wechselwirkung von Kräften eingebaut werden.

Es ist wiederholt festgestellt worden, daß Einsteins allgemeine Relativitätstheorie (408) eine pluralistische Erklärung des Universums notwendig machte. 1925 kündigte er an, daß er diese Schwierigkeit gelöst habe, doch die Ankündigung war verfrüht.

Unabhängig von diesem affinen Zusammenhang führen wir eine kontravariante Tensordichte $\mathfrak{g}^{\mu\nu}$ ein, deren Symmetrieeigenschaften wir ebenfalls offen lassen. Aus beiden bilden wir die skalare Dichte

$$\mathfrak{H} = \mathfrak{g}^{\mu\nu} R_{\mu\nu} \tag{3}$$

und postulieren, daß sämtliche Variationen des Integrals

$$\mathfrak{J} = \int \mathfrak{H}\, dx_1\, dx_2\, dx_3\, dx_4$$

nach den $\mathfrak{g}^{\mu\nu}$ und $\Gamma^{\alpha}_{\mu\nu}$ als unabhängigen (an den Grenzen nicht variierten) Variabeln verschwinden.

Die Variation nach den $\mathfrak{g}^{\mu\nu}$ liefert die 16 Gleichen

$$R_{\mu\nu} = 0, \tag{4}$$

die Variation nach den $\Gamma^{\alpha}_{\mu\nu}$ zunächst die 64 Gleichungen

$$\frac{\partial \mathfrak{g}^{\mu\nu}}{\partial x_\alpha} + \mathfrak{g}^{\beta\nu}\Gamma^{\mu}_{\beta\alpha} + \mathfrak{g}^{\mu\beta}\Gamma^{\nu}_{\alpha\beta} - \delta^{\nu}_{\alpha}\left(\frac{\partial \mathfrak{g}^{\mu\beta}}{\partial x_\beta} + \mathfrak{g}^{\tau\beta}\Gamma^{\mu}_{\sigma\beta}\right) - \mathfrak{g}^{\mu\nu}\Gamma^{\beta}_{\alpha\beta} = 0. \tag{5}$$

Wir wollen nun einige Betrachtungen anstellen, die uns die Gleichungen (5) durch einfachere zu ersetzen gestatten. Verjüngen wir die linke Seite von (5) nach den Indizes ν, α bzw. μ, α, so erhalten wir die Gleichungen

$$3\left(\frac{\partial \mathfrak{g}^{\mu\nu}}{\partial x_\alpha} + \mathfrak{g}^{\alpha\beta}\Gamma^{\mu}_{\alpha\beta}\right) + \mathfrak{g}^{\mu\alpha}(\Gamma^{\beta}_{\alpha\beta} - \Gamma^{\beta}_{\alpha\beta}) = 0 \tag{6}$$

$$\frac{\partial \mathfrak{g}^{\nu\alpha}}{\partial x_\alpha} - \frac{\partial \mathfrak{g}^{\alpha\nu}}{\partial x_\alpha} = 0. \tag{7}$$

Führen wir ferner Größen $\mathfrak{g}_{\mu\nu}$ ein, welche die normierten Unterdeterminanten zu den $\mathfrak{g}^{\mu\nu}$ sind, also die Gleichungen

$$\mathfrak{g}_{\mu\alpha}\mathfrak{g}^{\nu\alpha} = \mathfrak{g}_{\alpha\mu}\mathfrak{g}^{\alpha\nu} = \delta^{\nu}_{\mu}$$

erfüllen, und multiplizieren (5) mit $\mathfrak{g}_{\mu\nu}$, so erhalten wir eine Gleichung, die wir nach Heraufziehen eines Index wie folgt schreiben können

$$2\mathfrak{g}^{\mu\alpha}\left(\frac{\partial \lg \sqrt{\mathfrak{g}}}{\partial x_\alpha} + \Gamma^{\delta}_{\alpha\beta}\right) + (\Gamma^{\beta}_{\alpha\beta} - \Gamma^{\beta}_{\beta\alpha}) + \delta^{\mu}_{\beta}\left(\frac{\partial \mathfrak{g}^{\beta\alpha}}{\partial x_\alpha} + \mathfrak{g}^{\sigma\beta}\Gamma^{\beta}_{\sigma\beta}\right) = 0, \tag{8}$$

wenn man mit $\mathfrak{g}$ die Determinante aus den $\mathfrak{g}_{\mu\nu}$ bezeichnet. Die Gleichungen (6) und (8) schreiben wir in der Form

$$\mathfrak{f}^{\mu} = \tfrac{1}{3}\mathfrak{g}^{\mu\alpha}(\Gamma^{\beta}_{\alpha\beta} - \Gamma^{\beta}_{\beta\alpha}) = -\left(\frac{\partial \mathfrak{g}^{\mu\alpha}}{\partial x_\alpha} + \mathfrak{g}^{\mu\beta}\Gamma^{\mu}_{\alpha\beta}\right) = -\mathfrak{g}^{\mu\alpha}\left(\frac{\partial \lg \sqrt{\mathfrak{g}}}{\partial x_\alpha} + \Gamma^{\beta}_{\alpha\beta}\right), \tag{9}$$

wobei $\mathfrak{f}^{\mu}$ eine gewisse Tensordichte bedeutet. Es ist leicht zu beweisen, daß das Gleichungssystem (5) äquivalent ist dem Gleichungssystem

$$\frac{\partial \mathfrak{g}^{\mu\nu}}{\partial x_\alpha} + \mathfrak{g}^{\beta\nu}\Gamma^{\mu}_{\beta\alpha} + \mathfrak{g}^{\mu\beta}\Gamma^{\nu}_{\alpha\beta} - \mathfrak{g}^{\mu\nu}\Gamma^{\beta}_{\alpha\beta} + \delta^{\nu}_{\alpha}\mathfrak{f}^{\mu} = 0 \tag{10}$$

1928 griff er das Problem von neuem an, nur um herauszufinden, daß Riemanns Raumkonzept (293 b), auf dem die allgemeine Gravitationstheorie aufgebaut war, keine gemeinsame Erklärung von elektromagnetischen und Gravitationserscheinungen zuließ. In einer Anzahl von Aufsätzen zur Entwicklung einer »einheitlichen Feldtheorie von Gravitation und Elektrizität« skizzierte er eine neue Theorie vom Raum mit Blick auf die Vereinheitlichung aller Arten physikalischen Geschehens, für die er eine gemeinsame Formel suchte. Dann würde also zum wissenschaftlichen ›Unisono‹ nur noch die Wechselbeziehung zwischen dem Organischen und dem Anorganischen fehlen.

417   Der Welle-Teilchen-Dualismus

(a) LOUIS-VICTOR, DUC DE BROGLIE (geb. 1892). Ondes et Mouvements (Dissertation 1924). *Paris, 1926*

(b) WERNER HEISENBERG (geb. 1901). Über quantentheoretische Umdeutung kinematischer und mechanischer Beziehungen. *In:* Zeitschrift für Physik, 33, *1925*

(c) MAX BORN (geb. 1882) und PASCUAL JORDAN (geb. 1902). Zur Quantenmechanik. Ebenda 34, *1925*

(d) ERWIN SCHRÖDINGER (geb. 1887). Quantisierung als Eigenwertproblem. *In:* Annalen der Physik, 79, *1926*

Gemäß den Vorstellungen der meisten Wissenschaftler gegen Ende des 19. Jahrhunderts bestand Materie aus harten Atomen, die außerdem irgendwie elastisch waren, und Licht war eine Wellenbewegung im Äther. Tyndall zum Beispiel glaubte, daß die Existenz des Äthers ebenso feststünde wie die Vernunft seiner Mitmenschen. Diese Überzeugungen wurden erschüttert, als Einstein (408) die Quantentheorie (391) auf den photoelektrischen Effekt anwandte und zeigte, daß sich Licht dabei verhält, als ob es aus Teilchen bestünde, aus ›Photonen‹, und ganz und gar nicht so, wie man von einer Welle erwarten würde. Sonstige Phänomene aller Art konnten schlüssig mit einem Wellenmodell erklärt werden und nicht mit Partikeln. So schien es zwei Arten von Phänomenen zu geben, was zwei unterschiedliche und unvereinbare Lichttheorien zur Erklärung forderte.

Die einfachen Atome Daltons (261) waren schon vor 1926 auf Grund der Entdeckung der Radioaktivität und der Atomspaltung abgewandelt worden; doch nun stellte der Duc de Broglie in ›Wellen und Bewegungen‹ eine noch radikalere Überlegung an. Vom Licht hatte man gezeigt, daß es sich einerseits wie eine Wellenbewegung, andererseits auch wie ein Partikelstrom verhält. Materie bestand, nach nie bestrittener allgemeiner Ansicht, aus Partikeln, doch vielleicht teilte sie den Dualitätscharakter des Lichtes. Vielleicht gab es tatsächlich Bedingungen, unter denen sich Materie wie eine Welle verhielt?

Erwin Schrödinger (d) knüpfte 1926 an diese Gedanken an und baute sie zu einer mathematisch exakten und äußerst fruchtbaren Theorie, der ›Wellenmechanik‹, aus. Wie konnte man erklären, daß es nur ganz bestimmte ausgezeichnete Elektronenbahnen im Atom gab (siehe Bohr, 411)? Wie konnten weiter die Schwierigkeiten dieses Bohrschen Atommodells, zum Beispiel beim Heliumatom, behoben werden? Zur Erklärung für die ›Quantelung‹ der Elektronenbahnen ging Schrödinger von der Analogie einer schwingenden Saite fester Länge aus, die auch nicht alle Töne erzeugen kann, sondern nur eine bestimmte Grundschwingung und Oberschwingungen im Oktavabstand. Er stellte eine analoge ›Wellengleichung‹ für die De Broglieschen Materiewellen auf und erhielt damit sofort die bekannte Quantelung der Elektronenbahnen im Wasserstoffatom.

Eine experimentelle Bestätigung für den Wellencharakter von Materie lieferten 1927 Davisson und Germer. Sie richteten einen Elektronenstrahl auf einen Metallkristall, und statt zurückzuprallen, wie bei Teilchennatur zu erwarten war, wurde der Strahl gebeugt, genau wie die Röntgenstrahlen in von Laues Experimenten und denen der Braggs (406). Elektronenbeugung ist seitdem ein nützliches Hilfsmittel bei der Auffindung von Strukturen geworden; auch an Neutronen wurden später Beugungserscheinungen nachgewiesen.

Doch schon ein Jahr zuvor hatten Schrödinger, Werner Heisenberg, Max Born und Pascual Jordan (siehe oben) in ihrer äußerst abstrakten ›Matrizenmechanik‹ einen anderen Weg beschritten. Schrödinger zeigte, daß beide Theorien völlig gleichwertig waren

– für beide wird heute vielfach die Bezeichnung ›Quantenmechanik‹ benutzt – und nur verschiedene Ausgangspunkte enthielten.
Der Dualismus des Lichtes galt also für die gesamte Materie. Teilchen- oder Wellenbilder, diese einander ausschließenden Vorstellungen, brauchen in der mathematischen Behandlung gar nicht
vorzukommen. Beides sind nur Modelle, die wir uns auf Grund
mechanischer Analogien machen. Das Ergebnis erwies, daß, wie
in den Dimensionen des Weltalls unsere anschauliche Geometrie
ungültig wird, so auch in den Dimensionen des Atoms unsere
Vorstellungen versagen.

Die statistische Deutung der Quantenmechanik durch Max
Born ging einen weiteren Schritt auf dem Weg dieser Erkenntnis,
die berühmte ›Kopenhagener Deutung‹ der Quantentheorie durch
Niels Bohr und Werner Heisenberg (1927-28) vertiefte sie und
zerstörte die Vorstellung von einer vollständig erkenn- und berechenbaren Welt endgültig.

De Broglie erhielt den Nobelpreis 1929, Heisenberg 1932,
Schrödinger 1933 und Born 1954.

418   ›English as she is spoke‹

HENRY WATSON FOWLER (1858-1933). A Dictionary of Modern
English Usage. *Oxford, Clarendon Press, 1926*

Diese von Fowler zusammengestellte Anleitung zum wohlüberlegten Gebrauch der englischen Sprache zeichnet sich durch
einen völligen Mangel an Pedanterie, durch ein ständiges Bewußtsein von der Sprache als etwas Lebendigem, Wachsendem
und durch unvergleichlichen Witz und Humor aus. Eine völlig
neue Art von ›Wörterbuch‹ könnte man sagen, denn es bietet
mehr als Worterklärungen und Analysen von Redewendungen.

Nachdem Fowler 1899 die Stelle eines Internatslehrers in Sedbergh aufgegeben hatte, weil er es vor seinem Gewissen nicht
verantworten konnte, Knaben auf die Konfirmation vorzubereiten, wurde er Grammatiker und Lexikograph. Einige Jahre lang
schrieb er für verschiedene Zeitschriften Essays, und 1905 veröffentlichte er mit seinem Bruder F. G. Fowler eine Lukian-Übersetzung. Ihr folgte 1906 ›The King's English‹, ein Vorläufer des

vorliegenden Werkes. Die beiden Brüder gaben auch die erste gekürzte Ausgabe des ›Oxford Dictionary‹ (371) im Jahre 1911 heraus, und nachdem sein Bruder 1918 gestorben war, besorgte Henry Watson die Herausgabe des ›Pocket Oxford Dictionary‹ (1924) allein.

Für die unauffällig-einflußreichen ›Traktate‹ der Society for Pure English (1919-48) verfaßte Fowler mehrere bezeichnende Monographien. In der Nummer XLIII aus dem Jahre 1934 gab G. G. Coulton eine ausgezeichnete Darstellung dieses äußerst zurückhaltenden, doch unglaublich hellhörigen Deuters des »Englisch, wie man es spricht«.

Der Verrat der Intelligenz 419

JULIEN BENDA (1867-1956). La Trahison des Clercs. *Paris, Grasset,* 1927

Julien Benda, Philosoph und Romancier, wurde in Paris geboren. Er besuchte die École Normale und studierte anschließend an der Sorbonne. Frühen Ruf erwarb er sich als Polemiker – und das sollte er sein Leben lang bleiben – mit einer Reihe von Artikeln in der ›Revue Blanche‹ über die Dreyfus-Affäre. Er schloß sich Charles Péguy an, und all seine frühen Werke zeichnen sich durch eine völlige rationalistische Verachtung aller philosophischen Systeme aus, die ihre Zuflucht zu Gefühlen, Sinneserregungen oder zur Intuition nahmen. Dies brachte ihn in scharfen Konflikt mit Bergson, dessen Ruf als Philosoph damals gerade seinen Höhepunkt erreicht hatte, und in seiner Arbeit ›Le Bergsonisme‹ (1912) ließ er seiner Abneigung, die er auch in späteren Werken nicht verhehlte, freien Lauf. 1922 veröffentlichte er ›Belphégor‹, eine Untersuchung des Ästhetizismus in der französischen Gesellschaft – wahrscheinlich nach seinem ›La Trahison des Clercs‹ immer noch sein bekanntestes Buch.

Die Veröffentlichung des letztgenannten Werkes im Jahre 1927 war zweifellos eines der wichtigsten Ereignisse im politischen Meinungskampf zwischen den beiden Kriegen. Unter seinem ›Clerc‹ versteht Benda den Intellektuellen, wie er sein sollte: losgelöst von den bloßen Zufälligkeiten des Daseins und ein Verfechter von Idealen, die hinausgehen über die Forderungen einer momentanen Situation. In heftigen und glänzenden Schmähreden griff er die Intellektuellen des 19. und 20.Jahrhunderts an, weil sie diesem Ideal nicht entsprachen, indem sie sich zu ergebenen Verfechtern nicht mehr von Idealen, sondern von Gruppen oder diesseitigen und vergänglichen Wesenheiten, etwa eines Volkes oder einer sozialen Klasse, machten. Der Titel von Bendas Manifest wurde zu einer Art von geflügeltem Wort, dessen Sinn sich jedoch durch eine Ironie des Schicksals in sein Gegenteil verkehrte und so manchmal als Vorwurf gegen die Intellektuellen verwandt wurde, die sich vor der rauhen Wirklichkeit in ihren Elfenbein-Turm zurückziehen.

›Der Verrat der Intellektuellen‹ wurde weltweit bekannt, immer wieder übersetzt und neu aufgelegt. Benda entwickelte seine These weiter in einer Reihe von Arbeiten, die vor dem Krieg erschienen. Nach dem Krieg scheint er etwas von seiner magischen Ausstrahlung verloren zu haben, und die Bedeutung seiner Argumente war weniger überzeugend. ›La France Byzantine‹ erregte einen Sturm der Entrüstung, und seine späteren Bücher ›Exercise d'un Interré Vif‹, ›Les Cahiers d'un Clerc‹ und andere schienen sich in einer wesenlos gewordenen Kontroverse hinzuquälen. Er starb 1956. ›Der Verrat der Intellektuellen‹ erfreut sich immer noch einiger Beliebtheit. Sein ungestümer Angriff gegen das Hyper-Engagement sollte nicht vergessen werden.

420   Penicillin

(*a*) ALEXANDER FLEMING (1881-1955). On the Antibacterial Action of Cultures of a Penicillium. *In:* The British Journal of Experimental Pathology. *London, 1929*
(*b*) ERNST BORIS CHAIN (geb. 1906), HOWARD WALTER FLOREY (geb. 1898) und andere. Penicillin as a Chemotherapeutic Agent. *In:* The Lancet. *London, 1940*

Die Kenntnis davon, daß einige Schimmelpilzarten, etwa solche, die auf Brot und altem Leder wachsen, die Ausheilung von Wunden beschleunigen können, scheint auf lange Überlieferung in der Volksheilkunde zurückzugehen. Die erste wissenschaftliche Beobachtung über die bakterientötenden Eigenschaften des Penicillium-Schimmelpilzes wurde 1876 von John Tyndall veröffentlicht, und Lister (316c) zeigte Interesse an ihren wundheilenden Möglichkeiten. Ungefähr zur gleichen Zeit prägten einige französische Physiologen den Ausdruck ›antibiosis‹, um den Nutzen lebender Organismen bei der Zerstörung von Mikroben zu beschreiben, die für den Menschen schädlich sind.

Als Alexander Fleming am St. Mary's Hospital in London seine Arbeit unter der Leitung von Sir Almroth Wright begann, folgte er der Tradition Listers und suchte nach neuen und stärkeren Antiseptika, die – bei innerlicher Anwendung – gesundes Gewebe nicht schädigten. Im Laufe dieser Forschungen bemerkte Fleming, daß eine Staphylokokkenkultur zufällig von einem Schimmelpilz überzogen wurde, der durch das Fenster eingedrungen war. Die dem Schimmelpilz benachbarten Kulturen dieser gewöhnlich Eiter bildenden Bakterienart schienen durch ihn zerstört zu sein.

Der Schimmelpilz wurde als ›penicillium notatum‹ identifiziert, und als Kulturen von ihm entwickelt wurden, fand man, daß er eine braune flüssige Substanz erzeugte, die Fleming ›Penicillin‹ nannte und von der sich herausstellte, daß sie auf eine große Anzahl von Mikrobenarten stark zerstörend wirkte. Man fand auch, daß sie einen komplizierten chemischen Aufbau besaß und unstabil war. Eine Produktion und Speicherung in großem Ausmaß schien unmöglich. Viele Versuche zur chemischen Analyse blieben fruchtlos, und das Penicillin hätte ohne die Arbeit von Chain und Florey gut eine unbeachtete wissenschaftliche Kuriosität werden können.

Chain, ein Flüchtling vor dem Naziterror, hatte unter Hopkins (404) gearbeitet, der in Cambridge Vitamine entdeckte. 1935 wurde er von Florey, einem geborenen Australier, der damals Professor für Pathologie war, nach Oxford eingeladen. 1938 nahmen er und Chain eine systematische Untersuchung der bakterientötenden Substanzen in Angriff und stießen dabei auf Flemings Aufsatz von 1929. Sie fanden, daß Penicillin der bei weitem stärkste bisher entdeckte Mikrobentöter war – es konnte nach ihren Versuchen noch in einer Verdünnung von 1:50 Millionen das Wachstum mancher Bakterienarten hemmen. Nun stellte sich die schwierige und langwierige Aufgabe, seinen Wirkungskern zu isolieren, seine chemische Struktur zu klären und es im Labor herzustellen. All das führten sie durch und bestimmten außerdem passende Dosierungen für die Behandlung von Infektionen, die auf die Wirkung dieser Arznei ansprachen.

Die Kriegsverhältnisse verhinderten in Großbritannien die industrielle Herstellung von Penicillin in dem Ausmaß, das die Not dringend forderte. Diese Großproduktion wurde von verschiedenen pharmazeutischen Fabriken in Amerika aufgenommen, wo die komplizierten Probleme der Massenherstellung nacheinander in erstaunlich kurzer Zeit gelöst wurden.

Fleming, Chain und Florey erhielten 1945 gemeinsam den Nobelpreis für Medizin.

421   Toynbees Deutung der Weltgeschichte

ARNOLD TOYNBEE (geb. 1889). A Study of History, 10 Bände. *Oxford University Press, 1934-54*

Toynbee, ein Neffe des gleichnamigen Sozialreformers, begann seine akademische Laufbahn als Professor für byzantinische Geschichte und wurde später Professor für internationale Geschichte und Direktor des Chatham House, des königlichen Instituts für internationale Angelegenheiten. Seine Erweiterung und Abwandlung der Geschichtstheorien Spenglers (410) müssen deshalb als das Werk eines professionellen Geschichtswissenschaftlers anerkannt werden, obgleich es sich in vieler Hinsicht denselben Einwänden und Kritiken ausgesetzt sah wie das des deutschen Amateurhistorikers, dem Toynbee zweifellos stärker verpflichtet ist als er zugeben möchte.

Toynbees riesige Untersuchung wurde von demselben europäischen und amerikanischen Publikum gekauft und ungelesen gelassen, das sich während der zehn oder zwanzig Jahre zuvor für Spengler begeistert hatte; man fertigte eine gekürzte Fassung – die jedoch immer noch mehr als tausend Seiten umfaßte – um es genießbar und leichter verdaulich zu machen. Toynbee erweiterte die Anzahl von Kulturen auf einundzwanzig oder – wenn man einige unbedeutendere hinzunimmt – auf sechsundzwanzig. Mit einem tieferen Einblick als Spengler sah er diese »bezeichnenden Einheiten« (significant units) der Geschichte nicht gesondert, sondern in einem gegenseitig sich befruchtenden ›Verwandtschafts-Verhältnis‹. Spenglers biologischen, im Grunde materialistischen Standpunkt gab er auf. Er führte in unser Geschichtsverständnis den fruchtbaren Begriff der ›challenge‹ ein, der Herausforderung durch geistige oder materielle Not, denen der Mensch, die Gruppe, die Nation begegnen durch schöpferische Leistung. »Wohlergehen ist zivilisationsfeindlich.« Den Weltreligionen räumte er in der Weltgeschichte einen besonderen Platz ein, wobei er die überlieferte Einteilung in Völker und Geschichtsperioden verschmähte. Nachdrücklich betonte er, daß religiöse Bewegungen nicht an ihr Ursprungsland gebunden sind.

Ob man aus Toynbees befruchtender Theorie vom Geschichtsverlauf ein anerkanntes historisches System wird entwickeln können – das werden die kommenden Generationen von Historikern festzustellen haben.

Die Uranspaltung 422

(a) ENRICO FERMI (geb. 1901) und andere. Method for increasing the Efficiency of Nuclear Reactions and Products (Patentschrift, London) – Process for the Production of Radioactive Substances (Patentschrift, Washington), *1935*

(b) OTTO HAHN (1879-1968) und FRITZ STRASSMANN (geb. 1902). Über den Nachweis und das Verhalten der bei der Bestrahlung mittels Neutronen entstehenden Erdkalimetalle. *In:* Die Naturwissenschaften, *1939*

(c) LISE MEITNER (1878-1968) und O. R. FRISCH (geb. 1904). Disintegration of Uranium by Neutrons: a new type of Nuclear Reaction. *In:* Nature. *London, 1939*

(d) O. R. FRISCH. Physical Evidence for the Division of Heavy Nuclei under Neutron Bombardment. *Ebenda, 1939*

(e) H. VON HALBAN, jun., F. JOLIOT (geb. 1900) und L. KOWARSKI. Liberation of Neutrons in the Nuclear Explosion of Uranium. *Ebenda, 1939*

Obwohl schon 1904 der japanische Physiker Nagaoka ein saturnähnliches Atom skizziert hatte, war es Rutherfords (411) Verdienst, dies Bild zu erweitern und experimentell zu verfestigen. Sein Atommodell verbesserte sein Schüler Niels Bohr (203, 411) wesentlich. Rutherford hatte schon 1904 und eingehender 1920 auf die Möglichkeit hingewiesen, daß ein Atom ein ungeladenes Teilchen enthalten könnte. 1932 wies James Chadwick die Existenz von Atombausteinen nach, die keine elektrische Ladung besaßen. Er nannte sie deshalb ›Neutronen‹.

1934 veranlaßte Senator Corbino, Leiter der Abteilung Physik an der Universität Rom, Enrico Fermi und seine Mitarbeiter (a) – unter ihnen Bruno Pontecorvo – sich ein Verfahren patentieren zu lassen, das sie vervollkommnet hatten, um künstliche Radioaktivität durch Beschuß mit langsamen Neutronen zu erzeugen. Dieses Verfahren war ein Nebenprodukt von Wiederholungen und Erweiterungen einer Entdeckung von Irène Curie und ihrem Gatten Frédéric Joliot, daß der Beschuß mit Alpha-Teilchen bei bestimmten leichten Elementen Radioaktivität erzeugte.

Angeregt von Fermis und der Curies Arbeiten bestrahlte auch Otto Hahn in Berlin zusammen mit Fritz Strassmann Uran (b) mit langsamen Neutronen. Der Experimentierkunst Hahns, eines schon sehr erfolgreichen Chemikers, gelang es im Dezember 1938 nachzuweisen, daß ein Stoff, der bei der Bestrahlung entstanden war und den Frau Curie für ein ›Transuran‹, das heißt ein neues Element schwerer als Uran, hielt, in Wirklichkeit ein Stoffgemisch war und unter anderem Bariumisotope enthielt. Barium steht im periodischen System der Elemente (407) etwa in der Mitte zwischen dem leichtesten (Wasserstoff) und dem schwersten (Uran). Wie konnte Barium durch Einfang von Neutronen aus dem Uran entstanden sein? Hahn teilte das Ergebnis seiner Bestrahlung, das allen bisherigen Erfahrungen der Kernphysik widersprach, sofort seiner langjährigen Assistentin Lise Meitner mit, die vor der rassischen Verfolgung durch die Nazis mit Hahns Hilfe nach Schweden emigriert war. Sie und ihr Neffe O. R. Frisch (c, d), die beide im Labor von Niels Bohr arbeiteten, bestätigten theoretisch als Physiker Hahns Vermutung: dadurch daß ein Neutron in den Kern eines Uranatoms eindrang, zwang es ihn, in zwei Teile zu zerfallen und dabei eine Energie von 200 Millionen eV freizusetzen. Dieser Vorgang zeigte so starke Ähnlichkeit mit der

Teilung einer lebenden Zelle, daß Frisch anregte, ihn als ›Spaltung‹ zu bezeichnen. Hahn hatte das Wort ›zerplatzen‹ vorgeschlagen.

Noch vor der Veröffentlichung der Ergebnisse von Meitner und Frisch in ›Nature‹ hatte Niels Bohr ihre Untersuchungen der Amerikanischen Physikalischen Gesellschaft in Washington vorgetragen, und die Experimente wurden in verschiedenen Ländern ausführlich wiederholt. Halban, Joliot und Kowarski (e) stellten die theoretische Möglichkeit einer sich selbst unterhaltenden Kettenreaktion fest. In einem Aufsatz, der zwei Tage vor Kriegsausbruch in der ›Physical Review‹ veröffentlicht wurde, präzisierten Bohr und sein amerikanischer Schüler J. A. Wheeler die Grundbedingungen für das Zustandekommen einer Kernspaltung.

Diese umwälzenden Erkenntnisse waren also allgemein zugänglich, doch der einzige Vorschlag zu ihrer praktischen Auswertung war vorerst die Erzeugung radioaktiver Isotope in Fermis Patent. Sie erwies sich in der Tat als ein großer Segen für die medizinische und physiologische Wissenschaft. Fermis Verfahren isolierte als Nebenprodukt noch zwei neue Elemente schwerer als Uran, die nach den griechischen Gottheiten ›Neptunium‹ und ›Plutonium‹ genannt wurden. Später entdeckte man die Spaltbarkeit des Plutoniums.

Die weitere Entwicklung vollzog sich unter tiefster Geheimhaltung. Der Zweite Weltkrieg konzentrierte alle Anstrengungen der kriegführenden Nationen auf die Herstellung von Waffen. So wurde die Atombombe die erste Frucht der Uranspaltung. Am 12. August 1945 – nur sechs Tage nach Hiroshima – erschien in den Vereinigten Staaten der ausführliche Bericht über die Tätigkeit der Physikergruppe, die 1940-1945 die Atombombe gebaut hatte.

Nach dem Kriege wandte man sich auch der friedlichen Nutzung der Atomkern-Energie zu. 1951 wurde in den Vereinigten Staaten der erste elektrische Strom aus Kernkraftwerken gewonnen. 1956 war in Calder Hall in England das erste Kernkraftwerk Westeuropas betriebsbereit.

Fermi hatte schon 1938 den Nobelpreis für Physik erhalten. Otto Hahn bekam 1945 den Nobelpreis für Chemie.

JOHN MAYNARD KEYNES (1883-1946). The General Theory of Employment, Interest and Money. *London, Macmillan, 1936*

Keynes Vater war Dozent der Moralphilosophie und ein ausgezeichneter Kenner der Volkswirtschaft. Seine Mutter übte das Amt eines Friedensrichters und später das eines Bürgermeisters von Cambridge aus. Zu Beginn stand er unter dem Einfluß der Cambridge-Volkswirtschaftler der Generation Alfred Marshalls, wie auch unter dem von G.E. Moores ›Principia Ethica‹, und obgleich seine erste Liebe der Mathematik galt – als Thema für seine Doktorarbeit wählte er die Wahrscheinlichkeitsrechnung – begann er 1908 in Cambridge Volkswirtschaft zu lehren. 1915 wurde er als Wirtschaftsberater nach Whitehall berufen, und 1919 nahm er als Hauptvertreter des britischen Schatzamtes an der Friedenskonferenz teil.

Aus Protest gegen die den Mittelmächten auferlegten Bedingungen trat er bald wieder von seinem Amt zurück und veröffentlichte rasch ›The Economic Consequences of the Peace‹ (1919) (Die volkswirtschaftlichen Folgen des Friedensvertrages). 1922 folgte ›A Revision of the Treaty‹ (Eine Revision des Friedensvertrages), in dem er die Mängel eines Friedens beschrieb, »der, wenn er verwirklicht wird, den empfindlichen und komplizierten Organismus ... durch den allein die europäischen Völker beschäftigt und am Leben erhalten werden können, nur schädigen kann, wo er doch hätte heilen können«. Heute fällt es schwer, die heftige Kontroverse, die diese beiden Bücher auslösten, zu begreifen. Als er noch an ihnen schrieb, bewahrheiteten sich bereits viele seiner Voraussagen, und im Licht des darauf folgenden Geschichtsverlaufs hätte die Voraussicht seiner Folgerungen fast unheimlich anmuten können, wenn sie nicht so unausweichlich aus seinen Prämissen entwickelt worden wären.

In diesen beiden Büchern befaßte sich Keynes mit einem ganz spezifischen und gewissermaßen örtlich beschränkten Problem, nämlich mit der weltweiten Auswirkung des bewußten Versuches, eine frühere Großmacht zu zerstören.

Die Weltwirtschaftskrise nach 1929 veranlaßte Keynes, einen

Versuch zu unternehmen, um die unberechenbaren Konjunkturzyklen zu ergründen und neue Methoden zu ihrer Beherrschung zu finden. In seinem ›Treatise on Money‹ (1930) und später in seiner ›General Theory‹ (Die allgemeine Theorie der Beschäftigung, des Zinses und des Geldes) unterzog er die Definitionen und Theorien der klassischen Schule der Volkswirtschaft einer eingehenden Überprüfung und stellte fest, daß sie äußerst unzulänglich und ungenau seien. Er überging die »Unterweltler«, wie er sie nannte, Marx (359), Gesell und Major Douglas und entwickelte ein kaum weniger unorthodoxes Programm für die offizielle nationale und internationale Währungspolitik. Abgesehen von seiner Funktion, ein nationales Einkommen zu gewährleisten, sollte der Staatshaushalt als wichtigstes Instrument zur Planung der Volkswirtschaft dienen. Für die Regulierung der Konjunkturschwankungen – das heißt Kontrolle über Hochkonjunktur und Depression, über den Arbeitsmarkt, die Lohnskala und die Investitionspolitik – haben die Regierungen die Verantwortung zu tragen. Verliert die Volkswirtschaft ihr Gleichgewicht, so könnte und sollte es durch Eingreifen des Staates wiederhergestellt werden, anstatt es einem ›laisser-faire‹ zu überlassen.

Obgleich in Roosevelts New Deal die Keynesschen Theorien bereits benützt worden waren, spaltete ›The General Theory‹ – »Durch diese Arbeit hat sich Keynes als der hervorragendste Volkswirtschaftler seiner Generation erwiesen«, so schreibt das Dictionary of National Biography – die Volkswirtschaftler der Welt in zwei einander heftig bekämpfende Lager. Doch acht Jahre später, nach einem zweiten Weltkrieg, war Keynes die Schlüsselfigur der internationalen Konferenz von Bretton Woods. Aus ihr gingen der Internationale Währungsfonds und die Weltbank hervor. Keynes Einfluß während der folgenden Jahrzehnte, der sogar seine theoretischen Gegner einschloß, war derart, daß ein hoher amerikanischer Staatsbeamter kürzlich bemerkte: »Heutzutage sind wir alle Keynesianer.«

WINSTON LEONARD SPENCER CHURCHILL (1874-1965). The Second World War and An Epilogue on the Years 1945 to 1957. *London, Cassell, 1959*

Winston Churchill ist der einzige Staatsmann der Neuzeit, der die umwälzenden Ereignisse, an deren Gestaltung er maßgeblich beteiligt war, selbst in einem großen, sehr persönlichen Geschichtswerk geschildert hat. An die sechs Bände seiner ›Weltkrise‹, die den Ersten Weltkrieg, seine Vorgeschichte und Nachwehen umfassen, schließt sich mit abermals sechs Bänden ›Der Zweite Weltkrieg‹ mit seiner Vorgeschichte an. Diese zwölf Bände hat Churchill stets als ein Ganzes begriffen und sie eine Chronik des ›Zweiten Dreißigjährigen Krieges‹ genannt.

Die Niederschrift der zweiten Folge war abgeschlossen, als Churchill 1951 neuerlich Premierminister wurde, und sie erschien in den Jahren 1948-1954. Ihrem sechsten Band ist das Thema vorangestellt: ›Wie die großen Demokratien triumphierten und folglich imstand waren, mit den Torheiten fortzufahren, die ihnen beinahe das Leben gekostet hätten.‹ Churchill war sich der Torheiten von Jalta und Potsdam allzeit bewußt, und seine zweite Premierschaft (1951-55) wie auch sein Wirken in den Zwischenjahren waren ein einziges verbissenes Bemühen, das Verabsäumte nachzuholen, das Verdorbene dennoch zum Gedeihlichen zu wenden. Im Februar 1959 brachte er die hier angeführte gekürzte einbändige Ausgabe von ›Der Zweite Weltkrieg‹ heraus und fügte ihr einen Epilog an, in welchem er über sein Nachkriegswirken Rechenschaft gibt und aus der Sicht seines neunten Lebensjahrzehnts gleichsam die Summe zieht.

Dieser Epilog kann als sein Vermächtnis gelten. Er erinnert darin an seine Rede in Fulton, im März 1946, in der er erstmals vom ›Eisernen Vorhang‹ sprach und erklärte: »Dies ist gewiß nicht das Befreite Europa, für dessen Aufbau wir kämpften.« Er erinnert an seine Züricher Rede vom Herbst 1946, in der er als ersten Schritt zur Neuschaffung der europäischen Familie die Partnerschaft zwischen Deutschland und Frankreich forderte. Er erörtert die Europa-Bewegung und ist vom langsamen Wachstum ihres Gedankens nicht enttäuscht: »Bei großen Unternehmungen ist es ein Fehler zu versuchen, alles auf einmal in Angriff zu nehmen.« Er betrachtet die Sowjetunion nach Stalins Tod und dem ungarischen Aufstand und gelangt zum prophetischen Schluß: »Niemand kann glauben, daß dieser Zustand ewig dauern wird. Die Lehre des Kommunismus trennt sich allmählich von der russischen Militärmaschine ab. Die Völker werden auch weiterhin gegen das sowjetische Kolonialreich aufbegehren, nicht weil es kommunistisch, sondern, weil es eine bedrückende Fremdherrschaft ist.«

Der Große Alte Mann ist nicht entmutigt: »Ich bin nicht der Meinung, daß die Mühen und Opfer Großbritanniens und seiner Verbündeten, die ich in meinen sechs Bänden aufgezeichnet habe, zu nichts geführt und lediglich einen noch gefahrvolleren und düstereren Zustand als zuvor geschaffen haben. Im Gegenteil, ich bin zutiefst überzeugt, daß wir uns nicht umsonst bemüht haben. Streit zwischen Völkern und Kontinenten wird es vermutlich immer geben. Aber im großen Ganzen wird die menschliche Gesellschaft in zahlreiche Formen hineinwachsen, von denen die Parteimaschinen keinen Begriff haben.«

Damit legte er die Feder nieder. Es ist in jedem Sinn sein letztes Buch.

Register

777

779

Für freundliche Hilfe bei der Beschaffung von Abbildungsvorlagen möchte der Verlag den Leitungen der Bayerischen Staatsbibliothek, der Städtischen Musikbibliothek und des Zentralinstituts für Kunstgeschichte, alle in München, aufrichtig danken. Ein weiterer Teil der Abbildungen ist der Originalausgabe entnommen.

Plantin 1586